清华国学书系

戴家祥文存

DAIJIAXIANG WENCUN

清华大学国学研究院 主编
李新城 陈婷珠 沃兴华 选编

江苏人民出版社

图书在版编目(CIP)数据

戴家祥文存/清华大学国学研究院主编;李新城等选编. —南京:江苏人民出版社,2018.6
ISBN 978 - 7 - 214 - 21952 - 7

Ⅰ.①戴… Ⅱ.①清… ②李… Ⅲ.①社会科学—文集 Ⅳ.①C53

中国版本图书馆 CIP 数据核字(2018)第 100872 号

书　　名	戴家祥文存
主　　编	清华大学国学研究院
选　　编	李新城　陈婷珠　沃兴华
责任编辑	张晓薇
装帧设计	姜　嵩
出版发行	江苏人民出版社
出版社地址	南京市湖南路 1 号 A 楼,邮编:210009
出版社网址	http://www.jspph.com
照　　排	江苏凤凰制版有限公司
印　　刷	江苏凤凰新华印务有限公司
开　　本	652 毫米×960 毫米　1/16
印　　张	47.75　插页 2
字　　数	640 千字
版　　次	2019 年 3 月第 1 版　2019 年 3 月第 1 次印刷
标准书号	ISBN 978 - 7 - 214 - 21952 - 7
定　　价	120.00 元

《清华学校研究院同学录》中戴家祥照片

戴家祥先生在华东师范大学校园

戴家祥家人与兄长周崇水等部分亲属合影

（前排左起：夫人游丹雏、三子戴显熹长子戴霁穹、戴家祥、同父同母兄长周崇水、异父同母兄弟李明贤。后排左起：李明贤女儿李爱珠、侄儿游汉生、三子戴显熹。）

戴家祥与四个子女唯一的合影

（前排左起：夫人游丹雏、三子戴显熹长子戴霁穹、戴家祥。后排左起：长女戴定华、四子戴显煌、长子戴定国、三子戴显熹、三儿媳陈霞）

总　序

晚近以来，怀旧的心理在悄悄积聚，而有关民国史的各种著作，也渐次成为热门的读物。——此间很重要的一个原因，当然是在蓦然回望时发现：那尽管是个国步艰难的年代，却由于新旧、中西的激荡，也由于爱国、救世的热望，更由于文化传承的尚未中断，所以在文化上并不是空白，其创造的成果反而相当丰富，既涌现了制订规则的大师，也为后来的发展开辟了路径。

此外还应当看到，这种油然而生的怀旧情愫，又并非只意味着"向后看"。正如斯维特兰娜·博伊姆在《怀旧的未来》中所说："怀旧不永远是关于过去的；怀旧可能是回顾性的，但是也可能是前瞻性的。"——由此也就启发了我们：在中华文明正走向伟大复兴、正祈望再造辉煌的当下，这种对过往史料的重新整理，和对过往历程的从头叙述，都典型地展现了坚定向前的民族意志。

正是在这样的背景下，本院早期既昙花一现、又光华四射的历程，就越发引起了世人的瞩目。简直令人惊异的是，一个仅存在过四年的学府，竟能拥有像梁启超、王国维、陈寅恪、赵元任、李济、吴宓这样的导师，拥有像梁漱溟、林志钧、马衡、钢和泰及赵万里、浦江清、蒋善国这样的教师，乃至拥有像王力、姜亮夫、陆侃如、姚名达、谢国祯、吴其昌、高亨、刘盼遂、徐中舒这样的学生……而且，无论是遭逢外乱还是内耗，这个如流星般闪过的学府，以及它的一位导师为另一位导师所写的、如今已是斑驳残损的碑文内容——“独立之精神，自由之思想”，都在激励后学们去保持操守、护持文化和求索真理，就算不必把这一切全都看成神话，但它们至少也是不可多得的佳话吧？

可惜在相形之下，虽说是久负如此盛名，但外间对本院历史的了解，总体说来还是远远不够的，尤其对其各位导师、其他教师和众多弟子的总体成就，更是缺少全面深入的把握。缘此，本院自恢复的那一天起，便大规模地启动了“院史工程”，冀能在深入研究的基础上，最终以每人一卷的形式，和盘托出院友们的著作精选，以作为永久性的追思缅怀，同时也对本院早期的学术成就，进行一次总体性的壮观检阅。

就此的具体设想是，这样的一项“院史工程”，将会对如下四组接续的梯队，进行总览性的整理研究：其一，本院久负盛名的导师，他们无论道德还是文章，都将长久地垂范于学界；其二，曾以各种形式协助过上述导师、后来也卓然成家的早期教师，此一群体以往较少为外间所知；其三，数量更为庞大、很多都成为学界中坚的国学院弟子，他们更属于本院的骄傲；其四，等上述工作完成以后，如果我们行有余力，还将涉及某些曾经追随在梁、王、陈周围的广义上的学生，以及后来在清华完成教育、并为国学研究做出突出贡献的其他学者。

这就是本套“清华国学书系”的由来！尽管旷日持久、工程浩大、卷帙浩繁，但本院的老师和博士后们，却不敢有丝毫的懈怠，而如今分批编出的这些“文存”，以及印在其前的各篇专门导论，也都凝聚了他们的辛劳和心血。此外，本套丛书的编辑，也得到了多方的鼎力支持；而各位院友的亲朋、故旧和弟子，也都无私地提供了珍贵的素材，这让我们长久地铭感在心。

为了最终完成这项任务，我们还在不停地努力着。因为我们深知，只有把每位院友的学术成就，全都搜集整理出来献给公众，本院的早期风貌才会更加逼真地再现，而其间的很多已被遗忘的经验，也才有可能有助于我们乃至后人，去一步一步地重塑昔日之辉煌。在这个意义上，这套书不仅会有很高的学术史价值，也会是一块永久性的群英纪念碑。——形象一点地说，我们现在每完成了一本书，都是在为这块丰碑增添石材，而等全部的石块都叠立在一起，它们就会以一格格的浮雕形式，在美丽的清华园里，竖立起一堵厚重的“国学墙”，供同学们来此兴高采烈地指认：你看这是哪一位大师，那又是哪一位前贤……

我们还憧憬着：待到全部文稿杀青的时候，在这堵作为学术圣地的“国学墙”之前，历史的时间就会浓缩为文化的空间，而眼下正熙熙攘攘的学人们，心灵上也就多了一个安顿休憩之处。——当然也正因为那样，如此一个令人入定与出神的所在，也就必会是恢复不久的清华国学院的重新出发之处，是我们通过紧张而激越的思考，去再造“中国文化之现代形态”的地方。

清华大学国学研究院

2012年3月16日

目　录

论学

论人

论世

导　言

戴家祥，字幼和，1906 年生于浙江瑞安。少孤苦，好读书，旧学新知，兼收并蓄。1925 年毕业于瑞安中学，1926 年以同等学力考入清华大学国学研究院，师从王国维。1928 年毕业后，先后任教于中山大学、南开大学、四川大学等高校。抗战期间，退居家乡，辗转任教于台州中学、衢州中学、瓯海公学、温州中学等，并以书画篆刻排忧解闷。1951 年起任教于华东师范大学，主讲《历史文选》和《中国通史》。1957 年被打成右派。1984 年加入中国共产党。1998 年 5 月病逝于上海，享年 92 岁。

学术以金文甲骨文研究为主，在古文字考释、古文字字典编纂方面做出了杰出贡献，主要著作有《金文大字典》等。专业之余，擅长绘画，风格清新雅致，不让时贤，自谓一生志向“半是经师半画师”。

一　生平概况

20 世纪初，浙江省永嘉县上田乡有一大户，广有良田，主人姓戴，名佩和。戴佩和在原配诸氏故后，娶瑞安竺采芹为继室，生一女，在女儿 2 岁时病故。佩和在其高祖的世系中为嫡长子，其遗孀为了保护家产不被族人侵占，伪装怀孕。这时瑞安县有个周姓贫农，以捕虾捉蟹为生，患胃病不治身故，遗孀已怀孕数月，沿街乞讨为生，临盆产下一子，13天后以35元代价卖给竺氏，冒充戴佩和的遗腹子，取乳名为“余庆”，在上田戴氏宗谱中名“瑞喧”。

养母视余庆为争夺家产的工具，在生活上处处优渥生女，虐待养子，衣食住行截然有别，而且常常无故施暴，将他打得鼻青脸肿。这在重男轻女的社会里，等于告诉大家：余庆非我儿也。于是，族人乘机借修订宗谱为名，要把余庆排出戴氏宗支，一次次寻衅、敲诈，得了巨款还不满足，以至于告到公堂，打起官司，在乡里造成极坏影响。

在这样的环境中，余庆长到上学年龄，在家接受启蒙教育。第一位老师诸庆森，嗜好鸦片，不学无术，他给余庆改名为“戴家祥”。第二位老师俞黼堂，宣统年的拔贡，是个旧文人。第三位老师吴濬，用“和气致祥”的含义，结合谱名瑞喧，同时兼顾继父佩和的身份关系，为戴家祥取字曰“幼和”。

吴濬博学多能，既懂旧学，又会英语、算数等新知，兼擅国画，山水、花鸟、人物，样样都会，而且医道高明，治病救人，不收谢礼。在吴老师的关爱和指导下，戴家祥体会到从未有过的温暖，学习非常用功，短短两年（1913—1915）里读了《华英初阶》《华英进阶》，学会了笔算、珠算，还背诵了《论语》《孟子》《中庸》《大学》《孝经》《左传》《诗经》，能写100字以内的短文，对国画的基本常识也略有所知。这一切培养了他广泛的读书爱好和艺术兴趣，抹上了学术人生的第一层底色。

1915年，养母病故，由叔公管家，不到两年，叔公也故去，11岁的戴家祥孤苦伶仃，无依无靠，家产遭受亲戚房族和男女佣人们的虫蛀鼠窃，逐渐衰败以致破落。经历了这一变故，他深感封建大家族内部的勾心斗角和冷酷无情，因此当1919年“五四”运动波及当地时，他本能地接受了“打倒孔家店”的思想，参与其中，散发各种宣传品。1920年考取温州县立的瑞安中学，开始离开家庭，住到姨公孙诒让后人的家中，一边走读，一边看玉海楼所藏古籍和孙诒让的遗著，并且听老人回忆姨公，说起他的治学精神：“晚年每天以一支洋蜡烛为度，烛泪未干，手不释卷”；说起他的治学方法："以专带博，反过来又使渊博的知识为深邃的专精服务"。由此受到激励，学习更加用功，更加得法。

走读和自学还不满足，再寻导师，碰到瑞安中学教师林铸（涤夫）先生，特别投契，结成忘年之交，并且由林铸介绍，拜陈琮先生为师。陈琮性格刚烈，疾恶如仇，期间因敢怒敢言得罪上峰，被学校解聘，再加上爱女去世，生活困顿，精神苦闷，但仍以教书育人为乐，这一切对戴家祥影响很大。他从学四年，如饥似渴，不仅读了廿二部子书，再加《论衡》《文心雕龙》《史通》和《文史通义》等，学业大增。而且陈琮先生认为从师不如访友，介绍了许多朋友，都是当地有名的书法家、鉴赏家和教育家，使他眼界大开。

1925 年，同乡王季思从东南大学寄来一份剪报，说清华大学开办国学研究院，约他一起去北京应试，因为崇敬王国维的学术，"家祥年十五，于瑞安友人所见罗氏印行《齐鲁封泥集存》，循诵其序，海宁王公作也。分类之严，足以补《封泥考略》之缺者颇多，……证史汉异同者数处，因思旧学非斯人不足以理董，于是尽购王公著作读之，恨不能载酒问学于其门"，所以决定投考，陈琮老师也尽情鼓励，为此写了一个证明，列举读过哪些古书，有什么心得体会，有什么专长，请准予按同等学力应试。但是外祖父不允，以经济制裁的手段加以阻挠，未能如愿。等到第二年，百般努力，终于成行，并一考成功，名列第七，同被录取的有王力、谢国桢、姜寅清、朱芳圃等 20 人。

开学前夕，王国维召见学生，听了戴家祥的研读计划，鼓励他专攻古文字学，决定了一生的学术志向。清华国学研究院采取旧中国的书院制与英国牛津大学的导师制相结合的教学方法，上课时间不多，教师学生各人忙自己的研究课题。第一年，戴家祥修习了王国维讲授的《仪礼》和《说文举例》，听课之外，知道王国维晚饭后经常到陈寅恪寓所聊天，交流学术信息，十分珍惜这样的机会，就一边在旁伺候，一边仔细听讲，学到许多课堂上没有的知识。第二年，王国维自沉，他写了长诗《哭观堂诗》，赞扬先生在文学、哲学、经史和小学等方面的成就，回想先生的教诲："魂梦依稀里，温言时提耳，处世戒浮夸，为学要求是”；表示自己的深切哀悼：“吾读先生书，莫睹先生形，幽明绝行理，拉泪对苍冥”。后来，又参加了《王忠悫公遗书》和《海宁王静安先生遗书》中有关经学和文字训诂部分的校勘工作。

王国维故世后，戴家祥一边继续自己的专业研究，一边转修其他老师的课程，如梁启超的《历史研究法》《儒家哲学》《中国土地问题》，陈寅恪的《西洋人研究东方学的目录学》《金刚经》，李济的《考古学》，梁漱溟的《人生哲学》等。两年期满，觉得不够，又申请延期一年。三年的刻苦攻读，学业初成。对这段求学生活，他终身铭膺，晚年经常回忆，有一次说起当时的学生联欢，每人介绍自己心目中的偶像，各人各说，轮到他，表示最仰慕的既不是达官贵人，也不是文人雅士，而是玄奘和尚，开始不被人理解，经过讨论，一致认为当之无愧。由此可见他求学志向的清高与坚忍。

1928 年毕业，为进一步深造，想出国留学，但是没有成功，被推荐到中山大学当副教授，推荐人为陈寅恪，推荐信是这样说的：“前清华研究院出身之戴君家祥，于古文字确有心得，因渠本孙仲容先生之姻家子，后从王观堂游，故有《殷周字例》之作，现虽未完成，而其他种解释龟甲文、金文之著作，亦散见于清华《国学论丛》。现在上海无所事事，欲求介绍于广州中山大学朱骝仙、刘奇峰二公，而弟素未通问，不便作书，即请兄代为推荐，必能胜任，不致贻荐者之羞。”在中山大学，结识商承祚和容庚，大家都对古文字有兴趣，相互交流，其乐融融。

1931 年离开中山大学，在杭州和北京一边兼课一边进修，著述特别勤奋，有各种考证文章和书评发表。陈寅恪爱惜他的才华，再次向傅斯年推荐说：“其人年甚少而志颇高，文采不艳发，而朴学有根底，因此弟欲请兄酌量情形，转荐适宜之大学或专门学校担任数点钟功课，如中央大学有机会，则弟当致一保证责任之荐书与志稀兄及汪君初兄，若他处有机会，亦无不可。”

1934 年任南开大学经济研究所研究员，开始阅读马克思和恩格斯的剩余价值理论和唯物史观，阅读列宁批判帝国主义的学说，认识到旧中国的统治是不会长久的。并且积极参与“一二·九”学生抗日请愿活动，应邀作专题报告，介绍历代学生运动的作用和意义。先讲东汉太学生郭泰、贾彪等人反抗宦官专政，结果遭到二次党锢之祸，株连至八九百人入狱。再讲北宋末年太学生陈东要求起用李纲为相，积极抗金，结果遭到杀戮。接着讲近代史上 1919 年的“五四”运动、1925 年上海“五卅”惨案以及 1926 年发生在北京铁狮子胡同的段祺瑞执政府扫射请愿学生的“三·一八”惨案。以这些历史事实证明学生运动往往启动于内忧外患的紧急关头，他们高举正义大旗，号召民众，挺身前进，以血的代价或多或少推动了历史的进程。并且特别开设新课《明末清初学术代表人物》，阐述明朝政治的腐败是如何引起内忧外患，导致王朝覆灭的，知识分子是如何在忧国忧民的心情中，展开各种学术研究的。阐述中常常联系当前现实，揭露官吏的贪渎和民生的艰难，最后发问：“中华地向城边尽，外国云从岛上来！我们祖国的大好河山，如今是：日旗飘飘，白浪滔滔（黄河董宅决口），一条秋水长，天愁知多少。我们该是速谋出路呢，还是等待着做新朝的顾、黄、颜、李？”这门课讲了三十个下午，好几次讲课结束都有感而发，在黑板上抄些古人诗句，如陆游的“遗民泪尽胡尘里，南望王师又一年”，李后主的“小楼昨夜又东风，故国不堪回首月明中”，使学生激动不已，或者沉默深思。课程结束后反响热烈，有人认为“赤胆忠忱，肺腑之言”，有人认为“借古讽今，鼓动风潮”，还有人因为他批评了政府，觉得有共产党嫌疑。到学期结束，收到学校的解聘信：“环境不许可，请另谋高就。”

在南开时，他接到《大公报》转来一封生母的信，解开了身世之谜，长期以来，一直郁结心中无法释怀又无法证实的问题一下子恍然大悟，由此特别痛恨封建宗法制度。当陈济棠、戴传贤等人鼓吹尊孔读经时，写了《别单思病吧》，认为孔子学说“在宗法社会、封建时代是十足道地的伦理学，假使还要用以支配现代人心，不但不可能，而且是文明进步的绝大阻力”。

1937年，抗战全面爆发，戴家祥从四川大学返回老家，在几个地方任中学教员，或者因为率领学生军训，宣传抗日，并资助学生参加新四军，被学校解聘；或者因为被怀疑是学潮鼓动者，被学校解聘；或者因为朋友遭受不公，而一起进退出处。这段时期，他的生活非常艰苦，初生的小女儿光华和十多岁的二儿子正国均因缺医少药相继病逝，他的心情也十分苦闷，为老家书斋取名“白鹃楼”，阶下莳粉鹃百数十本，四壁悬张大千、张红薇、马孟容、郑曼青、丁宝书、商笙伯、王师子诸家所作白鹃花十余帧，各为题“鹧鸪天”一阕，其中有三首曰：“杜宇声声不忍闻，缟衣无语向黄昏。春山定下诗人拜，异国难招帝子魂。烟露冷，佩环寒，袖罗重湿旧啼痕。拼将几点相思泪，种出千株离恨根。”“瀚海黄河不耐秋，东风一夜锁红楼。鲛绡皓齿三更梦，瘦骨穷骸万里愁。风瑟瑟，水悠悠，抛残锦字倩谁收？幽禽漫说人间事，底事伤心只泪流。”“落尽深红剩素枝，二年终日两相思。沉沉蓟北春云换，黯黯蜀宫晓梦迟。情脉脉，恨丝丝，冰魂隐约玉娇姿。茫茫故国鹃声老，片影孤心欲寄谁？”字里行间情绪都很低落。这时为了遣闷，他拣起童子功，专注于书法绘画和篆刻艺术。

他爱好篆刻，研究篆刻艺术，但不动刀，只是设计印稿。因为通古文字学，能拣选最佳的字体，懂书法绘画，知道如何布局，所以常常将一些惬意的诗句写成稿样，请方介堪奏刀，日积月累，数量达一百多方。

在书法上他特别推崇唐代的褚遂良，喜欢那种古雅绝俗的格调、瘦硬通神的形式和婉媚遒劲的风格。尤其倾心《雁塔圣教序》，那种线条特别适宜作绘画上的勾廓之用，因此终身服膺。晚年带研究生，要求日课小楷五百字，也强调以此帖为临摹范本。

他最爱好和擅长的是绘画，朋友很多，经常与张大千、郑曼青等人交流切磋，勾摹稿本，对物写生，功夫下得最深，成绩也最显著。作品造型生动，设色素淡，为了表现特殊的效果，常常亲自研磨和调配颜料。绘画风格清新雅致，别有一种冷逸和孤峭的韵味，不仅雅俗共赏，而且自视也高，仿唐代王维“宿世谬词客，前身应画师”的说法，自谓平生“半是经生半画师”。

30 年代后期(约 1938 年)的画作

1949 年,他接到南开大学和台湾大学的聘书,选择了南开大学;赴天津时,半路因陇海铁路中断,只能返回温州。失业期间,带领全家种菜、卖菜为生,度过了一年多极端困难的生活。

1949 年中华人民共和国成立以后,他与夏鼐、方介堪、孙孟晋等人上书文化部副部长郑振铎,呼吁成立温州市文物管理委员会。因为他对地方文化相当关注,1935 年的《赣庑随笔》说:“窃慕永嘉山水之秀,代产闻人,其诗文集未经梓行,为家藏秘本亟搜求之,四载以来得四百余种,间有为瑞安孙籀庼先生《温州经籍志》所未著录者,久欲撮其要旨作为补编,有志未逮也。吾乡先哲其文章著作传或不传,而生平游历所志,至见于碑刻与史乘相参证,或藉此以补其缺者,家祥尤喜录之。”所以 1951 年元旦,中华人民共和国第一个地方文物管理委员会——温州市文物管理委员会成立时,他和夏鼐等都是委员。

1951 年,经好友许杰教授推荐,受聘华东师范大学中文系,次年转入历史系,主讲《历史文选》和《中国通史》等课。有了安定的生活和著述环境,重新回到古文字研究,开始搜寻各种新出土的青铜器铭文,撰写考证文章,随着研究的深入,各种问题生发开去之后,想进行一种综合,萌生出编一部金文大字典的想法。然而正当他雄心勃勃的时候,命运突然发生转折。性格决定命运,从陈琮老师那里继承来的疾恶如仇、敢怒敢言的性格决定了这场灾难。在反右前的整风运动中,他轻信“志士仁人共同奋斗”的动员,起草了致历史系各年级党员学生的信,认为:整风运动恐怕多少带有点风险,全国范围内揭发出来那许许多多不合理的事实,将来怎样改正,能不能改正,改的彻底性怎样?万一没有改正,改得不透、不彻底,必然影响到党的威望和国家的事业,作为党外人士的我们和人民教师的我们,从这个角度出发,认为既要支持群众的"放",又要坚决地帮助党内某些同志彻底改正过去的或者目前存在的错误或缺点。又在校报上发表了《从牛大海的三颗勋章说起》,看不惯不少同志奉行大智若愚的人生哲学,再浅显的道理,也必待领导报告才恍然大悟,有什么问题,照例先把自己臭骂一顿:犯实用主义错误,受胡适之毒害,教条主义,唯心主义等等,各种帽子往自己头上戴。文章最后说:"我真不明白,大家都知道实事求是的可贵,所谓高级知识分子,却偏要向吹牛拍马的牛大海学习,到底是善于领会领导意图呢?还是忠于革命事业?"

这些言论得罪了领导和一些紧跟领导的同事,因此到了反右时期,厄运降临。历史系有个资料员化名"楚歌"写了一篇《告全体同学书》,煽动同学起来推翻中国共产党的领导。被揪出来之后,有人不满足于这样一个小右派,声言要抓头面人物,于是经过策划,在万人大会上,栽赃陷害,说那篇文章是戴家祥写的。他想抗辩,但不准发言。第二天一早,《解放日报》整版发表"批判"他的文章。后来经过公安局调查,证实这是诬告,但是仍然被打成右派,剥夺教书权利,在资料室做资料员,子女也受到牵连,长子大学毕业,流配新疆。到了"文化大革命"时期,迫害进一步升级,以老右派、大右派的罪名不断被批斗,被斗时因不肯下跪,腿被踢成骨折。抄家时,历年所发表的论文和著作,以及考证金文、甲骨文所做的心得卡片,全被付之一炬。并且被关进牛棚,监督劳动。

漫漫长夜,直到1978年,终于得到彻底平反,一切污蔑不实之词全被推翻,他与全国人民一样精神振奋。为把被耽误的时间夺回来,立即投入学术研究之中,写出《墙盘铭文考释》,发表时特别加了一个前言,吐露重生的喜悦:"家祥不事笔砚已20年。在文化专制恐怖之下,不但没有发表作品的权利,而且'黄叶飞来怕打头',也没有拿起笔杆的勇气。"所幸垂暮之年,"谗人高张、贤士无名的烟瘴一去不复返了,在我国科技文化领域的一片春光里,我也忘记了自己的谫陋,敢于鼓其余勇,参加百家争鸣的行列”。

当时他对自己余生的安排是：首先完成夙愿，编撰一部《金文大字典》。如果身体健康还允许的话，择要集中清代学者的各种经训，替阮元的《经籍篡诂》作个续补，为通读青铜器铭文和甲骨文的语法辞例，提供更扎实的例证资料。

两个目标都很宏大，他曾写信给好友征询意见，得到的回复是七十多岁了，要量力而行。但是老师母坚决支持他，半个世纪的相濡以沫，一直扛着家庭生活重担的她，又开始承担起摘抄文献的工作。个人的力量实在有限，他调来胡厚宣先生的弟子潘悠作助手，又招收王文耀和沃兴华两位研究生，一面给他们上课，讲授异体字的十条基本规律：一、象形正侧动容变革例；二、象形点划繁简例；三、辅助符号增省例；四、形声符号更换例；五、形声符号重复例；六、形声符号位移例；七、六书隶属再分例；八、同声文字通假例；九、同义字代用例；十、古今音读分歧例。一面指导他们学习，搜集《说文解字》《玉篇》《广韵》《集韵》《一切经音义》和《经典释文》等字书中所有的重文异体字，分类排比，编辑成册，作为分析字形的参考依据；掌握钱大昕、陈澧、曾运乾诸家关于古声母研究的成果，江有诰、王念孙关于先秦古韵的分部，编成先秦声韵通检，作为查对声韵的依据。目的就是希望他们掌握各种必备的基础知识，能够尽快上岗。

在开始编纂字典的过程中，他不断介绍自己的治学方法，主张要咬文嚼字，碰到不懂的地方必须查工具书，查相关典籍，并以自己的经验说法。比如《新唐书》中有一句讲老当益壮的话，他的标点是：“始老，年逾八十犹思大用。”二校、三校都说他错了，认为应当在“年”之后断句，要他改正，他不服，据理力争，例举了许多古籍中的相同用法，证明“老”字都不是指老年，而是指“告老”的意思。

他又主张不示人以璞，考释文字要尽可能做到形声义三者的契合，反复强调王国维的考释原则“苟考之史事与制度文物，以知其时代之情状，本之《诗》、《书》，以求其文之义例，考之古音，以通其义之假借，参之彝器，以验其文字之变化，由此而之彼，即甲以推乙，则于字之不释、义之不可通者，必间有获焉。然后阙其不可知者以俟后之君子，则庶乎其近之矣”。并以自己的经验说法，举卜辞中“无尤”一词为例，最初是丁山释作“尤”，然后朱芳圃在形声上将其核实，自己又在训义方面加以补充，前后半个世纪，经过三个人的努力，形、声、义三个方面才获得完满解决。

他还特别强调实事求是和多闻阙疑的精神。举例时一方面申说静安先生批评王楚、王俅、薛尚功、庄述祖、龚自珍等人甚失阙疑之旨，对于商锡永著《殷虚文字类编》和容希白著《金文编》严守不知盖阙之义表示高度的赞赏，另一方面又表示自己对郭沫若《卜辞通纂》中有些轻率的言论很不满意。认为事非经过不知难，难就难在实事求是；标奇立异、哗众取宠不但无助于殷周历史的研究，相反会给史学工作者帮倒忙。

讲授这些治学方法，目的就是千方百计地保证字典质量。他一再强调“做学问、写文章必须高标准、严要求。学术研究的成果与其他产品不一样。商品卖出去可以不认货，书写出来影响就很大。好的作品对社会、对后人有帮助，劣质作品则害人不浅。梁任公说，什么是名牌货？就是北京的王麻子剪刀店、同仁堂药铺、东兴楼茶馆等等，几百年的老牌子一直不倒。写文章也不能倒牌子，要讲究质量，对社会、对人民负责”。

《金文大字典》的编纂历时 16 个春秋，全书上中下三卷，6000 余页，1995 年出版发行。由于体例创新，资料可靠，收录量大，考释精确，是继《金文编》之后最大的一部金文字典，出版后得到了学界和社会的好评。1996 年获上海市优秀图书一等奖、上海市哲学社会科学研究成果特等奖，1997 年获第三届国家图书奖。

80 年代的戴家祥，心情特别舒畅，方方面面都很积极。1984 年申请加入中国共产党，其《自传》在介绍自己的入党动机时说，某老师劝儿子入党，可儿媳妇不同意，说她在东北插队时，某些党员太腐败，“我抢着插嘴说：‘我就不是这样看，正因为那些坏蛋的存在，就要争取加入，提高党员的素质。虽然我已年近八十，还要创造条件，参加党组织。加入中国共产党，不是同流合污，而是要斗倒这些歪风斜气。’”并且应邀在全校新党员宣誓大会上发言，深情回顾了自己一生对真善美的追求，无论遭遇什么样的挫跌，始终相信“人类社会总是向前发展的，残酷的严冬过后，必是鸟语花香的春天。党的十一届三中全会之后，拨乱反正，一度被错划右派的老年知识分子都焕发出火一样的青春活力，为国家出谋献策，我自己也恢复了政治名誉和教授职称，过去受我牵连的亲友和学生都放下了沉重的政治包袱来看望我，慰问我，让我倍感温暖。我今年虽已八十，又动过两次大手术，却觉得身上还有使不完的力气，一定以有生之年，抓紧学习，争取做一个名符其实的共产主义战士，沿着党的正确路线，奋勇前进，鞠躬尽瘁，死而后已！”

要“斗倒党内的歪风邪气”，他是这样想的，也是这样做的。1989 年那场政治风波涌起的时候，他特别赞成反贪腐的口号，不顾年高体弱，参加大会，积极发言。但是到了 90 年代，贪腐之风越演越烈，波及教育领域，处处弄虚作假，他慢慢地失望，变得忧虑，变得消沉了。茶余饭后，喜欢到同事和学生家里坐坐，随便闲聊，回忆在清华国学研究院读书期间的往事。比如讲到老师的特点，他说“梁启超讲课和谈话往往自己滔滔不绝，不让学生讲话，王先生很少说话，主要听你讲，也很少表态，如你讲得好，他就说一句‘那倒很有意思’，如你说得有问题，他就摇头，或添上一句‘怕不可靠’。到陈寅恪那里，他讲一半，学生讲一半。赵元任那里，学生去得比较少。李济主讲‘考古学’。这位现代中国考古学的开拓者，在课堂上批评安特生的仰韶六期分法，那种不唯权威是从的治学风格使我非常敬佩”。闲聊的另一大话题就是对家事、国事、天下事发表一些真切而激烈的议论，内容随时事新闻而异，概括起来就是看不惯。有一年春节，在大门上贴了一副春联，上联怒骂官场贪渎，下联嘲讽学界作假。这样的心情影响了学术研究的热情，《经籍籑诂》的补注当然不谈了，就是文章也懒得写。学生王文耀为他收集了旧著，希望他据此写一本学述，提纲都已拟出，但他总是犹豫不决，提不起精神，时作时辍，进展缓慢，直到去世，还未定稿。

他晚年的学术研究主要是整理姨公孙诒让的古文字学著作。80 年代校勘出版了《名原》和《古籀余论》，接下来就做《籀庼述林》。他认为这也是一部很有学术价值的书，可惜现在的本子错误太多，编排也不尽合理，他要重新校勘，每天的工作就是修改、描写、剪裁、粘贴，坐在那里像老僧补衲一样。他在《古籀余论》的跋中说："每念《余论》一书，雠校未尽完善，有负长者付托之重，中心绻绻不释于怀，今孟晋丈已仙逝西泠，希白亦在岭南作古，回首前尘，百感交集，故不度德量力，出其旧校，重行裁缀，付诸影印，赎我前愆，并摘其误谬之尤甚者，殿于末袟，昭其信也。"姨公的这三本著作是他一生学术的入门初阶，也是最后归宿。

1997年秋，清华、北大、香港大学和新竹清华四校在清华园召开纪念王国维诞生120周年学术讨论会，他要学生王文耀代他参加，并且说《追忆王国维》一书中有的观点很荒唐，要写篇驳正文章带去。他在30年前曾经写过《评陆懋德〈个人对于王静安先生之感想〉》一文，指出"先师之死，涵义殊晦，其遗文亦仅言'义无再辱'，而世人往往推己度人，于先师之死，妄有长短"。他不能容忍这种误解，晚年自传特别强调先生之死"一是他性格内向，二是社会黑暗造成的悲剧"，想必这时他对众说纷纭的"义无再辱"有了进一步理解。

生命的最后一段时期，他开始把家中有些价值的东西捐赠出去。先是劫余的一些文物，盖有王国维鉴藏印的几件金文拓片挂轴早就捐给海宁王国维故居纪念馆了，清人梁同书的书法中堂和梁启超的对联捐给了博物馆。然后，他再将所有的银行存折整理出来，定期的、活期的，一张一张，都是小额存款，点点滴滴的积累，再凑上一些现金，总共十万元整，包成一摞全部捐给瑞安中学，设立林涤夫帮困基金，每年取息资助家境贫困的学生。期间，学生沃兴华陪著名画家刘旦宅拜访他，刘也是温州人，小时候学画可能得到过他的帮助，特别有一种感激之情，问先生什么地方不舒服，如果有病可以请最好的医生上门诊治，他淡淡地回答：活够了，多寿则辱。

1998年5月30日凌晨，戴家祥安静地在家中去世，享年92岁，遗嘱不开追悼会，不搞纪念活动。

据家属言，其实他能扛过抗日时期、失业、反右、经济困难、“文革”、重病、《金文大字典》编纂初期等艰难岁月，均与他夫人的鼎力辅佐密不可分。

二 学术成就

戴家祥的学术成就集中在古文字学领域，由于抗战时期的颠沛流离，以及反右和“文革”时期的多灾多难，其学术成果主要呈现在两个时期：一个是1927年至1936年，另一个是20世纪50年代和80、90年代。第一个时期完成的成果，经过多年的沉淀，在第二个时期得到了深化和总结，臻于完善。

在第一个时期，学术成果以单篇文章和单字考释为主，文字考释类文章有《释百》《释千》《释甫》等，图书评论有《〈金文编〉书后》《评〈古代铭刻汇考〉》《评〈孙诒让年谱〉》《评〈甲骨学文字编〉》等。《商周字例》是这一时期的著作式成果，但是除了《〈商周字例〉序》和《商周字例例证篇·重复例第六》外全稿遗失，颇为可惜。

第二个时期，学术成果形式更加多样，单字考释类的文章减少，通论式的文章和整篇铭文考释增多，例如《兮伯吉父盘铭考释》《商代的上帝崇拜和祖先崇拜》《甲骨文的发现及其学术意义》《王静安先生与甲骨文字学的发展》《墙盘铭文通释》等。《金文大字典》是这一时期，也是戴家祥一生最重要的成果，是其关于金文研究和古文字研究的集大成之作。

（一）金文考释

戴家祥的金文考释文章在1927年至1936年是一个高峰期，但是给人的总体印象是流布不够广泛，被征引的频率不是很高，故多有默默无闻之感。但是细读文章，我们会发现，戴家祥的金文考释，多本清末诸家，尤其是孙诒让之说，具体考释办法偏重于字音和字义的考释，字形比勘的使用相对较少。

发表在清华《国学论丛》上的文章主要有《释百》《释千》《释甫》《释皀》《㒳字说》等，多为金文单字的考释之作，文章均以文言文的形式写成。《释百》一文，论证“白”为“百”之初文，古文本无“百”字，假“白”为“百”，自甲骨卜辞已有其例，“伯”“百”均为“白”之假借之孳乳字。《释千》一文，认为“然则千字作人，果何义耶？以声韵求之，‘本无其字，依声托事’字也。从一、人者，犹百之从一、白也。以一加于人而成千，犹一加于白而为百也。人字加画若干以定千之倍，亦犹白字加画若干以定百之倍，是从字形变易之迹象而知者也”。《释皀》一文，征引甲骨“皀”之字形，兼之古音通转之例，更以古器铭辞、形状以证诗礼，考证“皀”为“簋”之初文，簋之形状为正圆。《㒳字说》一文，论证金文中的“㒳”“贲”二字虽然不见于《说文》，但是以意求之，当即“帛”之古文；以音求之，乃“帛”字之声符更旁字也。《释甫》一文从考释字形入手，进而发明古代文物制度。这篇文章不仅将金文“薄”“铺”“敷”所从的、(虢叔钟)，、(楚公钟)，、(兮中钟)，以及卜辞中的，以意断为则“甫”字，认为“字颇象钟形，殆大钟为甫之本义，引申之为一切大貌。后世文字繁缛，字更从金，由象形变为形声字。再变为从金、尃声，为同声增省字。更变为薄，存其声而失其义，同声通假字也。更变从金、薄声，形繁缛字也。”并进而阐明了“镈”的古文与“镈”的制度。这篇文章与所附的《西都圃田志疑》将宂簠中的“司奠还蕾”释为“司郑园圃”，把兮甲盘中的“畱虘”释为“簠虞”，并考证宂簠中“郑园圃”并非出于后世所常以为的中牟，而应该在丰镐附近。《虔字说》一文将叔皮父簋钟的字隶为虔，释作“虎”字的异体字。《哭字说》一文从声义演变入手，认为“哭”即“昳”之异文，“原形移置字也”，并将金文中常见的“亡哭”读为“无射”“无斁”。

《辨字小记》发表于《社会科学战线》(1984 年第 3 期)，以与学生王文耀问答的形式谈了自己对曾侯乙钟铭文考释中 20 个问题的看法。整篇文章依然坚持着实事求是的科学的治学态度。例如对第 20 个问题“字可不可以释镈”，回答道：“吃不准。到现在为止，只有‘小铜柱’铭文出现字，从戈从，字上端微曲，形近父字，与字从，又有不同，目前还是缺疑为妙。”

(二) 对古文字体例特点的探索

20 世纪 20 年代和 30 年代，学界更多地关注通论式的文字学著作。唐兰先生的《古文字学导论》成书于 20 世纪 30 年代，可以说是近代第一部系统地研究古文字学的著作，下册包含了“怎样去认识古文字”部分，关注点主要是文字的考释方法问题，并不是严格意义上的对古文字体例特点的总结。而戴家祥写成于 1928 年的《商周字例》则是一部探讨“通例”的著作。可以说，戴家祥是较早全面总结商周古文字体例特点的学者，这是其比较突出的一个特点。

《商周字例》本是戴家祥最早系统地阐释商周古文字的著作，但是时运不济，全稿遗失，仅余《商周字例序》和《商周字例例证篇·重复例第六》，殊为可惜。从《商周字例序》可以略窥全书面貌：此书纲要为“余覃思累月，始知商周文字与古籀、篆文形体歧异，自有焯然通例。深恐初学不得正轨，数千载旧义沦没无闻，乃汇举条科，撰成九例：曰繁简例、形演例、增省例、假借例、互易例、重复例、移置例、书嬗例、音歧例。一例内形与声不同者，则别为数小例。”此书创作缘由和研究方法为“夫六国文字，各异其体，字例所以难明，文献不足故也。试以商周遗文较壁书、籀篇以及鉩印文字，歧异已多；以壁书而较秦篆，其歧异更无论矣。原始旧文虽厕其间，然其形与势皆渐变。凡既有文字之国，未有能以一人之力创造一体者，爰集龟甲文、金文、石鼓文，名曰《商周字例》。正反假借，悉以汝南旧说校定，考之史事，证之地理，本之《诗》《书》，覈之辞例，以古音达通读之方，以方言究语音之变，以宋人图录、《汗简》、《古文四声》为立说佐证，推甲即乙，援古证今，综校互勘，以今正古，一得之愚，不敢护先哲之所短。凡所考论，悉本海宁师成法，益以上虞雪堂之说；嘉道以来，专修之士、同门诸子有所创获，咸载于篇，阙其不可知者，则《商周字例》其庶几近之乎？”通过《商周字例例证篇·重复例第六》则可以了解全书的具体述作方式。

(三)图书评论

戴家祥的图书评论主要集中在天津《大公报·图书副刊》和南开大学《政治经济学报》。这些图书评论之作,皆秉持实事求是的态度,优点不虚夸,缺点不隐匿,间或提出自己的观点和看法。

发表在天津《大公报·图书副刊》上的文章有《〈金文编〉书后》《评〈古代铭刻汇考〉》《评〈高昌陶集〉》《评〈殷契通释〉》《评〈龟甲文字概论〉》《评〈孙诒让年谱〉》《评〈甲骨学文字编〉》等。例如《〈金文编〉书后》,《金文编》作者容庚先戴家祥成名于学术界,然这篇文章在首先肯定此书“承诸大家论列,力矫吴氏之失,搜罗之勤如彼,断限之严又如此,宜乎声名籍甚”,然后也直率对其体例提出了批评,如认为金文排列顺序不必完全依照《说文》五百四十部,“东汉之世,未见商周古文,许君虽博识过人,然受材料限制,如辛、辛分为两部,乚字误作乙形,已为有识者证明。容君此书,对许氏旧说既多纠弹,于部首分合,何必拘守一先生之说,而屈商周古文”。在这篇文章中,戴家祥也提出自己对金文考释的不同看法,如将番生簋“[illegible]”字释读为“旜”,叔皮父簋的“[illegible]”字释读为“虎”字等。尤可注意的是,戴家祥在这篇文章中说“况商周文字多增省移易之习,不能以五百四十部统摄之也,故上虞罗氏《殷墟书契考释》不为削足适履之业。其后番禺商承祚、天津王襄、秀水唐兰,方孳孳焉以分别部居自任,罗氏之子福颐用其道为《玺印文字征》,希白用其道而作《金文编》,其于取便检查未始不可,言阐发六书则不也”。戴家祥认为不能以《说文》五百四十部统摄商周文字的观点,一直到其所著的《金文大字典》始终一以贯之,例如《金文大字典·凡例》中“分部与排列”:“本书分部原则均以金文实际形体结构为根据”,“有些不见字书的象形偏旁,则照金文实际结构,另创部首”。

又如《评〈甲骨学文字编〉》,此书作者朱芳圃是与戴家祥同年考入清华国学研究院的同学,但是我们在这篇文章中看到的依然是实事求是的态度。戴先生讲是书优点为“今朱氏广征博引,片言只字之善尽萃无遗,其于商氏《类编》，不啻《说文》之有段注。然则朱氏此书，誉之为初学津梁可也，虽誉之为斯道大成，亦未始不可也"，指其不足为"所惜成书太骤，未能尽赴《凡例》之所愿。例如胡光炜、丁山释亡[illegible]为无尤，郭沫若释[illegible]为宰，董作宾释[illegible]为编，叶玉森释[illegible]为雷之类，于字例均有未安。又如郭沫若训午为驭马之辔，训南为镈钟类之乐器，丁山训[illegible]为斧扆，训九为肘，朱氏冒然信之，有背多闻缺疑之旨。若乃并存数家之说，不知前后矛盾（郭沫若、叶玉森最多），陈陈相因，无复创获而为悬疣附赘（如天字存陈柱之说），更有湮没启发之功，致后之作者有掠美之嫌。（[illegible]字释函始于孙诒让，见《古籀余论》卷一第六叶西弗生甗，而此仅列王静安师之说；[illegible]释籍始于徐中舒，见广州中山大学《语言历史研究所周刊》第四集第三十九期、四十期、四十二期，程憬《殷民族的氏族社会》引）"。

再例如《评〈古代铭刻汇考〉》，批评郭沫若"受文学熏陶甚深，想象力之强，自出晚近考古学者之右，故多新奇可喜之论。然以好奇太甚，此固白圭之玷，不能无损本质者矣，如《殷契余论》申论艿甲及释[illegible]为蒙是一例也。又不守多闻缺疑之义，欲以两目之力尽识三代遗文，终至穿凿形声，破坏形体，如以'不[illegible]'为'不镘黾'，以'[illegible]'为'饮'，是又一例也。须知三代遗文，考释家最感棘手者，厥在象形、假借。象形随体诘诎，不能以晚近人事物律之，此象形之难以为说者，势也；假借同音通用，漫无涯涘，当今古声古韵学者尚在努力中，此通假难以尽明者，亦势也。二者形格势禁，其难如此，苟非持之有故，取舍有法，贸贸然以形象、声音拟之，此乃最危险之臆断，吾人不敢苟同"。

发表在南开大学《政治经济学报》上的文章也主要是图书评论，有《评〈史前期中国社会研究〉》《评〈楚器图释〉》《评〈桑弘羊年谱〉》。行文、立论原则，一同于前。

（四）学术专论

戴家祥的学术专论主要有《甲骨文的发现及其学术意义》《商代的上

帝崇拜和祖先崇拜》《王静安先生与甲骨文字学的发展》等。这些文章立足点均为古文字资料和古文献资料，论述必定言之有据，从材料推出结论，逻辑严密，求真求实，不屈从权威，结论可靠。

《商代的上帝崇拜和祖先崇拜》一文是1957年戴家祥在华东师大全校科学报告会上所作的报告，用大量甲骨卜辞和传世文献资料，证明“商人的上帝崇拜，实质上就是祖先崇拜。这种崇拜是渊源于父权家长制时代，历虞、夏、商、周一段漫长的历史。这时期的上帝，大概是一切有血缘关系的氏族集团创造出来的祖先神。随着阶级社会的出现，国家政权的出现，专制君主的出现，宗教领域内便产生了天廷组织和最高主宰者的上帝。专制君主生前统治着现实世界，死后升化为宗教领域内的上帝，主宰着本民族的灵魂世界。即或不然，也得‘在帝左右’”。与此同时也提出对材料的运用原则，即“研究商代的宗教信仰，不必拘守着第一手材料——殷虚卜辞，即较晚的传说资料，亦不无表示一面之事实”。

《甲骨文的发现及其学术意义》发表于《历史教学问题》(1975年第3期)，详细地阐述了甲骨的发现过程，甲骨文的研究历史，甲骨文的刻写方法以及所记载的主要内容，甲骨文字的特点、考释情况及其在汉字发展过程中的地位等问题，对全面了解甲骨文及其学术意义有重要的意义。

《王静安先生与甲骨文字学的发展》一文与《甲骨文的发现及其学术意义》既保持逻辑的一致性，也对王国维先生研究甲骨文字学的方法和成果，自己学习和研究、考释甲骨文的经历和心得进行了介绍，对郭沫若等不同学者考释和研究甲骨文的方法和原则进行了评论，最终将文章落脚于王国维先生所提倡的治学方法“文无古今，未有不文从字顺者。今日通行文字，人人能读之，能解之。诗书、彝器，亦古之通行文字，今日所以难读者，由今日之知古代，不如现在之深故也。苟考之史事与制度文物以知其时代之情状，本之《诗》《书》以求其文之义例，考之古音以通其义之假借，参之彝器以验其文字之变化，由此而之彼，即甲以推乙，则于字之不可释，义之不可通者，必间有获焉。然后阙其不可知者，以俟后之君子,则庶乎其近之矣”。并且认为“并世学者取得令人信服的成绩,一般说来,都没有脱离王先生所规定的基本原则”。在这篇文章中,戴家祥再次强调了从事学术研究的科学态度,即“一个学者的劳动成果应当受到尊重,但也不必设立保护区。我们之所服膺者在于科学,不合科学的就要否定,有待补充证实的就要当仁不让。只有这种精神,才能使伟大祖国的文化自强不息”。

(五) 金文字典编纂

戴家祥认为,我国汉字的构成条件,包括形、声、义三个方面。古文字研究工作者,必须具备形、声、义三方面的识别能力。他将自己长期进行古文字研究的经验进行了总结,从青铜器铭文、甲骨文字本身,归纳出十条基本教学规律:(1) 象形正侧动容变革例,(2) 象形点画繁简例,(3) 辅助符号增省例,(4) 形声符号更换例,(5) 形声符号重复例,(6) 形声符号位移例,(7) 六书隶属再分例,(8) 同声文字通假例,(9) 同义字代用例,(10) 古今音读分歧例。

1978 年,已经 72 岁的戴家祥重新开始了《金文大字典》的编撰工作。关于《金文大字典》的重启编纂和编纂原则,戴家祥在《金文大字典序》中说:“不佞早年尝欲勼集金文,师法许书首创精神,融合形声义于说解之中,而以商周字例改并部居,便于读者。谁知蒙冤诬陷,二十几年不得从事笔砚。洎乎平反昭雪,年齿已逾古稀,而且患有心脏、肝胆多种疾病,先后动过三次手术,头童齿豁,精力大不如前。幸得青铜器鉴别专家马君承源、甲骨文专家潘悠,与夫硕士研究生王文耀、沃兴华之助,重上教学科研岗位。之数子者,才大心细,且亦几经风雨,为之搜集拓墨,复印剪贴,兢兢业业,丝毫不苟。拓墨或有漫缺,悉仍其旧,深恐描改失实,滋益妄测之弊。又为搜集《说文》《玉篇》《一切经音义》《经典释文》《广韵》《集韵》诸书之重文异体字,作为探索形声更旁之客观依据。所有音切,虽以《唐韵》为主,吸取钱晓徵(大昕)、陈兰甫(澧)、曾运乾(星笠)诸家古声母研究之成果,江晋三(有诰)、王怀祖(念孙)古韵部研究之成果,作为探索同声通假以及注音更旁之客观依据。须知古人属辞,文字或无定形,而声韵音理未始不可推断。因形以求其音,因音以求其义,声音训诂,互相表里。然后定其取舍,不据一人之见,不拘一书之说,此乃不佞与同人之所孜孜以求,而不敢一时或忽者也。”1995 年,《金文大字典》正式出版。

《金文大字典》是继《金文编》之后又一部大型的金文工具书。《金文编》具有开创之功,被认为是当时金文形体方面唯一一部价值极高的字典。自 1925 年出版第一版之后,至 1985 年第四次校订本出版,内容得到扩充,部分释义得到更新,但是体例一仍其旧,字形依然是摹写,排列依然是依据《说文》顺序。《金文大字典》则在编辑体例方面做了极大的创新,其学术价值主要有以下三个方面:

一是其字头字例取材之精确。

该书的最大创举是,所有字头均根据铭文拓片辑录影印而成,只有个别错金铭文,如《鄂君启节》等,用摹本剪辑,最大程度地保持金文的本来面目。

之前的古文字字典辞书,由于受时代和技术的限制,字形多为摹写,即使是精熟的专家,摹写也难免有走样的情况。而古文字形的精确及其所附属的信息,却是研究考释文字,辨识器物真伪至关重要的内容。《金文大字典》中华人民共和国成立前的材料取自罗振玉的《三代吉金文存》、郭沫若的《两周金文辞大系图录》、于省吾的《商周金文录遗》以及巴纳、张光裕的《中日欧美澳纽所见所拓所摹金文汇编》等书的铭文图录。中华人民共和国成立后资料收自上海博物馆青铜部专家亲临全国各地博物馆手拓的实物资料,以及陕西省考古研究所、陕西省文物管理委员会、陕西省博物馆编的《陕西出土商周青铜器》。该书所收的字头力求清晰、完整,但也收了少量局部残泐而仍可辨识其形体结构的字头。在戴家祥的带领下,借助于上海博物馆青铜部专家奔赴各地博物馆手拓的实物资料,全书所收集的每一个金文字形,都靠编纂组同志用剪刀把一个个字从拓片上剪下来,贴在毛边纸上,再用小楷工整地抄上该字头的器名和文句。即使拓片有残泐、模糊的地方也不作任何加工，这就最大程度地保持了字形的原始面貌。这样不仅可以保留文字的考古特色，更可以给文物界研究铭文真伪和青铜器鉴定提供字样标准，对研究青铜器分类、断代、器主身份、文字形体、礼仪祭祀乃至天文历法、历史地理等也有一定的参考价值。

二是其考释内容选择之严谨。

该书共收可释字 2 661 个，考释内容部分注重其原创性和权威性，仅收录被学术界公认的、比较可从的最早的一家之说。考释内容择从的原则是：第一，辨形正确无误；第二，审音合乎上古音理；第三，释义不背雅训。如三者备其二，也收入之，以备一说。考释采用某家之说，开首用"某某曰"字样，编者有异议或者有补正意见的，则以按语的形式出现。释文中凡属于戴家祥先生的创见，都由时已 80 高龄的戴家祥亲自撰写、裁定，以"戴家祥曰"的形式表示。这个择从原则和行文风格，与其一贯严谨认真的治学态度是相符的。

三是其部首编排方式之创新。

传统的古文字字典辞书，多依照《说文解字》的 540 部进行排列。这种方式虽然便于查检和了解字形演变，但是《说文解字》的 540 部是根据小篆形体归纳出来的，并不完全适用于甲骨、金文等其他的古文字系统。关于部首的编排方式，戴家祥早在 20 世纪 20 年代评论容庚的《金文编》时就提出意见说："东汉之世，未见商周古文，许君虽博识过人，然受材料限制，如辛、辛分为两部，乚字误作乁形，已为有识者证明。容君此书，对许氏旧说既多纠弹，于部首分合，何必拘守一先生之说，而屈商周古文。"《金文大字典》的分部根据戴家祥一贯的学术思想，均以金文实际形体结构为根据，有些不见字书的象形偏旁，则照金文实际结构，另创部首，用 285 部统系全书 2 661 个可释字。

在戴家祥九秩之年，毕其一生精力编纂的煌煌巨著《金文大字典》终于出版，引起了国内外学术界的极大反响，屡获大奖，被称为"前无古人，后无来者"的事业。人们多看到戴家祥以九秩之年，坚持十数年，成就巨著精神之可敬，但是其在金文字典体例上的创新的学术意义则更为广大。

(六) 对孙诒让著作的整理

孙诒让是晚清著名的经学大师，戴家祥与其有姻亲关系，称呼孙诒让为“姨公”。因了这层关系，戴家祥将整理孙诒让的著作视为自己的责任。经戴家祥校点的孙诒让著作主要有《名原》和《古籀余论》。

戴家祥对《名原》的整理，可谓是前后三次，历时 60 余年，终成正果。第一次是 1922 年，“公之犹子莘农丈以其传斠本见贻，不言斠者姓氏，亦不知得自何所。友好之中，或疑传录鄞县马叔平(衡)所斠”。1927 年，王国维自沉之后，国学研究院聘马衡为讲师。戴家祥经向马衡询问，证实了自己的判断，并见到了马衡校补的底稿。是年秋季，戴家祥为陈寅恪过录一册，“并录其斠于旧藏(即莘农丈所贻)册耑。缮写既竟，发现两者歧异互见，得失间出。始知旧本既非传录马斠，亦非过录公之遗稿。然此仅就甲骨文、金文而言，至其全书之中，鱼鲁虚虎，讹迹皎然可知者，两本都未匡违，随手改易数百字，呈陈师存之。”

第二次是 1934 年，“取《铁云藏龟》《愙斋集古录》《殷文存》《周金文存》及《说文段注》反复核斠，补正若干字，而以斠补后语投天津《益世报·副刊》发表”。但此稿命运多舛，最终不知所踪。

第三次是 1986 年，应杭州大学古籍研究所之请，以 1927 年为陈寅恪过录的初校本为底本重新进行校点。据《校点〈名原〉书后》可知，整理主要是在“初斠曾为补茜墨丁四百零七”的基础上，对书中称引钟鼎彝器器名之讹者、引用《说文》失检者、空白待补者、空白讹剩者、文字颠倒者、讹衍者、讹夺者、声近而讹者、形体讹别者、不明致讹之由者等进行了整理。最终由齐鲁书社出版。

《古籀余论》的整理，前后也有两次。戴家祥最早见到《古籀余论》是在 20 世纪 20 年代初。当时在瑞安县立中学读书的戴家祥寄住在虞池孙家，又因孙诒让次子孙延锴(字次镠)的帮助得以到孙家藏书楼“玉海楼”读书，“偶于籀公遗著中获见《尚书骈枝》及《古籀余论》未刻稿，不揣冒昧，借来录副，竭一月之功始毕，并录其《后序》于首。逮余毕业离瑞，乃请海安所蔡笑萍君各为传写几份，携在行箧，冀遇好学之士，为其梓行”。1928年，容庚在整理《古籀余论》后说：“此钞本《古籀余论》，三年前王国维先生出以见示，命胥录副。篆字多阙，竭旬日之力校补五百余字，旋戴家祥先生复以《尚书骈枝》钞本见贻。去年冬，燕京大学国学研究所倡议刻书，余以此二书献校字之役……《古籀余论》由余任之，刻未及半，家祥来书谓得见《余论》稿本，复为补缺千余字。”

这是戴家祥第一次参与《古籀余论》的整理工作。但是在戴家祥看来，这一次的整理并不完美。据戴家祥的记载：“次年春暮，全书告成，希白寄赠初印本二部，溜览一过，仍有不尽如人意者在也，随手识之。及读希白来函，则知余之校本到京，几已欹刻及半。工匠不作彻底挖补，其不得更动者，别列“正误”八则于后。余如“記”之作“記”，“㠯”之作“目”，“叚”之作“假”，“實”之作“賓”，迹在形似之间者，殆不可以偻指数。”20世纪80年代，戴家祥第二次校点《古籀余论》，“回首前尘，百感交集，故不度德量力，出其旧校，重行裁缀，付诸影印，赎我前愆，并摘其误谬尤甚者，殿于末袟，昭其信也。”由华东师大出版社出版。

（七）对王国维著作的整理及死因的分析

戴家祥于1926年秋季考入清华国学研究院，师从王国维。1927年6月，王国维自沉于颐和园。如此算来，戴家祥亲侍王国维的时间仅有一年，但是这段师生之情却成为戴家祥一生浓郁得化不开的情结。关于这段师生之情，主要体现在两个方面：一是戴家祥数次参与王国维遗著的整理，二是以亲眼所见、亲耳所闻来介绍自己关于王国维的学术成就和自沉原因的看法。

戴家祥亲自参与王国维遗著的整理主要有两次：一是1927年王国维自沉之后，受托校对王国维遗著中关于经学、文字训诂部分的内容，并将全部书稿送交天津贞松堂，由罗振玉牵头出版了《王忠慤公遗书》四册;二是1933年,王国维之弟王哲安教授认为王国维遗书出版错字太多,将版权转让于上海商务印书馆,戴家祥参与校对工作,最终以《海宁王国维先生遗书》之名出版。

戴家祥集中阐述王国维生平和学术的文章主要有两篇。一是1936年3月任教于南开大学时所作的学术报告《海宁王国维先生》。这篇文章分上下两编:上编分总言、时代背景、传略三部分,介绍了清末的国内外大势以及学术概况,简要地介绍了王国维的生平;下编分哲学、文学、历史语言学、后语四部分,介绍了王国维在哲学研究、文学研究和历史语言学研究方面的主要成就。文末还附有长诗《哭观堂诗》。一是《王静安先生与甲骨文字学的发展》,认为“对甲骨文试行考析的,是皖南派经学后劲瑞安孙诒让(仲容)。上虞罗振玉(叔言)及海宁王静安先生则后来居上,做出更多的贡献”。“他自己虽然没有一片甲骨私藏,但较长时间和罗氏相处,后来又结成儿女亲家,凡是罗氏所能见到的,他都有机会见到。再加在少年时期就掌握了英、德、日等几国文字,具有现代的科学知识,特别是由于敦煌石室唐写本古籍的大量发现,他从英人斯坦因、法人伯希和那里取得了宋以后即已佚失的隋陆法言《切韵》残本、唐长孙讷言笺注本《切韵》残本的照片,看到了蒋孟蘋买到的唐写本孙愐《唐韵》残本,看到了清宫收藏的唐写本王仁煦《刊谬补缺切韵》残本,肯定唐人韵书有关韵目的分部、部次的改动,在音理上不无贡献。1916年,在上海又先后看到了极其难得的歙县江有诰《音学十疏》道光辛卯(1831年)初刻本和咸丰壬子(1852年)重刻本。1923年又在北京获见高邮王念孙《训诂韵书》的手稿本。在音韵训诂一行,囊括了七大家的所有知识,并且在周代金石文韵中证实先秦古音廿二部之目,遂令后世无可增损”。“孙氏、罗氏、静安先生虽然都具备了这三方面的渊博知识,但各有自己不同的侧重点。孙氏的侧重点比较多的是从先秦语法辞例和典章制度中取得成绩。罗氏的侧重点比较多的从字形的演变中取得成绩。静安先生虽然贯彻到各个方面,但是丰硕的果实还是‘同声通假’。”

关于王国维的死因,一直是学术界的一段公案,众说纷纭。戴家祥以自己追随王国维学习的所见所闻，多次对王国维的死因发表自己的看法。1927年戴家祥在《北平晨报》上发表《读陆懋德〈个人对于王国维先生之感想〉》，针对陆文中所论及的"虽精于考古，而昧于察今，故于世界政治不甚了解"，"文人受贵人之恩，往往感谢不忘"提出不同意见，认为王国维虽然性格缄默，"纪事则言本朝，革命则言国变，圣讳必缺笔而书，留辫表示晚清遗民"，但是这只是为了表明自己的节操而不涉及他的政治主张，在著作中更是"无一语指摘当道，无一字赞美晚清政治，无自伤不遇之言，无愤慨贵人之作"，"不仇视民国，则可断言也"。1936年，戴家祥在南开大学的演讲《海宁王国维先生》中又说："先生为什么死，没有人知道。遗老们说是由于'主辱臣死'，青年们说是由于'国内政争势力的消长'，文学家说是由于'性情与学问环境相冲突'，某氏说是由于'三纲六纪之柏拉图式概念'，似乎都不能说出个所以然。总之，一个人的死，是他自己的自由。Pling说'自杀者，自然赋予的最高权利'。然而所谓社会也者，却要问他为什么死，责他如何如何不应该死。生在连死都没有自由的世界，那真的只有一条死路了。先生是个有骨头的人，有头脑的人，他既然用自己的生命创造了许多成绩，如今用自己的生命，酬报自己的情感，有什么对不住人。世人实在太可怜，太浅俗了！"1982年在华东师大的演讲《王国维先生》中对王国维的死因做了比较详细的阐述，最终总结说："社会问题、家庭问题等等，都是他自杀的原因，关系比较大的还是个性问题。"

三 结语

20世纪的中国多灾多难，军阀混战，抗日战争、解放战争、反右斗争、"文化大革命"等等，有志于学术研究的知识分子不仅没有一个好的学习和工作环境，而且稍有不慎，就会遭受无妄之灾，命途多舛。处在这种动荡的年代，戴家祥一生也是跌宕起伏，但是不管境遇是顺还是逆，他始终保持了传统知识分子磊落、清白的精神，追求真理，爱国忧世，且不畏权势，敢怒敢言。

他专注学术研究，在古文字学领域，早年撰著《商周字例》，总结出古文字形体变异的十条规则，然后把这些规则应用于实践，发表了系列文章，先是单字考释，接着通篇考释，最后集结为多卷本《金文大字典》，取得引人注目的成就，获得上海市哲学社会科学研究成果特等奖。在1996年1月25日召开的庆贺《金文大字典》成功出版发行暨学术研讨会上，与会专家学者王元化、章培恒、巢峰、方诗铭、吴浩坤等人都认为，它的编纂、出版，不仅是我国学术界的一件盛事，也是我国金文整理研究历程中一部具有划时代意义的学术巨著，对我国历史学、考古学、文字学的研究，尤其是对阐扬中华传统文化，都有不可估量的学术价值；而且在学术界树立了一个严谨认真、呕心沥血、一丝不苟、字斟句酌的楷模。

此外，在相当长的一段时间内，他埋头书画篆刻艺术，尤其擅长绘画。据家人回忆说，当时他朝临暮写，寝馈于斯，常说“笔底丹青胜儿女”，将全部热情寄托于毫端，倾泻于纸上，所作草木、虫鱼、花鸟，造型生动，设色素淡，风格清新雅致，别有一种冷逸和孤峭的韵味。可惜中华人民共和国成立后因为不适应为工农兵服务的主体性绘画，不愿意赶时髦，所以干脆封笔，因此画名遂被学术之名所掩盖。但是自己很自信，认为一生事事：“半是经生半画师”。

（导言由李新城撰写初稿，沃兴华教授修改定稿。戴家祥先生后人戴显熹教授通阅全稿，并提供了许多非常宝贵的修改意见。在此，对戴显熹教授和沃兴华教授为此书选编工作所付出的辛勤劳动表示诚挚的感谢。）

戴家祥自传

(一)

我生于一九〇六年(清光绪三十二年)五月四日(阳历),养于浙江省瓯海县梧埏镇南一村(原属永嘉县上田乡),戴家,汉族。

祖父伯陶娶元配霞坊叶氏、继配茶山乡诸氏,夫妇早亡,有一子两女。子名佩和,原配茶山乡诸氏,虞卿公独养女,婚后即亡。继配瑞安县海安所(今场桥乡)竺雅周公长女采芹,生一女,女两岁时,佩和病故。佩和在其高祖世系中为嫡长子,中道归西,兄弟一辈尚未出世,更谈不上传宗接代的子侄。因此,诸、竺两个外家商量定策,教他的遗孀竺氏伪装怀孕。

适瑞安县鲍田乡有个周姓贫农,长年在海涂中捕捉虾蟹为生,患胃病不治身故,遗下一子名崇水,年仅六岁。遗孀怀我才几个月,带着崇水沿街乞讨。产后十三天,以三十五元的代价把我出卖,由竺姓外家带进戴家,充做戴佩和的遗腹子。因我生父名庆桃,所以乳名余庆,在上田戴氏宗谱中属“瑞”字辈,谱名“瑞暄”。但在鲍田周姓属“崇”字辈,谱名“崇郎”,“出继上田戴氏”。这两个谱名虽然一直保留在各自的宗谱上,但是一直没有对外用过。

生母把我出卖后,改嫁场桥乡李殿庚,生子女各一。十多年后,殿庚贩卖私盐到永嘉,在路上患急性传染病死去。一家靠崇水从事"非法"买卖,即所谓"盐枭子"过活。有时还借卖盐之便,绕道上田,偷偷地看一眼被卖出去的胞弟长得怎样了。

事隔不久,破绽终于流露出来。养母竺采芹对待生女戴燕姑和养子我态度悬殊,在重男轻女的社会中,已使人一目了然。妈妈在打骂声中,每每话中有话,这就等于告诉人家,余庆非我儿也。

这时,上田初级小学校长戴桂芬(京生),绰号狂生,是共高祖世系的二房大阿公,借修订宗谱为名,妄想把我排除出戴氏宗支之外,一次又一次地勒索去巨款还不满足,最后还是告到公堂。他的官司虽然被驳回了,但在乡里间已造成极坏的影响。

在这样的环境中,我不可能和其他适龄学童一样进入小学念书,只好请老师在家里教读。记得第一个老师诸庆森,是个不学无术的鸦片烟嗜好者,把我取名戴家祥。第二个老师是一位年已六十四岁的瑞安人俞黼唐(君尧),其子名煦甡字春如,宣统己酉(1903)拔贡。第三个老师吴濬,字虞士,穷到没有立锥之地。年过半百,一家四口,在瑞安司前护城河的木桥上搭建起一间不到八、九平方米的小屋里居住,土名"桥棚屋"。他以好学闻名,为当地士绅项茗甫先生所推重。他对我显得格外喜爱,用"和气致祥"的含义,同时照顾到继父佩和身分关系,结合我谱名"瑞暄",取字"幼和"。

吴老师从科举废后,便学会了英语、算术等新知识,又擅长国画,山水、花鸟、人物样样都会。由于他一度把我从严重的赤痢病中抢救脱险,近邻十里左右的农民才发现他是一个出色的郎中。求医的人,一天多似一天,但他从不收受人们的分文谢礼。

一九一三——一九一五年内,我读了《华英初阶》《华英进阶》,学会了笔算、珠算,同时还背诵了《论语》《孟子》《中庸》《大学》《孝经》《诗经》《左传》,能写一百字以内的短文章,对国画的基本功也略有所知。

民国四年(一九一五年),养母病故,伯镛叔公管了我的家。不到两年,叔公病亡,年仅三十九岁。

（二）

养母死后，家庭渐渐走向破落，但我在精神上的压力却有所减轻。叔公死后，我获得更多的自由。一九一九年，走出家门，参加了“五四”运动的行列，散发字画宣传品。吴老师意识到，我的将来应走出私塾到学校里取得更多的知识，曾向我外祖父竺旦劝言。那时邻里读书的人，特别是我家后岸的王起（季思）一再怂恿我以同等学力去投考中学。一九二〇年秋季，我以英语成绩优异，被教会学校温州艺文中学（校长英国人蔡博敏）录取为第一名。后来又被瑞安县立中学录取，但投考浙江省立第十中学名列备取第四。

瑞安县立中学的创办人，是姨公孙诒让（仲容）和项茗甫先生。姨公虽已去世，他次子孙次镠夫人，是我姊夫诸叔琳的二姊。由于这种亲戚关系，遂和诸叔琳、王起作伴借住虞池孙家，成为瑞安县中的走读生。同时有机会获得次镠先生的爱顾，允许走进他家藏书的“玉海楼”，翻阅姨公及其先人琴西公遗著。

姨公《古籀拾遗》自序：“光绪戊子（一八八八）同里周孝廉璪亦嗜篆籀之学，为手书以上版。”周璪先生字仲龙，那时还健在，对于我的拜访，破格接待。他对我讲起姨公的治学方法：以专带博，反过来又使渊博的知识为深邃的专精服务。同时讲到姨公晚年，每晚以一支洋蜡烛为度，烛泪未干，手不释卷。

姊夫诸叔琳、同乡王起都在一年后毕业回乡。我一个人似乎不好意思再在孙家住下去，但是感情上实在不愿意离开“玉海楼”。后来无意中碰到一位林铸（涤夫）先生，他当时担任瑞中三年级语文教师，和我并没有教和学的师生关系，谁知立谈之间，结成忘年之交。他主动把我接到龙首桥其住宅安居，并将我介绍给他的表舅陈琮（燕甫）先生为受业弟子。

陈老师是位性情怪僻的知识分子，他是科举时代的廪生，但深爱天文、数学，所有的几何、三角、代数乃至物理、化学，一看就懂，一用就会。

生平嫉恶如仇,受到省立第十中学校长邵季达的解聘,失业在家。这时又殇了一女,精神上感到苦闷。涤夫先生介绍我去受业,决不是为了他收入点微薄束脩,而是使他老人家“得天下之英才而教育之,一乐也”。当时人们打趣说:“林涤夫爱才如命,陈燕甫嫉恶如仇,戴家祥思学若渴。”陈老师见面时,赠我八个大字:“勤能补拙,俭可养廉”。

陈老师和涤夫先生又都教我从师不如访友。他们介绍给我的许多朋友,都是当地有名气的书法家、鉴赏家和教育家。

一九二四年九月发生军阀抢夺地盘的江浙战争,永嘉到福鼎都属戒严区域,我回乡避难,一阻隔就是一个多月。不料涤夫先生已在中秋前夕呕血身亡。他的老父雅琴公公,要我照旧住在他家,不必拘束。

一九二五年,我在瑞中将近毕业了,王起兄从东南大学寄来一份剪报,告诉我清华大学开办国学研究院,约我一道去北京应试。我怕自己程度不相称,陈老师却鼓励我去,并为我写了一个证明,列举读过那些古书,有什么心得体会,有什么专长,请准予同等学力应试。所有友好,不论年老的年轻的,也都尽情鼓励我。哪晓得“外祖父”却摇头不准,并且用经济制裁手段,捆住我的手足。五月三十日,上海发生“五卅”惨案,奉系军阀乘机南下,交通受阻,使我没有赶上第一期招生。一九二六年秋季,总算达到我的愿望,和王力、谢国桢、姜寅清、朱芳圃等兄,赶上第二届考试而被录取。王国维先生为指导老师,专业方向“金文甲骨之研究”。

清华研究院是采取旧中国的书院制和英国牛津大学导师制相结合的教学方式,师生都分别做自己的科研工作,上课时间并不很多。我和王老师的谈话机会也不多,却千方百计伺候他晚饭后到陈寅恪老师家里聊天,特别是交流学术情报,最有意思。

一九二七年,我把免簠“司奠还蔷”释为“司郑园圃”,把兮甲盘“嚣虘”释为“簠虘”,并旁搜博采,扩大为《释甫》一文,作为学年成绩。王老师六月二日自沉的前夕,已经过目,评定成绩乙等(黄淬伯、赵邦彦甲等)。

王老师遗嘱:“遗书托陈(寅恪)吴(宓)二先生整理。”陈老师把任务交助教赵万里(斐云),赵把有关经学、文字训诂部分交我校对,并托我把全部遗稿送交天津“贞松堂”。罗振玉组织出版委员会,编成《王忠悫公遗书》四集,共印五百部。

一九三三年,王老师介弟哲安教授,认为初版错字太多,把版权转让上海商务印书馆,改名《海宁王静安先生遗书》。我也参加了校勘工作,又一次获读了王老师的遗著。一九三六年六月,我在南开大学作三次全校性的学术报告,介绍王老师的文学、哲学、经史、小学各个方面的成就。这是我第三次获读王老师的遗著,心得体会深入了一步,似乎有“仰之弥高”的思想情绪。

(三)

王老师去世之后一年,梁任公先生也身故了。我想出国留学没有成功,要在中央研究院历史语言研究所找个工作,却被推荐到中山大学当副教授,在那里认识了商承祚(锡永)、容肇祖(元胎)教授。由于校内的派系倾轧和政局的变化,容、商两兄先后离开中大。一九三一年暑假,我也离开,任浙江省立杭高教员。一九三三年离开杭州到北京进修,和过去的老师、老同学重新叙旧,愈感自己的不足。一九三四年任南开大学经济研究所研究员,兼教《中国通史》及《明清经济史专题研究》。一九三六年任四川大学副教授。一九三七年抗战开始,从北京奔回浙江,任中学教员,并以绘画自娱。

我平生淡泊简朴,轻名利,重友谊,择友以志同道合为原则,从业随朋友支留,惟性所适。隐逸家乡期间,主要从事中等教育。1938 年,应友人所荐在浙江海门台州中学讲习语文,因率领学生行军训练、宣传抗日,并暗中资助简易师范学生罗天冶、陈恭等二十余人赴皖南屯溪新四军学习班,而被学校解聘。1939 年又受老友许杰先生之招,赴天台县私立大公学校任教导主任,因许杰先生受排斥离校,我也随即离去。1939 年 8 月至 1941 年 7 月,由友人张印通聘为设在丽水县碧湖镇的省联合高级中学教员，主讲语文并参与中国绘画艺术研究，以绘画所得捐助抗日伤兵福利事业。

1941年，应老友衢州中学校长陈博文之招，聘为该校高中部主任兼总务主任。因发生学生殴打训育主任的风潮，学校被勒令解散，我被诬陷为学潮的幕后策划人，身心受到摧残，回家休养一学期。

1942年7月11日，日寇进攻温州，温州二度沦陷，至8月15日撤退，我又先后应友人之招，在私立瓯海公学、私立建国高商任教。1944年9月9日温州三度沦陷，而且出现汉奸组织，故不得不带长女、长子逃难至泰顺县江口温州中学临时校址和在芷江的温州师范学校兼课。1945年6月17日，日寇撤退，挈子女返回温州。

日军投降后，从泰顺迁至温州的国立英士大学聘我为副教授，任大学一、二年级语文课。1946年9月，英士由温州迁至金华，我只身随校北去。1948年春，我一生的知心朋友、南开大学的老同事冯柳猗新任文学院长，希望聘我为教授，后因平津战役打响，道路受阻而未成行。国民党的金圆券一落千丈，使人生活陷入困境，只得借债回家。

1951年上海创办华东师大，聘我为教授，主讲“历史文选”“中国通史”等课程。1954年任华东师大基层工会委员。1956年，加入民盟。

一九五七年六月三日，有个历史系资料员赵明义化名“楚歌”，写了一篇《告全体同学书》，煽动同学起来推翻中国共产党的领导。上海市公安局派方明同志协助破案，赵明义也已自己承认。但是有人不满足于这样一个小右派，声言要抓头面人物。赵明义受人唆使，七月一日在华东师大万人大会上栽赃诬陷，说那篇文章是我给的稿子，从此蒙冤被错划为右派分子。一九六一年九月，宣布摘掉帽子。“文化大革命”中又以老右派身份被批判揪斗。所幸垂暮之年，还能见及林彪、江青反革命集团的可耻下场。一九七八年党中央作出改正错划右派的决策，华东师大党委和教职工主持公道，一致认为所谓“楚歌幕后人”问题是一冤假错案，并予以改正，恢复待遇和民主同盟盟籍。一九八〇年《中央盟讯》（第一期五页）特地报导：“一篇化名‘楚歌’的反动文章说他是幕后人，实际上是写文章的右派分子对他的诬告”。一九八一年《人民日报》(一月十九日第三版)《振奋精神,为人民作出新的贡献》文中提到“华东师范大学教授戴家祥,专长经学、古文字研究。他以八十高龄带病工作,编写《金文大字典》,还带了两个研究生”。一九八一年《文汇报》(三月二十九日第二版)《活跃学术空气,反映教学科研成果》一文,又报导“《华东师范大学学报(社会科学版)》发表的文章,近三分之一是一些老教授、老专家写的,比如金文研究专家戴家祥教授写了一篇文章,学术水平很高,在学术界产生了很大的影响”等等,这是党对我恢复名誉的一种表示。党和人民需要我工作,我是义不容辞的。

由于蒙冤受屈,我屡患疾病。一九八〇年在死亡线的边缘上受到党委书记施平同志,副校长周原冰同志、林远同志、卓平同志以及其他领导人的亲切关怀,上海市第六医院的外科专家和医护人员大力抢救脱险,以至今天我尚可以坚持工作。

(四)

我的治学经历、著作篇目和经验体会:

一九二七年我写了一篇《评容庚〈金文编〉》,对容书的体例提出一些意见,并首先提出番生簋“朱旂旜金”“旜”应该释“旃”,叔皮父叔簋“其虔子”的“虔”应该释“虎”,一九二八年五月二十九日被天津《大公报·文学副刊》(吴宓主编)所采用,因而和希白教授建立文字之交。

一九二八年,陈寅恪老师主编清华研究院学报《国学论丛》,把我的论文《释千》《释百》《释甫》《释皀》选登在第一卷第四期。与此同时,我写成《商周字例》初稿,一九二九年春寄广州中山大学,请同学余永梁、黄淬伯、朱芳圃诸兄批评指正。余永梁把我的自序选登在中山大学《语言历史学研究所周刊》,原稿寄回,藏在衣箱里,不料在斜桥安临里寓所,原稿连同衣箱一起失窃。惟《重复例的例证论》,朱芳圃兄认为新颖,抄录一份,故还有副本保存。

一九二九年,希白为燕京大学谋刊娒公孙诒让《古籀余论》和《尚书骈枝》,我为《古籀余论》补漏千余字。

一九二九年《国学论丛》第二卷第一期,选登了我的《員字说》。中山大学《语言历史学研究所周刊》10卷111期选登了我的《虔字说》(1929年12月25日)。

一九三〇年《周刊》11卷125期选登了我的《哭字说》(4月23日)。

一九三四年北京考古学界发起组织"考古学社",我加入了。中法大学徐炳旭(旭生)教授率领北平研究院考古工作队在陕西宝鸡县斗鸡台进行考古发掘,国民党西山会议头子戴传贤电请蒋介石,乞以法律禁止之。我站在考古工作者的立场,发表《驳斥戴传贤反对发墓考古,培植民德之主张》。(见1934年4月20日《北平晨报》,编者略有删节)这一年在北京闲居,写了读书笔记若干篇。天津《大公报·图书副刊》(主编人向达)选登了我《评郭沫若〈古代铭刻汇考〉》一文(1934年2月2日),《评黄文弼〈高昌陶集〉》(1934年2月17日),《评徐协贞〈殷契通释〉》(1934年3月31日),《评陈晋〈龟甲文字概论〉》(1934年4月7日),《评朱芳圃〈孙诒让年谱〉》(1934年6月30日),《评朱芳圃〈甲骨文字编〉》(1934年8月4日)。南开大学《政治经济学报》第三卷第二期选登了我《评吕振羽〈史前期中国社会研究〉》(1935年1月),第三期选登了我《评刘节〈楚器图释〉》(1935年4月),第四期选登了我《评马元材〈桑弘羊年谱〉》(1935年7月)。

在南开大学经济研究所,有机会看到马克思、恩格斯有关剩余价值、唯物史观的学说和列宁帝国主义理论,初步认识到旧中国的统治者是不会长久的。

一九三五年是民族灾难逐渐加重的时刻。南开大学地处日本海光寺兵营的南缘、日本新建飞机场的左侧,汉奸卖国贼横行无忌。青年学生接受党在白区的领导,展开针锋相对的斗争。我结合民主主义、爱国主义教育,做了几个星期全校性的专题报告:明末清初学术界代表人物顾炎武、黄宗羲、颜元、李塨,鼓吹教育改革;《中国历史上学生运动》,支援"一二·九"学生运动。

也在这个时候，瑞安场桥有个穷苦知识分子曹瞿九（曹天民的父亲）偶然捡着一张旧报纸天津《大公报》，看见载有我的文章，把消息告诉了我的生母。生母听了，热泪盈眶，又悲又喜，屈指一算，二十八年前的往事如在眼前。她把寸肠向他说了又说，求他如实地写信给我。他把信寄给天津《大公报》，报社把它转给北京图书馆，向达兄又把它转到我手。我一口气把这封情意深长的长信读了还读，怀疑自己是否在做梦？但是回忆过去的遭遇，似乎并非虚构。于是托人调查，并且安排暑假到当地见一面生母。这是第一次见面，也是最后一次面。

一九三六年是尊孔读经思潮重新抬头的时刻，山东韩复榘、广东陈济棠、四川刘汀和考试院长戴传贤，都是这股潮流的支柱。我写了一篇《别单思病吧》，从历史主义观点进行反击。四川大学《前进》（双月刊）的编者刘大杰，把题目改为《单思病者的前途》，发表在创刊号。

一九五三年我写了一篇《兮伯吉父盘铭考释》作为“历史文选”课的参考教材，后来发表在《华东师大学报》创刊号（1955年第一期）。一九五四年上海历史学会负责人周谷城教授，通过陈漱石教授和师大历史系主任吴泽、陈旭麓教授，发展我为会员。一九五五年被选为理事会理事。

一九五七年我应吴泽同志之请，写了篇《甲骨文的发现及其学术意义》发表在《历史教学问题》一九五七年第三期。同年四月，在全校科学报告会上作了《殷周时代祖先崇拜与上帝崇拜》的学术报告，用大量文献资料证明现实世界的最高统治者，就是灵魂世界的最高统治者——上帝的子孙。灵魂世界的上帝，反过来就是现实世界的最高统治者已经死去不知年数的始祖。所以只有天子才有资格祭祀上帝（禘）。这实际上就是祖先教。师大领导原计划在《华东师大学报（社会科学版）》发表，后因“右派”问题不准采用，原稿被毁。

一九五八年以后，所写文稿却都是“为人作嫁”。一九五六年写的《中国通史》函授讲义，被明目张胆地改头换面，署名×××主编。《〈后汉书〉选读》的注释工作，也被人冒其名而有之了。不仅如此，一九三五年在南开大学写的所有讲稿（排印本），一九三六年在四川大学发表的

《前进》(双月刊)中的文章,在“十年浩劫”中都被看做“毒草”毁灭了,惟《海宁王国维先生》一文被同事刘寅生先生保存下来。

在我国科技文化战线的一片春光里,我也忘记了自己的谫陋,敢于鼓其余勇,写了一篇《墙盘铭文通释》,发表在《上海师大学报(哲学社会科学版)》(一九七九年二期)。

中国共产党的十一届三中全会路线,照耀着祖国的九百六十万平方公里的大地,各族人民沐浴在党的阳光下,都已振奋精神,为四个现代化贡献力量。我也在一九七九年秋季招了两名研究生,从事古文字学研究。在我的指导下,从青铜器铭文、甲骨文字本身,归纳出十条基本规律:

一、象形正侧动容变革例;

二、象形点划繁简例;

三、辅助符号增省例;

四、形声符号更换例;

五、形声符号重复例;

六、形声符号位移例;

七、六书隶属再分例;

八、同声文字通假例;

九、同义字代用例;

十、古今音读分歧例。

根据上列十条基本规律,广泛搜集《说文解字》《玉篇》《广韵》《集韵》《一切经音义》《经典释文》等书中所有的重文异体字,分类排比,编辑成册,作为分析字形的参考依据。运用钱大昕、陈澧、曾运乾诸家关于古声母研究的成果,江有诰、王念孙关于先秦古韵的分部,编成先秦声韵通检,作为查对声韵的依据。如果身体健康还许可的话,准备创造条件,把清代学者的经训择要集中,替阮元《经籍籑诂》做个续补,为读通青铜器铭文、甲骨文的语法辞例,提供更扎实的例证资料。

我国汉字的构成条件,包括形、声、义三个方面,古文字研究工作者必须具备形、声、义三方面的识别能力。希望从事这个专业的年轻一代，脚踏实地，在这三个方面打好基础。将来在众说纷纭的考析中，或许不至于眼花缭乱，无所适从。这是我的希望所在，同时也是编好《金文大字典》的检查尺度。“长江后浪推前浪，一代新人胜旧人”，这是人类文化发展的规律。我相信我国文化技术的现代化，一定能够胜利完成。

（五）

一九八四年的春天，老讲师路永明在我家闲谈，副教授袁英光凑巧碰上来。袁向路说：“希望你的儿子路新生争取入党”。路说：“我也这样想，可媳妇王平说她在东北插队落户时，对某些党员的腐败现象，实在太伤心了。”我抢着插嘴说：“我就不是这样看，正因为那些坏蛋的存在，就要争取加入，提高党员的素质。虽然我已年近八十，还要创造条件，参加党组织。加入中国共产党，不是同流合污，而是要斗倒这些歪风邪气。”

后来在一次副教授王承礼续婚招待会上，历史系副主任桂遵义建议翌年为我的八十生辰举行庆祝活动，袁英光把我要争取入党的事情向群众公开了，吴泽主任说：“那很好，告诉支部书记盛邦和吧！”第二天总支书记金相成来看我，提起了这件事，我把一些学生的来信，让他带去看看，料不到就在全校新党员宣誓大会上，师大党委安排我发言。发言结束，掌声达十多分钟。一九八五年四月十一日，我在历史系会议室面对党旗举手宣誓，加入了中国共产党。

现在，抄录我在全校新党员宣誓大会上的发言，作为全文的结束语：

我是个旧社会走过来的老年知识分子，在一生的经历中，饱受了国弱民贫的民族灾难。一九三一年，我受职为南开大学经济研究所研究员，接触了马克思主义经典著作，认识到日本帝国主义的本质就是侵略。一九三五年“一二·九”运动的爆发，我向自己的学生霍天一说，民族解放只能寄希望于中国共产党，我自己要创造条件，成为一个共产党员。霍天一，吉林人，“九·一八”事变后流浪入关，时为学生运动的领导人之一。后来竟以扰乱教学秩序的罪名，受到退学处分。我也因为聘书期满,被通知“另谋高就”。只怪自己主观努力不够,没有达到入党的愿望。

一九五七年在师大被人栽赃诬陷,制造出莫须有的罪名,即“楚歌”幕后人问题。七月上旬,我在大礼堂历史系师生员工大会声明:自己千分之千的相信党,要同赵明义到提篮桥(编者按:上海地方法院的提篮桥)搞清楚。谁知这几句话,被主席团指为态度恶劣,建议从严惩处。一九六五年“四清”运动时又被指名检查。“文革”的结论是一九六一年摘帽以后,又散布不少反动言论。有的同志说:“同一句话,在别人说是正确的,由你说出来便是错的,什么树开什么花,什么人说什么话嘛。”在这个环境中,还敢提出入党要求吗?

二十多年的逆境过去了,但是毕生的信仰,人类社会总是向前发展的。恩格斯告诉我们,脑力劳动与体力劳动的分工,是人类社会的进步,不是倒退。共产主义取代资本主义是历史发展的必然规律。我也相信,革命事业不是直线上升的。残酷的严冬过去之后,接着而来的是花香鸟语的春天。我在任何情况下,决不做一件有损于民族利益和人民利益的事,不发表一句怨言。我相信总有一日,党会了解我的真心诚意的。

四人帮被粉碎以后,感情上是激动的,但是恐惧的心理比前有增无减,那就是当时的华国锋主席把林彪、“四人帮”一伙人说成是极右的修正主义。我不知道将来的方针政策会左到那个地步。

中国共产党十一届三中全会,清算了祸国殃民的极“左”路线,中央领导班子坚持马克思主义实事求是原则,顺应强国富民的历史要求,一下子解决了十亿人口吃穿问题,在世界范围内,被认为是奇迹。邓小平同志在全国科学技术大会开幕式上,庄严宣布科学技术是生产力。工人阶级自己培养起来的知识分子是工人阶级的一部份。一度被错划为“右派”的钱伟长、费孝通、陶大镛等老年知识分子,都焕发出火一样的青春活力,为国家出谋献策,有时还飞到外国去,为祖国争光。中华人民共和国的体育健儿,在世界性的锦标赛中夺取一个又一个金牌,这股劲从哪里来的?旅日爱国侨胞蔡世金,将积蓄为中国女排设立基金。香港爱国同胞大企业家霍英东为中山大学捐献一座大礼堂、一座体育馆。另一位企业家包玉刚捐献五千万人民币创办一所宁波大学，又为交通大学捐献一座图书馆，还设置百万美元作为留学生奖学金基金。还有一位王宽诚同胞拿出一亿美元作基金，为五十名硕士、博士留学生提供求学费用，这种热情，究竟又从哪里来呢？千句万句，总结一句，一切归功于党的路线。重视知识，重视知识分子，对知识分子肝胆相照，知识分子就感到自己与党是血肉关系，而不是别的关系。台湾骨肉同胞、港澳同胞、海外侨胞都是旧中国这条藤子上结起来的苦果，对自己的祖国，本来都有一颗赤子的心。十年浩劫却把他们视同仇敌，许多侨眷都以海外关系受到株连。十一届三中全会以后，扭转了侨务政策，许多事实告诉他们，中国共产党确实为祖国做了前所未有的贡献，他们知道，一切事业取决于教育，所以他们急祖国之所急，捐助教育经费，作智力投资。

我自己呢？历史系总支一九七八年对我复查的结果，建议“文革”中强加给我的一切不实之词，应予推倒。师大党委一次又一次地仔细复查，认为不应划我为右派分子，恢复我的政治名誉和教授职称。过去受我牵连的亲友学生，都放下了沉重的政治包袱。多年失去来往的朋友，路过上海时都来看望我、慰问我，或者寄来千言万语的诉说。我感到怎么回答好呢？我只好说，一九五七年在大礼堂的声明，千分之千地兑现了，我从内心里感到党对我温暖，我终于亲身看见邪恶势力的可耻下场。革命事业又在健康的轨道上腾飞了。

我今年虽年已八十，又动过两次大手术，却觉得身上还有使不完的力气，一定以有生之年，抓紧马列主义、毛泽东思想学习，虚心向同志们学习，向一切曾经反对过我而且证明反对错了的人学习，争取做一个名实相符的共产主义战士，沿着党的正确路线，奋勇前进，“鞠躬尽瘁，死而后已”！

一九九二年小满节，戴家祥写于上海华东师范大学

凡　例

一、本书收录的戴家祥先生的作品主要包括四个部分：一是《金文大字典》选，收录《金文大字典》中336条戴家祥先生有自己见解的条目；二是“论学”部分，收录金文考释、学术专论、书评序跋、翻译作品等学术性文章；三是“论人”部分，收录回忆导师王国维先生以及其他师友的纪念性文章；四是“论世”，收录时评等其他文章。对发表于不同时期和不同刊物的同一篇文章，原则上以时间较早的版本为依据，对其中明显的不同之处以注的形式加以说明。本书所据文本对刊印本内容多有修订，文中不一一注出。

二、本书对不同时期的文章的标点符号的用法予以统一。

三、本书对所收录文章中手写的古文字形，尽可能根据文字出处从拓片中提取相应字形进行替换，以保证古文字字形准确。

四、本书对所收录文章中的引文和外国学者译名原则上不做改动，仅对其中明显有误之处进行修订。

《金文大字典》选

一　释七

《说文》十四:“七,阳之正也。从一,微阴从中衺出也。”按许慎以阴阳解释序数字,不符合字的本义。静安先生谓序数字又各含有特殊的意义。甲骨文、金文的七均由两枝交加而成。十字形像树上划两道缺痕,让胶漆从中滴下,实为桼的初字。《说文》六篇:“桼,木汁。可以髹物。象形。桼如水滴而下。”桼乃古漆字。甲骨文、金文均作十。战国时期的江陵楚简才有桼字,作桼,像切割树皮后胶汁下滴状。我国先民根据桼的制作情形,排树枝成桼形。十作为基数字第七位的写法,因而“汉人多假桼为七字。”(见《说文解字段注》六篇)药名“三七”,《本草纲目》:“言叶左三右四,故名。一说本名山桼。”《正字通》:“七,或通作柒、桼、漆。”七字加刀旁成切,附加取漆割树皮的手段。切与漆在意义上也有关联。《礼记·祭义》“漆漆者,容也,自反也”,郑注:“漆漆,读如朋友切切。”《唐韵》七、桼俱读亲吉切,清母至部,切读千结切,不但同部,而且同母。

【《金文大字典》页一六】

二 释百

戴家祥曰：《说文》"百，十十也。从一、白。数，十十为一百。百，白也。十百为一贯。相章也。，古文百。"段玉裁曰："自白同。白，告白也。此说从白之意。数长于百，可以词言白人也。"按，段释许书从白之义甚辨，而实非也。古文白、伯一字，百从一从白，白亦声，乃形声字。段氏谓"数长于百，可以词言白人"，岂许氏"从一、白"之本旨乎？窃引卜辞、金文以证之。卜辞百作（《殷墟书契前编》卷三第二十三叶）、（《龟甲兽骨文字》卷二第十四叶），金文作，各以一、白相连而成百。夫世无衡量筹算，人之记数，固以指尔。上古遗言，数止三五而已。（略本章炳麟《正义杂义说》）百千万义，本无专字，其数不过赅括言之。百辟、百礼、百工、百货、百姓俱不能以百数泥也。迨后文教开明，始定其数，十十为百，十百为千，十千为万，十万为亿，其数皆以十进矣。于是加一于白而成百。卜辞二百作，齐子仲姜镈作。三百，卜辞作。五百，虢季子白盘作。六百，卜辞作，盂鼎作。古文本无百字，假白为百。见于卜辞者有（《前编》卷六第十三叶），有（《后编》卷下四十三叶），盂鼎百作。白即伯之初文。《礼记·王制》正义引《春秋元命苞》云："伯之为言白也。明白于德也。"故古书多以伯为百。《孟子》"百里奚"，《韩非子·难言》作"伯里奚"。《史记·秦始皇本纪》"崛起于什伯之中"，贾谊《过秦论》"起于仟佰之中"，《史记索隐》"以为千人百人之长"。《荀子·王制篇》"司马知师旅甲兵乘白之数"，杨倞注"或曰白当为百，百人也。"王引之曰："白与伯同。"《逸周书·武顺篇》"四卒成卫曰伯"，是百人为伯也。《唐韵》白读旁陌切，并母鱼部。伯、百俱读博陌切，帮母鱼部。韵同声近。知白、百、伯、佰同声同义之证也。（《国学论丛》一卷四期《释百——申〈说文〉义》）【《金文大字典》页六三—六四】

三　释敃

戴家祥曰：孙诒让云：“二字，阮释为乍攸。程释为亡䡌。翁、吴亦释为亡，而字则与攸、䡌一形并不类。”（金文“攸勒”字常见，并不如此。）按此当为敃字，即《说文》从攴，民声之敃也。近时新出毛公厝鼎铭云：敃天央畏（读为旻天殃威，详下卷毛公鼎释文。），殹字作，与此正同。此民字上半微有剥蚀，遂不可识耳。㝵与德通（详上卷齐侯镈钟）。敃读为愍，《广雅·释诂》：愍，“忧也”。言惠叔之德纯一而不忧也。（《古籀拾遗》卷中第七叶虢叔大林钟）又曰：敃，徐读为愍是也。案《说文·心部》：“愍，痛也。从心。敃声。”《攴部》：“敃，彊也。从攴。民声。”此从又者，从攴省也。愍天，即旻天。《五经异义·古尚书》说：“仁覆愍下，则称旻天。”《尔雅·释天》“秋为旻天”，郭注：“旻，犹愍也。愍万物凋落。”是其证。（《述林》卷七第二叶）按“德纯亡敃”为古人成语。师望鼎、大克鼎、汈其钟亦作“屯亡敃”。小篆以攴表义者，卜辞、金文抑或从又。《说文》：啓，从攴，启声。卜辞作。《说文》：敏，从攴，每声。金文作（大盂鼎），或作（师嫠毁）。吴大澂释毛公鼎敃字同愍（《说文古籀补》三篇第十叶），释师望鼎、兮甲盘、大克鼎敃字为敯（仝上第十一叶），不知敃亦愍也。《周书·谥法解》：“在国遭忧曰愍，在国逢𩐤曰愍，祸乱方作曰愍，使民悲伤曰愍。”“亡愍”犹卜辞云“亡尤”“亡灾”，《易》云“无咎”也。同声通假，愍或为闵。《说文》十二篇：“闵，弔者在门也。从门。文声。古文作䀏。”俗书作悯。《左传·庄公十二年》“宋万弑闵公于蒙泽”，《汉书·古今人表》闵作愍。《左传·庄公三十二年》“冬十月己未，立闵公”，《汉书·律历志》闵作愍。《战国策·齐策》齐闵王，《汉书·古今人表》闵作愍。《唐韵》闵、愍、敃俱读眉殒切，明母文部。旻读武巾切。不但同母，而且同部。孙释郅确。徐同柏释坶（《从古堂款识学》卷十第三叶）、容庚敃读如字，训彊（《金文编》卷三），均不可取。【《金文大字典》页三〇一—三〇二】

四　释取

取字金文或作此状。郭沫若释作𠬪，曰："𠬪字原铭作[illegible]、[illegible]，与小篆稍异。以文意推之，当是𠬪。《说文》：'𠬪，上下相付也，读若《诗·摽有梅》。'字在此即是付义。"(《两周金文辞大系考释》)按郭说非是，此当为取字。《说文》三篇："取，捕取也。从又。从耳。《周礼》：'获者取左耳。'《司马法》曰：'载献聝。聝者，耳也。'"格伯段作[illegible]，象又持丨割耳之形，非𠬪之异。金文皆用作获取之意。【《金文大字典》页三〇五】

五　释封

《说文》十三篇："封，爵诸侯之土也。从之，从土，从寸。守其制度也。公侯百里，伯七十里，子男五十里。𡉘，古文封省。𡊄，籀文从丯。"《说文》训"爵诸侯之土"，显为后起之义。郭沫若曰："《周官·地官》：'封人，掌诏王之社壝，为畿封而树之。凡封国，设其社稷之壝，封其四疆。造都邑之封域者亦如之。'是则古之畿封实以树为之也。此习于今犹存。然其事之起殆远在太古。太古之民多利用自然林木以为族与族间之畛域。封之初字即丰。周金有'康侯丯作宝鼎'，即武王弟康叔封，亦即许书说'草盛丰丰'之丰与古文封省之𡉘。如毛公鼎二邦字作[illegible]、[illegible]，即丯、𡉘一之证。即以林木为界之象形，𡉘乃形声字，从土，丰声。从土，即起土界之意矣。以林木为界之事，于散氏盘铭犹可征考。"(《甲骨文字研究》上册《释封》)按封本作丯、𡉘，初义是植树封疆，加又(或寸)旁作封，动词之义更加明显。中山王嚳鼎"辟启封疆"，封用作本义。封字作[illegible]，改从土为从田。土、田义近。古文畺字作疆，就是添加土旁来表示田义的。故封字亦可从田，属形旁更换之例。【《金文大字典》页三〇八】

六　释臤

戴家祥曰：《说文》三篇："臤，坚也。从又。臣声。读若铿锵之铿。

古文以为贤字。”按许说非是。臤为臣之加旁字。臣，牵也。牵读苦坚切，溪母真部。臤，读苦闲切，溪母元部。元真韵近。从又，从臣，当即牵引之本字。《左传·哀公十六年》云：“太子请使良夫。良夫乘衷甸两牡，紫衣狐裘。至，袒裘，不释剑而食。太子使牵以退，数之以三罪而杀之。”许训：“臣，牵也。事君者。象屈服之形。”为臣之道如此而已矣。臣本战俘。《逸周书·作雒解》：“俘殷献民，迁于九毕。”俘者，伐国取人之谓也。经典亦或称执。《礼记·王制》：“出征，执有罪，反，释奠于学，以讯馘告。”执字从丮，幸声。丮义同又。又，手也。丮，持也。是知臤之从又从臣，亦犹取字从又从耳也。取谓讯馘所生获断耳者。盖臣为战败者受牵。臤字从又，指胜者俘所得也。上古语言朴质，主动词与被动词不分，施于人畜不分。其后庶业其繁，万品有别，于是别创从牛之牵，区别从臣之臤。《秋官·掌客》“牵四牢”，郑注：“牵，生牢也。”《左传·僖公三十三年》“惟是脯资，饩牵竭矣”，《释文》：“牲生曰牵。”其后牵执战俘之臤，渐就湮没，在经传中偶一见之，然非训释莫知其义。《公羊·僖公二年》“虞公抱玉牵马而至”，《释文》“牵马本又作掔。”掔即臤之表义加旁字，而不知从又即从手也。《文选·羽猎赋》“摼象犀”，李善注：“摼，古牵字。”坚读古贤切，见母真部，见溪声近，摼即掔之注音更旁字也。《集韵·下平·一先》牵、摼、掔同字。同声通假，臤亦读坚。《公羊·成公四年》“郑伯坚卒”，《释文》：“坚本或作臤。”此即《说文》所云“臤，坚也”。《周书·君奭》“时则有若巫贤”，魏三体石经古文作“巫臤”，此即《说文》所云“古文以为贤”。许君训臤虽各有所据，然造字之初谊仍有缺误，故宜究其义，俾学者谌正焉耳。【《金文大字典》页三一二—三一三】

七 释人

静安先生曰：“《说文解字·人部》：‘人，天地之性最贵者也。此籀文象臂胫之形。’按殷虚卜辞及古金文皆如此作，籀文承之。许君独言籀文者，前乎史篇者许未见之故也。此字篆文亦用籀文。篆之同于籀者多矣，许皆不著。此独著者，何也？曰：'以别于儿字之本古文奇字也'。大下云：'古文大。'亣下云：'籀文大。'因篆文有异作，且均为部首字，不能不著其所本也。"(《王静安先生遗书》第十七《史籀篇疏证》)廖廷相云："案许君义尚隐略。盖下象臂胫，上象俯首，乃鞠躬致敬形也。人非礼不立。鞠躬致敬者，所以明礼。武王之'火灭修容，慎戒必恭'，周公之'匔匔如畏'，正考父之'一命而偻，再命而伛，三命而俯'皆此意也。《释名》：'人，仁也。'《中庸》：'仁者，人也。'二字互训。《左传》言'出门如宾，承事如祭'，为仁之则。郑注《中庸》谓人'读如相人偶之人'。以人意相存问之言。凡人于宾、祭相存问，必鞠躬致敬，故儿字象之，虽籀文、古文当不相远。"(《释人》)

按器铭人方指殷末周初未被征服之某一部落，其地域似在山东、江苏某地。器铭有云"鬲百人""执讯廿又三人"，人字作单位数词解。器铭中称"一人"者，为当时最高统治主。《左传·襄公十三年》"一人刑善，其宁惟永"，杜预云："《周书·吕刑》曰：'一人，天子也。'"《礼记大传》"一人定国"，郑玄注："一人，谓人君也。"其次为"寡人"。《邶风·燕燕》"先君之思，以勖寡人"，郑笺："庄姜自称也。"《孟子·梁惠王上》："寡人之民不加多。"(《孟子·公孙丑下》"得道者多助，失道者寡助")皆诸侯对人自谦之称也。其中有云"圣人"者。《易·乾》卦文言"圣人作，而万物覩"，《论语·述而》"圣人，吾不得而见之矣。得见君子者，斯可矣"，皆指道德知慧最高境界之人格。又有所谓"文人"者。《周书·文侯之命》"追孝于前文人"，《大雅·江汉》"秬鬯一卣，告于文人"，《毛传》"文人，文德之人也"。其泛指被统治阶级者曰"民人""人民""庶民"。《论语·先进》："有民人焉，有社稷焉。"《孟子·尽心下》："诸侯之宝三：土地、人民、政事。"与庶民同义。庶，众也。殷虚卜辞有"呼众"云云。《左传·僖公十七年》："男为人臣，女为人妾。"又《哀公三年》："人臣隶圉免。"与人鬲同义，乃战俘奴隶、罪犯奴隶之同义语，为商周王朝社会阶级之最低下者。其称"晋人""秦人""邑人""散人"者，言其人之所隶属关系，犹今之著国籍户籍者。又有著其专业职称者，"车人""关人"等，犹言"匠人""轮人""商

人"是也。《唐韵》人读如邻切，日母真部。【《金文大字典》页三八三—三八四】

八　释千

戴家祥曰：《说文》三篇《十部》："千，十百也。从十，从人。"小徐《系传》作："从十。人声。"按《言部》："信，诚也。从人，从言。会意。"古文作，从口，人声。六国古鉩"信鉩"皆作鉩。七篇《禾部》："秊，谷孰也。从禾。千声。"卜辞作。金文作作（姞氏簋），作（敔簋），与卜辞同，皆从人，不从千。八篇《人部》："仁，亲也。从人从二。，古文仁，从千、心。"（《古文四声韵·十八真》引同）因疑殷周时代本无千字计数。《唐韵》千读此先切，清母真部。人读如邻切，日母真部。《鄘风·定之方中》："灵雨既零，命彼倌人。星言夙驾，说于桑田。匪直也人，秉心塞渊，騋牝三千。"《小雅·甫田》："倬彼甫田，岁取十千。我取其陈，食我农人。自古有年。"人千同韵。卜辞二千作，三千作，作，五千作，金文三千作，四千作，其所计之数均就字而递加。千之从一者，犹百之从一白也。以一加而成千，犹一加白而成百也。千之递加数加画若干以定千之倍，亦犹百之递加数加画若干以定百之倍也。许氏以为从十，失之。（《国学论丛》一卷第四期《释千》）【《金文大字典》页三八六】

九　释佩

戴家祥曰：字从人，从凡，字当释佩。凡，古帆字，象张帆形，亦即《说文》十篇之颿字。散氏盘凡作，大丰段作，颂段佩作，可与字偏旁佐证。扬子《方言·十》："佩、僄，轻也。楚凡相轻簿谓之相佩，或谓之僄也。"同声通假，亦作汎、剽。《文选》左思《魏都赋》"过以汎剽之单慧"，刘逵注："扬雄《方言》言曰：'汎、剽，轻也。'"《玉篇·二十三》佩读扶形切，并母耕部，又音孚剑切，滂母谈部，（《唐韵》颿读符俨切，并母谈

部。）即其字也。【《金文大字典》页三九六】

一〇　释以

戴家祥曰：字从，从。为人字横写，字当释似。《说文》八篇："似，象也。从人。以声。"《唐韵》似读详里切，邪母之部。以读羊止切，喻母之部。鼎铭"考似"当读"考姒"。《左传·襄公二十六年》"敬姒强命之"，杜预注："姒音似。"《说文》无姒字，而夏禹姓姒，似、姒性别更旁字也。《尔雅·释亲》："女子同出，谓先生为姒，后生为娣。"又曰："长妇谓稚妇为娣妇，娣妇谓长妇为姒妇。"郑玄注《礼记·内则》云："娣姒犹兄弟也。"同声通假，字亦同弋，又同翼。《唐韵》弋、翼俱读与职切，不但与以同部，而且同母。《左氏·襄公四年》春秋经"夫人姒氏薨"，《公》《谷》姒作弋。《谷梁氏·定公十五年》春秋经"秋七月，弋氏卒""九月辛巳，葬定弋"，《左传》《公羊传》弋作姒。沕其毁"皇母惠姓"，姓为弋之表义加旁字，亦即姒之声符更旁字。《集韵·入声二十四职》廙、㢞同字，蘡、翼、𦐊同字。《周书·大诰》："亦惟在王宫邦君室，越予小子考翼不可征。"蔡仲默《尚书集传》谓考翼即父兄，指管、蔡。父为考，兄为姒，故诸从父从母亦得谓之考弋，或考翼。墙盘铭云"烈祖文考弋"，此鼎铭云"考似"，实一语也。似从以声，故字亦通以。盂铭"似"当读以。"以，用也。"【《金文大字典》页四〇〇】

一一　释伎

戴家祥曰：字从人从支，《说文》所无。《古文四声韵·上声九麌》侮字，《籀韵》作伎。《六书统》云："籀文侮，从人，从支。戏以支击人。与伎字异。"按《说文》："侮，伤也。从人。每声。"在六书为形声。伎字从人，从支。《说文》："支，小击也。"在六书为会意。古代实有其字，许氏失收。《唐韵》侮读文甫切，明母鱼部。【《金文大字典》页四一六】

一二　释佃

强运开曰：古佃、甸为一字。《说文》："佃，中也。从人。田声。"《春秋传》曰："乘中佃。中佃，一辕车也。"《左·哀十七年传》："浑良夫乘衷甸两牡。"杜曰："衷甸，一辕。卿车。"许所据作中佃。又按魏三字石经"矦甸"古文作佃。皆佃、甸古通之证。(《说文古籀三补》卷八第四叶)按甸、佃并无本质区别。从字形看，隶定为甸更妥贴。金文用作车名，如克钟"易克甸车"。或用作量词，如扬段"官嗣量田甸"。或假作田，如柞钟"嗣五邑甸人事"。【《金文大字典》页四一七】

一三　释佁

戴家祥曰：字从人从台，字当释佁。《说文》："佁，痴貌。从人。台声。读若騃。"《管子·侈靡篇》"佁美然后有辉"，尹知章注："佁，深思貌。"按佁、始皆从台声，从人，从女，性别更旁字也。《集韵·上声六止》始、[illegible]、乨、䢃、䚂同字。金文(一)为作器者名。(二)假为司，钲铭䛐徒即司徒，子中匜作嗣徒。(三)假为嗣，段铭"用䛐乃祖考事"，犹《左传·哀公二十年》云"嗣子不废旧业"也。(四)段铭"用夙夜无䛐"，鼎铭"勿或能䛐"，䛐当读已。《唐韵》佁读夷在切，喻母之部。已读羊已切。不但同部，而且同母。同声必然同义。《魏风·陟岵》"夙夜无已"，郑笺："夙早，夜莫也。无已，无解怠。"《唐韵》嗣读祥吏切，邪母之部。《文选·七发》注引《声类》佁读嗣理切，与嗣同部又同母。故佁嗣互通。罗振玉但知䛐为嗣之借字(《永丰乡人稿丙》第一卷第六叶《䛐白□段盖跋》)，而不知其为佁之本字。不失其一隅之见，故亦标而出之。【《金文大字典》页四一八—四一九】

一四　释伒

于省吾曰:"伒字,郭释为谓层,谓《尔雅·释天》夏季月名之余本当作层。罗读伒为禘。殷释为祉。都不可从。伒字从人,示声,即商器祁盉的[illegible]字。古文字从人,从卩往往无别。《说文》:'示,天垂象,见吉凶,所以示人也。从二(上)。三垂,日、月、星也。'许解示字系臆为之说。卜辞示字作丁,或作[illegible],既非从上,也不从三垂。示与主古同字。卜辞示字间或作工。卜辞先公中的示壬、示癸,《史记·殷本纪》作主壬、主癸。天神地示之示,经传通作祇。示与祈、祁音近字通。《史记·晋世家》的'示眯明',《公羊传·宣公六年》作'祁弥明',《吕氏春秋·开春论》的'祈奚',《左传·成公八年》作'祁奚'。《说文》:祁'从邑。示声'是其证。卜辞多以气为祈求之祈。金文自西周中叶以来,祈求之祈作旂、旂、旂,间或作气。以六书之义求之。[illegible]或[illegible]从人、示,象人跪于神主之前以祈福,示亦声,系会意兼形声。伒字系由[illegible]滋化为[illegible],典籍则代以从示斤声的祈字。节文称'夏伒之月'即夏祈之月。《周礼·大祝》有'六祈',郑注以为:'祈,嗥(叫)也。谓有灾变,号呼告神以求福。'古代祀典的祭礼与祈礼有别,所以《礼记·礼器》谓'祭祀不祈'。《礼记·月令》称季夏之月'以共皇天上帝、名山大川、四方之神,以祠宗庙、社稷之灵,以为民祈福。'这是季夏举行祈礼之证。"(《考古学报》一九六三年第八期《鄂君启节考释》)按《唐韵》祈读渠稀切,郡母脂部。祇读巨支切,郡母支部。示读神至切,状母至部。支、脂、至三部韵位相近,可以通假。气读去既切,溪母脂部。声异韵同,亦可通假。惟主字读之庾切,照母侯部,不能与示通假。【《金文大字典》页四二〇—四二一】

一五　释侮

《说文》八篇:"侮,伤也。从人。每声。[illegible],古文从母。"鼎铭"隹俌侮氏从”，张政烺、赵诚二君皆读侮为姆。（《古文字研究》第一辑）按读姆是也。古字从女表义者，亦或更旁从人。婟或作㑴，㑦作嫉。《汉书·五行志》引刘向说云：“慢侮之心生”，《陈平传》“大王资侮人”，颜师古《集注》：“侮，古侮字”。又《张良传》“嫚娒”字更旁从女，师古亦曰：“娒，古侮字。”《集韵·去声五十候》：“姆，女师也。或从每。亦作母。”《仪礼·士昏礼》：“姆纚笄宵衣在其右。”郑玄注：“姆，妇人年五十，无子出而不复嫁，能以妇道教人者。若今乳母矣。”侮、姆皆母之加旁字。《唐韵》母、姆皆读莫后切，明母侯部。侮读文甫切，明母鱼部。侯、鱼韵近，故侮亦通姆。【《金文大字典》页四二四】

一六　释佀

佀字从人、口，从二，初义不可识。刘体智根据《说文》四篇刚之古文作𠇍，《集韵》引作佀，认为就是刚字。周法高认为刚可借为工，因为刚、工同属见母，刚属阳韵，工属东韵。“晚周秦汉多东阳互用。楚方言，如《老子》《楚辞》东部字皆可与阳部字叶韵。”（江有诰《古韵凡例》第六叶）金文佀多与师字相连，“佀师”即“工师”。“工师”一词战国时屡有记载，如《孟子·梁惠王下》“为巨室，则必使工师求大木”，赵岐注：“工师，主工匠之吏”。《礼记·月令》“季春之日……令工师令百工审五库之量”，郑注：“工师，司空属官也。”又“孟冬之月……令工师效功”，郑注：“工师，工官之长也。”（《金文考释》）朱德熙（《历史研究》一九五四年一期《寿县出土楚器铭文研究》）亦谓刚可通工。按金文宗周钟铭云：“服孳乃遣间来逆邵王。南夷东夷具见廿有六邦。惟皇上帝、百神保余小子，朕猷有成亡竞。我惟司配皇天王，对作宗周宝钟，仓仓葱葱，铣铣雝雝，用邵各不显祖考先王，其严在上，熊熊㲜㲜。”以王（阳）、邦（东）、竞（阳）、钟、葱、雝（东）、王、上（阳）、㲜（阳）协韵。周氏读“刚师”为“工师”，声韵可通。刘节释侃（《寿县所出楚器考释》），杨树达同意刘释而读为鍊。（《积微居金文说》卷五《楚王酓忎鼎跋》）《唐韵》刚读古郎切，见母阳部。工读古红

切,见母东部。侃读空旱切,溪母元部。鍊读古晏切,见母元部。两说比较,周说较长。【《金文大字典》页四二六—四二七】

一七　释攸

《说文》三篇:“攸,行水也。从攴,从人。水省。𢼸,秦刻石绎山文攸字如此。”钱大昕云:“古器铭多鋚勒字,惟石鼓及寅簋文正作鋚勒,伯姬鼎则作攸勒。宰辟父敦又作攸革。”薛尚功、王俅诸家并释攸为鋚,此文亦但作攸。盖古文之鋚勒即《诗》所云“鞗革”也。《诗》“鞗革”凡四见。郑氏笺或云“辔”,或云“辔首”,或云“辔首垂”。毛公则训鞗为辔,革为辔首。《说文》无鞗字,而有鋚字,训“辔首铜”。明乎鋚即鞗也。《尔雅·释器》:“辔首谓之革。”郭景纯曰:“辔,靶勒也。”明乎勒即革也。《诗》“鞗革有鶬”,郑以鶬为金饰,古文鞗从金,与许叔重训“辔首铜”合。孔氏疏谓以鞗皮为辔首之革,似未达古制矣。(《积古斋钟鼎彝器款识》卷四第三十叶无叀鼎)按攸经傅多用为语助词。《尔雅·释言》:“攸,所也。”字亦通悠。中山王譻鼎“于虖攸𢦏”,即《周颂·访落》“于乎悠哉”。《郑风·子衿》“悠悠我思”,《太平御览·六百九十二》作“攸攸思我”。同声通假,攸亦通逌。《禹贡》“沣水攸同”“九州攸同”,《汉书·地理志》攸作逌。《洪范》“彝伦攸叙”,《汉书·五行志》作“逌叙”。《唐韵》攸、悠、逌俱读以周切,喻母幽部。【《金文大字典》页四二九—四三〇】

一八　释佩

《说文》八篇:“佩,大带佩也。从人,从凡,从巾。佩必有巾。巾谓之饰。”桂未谷曰:“《御览》引作‘大冠带佩也’。《广韵》‘佩玉之带也’。《礼》曰:‘凡带必有佩。’馥案:《诗》‘杂佩以赠之’,传云:‘珩璜琚瑀冲牙之类’。《玉藻》:‘古之君子必佩玉。’又云:‘天子佩白玉,公侯佩山元玉,大夫佩水苍玉,世子佩瑜玉,士佩瓀玟。’‘从人,从凡,从巾。佩必有巾。

巾谓之饰’者，《初学记》引云：‘佩，从人，凡声也。’”（《说文义证》）按《唐韵》，凡读符咸切，并母侵部。佩读蒲妹切，并母脂部。凡、佩同母谐声，如云“从人，从凡，从巾”，则尚未得其声也。【《金文大字典》页四三二】

一九　释佴

戴家祥曰：□字旧释弭。按金文、卜辞弓作□，或作□。师汤父鼎象弭作□。此从□。□，古文人，字应释佴。《说文》八篇《人部》：“佴，佽也。从人。耳声。”《尔雅·释言》：“佴，贰也。”郭璞云：“佴次为副贰。”考《小雅·车攻》“没拾既佽”，《夏官·缮人》注引作“抉拾既次”。佽为次之加旁字，许君因佴字从人而写成佽。《唐韵》佴读仍吏切，日母之部。【《金文大字典》页四三三】

二〇　释侎

容庚曰：“敉，《说文》‘抚也’。或从人作侎。《书·大诰》：‘从于敉宁（文）武图功。’又云：‘肆予害敢不越即敉宁（文）王大命。’《洛诰》：‘亦未克敉公功。’《立政》：‘亦越武王率惟敉功。’敉义当如继，训安抚者非也。”（《善斋彝器图录》廿五叶陈侯因脊錞）錞铭“侎𥁰趄文。”按《春官·小祝》：“宁风旱，弥烖兵”。郑玄注：“弥读曰敉。敉，安也。”《唐韵》敉读绵婢切，明母支部。《集韵》弥音民卑切。不但同部而且同母。《左传》提弥明、高渠弥，《史记》弥并作眯。《左传》弥子瑕，《大戴礼记》弥作迷。是弥、米声同之证。《诗传》：“弥，终也。”容氏以训安抚为非，未必然也。【《金文大字典》页四四〇】

二一　释俌

《说文》八篇：“俌，辅也。从人。甫声。读若抚。”按俌、酺、辅古本一字。《唐韵》酺读符遇切，并母侯部。辅读扶雨切，并母鱼部。俌读芳武切，滂母鱼部。侯、鱼韵近，滂、并皆唇音字，同声同义，其为一字为明矣。许于九篇《面部》云："酺，颊车也。从面。甫声。"十四篇《车部》云："辅，人颊车也。从车。甫声。"《释名 · 释形体》：颐，"或曰辅车，言其骨强，所以持口也。或曰牙车，牙所载也。"俌之词义为颐，颐为人之形体，故其字表义从人。又因其为人体之头面，故又可以表义从面。《易 · 艮》之"六五"曰："艮其辅。"虞翻曰："辅，面颊骨上颊车者也。"颊车、牙车、辅车词根都为车字，故其表义又可更旁从车。许氏分而为三，大误。鼎铭"隹俌俘氏从"，俌当读傅。《齐风 · 南山》"葛屦五两"，郑笺："喻文姜与侄娣及傅姆同处。"是其证。《左传 · 僖公廿八年》"郑伯傅王"，杜注："傅，相也。"傅、辅字同。《易 · 泰》卦象曰："辅相天地之宜。"郑注："辅相，助也。"《说文》："傅，相也。"【《金文大字典》页四四一】

二二　释𧦝

𧦝字，从言，从身。《说文》所无。以声义求之，字当释信。《说文》："信，诚也。从人，从言。会意。㐰，古文从言省。訫，古文信。"按《唐韵》信读息晋切，心母真部。人读如邻切，日母真部。当云："从言，从人。人亦声。"注音更旁则变为𧦝。身读失人切，审母真部。信之作𧦝，乃东周变常行之别字也。壶铭："余智（知）其忠𧦝施。"（《集韵》通作攸。）忠𧦝即忠信。《论语 · 公冶长》："十室之邑，必有忠信如丘者焉。"《礼记 · 礼器》："忠信，礼之本也。"可证其义。【《金文大字典》页四四五】

二三　释侲

侲字，《说文》所无。徐新附字云："僮子也。从人。辰声。"扬子《方言 · 三》："燕齐之间，养马者谓之娠，官婢女厮谓之振。"郭璞注："女厮，妇人给使者，亦名娠。"《后汉书 · 文苑列传》"虏[illegible]侲"，李贤注引《方言》："侲，养马人也。"《玉篇 · 二十三》引《方言》："燕齐之间，谓养马者曰侲。"

《说文》云："官婢女隶谓之娠。"徐坚《初学记》引《方言》："燕齐之间，养马者及奴婢女厮皆谓之娠。"侲、娠，性别更旁字也。同声通假，字亦能振。《文选·西京赋》"侲僮程材"，李善注引《史记》"徐福曰：'海神云："若侲女，即得之矣。"'"而《史记·淮南列传》则本作"振女"。《集解》徐广曰："《西京赋》'振子万童'，今《东京赋》振作侲。"《唐韵》侲、振俱读章刃切，照母文部。《玉篇》侲读之仁切，照母真部；又音之仞切，照母文部。真、文韵近。娠读失人切，审母真部，亦同部字也。

段铭"王在盨侲宫"，刘心源曰："或云盨侲即归脤。"《说文》："祳，社肉盛以蜃，故谓之祳。天子所以亲遗同姓。从示。辰声。"《春秋传》曰："石尚来归祳。"(《奇觚室吉金文述》卷十六第十六叶大鼎)吴大澂(《说文古籀补》附录第八叶)、罗振玉(《贞松堂集古遗文》卷九第一叶)说同。按蜃之本字为辰，象蚌壳形。以蜃壳饰器，盛祭社之肉，故曰脤。《地官·掌蜃》"祭祀共蜃器之蜃"，郑玄注："凡四方山川用蜃器"。《春秋·定公十四年》："天王使石尚来归蜃"，"蜃之器以蜃饰，因名焉。"《春官·大宗伯》"以脤膰之礼亲兄弟之国"，郑玄注："脤膰社稷宗庙之肉，以赐同姓之国，同福禄也。兄弟，有共先王者。"《左传·闵公二年》"受命于庙，受脤于社"，杜预注："脤，宜社之肉，盛以蜃器。"又《昭公十六年》"受脤、归脤"，杜注："受脤谓君祭以肉赐大夫。归脤谓大夫归肉于公。皆社之戎祭也。"脤、祳表义更旁字。《唐韵》祳读时忍切，禅母文部。金文则假侲为之。诸家读盨侲为归脤，精确可据。【《金文大字典》页四四六—四四七】

二四　释保

《说文》八篇："保，养也。从人。从𤓽省声。𤓽，古文孚。𤓽，古文保。保，古文保不省。"王箓友云："《人部》保之古文呆，《玉篇》见[illegible]字注中，而出诸《子部》。其序在'孟'之下'孽'之上，是知《说文》呆字本在《子部》，后人迻之《人部》，而《子部》未删。或又不知，而改其说曰：'古文孟。'吾怀此疑久矣！得《玉篇》乃敢自信，甚快也。保乃会意兼指事字，从子八，象抱子之形，非七八之八。"(《说文释例》)按卜辞金文无𤓽、𥾝等字，而有从爪从子之孚字，与从人从子之保字。窃疑孚、保、抱古本一字，初文止作孚，其后形声相益则分为𤓽、𥾝、保诸形。《说文》三篇："孚，卵孚也。从爪。从子。一曰：信也。𥾝，古文孚。从𤓽。𤓽，古文保。"《方言·八》："北燕、朝鲜洌水之间谓伏鸡曰抱。"孚字从爪抱子，即母鸡伏卵之会意字。其训"信也"，为符之通假字。《说文》："符，信也。"从八为后起加旁字。王氏目为抱子之形是也。变为形声则写作捊。(《说文》："捊，引取也"。)声符更旁则写作抱。(《说文》：捊，"或从包。")《唐韵》孚读芳无切，滂母鱼部。包读布交切，帮母宵部。声韵俱近，故饱字或体作𩜹(《说文》五篇《食部》)，罦字或体作罗。(《说文》七篇《网部》)《楚辞·九歌》"扬枹拊鼓"，王逸注："枹，一作桴。"《一切经音义·二》引《诏定古文官书》："枹、桴二字同体。"《吕氏春秋·本味篇》："其君令烰人养之。"高诱注："烰，犹庖也。"《集韵·下平五肴》脬"通作胞、泡。"同声通假，孚亦读宝。宝从缶声，缶读方九切，帮母幽部。幽宵声近，故謟或作詾。(《说文》三篇《言部》)《说文》七篇："㝊，藏也。从宀。𤓽声。𤓽，古文保。《周书》曰：'陈㝊赤刀。'"今《周书·顾命》作"陈宝赤刀"。许氏云："寶，珍也。从宀，从王，从贝。缶声。𡧖，古文。省贝。"㝊、宝不但声同韵同，而且义同，其为一字明甚。《春秋经·庄公六年》"齐人来归卫俘"，《公》《谷》及《左传》均作"卫宝"。金文保多作[illegible]，作保者极少见。从[illegible]，象怀抱形。《礼记·文王世子》："保也者，慎其身而羽翼之，而归诸道者也。"《释名·释姿容》："抱，保也。相亲保也。"故引申之又有安义。《周颂·烈文》"子孙保之"，郑笺："子孙得传世而安居之。"又《载见》"永受保之"，郑玄亦训保为安。《仪礼·士冠礼》"永乃保之""永受保之"，康成谓"永，长也。""保，安也"。《周书·君奭》："保乂有殷。"《小雅·南山有台》"保艾尔后"，金文作"保辪"。辪、乂声同。金文"保有齐邦"，保声同宝，犹《周颂·桓》云："保有厥土"。金文"郸邦是保"，犹《小雅·瞻卬》之"保其家邦""保其家室"也。金文"保受天子绾命"，犹《召诰》"保受王威明德”。《礼记·内则》“保受乃负之”，传、注皆云：“保，安也。”“受，成也。”

前人不知孚、抱、保、宝古本一字，于经传每有误解或曲解。例如《易·大有》：“六五，厥孚交如，威如，吉。”孚读宝，则文从字顺矣。《商书·盘庚中》“以不浮于天”，承上篇“天其永保命于兹新邑”而言，与《微子》“天毒降灾荒殷邦”文异而义同，谓不见保于天也。《伪孔传》不知读浮为保，而训为行，则失其义矣。《君奭》：“厥基永孚于休。”又曰：“若卜筮罔不是孚。”“永孚”即“永保”，“是孚”即“是保”。《伪孔传》训孚为信，谓“如卜筮无不是而信之”，则牵强甚矣。若此之类，尚有不少。缀学之士，幸垂意焉。

金文有大保毁、大保盆等器。大保，官名，置于西周早期。召公奭曾为此官，散见《召诰》《顾命》等篇。《文王世子》云：“入则有保，出则有师。”似为监护幼主之官。春秋后不见此职。

戴家祥曰：金文屡见[illegible]字，刘心源云：“保，从任。《说文》：‘任，保也。’《左传》：‘不能任其父之劳。’故古文保从任。西享罇‘永[illegible]用之’。齐侯毁‘永[illegible]用之’。《汗简·人部》引古文《尚书》保作[illegible]，又引石经保作[illegible]，皆如此也。据《攈古录》二之一太保彝作[illegible]。”（《奇觚室吉金文述》卷一第十五叶）林义光（《文源》卷八）、马叙伦（《读金器刻词》第三十叶）从之。按[illegible]即宝字之别体，从玉，保声。刘谓从任，非是。《说文》七篇《宀部》：“寶，珍也。从宀，从玉，从贝。缶声。[illegible]，古文宝。省贝。”“古者货贝而宝龟，至周而有泉。”《商书》曰（《盘庚中》）：“具乃贝玉。”贝与玉在商周已具有货币职能，可作为财富贮藏手段，故宝字从宀。宀者，交覆深屋也。卜辞作[illegible]，贮贝玉于交覆深屋之下，在六书为会意。金文或体作宝（仲盘、周窓鼎、姞留母鼎），从宀，缶声，在六书为形声。注音更旁字，又作宲。《说文》：“宲，藏也。从宀。禾声。禾，古文保。《周书》曰：‘陈宲赤刀。’”今本《顾命》作“陈宝赤刀”。《玉篇·一三八》：“宲，藏也。或作賲。”从贝，保声。金文邾叔钟“永賲用享”，正同《玉篇》或作。形声更换，字亦作珤。《玉篇·七》：“珤，补抱切。《声类》云：‘古文宝字。’”《古文四声韵·上声三十三皓》引古文《尚书》“宝作珤”。《穆天子传》云：“百姓珤富。”珤富者，賲富也。贝、玉同义，保、缶同声。《唐韵》保读博袍切，帮母幽部。缶读方九切。不但同部，而且同母。金文亦或作缹（陈侯午錞），从保从缶。保之作缹，亦犹纭之或体作䵷（《说文》六篇《员部》），迕之或体作啎（《说文》十四篇《午部》），左右两旁皆声符也，在六书为变例。保、宝两字不但声同韵同，而且义同。《左传·昭公十八年》：“子太叔曰：‘宝以保民也。’”《易》曰（《系辞》下）：“圣人之大宝曰位。”陆元朗《经典释文》云：“孟本作保。”《史记·周本纪》：“展九鼎保玉。”《集解》引徐广曰：“保一作宝。”金文“永保用之”（王孙钟、国佐罍、齐侯𣪘、夆叔匜、其次句鑃），亦作“永宝用之”（孙叔师壶、厚氏匜）。“永保用享”（邾公华钟、齐仲姜镈），亦作“永宝用享”（杞伯𣪘、牧师父𣪘、鄀公鼎、不嬰𣪘、仲师父鼎、䢵伯匜）。齐鎜姬盘作“永寚用享。”从宀。从玉。保声。葆从保声，故字亦通宝。《周书·金縢》“无队天之降宝命”，《史记·鲁周公世家》作“葆命”。又《留侯世家》“取而葆祠之”，《集解》引徐广曰：“《史记》珍宝字皆作葆。”明夫保、缶音声训诂之表里关系，则知[illegible]为宝之别体，从玉不从任。【《金文大字典》页四五四—四六一】

二五　释賲

“永保用之”为金文恒语。保作[illegible]，象人负子于背之形。金文用作持而不坠之义。“永保用之”或作“永宝用之”。《说文》七卷：“寶，珍也。从宀，从玉，从贝。缶声。”会意兼形声。金文用作珍藏毋失之义。保、宝古文音同义近，故金文通用。古籍上也有通用之例。如《易·系辞传》：“圣人之大宝曰位。”一作“大保”。这种通用使得两字在形体上也有产生了同化。如保字或从玉作[illegible]，再从宀作寚，或从贝作賲。【《金文大字典》页四六一】

二六　释重

倲字从人，从东，为重之或作。《说文》八篇《壬部》：“重，厚也。从壬。东声。”金文钟字或作(兮仲钟)，或作(邾公牼钟)，緟或作(陈侯因資錞)，偏旁“重”与形近。《唐韵》重读柱用切，定母东部。东读得红切，端母东部。韵同声近，故重谐东声。按东西南北为基本方位名，《小雅·大东》云：“东人之子，职劳不来。西人之子，粲粲衣服。”《毛传》：“东人，谭人也。西人，京师之人也。”谭国在今山东省济南市历城县东南，镐京远在其西，故其大夫自称“东人”，犹周人自称“西土之人”(《周书·牧誓》及《金縢》)，亦犹《孟子》云“东夷之人”“西夷之人”(《离娄下》)是也。【《金文大字典》页四六三】

二七 释雁

倠，旧释鳬，于字形不合。《说文》三篇：“鳬，舒鳬鹜也。从鸟。几声。”几，《说文》三篇训“鸟之短羽飞几几也。象形”。鳬，从鸟，从几，几亦声，显也。此，隹亻结构，当隶定为倠。《说文》四篇：“雁，鸟也。从隹。瘖省声。或从人。人亦声。”徐锴曰：“鹰随之所指钬，故从人。”可见倠乃鹰之初文，雁之别构。金文象鹰亭立于人之上，乃鹰犬之鹰的象形，供打猎时追捕禽兽之用。《后汉书·杨赐传》：“观鹰犬之势，极盘游之荒。”引申为爪牙、帮凶。金文借作应，与应公尊的、曾侯乙钟的鄘通。《水经注·滍水》：“应城，故应乡也，应侯之国。”再乍日乙彝之倠生当为应生。鳬叔盨当为应叔盨。【《金文大字典》页四六四】

二八 释俯

戴家祥曰：字从人从府，字极明晰。《说文》九篇：“頫，低头也。从页。逃省。《太史卜书》頫仰字如此。扬雄曰：‘人面頫’。俛，頫或从人、免。”大徐云：“頫首者，逃亡之貌，故从逃省。今俗作俯，非是。”考俯字载于经传者，难以偻指数。《易》(系辞)曰：“仰以观于天文，俯以察于地理。”又曰：“古者包牺氏之王天下也，仰则观象于天，俯则观法于地。”《仪礼·乡射》："俯正足。"《礼记·曲礼(上)》："俯而纳屦。"《月令》季秋之月"蛰虫咸俯在内。"(《吕氏春秋·十二纪》作"咸俯在穴"。)《礼运》："其余鸟兽之卵胎皆可俯而闚也。"《公羊传·宣公六年》："俯而闚其户。"《孟子·梁惠王章(上)》："仰不足以事父母，俯不足以畜妻子。"又《尽心章(上)》："仰不愧于天，俯不怍于人，二乐也。"皆以俯与仰对举。或省人作府。《礼记·乐记》："进俯退俯。"《释文》："俯，本又作府。"《荀子·非相篇》："府然，若渠匽檃括之于已也。"杨倞注："府与俯同。"《列子·周穆王篇》"王府而视之"，"府而视"即"俯而闚"也。《匡谬正俗》引《古今字诂》云："頫府，今俯俛也。"此岂后世俗吏之所造哉？鼎臣以为俗作，可据段铭以纠其谬。《文选·上林赋》"頫杳眇而无见"，李善引李登《声类》云："頫，古文俯字。"《汉书·陈胜项籍列传》论赞曰："百粤之君，頫首系颈。"师古曰："頫，古文俯字。"若然，俯为篆文，许书失收，古文作頫，俗书作俛。《唐韵》俛读美辨切，明母元部。俯读方矩切，帮母鱼部。声韵俱远，焉得通假？玄应《一切经音义·八》："《说文》俛，此俗頫字。"楚金《系传》亦曰："俛，俗頫字。"信然。【《金文大字典》页四六五】

二九 释俾

《说文》八篇："俾，益也。从人。卑声。一曰俾，门侍人。"按许氏释俾有两义，一为裨之借字。《衣部》："裨，接益也。"《国语·晋语》"裨辅先君"，韦昭注："裨，补也。"《广韵·上平五支》："裨，补也，增也。"又音陴。陴读符支切，并母支部。补读博古切，帮母鱼部。帮并皆唇音字，鱼支韵近，裨、补一语之转。《汉书·董仲舒传》："凡所为屑屑，夙兴夜寐，务法上古者，又将无补与？"颜师古《集注》："补，益也。"是其证。二曰："俾，门侍人。"侍读侍坐之侍。《论语·公冶长》"颜渊、季路侍"，皇疏："卑者立尊者之侧，曰侍。"《左传·昭公廿五年》"公果、公贲使侍人僚祖告公"，《释文》："侍人，本亦作寺人。"《谷梁传·襄公廿九年》："阍弑吴子余祭。阍，门者也，寺人也。"《左传·僖公二年》有"齐寺人貂"，《僖公廿四年》有

"寺人披"，《释文》："寺本又作侍。"寺人者，内小臣阉者也。此盖俾之本义。性别更旁字亦作婢。俾之与婢，亦犹侲之或体为娠，姓之或体为性也。《女部》："婢，女之卑者也。"《礼记·檀弓下》"使吾二婢子夹我"，郑玄注："婢子，妾也。"《左传·僖公二十二年》嬴氏对太子圉曰："寡君之使婢子侍执巾栉，以固子也。"杜注："婢子，妇人之卑称也。"三篇："卑，贱也，执事也。"《一切经音义·八》引《仓颉篇》："卑，下也。"凡字之从卑得声者，皆有卑下之义，亦即卑之表义加旁字，故其训释义存乎声。《骨部》："髀，股也。"《释名·释形体》："髀，卑下，在下称也。"《广部》："庳，中伏舍。"《小雅·正月》"谓山盖卑"，《释文》："卑，本作庳。"《广雅·释言》："卑，庳也。"《立部》："竨，短人立竨竨貌。"《犬部》："猈，短胫狗。"《自部》："陴，城上女墙俾倪也。"女墙者，矮墙也。同声通假，卑亦同裨。《荀子·富国篇》"大夫裨冕"，杨倞注："天子六服，大裘为上，其余为裨。裨之为言卑也。"《史记·卫青传》"得左贤王裨王十余人"，《孟荀列传》"于是有裨海环之"，裨王，小王。裨海，小海也。金文卑字从攴，从篆文甲，殆即古代门卫之装备与？器铭云"俾女五百""俾女五千"，俾当读为婢。《唐韵》俾读并弭切，并母支部，婢读便俾切，不但同部，而且同母。【《金文大字典》页四六九—四七〇】

三〇　释㑁

戴家祥曰：字，从人，从。阮元释得。（《积古斋钟鼎彝器款识》卷二第十八叶）按《说文》二篇《彳部》："得，行有所得也。从彳。㝵声。，古文，省彳。"金文作（舀鼎），或作，从手持贝。三体石经《僖公》残石古文作，篆文作，秦泰山刻石作，字皆从贝，《说文》从见乃后人传写之误。卜辞贝作，金文作，或作，皆与字偏旁不类，阮释非是。字上半从自。卜辞自作，作，或，金文作（令鼎），或作（伯家父毁）。罗振玉考殷虚卜辞字云："《说文解字》：'臬，刑鼻也。从刀。臬声。或从鼻作劓。'此作刵，与《说文》或作合。自即鼻之初字。"

(《殷虚书契考释·中》第五十七叶)以此例推，□字从手，从鼻，字当释擤。《篇海》："擤，手捻鼻脓曰擤。"音呼梗切，晓母阳部。焦竑《俗用杂字》音省，义同。省读息井切，心母耕部。阳耕韵近。古字从人表义者，往往随意增省。《说文》："僾，仿佛也。从人。爱声。《诗》曰：'僾而不见。'"今《毛诗·邶风·静女》作"爱而不见"。又"偭，乡也。从人。面声。《少仪》曰：'尊壶者偭其鼻。'"今《小戴礼记》作"面其鼻"。又三篇《又部》叜或体□。《周书·无逸》"文王卑服"，《释文》："马本作俾。"《集韵·上声四纸》罢、罷同字，是其证。【《金文大字典》页四七五】

三一 释備

《说文》八篇："備，慎也。从人。葡声。□，古文備。"按葡乃矢箙之本字。《夏官·司弓矢》"中秋献矢箙"，郑玄云："箙，盛弓矢器也。"卜辞、金文作□，或作□，本象形，变为形声则写成箙。同声通假字，亦同服。番生毁"簟弼鱼□"，毛公鼎同。《小雅·采芑》作"簟茀鱼服"。古籍服与犕相通假。《易·系辞》下"服牛乘马"，《说文》二篇引作"犕牛乘马"。《左传·僖公廿四年》"王使伯服如晋请滑"，《史记·郑世家》作"犕"。李贤《后汉书·皇甫嵩传》注："犕，古服字。"此服、犕相通假之证。備从葡声，故備亦通服。𢦏毁"戈弓備矢"，備即箙也。洹子孟姜壶"用璧玉備"，杨树达谓此備字乃䡀之假字。《说文·珏部》："䡀，车笭间皮篋。古者使奉玉，所以盛之。从车、珏。读与服同。"䡀读同服。而服、備古音同，字多通用，故铭文假備为䡀也。(《积微居金文说》卷二第五十三叶《洹子孟姜壶跋》)《唐韵》服、䡀俱读房六切，并母幽部。備读平祕切，并母至部。同母通假字也。中山王嚳鼎："雩人餓教備信。"张政烺训備为具(《古文字研究》第一辑《中山王嚳壶及鼎铭考释》)，于义亦通。

戴家祥曰：□字，稍有残泐。容氏《金文编》置诸附录，或释儆，或释佩，皆未确。今以字形审之，左从人，右从□，与齐侯壶備字偏旁相似，字当释備。器铭云："□至剑兵"，至当读致。《易·系辞》上"備物致用"，孔颖达疏："谓備天下之物，招致天下所用。"備剑兵，犹《左传·襄公九年》云"備甲兵"，《秦风·小戎》序云"備其兵甲，以讨西戎也。"備、儆同义。单言之曰備，或曰儆；累言之则曰儆備。《左传·成公十六年》"退舍于夫渠不儆"，杜注："宋师不儆備"；又云"申宫儆備"，杜注："申饬宫備"；是其证。【《金文大字典》页四七六—四七七】

三二　释⿰⿱由食人

戴家祥曰：[illegible]字，前人缺释。考字形从人，从食，从由，似可释⿰⿱才食丮。《说文》三篇《丮部》："⿰⿱才食丮，设饪也。从丮，从食。才声。读若载。"按《召南·行露》："室家不足。"《毛传》云："昏礼纯帛不过五两。"《释文》："紂帛侧基反，依字丝旁才，后人遂以才为屯，因作纯字。"《地官·媒氏》"凡嫁子娶妻，入币，纯帛无过五两"，郑玄注："纯实缁字也。古缁字以才为声。"《礼记·玉藻》"大夫佩水苍玉而纯组绶"，郑玄注："纯当为缁字，或作丝旁才。"《玉篇·四二五》缁同紂。才、甾声同，故⿰⿱才食丮或作⿰⿱由食人。壶铭[illegible]月当读载月。《尔雅·释天》："载，岁也。夏曰岁，商曰祀，周曰年，唐虞曰载。"郭璞注："取物终更始。"邢疏引孙炎曰："载，始也，取物终更始。"景纯注盖本孙炎。金文卯毁"⿰⿱才食丮乃先祖考死嗣荣公室。"师虎毁："⿹𢦏食乃先王既命乃祖考事。"⿰⿱才食丮作⿹𢦏食。埂夜君鼎⿰⿱才食丮作载。《小雅·大田》"俶载南亩"，郑笺："载读为菑栗之菑。"同声通假，载亦同哉。《尔雅·释诂》："哉，始也。"《唐韵》⿰⿱才食丮、载俱读作代切，精母之部。【《金文大字典》页四八五】

三三　释侪

《说文》八篇："侪，等辈也。从人。齐声。《春秋传》曰：'吾侪小人。'"按《左传·僖公二十三年》"晋郑同侪"，注："侪，等也。"《礼记·乐记》"故先王之喜怒，皆得其侪也"，郑玄注："侪，犹辈也。"《说文》七篇：

“齐，禾吐穗上平也。象形。”古文以齐为声之字多含平等之义。如《礼记·祭统》：“齐之为言齐也。”《说文》二篇《足部》：“跻，登也。从足。齐声。《商书》曰：‘予颠跻。’”今《商书·微子》作“予颠隮”。《说文》无隮字，《玉篇》：“登也。”四篇《刀部》：“剂，齐也。”《后汉书·刘梁传》注：“剂，剪齐也。”七篇《禾部》：“穧，获刈也。”段玉裁云：“刈之必齐，故从齐。”十二篇《手部》：“挤，排也。”“排者，挤也。”《唐韵》齐读徂兮切，从母支部。侪读仕皆切，精母脂部。支脂韵近，故侪从齐声，训“等辈”也。【《金文大字典》页四八六】

三四　释韧

《说文》四篇：“韧，巧韧也。从刀。丰声。”按韧之本义当为契。《地官·质人》“掌稽市之书契”，郑玄注：“书契，取予市场之券也。其券之象，书两札，刻其侧。”是丨为两札合缝，三为刻画之刀痕。契刻非刀不成，因而表义从刀。刀为金属器，故亦更旁从金。《集韵·去声十二霁》栔、锲同字。执刀用手，故亦更旁作挈。《大雅·緜》“爰契我龟”，《释文》：“契本作挈。”字之作栔者，表示契券之两札乃木质也。《唐韵》韧读恪八切，溪母至部。栔读苦计切，挈读苦结切，不但同母而且同部。

戴家祥曰：□字从□从□，前人缺释。《说文》七篇：“害，从宀。从口。丰声。”师害簋作□，毛公鼎作□，叔多父盘作□，声符丰与此左半形近。从□，丰声，字当释韧。《说文》：“韧，巧韧也。从刀。丰声。”《六书正讹》音器，约也。从刀、丰，象刀刻竹木以记事者。别作契、栔，后人所加。按从□与从刀同，表义更旁字也。《唐韵》韧读恪八切，溪母祭部。【《金文大字典》页四九五】

三五　释刑

古文汲井之井，陷阱之阱，模型之型，形声相近，典籍每相借用。《说文》五篇："丼，八家一丼，象构韩形。·，瓮之象也。"段玉裁云："韩，井上木阑也。其形四角或八角，又谓之银床。"(《说文解字注》)是井之本义为汲井，象丼阑形，中注一点指清泉，在六书为指事。许谓"瓮之象"，非是。引申为井田。《地官·小司徒》"乃经土地而丼牧其田野，九夫为丼"，郑玄注："立其五沟五涂之界，其制似丼之字，因取名焉。"《唐韵》丼读子郢切，精母耕部。

丼亦读阱。《说文》："阱，陷也。从𨸏。从丼。丼亦声。穽、阱或从穴。汬，古文阱，从水。"按《秋官·雍氏》"春令为阱，擭沟渎之利于民者"，郑玄注："阱，穿地为堑，所以御禽兽，其或超踰则陷焉。世谓之陷阱。"丼中一点与汲丼之丼同义。阱、穽、汬皆丼之加旁字。《唐韵》阱读疾政切，从母耕部。

模型之型，字亦象形。近代手工冶铸者，尚以连接木板四块成井字形，用为翻砂框架。《说文》："型，铸器之法也。"《集韵·下平十五青》引旧说："以土为法曰型，以金为法曰范，以木为法曰模。"冶铸必用砂土，故表义加旁作型。模具能使铸件成形，故型又有成义。《礼记·王制》："大司寇以狱之成告于王，王命三公参听之。三公以狱之成告于王，王三又，然后制刑。凡作刑罚，轻无赦。刑者，侀也；侀者，成也。一成而不可变。"《尚书·尧典》："观厥刑于二女。"《大雅·文王》："仪刑文王，万邦作孚。"伪孔、毛、郑并训："刑，法也。"《唐韵》侀、刑俱读户经切。侀即刑之加旁字也。成读是征切，禅母耕部。刑、成同部，故刑有成义。《左传·昭公六年》，郑简公铸成文法于刑鼎，晋叔向"使诒子产书曰：'夏有乱政，而作禹刑；商有乱政，而作汤刑；周有乱政，而作九刑。'"杜预注："铸刑书于鼎，以为常法。"刑当读侀。

同声通假字亦读刭。《说文》四篇："刑，刭也。"又云："刭，刑也。"刭读古零切，见母耕部。古牙音见、溪两纽每与喉音晓、匣互谐。刑与刭为同义互训，在六书为转注。《汉书·淮南厉王传》"命从者刑之"，又"太子自刑不殊"，又"王自刑杀"，《史记》刑并作刭。《史记·项羽本纪》"皆自刭汜水上"，《集解》引郑玄曰："以刀割颈为刭。"刑之本义为犯重罪者之极罚，其后用为泛指一切犯法者之惩罚，乃引申义也。

墙盘铭文借荆为荆。荆读举庆切，见母阳部。阳耕韵近，故得通假。【《金文大字典》页四九六—四九七】

三六　释利

戴家祥曰：《说文》四篇：“利，銛也。从刀。和然后利。从和省。《易》曰：‘利者，义之和也。’𥝢，古文利。”徐中舒谓：“利所从⺈、勿诸形即⺈形之变，象用耒端刺田起土之形，铜器将⺈旁土移于禾旁，故小篆利或从刀，但古文𥝢及从利之黎、梨、犂诸字，仍是从勿，可证从刀乃是省形。利，来母字，自是从⺈得声。刺地艺禾，故得利义。”（《中央研究院历史语言研究所集刊》第二本一分册十五至十六叶《耒耜考》）按徐说近是。勿，古文犂，象犂端形，加旁从禾，其义为耕。字亦作𥝢。《说文》：“黍，禾属而黏者也。”从黍与从禾同义。同声通假，字亦训黑。《尧典》：“黎民于变时雍。”蔡仲默《尚书集传》：“黎，黑也。”字亦同黧。《玉篇·三二九》：“黧，黑也。亦作黎。”《论语·雍也》“犂牛之子，騂且角”，何晏《集解》：“犂，杂文也。”黧、犂皆表义加旁字。后世畜力用于畎亩之勤，从牛之犂，成为牛耕之专字。《说文》：“𥝢，耕也。”孔子弟子冉耕字伯牛，司马耕字子牛。《释名·释用器》：“犂，利也。利发土绝草根。”此皆字之后起义。后之学者数典忘祖，而不知利、𥝢为犂耕之原始字矣。《唐韵》𥝢、犂并读郎奚切，来母支部。《广韵》又音力脂切，韵在脂部。支脂韵近，古多合韵。王念孙又分脂、至为二。利读力至切，韵在至部。脂至韵近，支至隔部，古人亦有借韵，故秎亦读利。林义光（《文源》）、朱芳圃（《殷周文字释丛》卷下第一八五叶）虽各引用金文，率拘泥许氏一家之言，无精到之见。【《金文大字典》页四九八—四九九】

三七　释竕

此字仅见中山王嚳方壶。张政烺谓：“竕从立，刃声，疑读为创。”（见

《古文字研究》第一辑二一九叶《中山王譽壶及鼎铭考释》）商承祚亦云："⿰立刃可能是创字。《汗简》创作 [illegible]，两形近似。"（《古文字研究》第七辑六九叶）

戴家祥曰：《说文》四篇："刅，伤也。从刃，从一。创，或从刀。仓声。"徐铉曰："今俗别作疮，非是也。"《集韵·下平十阳》刅、创、荆、㭃、刱、戗同字，同声通假，用为创业之创。《论语·宪问》"裨谌草创之"，《孟子·梁惠王下》"君子创业垂统，为可继也"即其义也。壶铭 [illegible] 字从刃从立，与 [illegible] 形绝异，未可混淆。以声义审之，字当读立。加旁从刃者，东周之异体字也。立有速义。《史记·平原君列传》"锥处囊中，其末立见"，又《刺客列传》"剑坚，故不可立拔"，其义犹立即也。壶铭"⿰立刃辟封疆"，犹《国语·鲁语》云："今一言而辟境也。"辟、阚同字。《唐韵》立读力入切，音力，来母缉部。【《金文大字典》页五〇二】

三八　释班

《说文》一篇《珏部》："班，分瑞玉也。从珏、刀。"小徐《系辞》云："刀以割制之也。"《尚书》曰："班瑞玉于群后。"《集韵·上平二十七删》："班，别也。或作辨。"《唐韵》班、辨俱读布还切，帮母元部。别读方别切，帮母祭部。祭元阴阳对转。字亦读颁。《天官·太宰》"九式"："八曰匪首颁之式"，郑象云："颁读班布之班，谓班瑞也。"《支部》："攽，分也。"《夏官·司士》："掌群臣之版。"郑玄注："故书版作班。"《礼记·王制》："名山大泽不以肦。"郑玄注："肦读为班。"盖声义皆从分，知古读分如颁也。

古人名班者多矣。《左传·庄公三十年》："楚申公斗班杀子元。"班字射师。《史记·鲁周公世家》"公子班"。（《左传·庄公三十二年》作"子般"。）《左氏春秋经·僖公七年》："曹伯班卒。"（《公羊传》作"曹伯般"。）《左传·成公十三年》："郑公子班自訾求入于大宫。"班字子如。《左传·襄公三十年》："蔡景侯为大子般娶于楚，通焉。"《谷梁传》，《释文》："般本作班。"《昭公十一年》"楚子虔诱蔡侯般杀之于申"，《白虎通·

诛伐篇》引作班。《世本》周惠公名班。《史记・田敬仲世家》有田班。【《金文大字典》页五一七】

三九 释⿰者刂

吴昌硕释屠,即《诗》所谓“出宿于屠”也。(有正书局影印《散氏盘铭跋》)按《说文》八篇《尸部》:“屠,刳也。从尸。者声。”《史记・信陵君传》:“臣乃市井之人,鼓刀以屠。”《盐铁论》:“屠者解分中理,可横以手而离也。至其抽筋凿骨,非行金斧不能决。”屠者无刀不能分割牲体,故其字从刀。《汉书・高帝本纪》“今屠沛”,颜师古《集注》:“谓破取城邑,诛杀其人如屠六畜。”是屠字亦有肢解尸体之义,字故从尸。屠、者古音同部,同部通假字,亦作堵。《左传・襄公十五年》:“十二月,郑人夺堵狗之妻,而归诸范氏。”堵狗即屠狗。《大雅・韩奕》:“出宿于屠。”宋潏水李氏谓地在同都鄜谷。鄜、屠古今字。顾祖禹《读史方舆纪要》谓:“今陕西省郃阳县东,河西故城南之荼谷渡。”《唐韵》屠读同都切,定母鱼部。鄜、荼不但同部而且同母。吴说可信。【《金文大字典》页五一九】

四〇 释⿲火且刂

戴家祥曰:字旧无释,容庚《金文编》置诸附录。《金文诂林》隶定为剫。(附录三一八七叶)按卜辞、金文字头从虍者颇多,字多作,作,作,或作,未见有作形者。器铭字右半象农业生产工具形,以形声审之,似即鉏之别体。《说文》十四篇:“鉏,立薅所用也。从金。且声。”字亦作耝。《集韵・去声九御》耝、𠜂同字,云:“耕而起土谓之耝。”𠜂、耝皆鉏之表义更旁字也。《说文・耒部》无耝字,而有从耒助声之耡字,云:“商人七十而耡。(《孟子・滕文公上》作‘殷人七十而助’。郑玄《考工记・匠人》注引《孟子》作‘七十而莇’。)耡、耤,税也。”耡、耤原为耕作方式,以耕作方式课之于民,历史学家所谓劳役地租是也。《唐韵》鉏读士鱼切，床母鱼部，耡读状倨切，不但同部而且同母。《集韵》粗、則皆读七虑切，清母鱼部，韵同声异，而耡、粗、鉏、則实一字之多变也。

在古代文献中，粗字有作地名解者。《路史·国名纪》："粗，羿邑。澶之卫南县东十五里，有故粗城。"字亦同鉏。《左传·襄公四年》"后羿自鉏迁于穷石"，杜预注："鉏，后羿本国名。"亦有作人名氏解者。《左传·宣公二年》晋灵公使鉏麑贼杀赵盾是也。【《金文大字典》页五二〇】

四一　释剢

戴家祥曰：剢字从刀从豕。豕，古文豙。吴大澂释"遂"，云："射韝也。"(《说文古籀补》卷二第七叶)按器铭"王锡静鞞剢"。鞞为刀室。刀室与射韝无必然联系，亦不必同时并锡。吴说可商。以声义审之，殆即璲之别体。《小雅·大东》："鞙鞙佩璲，不以其长。"《毛传》："璲，瑞也。"郑笺："佩璲者，以瑞玉为佩。"璲从遂声，遂从豙声。璲、遂、豙皆读徐醉切，邪母脂部，故遂亦通璲。《卫风·芄兰》："容兮遂兮，垂带悸兮。"郑笺："容，容刀也。遂，瑞也。"《集韵·去声六至》豙通作遂。椓、檖同字，穟、稼同字，滚、滚同字，嬘、嫁同字。考《小雅·瞻彼洛矣》："君子至止，鞞琫有珌。"琫，佩刀上饰，天子以玉，诸侯以金。珌，佩刀下饰，天子以玉。璲为佩玉，故表义从玉，而其所饰之对象为容刀。(《大雅·公刘》："鞞琫容刀"，容刀、刀室实一物也。)故连类及之，更旁从刀。璲之为剢，亦犹《玉篇·七》玷或作刮。【《金文大字典》五二一】

四二　释⿰索刂

戴家祥曰：⿰索刂字从刀，从索。前人缺释。以字形审之，索当释索。《说文》六篇："索，草有茎叶，可作绳索。从𣎵、糸。杜林说𣎵亦朱木字。"按《豳风·七月》："昼尔于茅，宵尔索綯。"郑笺："女当昼日往取茅归，夜作绞索以待时用。"《小尔雅·广器》："大者谓之索，小者为之绳。"此即

《说文》之所训也。同声通假读为搜索、摸索、思索及索取。《说文》七篇："索，入屋搜索也。从宀。索声。"索为索之加旁字。更旁作揉。扬雄《大玄》云"三以揉取"，注云："三三而索之以成数。"揉亦同索。《易·系辞》上："探赜索隐。"孔颖达《正义》："索，求也。"《广雅·释诂一》："索，取也。"《集韵·入声十九铎》："揉，摸也。"古字以手表义者，亦或更旁从刀。《集韵·下平九麻》划、找同字，《十阳》掠、剠同字，以是而知剠即揉之更旁字，亦即索之表义加旁。《集韵》揉读昔各切，心母鱼部。《唐韵》索读苏各切。不但同部，而且同母。爵铭剠为氏族名，《左传·定公四年》殷民六族有"条氏、徐氏、萧氏、索氏、长勺氏、尾勺氏"。剠殆索氏之遗族欤！【《金文大字典》页五二五】

四三　释□

戴家祥曰：王孙钟"余弦龚□犀"，□字从夫。按季宫父簠簠字作□，鲁士㕑父簠作□，铸公簠作□，是□犀即□犀。窃疑□象两簠俯仰相合之形，□示其形方，殆即簠之初文。《说文》簠古文作□，从匚，夫声。楚王酓簠作□，从古得声。商丘叔簠作□，从故得声。鄀公簠作□，从钴得声。从象形变为形声，亦古文变化之通例也。甫、夫、古、故声韵相同或相近，故声符可以互易，亦可通假。《左传·哀公十一年》仲尼曰："胡簋之事，则尝学之矣。"胡簋即簠簋。《左传》之以胡簋连文，犹《周礼·舍人》之以簠簋为连文也。金文西咻簠以钴为簠。《集韵》钴"音胡，盛黍稷器"，亦簠之假借。从形声变为假借，亦古文变化之通例也。□既读甫字，又作□，甫、夫声同，声符重复字也。铸公簠作□，奢父簠作□，其下从古，甫、古声近，古亦附加声符。□之为□益可信矣。【《金文大字典》页五七一】

四四　释匽

戴家祥曰：匽，从匚，妟声。《说文》所无。以形声求之，当即燕朝之燕本字。金文用为地名。加旁作郾，更旁作鄘，即召公奭所封地也。宴、燕、晏、醼声同字通。加旁从乚，与廷、建两字义亦相近。《夏官·太仆》："王眂燕朝，则正位而退。"郑玄云："燕朝，朝于路寝之庭。"庭、廷同字，故燕朝亦得写作匽朝。【《金文大字典》页五七六】

四五　释邙

戴家祥曰：邙或即弋加旁字。《鄘风·桑中》："美孟弋兮。"《毛传》："弋，姓也。"作卣者姓弋，名其，亦犹作段者自名"膳夫沙其"，沙姓，其名，官为膳夫。【《金文大字典》页六〇三】

四六　释令

高田忠周曰：按《说文》："令，发号也。从亼、卩。"又"命，使也。从口。令声。"然发号亦命令也。疑令、命原同字，故三代器铭文两字并用不分。后世凡发号曰令，发号以使人曰命，分别划然耳。又《说文·叙》曰："六曰假借，令长是也。"按假借有数种，而造字之假借为最要者。如令字假借有二：抑从亼、卩。亼者，集也。卩者，信瑞也，亼卩者，辑五瑞之谓也。古者天子令诸侯辑五瑞，事之大者也，故造字时借此事以为字形字义。此谓造字之假借也。其后令字转为县令之令。令长于邑者，即司号令者也。此虽言转义，实亦假借义。此谓造字后之假借也。《诗》："东方未明，自公令之。"《周礼·大司马》："犯令陵政则杜之。"本字本义。（《古籀》二十五第二七叶）按金文令字有用作本意，如例令鼎、麦彝；或用作赏赐之义，如康鼎等；或用作册封之义，如舀壶、膳夫山鼎；或用作人名，如矢令毁、令彝等。

戴家祥曰：《说文》九篇："令，发号也。从亼、卩。"从按卜辞、金文人、儿、卩、尸、夷古本一字，作[illegible]者，象人之侧立形。作[illegible]者，象人之居踞形。《唐韵》夷读以脂切，喻母脂部。尸读式脂切，审母脂部。韵同声异。卩读子结切,精母至部。脂至韵近,古多通协。人、儿两字皆读如邻切,日母真部。至真阴阳对转。是卩、儿两字不但形同,而且韵同。《说文》五篇:"亼,三合也。读若集。"集人为令,在六书为会意。令亦作命。说详三画命字注。【《金文大字典》页六一四】

四七　释⿸厂⿰卓丸

戴家祥云:⿸厂⿰卓丸从厂,从⿰卓丸。⿰卓丸字从卓。《说文》卓,古文作。卓林父𣪘作。蔡姞𣪘"绰绾永令",石鼓文"丞皮淖渊",卓字同。⿸厂⿰卓丸当读倬。《小雅·甫田》"倬田甫田",《毛传》:"倬,明貌。"字亦同焯。《说文》:"焯,明也。"此器作人名,与炎、明等都是"勇惠乙祖"的儿子,因而取名的意义也相近。【《金文大字典》页六三五】

四八　释⿱⿰由由丂

戴家祥曰:从丂,从二由,见宋时出土聘钟,又见番生𣪘、班𣪘。毛公鼎作,从可。薛尚功释聘。(《历代钟鼎彝器款识法帖》卷六)徐同柏释甹,读荓。(《从古堂款识学》卷十六)吴大澂(《愙斋集古录》四册)、刘心源(《奇觚堂吉金文述》卷二)从之。孙诒让初释⿰言⿱⿰由由丂(《古籀拾遗》下),后又云⿰言⿱⿰由由丂字无义,改释甹,读若亭,言定朕位也。(《述林》卷七)郭沫若云:"仍当以释⿰言⿱⿰由由丂为是,乃假为屏。《左传·哀公十六年》'闵天不吊,不慭遗一老,俾屏予一人以在位',句法与此相近。"(《两周金文辞图录考释》二二叶)

按以上诸说俱未确切,此盖当时所见未广,限于"王位""朕位"两句之故。徐同柏所以取信于人,因甹字从两由,亦犹渔之古文作瀊,败之古文作敗,星之古文作曐。《说文》以小篆为主,《仓颉》《爰历》《博学》皆取诸史籀大篆,或颇省改。小篆变两由为一由,殆亦省改一例耳。窃疑即甹字。《说文》:"甹,木生条也。从马。由声。《商书》曰:'若颠木之有甹枿。’古文言由枿。”徐锴曰：《说文》无由字。今《尚书》只作由枿。盖古文省马而后人因省之，通用为因由等字。（徐铉《说文》注引）遍查卜辞、金文未见马字。《说文·马部》之圅字，训舌也。金文卜辞作，象倒矢在函中，藏矢所用者为圅。象函形，其缄处，且所以持之也。（略本《静安先生不嬰段盖铭考释》）既不象舌，亦不从马。再看甬字，《说文》：“草木华甬甬然也。从马。用声。”金文作，上象钟悬，下象钟体，中二横划象钟带。（本杨树达《积微居金文说》）既不象草木华，亦不从马。《玉篇·一七九》：甹，戈周切。《唐韵》以州切。《玉篇·九四》：甹，普经切。《唐韵》普丁切。两者都从由，未始不可读甹。丂、由同隶幽部。毛公鼎“朕位”变从丂为从可。多父盘“眉寿可使”，可作丂。丂、可韵同。字仍当读由。《方言·六》：“由，辅也。”《广雅·释诂》：“助也。”“由王位”“由朕位”言助我之统治地位也。《说文》二篇《辵部》：“迪，道也。从辵。由声。”魏三体石经《君奭》篆文作，古文作，偏旁由与之偏旁由形颇近似。《礼记·聘义》：“天下莫不贵者，道也。”郑玄注：“道者，人无不由之。”由义为道，《周书·君奭》：“我迪惟宁（文）王德延。”今本《尚书》迪作道。迪字训道，由义亦训道。仲尼弟子仲由字子路，《孟子·万章下》：“惟君子能由是路。”道亦路也。《周书·康诰》：“乃由裕民。”由裕亦作猷裕，声同义通。《君奭》：“告君乃猷裕。”《方言·三》：“猷裕，道也。东齐曰裕，或曰猷。”故分言曰猷，曰裕，合言曰猷裕，皆道也。《礼记·礼器》：“匪革其犹。”郑玄注：“犹，道也。”古者由、犹不分。《左传·庄公十四年》“由有妖乎”，《荀子·富国》“犹将不足以勉也”，《孟子·公孙丑上》“欲齐王，由反手也”，又《离娄下》“我由未免为乡人也”，皆由、犹通用之证。“懿德大甹”乃动词降字以下之两个平列名词短语，且系具有特定内容之政治术语。屏风、屏障都与“懿德”之义不协。释甹亦觉牵强。

《文选·褚渊碑文》“德猷靡嗣”，李善注：“令德徽猷也。”《小雅·小旻》“匪先民是程，匪大犹是经”，又《巧言》“秩秩大猷，圣人莫之”，《毛传》皆训大猷为大道。《文选·幽通赋》“漠先圣之大猷兮”，曹注亦训猷为

道。是大曹之为大由，亦即大猷，形声义靡不通也。【《金文大字典》页六六九—六七一】

四九　释曹

戴家祥曰：曹字从曲曲，从丂。字书所无。考魏三体石经《君奭》残石“我迪(今本《尚书》作道)惟宁王德延(当作征)”篆文迪作□，古文作□，偏旁由字与曹字上部近似。许叔重云：“秦始皇帝初兼天下，丞相李斯乃奏同之，罢其不与秦文合者，斯作《仓颉篇》，中车府令赵高作《爰历篇》，大史令胡母敬作《博学篇》，皆取史籀大篆，或颇省改。所谓小篆者也。”(《说文解字・自叙》)今观籀文讟小篆作讀。(三篇《言部》)籀文敗小篆作败。(三篇《攴部》)籀文𠟭小篆作副。(四篇《刀部》)籀文𥞧小篆作秦。(七篇《禾部》)籀文䙴小篆作袭。(八篇《衣部》)籀文𣢝小篆作㰦。(八篇《欠部》)即所谓小篆或颇省改者也。以是而知金文曹殆即小篆省改之甹字。《说文》：“甹，木生条也。从马。由声。《商书》：‘若颠木之有甹枿’。古文言由枿。”(七篇《马部》)今《商书・盘庚》上篇作“若颠木之有由蘖”。按《说文》隶属马部之字，若函，训舌也。金文卜辞作□，象倒矢在函中。藏矢所用者为函。□，象函形。□，其缄处，且所以持也。(略本《静安先生不嬰㲃盖铭考释》)既不象舌形，亦不从马。再如甬“训草木华甬甬然也。从马。用声”。金文作□，上象钟悬，下象钟体，中二横划象钟带。(本杨树达《积微居金文余说自序》)既不象草木华，亦不从马。《玉篇・一七九》甹读戈周切，《唐韵》以州切，喻母幽部。丂读苦浩切，溪母幽部。韵同声异。甹之从丂，同部注音字也。大徐马读呼感切，晓母侵部。古代牙音见、溪两纽每与喉音晓、匣两纽混淆。侵部、幽部又是阴阳对转。毛公鼎曹作□，变从丂为从可。多父盘“眉寿可使”可作丂。(本强运开《说文古籀三补》)叔角父㲃“皇考”作“皇□”，考亦从可。可读肯我切，溪母歌部。丂、可同母更旁字也。由是而知曹、□两字仍当读由。《方言》卷六：“胥、由，辅也。吴越曰胥，燕之北鄙曰由。”《广雅・释诂》:“由,助也。”番生毁云“甹王位”,毛公鼎云“甹朕位”,字当训助。《商书·盘庚上》“由乃在位,以常旧服正法度”(杨筠如《尚书覈诂》云乃疑当作厥,古金文乃厥形近易误),词例与此相近。

加旁从辵,其义为道。《说文》二篇:“迪,道也。从辵。由声。”《古文四声韵·入声十九锡》䢊、迪同字。䢊、迪俱从由声,故迪亦通由。《大戴礼记·文王官人篇》“喜色由然以生”,卢植注:“由当为迪。”《汉书·扬子云传》“蠢迪检押”,颜师古云:“迪与由同义。今言日则曰由迪。”大徐:迪、䢊俱读徒历切,定母支部。《集韵·入声二沃》䢊音徒沃切,定母宵部。《广韵》由读以周切,喻母幽部。古音喻母四等归入定纽,已为声韵学家所证实。幽部韵位第二,宵部第三,故迪、䢊两字亦得通由。《周书·多方》“不克终日劝于帝之迪”,陆德明《释文》云:迪,“马本作攸”。《唐韵》攸读以周切,不但与由同母,而且同部。同声通假,由亦作犹,同猷。《左传·庄公十四年》“犹有妖乎”,孔颖达《正义》云:“古者由、犹二字义得通用。”《孟子·公孙丑上》“欲齐王由反手也”,《离娄下》“我由未免为乡人也”,孙奭《音义》引丁音“由当为犹”。《荀子·富国篇》“由将不足以勉也”,杨倞注:“由与犹同。”迪以由声,故迪、猷两字义皆为道。《方言》卷三:“裕、猷,道也。东齐曰裕,或曰猷。”《广韵》裕读羊戍切,喻母侯部。宵侯韵近,故裕亦通猷。《尔雅·释宫》:“路、场、猷,行道也。”道与路,异字同义,故仲由字子路(《史记·仲尼弟子列传》)。孟子曰:“惟君子能由是路。”(《万章下》)

墙盘铭文云:“故文王初盭和于政,上帝降懿德大甹。”(《易·小畜》“君子以懿文德”。虞翻注:“懿,美也。”)大甹乃动词降字之下两个名词短语,甹读猷。《小雅·小旻》“匪先民是程,匪大犹是经”,又《巧言》云“秩秩大猷,圣人莫之”,《毛传》俱训大道。班固《幽通赋》“漠先圣之大猷兮”,曹大家注:“猷,道也。”

猷、迪声同字通,义皆为道。《大雅·桑柔》云:“弗求弗迪。”弗迪当读不迪,犹言不道。《毛传》郑笺训进,非是。《周书·牧誓》斥纣之罪云:“昏弃厥遗王父母弟不迪”,《史记·周本纪》作“昏弃其家国,遗其王父母弟不用”。不迪乃概括上述诸罪行而言，应自为句。《礼记·缁衣》“刑之不迪”，郑注：“迪，道也。”《康诰》云：“矧今民罔迪不适，不迪则罔政在厥邦。”伪孔传云：“况今民无道不之，言从教也。不以道训之，则无善政在其国。”按《论语·子罕》篇云：“可与共学，未可适道。”《淮南子·汜论训》云：“未可适道也。”《广雅·释诂一》：“适，善也。”可为伪孔添一佐证。“罔迪不适”“未可适道”，其义一也。《洛诰》云：“公功棐迪，笃罔不若时。”伪孔传不知棐迪即不迪（《吕刑》“明明棐常”《墨子·尚贤中》引作不常。），释为“公之功，辅道我已厚矣”。竟读至下文“笃”字为句，则于文义难通矣。今以金文、诗书彼此互证，知大猷、不迪均古代政治成语，金文作[illegible]，诗书作迪，声读可通，义恰相会。

薛尚功释[illegible]为聘。（《历代钟鼎彝器款识法帖》卷六）徐同柏释读甹（《从古堂款识学》卷十六），刘心源（《奇觚室吉金文述》卷十六）、吴大澂（《窸斋集古录》四册）从之。孙诒让初释謣（《古籀拾遗》卷下毛公鼎释文坿）。后又云：謣字义无考，改释甹，读若亭，言定朕位也。（《籀庼述林》卷七《毛公鼎释文》）郭沫若云：“仍当以释謣为是，假为屏。《左传·哀公十六年》：‘旻天不吊，不慭遗一老，俾屏予一人以在位。’与此相近”云云（《两周金文辞大系图录考释》廿二叶），皆主观武断，不可信也。【《金文大字典》页六七二—六七五】

五〇　释尙（尚）

戴家祥曰：《说文》二篇《八部》：“尚，曾也。庶几也。从八。向声。”又七篇《巾部》：“常，下帬也。从巾。尚声。”或体从衣作裳。金文多假尚为常。丰车父段“子孙是尚”，陈公子甗“子子孙孙是尚”，丧史鉼、召仲考父壶“子子孙孙永宝是尚”，应读如《商颂·殷武》“曰商是常”，《鲁颂·閟宫》“鲁邦是常”之常。郑笺：“常，守也。”陈侯因资敦“永为典尚”，应读如《易·系辞》“既有典常”之常。《左传·襄公廿三年》“欲废国常”，《管子·四称篇》“不修先故，变易国常”，国常指国之典章制度也。【《金文大

字典》页七三三】

五一　释⿴囗禹、寓

戴家祥曰：卫鼎“迺舍寓于厥邑”，寓从宀。《玉篇·三四七》：庽，“今作宇。序，籀文。”《一切经音义·七》宇古文作寓，籀文作庽。寓之作⿴囗禹，亦犹之作弦之作，家之作（并见毛公鼎）。舍寓犹言赐舍。《仪礼·觐礼》“天子赐舍”，郑玄注：“犹致馆也。”（《上海师范大学报》一九七九年第二期《墙盘铭文通释》）《唐韵》于读羽俱切，喻母侯部。禹、宇俱读王矩切，喻母鱼部。侯鱼韵近，故寓、宇同字。

《说文》七篇：“寓，籀文宇。从禹。”训宇为“屋边也”。段玉裁曰：“《豳风》‘八月在宇’，陆德明曰：‘屋四垂为宇。’引《韩诗》：‘宇，屋霤也。’高诱注《淮南》曰：‘宇，屋檐也。’引申之，凡边谓之宇。如轮人为盖，上欲尊而宇欲卑。《左传》云：‘在君之宇下’，又云：‘失其守宇’。皆是也。宇者言其边。故引伸之义又为大。《文子》及《三苍》云：‘上下四方谓之宇，往古来今谓之宙。’上下四方者，大之所际也。《庄子》云：‘有实而无乎处者，宇也；有长而无本剽者，宙也。有实而无乎处谓四方，上下实有所际之处不可得到。’”（《说文解字段注》七篇）金文寓通寓，表示寓所之义。【《金文大字典》页八二一】

五二　释⿱宀尹

戴家祥曰：字，杨树达释安，读按。（《积微居金文说》二一七页）郭沫若（《两周金文辞大系考释》一六六页）从之。刘节释守（《古史考存》一一三页），李孝定（《金文诂林》附录一九二零页）从之。谛审拓本，既不从女，亦不从寸，实从反书尹。番君鬲君作是其证，《唐韵》尹读余准切，喻母文部。君读举云切，见母文部。声异韵同。经传每有借尹为君者。《左氏春秋经·隐公三年》“四月辛卯，君氏卒”，《公羊》《谷梁》均作“尹氏卒”。《荀子·大略篇》“尧学于君畴”，杨倞注：“《人表》作尹寿。”《新序·杂事篇》作尹寿。《左传·昭公二十年》：“棠君尚谓其弟员曰：‘尔适吴，我将归死。’”陆德明《经典释文》：“君本作尹。”由是而知□为窘之声符更旁字也。《说文》七篇：“窘，群居也。从宀。君声。”《唐韵》渠云切，音群。《广韵·上平二十文》举云切，《集韵》拘云切，字皆读君。《白虎通·三纲六纪》：“君，群也。群下之所归心也。”《春秋繁露·灭国篇》：“君者，不失其群者也。”是君也、群也一语之转耳。作窘者犹言君之所居也，在六书为会意兼谐声字。壶铭□上一字当释经。《集韵·下平十五青》经、絰、巠同字。《大雅·灵台》“经之营之”，《毛传》：“经，度也。”“经窘兹漾陲”，犹《大雅·皇矣》称文王“度其鲜虞，居岐之阳”也。漾，水名。陲，边也。【《金文大字典》页八三四】

五三　释宊

戴家祥曰：宊字从宀，午声，亦见《卜辞殷虚书契》卷二廿三叶一片，卅一叶四片，卷四二叶七片。《殷虚书契后编·上》十四叶六片及《小屯甲编》1183号。以声类求之，当即《说文》七编之寤字。午、吾声同。《尔雅·释言》：“逜，寤也。”《释文》：“孙炎本作午。”《释名·释姿容》：“寤，忤也。能与物相接忤也。”又《释长幼》：“啎，忤也。始生时人意不喜，忤忤然也。”《汉书·司马相如传赞》“或有抵梧”，颜师古注引如淳曰：“梧读曰迕，相触迕也。”《一切经音义·七》引《声类》云：“迕逆不遇也，又通作悟。”是午、吾声同义同之证。寤之本义为觉。寤字从㝱省，许氏训“寐觉而有信”。《国风·关雎》“寤寐求之”，《毛传》：“寤，觉也”。《说文》：“寤，寤也。”《广雅·释诂四》：“寤，觉也。”声义并与寤同。盖寤字从宀，吾声。寤字从㝱省，吾声。声符不变，形义符号变换而已。金文用作人名。【《金文大字典》页八四〇】

五四　释官

戴家祥曰:官为馆舍之本字,后世政务日繁,官署林立,治民之官多如牛毛,民知官府官僚之为官,不复追溯其字之从宀从𠂤之涵义,于是形义加旁,别为从食之馆,为馆舍之专字。《地官·遗人》"郊里之委积,以待宾客;野鄙之委积,以待羇旅",郑玄注:"羇旅,过行寄止者。"江永谓遗人兼有薪刍,而所主者粟食之积。馆之从食,言馆舍之设,既为宾客羇旅提供栖息之所,且为宾客羇旅提供膳食之需。《唐韵》官音古丸切,馆音古玩切,不但同部,而且同母。《易·随》之"初九"曰:"官有渝"。陆德明《经典释文》:"官有,蜀才本作馆有。"《庄子·天地篇》:"官施而不失其宜。"《荀子·王制篇》:"官施而衣食之。"施、舍声同字通。《广雅·释宫》:"馆,舍也。"【《金文大字典》页八五〇】

五五　释寔

戴家祥曰:寔字,从止,从室,即室之加旁字。《说文》:"室,实也。从宀,从至。至,所止也。"至、止声母都在照三,为双声注音字。其在卣铭"兮公寔盂鬯",字假为实,读如《仪礼·乡射》"卒洗升,实爵",《礼记·礼运》"实其簠簋笾豆鉶羹"之"实"。实,满也。【《金文大字典》页八七五】

五六　释㝟

戴家祥曰:㝟字从宀,从聿。《说文》及其他字书均未见。以声义求之,或即𥨊之别体,形声更旁字也。古文偏旁从宀从穴每有互换。《说文》:"𥨊,穷也。从宀。𥧚声。"或体作𥨊,更旁从穴。《论语·阳货》"恶取而窒者",郑玄云:"鲁读窒为室。"金文卯段"取我家室用器",室作窒。叔宿段宿作宿,是其证。聿、𥧚声同。《小雅·楚茨》"神保聿归",孔颖达

《正义》云："聿、遹字异义同。"《宋书·乐志》引作"神保遹归。"《大雅·文王有声》："遹追来孝。"郑笺读遹为述。《礼记·礼器》引作"聿追来孝"。《尔雅·释言》："律、遹，聿也。"孙炎注："遹，古述字，读聿。"《集韵·六术》驈、騂同字。是聿、窩同字，可断言也。《说文》："窩，空貌。"《玉篇·二五四》音"呼穴切。或作坑"。【《金文大字典》页八九六】

五七　释寏

史寏毁[illegible]字，吴大澂曰：古寏字，通阮。（《说文古籀补》七篇第六叶）墙盘铭文"隹[illegible]南行"，戴家祥读寏为完。寏、阮、完不但同部而且同母。"隹寏南行"犹云完成南征也。唐兰读狩，形声失据。《初学记》卷七引《古本竹书纪年》"昭王十六年伐楚荆，涉，遇大兕"。又十九年，"天大曀，雉兔皆震，丧六师于汉"。《吕氏春秋·音初篇》："周昭王亲将征荆，辛余靡长且多力，为王右。还返涉汉，梁败。王及蔡公抎于汉中，辛余靡余北济，又返，振蔡公。"《史记·周本纪》："昭王之时，王道微缺。昭王南巡狩不返，卒于江上。其卒，不赴告，讳之也。"张守节《正义》引《帝正世纪》云："昭王德衰，南征，济于汉，船人恶之，以胶船进王，王御船至中流，胶液船解，王及蔡公俱没于水中而崩。其右辛游靡长臂且多力，游振得王。周人讳人。"《左传》僖公四年，齐桓公伐楚，管仲责楚子"昭王南征而不复，寡人是问"。昭王确实死于南征，南进战略亦至此而终。所谓"为寏南行"，盖文饰之辞，讳言其败也。（《墙盘铭文通释》）【《金文大字典》页九二一—九二二】

五八　释賓

戴家祥曰：宾字《玉篇》《广韵》并作賓，从贝，完声。当即《禹贡》"淮夷蠙珠"之蠙。《说文》："玭，玭珠也。从玉。比声。"今《夏书》玭作蠙。《史记·夏本纪》《汉书·地理志》述比经皆作蠙。《史记索隐》《汉书集注》皆云:“蠙,一作玭。”《大戴礼记·保傅篇》“玭珠以纳其间”,卢注:“亦作蠙”,与《说文》合。郑玄《尚书》注:“蠙珠,珠名。”韦昭读薄迷反,“蚌也”。《广韵·上平十七真》读步田切,“珠母”。贝与蚌皆介壳软体动物,故蠙之初文从贝,宾声。后世每假为宾客之宾,故特加旁从虫以别之。形声更旁则写作玭。贝、玉同义,宾、比同声。两汉经生都知其为一字之重文也。王献唐谓:“宾贝者,盖返其挚。”(《说文系传校语抉录》)臆说不可从。金文用法同宾。参见宾字。【《金文大字典》页九二九—九三〇】

五九 释宾

戴家祥曰:《说文》:“宾,所敬也。从贝。㝐声。”七篇:“㝐,冥合也。从宀。丏声。读若《周书》‘若药不眄眩’。”卜辞作□,从宀,从人。或体作□。虘钟“用乐好宾”,亦作□。其他钟铭作□,从贝,从宾。《唐韵》宾读胡官切,韵在元部。宾读必邻切,韵在真部。元真韵近,故宾亦得读宾。或谓宾之初文,从宀,从人,象人处在屋下之形。人、宾同部,会意兼形声,取其栖宿之义。《吕览·季秋纪》:“宾爵入大水为蛤。”高诱注:“宾爵,老爵也。栖宿于人堂宇之间,有似宾客,故谓之宾爵。”《礼记·月令》季秋之月“鸿雁来宾”,郑玄曰:“来宾,言其客止来去也。”宾有止义,故卜辞或体作窆,加旁从止。金文用法同宾,参见宾字。【《金文大字典》页九三一—九三二】

六〇 释宴

戴家祥曰:齐侯壶铭“其人民都邑堇□无用从尔大乐”,阮元释“□无”为夏舞。(《筠清馆金文》卷第二十八页)徐同柏释“堇□”为觐庙。(《从古堂款识学》卷十第二十三页)吴大澂读“堇□”为堇宴。(《说文古籀补》七篇第六页)孙籀公读其全文为“其人民都邑堇(谨)□(宴)无(舞)用从(纵)尔大乐”。(《古籀余论》卷三第四十五页)今以《筠清馆金文》白

[illegible](旧释伯要)段之[illegible]字审之,[illegible]当释窭。《说文》七篇:“窭,无礼居也。从穴。娄声。”《唐韵》其矩切,郡母鱼部。

齐侯两壶作于陈桓子死后,其子为其母孟姜丧终易服时所作之祭器。《仪礼·丧服》传:“野人曰:‘父母何算焉?都邑之士则知尊祢矣。大夫及学士则知尊祖矣。’”贾公彦谓:“国外为野人,野人稍远政化,都邑之士为近政化。”《邶风·北门》“终窭且贫”,《毛传》:“窭者,无礼也,贫者困于财。”《一切经音义·一》引《仓颉篇》云:“无财曰贫,无财备礼曰窭。”贫而无礼,先见于室屋。原宪瓮牖桑枢,陈平席门负郭,人莫不知其贫也。壶铭以堇窭与人民都邑并提,亦犹《丧服》郑注以野人粗略与都邑之士并提,知堇窭即野人之家也。《礼记》“丧服四制”云:“祥(易服吉祭)之日,鼓素琴,告民有终也,以节制者也。”壶铭“大乐”二字,其义指此而已。意谓齐侯请准天子,田氏丧终易服,作乐可也。人民都邑及其贫窭小户,无须从汝大乐,词显然。阮、徐、吴三家不知丧服有终之义。孙氏虽然知之,而沿用窸斋之误释,不惜割裂句读,随心破字,不能得其确诂,又何足怪!【《金文大字典》页九三八】

六一　释瑹

戴家祥曰:瑹从宀,从球,字书未见。按古文从宀与否,并不定型。《古文四声韵·上声三十二皓》引《古尚书》宝作瑶。《穆天子传》“百姓宝富”,宝亦作瑶。《玉篇·一三八》寚,古文宝,加旁从宀。《史记·秦始皇本纪》“亲巡远方”,泰山刻石作“窺輈远黎”,亲作窺。《易·丰》之“上六”云:“豐其屋”,《说文》七篇引作“寷其屋”,加旁从宀。《集韵·上声三十八梗》宵通作省。以此例推,瑹当释球。《说文》一篇:“球,玉声也。从玉。求声。璆,球或从翏。”《尚书·禹贡》“厥贡惟球琳琅玕”,郑玄注:“球,美玉也。”《唐韵》球读巨鸠切,音求,郡母幽部。【《金文大字典》页九四三】

六二　释⿱宀钦

戴家祥曰：字，从宀，从钦省声。字当释廞。《说文》九篇："廞，陈舆服于庭也。从广。钦声。读若歆。"按古字从宀表义者，亦或更旁从广。《说文》七篇宅古文作庑，寓或体作庽。《集韵·上声九虞》宇、序同字。金文召伯虎簋(第二器)宕作庑。是其证。廞字见于《周官》者十余处，若《天官·司裘》"大丧廞裘饰皮车"，《春官·司服·大丧》"廞衣服"，《大司乐》"大丧涖廞乐器"，《大师》"大丧帅瞽而廞作匶谥"，《小师》"大丧与廞"，《笙师》"大丧廞其乐器"，《典庸器》"大丧廞笋虡"，《巾车》"大丧饰遣车，遂廞之"，《车仆》"大丧廞革车"，《夏官·司兵》"大丧廞五兵"，《圉人》"廞马亦如之"。故书廞为淫，郑众读淫为陈，训"列也"。郑玄不从，读为大师六诗赋比兴之兴，训"作也"。《尔雅·释诂》(下)"廞、熙，兴也"。《周颂·酌》篇"时纯熙矣"，郑笺亦训熙为兴。《唐韵》廞、歆俱读许今切，晓母侵部。熙读许其切，晓母之部。声同韵异。兴读虚陵切，晓母蒸部。之、蒸阴阳对转。高密遵守雅诂，似较先郑为长。《唐韵》淫读余箴切，喻母侵部。陈读直珍切，定母真部。声义失据。鼎铭为作器者名。廞、歆、熙、兴皆有说乐之义，两说互校，后郑为长。【《金文大字典》页九四五】

六三　释寮

戴家祥曰：《说文》七篇《穴部》："寮，穿也。"《玉篇·一二八穴部》："寮，官寮也。与僚同。"又《一五六宀部》："寮，穿也。"解同许书。而许氏《宀部》则缺寮字。后世治小学者，每疑今本《说文》误脱之。考古字从宀与从穴区别不严：叔宿段宿作宿，邵钟竈作竈，《集韵·下平十一唐》康、㝩同字，《十三耕》宏、宖同字，《十九侯》寠、窶同字。金文作(矢方彝)，亦作(毛公鼎)，变从穴为从宫。《易》(系辞下)曰："上古穴居而野处，后世圣人易以宫室。"《礼记·礼运》曰:"昔者先王未有宫室,冬则居营窟。"宫室为人类穴居生活之进化发展,其词义亦相承也。番生簋作,则又从寮省火。【《金文大字典》页九四八】

六四　释寘

戴家祥曰:孙诒让云:"金文楚曾侯钟云:'楚王能章作曾侯乙宗彝。之于阳。'确是寘字,谛审其文,上确从宀,不从穴,下从者,即古文酉字。金文多借酉为酒,如沇儿钟作,齐侯甔作,与此略同,是即奠字也。考《说文》(丌部):'奠,置祭也。从酋。酋,酒也。丌,其下也。'金文郑同媿鼎奠作,亦省酋为酉,与此正同。依许说奠有置义,寘字从之,于字例亦合,疑古文正如是作矣。"(《名原》下第三十叶)按孙说近是,然尚未尽其义。考古人作字,欲示其活动在屋内者,每加宀作为表义偏旁。如金文墙盘"禋祀"作𥜹祀,邾大宰钟"多福"作"多富",以是知寘即奠之表义加旁字。《礼记·内则》男女相受器,"则女受以篚,其无篚,则皆坐,奠之,而后取之"。意谓若无篚,则授者置诸地,受者亦就地取之。此即许训"奠,置祭也"之所本也。同声通假字亦同寘。《唐韵》奠读堂练切,定母元部。寘从真声,读待年切,定母真部。声同韵近,故寘亦通奠。《说文》:"寘,塞也。"乃填之假字。十三篇:"填,塞也。"《一切经音义·二》:"填,古文寘同。"《礼记·檀弓上》"主人既祖,填池。"郑玄云:"填池当为奠彻,声之误也。奠彻,谓彻遣奠,设祖奠。"是寘、填、奠声同字通之证。

《说文》宀训"交覆深屋也。象形。"穴训"土室也。从宀。八声。"宀、穴义近,故凡字从穴者,亦或更旁从宀。郘钟竈作寉。叔宿簋宿作㝛。《玉篇·一五四》弦作𡧢,宏亦作宖。《汉书·功臣表》"室中",颜注引徐广曰:"一作室中"。寘,寘同字,其例亦犹是也。《左传·桓公二年》臧哀伯谏曰:"今灭德立违,而寘其赂器于大庙。"又《定公十三年》邯郸午之父兄曰:"卫是以为邯郸,而寘诸晋阳。"两寘字当即寘之更旁字，文例与钟铭同，陆德明读寘之豉反，照母支部训“置也”。大徐收入宀部新附字，云“置也。从宀。真声。”音支义切，照母歌部。置读涉吏切，知母之部。寘之声原为真，韵部与置绝远。此盖元朗因时人俗书以寘为置之讹，鼎臣又从而袭之，而不知其非也。【《金文大字典》页九四九—九五〇】

六五 释𩏂

戴家祥曰：𩏂，从𡍮，从攴。《说文》所无。以意求之，字当释𡍮。从攴，孕字縟文也。《一切经音义·十一》堙古文垔、𡍮二形。垔声同辰，故甄可通振。汉开母庙碑“九山甄旅”，古谓兵入曰振旅，甄旅当即振旅。吴禅国山碑“甄匮启缄”，甄当读振。《左传·文公十六年》“振廪同食”，杜预注：“振，发也。”振可通震。《史记·夏本纪》“震泽既定”，《索隐》：“震，一作振。”古谓怀胎为震。《大雅·生民》“载震载夙，载生载育”，《毛传》：“震，动也。”“育，长也。”《释文》：“震，有娠也。”《左传·昭公廿九年》“郁湮不育”即《易·渐》“妇孕不育”，湮亦震也。《说文》“娠，女妇身动也。”新附捩同。《一切经音义·八》古文作𦞂，《一切经音义·九》古文作𦞂。《集韵》𫝀同。汉人又通作孕。《淮南子·原道训》“毛者孕育”，高诱注：“孕者怀胎。”【《金文大字典》页九五四】

六六 释竆

戴家祥曰：竆，释绾。宋时出土周伯硕父鼎“用旂匄百录釁寿，竆綽永令”。（《啸堂集古录》上九叶）绾作竆。周孟姜段“竆綽釁寿”。（《啸堂集古录》下五十五叶）绾作竆。蔡姞簋“用祈匄釁寿绰绾”，绾作[illegible]。疾钟戊组“匄永令绰绾，犹录屯鲁”，绾作[illegible]。唐兰读绾为婠，训好也。令同命，绾命犹《易·否》“有命无咎”也。【《金文大字典》页九五七】

六七 释宠

戴家祥曰：第一字当释宠。眉寿钟“□年无疆，宠事朕辟皇王”文例正同。《国语 · 楚语》“宠神其祖，以取威于民”。韦昭注：“宠，尊也。”《说文》：“宠，从宀，从龙。”考金文从宀之字，间或写作∧形。邾公釛钟“用乐嘉宾”，宾作[illegible]。沇儿钟“以乐嘉宾”，宾作[illegible]。是其例也。大鼎“王呼膳夫騣召大，以乎友入捍”。入作[illegible]。毛公鼎“今余黼先王命”，今作[illegible]，则又似从宀。是宀、入易混又一证也。《说文》：龙“从童省声。从肉”。汈其钟“用天子宠”，宠作[illegible]。曾伯从宠鼎宠作[illegible]。仲龏父甗龏作[illegible]。龙字上象首，下象其身，乃象形，非形声。唐兰释[illegible]为龕，读如钦，训敬也。徐中舒、裘锡圭、李学勤谓即今龛字，训“堪也”。均不明从∧即从宀之变。“宠事厥辟”谓尊事其君，犹《左传 · 昭公元年》“国之大臣，荣其宠禄，任其大节，有菑祸兴而无改焉”。【《金文大字典》页九六〇】

六八 释宝

戴家祥曰：殷虚卜辞有[illegible]字、(《殷虚书契前编》卷六第三十一叶)及[illegible]字(《殷虚书契后编》卷下第十八叶)，皆从宀，从玉，从贝，而阙其声。金文宝从宀，从玉，从贝，缶声。古者货贝而宝龟，至周而有泉。《商书 · 盘庚中》：“兹予有乱政同位，具乃贝玉。”贝与玉在商代具有货币职能，可以作为财富贮藏手段。《汉书 · 梁平王襄传》“成后世善宝之”，颜师古《集注》：“宝谓爱守也。”偏旁更换字亦作宲，从宀，呆声，呆古文保。《周书 · 顾命》“陈宝赤刀”，《说文》引作“陈宲赤刀”。《广雅 · 释诂四》：“宲，藏也。”同声通假，字亦作保。《大雅 · 嵩高》“南土是保”，郑笺：“保，守也。”【《金文大字典》页九八六】

六九　释䆈

戴家祥曰：寶字，从宀，从贝，从玉，至声。至，古文室。字当释实。《说文》："实，从宀，从贯。贯，货贝也。"古者货贝而宝龟，至周而有泉。《商书·盘庚中》"具乃玉贝"。贝与玉在商周社会具有货币职能，可作为财富贮藏手段。䆈字从贝，从玉，义亦同贯。至，盖声符也。敷段省玉作寶，亦犹虢季子段"永宝"作"永𡩧"，禽鼎"宝彝"作"寚彝"。实从贝、玉，故《礼记·哀公问》"好实无厌"，郑玄云："实，富也。"《左传·文公十八年》"聚敛积实"，杜预注："实，财也。"辛伯□鼎"室丝五十寽"，犹《仪礼·既夕礼》"实角觯四，木柶一，素勺一。"盂卣"兮公室盂鬯，束贝十朋"，犹《礼记·礼运》"实其簠簋笾豆鉶羹"。《国语·晋语》"令司正实爵与史苏"。实，满也。是室之为室，䆈之为实，声义豁然。《释名·释宫室》："室，实也。人物满其中也。"墙盘铭文："䆈受墙尔𪊨福。"实字在动词受字之前为助动词。《易·既济》"东邻杀牛，不如西邻之禴祭，实受其福"。《左传·昭公三年》"岂惟寡君，举群臣实受其贶"。又《昭公七年》"去卫地如昔也，于是有灾，鲁实受之"语法正同。郭沫若（《殷周青铜器铭文研究》第四十三叶）、杨树达（《积微居金文说》第九十三叶）、吴闿生（《吉金文录》卷二第十五叶）、马叙伦（《国学季刊》四卷一期第十九叶）释家，唐兰（《国学季刊》四期第二十七叶）释庸，于省吾（《双剑誃吉金文选》下三第十叶）释予，于形于声一无是处，此皆智者千虑之一失。【《金文大字典》页九九三】

七〇　释尸（夷）

戴家祥曰：故[illegible]、[illegible]、[illegible]、[illegible]本一字也，许氏《说文》分列四部误也。卜辞兀作[illegible]、儿作[illegible]、兄作[illegible]、见作[illegible]。金文元作[illegible]（虢叔钟），先作[illegible]（毛公鼎）、兄作[illegible]（蔡姞段）、儿作[illegible]（易儿鼎）、见作[illegible]（珥鼎），与卜辞同。

小篆允作㝁，兮甲盘玁狁作㺲𤞤，虢季子白盘作𤞤偏旁允从人不从儿。小篆鬼从儿，卜辞作畏，金文郑同媿作媿，芮子鼎作媿，偏旁鬼从人。小篆页从𦣻从儿，大克鼎显作顯，大盂鼎作顯，偏旁页从人不从儿。是人、儿本一字也。

大徐人、儿俱音如邻切，日母真部。阴阳对转，读为脂部。尸音式脂切，审母脂部。夷读以脂切，喻母脂部。声异韵同，故夷、尸同字。金文屖作𢓊（竞卣），从人不从尸。或体作屖（伯𩕢父鼎），从尸不从人。《尧典》"方鸠僝功"，僝字从人。《说文》二篇《辵部》引《虞书》曰"旁逑孱功"，更旁从尸。《说文》新附字"侲"从人，辰声。金文大鼎有侲𡱝两体，一从人与小篆同，一从尸。金文南淮夷作南淮尸（兮甲盘），克狄淮夷作尸，尸为人之横写。许云"陈也"。意谓尸体横陈也。经传训夷为平，平卧为尸，义亦近似。由是而知尸部二十三字，履部六字，尾部三字，实多以人表意。尸，亦人也。《曲礼》曰："君子抱孙不抱子。此言孙可以为王父尸，子不可为父尸。是古之为尸者，本活人也。"【《金文大字典》页一〇二四——一〇二五】

七一　释之

《说文》六篇："㞢，出也。象草过屮，枝茎益大有所之。一者，地也。"周伯琦曰："古人因物制字，如之本芝草，乎本吁气，焉本鸢鸟。后人借为助语。助语之用既久，反为所夺，又制字以别之，乃有芝、呼、鸢等字。"（宋李从周《字通》引）徐灏曰："戴侗引李阳冰说曰：'㞢象芝草出地之形，古以此为芝草字。郑渔仲说同。'灏按：之借为语词，又为之往之义。《尔雅》曰：'如、适、之，往也。'如适、之之本义皆非往，而借为往，此正所谓'本无其字，依声托事也。'"（《说文段注笺》）戴家祥按，唐宋人释之为芝之初文，颇有卓见。观卜辞、金文象一芝三秀形，皆自相似。《九歌·山鬼》"采三秀兮于山间"，王逸注："三秀谓芝草也。"《尔雅·释草》"菌芝"（今本《尔雅》菌误茵，依《艺文类聚》九十八改。），郭璞注："芝，一岁三华曰瑞草。”是㞢之形声义昭然若揭。许慎误分芝、之为二，芝训瑞草，之字训出。二徐以降，直至罗振玉（高鸿缙《字例》三篇十五叶引）、杨树达（《积微居小学金石论丛》六十一叶）诸家无不陷在动词、指物词、助词假借义中，委曲求全，其迷误不谕，岂不悖哉？金文之皆非本义，用作动词、代词、助词等。【《金文大字典》页一〇五九——〇六〇】

七二　释弗

戴家祥曰：《说文》十二篇《丿部》：“弗，矫也。从丿，从乀，从韦省。”按金文弗作弗（函弗生甗）、作共（番生段）或作兵（大段），即弓柲之本字，亦即弜之或体。古文弻有弼、㢸两形。弼为弜之加旁字，㢸为弼之更旁字。郑玄《士丧礼》注云：“柲，弓檠也。弛则缚之于弓里，备损伤。以竹为之。”《诗》云：“竹柲绲縢。”今文柲作枈。毛公诂《秦风·小戎》《鲁颂·閟宫》“縢，绳也”。许云：“丿，右戾也。象左引形。”“乀，左戾也。从反丿，读与弗同。”实丿象弛弓形，乀象竹制弓檠。弓弛则向反面背戾，必以绳索约束诸竹檠，始能矫正其枉戾。《论语》所谓“举直错诸枉，能使枉者直”是也。弗有矫义，许氏“弗，矫也”之训，盖弗之引申义，非制字之本义也。然则经传曰柲、曰枈、曰闭、曰八，皆一语之变，不但古音同部而且同母。同声必然同义。《说文》九篇《卩部》“𠨘，辅信也。从卩。比声。《虞书》曰：‘𠨘成五服。’”今本伪古文《益稷谟》用其文作“弼成五服”。十篇《大部》“奰，大也。从大。弗声。读若予违汝弼”。文见今本《尚书·皋陶谟》。《易·颐》之“六二”曰“拂经于邱”，子夏《易传》拂作弗。王弼注：“弗，辅弼也。”《礼记·孝经》“左辅右弼”，《释文》：“弼又作拂。”是弼、弗同字之证也。其后经传借弗为不者寖多，而弗字又每为或体弼字所取代，而本名之形义遂各为借字所攘夺，好学深思之士亦不复深究之耳。【《金文大字典》页一一〇三——一一〇四】

七三　释贫

戴家祥曰：一九二九年，余作《員字说》，刊于《国学论丛》二卷一号，云：古金文贸鼎有贫字，从贝，父声，亦许书所无。前儒并未释。今以贝、巾更旁例之，殆即布之别构。许君于《贝部》"賨，南蛮赋也。从贝。宗声。"应劭《风俗通》云："盘瓠之后，输布一匹二丈，是为賨布。"賨为布名，字亦从贝，币、布、帛，从巾不从贝，谊自可寻。杨树达一九四二年十一月跋公贸鼎云："贫为泉布本字。"一九四六年六月二十日后校此器云："以字形言之，疑是泉布之布本字也。泉布字经传通作布，乃假布帛之布为之。此字从贝，乃与泉布之义相合。铭文云：'公贸用□休鱻'，知其人字公贸。盖泉布为贸易所需，故名字义互相应合如此。《诗·卫风·氓》云'抱布贸丝'是其证也。按古币、货布、钱文亦作布字，不作本字，赖有此器存其文，虽所用非本义，犹得于其字之形声及名字之相关得其起始义，或亦考文者所乐闻欤？此器著录者通称贸鼎，今依铭文改题公贸鼎云。后读郭沫若《彝铭名字解诂》，说与余略同。惟郭谓贫是资斧之斧本字，与余说为泉布之布本字者异，故仍存此稿不削云。"按杨说较长。《周礼·天官》外府"掌邦布之入出"，郑玄注："布，泉也。布读为宣布之布。其藏曰泉，其行曰布，取名于水泉，其流行无不遍。"可为杨氏添一佐证。

【《金文大字典》页一一一〇】

七四　释率

戴家祥曰：《说文》十三篇："率，捕鸟毕也。象丝网，上下其竿柄也。"卜辞作[illegible]，盂鼎作[illegible]，毛公鼎作[illegible]，诅楚文"率诸侯之兵"率作[illegible]，从行从[illegible]。知[illegible]亦从行。许云："系，细丝也。古文作[illegible]。"卜辞丝作[illegible]，[illegible]象束丝形。作[illegible]者，上下两端则束丝之绪也。诅楚文从[illegible]与从[illegible]同。庚壶逹作[illegible]，从彳、糸，知其字本是从行，从丝省声。《唐韵》率读所律切，审母脂部。丝读新兹切,心母脂部。不但韵同,而且声近。许谓“上下象竿柄”殊误。金文率从⺀⺀从糸,用作从复词。【《金文大字典》页一一三一】

七五　释广

戴家祥曰:广,当释广。《说文》九篇《广部》:“广,殿之大屋也。从广。黄声。”又七篇《禾部》穅“从禾,从米。庚声”。或省作康。广读古冕切,见母阳部。康读苦冈切,溪母阳部。同部义得通假,又是旁纽双声。《易·晋》“康侯”,《释文》引郑玄注:“康,广也。”《史记·屈原贾生列传》“而宝康瓠”,《索隐》引李巡曰:“康,谓大。”毛公鼎“康能四国”,齐侯镈钟“康能乃九事”,广能即康能也。(《墙盘铭文通释》)【《金文大字典》页一一四九——一五〇】

七六　释弋

戴家祥曰:弋,唐兰释朩,读菽。郭沫若释为戈柲之柲。(《两周金文辞大系图录考释》九十七叶)瘐钟(戌组)“弋皇组考,高对尔剌(烈)”,弋盉“弋敢作姜盉,用万年,用楚(胥)保叔弋”,按器铭以考弋、叔弋为辞,字当释姒。女姓之姒,不见许书。《左传·襄公二十六年》“敬姒强命之”,杜预注:“姒音似。”姒、似同字,形符变换字也。《说文》俟或体作竢。齐镈“保吾子姓”作“保盧子住”可证。考姒鼎作以,从人。叔向父毁作𠉀,叔彝作𡚤,从女。古以、台通用,故颂鼎、邓嫚鼎、会姒鬲作始。蟲姒彝作㚶,皆别构也。姒又通弋。《左传·襄公四年春秋经》:“秋七月戊子,夫人姒氏薨。”《公羊》《谷梁》姒作弋。《谷梁·定公十五年春秋经》:“秋七月壬申,弋氏卒。九月辛巳,葬定弋。”《左传》《公羊》弋作姒。声符更易字亦作妀。沕其毁“善夫沕其作朕皇考惠仲皇母惠妀尊毁。”惠妀即惠姒也。𢦏毁“乌虖! 朕文考甲公,文母日庚弋休”,弋即姒之简化,亦即姒字。按姒有两义,其一为母系氏族社会之遗姓。《鄘风·桑中》:“云谁之思，美孟弋矣。”《毛传》：“弋，姓也。”弋姓即姒姓。夏禹姓姒。其二为女子平辈间等第之称。《释名·释亲属》：“少妇谓长妇同姒，言其先来，己当法似也。”《尔雅·释亲属》：“女子同出，谓先生为姒，后生为娣。”又曰：“长妇谓稚妇为娣妇，娣妇谓长妇为姒妇。”郑玄注《礼记·内则》：“娣姒犹兄弟也。”同声通假字亦作翼。《书·多士》：“非我小国，敢弋殷命。”《释文》：“马本作翼。”故考弋亦作考翼。《书·大诰》：“亦惟在王宫邦君室，越予小子考翼，不可征。”蔡仲默《尚书集传》谓考翼即父兄，指管、蔡。父为考，兄为姒，故诸从父从母亦得谓之考弋或考翼。郑玄训翼为敬，非是。（本孙诒让《籀庼述林》卷三《释翼》）高鸿缙曰：《说文》：“弋，橜也。象折木斜锐著形。从厂，象物挂之也。”孔广居曰：“弋木橜之卓于地而系物者，俗所谓桩也。丨象弋之干，丿象弋首小枝，一象系物之索也。干何为而斜卓？弋斜则系物固也。首何为而枝？首有枝则起弋易也。其起弋奈何？则特一木橛著小铁环，以环贯于弋之枝，横其橛而转之，一转而弋起矣。”按弋本为橛为桩，自后世（秦汉）通假以代矰缴之[illegible]（[illegible]为[illegible]射之本字，周人借以为伯叔之叔），故有弋射之称。于是乃加木旁为意符作杙，以还橜弋之原。[illegible]射之[illegible]，秦人虽另造隿字，然卒以不用废。弋之本意为歧首之桩，故原作丫，象其物形。复以·意象指明其部位，言此即桩也。所以指明之意象，初为一点，复变为一斜画，既非象挂之，亦非系物之索也。惟其为意象，故弋为指事字名词。《玉篇》：“杙，果名，如梨。又橜也。”（《中国字例》三篇五五叶）【《金文大字典》页一一六七——一一六九】

七七　释竣

张政烺曰：竣，从立，癹声。癹即《说文》癹字，竣盖即废立之废。（《中山王嚳壶及鼎铭考释》载《古文字研究》第一辑第二二二叶）按金文无废，有癹、发。工𠭯太子剑作[illegible]，中山王嚳鼎作[illegible]，象用手脚拨动弓弩发箭之形，当是拨的古文。《周礼·考工记》：“发当为拨。”《释名·释言语》:“发,拨也。”弦拨箭发,在动作的时间上仅瞬息之间,发为拨的初字可信。发引申为出发的意思后,才加手(扌)符以存古意。《礼记·曲礼上》“衣毋拨”,注:“发扬貌。”又为废。《论语·微子》“废中权”,郑注:“发动貌。”是发、废同读同义之征。【《金文大字典》页一一八〇】

七八　释𢐁

戴家祥曰:𢐁字,吴大澂释发。(《说文古籀补》卷十二第十叶)按《说文》,發“从弓。癹声。”此从弫,从带省,不从癶、字当释弫。《玉篇·二五七》弫同矧。声读同引。《地官·小宰》:“属其六引。”郑众曰:“六引,谓引丧车索也。”《荀子·王霸篇》:“绵绵常以结引驰外为务。”杨倞注:“引读为靷。”《说文》:“靷,引轴也。”字亦作纼。《广雅·释器》:“纼,索也。”《礼记·祭统》:“君执纼。”郑玄注:“纼,所以牵牲也。”《说文》:“纼,牛索也。”从糸,引声,读若弫。由是而知引之本义为引弓,引伸之凡一切牵引之具皆可名引。孳乳增益则为靷,为纼,为𢐁。靷、纼、𢐁皆一语之加旁字也。釜铭“平𢐁敕成”,𢐁当训况。《方言·六》:“弫、吕,长也。东齐曰弫,宋鲁曰吕。”《说文》:“弫,况也。”段玉裁训况为兹,有增益之义。言陈氏之釜在当日商品计量中或平或益,有其制约作用。“敕成”者,约成也。《谷梁传·宣公四年》云:“平者,成也。”【《金文大字典》页一一八一】

七九　释弥

戴家祥曰:前人释彌为彊,非是。《释名·释兵》:“弓末曰箫。又谓之弥,以骨为之,滑弭弭也。”《唐韵》弭读緜婢切,明母支部。故弭作弲,从弓,兒声。兒读汝移切,疑母支部。弭为会意兼形声字。《广韵·五支》弥故作瓕,读武移切。不但同母,而且同部。弭、弥声符更旁字也。《荀子·礼论》:“蛟韅、丝末、弥龙,所以养威也。”杨倞注:“弥读为弭。”《汉书·王莽传》:“弥射执平。”颜师古集注:“弥又读为弭。”《文选·羽猎赋》:“望舒弥辔。”李善注:“弥与弭古字通。”《春官·男巫》:“春招弭以除病疾。”杜子春:“读弭如弥兵之弥。”按《左传·襄公廿五年》“兵其少弭矣。”杜预注:“弭,止也。”是弭亦得训止。弭之本义为弓箫,训止者声借字也。

字之训止者,应作敉。《说文》三篇《攴部》:“敉,抚也。从攴、米声。《周书》曰:‘亦未克敉公功。’读若弭。侎,敉或从人。”《春官·小祝》:“宁风旱,弥烖兵。”郑玄曰:“弥读曰敉。”《国语·周语》:“吾能弭谤矣。”韦昭注:“弭,止也。”弭亦当读敉。

同声通假,弥亦读镾。《说文》九篇《长部》:“镾,久也。从长。尔声。”《集韵·五支》镾通弥,音武移切。

蔡姞毁:“彌厥生灵终。”齐镈:“用求丂命弥生。”墙盘:“怀眉禄黄耇弥生。”弥生者,长生也。《大雅·卷阿》:“俾尔弥尔性。”生、性二字古通。《白虎通·情性篇》云:“性者,生也。”

同声通假,弥亦读满。《大雅·生民》:“诞弥厥月。”《鲁颂·閟宫》:“弥月不迟。”毛公训弥为终。终月者,满月也。《汉书·司马相如传》:“弥山跨谷。”颜注:“弥,满也。”

至许书训“弛弓也”之彃字,即弛之声符更旁字。弛亦作號,《唐韵》音施氏切。《仪礼·大射》:“遂命胜者执张弓,不胜者执弛弓。”《礼记·杂记》:“一张一弛,文武之道也。”郑玄注:“张弛以弓喻人也。弓弩久张之,则绝其力;久弛之,则失其体。”孔颖达《正义》云:“张谓张弦。弛谓落弦。”彃、弛古音皆在支部声同则义同。许氏未达声符更旁之理,误分为二,盖亦千虑之一失也。【《金文大字典》页一一八二——一一八三】

八〇 释疆

毛伯簋“其万年无畺”,王孙寿甗作“其眉寿无疆”,畺通疆。《说文》十三篇:“畺,界也。从畕。三,其界画也。疆,畺或从彊土。”按畺为疆界之初文,后为声符加形旁弓作彊,为强弱之强之初文。《说文》十二篇:“彊,弓有力也。从弓。畺声。”《周颂·载芟》“侯彊侯以”,《毛传》:“彊,彊力也。”因彊从畺声，故金文常假为畺。如齐侯敦“万年无彊”等。后人为了明确表示疆界之义，又在彊上加土旁作疆。战国时器和经传中的“万寿无疆”都从土。疆是畺的后起字。【《金文大字典》页一一八四——一一八五】

八一　释畺

戴家祥曰：《说文》十三篇：“畺，界也。从畕，三象其界画也。”或体作疆，从土，彊声。经传“万寿无疆”都以《说文》或体为正，而不复用原始象形字。金文则混同不分，间或写作从弓之彊，盖同声假借字也。【《金文大字典》页一一九七】

八二　释复

唐兰、徐中舒、裘锡圭并读腹。戴家祥按：《说文》復古文作复。鬲比盨復作复。复是复之省，通復。《汉书·董仲舒传》“有火復于王屋，流为乌。”颜师古注：“復，归也。”此“远猷复(復)心”谓远道归心也。【《金文大字典》页一二四三】

八三　释余

戴家祥曰：《说文》二篇《八部》：“余，语之舒也。从八。舍省声。”三体石经《多士》“予其曰”，古文予作𠆢，从舍不省。古音予、余不但同部而且同母。《礼记·曲礼下》“予一人”，郑玄注：“予、余古今字。”按从余得声诸字，古书都与余字通借。《易·困》之九四“来徐徐”，王肃本作“余余”。《鲁颂·閟宫》“荆舒是惩”，《汉书·建元以来侯者年表》作“荆荼是征”。《左传·襄公廿三年》“范鞅逆魏舒”，《史记·魏世家》索隐引《世本》：“舒作荼。”郑玄注《考工记》：“荼，读为舒。”《说文》四篇《予部》：“舒，伸也。”予声同余，舍亦读余，声符重复，故舒亦读徐。《说文》二篇《彳部》:“徐,安行也。”八篇《人部》:“俆,缓也。”徐、俆形义更旁字也。《大雅·常武》“王舒保作”,《毛传》:“舒,徐也。”《尔雅·释天》“四月为余”,《释文》餘、舒二音。孙作舒。《诗·小明》,《正义》引李巡曰:“四月,万物皆生枝叶,故曰余。余,舒也。”《释名·释州国》:“徐州。徐,舒也。土气舒缓也。”《战国策·齐策》“楚威王战胜于徐州”,高诱注:“徐州,舒州。”《召南·野有死麕》“舒而脱兮”,《毛传》:“舒,徐也。”《说文》六篇《邑部》郐读若塗。《说文》无塗字,段玉裁云:“当作涂。”涂从余声,加旁从土,犹陈之别体作墬,畮之别体作壟是也。喻母四等归入定纽,已为曾君运乾证实,故郐、荼又可读同都切。

金文仆儿钟铭云:“曾孙仆儿,余迭斯于之孙(据编钟),余兹辂之元子。曰:於嘑!敬哉。余义楚之良臣,而迭之字父,余迈迭儿得其吉金镈铝,台铸龢钟,以追孝先祖。”阮元(《积古斋钟鼎款识》卷三第五叶)名之曰“楚良臣余义钟”,孙诒让踵其误云“此钟为楚人仆儿作以祭其祖者”。(《名原》下第十四叶)后江西省高安县出土古酒觯两件,其一铭曰“郐王义楚羼其吉金作祭鍴”,其一曰“义楚之祭耑”。按《左传·昭公六年》秋七月,“徐仪楚聘于楚。楚子执之,逃归。惧其叛也,使薳泄伐徐。吴人救之。令尹子荡帅师伐吴,败于豫章而次于乾谿。吴人败其师于房钟,获宫廄尹弃疾。子荡归罪于薳泄而弑之。”是仆儿钟作者为徐仪楚之良臣,而非楚之良臣余义。徐仪楚为徐国王,杜元凯《左传注》谓“仪楚,徐大夫”殊误。【《金文大字典》页一三〇五——一三〇六】

八四　释天

按《说文》一篇:“天,颠也。至高无上。从大、一。”此说有误。天字金文作天,天或天。天象人形,其首独巨。天为指事字,以一指大之顶颠,例同末字从木,一指其上。天字从二(古文上),从大,会意人之上。静安先生曰:“《说文》‘天,颠也’。《易·睽》六三‘其人天且劓’,马融亦释天为凿颠之刑。是天本训人颠顶,故象人形。”(《观堂集林》卷六《释天》)天借为天地之天后，复制颠字。颠、天古音同。

戴家祥曰：静安先生云：“汤名天乙，见于《世本》(《书·汤誓》释文引)及《荀子·成相篇》，而《史记》仍之。卜辞有大乙无天乙，罗参事谓天乙为大乙之讹。观于‘大戊’卜辞亦作‘天戊’(《前编》卷四第二十六叶)；卜辞之‘大邑商’，《周书·多士》作‘天邑商’。盖天、大二字形近，故互讹也。”(《观堂集林》卷九《殷卜辞中所见先公先王考》)按《唐韵》天读他前切，透母元部。大读徒盖切，定母祭部。祭元阴阳对转，透定舌音相为清浊(《集韵·去声十四泰》音他盖切，透母。)，故金文、卜辞每多混用。天君鼎云“天君賫厥征人斤贝”，天作□。《左传·襄公二十一年》栾盈辞于行人曰：“大君若不弃书之力，亡臣犹有所逃。”杜注：“大君谓天子也。”孔颖达疏：“大君，君之大者，故以为天子。”《易》(师之上六)云：“大君有命，亦谓天子也。”毛公鼎“□堇大命”。《商书·般庚上》云：“先王有服，恪谨天命”。《礼记·祭统》载孔悝鼎铭曰：“勤大命，施于蒸彝鼎。”大命者，天命也。毛公鼎“雁受大命，率褱不廷方”，《逸周书·祭公篇》云“膺受天命”，受大命亦谓受天命也。大丰段云“王祀于天室”，天作□。其他器铭多作大室。望段“旦，王各(格)大室”，宂彝“丁亥，王各大室”，君夫段盖“王在康宫大室”，豆闭段“王各于师戏大室”。考《左氏春秋经·文公十三年》“大室之屋坏”，《谷梁传》云：“大室犹世室也。”《公羊传》云：“世室者何？鲁公之庙也。周公称大庙，鲁公称世室，群公称宫。此鲁公之庙也，曷为谓之世室？世室，犹世室也，世世不毁也。”以是而知金文大室为天子之大庙，亦称天室。《庄子·德充符篇》云“独成其大”，陆德明《释文》云：“崔本作天。”通校钟鼎款识及经传资料，知天、大二字不但形近，而且声同，非后人转写之失，固无可疑也。罗氏知其一不知其二，亦其疏也。【《金文大字典》页一三五四——三五六】

八五　释奆

字从大从玉，《说文》所无。吴荣光、吴大澂释作宝之省。孙诒让释瓅。按“奎父”字在永盂中作“奎父”，知奎即奎之异体。奎字从圭。《说文》圭训“瑞玉”，或体作珪。玉、圭义近，故知奎字从玉或从圭，属形义偏旁更换之例也。《说文》奎训“两髀之间”，当非本义。古文从大之字皆含大义，如“夸，大也。”“奃，大也。”“奄，大也。”“奈，大也。”“奆，夸大也。”“奔，大也。”等。奎字从大从圭，当训大奎。《说文》一篇：“玠，大圭也。”疑奎、奎即玠之或体。【《金文大字典》页一三七一】

八六　释无

戴家祥曰：《说文》六篇《林部》：“無，丰也。从林、奭。或说规模字。从大、卌，数之积也；林者，木之多也。卌与庶同意。《商书》曰：‘庶草繁无’。”按金文作□（般甗），作□，或作□（鄦曩段），为舞之初文。《唐韵》舞读文抚切，明母鱼部，无读文甫切，不但同母，而且同部。同声必然同义。《地官·乡大夫》“五曰兴舞”，郑众云：“故书舞为无。”杜子春无读为舞。金文余义楚钟“歌舞”作“诃遯”。《说文》九篇庑籀文作廡。《集韵·上声九麌》四舞、四無同字，潕、㵲同字。《郑风·子衿》“纵我不往，子宁不嗣音”。《毛传》“古者教以诗乐：诵之，歌之，弦之，舞之”，孔颖达《正义》云：“舞之，谓以手足舞之。”《春官·乐师》“掌国学之政，以教国子小舞。凡舞：有帗舞，有羽舞，有皇舞，有旄舞，有干舞，有人舞。”郑玄注：“故书皇作翌。郑司农云：帗（《说文》四篇皇作翌，帗作翇。）舞者，全羽。羽舞者，析羽。皇舞者，以羽冒覆头上，衣饰翡翠之羽。旄舞者，氂牛之尾。干舞者，兵舞。人舞者，手舞。社稷以帗，宗庙以羽，四方以皇，辟雍以旄，兵事以干，星辰以人舞。翌，书亦或为皇。玄谓帗析五采缯，今灵星舞子持之是也。皇杂五采羽如凤皇色持以舞。人舞无所执，以手袖为威仪。四方以羽。宗庙以人。山川以干。旱暵以皇。”又旄人之职“掌教舞散乐，舞夷乐，凡四方之以舞仕者属焉。凡祭祀、宾客，舞其燕乐”。郑玄注：“旄，旄牛尾，舞者所持以指麾。”《吕氏春秋·古乐篇》云：“昔者葛天氏之乐，三人操牛尾，投足而歌八阕。”舞之主体为人，故其字从大。大象人形。以是而知金文作𠺮者,两手操舞具也。小篆从舛者,象投足而歌舞也。古谓"乐容曰舞"。《集韵》舞、儛、翌同字,舞之加旁从人者,人舞也。或体作翌者,羽舞也。同声通假,义或为亡。《说文》十二篇:"無,亡也。"《礼记·三年问》"无易之道也",郑玄注:"无,犹不也。"《玉篇·四八五》无,"不有也。"《唐韵》亡读武方切,明母阳部。无读文甫切,明母鱼部。鱼阳阴阳对转,故舞亦或作翌。明乎此,知许氏训丰、训模皆牵强疏舛,而不知其非也。【《金文大字典》页一三九一——一三九二】

八七　释妓

戴家祥曰:𢼸字,从攴,从女,疑侮之异体字。《说文》八篇:"侮,伤也。从人。每声。古文作㑄,从母。"《汉书·张良传》集注:"娒,古侮字。"从女与从人义同。《古文四声韵·上声九麌》侮,《籀韵》作伎。《广雅·释诂四》:"侮,婢也。"《方言·三》:"秦晋之间骂奴婢曰侮。"许印林释嫂(《攈古录》卷三之一第二叶),刘心源释敃(《奇觚室吉金文述》卷二第六叶),强运开释奴(《古籀三补》卷十二第七叶),姑存其说。【《金文大字典》页一四四六】

八八　释妦

戴家祥曰:𡛷字从女,从丰,《说文》未见。徐同柏云:"妦字《集韵》音丰。《方言》云:'凡好而轻者曰妦。'此当读为奉字。从女,女卑,奉承之意。"(《从古堂款识学》卷十五第十五页)按徐释近是,然未尽也。《郑风·丰篇》"子之丰兮",《毛传》:"丰,满也。"《释文》:"《方言》作妦。"知妦为丰之加旁字。《玉篇·三十五》"妦容,好貌。"同㛔。《广雅·释诂一》:"妦,好也。"《广韵·上平三钟》:"丰茸,美好。"《玉篇》妦读孚庸切,帮母东部。茸读而容切,日母东部。妦容、丰茸一语之转。同声通假,妦亦读奉。《唐韵》奉读扶垄切,并母东部。韵同声近。《左传·僖公二十八年》

“重耳敢再拜稽首,奉扬天子之丕显休命”,与𣪘铭“君夫敢妌扬王休”文例正同。奉扬犹言对扬也。许印林释对(《攈古录》三之一第二十五页),吴大澂(《窸斋集古录》十一册四页)、刘心源(《奇觚室吉金文述》卷四第二页)从之。陈梦家释每(《金文论文选》六十六页《西周铜器断代》召尊),郭沫若(《西周金文辞大系考释》五十八页君夫𣪘及六十七页县妃𣪘)、王献唐(《中国文字》三十五册第一页《释每美》)从之。李孝定释封(《金文诂林》附录二二八八页),周法高释每(同上)。均非是。【《金文大字典》页一四四七】

八九　释妶

戴家祥曰:[illegible]字,吴荣光释幺女合文。(《筠清馆金文》卷二第九叶)于省吾释妶。《集韵》嫙同妶。(《双剑誃古文杂释》第六叶)按卜辞午作[illegible],金文效卣作[illegible]。卜辞卬作[illegible],金文遹𣪘御作[illegible]。一填实一镂空,皆杵之象形字也。以是知[illegible]实从午非从幺明甚。卜辞奸作[illegible],作[illegible],或作[illegible]、[illegible]。(《甲骨文编》卷一二第四八六叶)从女与从人同义。知奸即御之或作。《释名・释言语》:“御,语也。尊者将有所欲,先语之也。亦言其职卑下,尊者所勒御如御牛马然也。”《天官・九嫔》:“各帅其属而以时御叙于王所。”郑玄注:“御,犹进也,劝也。”《独断・上》:“御者,进也。凡衣服加于身,饮食入于口,妃妾接于寝,皆曰御。”【《金文大字典》页一四四九】

九〇　释姑

戴家祥曰:孙诒让云:“金文又有云‘[illegible]衍作宝𣪘’,其字从夫,从[illegible],亦《说文》所无。窃疑亦即㝬字之省。盖古文害字从[illegible],(据毛公鼎害字偏旁,盖丯字古文如是作。多父盘作[illegible],下半与古形尤近。)断取其下半为[illegible],箸口则成[illegible]形,非从十口之古字也。”(《名原》下第二十五叶)按孙说可商。[illegible]字左半从夫,右半从古明甚,字当释姑。考姑之训义有二。《尔雅·释亲》“父之姑姊妹为姑”，此一义也。姑姊妹，祖父之女也，故表义从女。《释名·释亲属》：“妇称夫之母曰姑。”《说文》十二篇：“姑，夫母也。”舅姑之姑，名由夫来，必更旁从夫，乃足以示别异于姑姊妹之姑，此又一义也。【《金文大字典》页一四六〇】

九一 释詧

戴家祥曰：詧字从奴，从台，字当释佁。《说文》八篇《人部》：“佁，痴貌。从人。台声。读若騃。”《广韵·上声十五海》：“佁，痴也。”台、臺声同。《唐韵》台读与之切，喻母之部。臺读徒哀切，定母之部。上古音喻四归定，故从台与从臺同。《广雅·释诂一》：“儓，臣也。”《方言·三》：“南楚凡骂庸贱谓之田儓，或谓之西服。”字亦同嬯。《集韵·上平十六咍》：“嬯，钝劣貌。或从人。”《说文》：“嬯，迟钝也。”同声通假，或借用臺。《左传·昭公七年》楚芈无宇云：“僚臣仆，仆臣臺”，服虔注：“臺，给臺下征召也。”《孟子·万章下》“盖自是，臺无餽也”，赵岐云：“臺，贱官，主使令者。”商周之世，臣仆、奴隶被列在低下阶级，且被视为愚騃无知者，故常以丑名詈之。佁、嬯、儓、詧皆一语之演变耳。【《金文大字典》页一四七〇】

九二 释媍

戴家祥曰：媍字从女，缶声，《说文》所无。卜辞作或作。（《甲骨文编》卷十二第四八二叶）《集韵·四十四有》：“妚，好貌。或作媍。一曰女仪也。俯九切。并音缶。”《玉篇·三十五》妚音方酉切。然则商周古文确有媍字，许氏失收，《玉篇》《广韵》等犹可见其遗存。【《金文大字典》页一四八六】

九三　释婡

《集韵·咍部》："婡，女字。"金文用同。戴家祥曰：字左从来，右从女，当即《说文》十二篇《女部》新附字"女无夫也"之嫠。《左传·昭公十九年》"莒子杀其夫，已为嫠妇"，又《廿四年》"抑人有言曰：'嫠不恤其纬。'"，又《廿五年》"崔子曰：'嫠也何害。'"，杜预云："寡妇曰嫠。"陆德明《经典释文》："嫠本作斄，力之反。"《集韵·上平十六咍》斄通作莱。是敕、嫠声符更旁字也。吴大澂云："古麦字，象手打麦形。后人改从攵，失古义矣。"（《说文古籀补》卷五第九叶）臆说不可据。【《金文大字典》页一五〇八】

九四　释媣

戴家祥曰：宗周钟"敢陷虐我土"，陷作。此作，字当释媣。《集韵·上声五十琰》："媣，陵女前却。"音丑琰切。按《说文》三篇《言部》讇或体作谄。《一切经音义·七》引《三仓》："爓一作焰。"《集韵·上声四十九敢》啗、嚪同字。《小雅·十月之交》"艳妻煽方处"，《汉书·五行志下》颜师古《集注》引《鲁诗》艳作阎。《谷永传》亦作"阎妻"。艳、阎不但同部，而且同母。阎为女性，字故从女。【《金文大字典》页一五一六】

九五　释嫛

戴家祥曰：嫛从甹得声，当释妯。《尔雅·释亲》："男子先生为兄。"《汉书·郊祀志上》："长陵女子以乳死，见神于先后宛若。"颜师古曰："古谓之娣姒，今关中俗呼为先后，吴楚俗呼之为妯娌。"从女从兄，会合两文以见意，妯之涵义盖尽于此矣。从甹，盖声符也。（一九七九年《上海师范大学学报》第二期《墙盘铭文通释》）吴大澂释嫂（《愙斋集古录》十四册第十八叶《宗妇壶》），臆说不可据。【《金文大字典》页一五三五】

九六　释嫇

寍为宁之别构。嫇可写作嬣，嬣当为嫇之别构。《说文》不见嫇字。《广韵·耕部》收之，女耕切，训为体。《集韵》囊丁切，音宁。女字。伯蘧父𣪕正作此用。

戴家祥曰：嬣字从女从寍，《说文》所无。《集韵·下平十三耕》嫇，“姘嫇，女劣貌。通作佇。一曰女态舒徐也。”音尼耕切。又《十五青》嫇，“女字”。囊丁切。音宁。并泥母耕部字也。【《金文大字典》页一五三六】

九七　释娄

戴家祥曰：[illegible]字从女从[illegible]，字当释娄。《说文》十二篇：“娄，空也。从毌、中、女。空之意也。一曰娄，务也。[illegible]，古文。”金坛段玉裁校改为“娄，空也。从毌，从中、女，娄空之意也。一曰娄，务也，愚也。[illegible]，籀文娄。从人、中、女。臼声。[illegible]，古文娄如此”。汉娄寿碑额作[illegible]。曹魏正始石经僖公三十三年残石“公伐邾，取訾娄”，篆作[illegible]，古文作[illegible]。郭忠恕《汗简》引《义云章》娄作[illegible]。虽然繁简不同，而从女，从[illegible]，大体不殊。𣪕铭云“白[illegible][illegible]乍宝𣪕”，[illegible]字从人，从府，字极明晰。《集韵·上声九麌》頫、俛、俯同字，是作器者名俯字伯娄。古者名字相应，以声义推合之，娄当读偻。《唐韵》偻读力主切，来母侯部，娄读洛侯切，不但同母而同部。许书分隶八篇《人部》者，经传或不从人。《易·蒙卦》“匪我求童蒙，童蒙求我”，《释文》：“字书作僮。郑云：‘未冠之称。’”《说文》：“僮，未冠也。从人。童声。”《说文》：“偰，高辛氏之子，尧司徒，殷之先。从人。契声。”今《尚书·尧典》《孟子·滕文公上》偰作契。《周官·地官·大司徒》“五日以仪辨等”，郑玄注：“故书仪或为义。”《说文》：“仪，度也。从人。义声。”《仪礼·士丧礼》“男女奉尸夷于堂”，《释文》夷“本或作侇”。《礼记·王制》"轻任并，重任分"，《释文》并"本又作併"。《说文》："併，并也。从人。并声。"《说文》："偭，乡也。从人。面声。《少仪》曰：'尊壶者偭其鼻。'"今本《礼记·少仪》偭作面。《左传·僖公四年》"王祭不共"，《释文》："共本亦作供。"《说文》："供，设也。从人。共声。"《说文》："伉，人名。从人。亢声。《论语》有陈伉。"今本《论语·季氏篇》作陈亢。娄之为偻，其例亦犹是也。《汉书·蔡义传》"行步俛偻"，师古曰："俛即俯字也。偻，曲背也。"《左传·昭公七年》引正考父（宋公孙考，字正）之鼎铭曰："一命而偻，再命而伛，三命而俯。"《史记·孔子世家》裴骃《集解》引服虔《左传注》："偻、伛、俯，皆恭敬之貌也。"古人往往名字并称，且皆先字而后名。例如宋公孙嘉，字孔父。《左传·桓公二年》称孔父嘉。宋公孙愿绎字硕父，孔颖达《檀弓正义》引《世本》称石甫愿绎。宋南万字长，《左传·庄公十一年》称"南宫长万"。秦百里奚之子名视字孟明。《左传·僖公三十三年》称百里孟明视。若然，段铭作者名俯字伯娄，即取恭敬之义。娄为偻之省。吴大澂（《窸斋集古录》八册第四十八叶）释要，孙诒让（《籀庼述林》卷七第三十一叶《要君盂考》）从之，日本高田忠周（《古籀篇》六册第八叶）释[illegible]，皆臆说不可据。【《金文大字典》页一五四六—一五四七】

九八　释嬄

戴家祥曰：[illegible]，吴侃叔释娃。（《积古斋钟鼎彝器款识》卷五第九叶嬄妊壶）孙诒让读为西陵之女嫘祖之祖。（《名原》下第廿三叶）郭沫若初释熠（《两周金文辞大系考释》第二四三叶稣甫人盘），后改释为房星之房，假为煌。（《殷周青铜器铭文研究》第一三一叶《晋邦盦韵读》）于省吾读为秩秩。（《双剑誃古文杂释》第四叶《释嬄嬄》）陈直释取。（《金文拾遗》第九叶）众说纷纭，莫衷一是。窃疑[illegible]从女，从[illegible]。[illegible]从[illegible]。[illegible]古文組。[illegible]则从且，且古文祖。以声类求之，字当释姐。且声同虘。《说文》二篇《辵部》退籀文作遭。七篇《网部》罝籀文作罝。释玄应《一切经音义·

二十》揸，古文担同。《集韵·下平九麻》樝通作柤，䶥或作齟。《文选·繁休伯与魏文帝笺》"謇姐名倡"，李善注引《说文》曰："嫭字或作姐，古文假借也。姐，子也切。"《说文》十篇《心部》："怚，娇也。"又《女部》："嫭，娇也。"怚、嫭形声更旁字也。《集韵》："嫭，女名。"[illegible]字从[illegible]。[illegible]又从乍。于字仍当读虘。《玉篇·三八二》虘，一音昨何切，从母歌部。又音才都切，以母鱼部。《唐韵》《广韵》止收歌部。虘、乍不但同母而且同部，知[illegible]之从乍者，注音加旁字也。【《金文大字典》页一五五三——一五五四】

九九　释圉

戴家祥曰：《离骚》"浇身被强圉兮"，王逸注："强圉，多力也。"亦作彊禦。《大雅·荡》："咨汝殷商，曾是彊禦。"《左传·昭公元年》："且夫以千乘去其国彊禦已甚。"禦又通御。《左传·昭公十二年》吾军帅"彊禦"。疆圉，古成语，或作敦圉。《汉书·扬雄传》曰："白虎敦圉虖昆仑。"颜师古注："敦圉，盛怒也。"《吕氏春秋·首时篇》："武王不忘王门之辱，立十二年而成甲子之事。"《孟子·梁惠王下》："一人（指殷纣）衡行于天下，武王耻之，此武王之勇也，而武王亦一怒而安天下之民。"史墙盘"㲋圉武王"谓武王之盛怒也。金文圉或作人名，如圉甗、圉卣等。【《金文大字典》页一五八四】

一〇〇　释围

戴家祥曰：[illegible]字从𣥠，囗声。《说文》二篇《止部》："𣥠，不滑也。从四止。"四止罗列囗外，似即包围之围之本字。楚庄王曰："夫武，定功戢兵，故止戈为武。"《公羊传·庄公十年》"围不言战"，何休注："以兵守城曰围。"又《襄公十二年》"伐而言围者，取邑之辞也。伐而不言围者，非取邑之辞也"。同声通假，读与韦同。《史记·曹相国世家》"渡围津"，颜师古《汉书集注》："围与韦同，古今字变尔。"《汉书·成帝纪》"大木十韦以上”,《集注》:“韦与围同。”方濬益释卫(《缀遗斋彝器款识》卷十一第三十一叶),杨树达释违(《积微居金文说》第四十六叶),恐非确释。【《金文大字典》页一五八八】

一〇一　释圛

戴家祥曰:圛字金文习见,徐桐柏释造(《从古堂款识学》卷十六周毛公鼎),吴大澂从之(《窓斋集古录》第四册毛公鼎)。孙诒让释圛,读为[illegible],假为循。(《古籀余论》卷三叔向敦)郭沫若释貌。(《金文丛考》二四叶毛公鼎)杨树达释窓。(《积微居金文说》卷一第三十叶毛公鼎)徐中舒释撰。(《考古学报》总四十九期《西周墙盘铭文笺释》)均臆说不可信。按古文从囗与从宀混用。圛字从囗,貈声,字当释貈。《说文》九篇《豸部》:“貈,似狐善睡。从豸。舟声。《论语》曰:‘狐貈之厚以居。’”今本《论语·乡党篇》貈作貉。又十四篇《内部》引《尔雅》曰:“狐、貍、貛、貉丑其足蹞,其迹厹。”今本《尔雅·释兽》貛貉作猯貈。声符更旁,则为各声。《玉篇·三八五》貈、貈、貉同。形符更旁亦写作鮥,亦犹貂之篆文作鼦,貂之俗体作鼦。卫鼎(乙)云:“商圛裘盠亘矩(柜)卣”。圛裘即貉裘。《说文》十篇《鼠部》:“鼦鼠出胡地,皮可作裘。从鼠。各声。”《论语·子罕》“与衣狐貉者立”,《释文》:“貉本作貈。”邢昺疏:“狐貉,裘之贵者。”是圛之为貉,声义昭昭,其他各说不攻自破。其在墙盘似应读骆,骆义为续,俗书作络。《文选·南都赋》“男女姣服,骆驿缤纷”,《灵光殿赋》“纵横骆驿”,李善注:“骆驿,连续。”【《金文大字典》页一五八九—一五九〇】

一〇二　释土

戴家祥曰:《说文》:“土,地之吐生物者也。二,象地之上、地之中。丨,物出形也。”西周早期金文大盂鼎铭“受民受彊土”,土作[古文字]。司土嗣簋铭土作[古文字],卜辞作[古文字],马叙伦说[古文字]象地上有堆,实堆之初文。(《读金器刻辞》一九二叶)孙海波说土为社之初文,象筑土成阜(《甲骨文编》卷十三引《金璋氏所藏甲骨》六一一),最有说服力。卜辞“[glyph]求年于[glyph]土”,静安先生谓即祭法之国社。汉人讳邦,改为国社,古当称邦社也。(《殷礼征文外祭》)然而字形,作从田,丰声,似当释封。《说文》籀文封作[glyph],从土,丰声。《尔雅·释言》“土,田也”。从土与从田义同。《公羊传·哀公四年》“社者,封也”。何劭公解诂:“封土为社。封土者,社也。”卜辞“抟大邑于唐土”,抟当读作。唐土即汤社。《孟子》云:“汤崩,大丁未立。外丙二年。仲壬四年。大甲颠覆汤之典刑,伊尹放之于桐。”(《万章上》)卜辞有“唐大丁大甲……”(《铁云藏龟》二一四)汤作唐。《史记·秦本纪》宁公二年“遣兵伐荡社”,《集解》引徐广曰:“荡音汤。”卜辞“东土受年吉。南土受年吉。西土受年吉。北土受年吉”。案刘攽《续汉书·祭祀志》注引马融说:“大社之外又有五社,东社八里,西社九里,南社七里,北社六里,是为近郊四社。”(《白虎通·社稷篇》引《尚书》逸篇说略同。)《春官·肆师》:“社之日,涖卜来岁之稼。”《吕氏春秋·仲春纪》“命人社”,高诱注:“社祭后土,所以为民祈谷也。”是卜辞所云东土、南土、西土、北土,不就是为民祈谷的社祭吗?

现在既然肯定了土即社之初文,自当依据《说文》一篇解为地主。地主亦名田主,也就是社主。这是因为人类社会从狩猎经济发展到农牧经济,初步意识到土地对于人们的生存命运有着不可思议的主宰力量,从而产生了一种幼稚可笑的敬畏心理。一系列的祈求活动接连而来,这在宗教史上叫做自然神崇拜。丘湾遗址发现殷社的古迹,以不规则的自然石块竖立在土中作为社主,与土、[glyph]两字形象非常逼近。《淮南子》说“有虞氏社用土,夏后氏社用松,殷人社用石,周人社用栗”。(《齐俗训》)松、栗木质易朽,至人未曾发现,石主已有实物作证。如果《淮南》的话确实可靠,把社主追溯至五帝时代,那就进一步证实孙海波说卜辞土象筑土成阜,可以成一家之言了。同时也可以说明,社主的构造虽然经过若干年代的变化发展,尽管因为时间地点的不同在质地上不得不因地制宜,

却仍然保持了一定的固有格局。不然，卜辞金文就不会写成同样的字形了。(《上海博物馆集刊》第三期《社、杜、土古本一字考》)

金文司土即司徒。三代设官，皆质言之。司土掌土地人民。周末文字日趋于繁缛，土字加辵为徒。《大雅·緜》“乃召司徒”，郑笺：“司徒掌徒役之事。”不云土地，非殷周设官之本意也。【《金文大字典》页一五九五——一五九七】

一〇三　释㽬

戴家祥曰：㽬字吴荣光释畊(《筠清馆金文》卷三第六叶)，方濬益(《缀遗斋彝器考释》卷八第二十三叶)、日本高田忠周(《古籀篇》八十三册第三十八叶)从之。郭沫若谓“型之异。从田与从土同意”。(《两周金文辞大系考释》第一九三叶)按郭沫若说是也。古字以土表义者，亦或更旁从田；以田表义者，亦或更旁从土。《说文》十二篇《戈部》：“或，邦也。从口，从戈以守。一，地也。域，或又从土。”《玉篇·十三》：“㽣，古文域。”更旁从田。《说文》十三篇《土部》：“垓，兼垓八极地也。《国语》曰：‘天子居九垓之田。’从土。亥声。”今《国语·郑语》九垓作九畡。(《楚语》“天子之田九垓”，垓亦作畡。)更旁从田。又“塍，稻中畦也。从土。朕声”。《玉篇·十三篇》：“𤲞，古文塍。”更旁从田。又“封，爵诸侯之土也。从㞢，从土，从寸，守其制度也。𡉚，籀文。从土，丰声”。卜辞邦社作𤰃土，(《殷虚书契》前编卷四第十七叶)《玉篇·十三》：“𤰃，古文邦。”更旁从田。《说文·田部》：“町，田践处曰町。从田。丁声。”“疃，禽兽所践处也。《诗》曰：‘町疃鹿场’。从田。童声。”陆德明《毛诗·东山》《释文》町“字又作圢”，疃“字又作墥”，更旁从土。是㽬为型之表义更旁字，殆无疑义。《说文》：“型，铸器之法也。从土。刑声。”《唐韵》户经切，匣母耕部。型从刑声，故型亦通刑。《荀子·强国篇》“刑范正”，杨倞注：“刑与形同。”刑范，铸剑规模之器也。凡铸式，以土曰型，木曰模，金曰范。簠铭“邾太宰欉子㽬铸其𩛥簠”。㽬铸即《说文》“型，铸器之法也”。

言欉子以土型铸造其食用器，义极明显。若如吴荷屋释畊，则于下文铸字不成辞矣。【《金文大字典》页一六一〇——一六一一】

一〇四 释堇

戴家祥曰：齐侯壶铭两字当释堇寠。《说文》十三篇："堇，黏土也。从土，从黄省。"在六书为会意。同声通假，义亦训少。《博雅》："堇，少也。"字亦通仅。《汉书·地理志》"豫章出黄金，然堇堇物之所有"，颜师古《集注》："堇读曰仅。"仅为堇之加旁字。更旁作廑，则为"少劣之居也"。（《说文》九篇）《一切经音义·一》古文勤、廑二形。《说文》七篇："娄，无礼居也。"《邶风·北门》"终寠且贫"，《毛传》："寠者，无礼也。贫者，困于财。"是堇寠即野人之家也。壶铭"其人民都邑堇寠，无用从尔大乐"，意谓田氏子易服作乐，人民都邑、贫寠小户无须从汝大乐，义颇明显。徐同柏释堇寠为觐庙（《从古堂款识学》卷十第二十三叶），吴大澂读"堇宴无用（句）"（《说文古籀补》七篇第六叶），孙籀公读为"其人民都邑谨宴无（舞），用从（纵）尔大乐"（《古籀余论》卷三第四十四叶），皆非是。【《金文大字典》页一六一七——一六一八】

一〇五 释各

戴家祥曰：兮甲盘铭有"各伐玁狁"语。翁祖庚云："或疑各伐不辞。案各乃略字。《左传》'天子经略'，又曰'吾将略地焉'，又晋侯'治兵于稷以略狄土'，即此义也。"（《攈古录》三之二第六十九叶）按《左传·襄公四年》"匠庆请木，季孙曰略"，杜预注："不以道取曰略。"孔颖达疏："今律'略人''略卖人'是也。"《方言·二》"略，强取也"，俗书作掠。《说文》新附"掠，夺也。从手。京声"。考玁狁寇周，残暴特甚。诗人疾而歌之曰"靡室靡家，玁狁之故"，又曰"岂不日戒，玁狁孔棘"。周室迫于危亡，乃命方叔南仲等拒战于泾、洛之间，安得振旅奏凯之日，返而自称"不以道取者”哉？翁氏之误不攻自破。窃谓“各伐”当与《小雅·六月》“薄伐玁狁”、虢季子白盘“博伐玁狁”、不嬰段盖“宕伐玁狁”同义，亦与宗周钟“戮伐厥都”之戮同义，殆一语之转耳。各当为挌，挌为各之表义加旁字。《说文》十二篇《手部》：“挌，击也。从手。各声。”《魏书·任城王传》“手格猛兽”是其义也。格为挌之表义更旁字。《说文》抗之或体作杭，拲之或体作桊。挌之更旁从木表义者，意谓击之者以木为武器也。《广韵》挌读古伯切，《集韵》各额切，并音格，知挌、格本一语也。《管子·地员篇》“干而不挌”，尹知章注：“挌谓坚御也。”从手与从攴同义。《说文》：“攴，小击也。从又。卜声。”又即手之侧视形。故古文扶作攴，扬作敭，播作𢿒。《广雅·释诂三》“敋，击也”。敋即挌之更旁字。厥后战斗猛烈，徒手不足以御敌，于是干戈应运而生，故形声字中表义从手者，亦或更旁从戈。《一切经音义·九》：“格，古文𢦒同。”宗周钟“扑伐”作“戮伐”，不嬰段盖“敦搏”作“享戟”。虢季子白盘作博伐。是其证。格、挌、敋、𢦒并从各声，见母鱼部。搏从尃声，帮母鱼部。扑从菐声，滂母侯部。声韵俱近，故扑亦通搏。宕读徒浪切，定母阳部。声虽不同，韵则阴阳对转，故宕伐亦挌伐。若读为略，则以上诸语皆扞格不可通矣。

杨树达曰：“各字甲文作，作，象足抵区域之形，此经传‘格’字训来、训至者之初字也。卜辞云：‘有各云自东面母。’（《菁华》四）各云者，来云也。他辞云‘其自东来雨’（《通纂》三七五）、‘各云自东’与‘自东来雨’句例同。金文师奎父鼎云“王各于大室”，敔段云‘王各于成周大庙’，元年师兑段云‘王在周，各康庙’，王各者，王至也：此皆用各字本义者也。《说文》谓各字从口，训为异词，非也。此字第一步发展为《方言》卷一训至之络，此于初文各字之旁加形旁彳为义也。第二步发展为《说文》训至之假，则取络字之加旁彳字为其形，别取与各音近之叚字为其声，而变为形声字。于是‘足至区域之初形’，不可得而踪迹矣。”（《积微居金文说》二零一叶自序）【《金文大字典》页一六三三——一六三五】

一〇六　释𣅀

戴家祥曰:𣅀字从日,从丮,字当释夙。《说文》七篇:“夙,早敬也。从丮持事,虽夕不休,早敬者也。”古文月、夕、日三字每有混用。甲骨文明作朙,今夕作今月是其证。《说文》:“期,会也。从月。其声。”金文从日不从月。《六国古鉥》其[illegible],从日丌声。夙饱者,敬饱也。【《金文大字典》页一六六〇】

一〇七　释如

戴家祥曰:曾侯乙钟妟字,下半从女。金文女康丁𣪘女作[illegible]。曾侯乙钟“妥宾”之“妥”作“[illegible]”。下文与此相近。从口,从女,上下结构与左右结构同,字应释如。《说文》十二篇:“如,从随也。从女。从口。”徐锴曰:“女子从父之教,从夫之命,故从口会意。”初义尚有待再考。【《金文大字典》页一七〇五】

一〇八　释命

戴家祥曰:《说文》二篇:“命,使也。从口。从令。”按命为令之加旁字,从口,从令,令亦声。会意兼形声,故命亦同令。《秋官·司仪》“将会诸侯,则令为坛三成”,郑玄《仪礼·觐礼》注引作“则命为坛三成”。《国语·楚语》“王言以出令也”,韦昭注:“令,命也。”《左传·僖公九年》“令不及鲁”,《释文》:“令,力政反。本又作命。”《庄子·田子方篇》“先君之令”,《释文》:“令本或作命。”青铜器款识(大盂鼎、大克鼎、师𣪘、师酉𣪘)“勿灋朕令”,即《大雅·韩奕》《左传·襄公十四年》之“无废朕命”。番生𣪘铭云“朱旂旜金坊(柄)二铃”,毛公鼎铭则作“朱旂二鈴”,变从令为命。是命为令之表义加旁,固昭昭然无疑义矣。《唐韵》令读力正切,来母耕部。命读眉病切,明母阳部。阳耕韵近,古多通协。古字得声唇音明母者,每有读为舌音来母:如文读无分切,声在明母;吝从文声,吝读良刃切,变为来母;卯读莫饱切,声在明母,聊从卯声,聊读洛箫切,声在来母;䜌读吕员切,声在来母,蛮从䜌声,蛮读莫还切,声在明母。令之与命,其声纽变化之例亦犹是也。【《金文大字典》页一七五八——七五九】

一〇九 释㕡

戴家祥曰:㕡字屡见于殷虚卜辞。据上虞罗氏所见,已有二十八条。(增订本《殷虚书契考释》卷下第五叶)其在金文见诸宋人款识之书者有己酉方彝、兄癸卣诸器。由形声审之,㕡当释劦。《说文》十三篇:"劦,同力也。从三力。"同力谓合众力以为力,在六书为会意。许隶《劦部》有恊、勰、协三字。恊云"同心之和",加旁从心;勰为"同思之和",加旁从思;協为"众之同和"也,加旁从十,皆会意兼谐声字。古字以心表义者,每有更旁者从口。《集韵·入声三十贴》慊、嗛同字。《荀子·大略篇》"惟惟而亡者,诽也",杨倞注:"惟读为唯。"《说文》三篇:"哲,知也。从口。折声。悊,哲或从心。"恊之与㕡,其例亦犹是也。心与思义本相承,《孟子》曰:"心之官在思"(《告子》下)。《玉篇·八十八》:"愳,古文愍。"《洪范》"九畴""四曰协用五纪",《汉书·五行志》作"叶用五纪"。《集注》引应劭曰:"叶,合也。合五行为之条纪也。"师古曰:"叶读曰叶,和也。"《春官·大史》"与群执事读礼书而协事",郑玄注:"故书协作叶。杜子春云:'叶,协也。'书亦或为叶,或为汁。"《尔雅·释天》"太岁在未曰协洽",《史记·历书》作"汁洽",《天官书》作"叶洽"。《方言》(卷三)"斟、协,汁也。北燕、朝鲜、洌水之间曰斟,自关而东曰协,关西曰汁"。协亦通洽,《小雅·正月》"洽比其邻",《左传·僖公二十二年》引作"协比其邻"。《大雅·江汉》"洽此四国",《礼记·孔子闲居》引作"协此四国"。《唐韵》汁读之入切,照母缉部,韵同声异。劦读胡颊切,匣母缉部,洽读侯阁切,不但同部而且同母。洽从合声,故合亦通洽。《周颂·载芟》"以洽百礼",郑笺:"洽,合也。"协洽同声,故协亦通合。《尧典》"协和万邦""协时月正日”,《史记・五帝本纪》协都作合。伪孔传:“协,合也。”《秋官・乡士》“协日刑杀”,郑司农云:“协,合也。”以是而知卜辞金文之劦日即祫日。《礼记・王制》“天子犆礿、祫禘、祫尝”,郑玄注:“祫,合也。天子、诸侯之丧毕,合先君之主于祖庙而祭之,谓之祫。”祫为合之表义加旁字。《春秋经・文公二年》“八月丁卯,大事于大庙,跻僖公”,《公羊传》云:“大事者何?大祫也。大祫者何?合祭也。”何休注:“祫,犹合也。”《谷梁传》云:“祫祭者,毁庙之主陈于大祖,未毁庙之主皆升,合祭于大祖”,范宁注:“祫祭者,皆合祭诸庙。已毁未毁者之主,于大庙中以昭穆为次序。”《尔雅・释天》“春祭曰祠,夏祭曰礿,秋祭曰尝,冬祭曰烝”,崔灵恩《三礼义宗》云:“周祫以秋者,万物新成可以奉荐宗庙,故合先祖之神而祭之,故祫宜在秋也。”按商周王家宗庙之祭祠、礿、尝、烝时祭之外,别有二大盛祭(衣祀),即所谓禘祫。五年一禘,三年一祫。禘祭在夏,祫祭在秋。五年再祭,禘以孟夏。三年一祫,祫以孟冬。卜辞二十八处贞“劦日”之辞有“□□卜,□贞,王宾(大甲)爽(妣辛)劦亡尤,在八月”,有“□□卜,癸丑,王□□亡尤,在八月。王乩□□告,甲子劦(祖甲)”。金文已酉方彝铭云“在九月,隹王十祀劦日”,兄癸卣铭云“在九月,隹王九祀,劦日”。(薛尚功《历代钟鼎彝器识法帖》卷二及卷三。又见《啸堂集古录》卷下)肄父乙彝铭云:“在十月,隹王六祀劦日。”卜辞卜“劦日”在八月,与鲁文公“大事于大庙,跻僖公”之事合。金文纪“劦日”在九月,或在十月,未越孟冬之限,以是而知劦、洽、合、祫四字不但声同韵同而且义同,其为一语之转盖昭昭然。杨树达释力(增订本《积微居小学金石论丛》卷一第二十九叶),日本高田忠周释融,读为肜(《古籀篇》二十四册第十九至二十叶)。惟徐中舒谓“劦”“当即大合祭之祫。协有合力之意”(《中央研究院历史语言研究所集刊》)第二本一分册《耒耜考》)较有见地,惜语焉不详。其余众说皆悖离形声,谬于故实,不足信也。【《金文大字典》页一七六四——一七六六】

一一〇　释峪

戴家祥曰：字上部应与徵字一样，从微省，不是从山。《集韵·十六蒸》徵古作散。省攴，应隶定为峪。惟山下一笔在各字之下，因而写成，与篆文徵异。战国文字笔划多文饰，故字形难辨。此当为徵之省体无疑。曾侯乙钟用音名徵。【《金文大字典》页一七七九】

一一一　释啖

戴家祥曰：《说文》二篇："啖，噍啖也。"字当读炎。《说文》："炎，火光上也。"倬、炎、明均人名，为"勇惠乙祖"之众子，故取名义相近似。【《金文大字典》页一七八〇】

一一二　释[illegible]

戴家祥曰：[illegible]字从口从林，《说文》所无。《广韵·下平二十四覃》："酒巡匝曰啉，出酒律。亦作[illegible]。"《集韵》："饮毕曰啉。又聒也。"《广韵》《集韵》并音卢含切，来母侵部。【《金文大字典》页一七九五】

一一三　释[illegible]

戴家祥曰：字从口从[illegible]，《说文》所无。《集韵·上声二十八狝》："譴，小息也。"古字从口表义者，小篆每多更旁从言。《说文》三篇：謨古文作暮，譜古文作喈。《集韵·下平三萧》諤、呺同字。《入声二十八盍》嗑、謚同字。《二十九叶》嗫、讘同字。《三十帖》唊、诶同字。知譴即[illegible]之表义更旁字也。譴、愆声同。《说文》："愆，过也。从心。衍声。寒，或从寒省。[illegible]，籀文。"殷铭"克敬亡[illegible]"，犹《仪礼·士昏礼》记云："敬恭听宗尔父母之言，夙夜无愆。"郑玄注：敬申，重也。宗，尊也。愆，过也。

《唐韵》愆读去虔切，溪母元部。《集韵》譴读去演切。不但同母而且同部。日本高田忠周释谴(《古籀篇》五十三册第十九叶)，声义亦通，可备一说。【《金文大字典》页一八〇三】

一一四　释⿰口巤

戴家祥曰：孙诒让云："篆从口，从巤省。《说文·囟部》：'巤，毛巤也。'又《髟部》：'鬣，发鬣鬣也。'《口部》无⿰口巤字，此疑巤、鬣之异文。自'攸勒'以下并纪马饰，金鬣即金𡕥，所谓马冠着鬣耑也，故谓之金鬣矣。"(《籀顾述林》卷七《毛公鼎释文》)按孙释近是，惜未详尽其义。《说文》十篇："巤，毛巤也。象发在囟上及毛发巤巤之形。此与籀文子字同。"今以字形审之，巤字当云从𡿺，〓声。许云："囟，头会匘盖也。象形。"(八篇《匕部》匘字注云："巛，象发囟，象匘形。")𡿺即囟之繁缛字。囟之作𡿺，亦犹页字作〓，(八篇《页部》：籀文颜作〓，[illegible]作〓，古文顶作〓。)百字作𦣻。(九篇𦣻、百同。)子字作𢀈。(十四篇：𢀈，古文子。从巛，象发也。)〓为蜡之初文，象蜂蜡结构形。《说文·虫部》无蜡字。《玉篇·四零一》蜡"蜜滓也"，音力阖切，来母叶部。同声通假，字亦读腊。宰椃角"隹王廿祀〓又五"，腊作〓。《说文》："腊，冬至后三戌，腊祭百神。"《玉篇·八十一》腊读来盍切。又《六十五》鬣读力叶切。《五十六》⿰口巤"唶骨声。音力叶切。"各字不但同母而且同部。⿰口巤即鼎铭〓字也。声符更旁，字或作㘑。《玉篇》：㘑，声也。同嚹。音落盖切，声韵并同。

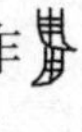

金⿰口巤即金𡕥。《说文》五篇《夊部》"𡕥，匘盖也。象皮包覆匘，下有两臂，而夊在下。读若范"。段玉裁云："司马彪《舆服志》'乘舆金鍐'，刘昭引蔡邕《独断》曰：'金鍐者，马冠也。高广各五寸，上如五华形，在马髦前。'"薛综注《东京赋》同。按在马髦前，则正在马之匘盖，其字本作金𡕥，或加金旁耳。马融《广成颂》"扬金𡕥而拖玉瓖"字正作𡕥，可证。(《说文解字注》)按段说至确，《唐韵》𡕥读亡范切，明母谈部。谈部韵位第二十，叶部第二十一，古多通韵，知金⿰口巤即金𡕥之假借字也。徐同柏

(《从古堂款识学》卷十六第二十九叶)释唵,读艎。吴大澂(《愙斋集古录》四册第九叶)、刘心源(《奇觚室吉金文述》卷二第五十叶)是之。日本高田忠周(《古籀篇》九十九册第廿二叶)释嬴,假为缨,形声义皆误。【《金文大字典》页一八〇五—一八〇六】

一一五　释憝

戴家祥曰:憝字从心从鼓,字书所无。以形声审之,字当释怘,注音更旁字也。《玉篇·八十七》:"怘,护也,漏也,坚也,常也,安也。"音胡故切,匣母鱼部。《集韵》苦故切,溪母鱼部。在谐声字中,牙音见溪两纽每与喉音晓匣混谐。《说文》五篇:"籀文鼓,从古声。"《唐韵》古读公户切,见母鱼部,鼓读工户切,不但同部而且同母,知憝、怘亦一字也。毁铭"窒叔作丰姞憝旅毁",乃丰国贵族为姞姓名憝者作用器。以辞意观之,怘当读婟,同声通假字也。《集韵·去声十一莫》怘、固同字,痁、痼同字。"婟,嫪惜也。一曰女字。"【《金文大字典》页一八六七】

一一六　释伐

戴家祥曰:《说文》八篇《人部》:"伐,击也。从人持戈。一曰败也。"李孝定谓卜辞伐作𢦏,象戈刃加人颈击之义,非从人持戈。(《甲骨文字集释》第二六六一叶)按小徐《系传》"败也"下有"亦斫也"三字。《管子·霸形篇》"伐钟鼎之县",尹注:"谓斫断也"。卜辞以伐为祭名,每云伐若干人,最多者"八月辛亥,允戈伐二千六百十五六人"。(《殷虚书契考释》下第四十四叶)伐祭者,斫头为祭也。《安阳武官村大墓发掘报告》可见遗迹矣。《墨子·明鬼篇》"吉日丁卯,周代祝社矛"。"周代祝",孙诒让《墨子间诂》校改为"用伐祀"。《地官·司救》"凡民之有衰恶者,三让而罚",郑玄云:"罚谓挞击之也。"挞击即扑罚。《司市》云"大刑扑罚",注:"扑,挞也"。罚、伐二字不但同部而且同母。《小雅·六月》"薄伐玁狁,以奏肤功”“薄伐玁狁，至于太原”，虢季子白盘“博伐玁狁于洛之阳”，宗周钟“戮伐厥都”，兮甲盘“敢不用命，则即井阒伐”。自毛、郑笺以来，说《诗》者均不明“薄伐”应作何解。今以金文证之，伐应读罚。薄伐者，扑罚也。谓其罪大恶剧，刑应重于宪罚、徇罚也。李说可供参考。【《金文大字典》页一八九六——一八九七】

一一七　释酨

戴家祥曰：酨字从酉，从戈，《说文》所无。《集韵·下平八戈》𨡕读古禾切，训酒色也。古代或有其字，《说文》失收。【《金文大字典》页一九二一】

一一八　释戱

戴家祥曰：[illegible]字从戈，中声，字应释戱。中，古文盾。《广韵·入声十月》：“瞂，盾也。或作戱。”《集韵》瞂、戱、吠同字，通作伐。按瞂为盾之注音加旁字，戱为盾之形义加旁字。盾之作戱，亦犹矛之古文作𢦕，声符更旁字亦作戰。《说文》十二篇：“戰，盾也。从戈。旱声。”戱声有旱，亦犹盾声有干也。形义更旁字或作瞂。《山海经·海内西经》“凤凰鸾鸟皆戴瞂”，郭璞注：“音戈，盾也。”戱之或体作瞂，亦犹啓之或体作启，肇之或体作肈也。攴义同手。《说文》十二篇：“揗，摩也。”《史记·晋世家》“子反收余兵，拊揗欲复战”，即许氏所谓摩也。字当作循，许氏训摩乃假借义。揗之本义当为云瞂也。瞂之作揗，亦犹播之古文作𢿛，扬之古文作敭也。【《金文大字典》页一九二三——一九二四】

一一九　释戮

戴家祥曰：戮、阒、扑皆攴之演变更旁字也。小篆手作[illegible]，象张手形，[illegible]象手之侧视。“三指者，手之列多，略不过三也。”《说文》扶“从手，夫声”。金文扶卣作𣬋。搞从手，鬲声。墙盘作𢿏。故攴亦或作扑。《唐韵》卜读博木切，帮母侯部。菐读蒲沃切，并母宵部。宵、侯韵近，帮并皆唇音字，故字之从菐得声者，每有更旁从卜。《说文》十三篇，墣或体作圤。《玉篇·二二九》黩、黩同字，《集韵·四觉》璞、玞同字。《地官·闾胥》“掌其挞罚之事”，郑注：“挞，扑也。”又《同市》“大刑扑罚”，郑注“扑，挞也。”《大玄经》“格庳不其体扑”，范望注：“扑，击也。”玄应《一切经音义·十一》引《字林》曰“手相搏曰扑”。慧琳《一切经音义》卷三十四“扑”字注引《说文》：“击也”。今大、小徐本《说文》并无此语。而三篇训“小击也”之攴，或即慧琳之所据与？《集韵·四觉》擈、攴、扑、技、扑、攴同字，俱读匹角切。《唐韵》攴读普木切，不但同部而且同母。声转为薄，为搏，为磚，为轂，读补各切，帮母鱼部。侯鱼韵近，故搏、扑同义。同声通假，字亦作剥。《说文》四篇《刀部》：“剥，裂也。从刀，从录。录，刻割也。录亦声。”或体作⿰卜刀，从卜。洪迈云：“王荆公《诗经新义》‘八月剥枣’解云：‘剥者，剥去其皮而进之，所以养老也。’毛公本注云：‘剥，击也。’陆德明音普卜反。公皆不用。后从蒋山郊步至民家，问翁安在？曰：‘去扑枣。’始悟前非。即具奏，乞除去十三字，故今本无之。”（《容斋续笔》卷第十五《注书难》）日本小川琢治释戮为剹，郭沫若释业，（均见《两周金文辞大系考释》一二九叶矢人盘）均不足信。【《金文大字典》页一九二九——一九三〇】

一二〇 释⿹戈尞

戴家祥曰：⿹戈尞字从戈，从[illegible]。按卜辞[illegible]作象燃木形。尞声同翏，在谐声字中每有通谐。《广雅·释诂》四：“飂、飉，风也。”王念孙《疏证》云：“飉亦飂也，语之转耳。”《集韵·下平三萧》尞、翏俱读怜箫切，嶚、嵺同字，镣、镠同字，⿹戈尞是为戮之别体，昭昭然也。《说文》：“戮，杀也。从戈。翏声。”《周礼·秋官》有掌戮之官。器铭“⿹戈尞作彝”，⿹戈尞为作器者之姓氏，或官名。古者女生为姓，男为氏，居官者以官为氏，其例并不少见。徐同柏(《从古堂款识学》卷八第廿七页)、吴子苾(《攈古录金文》一之二第二十四页)、方濬益(《缀遗斋彝器考释》卷十八第十六页)皆释戚,臆说不足据。【《金文大字典》页一九六一】

一二一　释⿸户孚

戴家祥曰:⿸户孚字《说文》未见。刘心源释⿰耳孚,读为俘,谓其字从耳非从自也。(《奇觚室吉金文述》卷五)柯昌济(《韡华阁集古录》跋尾二零八叶)从之。按罗振玉《三代吉金文存》卷十收录鲁士⿸户孚簠共有五器,其中一器作士⿸户孚,一器作士⿸户孚,两器作士⿸户孚,并从户。刘云从耳非是。以形义审之,字当释⿸广孚,读为庖。《说文》九篇:"庖,厨也。从广。包声。"古字以户表义者,亦或更旁从广。《周书·顾命》"狄设黼扆缀衣",《伪孔传》训扆为屏风。《一切经音义·十四》引《字林》:"扆,翳也。"《集韵·去声七尾》扆音扆,又《下平十五青》扃、扃同字,是其证。包、孚声同。《王风·兔爰》"雉离于罦",《说文》七篇引作"雉离于罬"。《楚辞·九歌》"扬枹拊鼓",王逸注:"枹一作桴。"《一切经音义·二》引卫恒《诏定古文官书》:"枹、桴二字同。"户义同广,故庖或作⿸广孚。《天官·序官》"庖人,中士四人,下士八人",郑玄云:"庖之言苞也。裹肉曰苞苴。"庖亦同胞。按《列子·杨朱篇》"胞厨之下",《释文》:"胞本作庖"。《庄子·养生主》"庖丁为文惠君解牛",《释文》:"庖本作胞"。又《庚桑楚篇》"汤以胞人笼伊尹",《墨子·尚贤中》云:"伊挚有莘氏之私臣,亲为庖人。"《汉书·百官公卿表》"胞人、都水、均官三长丞",颜师古《集注》:"胞与庖同。胞人主掌宰割者也。"声亦同浮。《大雅·生民》"烝之浮浮",《说文》十篇引作"烝之烰烰"。《唐韵》烰读缚牟切,并母幽部,庖读薄交切,不但声同,而且韵同。故《吕览》(《本味篇》)庖人作烰人。(高诱注:"烰,犹庖也。")簠铭"鲁士⿸广孚父乍飤簠,永宝用"。士即中士、下士之士。庖父犹言庖人、庖正也。《左传·哀公元年》伍子胥谏吴王夫差曰:"夏少康为有仍牧正,逃奔有虞,为之庖正。"杜元凯注:"庖正,掌膳羞之官。"孔颖达《正义》:"庖正当《周礼》之庖人，用之为正，当是食官之长，故为掌膳羞之官也。”然则鲁之士庖父，殆亦庖人、庖正之曹欤？【《金文大字典》页一九六八——一九六九】

一二二　释拍

拍字从手从白，《说文》所无。以形声拟之，当即掐之异文。白、百声同，《集韵·上声二十陌》：“掐或从白。”《尚书·尧典》“佥曰伯夷”，蔡邕江淮碑作“百夷”。《说文》十二篇：“掐，拊也。”《玉篇·六十六》：“拍，普洛切。拊也。”《广雅·释诂三》：“拍，击也。”拊、击同义，是拍、掐两字不但声同韵同，而且义同，其为同字盖昭照然。声符更旁字亦同搏。拍从白声，白读博陌切，帮母鱼部。搏从尃声，尃读补洛切，不但同部而且同母。《天官·醢人》：“豚拍鱼醢。”郑大夫、杜子春皆以拍为膊。《释名·释姿容》：“拍，搏也。以手搏其上也。”拊读芳武切、滂母鱼部。韵同声近。

戴家祥曰：拍当释掐。《说文》十二篇：“掐，拊也。从手。百声。”百、白古本一字。大盂鼎“锡女邦司四白人”，又曰“锡夷司王臣又三白人”，并以白为百。《荀子·王制篇》：“司马知师旅甲兵乘白之数。”杨倞注：“或曰白当为百。”加旁作伯。《虞书》“佥曰伯夷”，蔡邕江淮碑作“百夷”。《孟子》“百里奚”，《韩非·难言篇》作“伯里夷”。《汉书·食货志》：“亡农夫之苦，有仟伯之得。”颜师古谓：“伯，百钱也。”《集韵·二十陌》：“掐，或从白。”《玉篇·六十六》拍音莫格切，附也。【《金文大字典》页一九七二】

一二三　释畟(卑)

戴家祥曰：宋时出土晋姜鼎“畟毌通弘”，畟字从支，从田。杨南仲释卑(薛尚功《钟鼎彝器款识法帖》)，孙诒让(《古籀拾遗》上第廿一叶)从之。按番生段鞞鞢作鞢，静段作刹，偏旁正作或，杨释是也。墙盘“舍宇于周处”，卑当读比。舀鼎“尚卑处氒邑”，亦以“卑处”连文。按《礼记·明堂位》“卑侯于鲁”，今本《毛诗·鲁颂·閟宫》作“俾侯于鲁”。《荀子·宥坐》“卑民不迷”，杨倞注：“卑读为俾。”俾又通比。《礼记·乐记》“克顺克俾”，今本《毛诗·大雅·皇矣》作“克顺克比”。又《渐渐之石》“俾滂沱矣”，《论衡·变动篇》作“比滂沲矣”。卑、俾、比三字不但同部，而且同母。《说文》八篇：“比，密也。”《左传·文公十八年》“是与比周”，杜注：“比，近也。”《汉书·诸侯王表》“诸侯比境”，颜师古注：“比谓相接也。”密也，近也，相接也，其义一也。“舍宇于周卑处”，谓武王即命周公，赐墙馆于周原近处也，殆即《王制》所谓“天子之县内诸侯”欤？(《墙盘铭文通释》)高田忠周云：“或谓捭，训‘两手击也。从手。卑声。’”又敕训“毁也。从攴。卑声。”敕、捭当同字，攴手通用，(《古籀篇》五十六第二叶)可备一说。【《金文大字典》页一九九四】

一二四　释敹

戴家祥曰：槼即敉之别称。《说文》十二篇《手部》：“扶，佐也。从手。夫声。古文作㧱。”“扬，飞举也。从手。昜声。古文作敭。”“播，种也。从手。番声。古文作敽。”《说文》三篇《支部》：“攺，抚也。从攴。亡声。读与抚同。”金文朱公釛钟扬作，亦易手为攴，是手、攴可以互易之证。扬段扬作，令鼎作，师酉段作，既不从手，也不从攴，而变为从丮，可见丮义同攴，亦即同手。《说文》三篇《丮部》：“巩，褱也。从丮。工声。或从手作𢪌。”丮、手同义可以重复。丮、攴亦同义也，未必不可以重复。钟铭字可以隶定为槼，即敉之异体。《说文》训“抚也”，读若弭，或从人作侎。《周书·洛诰》“亦未克敉公功”，郑玄注：“敉，安也。”敉钟为战国时代的乐律名。【《金文大字典》页二〇四〇】

一二五　释能攴

戴家祥曰：𢿫字从攴从能，字当释能。《说文》十篇："能，熊属。足似鹿。从肉。㠯声。"徐灏曰："能，古熊字。《夏小正》曰'能羆则穴'，即熊羆也。羆古文作䍶，从能，亦其证。假为贤能之能，后为借义所专，遂以火光之熊为兽名之能，而昧其本义矣。"(《说文段注笺》)按《唐韵》熊读羽弓切，匣母蒸部。能读奴登切，泥母蒸部。《广韵》奴来切，泥母之部。之蒸阴阳对转。熊、能同部字也。熊又通融。《山海经·西山经》"其光熊熊"，郭璞注："光气炎盛相焜燿之貌。"《文选·琴赋》"丰融披离"，李善注："丰融，盛貌。"徐说是也。此从能，象四足形。从攴，示被鞭扑之形。形符加旁字也。古者谓相善为相能。《大雅·民劳》"柔远能迩"，言其安远而善近也。其不善者谓之不能。《左传·襄公十一年》"苏氏狄又不能于狄"，又《昭公元年》"昔高辛氏有二子，伯曰阏伯，季曰旷林，不相能也。日寻干戈，以相征伐"，《昭公十一年》"蔡侯获罪于其君，而不能其民"，杜预皆训能为善。【《金文大字典》页二〇四一】

一二六　释𢿊

戴家祥曰：墙盘"𢿊龢于政"，宋时出土之师訇簋作"盭龢雩政"。㾓钟(丙组)𢿊作盭。𢿊、盭同字。《说文》十二篇《弦部》："盭，弼戾也。从弦省。从盩。读若戾。"《玉篇·二七〇》𢿊别音力综切，误。戾有正反两义。《汉书·董仲舒传》"上下不和，则阴阳缪盭，而妖孽生矣"，颜师古注："盭，古戾字。"《荀子·荣辱篇》"猛贪而戾"，《小雅·节南山》"降此大戾"，义皆为乖、背，为违，此反义也。《小雅·雨无正》"宗周既灭，靡所止戾"，《大雅·桑柔》"民之未戾，职盗为冠"，《周书·康诰》"今惟民未静，未戾厥心"，义皆为定。定之与乖，亦犹乱之训治，臭之训香。【《金文大字典》页二〇四四】

一二七　释⿰會攴

戴家祥曰：⿰會攴字左旁會，从亼，从米，从口。与会鼎會字形近，即会字，读为襘。《说文》八篇《衣部》："襘，带所结也。"从攴不从衣，形符更旁字也。《史记·周本纪》"成王少，周初定天下，周公恐诸侯畔周，公乃摄行政当国。"《周书·皇门解》"惟正月庚午，周公格左闳门，会群臣"。"左右绥襘刚鲧"殆即周公及其与会者。《左传·昭公十一年》叔向曰："会有表，衣有襘，带有结。会朝之言必闻于表着之位，所以昭事序也。"(《墙盘铭文通释》)【《金文大字典》页二〇四九】

一二八　释⿰豐攴

徐中舒曰："⿰豐攴⿰豐攴虽不见经典，但诗屡见其同声相假之字。如《载驰》'芃芃其麦'，《棫樸》'芃芃棫樸'，《采菽》'其叶蓬蓬'，《卷阿》'菶菶萋萋'，《生民》'瓜瓞唪唪'。芃、蓬、菶、唪与⿰豐攴古同属东部，邦滂并纽，故得相通……《诗》芃芃、蓬蓬、菶菶、唪唪皆有盛意，是⿰豐攴⿰豐攴𧰼𧰼即形容威严之盛也。"(《中央研究院历史语言研究所集刊》第六本《金文嘏辞释例》)

戴家祥曰：⿰豐攴字从攴，豐声，即豐之表义加旁字。《说文》："攴，小击也。"循声求义，读如《大雅·灵台》"鼍鼓逢逢"之逢。《毛传》："逢逢，和也。"《释文》："薄红反。"《埤苍》云："鼓声也。字作韸，徐音丰。"按《唐韵》豐读敷戎切，滂母冬部；逢读符容切，并母东部。声韵俱近。《集韵·上平一东》逢、韸、韼、⿱夆手同字。【《金文大字典》页二〇五五—二〇五六】

一二九　释昊

戴家祥曰：史墙盘"昊照亡⿱罒大"，第一字似昦字。《说文》"春为昦天。从日、夰。夰亦声"。隶作昊，从天。书传训昦为大。"昊昭亡⿱罒大"，犹云明察无失也。【《金文大字典》页二一〇一】

一三〇　释昔

戴家祥曰:《说文》七篇“昔,干肉也。从残肉,日以晞之。与俎同意。腊,籀文,从肉”。按卜辞昔作□,作□,或作□。金文作□(舀鼎),作□(克鼎)。字皆从日,从横水。(《说文》五篇:益从水从皿,而篆作□。又十一篇:濒,从页从涉,而篆作□。趠令鼎濂作□,殷瞉盘沬作□。)与俎字形异。卜辞、金文俎作□,或作□,象置肉于且上。肉作□形,或简化为□,而未有作□形者。许说非是。窃疑昔为夕之或体。古音夕读祥易切,邪母鱼部。昔读思积切,心母鱼部。韵同声近。古文夕象月半见,与月字易相混淆。历鼎“夙夕”作“殂月”是其证。于是又创昔字以别异之。盖商周时代,人类但知日轮初出未离于土,日轮将没尚傍乎水。《淮南子·天文训》云:(日)“至于曲阿,是为旦明。”曲阿者,山也。“至于虞渊,是为黄昏。”虞渊者,水也。故旦字古文作□,昔字作□。《谷梁传·庄公七年》四月辛卯昔,恒星不见。恒星者,经星也。日入至于星出谓之昔。《小雅·頍弁》“乐酒今夕”,《楚辞章句·十》引“乐酒今昔”。《管子·小匡篇》云“旦昔从事于此”,尹知章注:“旦昔,犹朝夕也。”厥后民知肇启,时间概念日见重要,乃以朝夕为夕,今昔为昔。成俗既久,无复会通。两汉经师但知篆籀假昔为腊,许氏不加深究而即曲为之说,其违失制字之旨往往如是,故为辨正形声,综核诂训,以告缀学之士云。

杨树达曰:“古音昔、乍同,故昔声与乍声之字多通作。《说文》二篇下《齿部》云:‘齰,啮也。从齿。昔声。’或从乍作齚。此昔声、乍声通作之证一也。此以字之重文为证者也。《易·系辞》云:‘可与酬酢’,《释文》云:‘酢,京本作醋。’此昔声、乍声通作之证二也。《仪礼·特牲·馈食礼》云:‘尸以醋主人’,注云:‘古文醋作酢。’又有《司彻》云:‘尸以醋主妇’,注云:‘今文醋曰酢。’此昔声、乍声通作之证三也。《礼记·内则》云:‘鱼曰作之’,《尔雅·释器》则云:‘鱼曰斮之’。此昔声、乍声通作之证四也。《墨子·非乐篇》云:‘厚措敛乎万民’。又《辞过篇》云:‘厚作敛于百姓’。措敛、作敛皆谓赋敛，字或作措，或作作。《节用上篇》又云：‘其使民劳其籍敛厚’，字又作籍。籍从耤声。耤亦从昔声也。此昔声、乍声通作之证五也。《淮南子·缪称》《诠言》二篇并云：‘猨狖之捷来措’，《说林篇》则云：‘蝯狖之捷来乍’。此昔声、乍声通作之证六也。又《汜论篇》云：‘履天子之籍’，高注：‘籍或作阼。’此昔声、乍声通作之证七也。此以经籍之异文为证者也。《汉书·文三王传》云：‘李太后与争斗，措指’，晋灼注引许慎云：‘措置字，借以为笮耳。’此昔声、乍声通作之证八也。《周礼·春官·典同》云：‘侈声筰。’杜子春云：‘笮读为行扈唶唶之唶。’此昔声、乍声通作之证九也。又《秋官·序官》‘柞氏’，郑司农注云：‘柞读为音声唶唶之唶。’又《考工记·轮人》云：‘毂小而长则柞’，郑司农注云：‘柞读为迫唶之唶。’此昔声、乍声通作之证十也。《史记·商君传》《集解》引《新序》云：‘周室归籍。’《索隐》云：‘藉音胙，字合作胙，误为籍耳。’按《本纪》‘周归文武胙于孝公者’是也。树达按《新序》假藉为胙，非字误也。《索隐》说非是。此昔声、乍声通作之证十一也。此以古书文字之通假为证者也。《说文》三篇上《言部》云：‘諎，大声也，从言。昔声。读若笮。’又十四篇上《矛部》云：‘矠，矛属。从矛。昔声。读若笮。’昔声、乍声字音读相同，许书固有明证也。此昔声、乍声通作之证十二也。此以《说文》之读若为证者也。”（《积微居小学述林》卷六第二三六叶《孟子昔者说》）

戴家祥曰：《说文》七篇：“昔，干肉也。从残肉，日以晞之。与俎同意。籀文作[illegible]。从肉。”按卜辞作[illegible]，作[illegible]，或作[illegible]，金文作作[illegible]，俱象太阳上下有波浪纹，既不象残肉，亦不与俎同意。从日者，殆表时间之词。《谷梁传·庄公七年》云：“夏四月辛卯昔，恒星不见。恒星者，经星也。日入至于星出谓之昔。不见者，可以见也。”《广雅·释诂》四：“昔，夜也。”许说大误。杨树达读昔为昨，郅确。【《金文大字典》页二一〇五—二一〇八】

一三一　释莫

戴家祥曰：《说文》一篇下《茻部》："莫，日且冥也。从日在茻中。"是定莫为会意字。今按《唐韵》茻读模朗切，莫读莫故切，又读慕故切。茻之与莫，其声都在明母，其韵为鱼阳对转，盖会意兼形声字。今改隶日部，从其声也。

又亚父乙彝𦱤字从口茻，疑亦莫字之省变。金文䄪伯器䄪字作䄪，算儿鼎㝵字作㝵，并从口不从日，可证。【《金文大字典》页二一一六】

一三二　释𣆶

戴家祥曰：𣆶、𣈶两字前人缺释。今按金文弥作彌，嬭作嬶，知𣆶、𣈶即尔之异体字。《鲁颂·閟宫》"弥月不迟"，《毛传》："弥，终也。"《春官·眂祲》"七日弥"，郑众云："弥者，白虹弥天也。"郑玄谓："弥，气贯日也。"《周书·谥法解》："弥，久也。"《墨子·经上》以久为指时间词。时间是以地球自转二十四时为起讫，包括一切异时在内，故曰"久弥异时也"。《唐韵》尔读儿氏切，疑母支部，日读人质切，日母至部。支至韵近，古书每有借韵，是𣆶之从尔，从日为会意兼形声字。经传皆写作弥。【《金文大字典》页二一二九】

一三三　释杜

戴家祥曰：《说文》六篇："杜，甘棠也。从木。土声。"案字亦通土，土为社之本字。卜辞金文象社主形。变而为杜，则为形声字。《豳风·鸱鸮》"彻彼桑土"，《释文》："《韩诗》作'桑杜'。"（郭璞《方言注》引同）《大雅·緜》"自土沮漆"，《汉书·地理志》作"自杜沮漆"。《唐韵》土读它鲁切，透母鱼部。杜读徒古切，定母鱼部。透定相为轻浊也。《地官·大司徒》："设其社稷之壝，而树之田主，各以其野之所宜木，遂以名其社与其野。”《墨子·明鬼下》:“圣王建国营都,必择国之正坛,置以为宗庙,必择木之蓚茂者,立以为丛位。”《战国策·秦策三》应侯谓昭王曰:“恒思有神丛与?”高诱注:“盖本之茂者神所凭,故古之社稷恒依树木。”《白虎通·社稷篇》:“社稷所以有树何? 尊而识之,使民望见而敬之,又所以表功也。”《独断》云:“凡树社者,欲令万民知肃敬之。”是杜即土之表义加旁字,焯然无疑。故《史记·秦本纪》宁公二年“遣民伐荡社”,《集解》徐广曰:“荡音汤。社一作杜。”《史记·封禅书》云:“于社亳有三社主之祠”,《汉书·郊祀志》社亳作杜亳。(三作五)杜伯盨杜作[illegible],象社主竖立在木旁,形象更逼真。

杜亦国名。《国语·周语上》内史过曰:“周之兴也,鸑鷟鸣于岐山。其衰也,杜伯射王于鄗。”韦昭注:“杜国,伯爵,陶唐氏之后也。《周春秋》曰:‘宣王杀杜伯而不辜。后三年,宣王会诸侯田于圃,日中,杜伯起于道左,衣朱衣,冠朱冠,操朱弓朱矢射宣王,中心脊而死也。’”故事亦见《墨子·明鬼篇下》。《汉书·地理志》:“杜陵,故杜伯国。有周右将军杜主祠四所。”今陕西省西安市东南杜县即其地也。盨铭作者不知生于何时。孙诒让(《述林》卷一《唐杜氏考》)疑宣王杀杜伯未必即绝其祀,或别立支庶为唐杜君,抑朱衣射鄗之后,周人知杜伯无罪,立隰叔兄弟之在他国者以续其祀,使鬼不为厉,皆未可知。【《金文大字典》页二一八四—二一八五】

一三四　释棓

戴家祥曰:[illegible]字从木,从[illegible]、[illegible]。[illegible],古文凡。大徐凡读浮芝切,并母之部。否读方九切,帮母之部。《玉篇·五十六》否音蒲鄙切,不但与凡同部而且同母,是凡、否皆表音声符字也。《说文》六篇:“棓,棁也。”《公羊传·成公二年》“踊于棓,以窥客”,何休注:“凡无高下有绝加躡板曰棓。齐人语。”在此皆不成义。以声义求之,字当读瓿。《说文》五篇“䍌,小缶也。从缶。否声”。《玉篇·二四三》䍌亦作瓿。《方言·五》:

“缶谓之瓿甌。”鎑、瓿更旁作梧，亦犹罍之篆文为櫑也。【《金文大字典》页二二二一】

一三五　释橑

戴家祥曰：字阮元释杜，（《积古斋钟鼎彝器款识》卷八第六页）吴大澂（《说文古籀补》六篇第一页）、吴式棻（《攈古录》三之三第四十页）从之。刘心源释楮（《奇觚室吉金文述》卷八第廿五页），静安先生（《散氏盘考释》第三页）、高鸿缙（《散盘集解》第十六页）从之。谛审拓本，字从木从，点划焯然。伯段“尞于宗周”，尞作。麦鼎“用乡（飨）多寮友”，寮作，是当释橑。《集韵·下平三萧》尞、翏俱音怜萧切，来母宵部，音聊，故镣亦作鏐，寮、嵺同字，亦作嶛、嵺。知橑亦同橮。橮为本名，与《下平二十幽》音居虬切者义殊。【《金文大字典》页二二二八】

一三六　释欦

戴家祥曰：字从欠从孚，字书未见。以声义求之，似即《小雅·苕之华》“人可以食，鲜可以饱”之饱。古字以欠表义者，亦或更旁从食。《说文》八篇：“歙，歠也。从欠。酓声。”古文作飮，从食，今声。孚声同包。《左传·隐公八年》：“公及莒人盟于浮来。”《公羊》《谷梁》俱作包来。《吕氏春秋·本味篇》：“令烰人养之。”高诱注：“烰，犹庖也。”《说文》七篇罦或作罜。《集韵·下平十九侯》枹、桴同字。孚古文作𤓽，从爪，𥝢声。𥝢，故保。许云：“饱，猒也。从食。包声。”古文作餜，从食，𥝢声。是欦之为饱，焯然无疑义矣。阮元释乳（《积古斋钟鼎彝器款识》卷七第四页），刘心源释抱（《奇觚室吉金文述》卷十七第二十一页），郭沫若释保（《两周金文辞大系考释》第二二四页），吴闿生释孚（《吉金文录》卷四第十六页），日本高田忠周释具（《古籀篇》九十六第十六页）皆未确。《唐韵》饱读博巧切，帮母幽部。【《金文大字典》页二二四一】

一三七　释是

戴家祥曰：《说文》二篇："是，直也。从日、正。……[illegible]籀文是，从古文正。"按毛公鼎、陈公子甗皆象有矢著之，知⊙非日月之日，殆象射鹄形。《天官·司裘》："王大射，则共虎侯、熊侯、豹侯，设其鹄。诸侯则共熊侯、豹侯，卿大夫则共麋侯，皆设其鹄。"郑玄注："鹄者，取名于鳱鹄。鳱鹄，小鸟而难中，是以中之为隽。亦取鹄之言较。较者，直也。射所以直己志，用虎、熊、豹、麋之皮示服猛讨迷惑者。"射欲其中鹄，故不中者为失是。《易·未济》上九"有孚失是"，虞翻注："是，犹正也。位不正，故失是也。"《礼记·大学》引"太甲曰顾諟天之明命"，郑玄云："諟，犹正。"是，諟声义并同。《尔雅·释言》："是，则也。"《广雅·释言》："諟，是也。"諟为是之加旁字。诸家不知⊙为习射之鹄的，误以日月之日释之，故牵强附会，皆无当于造字之初义矣。【《金文大字典》页二二八七】

一三八　释疐

戴家祥曰：《说文》四篇《叀部》："疐，碍不行也。以叀引而止之也。叀者如叀马之鼻，从此与牵同意。"金文作[illegible]，不从叀。《一切经音义·四》疐，古文有懫、躓二形。宋时出土晋姜鼎云"用蘄绰绾眉寿作[illegible]"，秦盘和钟云"畯疐在位"，秦公毁云"畯疐在天"，井人钟云"疐处宗室"，以声义推之，皆应读帝。帝、蒂、禘同字。《礼记》(《曲礼上》)"士疐之"，孔颖达《正义》云："疐谓脱华处。"《尔雅·释木》："枣曰疐之。"《初学记》引孙炎曰："[illegible]之，去其柢也。"《老子》云："是谓深根固柢"，《释文》："柢亦作蒂。"《尔雅·释言》："柢，本也。"《文选·吴都赋》"扤白蔕"，刘注："蔕，华本也。"国王身故"告丧曰：'天王登假。'措之庙立之主曰帝。"(《曲礼下》)帝字象形，加旁从艹则为蒂，在六书为形声。蔕、柢则注音更旁字也。同声通假，字亦作疐。《唐韵》疐读涉利切，禅母至部。帝读都计切，端母至部。古代正齿音禅母，在谐声字之声系中，每有混入舌音端纽者。例如单读都寒切。又音善，常演切。故疐亦通帝。《商颂·烈祖》“古帝武汤”，郑笺：“帝，天也。”晄帝在位，指现实君王而言。晄帝在天，则指君王死后升级为灵魂世界之最高主宰而言者也。

戴家祥曰：宋时出土秦盄和钟“晄疐在立（位）”，近世发现之秦公段“晄疐在天”，字同秦钟。金文惠作惠，或省心作叀，与疐不同。疐自是疐字，《说文》四篇：“疐，碍不行也。”在器铭当为杰。《孟子·公孙丑上》“尊贤使能，俊杰在位”句例正同。疐读陟利切，杰读渠利切，古音均在至部，故得借为杰。“俊杰在位”，亦犹《尚书·皋陶谟》“俊乂在官”也。（古人彦同用伪古文太甲“旁求俊彦”，伪《说命》作俊乂，《尔雅·释诂》“艾，长也”。）孙诒让释畯疐为畯惠，“畯惠在位，言长顺在位也”。（《古籀拾遗》上第二十一叶晋姜鼎）非是。【《金文大字典》页二二九一——二二九二】

一三九　释昪（具）

戴家祥曰：具、共古本一字。《说文》三篇：“具，共置也。从廾，从贝省。古以贝为货。”金文不省。具字两手拱贝，共字两手拱玉，其义一也。贝、玉在商周具有货币职能，可作为财富贮藏手段，聘问、供献多宝重之。《商书·盘庚》“具乃贝玉”，犹云供汝贝玉也。《尚书·皋陶谟》“万邦黎献，共惟帝臣”，《文选·东京赋》作“具为帝臣”，李善注引书作俱。《周书·吕刑》“具严天威”，《史记·周本纪》作共。共之言奉也。古韵具读其遇切，共读渠用切，东侯对转，故具、共同字。《礼记·祭统》“官备则具”，郑玄云：“谓所共众物。”《墨子·节葬下》“璧玉即具”，其义为供具张设。驭卣“八贝一具”，其义亦同。方濬益《缀遗斋彝器款识》读为“贝之一朋”，杨树达《积微居金文说》读具为珏之假字，均非是。金文从贝之字可从鼎，如贞作鼎等，故具或从鼎作昪。【《金文大字典》页二三一二】

一四〇　释鼻

戴家祥曰：按[illegible]字从艹，晨声，为彝字别构。《大雅·瞻卬》"靡有夷届""靡有夷瘳"，《毛传》："夷，常也。"《尔雅·释诂》："彝，常也。"《礼记·明堂位》"夏后氏以鸡夷"，郑玄注："夷读为彝。"夷、彝俱音以脂切，韵在脂部，阴阳对转，则在文部。彝之以辰，亦犹夷陵之作辰陵也。【《金文大字典》页二三九五】

一四一　释遈

戴家祥曰：[illegible]字从辵，从[illegible]，字当释彝。金文彝字变化甚多。师趛鼎作[illegible]，从[illegible]从[illegible]，与此偏旁形近。金文以"鬺彝"连称者不下十数器。鬺字《说文》失收。《玉篇·二四一》："煮也。音式羊切。亦作鬺。"以声类审之，当读如《小雅·楚茨》"或肆或将"，《周颂·清庙》"我将我享"之将。将，奉也。《唐韵》彝读以脂切，喻母脂部。作[illegible]者，周末繁缛字也。【《金文大字典》页二三九五】

一四二　释殹

戴家祥曰：《说文》三篇："殹，击中声也。从殳。医声。"又十二篇"医"，许云："盛弓矢器"。段玉裁依《广韵》改为"备弓矢器"。然《小雅·采薇》《夏官·司弓矢》《国语·郑语》笺注家皆云箙为盛矢器，未闻盛矢器为医者。今本《国语·齐语》"兵不解医"作"解翳"，韦昭云："翳所以蔽兵也。"知殹、翳皆医之表义符号加旁字。医本象形，从矢、匚。匚所以蔽矢也。加旁从殳，言矢之赖以蔽之者手也。《释名·释兵》："矢其旁曰羽，如鸟羽也。鸟须羽而飞，矢须羽而前也。"可见蔽矢之羽，即所以保全其杀伤之用也。

同声通假，亦读为緊。緊在句首为发语辞。《左传·隐公元年》"尔有母遗，繄我独无”，杜元凯云：“繄，发声。”又《襄公十四年》“王室之不坏，繄伯舅是赖”，杜注：“繄，语助。”繄从医声，医读于计切，影母至部。同声通假，字亦作抑。《小雅·十月》“抑此皇父”，《释文》云：“抑，辞也。”《左传·宣公十一年》“抑人亦有言曰”，杜注：“抑，辞也。”《论语·学而》“抑与之欤”，皇疏：“抑，语助也。”抑读于棘切，不但同母而且同部。

用在语尾字亦同“也”。秦诅楚文、秦新郪虎符、秦铜权及石鼓文《灵雨》，多以殹为也字。秦琅邪刻石“尽始皇帝所为也”，也作。也、匜同字。匜读移尔切，喻母支部。繄读乌鸡切，影母支部。影、喻皆喉音字。

用在句中，字亦通伊。《邶风·雄雉》“自诒伊阻”、《秦风·蒹葭》“所谓伊人”、《豳风·东山》“伊可怀人”、《小雅·正月》“伊谁云憎”，郑笺并云：“伊当作繄。”《史记·周本纪》“共王繄扈”，《索隐》引《世本》作伊扈。皆繄、伊字通之证。《小雅·都人士》“匪伊垂之”，郑笺：“伊，辞也。”伊读于脂切，影母脂部。支、脂韵近。【《金文大字典》页二四一七—二四一八】

一四三　释毛

《说文》八篇：“毛，眉发之属及兽毛也。象形。”高田忠，周曰：“须字，参字所从作，而字作，冄字作，并象人物毛发也。而字，羽字皆依鸟以作此形也。转为兽毛，为人毛发，此为假借也。”（《古籀篇》九十六第二六叶）金文毛皆用作地名或人名。

孙诒让曰：当为毛字。《说文·毛部》：“，眉发之属及兽毛也。象形。”篆文斜曲，此文变为直下，其象画同也。师遽毁“旄朩”，旄字作，偏旁毛亦作，可与此互证。康侯毛即康叔子康伯也。《史记·卫世家》不详康伯之名。杜预《春秋世族谱》及《史记索隐》引《世本》并作康伯髦。余前据《周书·作雒》“命康叔宇于殷，中旄父宇于东”，知中旄父即康伯髦。今此鼎又作毛。毛、旄声类并同，古多通假。此鼎篆文明晰，当为正字矣。康叔之康，郑康成书注以为谥号。马融、王肃、孔安国并以为

畿内国名。孔颖达疏则谓康叔为国名，康伯为谥号，此鼎可证其误。（《籀庼述林》九《康侯鼎拓本跋》）

戴家祥曰：孔释□为毛，是也。毛公肇鼎毛作□可以互证。□当释旄，象牛尾形。《春官·乐师》“有旄舞”，郑众注：“旄舞者，氂牛之尾。”郑玄“旄人”注：“旄，旄牛尾。舞者所持以指麾。”用为旃旗之饰，则加旁从㫃。《鄘风·干旄》“孑孑干旄”，《毛传》：“旄于干首，大夫之旃也。”毛、旄声同，古本一字。其后形声增益，孳乳浸多，而本字废而不用，故字书遂不见□字矣。【《金文大字典》页二四五一——二四五二】

一四四　释汏

戴家祥曰：□字从水从犬，字当释汏。小篆水作□，金文作□，大盂鼎潮作□。虢季子白盘庙作□。偏旁水作□，是其证也。《说文》十一篇《水部》无汏字。《集韵·上声二十七铣》汏训水落貌。按汏之初文为乚。《说文》十一篇：“く，水小流也。《周礼·匠人》‘为沟洫，枱广五寸，二枱为耦，一耦之伐，广尺深尺谓之く。’”“甽，古文く，从田，从川。”“畎，篆文く，从田犬声。”汏、畎形义更旁字也。く本象形，变为形声为甽，为畎，为汏。此亦六书隶属再分之一例也。【《金文大字典》页二四九七】

一四五　释涬

戴家祥曰：此字以释瀚较妥。《说文》十一篇：“瀚，议罪也。”从水、献，与法同意。《玉篇·二八五》训“议也”，与谳同。《说文》十篇：“灋，刑也。平之如水，从水。廌，所以触不直者去之，从廌去。”瀚字从水，是体现议罪量刑，在统一水平的原则上力求公正的裁决。《广雅·释诂三》：“蘖，罪也。”《说文》六篇：“櫱，伐木余也。”或体作檗，从木，辥声。罪蘖之大者，可受到砍头的处分。亲属受到株连，沦为罪犯奴隶。奴产子的地位，也就低人一等。《公羊传·襄公廿七年》“执鈇鑕，从君东西南北，则是臣仆庶孽之事也。”何休注：“庶孽，众贱子，犹树之孽生。”这是由于人们看见被砍伐后的树桩个个裸露着，像砍头的罪犯一样，因而联想再生小枝的低矮形态，仿佛就是奴产子的化身。这在文字学上即所谓引申义。曾侯乙钟“瀫羿”“瀫宫”“瀫商”等，即表示此羿、宫、商低八度的音，作为乐律的音名用。【《金文大字典》页二五一二】

一四六　释汤

戴家祥曰：鄊汤当读繁阳，古音舌端透纽，每与喉音喻纽混谐。《郑风·羔裘》“舍命不渝”，《韩诗外传》引作“舍命不偷”。渝读羊朱切，喻母。偷读讬侯切，透母。渝、偷皆俞声字。《秋官·叙官》“薙氏”，郑玄谓：“薙读如鬀，小儿头之鬀。书或为夷。”夷本喻母，鬀从弟声。弟，透母。《礼记·内则》“不敢唾洟”，《释文》：“洟本又作涕。”洟从夷声，涕从弟声。《尧典》“分命羲仲宅嵎夷，曰暘谷”。《史记·五帝本纪》索隐云：“暘谷，本作汤谷。”《山海经·海内东经》“下有汤谷”，郭璞注：“汤谷，谷中水热也。”《庄子·应帝王》“天根游于殷阳”，《释文》：“或作殷汤。”汤、阳不但韵同，声亦互谐。

鄊汤即繁阳。《左传·襄公四年》“楚师为陈叛故，犹在繁阳”，杜预注：“繁阳，楚地，在汝南鲖阳县。”即今河南省沈丘县西南四十里，西近项城县。又《定公六年》“吴大子终累败楚舟师，获潘子臣小帷子及大夫七人。楚国大惕，惧亡子期，又以陵师败于繁阳”。曾国姬姓，自东周中叶以还，与江淮间诸小国皆通婚姻，而与楚之王族关系尤切，故曾伯䨵得在“抑燮繁阳”之例云。【《金文大字典》页二五三四—二五三五】

一四七　释濒

戴家祥曰：[illegible]字从川，频声。或从巜不从川，字当释濒。古文从水、从川、从巜，偏旁往往混淆。效卣涉作𣥠，趞段潮作[illegible]，克鼎庙作[illegible]，是其证。频读毗真切，并母真部。比读卑履切，帮母脂部。帮并声近，真脂阴阳对转。《大雅·桑柔》“国步斯频”，又《召旻》云“不云自频”，郑笺：“频，犹比也。”周公毁“寍厥濒福”当读“受厥膍福”。《小雅·采菽》“乐只君子，福禄膍之”，《毛传》：“膍，厚也。”《释文》膍音频尸反。《韩诗》作肶。《说文》膍或体作肶，肶从比声，故义亦同濒。膍福犹言厚福也。郭沫若释顺则假为竣，训大也，长也（《两周金文辞大系考释》第三十九叶《金文丛考》第三零七叶），殊误。【《金文大字典》页二五六二】

一四八 释巩

戴家祥曰：《说文》三篇《廾部》“巩，褎也。从廾。工声。𢪏，或加手”。又十二篇《手部》重出𢪏字，训“拥也”。以声义求之，巩、𢪏皆𠬞之异体字。𠬞，竦手也。从𠂇，从又。字本象形。形义加旁，亦或作拱。《尔雅·释诂》：“拱，执也。”《左传·僖公卅二年》“中寿，尔墓之木拱矣”，杜预注：“合手曰拱。”形声易位则写成拲。两手共械，形同拱手，故以两手同械之刑名拲，非别有专字也。古字廾象两手执持形。廾、手同义，金文扬作𩰫，是其证。巩既从手，𢪏又加手，形符重复字也。毛公鼎“不巩先王配命”，又曰“永巩先王”，徐同柏读巩为恐。（《从古堂款识学》卷十六）孙诒让据《大雅·瞻印》“无不克巩”，《文王》“永言配命”读“不巩”为“丕巩”，而“永巩先王”仍从徐读为“永恐”，一字两义。（《籀庼述林》卷七《毛公鼎》）按《说文》十篇《心部》：“恐，惧也。从心。巩声。古文作忎。”又云：“恭，战慄也。从心。共声。”《楚辞·九叹·怨思》“心巩巩而不夷”，巩巩犹战栗、畏惧也。恐、恭、巩不但同部而且同母。徐释至确。孙释亦无可非议。墙盘铭文“永不巩狄”当读“永不恐惕”。【《金文大字典》页二五七四—二五七五】

一四九 释戒

戴家祥曰：戒字卜辞屡见，象两手执戈形。《说文》三篇《廾部》：“戒，击踝也。从丮，从弋。读若踝。”麦尊“侯锡诸㚴臣二百家”，㚴与臣字连用，似为会意兼形声字。《左传·昭公元年》“二执戈者前矣”。《礼记·丧大记》“君即位于阼，小臣二人执戈立于前，二人立于后”。㚴臣即小臣之职，于声似当读婐。《说文》十二篇《女部》：“婐，姬也。一曰女侍曰婐，读若騧，或若委。从女。果声。孟轲曰：‘舜为天子，二女婐。’”今本《孟子·尽心下》婐作果。赵岐注：“果，侍也。”古读戈、果、委、呙声同字通。《集韵·卅四果》：“剐，割也。”或作划，更旁从戈。婐或作媉，更旁从委。夥或作㖞，蜾或作蜗，輠或作輠，更旁从呙，是其证。吴大澂释伐（《愙斋集古录》廿一册十八叶），声义无据，不足信。（《墙盘铭文通释》）【《金文大字典》页二五七七—二五七八】

一五〇　释㚴

戴家祥曰：[illegible]字从女从火，《说文》所无。卜辞作[illegible]，亦作[illegible]。（《甲骨文编》卷十二第四八五叶）杨树达云：“㚴字，吴氏（大澂）缺释。余谓其字上从火，下从女，即光字也。《说文》十篇上《火部》：‘光，明也。从火在儿上。’儿为古人字。铭文从女与从人同……光当读为贶。《诗·小雅·彤弓》云：‘中心贶之’。《毛传》云：‘贶，赐也。’”（《积微居金文说》卷三第九十二叶）按《广韵》光音古黄切，古读见母阳部。兄音许荣切，古读晓母阳部。古字牙音见溪两纽每与喉音晓匣混谐，故金文兄字有加旁从光作㒰形者。《集韵·去声四十一漾》贶、䶃同字。《说文》《玉篇》怳、恍同义。《尔雅·释诂上》“赉、贡、锡、畀、予、贶，赐也”，《释文》：“贶本作况。”况从兄声，古止作兄。《仪礼·燕礼》“君贶寡君多矣”，郑注：“贶，赐也。”杨说形义声训翔实可据，故特表而出之。【《金文大字典》页二六四八】

一五一　释尞

罗振玉曰：“《说文解字》：‘尞，柴祭天也。从昚。昚，古文慎字。祭天所以慎也。'今此字实从木在火上,木旁诸点象火焰上腾之状。卜辞又有大史寮、卿事寮。寮字一作,一作。毛公鼎大史寮、卿事寮,寮字作,均从,从火。许君云'从眘'者非也。汉韩勑碑阴辽作,史晨后碑作,并从木。衡方、鲁峻两碑寮字亦然,是隶书尚存古文遗意矣。卜辞或又省火作。(作者多不胜举,姑举其一。凡字数见或数十见者,亦但举其一,不悉举。)或更省作,古金文中享伯馭段有字与卜辞同。"(《增订殷虚书契考释·中》第十五至十六页)按罗说是也。享伯馭段铭云:"王隹伐逨伐淖黑至于宗用",《汉书·律历志》引《逸武成》曰:"惟四月既旁生霸,粤六日庚戌,武王燎于周庙",事迹与段铭相近。罗振玉又曰:"《尔雅·释诂》:'寮,官(馆)也。'《释文》:'字又作僚。'《左氏传》(文七年)、《谷梁传》(庄十六年)、《国语·鲁语》注并云:'同官曰寮。'《仪礼·士冠礼》注:'同官为僚。'是寮古通僚。《说文》有僚无寮,于僚训"好貌",而卜辞及毛公鼎、番生段皆有寮字。今人每以文字不见许书者为俗书,是不然矣。卜辞又省宀作尞,汉祝睦碑"尞属钦熙",魏元丕碑"酬咨群尞",是汉魏间尚假尞为寮也。"(《增订殷虚书契考释》卷中第二十页)。

戴家祥曰:孙诒让谓上从古文旅,下从土,当为堵之省,其读为诸。"用飨多诸友",犹《诗·六月》云"饮御诸友"。金文弭中簠(薛尚功《历代钟鼎彝器款识法帖》卷十五称张仲簠)"诸友饮食具饱",彼诸字作,亦以者为诸,但不从土耳。(《籀庼述林》卷七第三十页)按《唐韵》者读章也切,照母鱼部,诸读章鱼切,不但同母,而且同部。故古器物铭恒以者代诸。堵读当古切,声在端母。金文与经传绝无假用为诸者。谛审鼎铭下文从火,字当释尞,伯段"尞于宗周",尞作。《说文》十篇:"尞,柴祭天也。"《吕氏春秋·十二纪》季冬之月"乃命四监收秩薪柴,以共郊庙及百祀之薪燎",高诱注:"燎者,积聚薪,置璧与牲于上而燎之,升其烟气。"其礼亦称禋祀。《春官·大宗伯》"以禋祀祀昊天上帝",郑玄注:"禋之言烟。周人尚臭,烟气之臭闻也。"卜辞作(《殷墟书契前编》第五卷第三页),或作(同书六卷第六十四页),加旁从火,象燃木形。又作(同书六卷第六十四页),加旁从宀,象屋下燃木,当为庭燎之本字。《诗序》“庭燎,美宣王也”,陆德明《释文》:“郑玄云:‘在地曰寮,执之曰烛。’又云:‘树之门外曰大烛,于内曰庭燎,皆照众为明’,是寮之本义为焚木照众,加旁从宀,即郑义所谓燃于内也。引申为晨昏议大事所聚之馆舍。《尔雅·释诂》“寮,官(馆)也”。更旁从人,则为馆舍中治事者之尊称。《说文》八篇:“僚,好也。”性别更旁字亦作嫽。《陈风·月出》“佼人僚兮”,《释文》:“僚本作嫽。”《广雅·释诂一》:“嫽,好也。”《方言·二》:“釥、嫽,好也。青徐海岱之间曰釥,或谓之嫽。”《集韵·上声二十九筱》嫽、僚同字。僚、嫽义皆训好,故同馆舍治事者得称“同寮”(《左传·文公七年》荀林父语),或称“僚友”。《礼记·曲礼上》“僚友称其第也,执友称其仁也”,郑注:“僚友,官同也。执友,志同也。”《仪礼·士冠礼》“宾礼辞许”,郑注:“宾,主人之僚友。古者有吉事,则与贤者欢成之。有凶事,则欲与贤者哀戚之。”又《士丧礼》“有宾则拜之”,郑注:“宾,僚友群士也。”鼎铭“多寮友”,即《周书·酒诰》“百僚庶尹”之义。若释“诸友”,则其上不应有“多”字。《说文》七篇:“多,重也。”《玉篇·九十》:“诸,非一也。”《尔雅·释诂》:“多,众也。”众、重、非一,皆多数词。《周诰》称国之庶邦为“多方”,不云“多诸方”。《王制》称王之列侯为“诸侯”,不云“多诸侯”。商周器铭词约旨明,语近《诗》《礼》,绝无繁曲芜累之病句。籀公释诸,殆为智者千虑之一失。刘子植繁征博引,护先哲之所短,(《古史考存》三五四至三五五页《麦氏四器考》)何其不思之甚也。

戴家祥又曰:古彝器有□夫甗(《贞松堂集古遗文四补遗》上第十八页),铭曰:“□夫作祖丁尊彝”,□字前贤缺释。今以卜辞寮字例之当释寮夫。《国语·周语中》“火师监燎”,韦昭注:“火师,司火。燎,庭燎也。”按《秋官·司烜氏》“下士六人,徒十有六人”,“凡邦之大事,共坟烛庭燎。中春以木铎修火禁于国中,军旅修火禁,若屋诛,则为明竁焉”。是火师、寮夫皆司烜氏之属官。寮夫主管庭燎,火师掌修火禁,监燎乃其兼职,故《国语》特书其事云。【《金文大字典》页二六六九—二六七一】

一五二　释⿱⿰召攴火

戴家祥曰：[illegible]字从攴从炤，即《尔雅·释虫》“荧火即炤”之炤。古字每有加旁从攴者。《玉篇·二七零》敟今作典，敶亦作陈，斆与学同。《夏书·禹贡》“禹敷土”，魏三体石经古文敷作[illegible]，是其证。《说文》十篇《火部》无炤字，而七篇《日部》：“昭，日明也。从日。召声。”古字从日表义者，每多更旁从火。许书“暵，干也。耕暴田曰暵，从日。堇声。《易》曰：‘燥万物者莫暵于离。’”今《周易·说卦》暵作熯，更旁从火。《玉篇·三零四》晖或辉字，曜亦作燿。又《三二三》烯亦晞字，焟亦腊同。《荀子·儒效篇》：“炤炤兮，其用知之明也。”又《王霸篇》：“兼炤之，以观其盛者也。”炤炤即昭昭。《楚辞·云中君》“烂昭昭兮未央”，王逸注：“昭昭，明也。”《礼记·中庸》“斯昭昭之多”，《释文》：“昭本亦作炤。”《小雅·正月》“亦孔之炤”，《中庸》引作“亦孔之昭”。《集韵·下平三萧》昭、炤同字。表义加旁，昭又作照。《说文》：“照，明也。从火。昭声。”《老子》“俗俗昭昭”，《释文》：“昭一本作照。”《荀卿赋》“函晦登昭”，注：“昭或为照。”《玉篇·三二三》炤同照。《唐韵》昭读止遥切，照母宵部，照读之少切，陆德明《中庸释文》炤读章遥反，不但同部而且同母。《颜氏家训·风操篇》云：“刘縚缓兄弟其父名昭，一生不为照字，唯依《尔雅》火旁作召。”由是而知炤、昭、照三字不但声同韵同，而且义同，其为一字明矣。炤之为昭，表义更旁字也。加旁作照者，形义重复字也。许氏分隶两部，失之。

【《金文大字典》页二六七五】

一五三　释⿰爿厄

戴家祥曰：⿰爿厄字从爿从厄，字应释庀。广、厂义同。《说文》七篇席之古文作[illegible]，是其证。《说文·广部》无庀字，而有训“荫也”之庇字。庇从比声，庀从匕声。比、匕声同。《地官·遂师》“庀其委积”，郑玄注：“故书庀为比。郑司农云:‘比读为庀。庀,具也。’”《夏官·大司马》“比军众”,郑玄注:“比或为庀。”是庀本庇之简化字。《集韵·四纸》庀、庇、比同音普弭切。《左传·襄公十年》“庀群司”,杜预云:“庀,匹婢切。”古音帮母脂部。声转为夷。夷读以脂切,与庀同部。《玉篇·四十八》:“貾,古夷字。”《集韵·六脂》夷、尼、𡰥同字。尼亦从匕得声字也。故庀得读为夷。罗振玉读“昆疕王”为“昆夷王”,从上古音系言之,完全可通,故特疏而出之。【《金文大字典》页二七三六】

一五四　释狄

《说文》十篇《犬部》:“狄,赤狄。本犬种。狄之为言淫辟也。从犬。亦省声。”十篇:“亦,人之臂亦也。象两亦(腋)之形。”字不从火,焉得以狄从亦省为声?段玉裁以二篇《辵部》迹之籀文作速,遂谓狄之古文或籀文当作狭,从犬朿声。(《说文解字注》)然金文曾伯𩞁簠“克狄淮夷”,狄作[illegible],从亦不从朿。毕狄钟“𢿍狄不龏”,狄作[illegible]。墙盘“永不恐惕”,作“永不巩[illegible]”,字均从火。段氏臆说不足据。古人狄、易通用,易声同亦,故狄或体作㹄。《论语·述而》“子曰:‘加我数年,五十以学易’”,郑玄云:“鲁读易为亦,今从古。”《素问·骨空论》“易髓无空”,王冰注:“易,亦也。”易、亦均喉音喻母字。喻四归定已为曾君运乾证实。易亦之声有逖,亦犹㠯声有台,弋声有代也。以此例推,古本《说文》当作“狄,从炎省声。㹄或从亦。”《九经字样》作“赤省声”,《御览》(九百四)《兽部》引《说文》“狄,亦犬也”。并误。炎训“火光上也。从重火”。加旁从臽,炎、臽皆声。炎亦喻母字,从口为啖,从言为谈,从水为淡,从邑为郯,均由喻母转为定母,故狄得以炎省为声也。刘心源曰:狄,阮释狘,非。《说文》狄“从犬,亦省声”。此从亦不省。《诗·泮水》“狄彼东南”,笺:“狄当作剔。剔,治也。东南,斥淮夷。”即此所谓“克狄淮𡰥”也。《释文》:“狄,他历反。远也。”孙毓同郑作剔。案:王、孙音训狄,即逖。《说文》“逖,远也,古文作逷。”即剔诸说皆通。“抑用逷蛮”,方笺:“亦云当作剔。”(《奇觚室吉金文述》五二八叶曾伯𩊚簠）按《说文》十篇"狄，赤狄。本犬种。狄之为言淫辟也。"是狄之本意当为犬种。古人蔑视少数民族，故借来称之为狄，如猶钟之狄字皆为方国名。因少数民族的方国皆在边远，故狄字又引申为远，如曾伯𩊚簠之狄字。后人为了在字形上加以区别，添辵旁作逖。【《金文大字典》页二七五五—二七五六】

一五五　释⿰犭㦰

戴家祥曰：字从犬从㦰，前人缺释。《说文》十二篇："㦰，绝也。一曰田器，从从持戈，读若咸。"按许说可商。从，俱也。（七篇旅字注）以弋击从，义当训歼，在六书为会意，变而为歼则为形声。《歺部》："歼，微尽也。从歺。韱声。《春秋传》曰：'齐人歼于遂。'"庄公十七年《左氏传》云："遂因氏、领氏、工娄氏、须遂氏飨齐戍，醉而杀之。齐人歼焉。"谷梁子曰："歼者，尽也。"训歼为尽，乃《尔雅·释诂》文。"舍人曰：'歼众之尽也。'"（《左传正义》引）公羊氏作瀸，云"积也"。何劭公解诂："瀸之为死，积死非一之辞，故曰瀸。"曰绝，曰尽，曰非一，以戈击众之义已昭昭然。作瀸者，同声通假字也。陆德明《公羊释文》歼、瀸俱音子廉切，精母谈部，与《唐韵》㦰字音同，故⿱雨韱、⿱雨㦰同字，歼、⿰歹㦰同字，知⿰犭㦰即⿰犭韱之声符更旁字也。（并见《集韵·下平二十四盐》："⿰犭韱，兽名。"）按从㦰得声之字都有小义，⿰犭㦰字或为小兽。器铭作者自名为⿰犭㦰，亦犹夏后氏寒浞名其子曰豷（《左传·襄公四年》），宋大夫名华貙（《昭公二十一年》），晋力士名鉏麑（《宣公二年》），孔子弟子有冉伯牛、司马子牛（《史记》）之类是也。【《金文大字典》页二七六二】

一五六　释猸

戴家祥曰：字从犬从眉，《说文》所无。《集韵·上平六脂》："猸，兽名。"音旻悲切，明母脂部，殆即麋之别构，形声变易字也。《说文》十篇：

“麋,鹿属。从鹿。米声。麋冬至解其角。”《唐韵》麋读武悲切,不但与猸同部而且同母。麋即动物学家所谓麋鹿,俗名四不像,其角似鹿非鹿,头似马非马,身似驴非驴,蹄似牛非牛。《唐韵》米读莫礼切,眉读武悲切,同部而又同母,故麋亦通眉。《仪礼·士冠礼》“眉寿万年”,郑注:“古文眉作麋。”《汉书·王莽传下》“赤麋闻之”,《集注》:“麋、眉古字通用。”北海相景君碑“不永麋寿”,麋寿即眉寿。《荀子·非相篇》“伊尹之状,而无须麋”,杨倞注:“麋与眉同。”《方言·十二》:“麋,老也。”郭璞注:“麋犹眉也。”麋、眉声同,故字之从眉得声者,亦得通麋。《小雅·巧言》“居河之麋”,《释文》:“麋本作湄。”《左传·僖公廿八年》“余赐女孟诸之麋”,孔颖达《正义》:“《释水》云:‘水草交为湄。’李巡曰:‘水中有草木交会曰湄。’古字皆得通用,故此作麋。”《玉篇·二八五》湄、瀰同字。或者鼎“用妥□录”,墙盘铭文“褱猸录黄耇弥生”,猸录犹眉寿也。钟铭“猸其万年子孙永宝”,猸为人名或氏族名。《通志·氏族略》云:“麋氏,楚大夫受封于南阳麋亭,因以为氏。或云工尹麋之后。”【《金文大字典》页二七六九—二七七〇】

一五七 释王

戴家祥曰:罗振玉云:《说文解字》王古文作□,金文作□(盂鼎)、□(格仲尊)、□(者沪钟),与《说文》所载古文同。卜辞从□,从□(□即□,刀笔仅能成其匡郭耳。),并与⊥同。吴中丞释为古火字,是也。卜辞或径作□。王氏国维谓亦王字,其说甚确。盖王字本象地中有火,故省其上画,义已明白。且据编中所载诸文观之,无不谐也。(又皇字从王,古金文或从王或从土。土非土地字,即王也。)又卜辞中或作□作□,则亦但存火,亦得示盛大之义矣。(《增订殷虚书契考释》中第十九叶)按金文王从火从二。二,古文上。《周书·洪范》“火曰炎上”,在六书为会意,乃暀之本字。《说文》七篇:“暀,光美也。从日。往声。”《集韵·十阳》暀或作旺。《玉篇·三零四》旺音王放切。《唐韵》于放切,喻母阳部。王音禹方切。不但同部而且同母。同声必然同义。《礼记·祭法》:“王宫,祭日也。”俞樾《群经平议》曰:“王宫即旺宫。”《庄子·天地篇》“王德之人”,王德即旺德。上世民智未开,以火与日都能产生热能,在思维活动中,每每将其联想在一起。《淮南子·天文训》“故阳燧见日则燃而为火”,《易·说卦》“离为火,为日,为电”即其事也。其于造字,凡偏旁从火表义者或更旁从日。《春官·眂祲》“掌十辉之法”,陆德明《经典释文》:“晕音运,本又作辉,音同。”郑玄注:“《春官·保章氏》‘日有薄食晕珥’,《释文》:‘晕本又作辉,亦作运。’”《玉篇·三二三》爗或作曅。从日表义者亦或更旁从火。《玉篇·三零四》晞或作烯,暝亦作煐,同暖,曜亦作耀,是其证。王本从火,加旁从日,则为旺字。从火与从日同义,表义重复字也。《玉篇》训旺为日晕,义亦同煌。《说文》十篇:“煌,煌辉也。”旺、煌韵同声近,其为一语,盖昭昭然。用为帝王之王,乃引申义。暀字从往,故云:“王者,往也。为天下所归往也。”(《风俗通·皇霸》引《书大传》)“祖父又谓之王父。王,暀也,家中所归暀也。王母亦如之。”(《释名·释亲属》)吴、罗之说大体可通,故为综合形声,以求其至当,勿使学者疑而已矣。【《金文大字典》页二八二七—二八二八】

一五八　释皇

戴家祥曰:《说文》一篇:“皇,大也。从自。自,始也。始皇者,三皇大君也。自读若鼻。今俗以始生子为鼻子。”按许说大误。皇字未见于卜辞,传世金文作[illegible]、[illegible],或作[illegible]、[illegible],上半[illegible]、[illegible]象烈日光芒高射形,盖日之繁缛文,未尝见其作[illegible]者。下半从王或从土,土亦火也,非土地字。许氏盖本嬴政改制,李斯同文之后,俗儒曲说之谬,而不自知其谬。今以形声求之,皇即煌之初文。十篇《火部》:“煌,煌辉也。从火。皇声。”《玉篇·三零四》旺训日晕。晕、辉表义更旁字也。晕,光也,似即现代天文学者所谓日冕。《小雅·鹿鸣》“皇皇者华”,《毛传》:“皇犹煌也。”《采芑》“朱芾斯皇”,《毛传》:“皇犹煌也。”《书·帝命验》:“皇者,煌也。”(《古微

书》引）

皇之本字为王。王本从火，皇为王为之加旁字。从日与从火同义，故皇、王字通。《周书·洪范》曰“皇极之敷言”，《史记·宋微子世家》作“王极之傅言”。《小雅·渐渐之石》“不皇朝矣”，郑笺：“皇，王也。”《仪礼·聘礼》“宾入门皇”，郑玄注：“古文皇皆作王。”《庄子·天运篇》“夫立三王五霸之治天下”，殷敬顺《释文》：“王本或作皇。”《洪范·五行传》“建用王极。”注云：“王极或为皇极。”是王、皇古本一字之证。

注音更旁，皇又作暀。《小雅·楚茨》“先祖是皇”，郑笺：“皇，暀也。”《鲁颂·泮水》“蒸蒸皇皇”，皇皇当作暀暀。由是而知皇之本字为王，其后形声相益，则为皇，为煌，为旺，为暀，皆一字之滋生而寖多也。朱芳圃谓：“皇字下半作𡈼，即镫之初文。上半作丷，若艸，象灯光参差上出之形。”（《殷周文字释丛》四八叶“皇”）徐中舒谓其“象王着冠冕形”。（《中央研究院历史语言研究所集刊》第六本一分册《金文嘏辞释例》）皆主观臆说，未可轻信。【《金文大字典》页二八四五—二八四六】

一五九　释者

戴家祥曰：《说文》四篇：“者，别事词也。从白。𠂹声。𠂹，古文旅字。”按《集韵·上声八语》旅、鲁、炇同字。金文鲁作𩵋，或作𩵋。者作者，或作者。其下皆作口或曰，象承盘形。许云“从白”，非是。以形声推之，口、曰殆凵之繁写。《说文》五篇：“凵卢，饭器。以柳为之。象形。笑，凵或从竹，去声。”《唐韵》鲁读郎古切，来母鱼部；旅读力举切，不但同部而且同母。凵读去鱼切，溪母鱼部。三字都读鱼部，其为一词无疑。鲁字从鱼，会意兼谐声，更旁作者，从凵，旅声，声义不变。《秋官·司仪》：“皆旅摈。”郑玄谓：“鲁，读为鸿胪之胪。胪，陈之也。”考《汉书·叙传》“大夫胪岱”，《集注》引郑氏曰：“胪岱，季氏旅于泰山是也。”师古曰：旅，陈也。胪亦陈也。胪、旅声相近，其义一耳。”表义要旁，字亦从示。《集韵》：“祣，祭名。或作禮。”《天官·掌次》：“王大旅上帝，则张氈案。”

郑玄注："大旅上帝祭于圜丘。国有大故而祭，亦曰旅。"东周以后，列国各自为政，文字异形，则有旅、者、鲁、胪、祣、禮诸体，杂然并行。而且言语异声，旅、鲁古读舌音来母，者从旅声，读之也切，变为齿音照母，流俗借用为这，即许氏所谓"别词也"。同声通假，字亦读诸。金文"诸侯""诸老""诸士"皆作者。又读知母，其声如猪。《禹贡》"被孟猪"，《夏官·职方氏》作"望诸。"又读为都，舌音端母。金文晋邦盦"都啚"作"[illegible]（者省）否"。《禹贡》"大野既猪""彭蠡既猪""至于猪野"，《史记·夏本记》猪皆作都。《职方氏》"荥波既都"，《释文》："都本作猪。"是皆同部通假之证。朱芳圃释者为楮，谓[illegible]象树枝舒展、子实蕃衍之形。[illegible]，附加之形符也。(《殷周文字释丛》第一四一叶）按今本《说文》无楮字，树枝舒展、子实蕃衍，非楮之特点。凡木皆然，楮字何以附加形符[illegible]，亦未作约略说明，故缀学之士弗心许也。

戴家祥曰《说文》四篇："者，别事词也。从白。[illegible]声。[illegible]，古文旅字。"金文兮甲盘铭"其隹我者侯百生"，《诅楚文》"衛者侯之兵"，秦泰山刻石"者产得宜"皆以者为诸。《墨子·尚贤中》"倾者民之死也"，孙诒让《间诂》云："者当读为诸之省也。"《汉书·田蚡传》："欲以倾诸将相。"《广韵·上声三十五马》者音章也切。诸音之也切。不但同母而且同部。《说文》七篇《㫃部》："旅，从㫃，从从。[illegible]，古文旅。古文以为鲁卫之鲁。"三体石经《僖公》残石"遂会[illegible]侯围许"，《汗简》引《尚书》作[illegible]。《玉篇·六十二》："[illegible]，古文诸。"敦煌写本《禹贡》作[illegible]，日本唐写本《说命上》作[illegible]，并以旅为诸。旅读力举切，同部假借。【《金文大字典》页二八五七—二八五八】

一六〇　释沓

戴家祥曰：[illegible]，当释盍。《说文》五篇《皿部》："盍，小瓯也。从皿。有声。读若灰。一曰若贿。"或体作盍。金文多以[illegible]为友。《说文》四篇智字、者字从[illegible]。金文[illegible] [illegible]混用。三体石经《君奭》残石古文智作[illegible]，更旁从皿。者沪钟者字作，更旁从皿。是从从与从皿同义。知即盙、盍之或体字也。以声义求之，亦即姷、侑、宥、囿、酭之或体字。《说文》十二篇《女部》："姷，耦也。从女，有声。读若祐。"祐、侑声同。《易·系辞》"可与祐神矣"，祐当训侑。姷、侑性别更旁字也。亦通作宥。《仪礼·聘礼》"有司彻"，郑玄注并云："古文侑皆作宥。"宥或为囿。《礼记·礼器》"诏侑武方"，郑玄注："诏侑或为韶囿。"《小雅·楚茨》"以妥以侑"，《毛传》："侑，劝也。"孔颖达《正义》云："已饮食，而后劝之。"其说是也。鄂侯驭方鼎"驭方王"，盍王者，侑王也。侑劝必有器物。盙字从皿，义殆在此。《文子·守弱篇》："三皇五帝有劝戒之器，命曰侑危。"其言或有所本。《尔雅·释诂》："酬、酢、侑，报也。"《集韵·四十九》宥、酭、侑同字。更旁从酉，酉亦盛器，义与皿同。【《金文大字典》页二八六〇—二八六一】

一六一　释智

戴家祥曰：《说文》四篇："𥏼，识词也。从白。从亏。从知。，古文𥏼。"按三体石经《君奭》残石"我亦不敢智"，古文作，下从皿。金文鲁字从，或从，眉敖段作盘，从皿。以是知许书所谓从白者，实为盛器，非自之省文。智字从，殆即䤣之本字。《说文》十四篇："䤣，酒也。从酉。𥏼省声。"《玉篇·五三九》："醍，他礼切。酒红色。又音提。重文作䤣。"酉为盛酒器，义近皿、，故䤣亦可更旁作盬或智。同声通假，读为智识之智。【《金文大字典》页二八六八】

一六二　释㑏

戴家祥曰：字从反人，从矢，从口，容庚《金文编·附录》云："旧释㑏。"按释㑏，声义可通。《说文·人部》无㑏字。四篇《白部》："𥏼，识词也。从白。从亏。从知。，古文𥏼。"又五篇《矢部》："知，词也。从口。从矢。”《唐韵》智读知义切，知母歌部，知读陟离切，不但同母，而且同部，同声必然同义。《荀子·修身篇》：“是是非非曰智。”又《正名篇》：“知有所合者谓之智。”《白虎通·性情篇》云：“智者，知也。独见前闻不惑于事，见微知著也。”《释名·释言语》：“智，知也。无所不知也。”卣铭“白伳”当读“伯智”。古文以人表义者，其偏旁人或增或省，每每无定。尤其是历史人物，屡有所见。《说文》八篇《人部》：“偰，高辛氏之子，尧司徒，殷之先。从人。契声。”今《尚书·尧典》及《孟子·滕文公上》偰皆作契。《说文》又云：“伉，人名。从人。亢声。《论语》有陈伉。”今本《论语·季氏篇》作陈亢。是其证。【《金文大字典》页二八六九】

一六三　释曾

戴家祥曰：《说文》二篇《丷部》：“曾，词之舒也。从丷，从日。⊞声。”按许说大误。曾为甑之本字，在六书为象形。表义加旁则写作甑。《说文》十二篇：“甑，甗也。从瓦。曾声。𩱧，籀文甑从鬲。”《考工记·陶人》：“甑实二鬴。厚半寸。唇寸。七穿。”曾字下文为承水之釜，籀文作𩱧从鬲，与从釜同义。⊞像锅体之有七穿。穿者，通也。所以通蒸汽也。其上丷像升气之上出。其器犹近代之蒸锅。其语义取诸于蒸。蒸、曾古音同部。《孟子·公孙丑上》：“许子以釜、甑爨，以铁耕乎？”赵岐注：“爨，炊也。”《唐韵》爨读七乱切，清母元部，炊读昌垂切，穿母歌部，歌元韵近，知甑之用为炊饭器也。《方言·五》甑“自关而东谓之甗，或谓之鬵。”言一物而多名也。许云：“甑，甗也”，又曰：“甗，甑也”，其根据即在乎此。同声通假，义或训尝，训经，训则，训乃，训仍，训重，即叔重所谓“词之舒也”。

其在金文则为地名，鄫之省。《说文》六篇：“鄫，姒姓，国在东海。”《左传·僖公十六年》：“冬十二月，会于淮，谋鄫，且东略也。”又《襄公四年》：“冬十月，邾人、莒人伐鄫，臧纥救鄫，败于狐骀。”《通志·氏族略》云：“夏少康封少子曲烈于鄫”，此姒姓之鄫。又有姬姓之鄫，经传极少言之。惟徐锴《说文系传》引杜元凯曰:"鄫,姬姓。在郑之南部。"东周中叶以迄战国晚期,活动之迹北起郑郊,南及光州,西至南阳,东抵睢州。江淮间诸小国互通婚媾,而与楚之王族交往尤深。今湖北随县曾侯乙墓之发现,是其确证。【《金文大字典》页二八七五】

一六四　释鲁

戴家祥曰:《说文》四篇:"鲁,钝词也。从白。鲝省声。《论语》曰:'参也鲁。'"按许君分隶《白部》者,鲁字以外尚有皆、者、𠷎、𥏼、百诸字。金文皆作[illegible];者作[illegible],或作[illegible];𥏼作[illegible];均不从白,且与"词言之七从鼻出"相戾。《周书·君奭》"我亦不敢知",魏正始石经篆文知作[illegible],古文作[illegible],郭忠恕《汗简》引天台碑作[illegible],又一体作[illegible],与《说文》古文作[illegible]皆从皿,不从白。金文鲁作[illegible](井人钟),作[illegible](颂鼎),或作[illegible](扆敖毁)。以是而知许氏所谓从白者,实为盛物之器,与皿近似,故或更旁从皿。鲁字从鱼从皿,字当读胪。鲁像陈鱼形。胪字从肉,卢声,在六书为谐声。同声通假,得借用旅。《唐韵》鲁读郎古切,来母鱼部,胪读力居切,旅读力举切,不但同母,而且同部。同声必然同义。《仪礼·士冠礼》"旅占卒",郑玄云:"古文旅作胪。"《史记·周本纪》"周公受禾东土,鲁天子之命",《书序》作"旅天子之命"。《说文》七篇旅字注云:"[illegible],古文旅。古文以为鲁、卫之鲁。"是鲁、胪、旅三字不但同声同韵,而且义同,其为一语之转,盖昭昭然。

鲁之本义当为祭名。《仪礼·聘礼》"肤鲜鱼鲜腊",郑注:"肤,豕肉也。唯燖者有肤。此馔先陈其位,后言其次,重大礼,详其事也。"郊祀之礼,礼之至大者也。《论语·八佾》"季氏旅于泰山",何平叔《集解》引马云:"旅,祭名也。"大礼先陈其位,故旅之引申义又可训陈。《尔雅·释诂》:"旅,陈也。"《秋官·司仪》"皆旅摈",康成"读为鸿胪之胪。胪,陈也。"是其确诂。余如鲁卫之鲁、钝鲁之鲁,以及金文祝愿词"鲁休""鲁福"(鲁当读旅。旅,众也。)"屯鲁"皆字之假义也。【《金文大字典》页二八八六—二八八七】

一六五　释不

程瑶田曰:"《小雅》'常棣之华,鄂不韡韡',郑笺云:'承华者曰鄂,不当作柎。柎,鄂足也。'古声不、拊同。不字义人鲜知者,郑氏以柎晓人,非谓柎讹为不而欲改其字也。《左传》'三周华不注',《水经注》言:'华不注山,单椒秀泽,不连陵以自高,而说者以为山如华跗之著于水。'又《尔雅·释山》曰:'山再成英,一成坏。'盖亦以华状之坏,即不一成者,如华之有鄂足,华英在不上,故'山再成者'如'鄂不之承华英'也。不字上象鄂足著于枝茎,三垂象其承华之鄂蕤蕤也。"(《通艺录·不字义说》)按程说是也。《管子·地员篇》"朱跗黄实",尹知章注:"跗,花足也。"现代植物学家名鄂曰萼片,跗曰苞片,即花或花序外周下方之变态叶,字本象形。别体作𠀚,从一。一为指示性符号,则为指事。同声通假,借为否定词不然、不可,即勿、弗、非之同义语。《广雅·释诂四》:"弗,不也。""勿,非也。"《论语·雍也》"虽欲勿用",皇侃疏:"勿犹不也。"或体作丕,即丕字。《尔雅·释诂》:"丕,大也。"不字被借已久,于是又创为跗、拊诸形声为苞片之专字。许氏昧其本义为不别作解语,盖疏忽于字形与字义一贯性之确诂也。

戴家祥曰:《说文》十二篇:"不,鸟飞上翔不下来也。从一。一犹天也。象形。"按许君以否定词之声义解"不"字之象形,故牵强附会,使天下学者疑。南宋郑樵指其字象华萼蒂,清儒程瑶田又申其义云:"《小雅·常棣》'鄂不韡韡',郑氏笺云:'承华者曰鄂,不当作拊。拊,鄂足也。'一下∪象鄂足著于枝茎,三垂象其承华之鄂蕤蕤也。"(《通艺录·不字义说》)晚近治小学者率宗之。考《说文·手部》:"拊,揗也。"字亦通抚,高密鄂足之义乃"跗"字也。《玉篇》:"跗,足上也。"《管子·地员篇》"朱跗黄实",尹之章注:"跗,花足。"然其字不见于《说文》。《玉篇·四一九》不音甫负切,《唐韵》方九切,并读帮母之部。《玉篇·七十六》跗音方俱切,帮母侯部,《唐韵》《集韵·去声九麌》符遇切,均读并母侯部。陆德明《经典释文》柎读方于反，帮母鱼部。《玉篇·六十六》音芳武切(《唐韵》同)，滂母鱼部。上古韵位之部第一，幽部第二，宵部第三，侯部第四，鱼部第五。之与侯、鱼韵位甚远，安得以柎训不？窃思《小雅·常棣》"鄂不"当读"萼苞"。[illegible]之上半象华蒂，下垂三笔象萼片形，植物学家谓蓓蕾待放之前，包在花序外围之变态叶。《商颂·长发》"苞有三蘖"，《毛传》："苞本蘖，余也。"蘖之古文作[illegible]，与[illegible]形同。(《说文》六篇《木部》)不亦作芣，加旁从艹。《玉篇·一六二》音伏丘切，并母之部。在六书为形声，声符更旁，字又作苞，从艹从包，包亦声。在六书为会意兼谐声。不之为芣，再变为而苞，亦犹[illegible]之为欂，再变而为蘖也。《玉篇·一六二》苞音博交切，《唐韵》布交切，均读帮母幽部。苞、不声同且又韵近。《集韵·上平十虞》罦、罘同字，是其证。许氏释为否定词，知其一不知其二。郑笺释为鄂足，亦未深入实际。甚矣！考文识字之不易也。【《金文大字典》页二九一〇—二九一二】

一六六　释市

戴家祥曰：《说文》七篇："市，韠也。上古衣蔽前而已，市以象之。"其后形声相益，孳乳寖多，有芾、韠、韍、韨、黻、韍、绂诸形，其实皆形声加旁更旁字也。《礼记·玉藻》："韠，君朱，大夫素，士爵韦，圜杀直。天子直，公侯前后方，大夫前方挫角，士前后正。韠下广二尺，上广一尺，长三尺，其颈五寸。"金文屡云"锡某载市"，《仪礼·特牲馈食礼》"某服皆玄冠缁带缁韠"，知载市即缁韠也。大盂鼎"锡女(汝)鬯一卣，冕衣市舄"，《小雅·车攻》曰"赤芾金舄"，知"市舄"即"赤芾金舄"之约举也。

《说文·艹部》无芾字。《玉篇》(一二八)芾音方味、方大二切，小貌。考芾、蔽声同，蔽、芾为同声联绵字。《召南》"蔽芾甘棠"，《小雅》"蔽芾其樗"，古本或止作"蔽市"。后之作书者，因上文蔽字而加旁从艹，亦犹《说文》"蔂，艸旋貌。《诗》曰'葛藟蔂之'"，今本《毛诗·召南》作"葛藟萦之"，从糸不从艹。《论语·微子》"遇丈人以杖荷蓧"，陆德明《经典释文》)所见本蓧作条。知作蓧者乃后人承上文荷字而加旁从艹。蔽市之作蔽芾,其例亦犹是也。《庄子·宥坐篇》:“于是乎腓无胈”。《天下篇》:“腓无胈,胫无毛”。《说文》:“腓,胫腨也。”《小雅·采菽》云:“赤芾在股。”杜元凯注《左传》:“韦韠以蔽膝者也。”(桓公二年)腓也,股也,膝也,字皆从肉,即市之所蔽处,由是更旁从肉,而写作胈。

《释文·释衣服》:“韍,韠也。”郑玄《玉藻注》:“凡韠以韦为之,必象裳色。”韦、革同物。《玉篇》(四二三)鞦亦作鞦,韈亦作韈,故韠亦或作韠。孔颖达《左传正义》云:“以其用丝,故字或有绂者。”(《桓公二年》)韍之为绂,亦犹韨之或体作缎(《说文》五篇《韦部》),鞞之或体作绅(《玉篇·四二三》)也。古音毕读卑吉切,帮母至部。犮读蒲拨切,并母祭部。弗读分勿切,帮母脂部。帮、并皆重唇声。脂、至、祭韵近,三部通韵,故《白虎通》以绋冕为绂冕。【《金文大字典》页二九九七—二九九八】

一六七 释午

戴氏侗曰:“父乙鼎文作[glyph],庚午鬲文作[glyph]。断木为午,所以舂也,亦作杵,借为子午之午。所以知其为午臼之杵者。[glyph]从午从臼,此明证也。”(徐灏《说文段注笺》引)按《唐韵》午读疑古切,杵读昌与切,韵位都在鱼部。午本象形,加旁作杵,变为形声字。杵之器质,取诸断木,故其字又可从木。后世杵字盛行,午字遂成为干支之专用语矣。【《金文大字典》页三〇〇三】

一六八 释盾

戴家祥曰:[glyph]字罗振玉释为象形盾字。画[glyph]殆即画盾。(《辽居乙稿》三十六叶)朱芳圃申其说曰:“[glyph]、[glyph]同字,一空廓,一填实,例与□之作■,[glyph]之作[glyph]相同。《诗·秦风·小戎》‘龙盾之合’,《毛传》:‘龙盾,画龙其盾也。’”(《殷周文字释丛》卷上第七叶)按《小戎》“蒙伐有苑”,郑笺:“蒙,庞也。画杂羽之文于伐,故曰庞伐。”《释文》:“伐本或作瞂,音同中干也。”《国语・齐语》“管子曰:‘制轻罪,赎以鞼盾一戟’”,韦昭注:“缀革有文,如绘也。”是皆所谓画盾矣。《释名・释兵》:“盾,遁也。跪其后,避刃以遁也。”夫战斗之为学也,在于保护自己,杀伤敌人。盾为防身武器,戈为伤人武器,兵与甲之为用亦然。《商周金文录遗》第七十四叶祖丙觚字,象人右执戈,左执。《夏官・司戈盾》:“掌戈盾之物而颁之。祭祀授旅贲殳,故士戈盾,授舞者兵,亦如之。”《旅贲氏》“掌执戈盾,夹王车而趋。”戈之与盾,犹人体之有左右手然。然则字左手所执之,非盾将焉属哉?盾声亦转为干,故戈盾作干戈。虘彝铭文“锡甲胄干戈”,《大雅・公刘》“干戈戚扬”,《孟子・万章下》“干弋朕”,皆干弋并提。《方言・九》:“盾,自关而东或谓之瞂,或谓之干,关西谓之盾。”《唐韵》干读古寒切,韵在元部。《玉篇・四十九》瞂读扶发切,韵在祭部。祭元阴阳对转,故经传亦通假为伐。《说文》:“盾,瞂也。所以扞身蔽目也。象形。”又音徒损切,韵在文部。元文次旁转。郭沫若释干(《金文丛考》一九一叶),声义亦通。徐同柏(《从古堂款识学》卷五第六叶)释日,吴大澂(《愙斋集古录》廿二册第六叶)释享,孙诒让(《名原》上二十八叶)释毌,高田忠周(《古籀篇》卷十九二十八叶)释中,声义俱误,不能取信。【《金文大字典》页三〇三五—三〇三六】

一六九　释眦

戴家祥曰:眦字从目从比,《说文》所无。以形声审之,字当释睤。比、畀声同,声符更旁字也。《唐韵》比读毗至切,并母至部。古卑、畀同。《集韵》必至切,帮母至部。韵同声近。《荀子・宥坐篇》“天子是庳”,杨倞注:“庳,辅也。”今《毛诗・小雅・节南山》作“天子是毗”。《毛传》:“毗,厚也。”郑笺:“毗,辅也。”是其证。《玉篇・四十八》睥,普计切。左睥右睨。《集韵・去声十二霁》:“睥睨,邪视也。或作俾、䁹。”《史记・信陵君传》“俾睨故久立”皆其义也。鼎铭“小臣”,官名,眦,人名。趞叔殷云:“休于小臣贝三朋。”沈子毁云:“休沈子田。”季受尊云:“□休于世季受贝三朋。”辞例相近。杨树达读毗为畀。“休畀”谓赐与也。(《积微居金文说》卷三第八十四叶《易鼎跋》)【《金文大字典》页三〇三九】

一七〇　释眚

孙诒让曰:隹五九月既𡴂霸,庚寅。案旧释为既生霸,于义不误,然生字作𡴂,则与他器绝异。吴亦不著其说。考此字金文常见,宋以来考释家并定为相字。然相与生声义并远。此假为生,于六书之例难通。窃谓此非相字,乃眚字也。《说文·目部》眚“从目,生声”,是眚本从生得声,故得相通借。此下从横目形,上从𡳾者,即生之省,犹静从青声。(《说文·丹部》青“从丹,生声”。)金文或𡴂(毛公鼎),或作𡴂(齐国差甔),并从生省一画也。(《说文》青古作𡴂,亦从生省。)金文更有作𡴂者,又省𡳾为屮,盖亦一字。

又古字眚与省通。凡金文云眚者,义多为省之假借。窃疑其𡴂者,或即省之异文。(《说文·眉部》:“省,视也。从眉省。从屮。”)二字声义本相近,固可互通也。(《春秋·庄二十年经》“肆大眚”,《公羊》眚作省。《周礼·大司徒》“眚礼”,郑注:“眚作省。”《释名·释天》:“眚,省也。”并其证。)今略就此录考之,如南宫鼎“王令中先𡴂南或”(国三之一),谓先省视南国也。宗周钟“王肇通𡴂”(孙星衍《续古文苑》释为省,得之,但未知其为借用眚字耳。吴释为召,则大误。)“文武堇疆土”(三之二),谓王巡省文武之疆土也。以上二文,与《易·复》象辞“后不省方”及《诗·大雅·常武》“省此徐土”义并合,此并巡行省视之义。(《诗》郑笺云“省视徐国之土地叛逆者”是也。)鬲攸从鼎“王令𡴂”(三之二),谓王令省察其事也。惟相作父丁觚之𡴂(一之二),散氏盘之“右𡴂”,曶鼎之“曰𡴂”(并三之三)皆似为人名,则无义可说。然其为眚字,则固炳然无疑也。其作𡴂者,如卿鼎“公违(旧释卫,误。今从吴大澂说正。)“𡴂自东”(二之二),谓省视东土也。艅彝“王𡴂夔京”,谓王巡省夔地也。(详前)庚午父乙鼎

"王令□□辰[illegible]北"(二之三),谓省视北土也。(三之一师田父毁云"师田父令小臣[illegible]"。末二字似当为[illegible]北,即省北也。旧释为蕲析,文义难通,篆形亦不类也。)与南宫鼎"眚南"或卿鼎"省东"同。趞鼎"趞肈从遣征,攻单(战)无啇(敌)[illegible]讶(于通。旧释为刊,非。详前乙亥彝。)乃身",(二之三)谓有功而善于其身也。此与《礼记大传》"大夫士有大事省于其君",《大戴礼记·朝事篇》"凡诸侯之適子省于天子"义同。(郑《大传》注训省为善,《尔雅·释诂》文。)季娟鼎"令小臣夌先[illegible]楚居"(三之一),谓省视楚居也,义亦与南宫鼎同。大丰毁"王作[illegible]不[illegible](旧释为队,非。三之一)",此似亦训为善,"作省"犹言"作德"也。盂鼎"我其遹(旧释迈,非)[illegible]先王受民受彊土",此亦谓王巡省文武之人民疆土也,与宗周钟文义并同。(此可证异字[illegible]、[illegible]文同)凡此诸文,释为眚或省,则义咸符协。若如旧释为相,则于宗周钟、趞鼎、盂鼎诸器文义并龃龉不合,而于此铭之"既相霸"则尤不可通,足证其非矣。(《古籀余论》卷三第二十八叶扬毁)按《唐韵》生读所庚切,审母阳部,眚从生声,读所景切,不但同母,而且同部,故"既生霸"或作"既眚霸"。眚、省俱读所景切,故眚、省互相通借。《周书·洪范》"王省惟岁",《史记·宋微子世家》作"王眚惟岁"。《康诰》"人有小罪非眚",《释文》:"眚,本亦作省。"《唐韵》相读息良切,心母阳部。心为齿头音,审为正齿音,省、相韵同声近。前人在某器铭读眚为相,似难冒然否定。《说文》:"相,省视也。从目,从木。《易》曰:'地可观者,莫可观于木。'《诗》曰:'相鼠有皮'。"《商书·盘庚上》"相时憸民",马融注:"相,视也。"《周书·无逸》"相小人",《伪孔传》云:"视小人。"《小雅·伐木》"相彼鸟矣",《小弁》"相彼投兔",《节南山》"相尔矛矣",《四月》"相彼泉水",《大雅·棫朴》"金玉其相",《韩奕》"为韩姞相攸",郑笺并云:"相,视也。"《地官·大司徒》"以相民宅而知其利害",郑注:"相,占视也。"《尔雅·释诂下》:"相,视也。"郭璞注:"皆谓察视也。"察视亦可训"省"。《礼记》礼器"不可不省也",郑注:"省,察也。"《史记·韩长孺传》"曾生省也",《索隐》"省,察也"。省、相声同义近。季娟鼎"令小臣夌先省楚居",未始不可以读为"先相楚宅"。《周书·召诰》"惟太保先周公相宅”,《尔雅·释言》:“宅,居也。”《玉篇·一三八》“人之居舍曰宅”。孙氏谓“相与生声义并远,于六书之例难通”,恐非笃论。【《金文大字典》页三〇四一—三〇四三】

一七一　释眣

戴家祥曰:余昔草《商周字例》,发现、、、⊙古文均为目之异体,因悟象眼睑眼珠及瞳孔形,、乃仅象眼珠在眼睑中,⊙则省去眼睑,独象珠球,此象形字之繁简例也。由是勾稽考核,知毛公鼎字,静彝字,榰妃段字,皆罢之繁缛文也。单伯钟字,师罢父段字,无罢鼎字,邓伯氏鼎字,罢生钟字,皆罢之简省文也。考许书无罢字,即古文射亦无以从目从矢之作,然则罢果何字耶?以声义绎之,罢即眣之异文,原形移置字也。《公羊传·文公七年》“眣晋大夫使与公盟也”,又《成公七年》“郄克眣鲁卫之使”,何劭公解诂:“以目通指曰眣。”《说文》四篇《目部》无眣字,而有从失之眣,训“目不正也”。段玉裁谓浅人无识,以讹体改《说文》,字应作眣。窃疑眣字从目从矢,在六书为会意;从目失声,则变为形声。此六书嬗变例也。陆德明《公羊释文》云:“眣本又作眣”,丑乙反,透母至部。又音大结反,定母至部。失读丑栗切,透母至部,是从失非误字也。古音失与寅同。寅读弋真切,喻母真部。真至阴阳对转,故《广韵》《玉篇》“眣同瞚”。《说文》:“瞚,开阖目数摇也。”《庄子·庚桑楚篇》:“儿子终日视而目不瞚。”《吕氏春秋·安死篇》:“其视万世犹一瞚也”,高诱注:“颖川人谓相视曰瞚。”按瞚之古音与瞬相近。故陆德明《释文》云:“眣一音瞬。”是眣之本义为目动,故其字从目从矢。若以为射之本字,则表义无取于从目矣。

在金文眣当读为射,“无射”乃宗周成语。《小雅·车舝》“式燕式誉,好尔无射”。《大雅·思齐》“无射亦保”。《周颂·清庙》“无射于人斯”。又《礼记·祭统》“奔走无射”。无射本有无厌之义。《礼记·射义》“射之为言者,绎也。绎者,各绎己之志也”。故乐律亦名无射。《淮南·天文训》"律中无射,无射入无厌也"。《国语·周语》"无射所宣布哲人令德,示民轨仪也"。《尔雅·释诂》"射,厌也"。《说文》"斁,厌也"。故无射亦作无斁。《周书·洛诰》"公无困哉,我惟无斁",《周南·葛覃》"服之无斁",《周颂·振鹭》"在彼无恶,在此无斁",《鲁颂·駉》"思无斁",《泮水》"徒御无斁",《后汉书·张衡传》"惟盘逸之无斁兮",《文选·魏都赋》"复之无斁",字均作斁。足见古人词语本无定型,声同韵近之字随地自安,固不必求其孰正而孰假也。

今既知睪声近斁,然则《说文·大部》臭字当为睪之字误,亦可以臆定矣。许书"臭,大白、泽也。从大、白"。古文以为泽字,盖古文睪亦作□(见薛氏《款识》)、作□(无斁鼎)、作□(邓伯氏鼎),上文与白形近,故误为臭。泽、斁均从睪声。《唐韵》睪读羊益切,喻母支部。古读斁如度。度有徒故、徒各二切,并定母鱼部。曾运乾谓古音喻母四等皆读定母,鱼支韵近,故睪亦同择。《唐韵》泽、择俱读丈伯切,定母鱼部。《大雅·思齐》"古之人无斁",郑笺作"无择"。《释文》:"斁,择也。"扬子《方言·吾子篇》"君子言也无择,听也无淫。择则乱,淫则辟"。"述正道而稍邪哆者有矣,未有述邪哆而稍正也"。《太元·元挩》曰:"言正则无择,行正则无爽,水顺则无败。无败故久也,无爽故可观也,无择故可听也。"盖本《孝经》"口无择言,身无择行"而为说也。鼎铭"亡□"为人名,即无择。《庄子·让王篇》"北人无择"。魏人田子方名无泽,见《战国策·魏策》及《庄子·田子方篇》。(《中山大学语言历史周刊》十一集一二五期《睪字说》)【《金文大字典》页三〇五四—三〇五五】

一七二　释臭

字从白,从大。《说文》十篇:"臭,古文以为泽字。"此铭借作斁。《说文》三篇:"斁,解也。从攴。睪声。《诗》云:'服之无斁'。斁,厌也。一曰终也。"《书·洛诰》"我惟无斁其康年",句例与此铭同。《伪孔传》训斁为厌。【《金文大字典》页三〇五六】

一七三　释睪

《说文》十篇《幸部》:“睪,目视也。从横目,从幸。令吏将目捕罪也。”钟铭“无睪”,即传统九月乐律之“无射”。睪、射声同。《广韵·入声二十二昔》射读羊益切,喻母支部。凡字从睪得声者,皆与射通。《周南·葛覃》“服之无斁”,《礼记·缁衣》作“服之无射”。《大雅·云汉》“耗斁下土”,《春秋繁露·郊祀篇》作“耗射下土”。《周颂·清庙》“无射于人斯”,《礼记·大学》引作“无斁于人斯”。又《振鹭》“在此无斁”,《韩诗》作“在此无射”。《鲁颂·泮水》“徒御无斁”,《释文》“斁本作射”。古文从攴表义者,秦篆每有更旁从手,《说文》十二篇《手部》扬古文作敭,播古文作敽,扶古文作敷。《周书·文侯之命》“女(汝)多脩,扞我于艰”,《说文》三篇《攴部》引作“敦我于艰”。《集韵·上声四纸》揣、敁同字。以是知斁、择亦同字也。《大雅·思齐》“古之人无斁”,郑笺:“古之人谓圣王明君也。口无择言,身无择行,所以身化其臣下。”孔颖达《正义》云:“笺不言字误,则此经本有作择者也,故不破之。”《吕氏读诗记》引董氏曰:“《韩诗》作择。”金文栾书缶“择其吉金”作“斁其吉金”。《说文》“择,柬选也”。金文择亦作睪,从収、睪声。按収、拱同字。许君训:“竦手也。从𠂇,从又。𢪃,扬雄说収从两手。”从収等于从手,故择亦作睪。择读丈伯切,定母鱼部。曾运乾考定古韵喻母四等或读舌声定纽。例如《齐风·载驱》“岂弟君子”,郑笺:“《古文尚书》以弟为圛。圛,明也。”孔颖达《正义》云:“《洪范》稽疑论卜兆‘五日圛’,注云:‘圛者,色泽光明。’盖古文作悌,今之作圛。”按弟读特礼切,定母脂部。圛读羊益切,喻母支部。支脂韵近。《后汉书·张衡传》“惟盘逸之无斁兮”,李贤注:“斁,古度字。”度读徒故切,定母鱼部。鱼支韵近。绎从睪声,其义为续。《说文》:“续,连也。从糸。卖声。”《汉书·刘辅传》“杀其大夫鸣犊”,《集注》:“铎、犊及窦其声相近。”按犊读徒谷切,定母鱼部。窦读徒奏切,定母侯部。续似足切,邪母侯部。《尔雅·释天》:“绎,又祭也。周曰驿。商曰肜。”孙炎曰:“祭之明日,寻绎复祭。肜者,相寻不绝之意。”按肜读徒冬切,定母冬部,与续阴阳次对转,故绎、续同义。陆德明《尔雅释文》:“绎本作襗”,更旁从示。《玉篇·一一二》:“祭之明日又祭曰饆。”更旁从食,音余石切,喻母鱼部。《集韵》夷益切,喻母之部。鱼支韵近。《礼记·射义》“射之为言者,绎也”。《秦风·无衣》“岂曰无衣,与子同泽”。泽亦同襗。《说文》:“襗,绔也。”《天官·玉府》“掌王之燕服”,郑玄云:“燕衣服者,巾絮寝衣袍襗之属。”更旁从衣。襗读徒各切,定母鱼部。从酉为醳。《礼记·郊特牲》“犹明清与醆酒于旧泽之酒也”,郑玄注:“泽读醳。旧醳之酒,谓昔酒也。”《广韵》醳读羊益切,喻母支部。泽读丈伯切,定母鱼部。泽亦通铎。铎读徒各切,不但同部,而且同母。《国语·晋语》赵简子有家臣名尹铎,《战国策·赵策》作尹泽。由是观之,诸凡从睪得声之字,声母可由喉音喻母变为舌音定、澄,韵位可由支部变为鱼、脂。鱼在支之前,脂在支之后,斯可藉文字之加旁更旁,与夫汉唐笺诂学家之反切发其隐滞也。【《金文大字典》页三〇五九—三〇六一】

一七四　释袿

戴家祥曰:《说文》:“社,地主也。从示、土。《春秋传》曰:‘共工之子句龙为社神。’”按社为土之表义加旁字。土读舌腹透纽,社读正齿禅纽。在形声字的声系中,正齿声每每混入舌声,以舌腹透纽为定点,前延则为舌端,后伸则为舌面。例如:

是,《玉篇·一三七》时纸切。《唐韵》承旨切。(禅)

从糸为缇,《玉篇·四二五》他礼切,《唐韵》同。(透)

从目为睼,《玉篇·四八》土系、徒奚二切。土(透)。徒(定)。《说文》作眂,从目,氏声。《唐韵》承旨切。(禅)

又如:

石,《玉篇·三五一》时亦切,《唐韵》常只切。(禅)

从手为拓。《玉篇·六六》:他各切。(透)

从以上两个例子看来，作为声原的独体字，土在古代当读正齿音，后来才分离出舌腹声。这是汉语发展变化的特殊规律。也因为人类长期的生产实践，逐渐意识到土地本身和土地之神不可混为一谈，因而塑造了与本族有血缘关系的特殊人物作为土地之神，把自然神人格化了。这是父系氏族社会出现之后，祖先崇拜教的必然产物。这样下去，不得不把原来的独体象形字土加上表义符号示，以区别于土地本身的土，于是出现了从示土声的形声字。许氏所谓"孳乳而寖多也"。经过若干年代的自发使用，在社会上约定俗成，已不复知社的声原字原为土。两汉时代经典遗文偶然残存着一个两个原始字原，但是不得经师翻成俗话，没法以晓学者。经传史记所以有异文别字，笺注学家所以有所谓文雅浅俗之别，原因就在于此。《大雅·緜》"乃立冢土"，《毛传》："冢土，大社也。"《商颂·玄鸟》"宅殷土茫茫"，《史记·三代世表》作"宅殷社"。《春官·大祝》"先告后土"，郑玄注："后土，社神也。"《礼记·檀弓》"君举而哭于后土"，郑玄注："后土，社神也。"《公羊传·僖公三十年》"天子祭天，诸侯祭土"，何休《解诂》："土谓社也。"

社主而以神灵依附的外壳而存在，社主的竖立等于人们的生存获得了有力者的庇护，包括统治阶级和被统治阶级在内。上而国都、乡、州、遂、县、公卿采邑，下自人们聚居的自然村落，必须各立社主。张仪说秦王曰："今荆人收亡国，聚散民，立社主，置宗庙……今魏收亡国，聚散民，立社主，置宗庙……"(《战国策·秦策》)，这就说明社主宗庙和政权有不可分割的依存关系。统治阶级可以凭藉这个关系，有权残杀战俘或者罪犯，作为社主的祭品。一九六五年，南京考古工作者发掘丘湾遗址时，在那天然石块所树立的四面共清理出二十具人骨，十二具狗骨，另外还有两个人头骨。这些人骨、狗骨的头，都面向这四块竖立着的巨石。《春官·大宗伯》"以血祭祭社稷、五祀、五岳"，郑玄注："社稷，土谷之神，有德者配焉。"《秋官·大司寇》"大军旅涖戮于社"，郑玄注："社谓社主在军者也。"这就是所谓血祭的物证资料和文献资料。

六国古文社作䄕，从示而又从木，正如防之古文作堕，陈之古文作墬，在形声字中算是形声符号重复例。从形体发展变化的规律上进一步证明社、杜、土古本一字。详见土、社、杜诸条。【《金文大字典》页三一三五—三一三七】

一七五　释祟

戴家祥曰：张政烺释福。张日升曰："古音北，与畐同在之部入声，合口，并为唇音。北 Puâk，畐 Piwak。祟实福之异体，形声字。而周乎卣'用匄永櫜'之櫜乃累加声符之福字。"按张说是也。《说文》八篇："偁，扬也。"《尔雅 · 释训》"偁，举也"。"用匄偁鲁祟"，犹叔氏钟曰"降余鲁多畐"。【《金文大字典》页三一四九】

一七六　释𥛚

戴家祥曰：《说文》一篇：禋，籀文作𥛚。祭祀名。《书 · 洛诰》"则禋于文王武王"，《周礼 · 大宗伯》"以禋祀昊天上帝"，郑玄注："禋之言烟。周人尚臭，烟气之臭闻也。"《周礼 · 大宗伯》又云："以实柴祀日月星辰"，郑玄注："积柴实牲体有玉帛。燔燎而升烟，所以报阳也。"史墙盘"义其𥛚祀"即"宜其禋祀"，犹《大雅 · 生民》"克禋克祀"也。【《金文大字典》页三一五二】

一七七　释䰢

陈肪毁盖"龏盟鬼神"，孙诒让曰：，旧释为䰢。（《说文 · 鬼部》鬼古文作䰢，从示。）于形颇近。但下文"愄忌"之愄作，偏旁与此正同。一形不宜两释。若以此定彼，则当云"愧忌"，于文义不可通矣。窃谓此字当为从示从畏，乃威之变体。威神犹云明神，大神也。（《古籀余论》卷三第三叶）按孙说非是。古鬼、畏同字。（详《心部》愄字注）《说文》九篇："畏，恶也。"畏忌形于心理动态，故愄忌之愄加旁从心。

鬼神存乎神道设教，故鬼神之鬼加旁从示。形义示别，一目了然。况经传以鬼神成词者，不计其数。《史记·五帝本纪》“明鬼神而敬事之”，《正义》：“人死曰鬼，天神曰神。”殷盖“彝盟鬼神”，犹《大雅·荡》云“恭敬明神”。《释名·释言语》：“盟，明也。告其事于神明也。”【《金文大字典》页三一五三】

一七八　释佅

戴家祥曰：字从禾，从仜，字书所无。以声类审之，字当释梁。仜、巩俱从工声。《唐韵》巩读居悚切，见母东部。仜读胡东切，匣母东部。古代牙音见、溪两纽每与喉音晓、匣混谐。知从仜表音者，等于从巩表音。《玉篇·一九四》“梁，稰也”，音巨恭切，《广韵·上平三钟》音巨陇切，《集韵》巨容切，并读群母东部。【《金文大字典》页三二一三】

一七九　释⿱穴丩

戴家祥曰：从穴，丩声。丩、敫声同。三篇《言部》：“䜣，大呼。从言。丩声。《春秋传》曰：‘或䜣于宋太庙。’”今本《左传·襄公三十年》䜣作叫，更旁从口。字亦作嘂，《㗊部》：“嘂，高声也。一曰大呼也。《春秋公羊传》曰：‘鲁昭公叫然而哭。’”今本《公羊·昭公廿五年》作“噭然而哭”。二篇《口部》：“噭，吼也。从口。敫声。一曰噭，呼也。”古字偏旁口、欠每无严格划分，故噭亦可作敫。八篇《欠部》：“敫读如叫呼之叫。”是⿱穴丩之为窍，二而一，一而二者也。亦可隶定为窌。《文选·西京赋》“望窌窱以径廷”，李善注：“窌窱，深远也。”七篇《穴部》：“窍，空也。”深远空旷，无非空间概念。吴大澂释穸（《说文古籀补》卷七第八叶），丁山释究（《中央研究院历史语言所集刊》一本一分册《数名古谊》），皆曲说不可据。【《金文大字典》页三二二二】

一八〇　释宅

戴家祥曰：宅字，《说文》所无。徐同柏释竁（《从古堂款识学》卷十六第十三页），刘心源同（《奇觚室吉金文述》卷八第三十一页）。按《说文》四篇《雥部》雧或省作集；七篇《晶部》曐或省作星，曟或省作晨；十篇《火部》爨或省作焦；十一篇《灥部》厵或省作原；十三篇《蟲部》蠹或省作蜚。《集韵·上平十七真》麤、塵同字。反之，𡴆，从中，六声，籀文作[illegible]，从三𡴆（一篇《中部》）；乃籀文作[illegible]（五篇部首）；𠧪籀文作[illegible]（七篇部首）；[illegible]籀文作[illegible]（七篇《[illegible]部》）。竁之为宅，其例亦犹是也。徐说可从。许书："竁，穿地也。从穴。毳声。一曰小鼠。《周礼》曰：'大丧甫毳。'"考《春官·小宗伯》"卜葬兆甫竁亦如之"，郑玄云："郑大夫读竁皆为穿，杜子春读竁为毳，皆谓穿圹也。今南阳名穿地为竁，声如腐脆之臎。"《唐韵》毳读此芮切，清母祭部。竁读充芮切，穿母祭部。穿读昌缘切，穿母元部。祭元阴阳对转，是郑、杜异读而诂义则同。《说文》："竁，穿地也。""穿，通也。"文异义同，在六书为转注。《水经注·济水》注引《汉书》"穿中"作"竁中"，则竁读为穿，信矣！【《金文大字典》页三二二三】

一八一　释窒

戴家祥曰：《说文》七篇："窒，塞也。从穴。至声。"按金文表义偏旁，每每宀、穴通作。《释名·释宫室》："室，实也。"《广雅·释诂》："实，塞也。"《唐韵》实读神质切，审母至部，室读式质切，不但同部而且同母。窒读陟栗切，禅母至部。是实、室、窒三字韵同声近，故《论语·阳货篇》"恶取而窒者"，郑玄云："鲁读窒为室。"《汉书·功臣表》"室中"，《集注》引徐广曰："一作窒中。"《广韵》《姓解》有室中。汉印有窒中。窒中，姓也。卯段"取我家[illegible]用器"。《周南·桃夭》"宜其家室"。《礼记·问丧》"家室之计"。知家[illegible]即家室。【《金文大字典》页三二二五】

一八二　释项

戴家祥曰：当释项。《说文》九篇：“项，头项项谨皃。从页。玉声。”金文玉字，亦或从○，如璧字作，瑴字作，○盖象玉片正视形，繁写作◎，形义一也。丕伯罍等器字作，从与从同，为繁简之别。字别体又作，从玉，知为项字无疑。

字，戴家祥释项。此铭文页下加女，当是繁饰，例同叒或作嫛等。故知婜即项之繁体。【《金文大字典》页三二八八】

一八三　释用

《说文》三篇：“用，可施行也。从卜、中。卫宏说。，古文用。”段玉裁注云：“卜中则可施行，故取会意。”然古文中字皆不作，故人多疑之。宋戴侗、元周伯琦以为用、庸等字乃打击乐器钟镛之象形字。徐灏曰：“古文，或作，两旁象栾铣，中象篆带，上出象甬，短画象旋虫，绝肖钟形。《金部》钟或作銿，尤其明证。《商颂·那》篇‘庸鼓有斁’，《毛传》：‘大钟曰庸。’又《周礼·眂瞭》疏、《仪礼·大射》疏并引《尚书》‘笙镛以间’，是庸即古镛字，而用为古镛字无疑。用本象钟形，因借为施用，别作庸，而庸又为功庸所专，别作镛，皆以借义夺其本义也。”(《说文解字注笺》)

按徐说近是。《唐韵》用读余讼切，喻母东部，庸、镛皆读余封切，不但同母，而且同部。用本象形，同声通假则写作庸。《说文》：“庸，用也。从用，从庚。庚，更事也。《易》曰：‘先庚三日。’”按《尚书·尧》：“帝曰：‘畴咨！若时登作庸。’”《伪孔传》：“庸，用也。”又“舜生三十登庸，二十在位，五十载。”孔颖达《正义》引郑玄本登作征，训登庸为征用。《王风·兔爰》“我生之初，尚无庸”，《齐风·南山》“齐子庸止”，《毛传》并云：“庸，用也。”《礼记·中庸》郑氏目录云：“名曰中庸者，以其记中和之为用也。”《左传·隐公元年》“公曰无庸，将自及”，杜预注：“无用除之。”《庄子·齐物论》"庸也者,用也。"皆用庸声同义通之证。变为形声则写作镛。《说文》四篇:"镛,大钟谓之镛。从金。庸声。"是镛即庸之表义加旁字。【《金文大字典》页三三六一——三三六二】

一八四　释田

田字,《说文》以为树谷之地,象阡陌纵横之形,此是本义。或用作动词田猎之田。如《殷墟书契前编》二·二八四:"戊戌卜,贞:王田于䊷,往来无灾。"石鼓文"田车孔安",田车即猎车。或通作甸,如令彝"眔诸侯、侯、田、男",盂鼎"侯、田",侯、田即《书·酒诰》之"侯、甸"。再如不嬰簋"锡女……田十田"下田字,静安先生曰:"田即经之甸字。或通作佃。佃者,农吏也。如散盘'夨人有司眉田'。"《礼记·月令》"命田舍东郊",注:"田畯,主农之官也。"【《金文大字典》页三三七九】

一八五　释畯

戴家祥曰:《说文》五篇《夊部》:"夋,行夋夋也。一曰倨也。从夊。允声。"允、夋古音同部,故畯得写为畍。畯、峻、骏、浚俱从夋声,凡声同者字亦通也。《小雅·甫田》"田畯至喜",《释文》:"畯本作俊。"《史记·宋微子世家》"畯民用章",今本《尚书·洪范》作"俊民"。《尧典》"克明俊德",《礼记·大学》作"峻德"。《大雅·崧高》"骏极于天",《礼记·孔子闲居》及《中庸》作"峻极"。《商颂·长发》"为下国骏厖",郑玄笺:"骏之言俊也。"《周颂·噫嘻》"骏发尔私",陆德明所见本作"浚发尔私"。《释文》云:"浚本亦作骏。"《尚书·皋陶谟》"夙夜浚明有家",马融注:"浚,大也。"字亦通儁。《集韵·二十二稕》俊、儁同字。声符更旁字也。《说文》八篇《人部》:"俊,才千人也。"举凡形象特出者,均名之曰俊。马之名骏,山之名峻,水之名浚,人才之特出者曰俊或儁,皆一语繁衍字也。形虽多变,音义一也。

《礼记·少仪》“臣则左之”，郑玄注：“臣谓囚俘。”《洪范》“俊民用章”，《周书·多士》“俊民甸四方”，郑注并云：“民，无知之称。”墙盘作“畯民”亦犹颂鼎、追段之作“畯臣”。墙盘首云“武王遹征四方”，继言“挞殷畯民”，殆如《左传·宣公十五年》伯宗所云：“夫恃才与众，亡之道也。商纣由之，故灭。”

孙诒让曰：“凡金刻之言畯者，并当读为骏。《尔雅·释诂》：‘骏，长也。’盄咊钟‘畯惠在位’言长顺在位也。（惠训顺，见《毛诗·桑柔》传）刺公敦‘畯在位’言长在位也。宗周钟‘畯保三国’言长保三国也。颂鼎、追敦‘畯臣天子’言长臣天子也。此鼎言‘用德畯保其子孙’，畯保二字连读，与宗周钟同。”（《古籀拾遗》卷上第二十一叶）按孙释盄和钟“畯疐在位”为畯惠，畯臣天子为长臣天子，畯在位为长在位，颇有可商。畯疐在位为畯杰在位，畯在位为俊杰在位之省略语。畯臣天子犹言贤臣天子。考《左传·宣公十五年》伯宗之言曰：“恃其儁才，而不以茂德，兹益罪也。”鼎铭作者晋姜寄望“万年无疆”之享用于其子孙之茂德儁才，而把茂德置于儁才之前，故云“用德畯保其子孙”。【《金文大字典》页三三八三—三三八四】

一八六　释埜

戴家祥曰：埜字从林从土，为野之别体。《唐韵》予读余吕切，喻母鱼部。土读他鲁切，透母鱼部。在谐声字中，舌音透母每与喉音喻母混谐。易（羊益切，喻母）之与剔（他历切，透母）、夷（以脂切，喻母）之与洟（他礼、他计二切，透母）、俞（羊朱切，喻母）之与偷（讬侯切，透母）是其例证。《秋官·县士》“凡野有大事，则戮其犯命者”，郑玄云：“野距王城百里以外及县郊。”故野字从里表义。《礼记·月令》“季春之月，命野虞毋伐桑柘”，郑注：“野虞，主田及山林之官。”故表义更旁，字或从林。埜字应为从林从土，土亦声，为会意兼形声字。声符变换可以作林，从林，予声。土、予声同。加旁从土，则写作壄。声符重复字也。野亦作墅，与壄同例。《集韵·上声三十五马》野、墅、埜、壄同字。《说文》十三篇："野，郊外也。从里。予声。壄，古文野。从里省，从林。"许君不知土声同予，竟从表义求之，何其疏也。《左传·昭公十八年》"使野司寇各保其征"，杜注："野司寇，县士也。"孔颖达《正义》云："《周礼》司寇属官有县士掌野，知野司寇是县士也。"器铭或为人名。《唐韵》野读羊者切，喻母鱼部。【《金文大字典》页三三八九】

一八七　释⿰爿⿱土田

戴家祥曰：吴大澂云："[illegible]，古啬字。从爿，从土，从田。散氏盘'溼田⿰爿⿱土田田'，阮相国释作墙田。"（《说文古籀补》五篇第九叶）按⿰爿⿱土田字应隶《田部》，从田，壮声。土、田同义。《玉篇·九》圢重文作町，墥重文作疃。又《十三》⿰田或古文域，金文（郳太宰簠）型作⿱刑田，⿰月⿱龹田古文塍。壮字作⿰爿⿱土田，盖因下文田字而加旁者也。字当读庄。爿、壮声同。古文从爿得声者，亦或改从壮声。《集韵·下平十阳》妆或作妝，是其证。庄、壮声同字通。《礼记·檀弓下》"卫有太史曰柳庄"，《汉书·古今人表》作柳壮。《庄子·天下篇》"不可与庄语"，殷敬顺《释文》："一本作壮。"《尔雅·释宫》"六达谓之庄"，《释名·释道》"六达曰庄。庄，装也。装其上使高也"。盘铭以溼田、⿰爿⿱土田田并举。《尔雅·释地》"下者曰溼"。盖指下田、高田而言。吴氏释啬，阮氏释墙，不但形声失据，且于文义费解。《唐韵》庄读侧羊切，照母阳部。【《金文大字典》页三三九一】

一八八　释⿱秝田

戴家祥曰：《说文》啬，古文作𤲸，从田。甲骨文有⿱秝田、⿱秝田两体。穑、啬古本一字。《书·盘庚》"力穑乃亦有秋"，《汉书·成帝纪》穑作啬。《书·汤誓》"舍我穑事而割正"，《史记·殷本纪》穑作啬。铭文上言农啬，依《说文》应作穑。"谷可收曰穑"。第四字依《说文》应作"啬，从来，

从亩。来者，亩（廪）而藏之”。《广雅·释诂》：“啬，积也。”“农穑戊啬”谓农产物盛积也。【《金文大字典》页三三九四】

一八九　释[illegible]

戴家祥曰：[illegible]字亦见[illegible]卣。按《说文》十篇：“奚，大腹也。从大。𦃃省声。𦃃，籀文系字。”又十二篇《女部》：“媄，女隶也。从女。奚声。”媄中𣪘作[illegible]。《唐韵》奚音胡鸡切，匣母支部，系音胡计切，不但同母，而且同部。《集韵·上平十二齐》畦同蹊，“径也，弦鸡切”，或即其字与？《说文》二篇：“徯，待也。”或体作蹊。《地官·遂人》“遂上有径”，郑玄云：“径、畛、涂、道、路，皆所以通车徒于国都也。径，容牛马。”《左传·宣公十二年》“牵牛以蹊人之田”，杜预注：“蹊，径也。”《释名·释道》：“步所用曰蹊。蹊，傒也。言射疾则用，故还傒于正道也。”郭沫若释鼷（《两周金文辞大系考释》第十页），形声失据。【《金文大字典》页三三九六】

一九〇　释㾮

戴家祥曰：㾮字从疒，从兄，字当读怳。古字偏旁从疒作者，亦或更旁从心。《广雅·释诂》“悴，忧也”。《文选·叹逝赋》“威貌瘁而尠欢”，李善注引《仓颉篇》：“瘁，忧也。”《汉书·高帝本纪》“汉王病瘉”，颜师古《集注》：“瘉与愈同。”《一切经音义·一》“古文悸亦作痵”。以此类推，㾮当释怳。古读兄如荒。兄读呼荣切，影母耕部。荒读呼光切，影母阳部。阳、耕韵近。《释名·释长幼》“兄，荒也。荒，大也。故青徐人谓兄为荒也”。怳、恍同字，亦或作慌。老子《道德经》“道之为物，惟怳惟忽”。《楚辞·九歌·湘夫人》“怳忽兮远望”。《礼记·祭义》“以其慌惚，以与神明交”，慌惚即怳忽。《孟子·梁惠王下》“乐兽无厌谓之荒”，赵岐注：“荒，乱也。”《唐风·蟋蟀》“好乐无荒”，郑笺：“荒，废乱也。”荒、慌、怳、恍亦一声之转。鐈铭“毋咎毋㾮”，犹《曲礼上》“毋淫视，毋怠荒”，《小雅·十月》

“无罪无辜”，《大雅·假乐》“无怨无恶”云尔。【《金文大字典》页三四〇一】

一九一　释⿸疒希

戴家祥曰：宋时出土文王命厉鼎“王乎（呼）虢父名召⿸疒希”（薛尚功《历代钟鼎彝器识法帖》卷第十），⿸疒希当释⿸疒希，不能释厉。⿸疒希即《说文》四篇《肉部》之脪字，形声符号更旁字也。《说文》：“脪，创肉反出也。从肉。希声。”《唐韵》香近切，晓母文部。古音希读香衣切，晓母脂部。脂文阴阳对转，故脪亦可作⿰月欣。《集韵·二十四焮》云：“⿰月欣，《说文》：‘创肉反出。’一曰瘡脪，热气着肤中。或作⿰月欣、⿸疒欣、⿸疒希、⿸疒斤、⿰月興。”兴、欣声同，故⿰月欣亦可作⿰月興。疒、肉义近。故膌之或体作⿸疒朿，胗之或体作疹，⿰月興之作⿸疒興，亦犹⿰月欣之更旁作⿸疒欣，脪之更旁作⿸疒希也。【《金文大字典》页三四〇八】

一九二　释盞

《集韵·二十六产》醆、琖、盞、⿰角戔、錢同字。《大雅·行苇》“洗爵奠斝”，《毛传》：“斝，爵也。夏曰醆，殷曰斝，周曰爵。”《礼记·明堂位》“夏后氏以琖，殷以斝，周以爵。”《礼运》“醴醆在户”，《郊特牲》“醆酒涚于清”，醆通琖。《尔雅·释乐》“钟之小者谓之栈”。李巡注：“栈，浅也。”栈与盞并音侧限切。栝谓之盞，犹爵谓之醆。小栝谓之盞，犹小钟谓之栈。举凡贱、笺、俴、浅一切从戋得声，其义亦不外是。“王子申作嘉嬭盞盂”，盞为盂之修饰语。盞盂者，小盂也。前人定名为“王子申盞盂”非是，应改称“王子申盂”。盞字从皿，是因为下文盂字联属关系而已。【《金文大字典》页三四五五】

一九三　释监

金文监字从[illegible]，象人俯视。从皿，上一短横为所盛之水。《书·酒诰》:“人无于水监,当于民监。”古代铜镜产生之前,人们临水自察形貌。监字象人俯首于水皿之前,故有二种含义:作为动词,如《说文》所训“临下”;作为名词,即所视之器名。后人为了表示区别,加器物材质偏旁金,吴主光鑑和智君子鑑皆作鑑。《说文》十四篇:“鑑,大盆也。”或加表示类属的偏旁瓦。《玉篇》:“甏,大盆也。”专门表示器名。训盆是就其能盛水而言的。就其功用来说,鑑或用作镜,如《周礼》“以鉴取明水于月”,郑注:“鉴,镜属。”又注《考工记》云:“鉴,亦镜也。”金文监用作人名。【《金文大字典》页三四六〇】

一九四　释⿺走盍

孙诒让曰:“⿺走盍⿺走盍文武”,⿺走盍,薛释为彬。(吕无释)翟释为⿺走盍。此字形甚明晰。然《说文》《玉篇》并无其字。翟谓即《玉篇》之趛。然趛训跛,义并无取。窃疑此字当从蓋省声,即《说文》⿺走曷字之异文。蓋声与曷声,古音同部。(《古籀拾遗》卷上盄和钟)按《唐韵》蓋读古太切,见母祭部。曷读胡葛切,匣母祭部。在谐声字中,牙音见、溪两纽每与喉音晓、匣两纽混谐。曷、蓋不但同部,虽谓之同母,亦未尝不可。《集韵·去声十四太》齃、⿰鼻蓋同字,⿰歹蓋、⿰歹曷同字。壒,尘也。通作堨。又《入声十二曷》⿰口歇、喝、⿰口蓋同字。⿰車蓋、輵同字。《说文》二篇:“⿺走曷,趌⿺走曷也。从走。曷声。”《荀子·儒效篇》:“远者竭蹷而趋之”,杨倞注:“竭蹷,颠倒也。”《一切经音义·十五》引《纂文》作趌⿺走厥。⿺走厥读居月切,与⿺走曷不但同部而且同母。趌⿺走曷叠韵连语。孙释声义俱通。【《金文大字典》页三四七五】

一九五　释⿱無皿

戴家祥曰:⿱無皿字从皿从無,字书未见。以形声审之,殆即甒之或作。古字从瓦表义者亦或更旁从皿。《集韵·去声三用》甕、盎同字。《说文》五篇盎或作瓮。金文晋邦甗甗作⿱無皿。是其证。《方言·五》甒,甖也。

“周魏之间谓之甒。”甒亦作甒。《仪礼·士丧礼》“甒二”，郑注：“甒，瓦器。古文甒皆作廡。”《礼记·礼器》“君尊瓦甒”，郑注：“瓦甒大五斗。”尊铭“[illegible]中[illegible]（疑奔字）乍厥文考宝尊彝”，⿱無皿当读鄦。蔡太师鼎“鄦叔姬”，鄦作[illegible]，从邑从[illegible]。《说文》：“鄦，炎帝太岳之胤，甫侯所封。在颍川。从邑。無声。读若许。”《唐韵》鄦虚吕切，晓母鱼部。鄦字《玉篇》无甫切，明母鱼部。同部通假字也。（或云[illegible]字从血，读呼决切。鄦、血双声亦通。）【《金文大字典》页三四七六】

一九六　释申

《说文》十四篇：“申，神也。七月阴气成，体自申束。从臼。自持也。吏臣餔时听事，申旦政也。[illegible]，古文申。[illegible]，籀文申。”按许慎说非。金文申作[illegible]。《说文》畾字下云：“[illegible]即象电光旋飞之状”，此为本义。后加雨旁作電，《说文》：“電，阴阳激耀也。从雨。申声。”电与雷一体。《说文》：“雷，阴阳薄动，雷雨生物者也。”生物者是引申之义，故申谓引申，如《淮南子·天文训》“申者，申之也”。后加人旁作伸，加示旁作神，《说文》：“神，天神也。引出万物者也。”伸、神皆申字的孳乳字。金文申字多作干支名，或作人名，或通神。【《金文大字典》页三五九三】

一九七　释羕

《说文》十一篇：“永，长也。象水巠理之长。《诗》曰：‘江之永矣’。”又云：“羕，水长也。从永。羊声。《诗》曰：‘江之羕矣’。”《唐韵》永读于憬切，喻母阳部，羊读与章切，不但同部，而且同母。同声必然同义。故《周南·汉广》“江之永矣”，《毛诗》作永，《韩诗》作羕。齐侯镈云“万年羕保其身”“子孙羕保用享”（薛尚功《钟鼎彝器款识法帖》卷七），齐侯钟七器作“万年永保其身”“子孙永保用享”。（同书卷八）知羕为永之注音加旁字也。加旁从水，声义不变。《说文》：“漾，漾水，出陇西豲道，东至武都为汉。从水。羕声。瀁,古文从养。"按《文选》王粲《登楼赋》"川既漾而济深",李善注引《韩诗》"江之漾矣"。薛君曰:"漾,长也。"《尔雅·释诂一》:"羕,长也。"永本象形,羕、漾为形声孳乳字。许君分而为三,误矣。【《金文大字典》页三六六三】

一九八　释筍

筍字从竹,旬声,《说文》所无。旬与旬皆从匀省声,二字形近声同,故疑筍从旬声,即筍字。《说文》五篇:"筍,竹胎也。"金文筍皆用作地名或人名。作为地名,即《说文》六篇的郇字。"郇,周武王子所封国。在晋地。从邑。旬声。"

戴家祥曰:《说文》五篇《竹部》:"筍,竹胎也。从竹。旬声。"今字作笋。又六篇《邑部》:"郇,周武王子所封国。在晋地。从邑。旬声。读若泓。"而二篇《艹部》无荀字。大徐谓:"今人姓荀氏,本郇侯之后,宜用郇字。"按《唐韵》筍读思允切,心母文部。郇、荀俱读相伦切,不但同母,而且同部,故经传郇亦作荀,金文作筍。《水经注·汾水》:"又西迳郇城东,古郇国也。汲郡古文晋武公灭郇,以赐大夫原氏也。"(卷六汾水条)按晋武公公元前七零六年(周桓王十四年,即鲁桓公六年)即位,公元前六七八年(周釐王四年,即鲁庄公十六年)崩。郦注又说:"涑水又西迳郇城。《诗》云:'郇伯劳之',盖其故国也。杜元凯《春秋释地》云:'今解县西北有郇城。'服虔曰:'郇县在解县东,郇瑕氏之墟也。'余按《竹书纪年》云:'晋惠公十有五年(公元前六三六年),秦穆公率师送公子重耳围令狐,桑泉、臼衰皆降为秦师,狐毛与先轸御秦至于庐柳,秦穆公使公子縶来与师言退,舍次于郇,盟于军。'京相璠曰:'春秋土地名,桑泉、臼衰并在解东南,不言解,明不至解可知。'《春秋》之文与《竹书》不殊。今解故城东北二十四里有故城,在猗氏故城西北,乡俗名之为郇城。考服虔之说又与俗符,贤于杜氏单文孤证矣。"(卷六涑水条)按解县一九五四年与虞乡合并为解虞县。一九五八年,又合安邑县为运城县。猗氏与临晋一九五四

年合并为临猗县，并受运城地区管辖。【《金文大字典》页三六七一——三六七二】

一九九　释[纟+盈]

戴家祥曰：[纟+两]，人名，即沈子逞。《左氏·昭公二十三年春秋经》："吴败顿胡沈蔡陈许之师于鸡父，胡子髡沈子逞灭。"《公羊传》作沈子楹。《谷梁传》作沈子盈。《说文》十三篇："[纟+盈]，缓也。从糸。盈声。读与听同。[纟+呈]，[纟+盈]或从呈。"盈声同呈，声同字通。《史记·齐世家》："庄公三年晋大夫栾盈来奔。"《集解》徐广曰："盈，《史记》多作逞。"《考工记·轮人》"桯围倍之，六寸"，郑众曰："桯，盖杠也。读如丹桓宫楹之楹。"是其证。【《金文大字典》页三七〇二】

二〇〇　释[纟+厚]

戴家祥曰：无叀鼎"[illegible]必彤沙"，寰盘[illegible]作[illegible]，休盘作[illegible]。钱大昕释缟(《说文古籀补》卷十三第二叶)，刘心源释绰(《奇觚室吉金文述》卷二第十三叶)，高田忠周释纛(《古籀篇》卷七第十四叶)，郭沫若释黼(《两周金文辞大系考释》第一五二叶)，于省吾释厚(《双剑誃吉金文选》卷下第十八叶)，众说纷纭，莫衷一是。按《说文》五："㫗，厚也。从反亯。"加旁作[阝+㫗]，"山陵之厚也。垕，古文厚。从后、土"。九篇："后，从一、口"。《唐韵》胡口切。《广韵·上声四十五厚》[牛+后]之或作[牛+口]，是㫗亦可从口得声也。后、厚声同。《左传·襄公四年》"公使厚成叔吊于卫"，《释文》："厚本作郈。"《史记·鲁周公世家》"季氏与郈氏斗鸡"，《集解》引徐广曰："郈，一本作厚。"后又通侯。《集韵·下平十九侯》骺、[骨+侯]同字。又云："骨端谓之骺。骺或从侯作[骨+侯]。"是从㫗从糸者，字可释缑。《说文》十三篇《糸部》："缑，刀剑缑也。"《史记·孟尝君列传》："冯先生甚贫，犹有一剑耳。"又"蒯缑"，《集解》云："蒯茅之类，可为绳。"盖古者刀剑当把处，以索缠之，防其汗渍污柄难以刺劈也。冯谖贫至以草绳捆绑剑柄，无非言其穷极而已。器铭都先言“戈琱戟”，继言“縣必（柲）”，然后又有“彤沙”两字，是縣必为戈之把柄，彤沙为涂饰之色泽，殆无疑义。钱、刘诸公不从縣（柲）为戈之附属物考虑，故其说解迂回曲折，令人费解。【《金文大字典》页三七一二—三七一三】

二〇一　释嗞

戴家祥曰：嗞字从口，从糸，允声。陈介祺释讯，引《诗》“执讯获丑”为证。（《攈古录》三之二第四十七叶）吴大澂（《愙斋集古录》十六册第十一叶）、方濬益（《缀遗斋彝器款识》卷七第十九叶）、静安先生（《不嬰敦盖考释》）从之。按鄞县马叔平（衡）藏一器，文云：“唯王正月，辰在甲午，王曰，𪓊，命女司成周里人眔诸大亚，嗞讼罚。”扬𣪕铭云“锡女赤[illegible]市䜌旂，嗞讼”，“讼罚”之上冠以嗞字，足为陈氏释讯之佐证。古音允读余准切，喻母文部。讯读思晋切，同信，心母真部。真、文韵位颇近，真第十一，文第十二，故《说文》《尔雅》训：“允，信也。”《方言·一》：“齐鲁之间曰允。允，信也。”执讯，古成语。《小雅·出车》“执讯获丑”，《大雅·皇矣》“执讯连连”，《左传·文公十七年》“郑子家使执讯而与之书，以告赵宣子”，同一义也。《礼记·王制》：“出征，执有罪。以反释奠于学，以讯馘告。”郑康成注：“讯馘，所生获断耳者。”张石匏释系（《攈古录》三之二引），徐同柏释馘（《从古堂款识学》卷十第三十五叶），刘心源释纬（《奇觚室吉金文述》卷八第十八叶），孙诒让释拘（《古籀拾遗》上第二十六叶敌敦），均不知其字从口从糸从允得声也。（《兮伯吉父盘铭考释》）【《金文大字典》页三七一七】

二〇二　释缕

戴家祥曰：[illegible]字从糸从[illegible]。[illegible]，古文娄。伯娄俯𣪕娄作[illegible]，齐侯壶寠

作[illegible]，与此偏旁近似。《说文》十三篇《糸部》：“缕，线也。从糸。娄声。”又《金部》：“镂，刚铁可以刻镂。从金。娄声。”缕、镂声同。《荀子·富国篇》“故为之雕琢刻镂”，杨倞注：“金谓之镂。”《淮南子·本经训》“金器不镂”，《俶真训》“虽镂金石”，高诱注：“镂读为娄数之娄。”《唐韵》娄读洛侯切，来母侯部，镂读卢侯切，缕读力主切，不但同母，而且同部。《墨子·明鬼下》：“又恐后世不能知也，故书之竹帛，传遗后世。子孙咸恐其腐蠹绝灭，后世子孙不得而记，故琢之盘盂，镂之金石以重之。”盘铭记散氏与夨王田官勘划疆界，当众盟誓，且又铸器纪之，即《秋官·司约》所谓“凡大约剂书于宗彝，小约剂书于丹图”之事也。郑玄注：“大约剂，邦国约也。书于宗庙之六彝，欲神监焉。小约剂，万民约也。丹图未详。”清儒惠士奇、江永皆以郑注为非。宗彝者，谓宗庙之常器，钟鼎皆是，不限于六彝。孙籀公《周礼正义》伸惠、江之说云：“大约剂事重文繁，故铭勒彝器，藏于宗庙。若钟、鼎、盘、盂诸重器，通谓之宗彝，欲其历久不磨灭也。小约剂事轻文约，则书于竹帛，取足检考而已，不必镂之金石也。”盘铭“厥左执缕史”，亦指大约剂而言。阮元释釁（《积古斋钟鼎彝器款识》卷八第八页），吴式芬从之。（《攈古录》三之三第四十一页）刘心源释朕（《奇觚室吉金文述》卷八第二十八页）。孙籀公释缨，读为要（《古籀余论》卷三第五十三页），郭沫若从之。（《两周金文辞大系考释》一三一页，《金文丛考》一七七至一七八页）皆非确诂。【《金文大字典》页三七二〇】

二〇三　释䍽

戴家祥曰：䍽字上半从羽，下半从亏，字当读羽。《春官·大司乐》“凡乐，圜钟为宫，黄钟为角，太簇为征，姑洗为羽。”《唐韵》羽读王矩切，匣母鱼部。亏读羽俱切，匣母侯部。侯鱼韵近，声同字通。《尔雅·释乐》“羽谓之柳”，《释文》引刘歆注：“羽，宇也。物聚藏，宇覆之也。”汉晋旧籍多言“孔子反宇”，或言“反圩”，王充《论衡·骨相篇》云“反羽”。《广韵·上声九麌》：“頨，孔子头也。”頨从羽声。宇、圩皆从亏声，羽、亏通用,知翇为羽之注音加旁字。今《说文》十一篇《雨部》列翇为雩之重文异体字,盖取材于《春官·司巫》"若国大旱,则帅巫而舞雩"。作书者为了突出雩的内容是祈求甘雨的夏祭,故其表义形式偏旁从雨。同时又以雩祭的方法方式为巫的舞蹈,而这种舞蹈由于人类在农业生产劳动的长期实践中,逐渐认识到禽类中的某些种属对于气象的变化特别敏感,如所谓"鹊噪晴""鸠唤雨""鹬知天之将雨"等等客观反应,于是把鸟羽作为舞具的一种,用以表达喁喁望雨的心切,于是雩字的表义偏旁改从雨为从羽,写成了翇,成为舞祭的特定辞。《春官·乐师》"掌国学之政,以教国子小舞。凡舞有帗舞,有羽舞,有皇舞,有旄舞,有干舞,有人舞,教乐仪"。而《说文》四篇把皇舞写成翌舞,帗舞写成翇舞。五篇舞之古文作翌,表义偏旁的更改,亦犹雩之更旁作翇也。(《辨字小记》)【《金文大字典》页三七三五—三七三六】

二〇四　释翏

《说文》四篇:"翏,高飞也。从羽、㐱。"按:高飞非本义。柯昌济谓:"从交羽之形当为古谊。"(《韡华阁集古录》跋尾一三零叶无叀鼎)林义光谓:"象鸟羽毛丰满欲飞形。"按:两家之说有待商榷。《说文》三篇:"㐱,新生羽而飞也。从几,从彡。"㐱本有羽义,加羽旁为形符偏旁的并重字。这类字的意义往往是本字意义的叠加,如"磊,众石也""淼,大水也""毳,兽细毛""品,众庶也""麤,行超远也"等。㐱有飞意,故三㐱并重,会意为高飞。金文用作人名。【《金文大字典》页三七三七】

二〇五　释义

《说文》十二篇:"義,己之威义也。从我、羊。"金文恒言"威义",用与此同。古籍义作仪,如《周礼·春官》"肆师治其礼仪",郑注:"故书仪为义。"金文义或作人名。陈邦怀曰:"'相邦义'当读为'相邦仪',即秦相邦张仪也。春秋昭公六年《左传》‘徐仪楚聘于楚’，而郐王义楚鍴云：‘郐王义楚择余吉金。’”（详见《文物》一九六四年二期四十九叶）《礼记·中庸》：“义者，宜也。”《大雅·荡》：“天不湎尔以酒，不义从式。”《毛传》：“义，宜也。”史墙盘“义其禋祀”，义即宜。义从宜，又引申出仁谊之义。

二〇六　释寿

《说文》八篇：“寿，久也。从老省。𠷎声。”按金文作𦒸，𠃬声，此乃寿之本字。后或作𦒸、𦒸，古文从口从曰同，皆可与言旁通，知其乃譸之本字也。《说文》三篇：“譸，詶也。从言。寿声。读若醻。《周书》曰：‘无我譸张为幼’。”又或作𦒸、𦒸，从又，又、手偏旁相通，知其为擣之本字。《说文》十二篇：“擣，手推也。一曰筑也。从手。𠷎声。”金文𦒸、𦒸皆借作𦒸，或合书作𦒸，乃隶定寿字所本。【《金文大字典》页三八一七】

二〇七　释𦒸

字从耂从𠃬。《说文》十二篇“𠃬，畴或省”，训作“耕治之田也。象耕田屈曲之形”。耕田屈曲有深远之义，故引申为长久，用来形容人生，故再加代表老义的耂旁作𦒸。《庄子·天道》“长于上古而不为寿”，注：“寿者，期之远耳。”《说文》八篇：“寿，久也。”眉寿无疆、万年眉寿为金文恒语，表示人寿之长久。【《金文大字典》页三八二四】

二〇八　释𠷎

《说文》二篇：“𠷎，谁也。从口、𢀛。又声。𢀛，古文畴。”按《集韵》畴古文作𠷎、𠷎。𠷎即𢀛，𠷎即𠷎。古文字𠃬、𢀛、𠷎都应是畴之古文。畴并非许慎所释“耕治之田也”。甲骨文、金文已有田字，方方正正，象“耕治之田”形。畴之初字，本义当是田界，左右二象田，象中间的地埂，为田地的分界处。《尚书·洪范》“天乃锡禹九畴”，杜预曰：“并畔为畴。”畔，《说文》十三篇训“田界也”。《左传》子产曰：“一夫百亩，则畔为百亩之界也。”九畴之畴，亦为田界，转用为比亩更大的田亩单位。《文选·魏都赋》“均田画畴”，《蜀都赋》“瓜畴芋区”，刘注：“畴者，界也，埒畔际也。”加成。（见豆闭𣪘，录伯㦰𣪘等）并非口字，只是田块的形符重复。加成，又为声符，初义不变。后世畴字加田旁，使初义更明确。金文用作人名，如寿父戊彝、卫鼎等。或借用作帱，如录伯㦰𣪘等。或借用作寿，如子丌舌盨等。【《金文大字典》页三八二五—三八二六】

二〇九　释䖘

戴家祥曰：䖘字从虎从耳，前人未释。以形声求之，殆即麛之或体，形声更旁字也。《说文》十二篇《弓部》弭“从弓。耳声。古文作㺅”。兒声同弭，故麑亦作麛。《左传·宣公十年传》“使鉏麑贼之”，《汉书·古今人表》作“鉏麛”。《礼记·曲礼下》“士不取麛、卵”，孔颖达《正义》云：“麛乃是鹿子之称，而凡兽子亦得通名也。”《集韵·上平十二齐》：“《说文》狻麛，兽也。一曰鹿子。或从犬，从豸。”按麛为形声字，麑为会意兼形声字。许书误分为二，误矣。鹿子曰麑，犬子曰猊，豸子曰貎，虎子亦得曰䖘。作器者取名曰䖘，犹凌统之二子被孙权呼之为虎子云。【《金文大字典》页三八三五】

二一〇　释临

《说文》八篇：“临，监也。”“监，临下也。”临与监为转注字。从字形看，两字皆从，象人俯视，从一与巛皆表示水，从皿与从皆为盛水之器，两字形近。从声韵上看，临隶侵韵，监隶谈韵，古韵侵、谈相近。从意

义上看，两字互注。综观两字在形、声、义三方面的异同点，我们怀疑两字最初可能是异体重文。【《金文大字典》页三八七三】

二一一　释㬰

戴家祥曰：字从舟，声，字当释津。《说文》十一篇《水部》："津，水渡也。从水。𦘒省声。㵛，古文津，从舟从淮。"段玉裁云："当是从舟，从水。进省声。"按《玉篇·二八三》㬰同㵛。《国语·楚语》："若津水，用女(汝)作舟。"是㬰为津之形义更旁字也。刘心源释服(《奇觚室吉金文述》卷七第三十二叶兄癸斝)，马叙伦释般(《读金器刻词》五十四叶父丁鼎)，均非是。【《金文大字典》页三九三一】

二一二　释虔

戴家祥曰：谛审拓本，上半当为虍字。古文虍皆作，象虎头形，或变为。(盂鼎叡字作，虡毁虡字作，不嬰毁献字作，上文虍并与形近。)下文从女，则确不可易。以隶定之，当为虔形。然字书无此字，声义不可考。以意求之，实即虎之别构，形义更旁字也。许书："虎，山兽之君。从虍。虎足象人足。象形。"按卜辞、金文虎本象形，小篆从虍，从儿，则形声字也。由象形变为形声，亦合六书隶属再分例。易从儿为从女，则以性别表义故也。不嬰毁盖厥允写作厥会，宰峀毁光作姿，子禾奎魄作褛，并儿、女更旁之证，鱸毁鱸字作，鱼匕处字作，从虍，从女，儿声。由此而知虎字以象形变为从女虍声，犹鬼之由象形变为婁也。然则叔皮父毁之为虎字异文，于字例殆无乖戾矣。

虎子为作器者名，上文云"隹一月初吉，作铸叔皮父隮毁"，下文云"其虎子用享孝于叔皮父"，则作器者必属叔皮之子，为其父作祭器者也。故云"其虎子用享孝于叔皮父"矣。其字冠在人名之上为发语辞，金文本有此例句。鑃铭云："隹正初吉丁亥，其择其吉金铸句鑃，以享以孝，用蕲万寿，子子孙孙永保用之。”匽君壶云：“匽君兹尚[illegible]其成公铸子孟妃朕盥壶，永保用之。”尚与成公均作器者名，而上冠以其字，与此云“其虎子”文例正同。（古人每以“虎子”为夸奖之词。《三国志·吴志·凌统传》：“统死，二子烈、封年各数岁，权内养于宫，爱待与诸子同。宾客进见，呼示之曰：‘此吾虎子也。’”《魏书》卷四十四《薛野睹传》子“虎子，姿貌壮伟，明断有父风”。）虎子疑承其父之名以自鸣者也。犹陈子匜之陈子子，齐子仲姜镈之簟子绘。（据上文绘为簟叔之孙，盖以王父冠其名者也）《礼记·檀弓上》：“滕伯文为孟虎齐衰，其叔父也。为孟皮齐衰，其叔父也。”则滕虎为孟皮本一人也，为滕伯文叔父。《左传·襄公三十年》郑罕虎字子皮。叔皮名虎，殆与汉班叔皮名彪义同。《说文》：“彪，虎皮也。”古人名、字义必相应。《礼记·曲礼上》：“前有士师，则载虎皮。”又《郊特牲》：“虎豹之皮，示服猛也。”《魏书》卷四十二《冠赞传》赞：“次子名虎皮。”然则叔皮名虎，子名虎子，博识君子或不诃其傅会乎？龚定盦释民，何子贞释仲，朱建卿释妻，许印林释弟（并见《攈古录》二之三），孙诒让释胄（《古籀余论》卷二），均非是。（一九二九年十二月二十五日《中山大学历史语言周刊》十卷第二期《虔字说》）【《金文大字典》页三九九〇—三九九一】

二一三　释䲣

戴家祥曰：䲣，从虍，从鱼。虍读荒乌切，隶晓母，鱼读语居切，鱼隶喻母，古无深喉、浅喉之分。晓、喻两母实际上每每混用。䲣字从虍从鱼，是上下皆声字，也就是说虍在喻母字上面，许多地方处在可有可无的地位，例如“呜呼”可以写为“呜嘑”，“吴仲”可以写为“虞仲”，“鲜吴”可以写为“鲜虞”，“叡人”可以写为“虘人”。早在光绪癸卯（1903），姨公事实上已经考定䲣即虞字的或体。（见孙诒让《古籀余论》卷三）后来，山西省代县蒙王村发现一个青铜古器，曰：“攻吴王夫差，择其吉金自作御监。”丹徒刘鹗购得一个铜钟，铭曰：“工虘王皮難之子者减自作□钟。”安徽寿县出土的铜戈，铭云："攻敔王光自□。"解放以后，河南省辉县琉璃阁发现铜剑，铭曰："攻敔王夫差自作其元用。"淮南蔡家岗赵家孤堆出土的铜剑，铭曰："工𫊸王大子姑發𦥎反，自作元用……。"《左传·宣公八年》"盟吴越而还"，孔颖达《正义》："太伯、仲雍让其弟季历而去之荆蛮，自号句吴。句或为工，夷言发声也。"工、攻古音隶东部，句隶侯部。东、侯阴阳对转，是工𫊸、攻吴、攻敔、攻敔就是句吴，不仅是科学的预见，而且是从考古发掘中得到完全证实。鱼、吾同音，吾从五声，五、午通假，所以《说文》五篇䥶字重文作𩵋。由此可见"保𪊨兄弟""保𪊨子孙""𪊨宴以喜"，非读𪊨为吾不可。【《金文大字典》页四〇〇二—四〇〇三】

二一四　释行

罗振玉曰：卝，像四达之衢，人所行也。石鼓文或增人作[字形]，其义甚明。由卝而变为[字形]，形已稍失。许书作[字形]，则形义全不可见。于是许君乃释行为人之步趋，谓其字从彳，从亍，失弥甚矣。古从行之字或省其右作[字形]，或省其左作[字形]，许君误认为二字者，盖由字形传写失其初状使然矣。父辛解亦作卝，与卜辞合。训宫中道之壸字正从此。许君谓从口象宫垣道上之形，不知口但象宫垣，而象道路者乃在口中之卝字也。作[字形]，与石鼓文同，作[字形]，则省行之半，义已明矣。（《增订殷虚书契考释》中第七叶）

戴家祥曰：《说文》二篇《行部》有十一字，以通道表义者有術、街、衢、衕、衖五字。六篇《𨛜部》："𨞒，里中道。从𨛜，从共。皆在邑中所共也。[字形]，篆文，从𨛜省。"隶书作巷，音胡绛切，匣母冬部。《唐韵》共读九容切，见母东部。古人见、匣混谐，东、冬韵近，乃形声字，许谓会意非也。《小雅·巷伯》孔颖达疏引《尔雅·释宫》"宫中巷谓之壸"，又引王肃曰："今后宫称永巷，是宫中巷谓之壸。"巷、行声同，知巷、行古本一字。行本象形，其后形声相益，析而为二。同声假借，读为步趋之行，引申为行陈、行列之行，日久遂为借义所专。学者但知巷之为𨞒，不知巷之本字为行，乃穿凿附会，凑合步趋之形义，而不能自圆其说。许书类此者颇多。皖南经学大师，近代治古文字之学者，亦未及一一悉校也。【《金文大字典》页四〇二四—四〇二五】

二一五　释𣬈

戴家祥曰：字《说文》所无。以金文惯例审之，似即𣬈字反书。《说文》十篇《囟部》："𣬈，人脐也。从囟。囟，取气通也。从比声。"《集韵·上平六脂》𣬈隶作毗，或书作毘。古音毘声同卑。《集韵·上平十二齐》㓖、𠜾同字，螕、𧓍同字，篦、箄同字。又《去声十二霁》渒、𣶒同字。《小雅·节南山》"天子是毗"，《毛传》："毗，厚也。"郑笺："毗，辅也。"《荀子·宥坐篇》作"天子是庳"，杨倞注："庳，辅也。"是其证。器铭"作旅𣬈"，当读为"作旅甈"。旅义为陈。《说文》十二篇《瓦部》："甈，罂谓之甈。从瓦。卑声。"《博雅》："甈，瓶也。"《唐韵》𣬈读房脂切，并母脂部，甈读部迷切，不但同部，而且同母。【《金文大字典》页四〇七八】

二一六　释𣧞

戴家祥曰：字左从死。（古尸、死同字）《玉篇·一五一》古文死作𠘧，和这字形近。右旁不知所从。《周南·螽斯》"螽斯羽，诜诜兮"，《经典释文》引《说文》作"䢵䢵"。今本《说文》仍作"诜诜"。钱大昕谓："唐人引《说文》不皆可信。"（《十驾斋养新录》卷四）案《玉篇·三一五》䢵读所陈切，或作莘。可见六朝以前是有䢵字的。或许左旁作，后人误写为多。《说文》八篇侁训行貌，从人，先声。《吕氏春秋·本味》"有侁氏"，《汉书·古今人表》作"有㜪氏"，《楚辞·天问》作"有莘氏"，是洗字本有辛声。字虽不可识，它的音读与辛相同或相近，这是无疑的。死读息姊切，洗读想礼切，不但同母，而且同部，所以声符变换，亦可从死。辛、津皆属真部，真、脂为次对转。可见𣧞、𦘫都是声音符号重复字。曾侯乙

钟用作乐律名，借为姑洗之洗，割殍即姑洗。【《金文大字典》页四一七六】

二一七　释迷

戴家祥曰：□字从辵，从者省。《说文》四篇："者，别事词也。从白。米声。米，古文旅。"古金者、诸同字。者沔钟作□，郑公牼钟作□，与此偏旁形近，《说文》七篇："旅，军之五百人为旅。从㫃。从从。从，俱也。□，古文旅。"依许说，旅为军队之编制，在六书为会意。此一义也。同声通假，义亦为行。《仪礼·燕礼》"凡公所酬既拜，请旅侍臣"，郑玄云："旅，行也。请行酒于群臣，必请者，不专惠也。"青铜器每云旅簠、旅盨，亦有改称行簠（曾子迲簠）、行盨（甫人盨）者。旅与行，义本相承。史免簠云："史免作旅簠，从王征行。"曾伯霥簠云："以征以行，用盛稻粱。"甫人盨云："用征用行，迈（万）年用尚。"金文亦或加旁从辵。伯其父簠、旅簠作遮秥。曾伯霥簠旅簠作遮[illegible]。叔邅父甗旅甗作遮献。旅皆训行，此又一义也。同声通假，义亦为祭。祭上帝曰"旅五帝"，祭地祇曰"旅四望"。《周官》《礼记》又屡见大旅一词，其义为祭之大者。《天官·掌次》"王大旅于上帝"，郑注："大旅上帝于圜丘。国有大故而祭，亦曰旅。"《礼记·礼器》："大飨之礼，不足以大旅。大旅具矣，不足以飨天。"郑注："大旅，祭五帝。飨帝，祭天。"旅亦通胪。旅胪皆训陈也。细玩镈铭"余弥心畏誋，余大事大□大宰是辝"，宰当读仆。《春官·大仆》："凡军旅田役，赞王鼓。"辝籀文辞。辞、司声同字通。《玉篇》："司，主也。"意谓齐子自知所主管者为国之大事。刘康公所谓"国之大事，在祀与戎"，（见《左传·成公十三年》）义或近之。吴大澂知□字从古文旅，（《攀古楼彝器款识》第二册齐子仲姜镈）而读为徒，则大误。《唐韵》旅读力举切，来母鱼部。徒读同都切，定母鱼部。【《金文大字典》页四二一五—四二一六】

二一八　释𣥕

戴家祥曰：容庚云："𣥕，旧释者。"按《说文》四篇《白部》："者，别事词也。从白。𣥕声。𣥕，古文旅字。"又七篇《㫃部》："𣥕，古文旅。古文以为鲁卫之鲁。"是𣥕之为旅字，形声昭然。卣铭𣥕帚当读诸妇。古音旅读力举切，来母鱼部，诸读之也切，照母鱼部，同部不同纽。者读章也切，不但同纽，而且同部。【《金文大字典》页四二一六】

二一九　释旂

孙诒让曰："金文多云'用祈多福'，而其祈字多耤蘄为之，又或耤旂为之。如齐侯镈钟、齐侯罍、师器父鼎并云'用旂眉寿'是也。此旂亦即旂字。旂从㫃，斤声。斤、言声近，故从斤之字或变而从言。"(《古籀拾遗》下第五叶周太师虘豆)罗振玉曰："古祈祷之事，殆起于战争之际，故蘄字从旂用单(战字之省)。"盖战时祈祷于军旂之下，会意字也。白誓𣪘又作旂，省单增言。太师虘豆作旂，又从旂省。归父盘作旂，又变言为口。从言从口皆所以祷祈也。(《永丰乡人稿丙》第一卷第四叶颂鼎跋)

家祥按：孙说近是。《说文》："祈，求福也。"蘄亦训求。《庄子·逍遥游》"以为一世蘄乎"，《释文》引李注："蘄，求也。"《荀子·儒效》"跨天下而无蘄"，杨倞注："蘄，求也。"是其证。祈、求本双声同义语。祈与求，其义一也。言从口，辛声，今读疑母。然《说文》三篇，辛读若愆，《唐韵》去虔切，声在溪母。溪、群声近，韵部均在文部，故从斤之字，可以从言。罗氏以会意说之，未可遽信。【《金文大字典》页四二二九—四二三〇】

二二〇　释旟

戴家祥曰：旟字前儒未释。谛审其字，从㫃，从禹，从虫，许书所无。

以声符增省求之，当即旃之异文。《说文》旃或作旜，从㫃，亶声。此从虫，从亩，乃蟺之省音。《说文》鳣籀文作䲍，乃鳣之形义重复字。殷周古文声韵同者，偏旁未必尽同。《古文四声韵·二十六寒》引云台碑壇字作，又作，并易亶为亩，尤为旜字即旜之铁证。段铭云“朱旜旜金荠二铃”，朱旜旜即《春官·司常》之通帛大赤也。此说初在一九二八年五月廿九日天津《大公报·文学副刊》《评〈金文编〉》云：“番生段旜字即旜字之异文。”同年又在《国学论丛》第一卷第四期《释甫》中加以阐说。其后日本高田忠周《古籀篇》二十七、强运开《说文古籀三补》卷七、郭沫若《两周金文辞大系考释》亦都释旜。喜同气之有人，信吾道之不孤也。【《金文大字典》页四二四二】

二二一　释覠

戴家祥曰：覠字从见从鼻，屡见不鲜。吴式芬释耿，（《攈古录》三之一第五十六叶史颂段）孙诒让释䫴，（《古籀拾遗》中第廿二叶追段）均有阙失。《玉篇·五十二》覠读古伦切，《集韵》读俱伦切，训大视也。以声义求之，字当释䙴。《说文》八篇《见部》：“䙴，外博众多视也。从见。员声。读若运。”大、博、众、多义并相近。军、君同为文部见母。䙴、运、郓匣母，古音见、匣两母在谐声字与通假字中有混用。《公羊传·哀公十二年》“秋，公会卫侯，宋皇瑗于运”，《左传》《谷梁传》运作郧。《汉书·古今人表》“楚成王恽”，《公羊》《谷梁》作髡。《左传·文公元年春秋经》“冬十月，楚世子商臣弑其君䫴”，恽作䫴。《集韵·上声十九隐》䡅或从君。又《去声廿四焮》䙴或作䙲。是䙴字声符更旁亦可作覠。覠义近显。《尔雅·释诂》：“显，明见也。”徐同柏迳释为显，（《从古堂款识学》卷六第四十叶）非是。（《墙盘铭文通释》）【《金文大字典》页四三一四—四三一五】

二二二　释覜

戴家祥曰：覜字从见，从肇，《说文》所无。以声类求之，殆即覜之异体，声符更旁字也。《说文》三篇《攴部》："肇，击也。从攴。肈省声。"从又与从攴同义。《集韵》肇、肈同字。李舟《切韵》："肈，击也。"《尧典》"肇十有二州"，《大传》肇作兆。《大雅·生民》"后稷肇祀"，《礼记·表记》引作"后稷兆祀"。《商颂·烈祖》"肇域彼四海"，郑笺："肇当作兆。"肇、兆声同，故覜亦作覜。《礼记·聘义》"故天子制诸侯，比年小聘，三年大聘"，郑玄曰："比年小聘，所谓岁相问也。三年大聘，所谓殷相聘也。"《春官·典瑞》"瑑、圭、璋、璧、琮、缫皆二采一就，以覜聘"，郑玄谓："大夫众来曰覜，寡来曰聘。"又《秋官·大行人》"殷覜以除邦国之慝"，郑注："殷覜，谓一服朝之岁也……五服诸侯皆使卿以聘礼来覜天子。天子以礼见之，命以政禁之事，所以除恶行。"作乐之盛曰殷。覜，视也。【《金文大字典》页四三一七】

二二三　释啻

戴家祥曰：《说文》啻，"从言。从中。"啻毁作，字当读亿，数词之极大者也。史墙盘"兮尹啻（亿）疆"谓疆土之广。卫鼎用作人名，无义可见。【《金文大字典》页四三二五】

二二四　释许

戴家祥曰：《说文》："许，听也。从言。午声。"按七篇《臼部》："舂，捣粟也。从持杵临臼上。午，杵省也。"午象杵形，加旁从木，在六书为形声。许字从言从杵，会意兼形声，当训"送杵声也"。《史记·商君传》"五羖大夫死，秦国男女流涕，童子不歌谣，舂者不相杵"，《集解》引郑玄曰:"相,谓送杵声。以声音自劝也。"隋李则墓志"于是相杵停音,邻歌断曲"。皆足以补叔重之失。许之本义为送杵声,其后广泛用为象人共力之声。《小雅》"伐木许许",《说文》十四篇《斤部》引作"伐木所所"。所,伐声也。又变为"邪许"。《淮南子·道应训》:"今夫举大木者,前呼邪许,后亦应之,此举重劝力之歌也。"《唐韵》午读疑古切,疑母鱼部。杵读昌与切,穿母鱼部。许读虚吕切,晓母鱼部。许、杵同部谐声,许亦读所,所从户声,读疏举切,审母鱼部。《集韵》邪又音详于切,邪母鱼部。知邪许犹所所也。器铭"迺许""能许""许之",皆字之假义,即叔重所谓"应也"。【《金文大字典》页四三三三—四三三四】

二二五　释diaomu

戴家祥曰:diaomu字从言,从示,字书所无,前人缺释。以形声更旁求之,殆即嗜之异文。《玉篇·五十六》"嗜,食利切。嗜,欲也。《书》曰:'酣酒嗜音'。""diaomu,古文。"《集韵·去声六至》嗜、diaomu同字。耆读渠脂切,群母脂部。示读巨支切,群母支部。支脂韵近,从言与从口义同,嗜启,人名。【《金文大字典》页四三四一】

二二六　释諫

戴家祥曰:《说文》:"諫,数諫也。"《集韵·去声五寘》:"諫,《说文》:'数諫也。'一曰书也。"通作刺。按刺、諫皆朿之加旁字。朿为木芒,字本象形。加旁从刀。《尔雅·释诂》:"刺,杀也。"同声通假,义亦为责。《大雅·瞻卬》"天何以刺",《毛传》训刺为责。责人以言,故又更旁从言。《广雅·释言》:"諫,怨也。"《秋官·司刺》:"掌三刺三宥三赦之法,以赞司寇听狱讼。壹刺曰讯群臣,再刺曰讯群吏,三刺曰讯万民。"刺、讯同义,故更旁从言。《管子·心术篇》:"焉能去刺刺为咢咢乎?"刺刺,多言貌,即《说文》所谓"諫,数諫也"。《唐韵》七赐切,清母支部。【《金文大字

典》页四三四二】

二二七　释诐

戴家祥曰：字，从言从，前人缺释。以意求之，字当释悠。《说文》："攸，行水也。从攴，从人。水省。，秦刻石峄山文攸字如此。"《说文·言部》："谌，诚谛也。从言。甚声。诗曰：'天难谌斯'。"今《毛诗·大雅·大明》作"天难忱斯"，从心，冘声。又"誖，乱也。从言。孛声"。悖，誖或从心。又"諅，忌也。从言。其声。《周书》曰：'上不諅于凶德。'"今《周书·多方》作"尔尚不忌于凶德"，从心，已声。又"诉，告也。从言。斥省声。《论语》曰：'诉子路于季孙。'"今《论语·宪问》作"愬子路于季孙"，从心，朔声。再就《说文·心部》言之，"忱，诚也。从心。冘声。《诗》曰：'天命匪忱。'"今《毛诗·大雅·荡》作"天生烝民，其命匪谌"。而《韩诗外传》忱作訦，从言，冘声。"憝，怨也。从心。敦声。《周书》曰：'凡民罔不憝。'"今《孟子·万章下》引《康诰》曰："凡民罔不譈"，从言，敦声。"愆，过也。从心。衍声。籀文愆作㥶。从言。侃声。"是表义符号从言者，或有更旁从心。从心者，亦或更旁从言。《法言·问神》"故言，心声也"。此言人之语言，来自思维活动的外部表现。言与心通，生理使然。㝅铭云："丰姞憝用宿夜，享孝于诐公，于䆫叔朋友。"诐公即悠公。《尔雅·释诂》："悠，远也。"悠、远双声同义词。《唐韵》悠读以周切，喻母幽部。【《金文大字典》页四三四八】

二二八　释诰

戴家祥曰：字，吴式棻释讼（《攈古录金文》三之三），孙诒让释讪（《古籀余论》卷三第五十八叶），郭沫若释许（《两周金文辞大系考释》"孝王"第九十八叶），李孝定释诂（《金文诂林·附录》一四三页），从字形审之皆不类。字从从，金文䜌书缶缶作，国佐𦉢𦉢作，金文宝作

[illegible]，或作[illegible]，偏旁俱作[illegible]。古字以缶注音者，亦或更旁从匋。石鼓文“我马既駣”，駣当读騊。騊駼，北野之良马。《玉篇·二二八》䍃、䍌同字。寳从缶声。笲伯盨“永宝用”作“永匋用”。“匋，瓦器也。从缶。包省声。”读与缶同。《集韵·上声三十一巧》饱或作𩟔，鞄或作䩽。《四十四有》缹、炰同字。以此例推，[illegible]当释詾。《说文》：“詾，往来言也。一曰小儿未能正言也。一曰祝也。从言。匋声。詯，詾或从包。”《玉篇·九十》：“詨詾，言不节也。”《集韵·上平六豪》詾、詯、啕同字。《唐韵》大牢切，定母幽部。【《金文大字典》页四三四九】

二二九　释诲

《说文》：“诲，晓教也。从言。每声。”吴大澂曰：“古谋字从言，从每，与许书诲字相类，疑古文谋、诲为一字。《说命》‘朝夕纳诲’当读‘纳谋’。”(《说文古籀补》卷三第三叶)按诲从每声。《集韵·去声十八队》每读莫佩切。谋从某声，某读莫厚切。《说文》六篇《木部》：“梅，枏也，可食。从木。每声。楳，或从某。”《唐韵》莫桮切。每、某不但同母，而且同部。同声必然同义。王孙钟“余义诲猷”。《小雅·小旻》“我视谋犹”。《逸·君陈》“尔有嘉猷嘉谋”(《礼记·坊记》引)，亦以猷谋连举，知诲、谋为古文重文异体字。吴说精确之至。同声通假，字亦读敏。静安先生谓诲，敏之假借字。《诗·江汉》“肇敏戎公”，传云：“肇、谋、敏、疾、戎、大、公，事也。”案：戎工谓甲兵之事。虢季子白盘亦云：“不显子白，[illegible]武于戎工。”古武、敏音相近，则又借武为敏矣。(《不娸敦盖考释》第八叶)按《说文》三篇《攴部》：“敏，疾也。从攴。每声。”《小雅·甫田》“农夫克敏”，与止、喜协韵。止、喜皆之部字。《大雅·生民》“履帝武敏歆”，武敏双声绵字。王说亦通。【《金文大字典》页四三五四—四三五五】

二三〇　释誴

戴家祥曰：[illegible]字从言，从宗，下又作[illegible]，字书所无。以形声审之，似可释悰。□者，宗字笔伸也。《说文》十篇《心部》：“悰，乐也。从心。宗声。”古字以心表义者，亦或更旁从言。《集韵·上平二冬》：“悰，《说文》：‘乐也。’一曰谋也。或作誴。”《唐韵》藏宗切，从母冬部。悰客不知何义。或为宗之假字。《春官·大宗伯》：“以宾礼亲邦国，春见曰朝，夏见曰宗”，“以禴（通礿）夏享先王”。【《金文大字典》页四三六一】

二三一　释謷

戴家祥曰：□字从言，从□。□之下文从夲，与□侯伯晨鼎“□戈□胄”，□字左半，𣪘伯𣪘“归（读馈）𣪘伯□裘”，□右半形同。孙诒让谓即《礼记·乐记》“名之曰建皋”之皋。（《古籀余论》卷三第五十六叶）按𣪘伯𣪘□从匕，殆即皋比两字合文。《左传·庄公十年》“蒙皋比而犯之”，杜注：“皋比，虎皮。”（朱芳圃《殷周文字释丛》卷上第十叶，□释母䶂之皮。）然则□字从言，皋声，其为嘷字殆无疑义。《说文》二篇《口部》：“嘷，咆也。从口。皋声。獋，谭长说嘷，从犬。”《集韵·下平六豪》獋、嘷同字，或作貋。皆表义更旁字也。其在𣪘铭，字当读繇。嘷读乎刀切，匣母宵部。《集韵》繇读余招切，喻母宵部。匣喻皆在喉音，故嘷得假为繇。《集韵》繇又音夷周切，喻母幽部，幽宵韵近，故字又通由。《荀子·礼论》“先王恐其不文也，是以繇其期足之日也”，杨注：“繇读如由。”《汉书·元帝纪》“不知所繇”，颜注：“繇与由同。”《商书·盘庚上》“由乃在位”，由，发语词。（《尔雅·释诂》：“繇，喜也。”）与𣪘铭文例相近。【《金文大字典》页四三六二】

二三二　释谌

《说文》：“谌，诚谛也。从言。甚声。《诗》曰：‘天难谌斯。’”按谌从甚声，甚读常枕切，禅母侵部。訦从冘声，冘读余箴切，喻母侵部。同部谐声，故谌亦作訦。表义更旁，訦亦作忱。谌、訦俱读是今切，忱读氏任切,不但同部,而且同母。同声必然同义。《大雅·大明》“天难忱斯”,《说文》引作“天难谌斯”。《大雅·荡》云:“天生烝民,其命匪谌。”《说文》十篇《心部》:“忱,诚也。从心。冘声。《诗》曰:‘天命匪忱。’”《韩诗外传》作訦。忱义为诚,诚犹信也。《礼记·祭统》云:“诚信之谓尽。”《周书·大诰》“天棐忱辞”,班固《幽通赋》引作“天匪谌辞”。匪谌,言天命不可信也。辞,语助。犹《大明》之“天难谌斯”。《康诰》:“天畏棐忱。”畏、威同字,亦以忱为信。訦之为忱,亦犹《说文》谆之或体作悖。《周书·康诰》“罔弗憝”,《孟子·万章下》引作“罔不譈”。《立政》“其勿以憸人”,《说文·言部》引作“勿以譣人”。【《金文大字典》页四三六四】

二三三　释謰

戴家祥曰:謰字从言从速,《说文》所无。以形声审之,殆即啧之别体,形声更旁字也。《说文》二篇《口部》:“啧,大呼也。从口。责声。谪,啧或从言。”《集韵·入声二十麦》:“谪,怒也,让也。”通作啧。啧、谪皆责之加旁字,古止作责。《说文》六篇《贝部》:“责,求也。”《孟子·公孙丑下》“有言责者,不得其言则去”,赵岐注:“言责,献言之责,谏诤之官也。”言从口出,故加旁从口或从言。《左传·定公四年》“啧有烦言”,《经典释文》:“啧音责。”责、速声同。二篇《辵部》:“迹,步处也。从辵。亦声。蹟,或从足、责。速,籀文迹,从朿。”是责、速声同字通之证。同声同假,字亦同赜。《易·系辞上》“言天下之赜”,《释文》:“京本作啧。”《荀子·正名篇》“啧然而不类”,杨倞注:“啧与赜同。”《唐韵》啧音士革切,床母之部。【《金文大字典》页四三六八】

二三四　释䜌

《说文》:“䜌,乱也。一曰治也。一曰不绝也。从言、丝。[古文字],古文䜌。”按三体石经乱作[古文字],从爪从又,整治乱丝形。加旁作闂,为乱入门垣之专字。《说文》十二篇《门部》:"阑,妄入宫掖也。读若阑。"《玉篇·一四一》:"阑,妄也。无符传出入为阑。今作阑。"阑、阑俱音洛干切,乱音郎段切,不但同母,而且同部。䜌读吕员切,来母文部,元文韵近,古多通用。兮甲盘铭"毋敢或入䜌庭贮",䜌当读阑或乱。贾谊《新书·等齐篇》:"天子宫门曰司马,阑入者为城旦。诸侯宫门曰司马,阑入者为城旦。俱为殿门,阑入者亦俱弃市。"《汉书·功臣表》:"平阳侯曹参六世孙,征和二年坐与宫人奸,阑入宫掖,入财赎,完为城旦。"是䜌入者,即乱入宫门之谓也,故其字加旁从门。同声通假,䜌变读銮。《广雅·释器》:"銮,铃也。"《礼记·玉藻》"故君子在车则闻鸾和之声",郑玄注:"鸾在衡,和在式。"《左传·桓公二年》"锡鸾和铃,昭其声也",杜预注云:"鸾在镳,和在衡,铃在旂,动皆有鸣声。"銮、鸾声同。《小雅·庭燎》"鸾声哕哕",《说文》十四篇金部引作"銮声钺钺"。割切之刀有环和铃者曰鸾刀。《小雅·信南山》"执其鸾刀",《毛传》:"刀有鸾者,言割中节也。"金文屡见"锡䜌旂",䜌旂者,旂之有铃者。同声通假,䜌亦读栾。金文有䜌书缶,当即晋正卿栾书,见《国语·楚语》韦昭注及《左传》成公二年至十七年。又有宋公䜌之造戈,《汉书·古今人表》有宋景公兜栾,《史记·宋微子世家》"元公卒,子景公头曼立",是兜栾之音讹为头曼,而宋公䜌即景公也。䜌亦读蛮。《史记·吴太伯世家》"太伯之犇荆蛮",《索隐》:"蛮者,闽也。"虢季子白盘"用政䜌方",秦公钟"虩事䜌方",墙盘"方䜌亡不执见",字皆读蛮。蛮读莫还切,明母元部,同部不同母。《左氏春秋经·昭公十六年》"楚子诱戎蛮子杀之",《公羊传》作"戎曼子"。《尚书·禹贡》"三百里蛮"。王肃注:"蛮,慢也。"曼读无贩切,明母元部。故蛮亦同曼。【《金文大字典》页四三七九—四三八〇】

二三五　释谲

《说文》:"谲,诈也。益梁曰:'谬欺天下曰谲。'从言。矞声。"扬子《方言·三》:"谲,诈也。自关而东或曰谲。"《论语·宪问》"晋文公谲而不正,齐桓公正而不谲”,郑注:“谲,诈也。”铭文“庚谲穆好”,言更改欺诳,以求和好,与上文“⿰礻齐诐整谥”义相贯也。《唐韵》谲音古穴切,见母至部。【《金文大字典》页四三八一】

二三六　释⿰讠傳

戴家祥曰:⿰讠傳字从言,从傳,即傳之加旁字。《说文》八篇《人部》:“传,遽也。”《仪礼·士相见礼》:“凡言非对也,妥而后传言。”《史记·绛侯周勃世家》:“亚夫乃传言开壁门。”《论衡·书虚篇》云:“世俗传言,则言季子取遗金也。”《说文》:“谚,传言也。”段玉裁注:“传言者,古语也。”故传亦加旁从言。《孟子·公孙丑上》:“速于置邮而传命。”《吕览·上德篇》:“传钜子田襄子”。其义亦同传言。《唐韵》传读直恋切,澄母元部。【《金文大字典》页四三八二】

二三七　释⿰讠⿸㫃昜

戴家祥曰:[illegible]字,方濬益从薛尚功释县(《缀遗斋彝器款识》卷二第十六叶郐王子沇儿钟),丁佛言释哲(《说文古籀补补》附录第四叶),强运开释音(《说文古籀三补》卷三第四叶),柯昌济释调(《韡华阁集古录》跋尾第十七叶王孙钟),郭沫若释鞫(《金文丛考》第一八,六叶　释中鞫觑⿸㫃昜),皆主观臆说,背离形声。徐中舒释扬,比较近实,而读为激扬之扬(《厵氏钟图释》第三叶)则非是。按[illegible]字从言从⿸㫃昜。⿸㫃昜又从昜。《说文》九篇《勿部》:“昜,开也。从日、一、勿。一曰飞扬。一曰长也。一曰强者众见。”卜辞作[illegible],金文扬作[illegible](效尊“扬公休”),作[illegible](𣄰尊“扬𣄰仲休”),作[illegible](貉子卣“貉子扬王休”),其偏旁与⿸㫃昜之偏旁正同。《说文》十二篇《手部》:“扬,飞举也。从手。昜声。”十三篇《风部》:“颺,风所飞扬。从风。昜声。”颺、扬俱读与章切,喻母阳部,不但声同韵同,而且义同。颺、扬表义更旁字也。《小雅·都人士》“发则有旟”,《毛传》:“旟,扬也。”旟为州里所建旃。(见《夏官·司常》)从㫃,与声。㫃者,旌旐之游,象随风㫃蹇之貌,故云:"旟,扬也。"由此而知金文旟亦颺之更旁字也。经传言"杜蒉洗而扬觯"(《礼记·檀弓下》),举觯必须用手,形声相益,加旁从手。《文选·风赋》"激颺熛怒"。颺,风力举也。故表义更旁,字亦从风,或从㫃。《伪古文尚书·益稷》"皋陶拜手稽首颺言曰",《史记·夏本纪》作"皋陶拜手稽首扬言曰"。《伪孔传》云:"大言而疾曰颺。"《谷梁传》僖公元年"其不言齐侯,何也?以其不足乎扬"。范宁注云:"救不及时,不足称扬。"《广雅·释诂》:"扬,称也。"称扬必有言,故表义更旁,字又作諹。《集韵·下平十阳》:"諹,誉也。"称誉同义。䜿之从言,表义符号重复字也。钟铭"中䜿叡(且)旟"为赞美钟声之词,犹《考工记·矢人》称矢之善者"中强则扬"。凫氏为钟"钟大而短,则其声疾而短闻。钟小而长,则其声舒而远闻"。《淮南子·说山训》云:"其声舒扬。"舒,缓也。扬,长也,赞其声和缓而又悠长也。【《金文大字典》页四三八五—四三八六】

二三八　释䜌

䜌字从言从乐,《说文》所无。《广韵》《集韵·入声十九铎》:"䜌,谎狂言。"从表义更旁例之,殆即嚛之别体,从言与从口同义。《说文》二篇《口部》:"嚛,食辛嚛也。从口。乐声。"段玉裁曰:《火部》引《周书》"味辛而不熮",《吕览·本味篇》"味辛而不烈"。嚛与熮、烈同义。《玉篇》云:"伊尹曰:'酸而不嚛。'"此《古伊尹书》之仅存者。(《说文解字注》)按《唐韵》乐读王角切,喻母侯部,嚛读洛萧切,来母宵部,宵侯韵近。《广韵》䜌读下各切,匣母鱼部,侯鱼韵近。【《金文大字典》页四三八七】

二三九　释谰

《说文》:"谰,怟谰也。从言。阑声。讕,谰或从閒。"方濬益释盂鼎谰字云:"谏从门,若谄之或作謟,瞰之或作矙是也。"(《缀遗斋钟鼎彝器款识》卷二第二十六叶)按方说似矣,然未尽其义。《唐韵》谏读古晏切,见母元部。谰读洛干切,来母元部。谰从阑声,或体作讕。《火部》爤从蘭声,或体作燗。更旁从閒。閒读古闲切,声在见母。阑从柬声,柬读古限切,字亦通简。古字以见母谐声者,亦或读成来母。各之加旁为洛,监之加旁为蓝,是其证也。鼎铭“朝夕入谰”即“朝夕入谏”。《谷梁传·宣公二年》“赵盾入谏”,又《宣公九年》陈大夫“泄冶闻之,入谏”,范宁《集解》:“礼有三谏,不听则去。”知入谰即入谏也。【《金文大字典》页四三八九】

二四〇　释貉

朱芳圃曰:《说文·豸部》:“貉,北方豸种。从豸。各声。孔子曰:‘貉之为言恶也。’”按鼦与貉实一字。鼦之为貉,与篆文鼶或作貖,貂俗作鼦相同。盖先民于动物分类,原不精严,故作字时从豸从鼠任意为之,此形之相合也。《论语·子罕篇》“与衣狐貉者立”,邢疏:“狐、貉,裘之贵者。”与鼦皮可作裘之说相合。又《盐铁论·散不足篇》“中者罽衣金缕,燕鼦代黄”,燕鼦即燕貉,此义之相合也。貉与鼦皆从各声。貉读莫白切,鼦读下各切,韵同声异。古韵明匣二纽原互相谐,如每与悔,亡与巟,黑与墨,昏与䫉,并其例证。此音之相合也。形音义三者皆合,其为一字明矣。(《殷周文字释丛》十四叶至十五叶“貉”)

戴家祥曰:《孟子·告子下》“子之道,貉道也”,“夫貉,五谷不生,惟黍生之。无城郭、宫室、宫庙、祭祀之礼,无诸侯币帛饔飧,无百官有司”,赵岐注:“貉,夷貉之人在荒服者也。”《秋官·序官》“貉隶百有二十人”,郑玄注:“征东北夷所获。”《说文》:“貔,豹属。出貉国。”然则金文所谓貉子者,殆即貉国之君长,其属地在我国之东北严寒地带,与周王室有贡职关系。【《金文大字典》页四四〇二—四四〇三】

二四一　释贤

戴家祥曰:贤字从贝从方,《说文》所无。以声义求之,殆即䄱字别构，形声更旁字也。《集韵·十阳》："玤瑭，玉名。蒲光切。音旁。"贝玉在商周具有货币职能，可作为财富贮藏手段。《商书·盘庚中》"具乃贝玉"。宝字从宀从玉从贝，是其义也。金文晋姬毁作，宰峀毁作，从玉不从贝。虢季氏毁作，从贝不从玉。《古文四声韵·三十三皓》引《古尚书》宝作珤。《说文》一篇，玩或作貦。知古文以贝为表义符号者，每有更旁从玉。方、旁古本一字。《说文》十一篇，魴或作鳑。《玉篇·二五八》㔺、磅同字。又《二九七》雱、霶同字。《集韵·四十二宕》舫、艕同字。是玤之作贆，信可通也。玤字不见《说文》，而遗存于《集韵》，故表而出之，以待后之治古文字学者论定焉耳。【《金文大字典》页四四一七】

二四二　释員

戴家祥曰：谛审此文，上半从，与古金文伯叔之伯正同。以声义求之，吴式芬《攈古录》释員，于形致确。眉敖毁"眉敖至巠献贵"，与此文"毋敢不出其員"文义相应。帛，从白得声，故偏旁白、帛同谐。《小雅·六月》"白旆央央"，《尔雅·释天》孙炎注引作"帛旆英英"。《左传·隐公二年》"纪子帛莒子盟于密"，《公羊》《谷梁》帛作伯。又《定公二年》"分康叔以大路、少帛"，《史记·卫世家集解》引贾逵注同。王引之《经义述闻》云："案少帛，盖即小白。"《逸周书·克殷解》"县诸小白"，孔晁注："小白，旗名。"按《战国策·秦策》"大败秦人于李帛之下"，《史记》作李伯。《吴子胥列传》伯嚭，《吴越春秋》作白喜，《论衡》作帛喜。古白、伯本一字，是白、帛亦一字也。《礼记·玉藻》"大帛不緌"，郑玄云："帛当为白。"《史记·孔子世家》"子思之子孔白，字子上"，《史记·孔光传》作"孔帛"。并白、帛通假之证。细绎員、贵二字当即帛之或作。眉敖毁从巾从贝，白声，表义符号重复字也。員字从贝白声，表义符号更旁字也。商周时代由于商品经济的发展，币帛自实用价值逐渐分离为等价交换之中间媒介物，所以通货物，易有无。其方式分别为缯布、圭璧、金贝。《韩非子·内储说上》"管子曰：'布帛尽则无以为币也'"，此缯布之币也。《吕览·制乐篇》“币帛以礼豪士”,高诱注:“币,圭璧”,此圭璧之币也。古金文君侯赏功臣“贝几朋”或“金几钧”,此金贝之币也。篆文从巾白声之帛,总缯布之属言之。金文易巾为贝者,则总圭璧、贝货之属言之。释玄应《一切经音义》卷十四币古文作赞,《古文四声韵・十四祭》引《茅君传》币作赞,古金文贸鼎有贫字,亦许书之所无,前儒并未释。今以巾、贝互易例之,殆即布之别构。许君于《贝部》賨字云:“南蛮赋也。从贝。宗声。”应劭《风俗通》云:“盘瓠之后,输布一匹二丈,是为賨布。”亦见《后汉书・南蛮西南夷传》。賨本布名,字则从贝,是帛、币、布三字,由从巾更旁从贝者,至东汉之世犹未终止。翁祖庚释畺(《攈古录》卷三之二师寰鼎),孙诒让释贯(《古籀余论》卷三第三六叶),吴窓斋释员(《说文古籀补》卷六第五叶),强运开释贡(《说文古籀三补》卷六第五叶),并非。(《国学论丛》二卷一号《負字说》)【《金文大字典》页四四二三—四四二四】

二四三　释贯(鼏)

戴家祥曰:孙诒让云“貫静安宁”,阮释云“貫字不可识”,又引吴东发云“当是镇字”。洪氏《读书丛录》云:“当是鼏字”。《仪礼・公食大夫礼》“设扃鼏”,郑注:“鼏,古文皆作密。”《说文》籀文以鼎为贞字,故鼏字作貫。按洪说是也。《尔雅・释诂》:“密,静也。”《书・无逸》曰:“不敢荒宁,嘉靖殷邦”,《史记・鲁世家》嘉作密。(《太平御览》引《东观汉记・肃宗纪》序云“密静天下,容于小大,高宗之极至也”,盖本今文《尚书》。《后汉书・周举传》建和三年诏亦云“有密静之风”。)是密静二字连文之证。(《古籀拾遗》卷中第三十一叶)今按拓本貫字从贝不从贞,洪氏释鼏误矣。《说文》六篇《贝部》:“买,市也。从网、贝。”大徐读莫蟹切,明母支部。《孟子・公孙丑下》“以左右望而网市利”。贝,利也。冖,古文冖。冖训覆盖,其义一也。冖读莫狄切,不但同母而且同部。貫从贝从冖,冖亦声,同声通假,字亦读谧。《尔雅・释诂》:“谧,静也。”谧从必声,故亦通密。《周颂・昊天有成命》“夙夜基命宥密”,贾谊《新书・礼容篇》作

"宥谧"。密从宓声，故《史记·仲尼弟子列传》"宓不齐"，《淮南子·泰簇训》作"密子"。《说文》六篇《宀部》："宓，安也。"安、静义同。【《金文大字典》页四四二八】

二四四　释赁

戴家祥曰：《说文》："赁，庸也。从贝。任声。"小徐《系传》："庸，功也。自赁贝为功庸，以求食也。《春秋传》曰：'申鲜虞仆赁于野。任者，负荷也。'"今按赁当即任之加旁字。《汉书·贾山传》"百姓任罢"，颜师古《集注》："任，谓役事也。"任之本义为役，后世商品经济发展，逐渐形成出赀雇役制度，在文字演变中，遂有加旁从贝之赁字出现。《集韵·五十二沁》："赁，庸也。或作任。"是其证。庸、赁义同，见《广韵》三种注。分言之或曰赁，或曰庸，连言之则曰庸赁。《史记·范睢传》"臣为人庸赁"，《荀子·议兵篇》："是其去赁市佣而战之，几矣。"佣为庸之加旁字，皆指役事而言也。按《说文》六篇："赁，庸也。从贝。任声。"《集韵》赁或作任。中山王器中赁字屡见，皆与辅佐社稷邦国相连，当读作任。《诗·邶风》"仲民任只"，郑笺："以恩相信曰任。"《周礼·夏官》"施贡分职以任邦国"，注："事以其力之所堪。"任字的用法和意义皆与器铭同。任的本义为担当，从事，后加贝旁作赁，表示工作之值，转义为偿。《一切经音义》卷六引《说文》："赁，庸也。"《说文》八篇："庸，均直也。"【《金文大字典》页四四二九—四四三〇】

二四五　释㓷

戴家祥曰：孙籀公《小盂鼎考释》云："'三门□中廷，北乡，盂告㓷'。案此下尚有一㓷字。《说文·刀部》："㓷，击也。"㓷当即㓷之异文。前晋邦盦云'㓷兴(未确)震彊'，似皆克伐寇敌之义。"(《古籀余论》卷三第五十五页)按孙说是也。《唐韵》弗读分物切,帮母脂部,费读房未切,并母脂部,韵同声近。《集韵·入声八勿》弗、费俱音分物切,故字之从弗得声者,亦或更旁从费。《玉篇·二五八》沸、濆同字。《左传·成公六年》"郑伯费(《谷梁传》同)卒",《史记·郑世家》作濆。《索隐》云:"邹本一作沸,一作弗,音扶味反。"《史记·十二诸侯年表》"晋穆侯公弗生",《索隐》云:"按《世家》名费生,或作濆生。《世本》名弗生。"《史记·鲁周公世家》"幽公十四年,幽公弟濆杀幽公而自立",索隐云:"世本濆作弗,音沸。"《汉书·律历志下》"及微公茀立濆",颜师古曰:"茀音弗。濆,古沸字。"是剢、刜同字,焯然无疑。日本高田忠周读费(《古籀篇》九十第三十一页),林洁明缺疑(《金文诂林》六篇零八四一页),皆不识弗、费同音故也。【《金文大字典》页四四三五】

二四六　释⿱束贝

戴家祥曰:宋时出土之商父乙鼎"乍册友史锡[illegible]贝",薛尚功(《历代钟鼎彝器款识法帖》卷一)、王俅(《啸堂集古录》上第一叶)并释[illegible]为赖。按《说文》六篇《贝部》:"赖,赢也。从贝。刺声。"此从贝,从束。束,刺之省文也。薛、王之释可从。赖为国邑名。赖贝者,赖国所产之贝也。《左传·昭公四年》七月,楚子执齐庆封杀之,"遂以诸侯灭赖。赖子面缚衔璧,士袒,舆榇从之",迁赖于鄢。"楚子欲迁许于赖,使斗韦龟与公子弃疾城之而还"。又哀公六年传"齐侯阳生使胡姬以安孺子如赖",十年"晋赵鞅伐齐,毁高唐之郭,侵及赖而还。"《史记·齐太公世家集解》引服虔曰:"赖,齐邑。"顾祖禹《读史方舆纪要》谓山东历城县、章邱县之赖山为赖子之故国。或谓其国在河南光州商城县南之赖亭,后迁湖北宜城县。未知孰是。【《金文大字典》页四四三六】

二四七　释走

《说文》二篇:"走,趋也。从夭止。止者,屈也。"林义光谓古文作[illegible],

象人走摇两手形。从止，止象其足。（《文源》）马叙伦谓其所从之[illegible]，实走之初文，后以形近于大、夭，故加止字。（《读金器刻词》一五八叶雝鼎）由声义核之，马说较长，林亦不无所见。古趣、趋走本一词也，其后声音附益，析而为三。《大雅·緜》“来朝走马”，《玉篇·一二六》引作“来朝趣马”。《夏官·趣马》“掌驾说之颁”。金文作“走马”。《汉书·萧何传》“诸将皆争走金帛财物之府，分之”，颜师古注：“走谓趣向也。”趣为走之注音加旁字。取、刍声同，声符更旁，字亦作趋。《地官·县正》“趣其稼事”，《释文》：“趣本又作趋。”《庄子·外物》“趣灌渎”，《释文》：“趣本又作趋。”趣训疾也。趋训走也。《大戴礼·保傅》“趋行不得”，卢注：“趋或为走。”《礼记·曲礼上》“抠衣趋隅”，《释文》：“趋，本又作走。”《孟子·公孙丑下》“其子趋而往视之”，赵注：“趋，走也。”《吕氏春秋·期贤篇》“若蝉之走明火也”，高注：“走，趋也。”《曲礼下》“帷簿之外不趋”，郑玄云：“趋而张足曰趋。”又《少仪》“执龟策不趋”，郑玄云：“步而张足曰趋。”趋走同字，知金文、石鼓文走作[illegible]，[illegible]象人走而张足形。走、辵义近，故亦表义从辵。古字之从辵者，亦或简化从止，卜辞遣作蕢，迁作㞷，追作⿱𠂤止，籀文归作埽。[illegible]之从止，其例亦犹是也。小徐《系传》谓：“止则趾也。趾，足也。《春秋传》曰：‘君亲举玉趾。’”说亦可通。许君云“止者，屈也”，非是。【《金文大字典》页四四六〇】

二四八　释⿺走占

戴家祥曰：⿺走歺字从走从歺，《说文》所无。古字从走表义者，亦或更旁从足。《玉篇·二二六》⿺走咅或作踣，⿺走乐或作跞，⿺走圭与跬同，⿺走毕与跸同，⿺走甬与踊同，是其证。《说文》四篇：“歺，列骨之残也。”“读若蘖岸之蘖。”《说文》六篇，蘖为欁之或体字。蘖从薛声，薛从辥声，辥从𡴃声，辥、𡴃皆读私列切，心母祭部。知⿺走歺即躠之形声更旁也。《玉篇·七十六》：“躠，旋行貌。”不但同部，而且同母。（《唐韵》蘖、櫱读葛五切，属疑母）《集韵·入声十七薛》：⿰足辥、杀同字，亦书作⿱薛足。丁佛言（《说文古籀补补·附录》第

五叶），高田忠周（《古籀篇》卷十三第六叶）释越，形声失据，其误明甚。【《金文大字典》页四四六三】

二四九　释趪

戴家祥曰：趪字从走从司，《说文》所无。以形声更旁例之，殆即迨之异文。走、辵义近，偏旁每多混用。《说文》起古文作迟，居簠迁作赶，曾子簠趣作遇，叔多父毁趯，器铭从走，器盖从辵，是其证。古音司读息兹切，心母之部。台读与之切，喻母之部。《说文》二篇《齿部》："齝，吐而噍也。从齿。台声。"《集韵·上平七》之齝或作齣、呞。《博雅》："柌，柄也。或作枱、鈶、檗。"《尚书·尧典》："舜让于德弗嗣。"《史记·五帝本纪》嗣作怿，徐广曰："今文作不怡。"《史记·太史公自序》《汉书·王莽传》并作"不台"。《郑风·子衿》"子宁不嗣音"，《韩诗》嗣作诒。《左传·庄公八年》："治兵于庙，礼也。"《公羊传》作"祠兵"。《文选·典引》"有于德不台渊穆之让"，李善注引《汉书》韦昭注："古文以为嗣。"是司、台声同字通之证。不趪，犹不及也。【《金文大字典》页四四六四】

二五〇　释⿰徒又

戴家祥曰：□字从徒从又。徒古文走。《说文》："走，趋也。从夭止。夭止者，屈也。"石鼓文作□，从□。□象人正立形。金文作□，从□。止或作辵。此字作□，与周公毁、右走马嘉壶走字同。又声读同有。录伯䇂毁"□于周邦"，齐子中姜镈"䡅叔又成□于齐邦"，秦公毁"高弘又庆"，皆以又为有。《仪礼·乡射》"唯君有射于国中"，郑玄注："古文有作又。"《冬官·考工记》弓人"量其力有三均"，郑玄注："有三读为又参。"《礼记·内则》"三王有乞言"，郑玄注："有，读为又。"又声同有，故趙字亦可更旁作赵。《说文》："趙，走也。从走。有声。读若又。"即其字也。【《金文大字典》四四六五】

二五一　释逗

戴家祥曰:《说文》:“逗,田易居也。从走。亘声。”字之从走,表义者亦或更旁从辵。《说文》起或体作𨑢,曾子簠趣作䞤,居簠訏作赶,是其证。《唐韵》逗读羽元切,喻母元部,桓读胡官切,匣母元部,匣喻声近,故逗通桓。《周颂·桓》“桓桓武王”,《鲁颂·泮水》“桓桓于征”,《周书·牧誓》“尚桓桓”,虢季子白盘作“逗逗子白”,陈侯因資敦“孝武桓公”,即《史记·齐世家》之齐桓公午。秦公段“刺刺逗逗”,即《尔雅·释训》“桓桓烈烈,威也”。【《金文大字典》四四六九】

二五二　释趣

戴家祥曰:走、趋、趣、骤、驺古本一字也。《说文》二篇:“趣,疾也。从走。取声。”走、取声同,趣为走之注音加旁字。《夏官·趣马》“掌赞正良马”,金文皆作“走马”。《大雅·緜》“来朝走马”,《玉篇·百廿六》作“来朝趣马”。同声通假,趣亦读取。《释名·释言语》:“取,趣也。”《韩非子·显学篇》“取舍不同”,《庄子·天地篇》“趣舍滑心,使性飞扬”,又曰“且夫趣舍声色,以柴其内”,成玄英疏“趣,取也”。《唐韵》取读七庾切,清母侯部,刍谓侧愚切,穿母侯部,取、刍同部,故字之从取得声者,亦或更旁从刍。《仪礼·即夕礼》“御以蒲菆”,郑玄云:“古文菆作驺。”驺从刍得声字也。《左传·昭公二十年》“宾将掫”,《春官·镈师》“凡军之夜三鼜”,杜子春云“一夜三击,备守鼜也”。《春秋传》所谓“宾将趋者”,《夏官·掌固》杜子春注引《春秋传》作“宾将趣”。《释文》趋音庄九反。《史记·孔子世家》“孔子生鲁昌平乡陬邑”,《集解》引徐广曰:“陬音驺。”《说文》三篇:“鬻,熬也。从䰜。芻声。”《方言·七》:“熬、聚、煎、巩,火干也。”郭璞注:“聚即鬻字也。”又七篇《麻部》:“黀,麻藍也。从麻。取声。”《玉篇·一八五》黀古文作麏。释玄应《一切经音义·一》云“古文鬻、𡧊、聚、𦁠四形”。《汉书·古今人表》有轧子、聚子。钱大昕曰:“疑即治《春秋》之夹氏、邹氏也。轧、夹,聚、邹音近。”取、刍声同,故趣、趋同字。《说文》八篇《㐺部》“聚,会也。从㐺。取声”,故字之从取得声者或更旁从聚,从聚得声者亦可更旁从刍。《论语·八佾》“孰谓鄹人之子知礼乎”,鄹人即邹人,声符更旁字也。《荀子·礼论》“趋中韶护”,《史记·礼书》作“骤中韶濩”。《左传·哀公廿七年》“召颜涿聚之子晋”,《汉书·古今人表》作“颜浊邹”,师古云:“即颜涿聚子也。”《说文》十篇《马部》:“骤,马疾步也。从马。聚声。”骤为趣之引申义。趣,疾也。《汉书·孝文纪》“材官骤发”,《晁错传》作“材官驺发”,苏林曰:“驺音马聚之骤。”《礼记·曲礼上》“车驱而驺”,《释文》驺音仕救反,是驺有骤音也。明乎取刍同音之理,则知趣、趋、骤、驺皆走之辗转孳生字和引申义声符加旁字,或声符更旁字也。【《金文大字典》四四七八—四四七九】

二五三　释𧻓

戴家祥曰:𧻓字从马从走,字书所无。以意求之,殆即驺之异文。《唐韵》刍音叉愚切,穿母侯部,走读子苟切,精母侯部。《说文》“趋,走也”,“走,趋也”,驺、趋同字。《荀子·礼论》“步中武象,趋中韶濩”,《正论篇》作“驺中韶濩”,杨倞注:“驺当为趋。”《汉书·晁错传》“材官驺发”,颜师古云:“苏林谓借为骤,又为趋”。《说文》十篇《马部》:“驺,厩御也。从马。刍声。”《礼记·月令》季秋“天子乃教于田猎,以习五戎,命仆及七驺咸驾”,郑注:“仆,戎仆及御夫也。七驺谓趣马,主为诸官驾说者也。”《正义》引皇氏云:“天子有六种,种别有驺,则六驺也。又有总主之人,并六驺为七,故为七驺。”《左传·襄公廿三年》“丰点为孟氏之御驺”,孔颖达疏成公十八年传曰:“程郑为乘马御,六驺属焉,使训群驺知礼。”注云:“六驺,六闲之驺。”则驺是掌马之官,盖兼掌御事,谓之御驺。按《韩非子·说林篇》“有欲以御见荆王者,众驺妬之”,群驺、众驺皆受制于御。𧻓亥即驺亥。𧻓、驺注音更旁字也。郭沫若疑𧻓为走马二字之合文

(《两周金文辞大系考释》一八四页),大误。【《金文大字典》页四四八二】

二五四 释趞

戴家祥曰:[illegible]嬰,孙诒让释嗞睽,并定名为嗞睽敦。(《古籀拾遗》下第九叶)许印林释徙。(《攈古录》金文三之二第三十六叶)《说文》二篇:"徙,从辵,止声。或体作征。古文作屎。"又十篇:"然,从火。肰声。""肰,犬肉也。古文作[illegible],亦作[illegible]。"从肉不从月。[illegible]字左旁从[illegible],为走字。《说文》走从夭止。金文或作[illegible](周公段),作[illegible](右走马嘉壶),亦作[illegible](效卣)。师趛鼎趛作[illegible],姬趛鼎趛作[illegible],毛公鼎趯作[illegible],偏旁走并从[illegible],与[illegible]之偏旁如出一辙。右半器铭作[illegible],从止,从月。器盖作[illegible],从夕,从止。金文月、夕二字形义俱近,字之从夕表义者,亦或更旁从月。夜作[illegible](师酉段、师嫠段),殂或作[illegible](毛公鼎),外或作[illegible](毛公鼎),夤或作[illegible](秦公段)。反之从月表义者,更旁从夕。霸或作[illegible](颂段),望亦作[illegible](无叀鼎),是其证。然[illegible]字未见字书,声义不详。古字从走表义者,亦或更旁从辵。《说文》起古文作[illegible]。《集韵·入声五质》趫、遹同字,金文遣亦作[illegible]([illegible]鼎),迁作[illegible](居簋),趣作[illegible](曾子簋),叔多父段趯字器铭从走,簋盖作[illegible],更旁从辵。以此例推,趟当释迌。《玉篇·一二七》迌训诋诱貌,他没切,透母脂部。玥当释跀,从足与从止同义。《说文》跟亦作跟,企古文作定,是其证。跀读鱼厥切,疑母祭部,脂祭韵近,故迌亦作趟。趟嬰,人名。许瀚释徙,谓"王以睽里锡大,使徙居,乃先命敏传命于睽",不但字误,且又曲为之说,可笑孰甚。【《金文大字典》页四四八三】

二五五 释束

戴家祥曰:金文盘铭有[illegible]字,像以绳索缠绕薪柴形,字应释束。《说文·束部》"束,缚也。从囗、木,为会意",误矣。《仪礼》言束帛者多矣,

"束帛将命于朝"(《聘礼》),"公受宰夫束帛以侑"(《公食大夫礼》),"侯氏用束帛乘马傧使者"(《觐礼》),皆是也。《礼记·杂记》:"纳币一束。束,五两。两,五寻。"郑玄云:"十个为束,贵成数两。两者,合其卷而为五两。八尺曰寻。五两,五寻,则每卷二丈也,合之四十尺。今谓之匹。匹,偶之云与?"古籍言束矢者亦不少。《仪礼·乡射礼》"大夫之矢则兼束之",《大射礼》"大夫进堂坐说矢束",《秋官·大司寇》"入束矢于朝",《国语·齐语》"索讼者三禁而不可上下,坐成以束矢",《管子·小匡》"无坐抑而讼狱者,再三禁之而不直,则入束矢以罚之"皆其义也。郑玄注《秋官》云:"古者一弓百矢,束矢其百个。"《鲁颂》"束矢其搜",《毛传》:"五十矢为束。"《荀子·致仕》"负服矢五十个",荀卿为毛公师,宜其说同毛而异郑。静安先生谓:"古者束矢有五十个、百个之异。《文侯之命》云:'彤弓一,彤矢百。卢弓一,卢矢百',是弓一而矢百也。噩侯驭方鼎云:'王窺锡驭方玉五瑴,马四匹,矢五□'(此字泐,殆十字),是以五十矢为锡。"(《不娶段盖铭考释》)殆毛、郑师说各据所见,各据所闻,而立说有歧异与?【《金文大字典》页四四九八】

二五六　释朥

静字先生曰:归安吴氏藏一鼎,其铭曰:"[illegible]侯□乍父乙鼎。"又某氏藏一匜,其铭曰:"[illegible]侯作□妊□滕匜,其眉寿万年,子子孙孙永宝用。"[illegible]、[illegible]二字,旧释为[illegible]。余谓此薛国之本字也。其字所从之[illegible]、[illegible]即《说文》夸字,其音古读如辥。此字从月,夸声,与薛字从艹,辥声同。而朥侯匜言"朥侯作□妊滕匜。"则朥为任妊之国,其为滕薛之薛审矣。(《观堂集林》二七二页《释[illegible]》)

戴家祥曰:先生之言是也,朥侯匜作[illegible],从夕从夸。鼎盘作[illegible],更旁从月。古文夕、月每有混淆。师酉段、师𤼈段、叔鄂父段夜作[illegible],毛公鼎、历鼎[illegible]作[illegible],是其证。月读鱼厥切,疑母祭部。《说文》薛从艹,辥声。辥从辛，𡴀声。𡴀从𠂤，屮声，读若臬。臬读鱼列切，不但与月同部，而且同母。又六篇《口部》咢读若蘖。蘖读五葛切，声韵同月，亦同𡴀。知胯为声符重复字也。滕薛之薛，经传多假薛为之。《鲁颂·閟宫》“居常与许”，郑玄笺：“常或作尝，在薛之旁。”《春秋》鲁庄公三十一年“筑台于薛，是为周公有尝邑许”。陆元朗《经典释文》云：薛字又作薛，息列反。则又读为心母字矣。

薛为国名。《国语·郑语》“滕薛邹莒”，韦昭注：“薛，妘姓。”《左传·隐公十一年》：“滕侯、薛侯来朝，争长。隐公云：‘周之宗盟，异姓为后。寡人若朝于薛，不敢与诸任齿。’”孔颖达《正义》引《世本·姓氏篇》云：“任姓：谢、章、薛、舒、吕、祝、终、皋、毕、过，言此十国也。”今以胯侯匜“作□妊□媵匜”核之，知《左传》是而《国语》韦注非也。任、妊性别更旁字。《大雅·大明》“大任有身”，《潜夫论·五德志》作“大姙”，加旁从女。知妊、任同一字也。作妘者误也。《国语·晋语》：“黄帝之子得姓者十四人，为十二姓，任其一也。其后为薛国。”亦言薛国任姓。《左传·定公元年》：“薛宰曰：‘薛之皇祖奚仲居薛，以为夏车正。奚仲迁于邳，仲虺居薛，以为汤右相。’”武王克殷，封其后于滕县南四十里之薛城，为子男爵，春秋时与于盟会。《括地志》云：“薛城，在薛河北，周二十八里。齐国田文封薛，乃改筑之，在薛城西三十里，俗谓之斗城。漷水经其北，西入于泗。”《孟子·梁惠王下》滕文公问曰：“齐人将筑薛，吾甚恐。”即其事也。宋洪景庐有云：“薛之祖奚仲为夏禹掌车服大夫，自此受封，历商及周末，始为宋偃王所灭，其享国千九百余年，传六十四代，三代诸侯莫之与比。薛壤地褊小，以《诗》则不列于《国风》，以世家则不列于《史记》，而春秋二百四十二年之间，视同侪邾、杞、滕、鄅，独未尝受大国侵伐，则其为邦，亦自有持守之道矣。”（《容斋续笔》卷七）洪氏纪录，每有出于意之所之，未必尽符故实，好学之士心知其意可也。【《金文大字典》四五四八—四五四九】

二五七　释㞣

戴家祥曰：字从止从辰，亦见卜辞，其文每云“其㞣”“亡㞣”“自不㞣”，殆即踬之异文。《说文》十四篇：“辰，震也。”辰为蜄之初文，字本象形，加旁作蜄，变为形声，字亦作蠯。蜃为大蛤，摩令利之，用为农具。三月，阳气动，雷电震，正摩蜃备耕之时，故云“辰，震也”。古字偏旁从止表义者，亦或更旁从足。《说文》二篇《止部》：“歫，止也。从止。巨声。”《一切经音义·九》：“距，古文讵、歫二形。”《汉书·扬雄传》：“歫连卷。”颜师古《集注》：“歫即距字也。”许云：“壁，人不能行也。从止。辟声。”《礼记·王制》“瘖聋跛躄”，《释文》：“躄，两足不能行也。”更旁从足。《集韵·入声二十二昔》壁、躃同字。许又云：“歱，跟也。从止。重声。”（《足部》：“踵，追也。从足。重声。”）金文毛公鼎作𣥜，从止，童声。《一切经音义·十二》：“古文踵，今作歱，同。”《说文·足部》：“跟，足踵也。从足。艮声。𣥦，或从止。”是皆止、足更旁之证。《说文》：“踬，动也。从足。辰声。”踬、蜄皆辰之表义加旁字。

人类在生产劳动与生活活动，有时用手，有时用足，有时手足并用，有时手足交替使用，故文字之创造以足表义者，亦或更旁从手。《说文》十二篇《手部》：“擘，从手。辟声。”《孝经·丧亲章》“擗踊哭泣”，《释文》：“擗本作躃。”據本从手，豦声。《文选·答宾戏》“超忽荒而躆昊苍也”，李善注：“躆与據同。”《论语·子张》“其不可者，拒之”，汉石经及皇侃《论语义疏》拒皆作距。以此例推，知踬、振本一语也。作振者，表义更旁字也。《礼记·月令》孟春之月“蛰虫始振”，郑玄云：“振，动也。”《广雅·释诂一》：“振，动也。”《玉篇·六十六手部》：“振，动也。”音之仁切，照母真部。又音之刃切，照母文部。七十七《足部》：“踬，动也。”之仁切，又音之刃切。不但声同韵同，而且义同，其为一字，盖昭昭然。

卜辞又有字（《殷契佚存》九七一），从辵，从晨。晨即《说文》三篇《臼部》晨字。《秋官》赤友氏“以蜃炭攻之”，郑玄云：“故书蜃为晨。郑司农云:‘晨当为唇,书亦或为蜃。’”晨、蜄声同。从辵与从足同义。《说文》迹古文作蹟,或体作蹟,从足。迒从辵,亢声,或体作踁,从足,更声。齐侯壶、齐子仲姜镈跻作迹,更旁从辵。以是知䢅亦踬之形声更旁字也。

通观字书雅故,凡字之以辰注音者,无不训动。《说文》十一篇《雨部》:“震,礔历振物者。从雨。辰声。《春秋传》曰:‘震夷伯之庙。’”事在《春秋》僖公十五年,言鲁大夫展氏之祖庙为雷电击中也。凡雷电相击必有礔历之声,被击者必受震动,此自然之象也。僖公九年《公羊传》云:“桓公震而矜之,叛者九国。震之者何?犹曰振振然。”又《文公九年》:“九月癸酉,地震。地震者何?动地也。”震义为动,故字亦同振。《尚书·舜典》“震惊朕师”,《史记·五帝本纪》作“振惊朕众”。《夏书·禹贡》“震泽底定”,《史记·夏本纪》作“震泽致定”。司马贞《索隐》云:“震一作振。”《周颂·时迈》“薄言震之”,《韩诗》作“薄言振之”。《汉书·叙传》“电击雷震”,颜师古《集注》震音之人反,照母真部。同声而又同义,知震即振之表义更旁字也。

古谓妇人胎动亦曰震。《大雅·生民》“载震载夙,载生载育”,《毛传》:“震,动。”《释文》震音真慎反,照母真部。《左传》昭公元年“当武王邑姜方震大叔”,杜预云:“震,怀胎也。”《释文》:“震本又作娠,之慎反,音申,怀妊也。”又《哀公元年》“后缗方娠”,《释文》:娠音震,又音身。《说文》十二篇《女部》:“娠,女身动也。从女。辰声。”震、娠不但声同韵同,而且义同,知娠即震之表义更旁字也。明乎声同义同之至理,与夫加旁更旁之义例,庶几卜辞金文之不能强合于《说文》者,未始不可以得其确诂也。【《金文大字典》页四五六二—四五六四】

二五八　释迯

戴家祥曰:迯字从辵从尤,《说文》失收。以声义推之,字当读尤。《说文》十四篇《乙部》:“尤,异也。从乙。又声。”亡尤,古之成语。卜辞、《周易》亡尤、亡咎交错为用,知亡尤为亡咎之同意语,表义加旁亦作訧。

《周书·吕刑》“报以庶尤”，《说文·言部》引作“报以庶訧”。《鄘风·载驰》“许人尤之”，《释文》：“尤本亦作訧。”古字从言表义者，亦或更旁从辵。《说文·言部》：“讶，相迎也。从言。牙声。或体作迓，从辵。”《辵部》：“逞，过也。从辵。侃声。”《玉篇·一二七》“逞亦作諐”，是其证。《集韵·下平十八尤》訧读于求切，喻母幽部，《唐韵》尤读羽求切，不但同部，而且同母。【《金文大字典》页四五八〇】

二五九　释迭

戴家祥曰：迭字从辵从夫，字当为逋。《唐韵》夫读甫无切，帮母鱼部，甫读方矩切，不但同部，而且同母。《说文》五篇：“簠，从竹，从皿。甫声。古文作匥，从匚，夫声。”又《麦部》：“麸或体作麱，从麦，甫声。”《邶风·谷风》“匍匐救之”，《礼记·檀弓下》作“扶服救之”。《大雅·生民》“诞实匍匐”，《释文》：“匍本作扶。”《汉书·天文志》“奢为扶”，颜师古《集注》：“酺、扶声近。”知迭为逋之声符更旁字。《说文》：“逋，亡也。从辵。甫声。逋，籀文逋，从捕。”《广雅·释言》：“逋，窜也。”《唐韵》博孤切，帮母鱼部。徐同柏释迹（《从古堂款识学》卷十三第五叶周鄦侃编钟），非是。【《金文大字典》页四五九〇】

二六〇　释返

戴家祥曰：□字从辵，右半似及字。郑虢仲毁及作□，与此形似。《说文·辵部》无返字。《彳部》有彶字，训“急行也”，或即彶之表义更旁字。器铭“永返”，当读“永给”。《说文》十三篇：“给，相足也。从糸。合声。”彶、给皆读居立切，见母缉部。同声必然同义。《集韵·二十七合》舩、般同字，鞁、鞈同字。《国语·晋语》“豫而后给”，韦昭注：“给，及也。”【《金文大字典》页四五九二】

二六一 释速

戴家祥曰：墙盘，洪家义释述，张政烺释逵假为弼，唐兰、李仲操释逨。按字当释迹。单伯钟“不显皇祖剌考王”，孙诒让云：“速为迹之古文。当为匹，疑先坏字。速匹先王谓顺循贰佐先王。”（《古籀余论》卷二第三十叶）考《说文》迹籀文作速，舀鼎秭作，偏旁作，孙说得之。《唐韵》迹音资昔切，精母鱼部，音积。《说文》：“步处也。”经典通作绩。十三篇《糸部》：“绩，缉也。一曰业也。从糸。责声。”《唐韵》则历切，精母支部，鱼支韵近。《左传·哀公元年》“复禹之绩”，《释文》：“绩本作迹。”秦始皇泰山刻石“从臣思速”，思速即思绩。《国语·齐语》“世法文武远绩以成名”，韦昭注：“绩，功也。”《左传·僖公二十八年》“楚师败绩”，三体石经古文以速为绩，又《庄公十一年》“大崩曰败绩”，是其义也。表义更旁，字亦作勣。《一切经音义·十四》：“绩古文作勣。”《玉篇·八十三》“功也”，读子亦切。勣、迹不但同母，而且同部。【《金文大字典》四六〇一】

二六二 释㠯

戴家祥曰：字从乚从自，字书所无。以声类推之，或即追之或体。《春官·司尊彝》“凡四时之间祀，追享朝享裸，用虎彝蜼彝，皆有舟”，郑众云：“追享朝享，谓禘祫也。在四时之间，故曰间祀。”追为祭名。祭器有舟。舟，尊下台。追之作，亦犹卣之加旁作逌欤？《唐韵》追读陟佳切，知母脂部。【《金文大字典》页四六〇七】

二六三 释遲

戴家祥曰：孙诒让云：字以形声求之，当为从辵，匿声。然匿、遲两字《说文》并未收。寻文讨义，或为匩之异文。匩从㞷声，与羊声同部也。(《名原》下第三十叶)按𨓏从辵，似宜读为《易·系辞》"日往则月来"之往。《说文》:"徃，之也。从彳，㞷声。𨓏，从辵。古文往从辵。"大徐徃读于两切，喻母阳部，羊读与章切，不但同部，而且同母。《国语·晋语》"吾言既往矣"，韦昭注:"往，行也。""日往天子䫉命"谓日行天子之明令也。𨓏、𨓏表音符号更旁字也。吴大澂释臧(《愙斋集古录》第十册十六页)，徐中舒释将(《历史语言研究所集刊》第六本一分册三十八叶《金文嘏辞释例》)，吴闿生释扬(《吉金文录》卷三第廿四叶)，高田忠周释睢(《古籀篇》六十四第七叶)，皆偏离字形，逞其臆说。【《金文大字典》四六一三—四六一四】

二六四　释御

戴家祥曰:金文御字作(遹段)，作(颂鼎)，作(吴王监)，字皆从辵，卸声。大保爵、竞段、古伯尊都有字，殷虚卜辞作或，从彳，均为祭名。金文亦有作(《贞松堂集古遗文补遗》卷上第十三叶御父己鼎)，与《说文》一篇训为祀者同。先秦典籍御、禦互通。《齐风·猗嗟》"以禦乱兮"，郑玄《仪礼·大射仪》注引作"以御乱兮"。《左传·庄公廿二年》"陈人杀其大子御寇"，《谷梁传》作"陈人杀其公子禦寇"。《左氏春秋经》"僖公九年春，王三月丁丑，宋公御说卒"，《谷梁传》作"禦说卒"。大盂鼎"在雩事"，事当读御事。《周书·牧誓》云:"我友邦冢君御事"，《大诰》"越而御事"，《酒诰》"我西土棐徂邦君御事"，《国语·周语》"百官御事"，《伪孔传》及韦昭注皆训御为治。御事者，天子诸侯之执政官也。从声。，古文杵。《唐韵》疑古切，疑母鱼部，御读牛据切，不但同部，而且同母。《说文》(九篇《卩部》):"卸，舍车解马也。从卩、止、午。读若汝南人书写之写。"按《唐韵》写音悉也切，御读思夜切，虽然与御同韵，而声母则在齿音心纽，许氏隶御于彳部，说成"从彳，从卸"，不但割裂形声，且亦于义无据。卸本祭名，加旁从辵，其义为进。《小雅·

六月》“饮御诸友”，《周礼·天官·九嫔》“各帅其属而以时御叙于王所”，《毛传》、郑注皆云：“御，犹进也。”凡衣服加于身，饮食入于口，妃妾接于寝，皆曰御。（本《独断》说）经传御、驭截然两字。驭字从又。又，手也。从马者，使马也。《夏官·驭夫》“掌驭贰车、从车、使车，分公马而驾治之”，此驭字之本义也。《管子·形势篇》：“驭者，操辔也。”同声通假，驭亦通御。《荀子·王霸篇》“王良、造父，善服驭者也”，杨倞注：“驭与御同。”《大雅·崧高》“徒御啴啴”，《毛传》：“徒，行者。御，车者。啴啴，喜乐也。”御当作驭。作御者，借字也。《说文》之为书也，以形联义，以义系声，以形声义明造字之旨，若遇字之有悖六经诸子者，则求诸声音以明之。独于御字注云“使马也”“驭，古文御，从又从马”，乃混淆本义、余义、引申义、假借义而一之，故不能解后学之疑。【《金文大字典》页四六一八—四六一九】

二六五　释卸

戴家祥曰：字卜辞作，又作，从卩，午声，字当释御。许云：“使马也。”按使马之驭，金文作驶，石鼓文作骰。攴，古文鞭。从鞭从马，义为使马。更旁从又，其义不变。同声通假，字或为御。御为卸之加旁字，其义为迓。《召南·鹊巢》“百两御之”，郑笺：“御，迎也。”《释文》：“音五嫁反。本又作迓。”《小雅·甫田》“以御田祖”，郑笺：“御，迎也。”《释文》音牙嫁反。《大雅·思齐》“以御于家邦”，《毛传》：“御，迎也。”《释文》音鱼据反。《谷梁传》成公元年冬十月，“齐使秃者御秃者，使眇者御眇者，使跛者御跛者，使偻者御偻者”，《公羊传》御作迓。御、迓声同义通，实一字也。声符更旁，亦写作逆。《说文》：“逆，迎也。从辵。屰声。关东曰迓，关西曰迎。”《淮南子·时则训》“迎岁于东郊”，高诱注：“迎岁，逆春也。”《释文·释言语》：“逆，遻也。”《说文》四篇《鸟部》鸑字“从屰，鸟声”，即鹗字。十三篇《虫部》蝉即鳄字。《尔雅·释诂》：“遻，见也。”御、迓、逆、遻俱鱼部字，鱼阳对转，故字亦作迎。明乎此，则知许氏隶御为彳部，于形声俱不可通。按金文有用作人名，如御父彝；或用作官名，如卫𣪘、竞𣪘等；或用作动词，如麦雪姬𣪘等。【《金文大字典》页四六二〇—四六二一】

二六六　释⿺辶⿱口干

戴家祥曰：字从辵，从口，从干，殆即迀之别构。《说文》：“迀，进也。从辵。干声。读若干。”器铭“余肇使女休不⿺辶⿱口干”，⿺辶⿱口干当读干。《唐韵》干、迀俱读古寒切，见母元部。《周书·武顺解》“危言不干德曰正”，《国语·晋语》“信于名，则上下不干”，韦昭注：“干，犯也。”《左传·襄公廿三年》“干国之纪”，杜预注：“干，犹犯也。”【《金文大字典》页四六二二】

二六七　释⿱宀舟

周名辉曰：“其文为从宀，舟声者，当为古文受字。《说文·𠬪部》云：‘受，相付也。从𠬪，舟省声。’此文作⿱宀舟，从宀，舟声者，当为屋下受授之意。”（《古籀考》卷中第十三叶）按周说近似，但未尽其义。考卜辞金文受作，象一手授舟，一手受舟。舟、受古音同部，为会意兼形声字也。古人授受同字，授人者曰受，被授者亦曰受。后世加旁从手，始分为主动、被动两词。许书“相付也”，乃训授非训受也。《春官·司干》“祭祀，舞者既陈，则授舞器。既舞，则受之”，郑玄注：“既，已也。受，取藏之。”《说文》七篇：“宀，交覆深屋也。象形。”后世营造学家谓之“两下屋”。在经济术语中，凡言贮藏手段者，字皆从宀，以示藏诸屋底之意，如富、宝、实诸词是也。《吕氏春秋·诬徒篇》“事至则不能受”，高诱注：“受犹成也。”成亦同宬。《说文》“宬，屋所容受也”。⿱宀舟之从宀，亦犹成之加旁作宬也。《易·晋》之六二“《象》曰：‘受兹介福’”，𣪘铭云“⿱宀舟厥瀕福”，词例正同。郭沫若释造，引颂器𨖹、艁诸字为证。（《两周金文辞大系考释》第三十九叶周公𣪘）造从告声，⿱宀舟不从告，不能比附。【《金文大字典》四六三七—

四六三八】

二六八　释逰

戴家祥曰：逰从辵，舟声，《说文》及其他字书均未载。郭沫若于《两周金文辞大系》读造。按《说文》造从辵，告声，古文作艁，更旁从舟，而告声不变。逰字从辵，舟声，字当读受。《唐韵》舟读职流切，照母幽部。受读殖酉切，禅母幽部。逆、受词义相因。《周官·天官·小宰》"以逆邦国都鄙官府之治"，郑玄注："逆，迎受之。"又《宰夫》"以待宾客之令，诸臣之复，万民之逆"，郑众注："逆，迎受王命者。"《仪礼·聘礼》"众介皆逆命不辞"，郑玄注："逆，犹受也。"受之初文象两手授舟，舟亦声。毁铭所以从辵者，涉上文逆字而更旁者也。郭氏不审形声，不顾遽读为造，何其疏也。【《金文大字典》四六三八】

二六九　释遪

徐中舒曰：遪从乍，从攴，从辵，仍与作同。齐侯镈钟云"女台(以)戒戎饺"，又云"用饺铸其宝镈"，皆以饺为作。簷鼎云："乍造鼎十，用征以迮，以御宾客，子孙是若。"迮、客、若为韵。仍读迮为作。作，行也。曾伯藜簠云"用征用行"，文义正与此"用征以迮"同。(《诗·常武》"王舒保作"，笺云："作，行也。")此钟征、遪并用。征为征伐，遪亦征伐。《诗·无衣》云"与子偕作"，传云："作，起也。"《左氏·襄二十三年传》云"今君闻晋乱而后作焉，宁将事之"，杜注："作，起兵也。"曰起，曰起兵，皆征伐之事。(《厵氏编钟图释》第三叶)按《说文》："迮，迮起也。从辵。乍声。"《集韵·入声十九铎》作、胙、作同字。经传多借用作。《论语·乡党》"三嗅而作"，何注："作，起也。"遪、迮同字。徐说不误。《唐韵》迮读阻革切，照母之部。【《金文大字典》页四六四〇】

二七〇　释逸

戴家祥曰:“不敢□康”,容庚《金文编》释“不敢逸康”。按卜辞兔作□,小篆作□,与□、□皆不类。虢季子白盘猷作□,六国古鉨狗作□,犷作□,其偏旁犬与□、□形似。此从辵,从犬,字书不见。以文义求之,《说文》十篇《兔部》:“逸,失也。从辵、兔。兔,谩訑善逃也。”在六书为会意。会意字在殷虚卜辞中牝、牡等字,牛羊任安;牢、牧诸文,亦同斯例。《国语·晋语》“马逸不能止”,《汉书·外戚传下》“熊佚出圈”(佚、逸同字),可见善逃能走之兽,不限于兔。《史记·越王勾践世家》“狡兔死,走狗烹”,犬亦兽中之善走,“狡兔有三窟,仅得免其死耳”。是逸字以兔表义,未始不可以更旁从犬。容氏之说,可以信服。林洁明谓逸字作□,□盖像兔之侧视形。兔走如飞,故但见兔耳及足也,(《金文诂林》卷十第五九三六叶)大误。

同声通假,字亦同佚。《小雅·鱼丽叙》“始于忧勤,终于逸乐”,《释文》:“逸,本或作佚。”《论语·季氏》“乐佚游”,《释文》:“佚,本亦作逸。”《孟子·尽心上》“以佚道使民”,《三国志·诸葛亮传》作“以逸道使民”。《广雅·释诂一》“佚,乐也”。逸、佚皆读夷质切,喻母至部。簠铭“不敢逸康”,犹《周书·康诰》云“不敢自暇自逸”。【《金文大字典》页四六四一】

二七一　释达

戴家祥曰:《说文》二篇《辵部》:“达,行不相遇也。从辵。羍声。《诗》曰:‘挑兮达兮。’□,達或从大,或曰迭。”《周书·顾命》“昔君文王武王宣重光,奠丽陈教,则肄肄不违,用克达殷集大命”,达殷当读挞殷。《商颂·殷武》“挞彼殷武,奋伐荆楚”,《释文》引《韩诗》:“挞,达也。”《礼记·文王世子》“成王有过,则挞伯禽,所以成世子之道也”,郑玄注:“挞,

击也。"(《墙盘铭文通释》)《唐韵》达读唐割切，定母祭部。挞读他达切，透母祭部。透定皆舌音。【《金文大字典》页四六四三】

二七二　释遇

戴家祥曰：字当释踽。足、辵义近，故可更旁作遇。齐侯壶"尔其跻受御"，跻作迹。《礼记·缁衣》"不可以蹐"，《释文》："蹐本作遁。"《史记·乐书》"[illegible]万里"，《汉书·礼乐志》跩作迣。是其证。《说文》踽训"疏行貌"，引《诗》曰："独行踽踽"。辵字从彳从止，训"乍行乍止也"。乍行乍止，与疏行义更切近。高田忠周释寓(《古籀篇》五十四第二二叶)，殊误。《唐韵》踽读驱雨切，溪母鱼部。【《金文大字典》页四六五八】

二七三　释遌

遌从辵，从㔶，《说文》不载。以声符审之，当即迒之别构。《说文》："迒，兽迹也。从辵。亢声。蹥，迒或从足、更。"三篇《攴部》："㪅，从攴。丙声。"金文更作㪅，从㔶声。《唐韵》丙读兵永切，帮母阳部；更读古孟切，见母阳部；迒读胡郎切，匣母阳部。在古代谐声字中，牙音见溪两纽，每与喉音晓匣两纽混淆。如槐从鬼声，读户恢切，声在匣母。鬼读居伟切，声在见母。胡从古声，读户孤切，声在匣母。古读公户切，声在见母。迒之与亢，其例亦犹是也。《玉篇·一二七》，迒、逦同字，"迹也，长道也"。《集韵·下平十二庚》逦、蹥同字。同声通假，字亦读更。《广雅·释诂三》："更，代也。"【《金文大字典》页四六六四】

二七四　释遅

戴家祥曰：《说文》："遅，徐行也。从辵。犀声。《诗》曰：'行道迟迟。'迡，迟或从𡰥。遟，籀文迟。从犀。"中觑父段作[金文字形]，与籀文同。钟铭作[金文字形]，从犀省声。《小雅·四牡》"周道倭迟"，《韩诗》作"郁夷"。《淮南

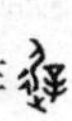

子·原道训》"冯夷大丙之御也"，高诱注："夷或作迟。"是迟、夷通假之证。古读夷如尸。兮甲盘"至于南淮夷"、曾伯簠"克狄淮夷"、无曩段"王征南夷"、竞卣"命伐南夷"、宗周钟"南夷东夷"，都以尸为夷。《天官·凌人》"大丧供夷槃冰"，郑玄注："夷之言尸也。实冰于夷盘中，置之尸床下，所以寒尸也。尸之槃曰夷盘，床曰夷床，衾曰夷衾，移尸曰夷于堂，皆依尸而言者也。"在《左传·成公十七年》晋厉公云"一朝而尸三卿，余不忍益也"，《韩非子》作"吾一朝而夷三卿"。《说文》八篇："屖，迟也。从尸。辛声。"读先稽切，心母脂部。夷读以脂切，喻母脂部。尸读式之切，审母之部。曾侯乙钟"迖则"，即传统乐律夷则。【《金文大字典》页四六六五—四六六六】

二七五　释建

静安先生曰："诸家皆释建，然《说文》建字与廷字俱在廴部，而古金文廷字与石鼓文䢕字所从之建字均从乚，不从辵，则此从辵者非建字，疑律之或作也。"（《毛公鼎考释》）按《玉篇·一二七》："建，分布也。又行貌。"《广韵·六术》读余律切，"行貌"。古读聿如遹。《小雅·楚茨》"神保聿归"，《宋书·乐志》引作"神保遹归"。《礼记·礼器》"聿追来孝"，《正义》："聿、遹字异义同。"遹亦通述。《大雅·文王》"聿修厥德"，《毛传》："聿，述也。"《汉书·东平王思宇传》引作"述修厥德"。《尔雅·释言》："律，述也。"孔颖达《毛诗正义》引《尔雅》作"聿，述也"。述、术同字。《邶风·日月》"报我不述"，《释文》："述本义亦作术。"是聿、遹、述、术同声之证。彳、辵义近，古人每有混用，其义为行，或为大道。鼎铭文有漫灭，惟"勿雝建"三字清晰不讹，似即《左传·昭公元年》"而有所壅塞不行是惧"之意。静安先生疑建为"律之或作"。《唐韵》律读吕戌切，来母脂部，建读余述切，喻母脂部，同部不同母。【《金文大字典》页四六六八】

二七六　释𢕟

戴家祥曰：𢕟，古遽字。从彳与辵同。如德之作𨒪，御之作迎（御）等。遽父己象尊器铭作𢕟，盖铭作遽，是其证。《国语·晋语》"公惧遽见之"，《吕氏春秋·自知篇》"遽掩其耳"，韦昭、高诱并云："遽，疾也。"【《金文大字典》页四七〇六】

二七七　释迹

迹字从辵从齐，字书所无。陈颂南读𨺓。（《两罍轩彝器图录》卷五第十四页）方濬益谓即齐之籀文。（《缀遗斋彝器考释》卷十二第廿一页）孙籀公疑剂之假字。（《古籀余论》卷三第四十三至四十四页）按古字以足表义者，亦或更旁从辵；以辵表义者，亦或更旁从足。《礼记·玉藻》"登席不由前为躐席"。《说文·足部》无躐字。《辵部》："邋，擸也。从辵。巤声"，《唐韵》良涉切，来母叶部，陆德明《礼记释文》躐音力辄反，不但同母，而且同部。同声必然同义，其为一字明矣。《缁衣》"不可以踣"，《释文》："踣本亦作逭。"《说文·辵部》："逭，逃也。从辵。官声。"《足部》无踣字。《集韵·上声九虞》遯、𨇨同字。《说文》："迒，兽迹也。从辵。亢声。踁，迒或从足从更。"亢、更声同，足、辵义近，迒、踁形声更旁字也。《集韵·入声二十二昔》迹、遗、速、蹟、跡同字，其义亦犹是也。以此例推，迹当释跻。《说文》："跻，登也。从足。齐声。《商书》曰：'予颠跻。'"今《商书·微子》作"予颠阶"。同声通假，字亦同齐。《集韵·上平十二齐》跻、阶、齐同字。《尔雅·释诂下》："跻，登升也。"齐侯两壶作于陈桓子死后，其子为其母孟姜丧终易服所作之祭器，于礼"父在母亡，则为服期年之丧。父亡而后母丧，则为母服齐衰三年。此丧服之通例也"。孟姜死于陈桓子身后，其子本宜服丧三年，以欲短丧，请示于齐侯。齐侯乃使使叩宗伯，礼官为请于天子，天子许其持服。壶铭"齐侯既跻桓子孟姜丧"，跻即《春秋经》"跻僖公"之跻，言齐侯请准于天子，许陈氏子举行易服吉祭，升其主于大庙也。

《春秋经・文公二年》："八月丁卯，大事于大庙，跻僖公。"《公羊传》云："大事者何？大祫也。大祫者何？合祭也。其合祭奈何？毁庙之主陈于大祖，未毁庙之主皆升(同陞)，合食于大祖。"鲁僖公即位三十三年十二月乙巳薨于小寝。世子文公本宜持服至三年十一月，而二年八月即陞其主于大庙，故范宁《谷梁传注》云："时三年未终，而吉祭于大庙，则其讥自明。"《仪礼・士虞礼》记曰："适尔皇祖某甫，以跻祔尔孙某甫"，贾公彦疏云："告死者曰：'适尔皇祖某甫。'谓皇祖曰：'跻祔尔孙某甫。'"《说文》一篇："祔，后死者合食于先祖。"《尔雅・释诂下》："祔，祪祖也。"《唐韵》祪读过委切，见母脂部。毁读许委切，晓母脂部。在谐声字中，牙音见、溪两纽每与喉音晓、匣混谐，已为声韵学家所证实。是祪为毁之异体字，殆无疑义。跻义为陞，祔义为付，本丧终吉祭之主要内容，既可行之于三年丧终，亦可行于未终三年。是跻也、祔也，二而一，一而二者也。陈、方二氏不知壶铭为丧终之吉祭，孙氏虽知其大意为丧终作乐，而读迹为剂。《尔雅・释言》"剂，翦齐也"，《说文・刀部》"剪，齐断也，以断丧而受事"为说，亦非笃论。

抑我犹有进者，三年之丧服，明著于礼经，又一再见于七十子后学诸论著，为以孝治天下之大经大法，何以鲁文公即位以短丧而见讥？《孟子・滕文公上》滕定公薨，世子滕文公使然友之邹，问丧礼于孟子，孟子告以三年之丧。父兄百官皆不欲也，故曰："吾宗国鲁先君莫之行，吾先君亦莫之行也，至于子之身而反之，不可。"又《尽心章下》齐宣王欲短丧，公孙丑曰："为期之丧，犹愈于已乎？"又曰："王子有其母死，其傅为请数月之丧。"在传世青铜中又有齐侯两壶纪短丧之事。齐鲁素称礼义之邦，统治主尚且如此，遑论庶人能否遵循者乎？心有所疑，故敢附记于此。

【《金文大字典》页四七一〇—四七一二】

二七八　释墨

戴家祥曰：墨字阮元《积古斋钟鼎彝器款识》（卷七第六叶）释郶、土二字。许翰非之，曰："细读诸本盖一字，从郶，从土，疑乡之别体。"（《筠清馆金文》卷三笔廿八叶）刘心源《奇觚室吉金文述》（卷十六第卅七叶）、孙诒让《古籀余论》（卷三第十八叶）并从其说。按卜辞金文乡里之乡从从，或作，盖古文簋字。像两人相向，为向背之本字。从皀从，亦声，字当释飨。同声通假，借用为卿。《唐韵》乡读许良切，匣母阳部，卿读去京切，溪母阳部。古代牙音见、溪两纽在谐声字中每与喉音晓、匣混用。故《白虎通》云："卿之言向也。为人所归向。"汉碑篆额始有字，许君不知皀为簋之初文，误以皀"又读若香"。（《说文》五篇）盖时俗不知字例者之所为也。阮释固误，印林所言亦非确论。然则墨字果何义耶？以形声核之，实即邑之别体。古籀大篆每骈立两形以明其字义，而小篆则或省改为一形。如𦍒之为業（《说文》三篇《丵部》），楳之为某（《说文》六篇《木部》），畱之或体作畜（《说文》十三篇《田部》），䣊之篆文作巷（《说文》六篇《䣊部》），是其证。古人作书涉及土地国邑者，每加旁从土以示类别。金文陈曼簠陈作塦，平阿戈阿作坷，或之别体作域（《说文》十二篇）可证。表义更旁，字亦作国，囗，回也，象范围周匝之形，与邑之从囗同义。《孟子》曰："域民不以封疆之界"（《公孙丑下》），赵岐注："域民，居民也。"邑之古文作，象人踞在卩在□下，其义即在此。许云"从卩"（《说文》六篇）大误。国、邑两词，文异义同。《商书·汤誓》"率割夏邑"，《史记·殷本纪》作"率夺夏国"；《周书·牧誓》"以奸宄于商邑"，《史记·周本纪》作"以奸轨于商国"。《说文》云"邑，国也"，"国，邦也"。格伯六器铭末具有"厥书史戠武立𩰫成墨"之语，似即礼家所谓立庙血祭使之成邑之礼。《史记·五帝本纪》"舜一年而所居成聚，二年成邑，三年成都"，是成墨之为成邑殆无异义矣。【《金文大字典》页四七三〇—四七三一】

二七九　释部

戴家祥曰：陈颂南云："部字即都之讹。"(《两罍轩彝器图录》卷五第十五至十六页)吴大澂(《说文古籀补》六篇第七页)、吴式芬(《攈古录》三之三第廿八页)释同。按：《说文》六篇："部，周文王子所封国。从邑。告声。"《左氏春秋经·隐公十年》"公败宋师于菅，辛未，取部"，杜预注："部，宋邑。"又《左传·僖公二十四年》富辰曰："部、雍、曹、滕，文之昭也。"杜注："济阴城武县东南有北部城。"又《成公十三年》晋侯使吕相绝秦曰"焚我箕部"，杜注："箕、部，晋二邑也。"皆非齐之采邑。陈、吴诸公释为都之讹字，精鉴绝伦。齐侯两壶作于陈桓子死后，其子为其母孟姜丧终易服时所作之祭器。于礼：父在母亡，则为服期年之丧；父亡而后母丧，则为母服齐衰三年。此丧服之通例也。孟姜死在陈桓子身后，其子本宜服丧三年，以欲短丧，请示齐侯，齐侯乃使使叩宗伯，礼官为请于天子，天子许其持服。考《仪礼·丧服》传，野人曰："父母无算焉，都邑之士则知尊祢矣，大夫及学士则知尊祖矣。"贾公彦谓："国外为野人。野人稍远政化，都邑之士为近政化。"壶铭"都邑"一词指此而已。《礼记·丧服四制》云："祥之日(易服吉祭)鼓素琴，告民有终也，以节制者也。"壶铭"齐侯既迭，桓子孟姜丧，其人民都邑堇宴，无用从尔大乐"，意谓田氏子易服作乐，人民都邑贫窭小户，无须从汝大乐，文义显然。吴云不知丧服有终之义，读部为高，谓部邑即齐之高唐(《两罍轩彝器图录》卷五第十五至十六页)，方濬益亦就讹字反复论证，读部为祰，在齐西界(《缀遗斋彝器考释》卷十三第三十三至三十一页)，均臆说不足取。【《金文大字典》页四七五六—四七五七】

二八〇　释鄘

《水经注·滍水》："应城，故应乡也。应侯之国。"金文有关国邑的地名,每每从邑以区别之。徐王义楚盘徐作𨛜,秦诅楚文商於之於作⿰於阝,三体石经僖公残石温作⿰昷阝。应为国邑,字当作⿰應阝,应钟写作⿰應阝钟,都是同声通假的结果。【《金文大字典》页四七七七】

二八一　释⿰楚阝

义⿰楚阝为人名,𨛜王义楚耑"𨛜王义楚睪余吉金",楚不从邑。此铭从邑,是因为楚又为国邑之名的缘故。《左传·昭公六年》"徐义楚聘于楚",即此徐王义楚。【《金文大字典》页四七七八】

二八二　释⿱緐邑

戴家祥曰:宋时出土晋姜鼎有"弘征緐汤"之语,薛尚功释绥荡(《历代钟鼎彝器款识法帖》卷十),阮元释曾伯簠⿰緐阝为绥邑两字合文(《积古斋钟鼎款识》卷七)。按《说文》十三篇《糸部》:"緐,马髦饰也。从糸。每声。"繁为地名,故加旁从邑。⿰緐阝汤即繁阳。汤、阳声同。《左传·襄公四年》"春,楚师以陈叛故,犹在繁阳",又《定公六年传》"四月己丑,吴太子终累败楚舟师,获潘子臣、小惟子及大夫七人。楚国大惕,惧亡,子期又以陵师败于繁扬",阳作扬。杜预曰:"繁阳,楚地,在汝南鲖阳南。"(今河南省新蔡县)簠铭作者为姬姓之曾,自东周以后,迄战国晚期,其政治活动北起河南郑州南部,南及潢川,西起南阳,东抵安徽亳县,与江淮间诸小国皆通婚姻,其文化遗迹在湖北随县大量发现,与楚之王族关系特别密切,故有"抑燮繁阳"之事。由此可知,繁阳一地,非《史记·赵世家》"孝成王二十一年,廉颇攻魏繁阳"之地域也。魏之繁阳在今河南省内黄县东北境繁水之北,而曾伯之曾亦非山东鄫城姒姓之鄫可断言也。【《金文大字典》页四七七九】

二八三　释酋

戴家祥曰：□、□皆古文酋字也。《说文》十四篇："酋，绎酒也。从酉。水半见于上。《礼》有大酋，掌酒官也。"按《礼记·月令》仲冬之月"乃命大酋"，郑玄注："酒孰曰酋。大酋者，酒官之长也。"《玉篇·五三九》："䣯，自流切。亦作酋。酒官也。"《天官·序官》"酒人奄十人，女酒三十人，奚三百人"，郑玄注："女酒，女奴晓酒者。"《吕氏春秋·精通篇》："臣之父不幸而杀人，不得生。臣之母得生，而为公家为酒。"盖古之女奴没入县官，或为舂，或为酒也。《墨子·天志下》"妇人以为舂酋"，可为郑注佐证。《说文》："酉，就也。八月黍成可为酎酒。象古文酉之形。"酒不可象，盖以盛酒之器象之。酉读与九切，喻母幽部，酒读子酉切，精母幽部，酋读字秋切，从母幽部，同韵通假，故《说文》二篇遒或作逎，金文尊或从酉。【《金文大字典》页四七九三—四七九四】

二八四　释配

戴家祥曰：毛公鼎"□我有周""先王□命"，吴大澂(《说文古籀补》卷十四第十三叶)、孙诒让(《籀庼述林》卷七第二叶)释□为配。按三体石经《君奭》残石"故殷礼陟配天"，隶书配作配，从酉从已，篆文作□，古文作□，并从卩从酉，与鼎铭合。《说文》十四篇《酉部》："配，酒色也。从酉。己声。"配读滂佩切，妃读芳非切，不但同部，而且同母。故经传妃、配通用。配字从卩，象人跽形，其义当为配偶之配。古者娶妇必先以酒醴飨焉。《仪礼·士昏礼》："赞者酌醴，加柶，面枋出房。席前北面，妇东面，拜受。妇升席，左执觯，右祭脯醢，以柶祭醴三，降席，东面坐啐醴。"《礼记·昏义》："妇至，壻揖妇人，共牢而食，合卺而酳，所以合体同尊卑以亲之也。"《左传·隐公八年》"先配而后祖"，贾逵云："配成夫妇也。"《公羊传·宣公三年》"王者必以其祖配"，何休注："配，配食也。"卽字从

酉从卩，乃象配食之形，非形声字。许云“酒色”，恐非本义。【《金文大字典》页四七九五—四七九六】

二八五　释酢

戴家祥曰：酢字从酉，乍声。耑铭假为作字，其本义当为酬酢之酢。《尔雅·释诂下》：“酢，报也。”礼：主人酌酒于宾曰献。宾答主人曰酢。主人又酌宾曰酬。同声通假，字或为昨。《春官·司几筵》“祀先王昨席亦如之”，郑玄读昨曰酢，谓“祭祀及王受酢之席。”亦通为胙。《国语·晋语》“王飨醴，命公胙侑”，《广韵》引《苍颉篇》云：“客报主人曰酢。”《左传·僖公二十八年》“晋侯朝王，王享醴，命晋侯宥”，盖如宾酢主人之礼，以功侑于王也。《说文》“酢，醶也”，为醋之假字，《仪礼·士虞礼》“尸以醋主人”，《释文》：“醋本亦作酢。”《齐民要术》有作醋法云“酢者，今醋也”，皆同声假借。【《金文大字典》页四七九九】

二八六　释酳

字从酉，从，《说文》所无。以声义求之，殆即《天官·酒人》“五齐”之齐。从酉者，表义加旁字也。郑玄谓：“齐者，每有祭祀以度量节作之。”【《金文大字典》页四八〇七】

二八七　释醿

戴家祥曰：孙诒让云：旧释为醵，今审字形并不类。右从，上从首，下从夊，中象手形，则当为夒字。前榦尊“王省夒京”夒字作，与此相近，可以互证。此从酉当为醿字，但醿字《说文》所无。（《古籀余论》卷三盂鼎）按醵从豦声，读强鱼切，群母鱼部，夒读渠追切，群母脂部，声同韵近。（鱼在第五，脂第七，古多借韵。）是醵为醿之声符更旁字也。

《说文》:“醵,会饮也。”《礼记·礼器》“周礼其犹醵与”,郑注云:“合钱饮酒为醵。王居明堂之礼,仲秋乃命国醵。”《史记·货殖列传》曰“岁时无以祭祀进醵饮食”,鼎铭云“有□(似当读此)蒸祀无敢醵”,皆言祭祀之后继之以会饮之事,而为周公所厉禁者。吴大澂释醵(《说文古籀补》卷十四第十三叶),未可厚非。【《金文大字典》页四八〇八】

二八八 释巤

戴家祥曰:静安先生把卜辞中、、、几个不同形的写法,统统释为昱之初文。罗氏用他的话,遍查卜辞中的干支记日的、、、等字,差不多绝大部分都作明日解,只是极个别的地方放宽到第三日或者第四日。这个考定已经无容争论的了。不过静安先生说它的字形是巤之初文,象毛发巤巤之形。卜辞诸形都不从囟,何来毛发巤巤之形?说服力似嫌不够。丹徒(镇江)叶玉森把它定为翼之初文,并象虫翼上有网膜,并说《书·武成》《书·金縢》“翼日”之“翼”乃本字,昱、翌并后起字。(《说契》第一叶)周名辉《古籀考》,孙海波《甲骨文编》都采用他的说法,在学术界起了一定的影响。我们知道今天通行的《尚书伪孔传》是唐玄宗天宝三年七月诏学士改过的本子。(《册府元龟》卷五十《帝王部》)现在《武成》“越翼日癸巳”,《汉书·律历志》引《佚武成》作“若翌日癸巳”。《金縢》“王翼日乃瘳”,《尔雅·释言》:“翌,明也。”郭璞注:“《书》曰‘翌日乃瘳’。”《顾命》“若翼日乙丑”,《集韵·一屋》:“翌,明也。《书》:‘翌日乙丑’。”郑樵云:“明皇之时,去隶书既远,不通变古今之义,所用文违于古义尤多。”(《通志》六十三《艺文略》)所以段玉裁说:“凡经传子史‘翌日’皆‘昱日’之假借。翌与昱同,故相假借,其作翼者误也。”(《说文解字注》七篇《日部》)、、、当为蜡之初文,象蜂蜡结构形。《说文》无蜡字。《玉篇·四〇一》:“蜡,蜜滓。”《说文》十三篇《䖵部》“𧖟,𧒂甘饴也”,重文作蜜。有蜜定有蜡,许慎失收,不等于古代没有这个字。《说文》十篇《囟部》巤应为形声字,从囟,𠂹声,古文𡿺从巛,象发也。

[古文字],籀文子,囟有发。(《说文》十四篇《子部》)金文宰椃角“在六月隹王廿祀,[古文字]又五”。[古文字]为蜡之上下重叠形,声读不变。卜辞或体作[古文字],从日[古文字]声,变为形声字,亦有作[古文字],从立从[古文字]。《广韵·二十八盍》䶪同蜡。鬣、立同隶来母,今立在缉部,蜡在叶部,叶缉通韵。昱之作[古文字],犹纭字或体䛃,迕字或体作啎,贮字或体作𧶠,眂字或体作眡,声音符号重复字也。小盂鼎作[古文字],从日从立从𦣻,立、𦣻谐声,犹紵字或体作緒(从者从宁),齑字或体作齏,隮字石鼓文作𨻰(从齐从妻),为一形两声的异体字。翌读喻母,立、蜡都读来母,古代有些喻母的字,可以变为来母。金文颂鼎“王各太室,即立”。《春官·小宗伯》“掌建邦之神位”,郑玄注:“古者立、位同字。”古文《春秋经》“公即位”为“公即立”。立读力入切,隶来母。位读于备切,隶喻母三等。聿音余律切,古书或借作曰。聿、曰并喻母四等。从彳为律,读吕戌切,则为来母。聿或作越。《礼记·王制》“越绋而行事”,郑玄注:“越,犹蹷也。”越隶喻四,蹷则为来母。【《金文大字典》页四八二六—四八二八】

二八九 释求

《说文》:“[古文字],古文省衣。”段玉裁云:“此古文裘字。后加衣为裘,而求专为干请之用,亦犹加艹为蓑,而衰为等差之用也。”按段说近是。卜辞、金文[古文字]象首尾肢体兽毛蒙戎形,《盐铁论》所谓“古者鹿裘皮冒,蹄足不去。及其后,大夫狐貉缝腋,羔麑豹袪,庶人则毛绔衳彤,朴羝皮傅”(《散不足篇》)是也。此言裘皮之衣有粗制精制之别,朝服便衣之殊。字之作[古文字]者,粗制士庶之便衣也;作裘者,镶钳缝缀卿大夫之朝服也。造字者因词寻义,加旁以区别焉。此象形之所以转变为形声字也。后世字形虽已多变,而苟趋便易者仍有依声不依义之习惯,遂使本义字与假借字杂然并存于竹帛之中。《孟子·万章下》“乐正裘牧仲”,《汉书·古今人表》裘作求。《小雅·大东》“熊罴是裘”,郑笺:“裘当作求,声相近故也。”

又《桑扈》“万福来求”，郑笺：“贤者居处恭，执事敬，与人交必有礼，则万福之禄，就而求之。”循名思义，求当作逑。（《集韵·去声十九代》敕、徕、来、逨同字）辵字从止从彳，象人趾在路边，与来同义。《战国策·齐策》“欲有求于我也”，高诱注：“求，索也。”《玉篇·四三六》：“求，用也，见也，索也。”《广韵·上平十八尤》：“宲，索也。”（《说文》七篇《宀部》：“索，入家搜也。从宀。索声。”）《说文》逑训“敛聚也”。敛聚与搜索同义。许氏则假逑为宲矣。《说文》六篇：“赇，以财物枉法相谢也。从贝。求声。”《一切经音义·二十一》引《仓颉篇》云：“载请曰赇。”《汉书·刑法志》“吏坐受赇枉法”，此言干求必有财，故加旁从贝。《大雅·緜》“捄之陾陾”，郑笺：“捄，捊也。筑墙者捊聚壤土，盛之以虆，而投诸版中。”《说文》：“捄，盛土于梩中。一曰捊也。”许兼用毛、郑二义。《说文》二篇又读逑为鸠，引《虞书》曰：“旁逑孱功”，又曰：“怨匹曰逑”。今《尧典》作“方鸠僝功”。《说文》：“勼，聚也。从勹。九声。读若鸠。”知逑与鸠皆勼之声借字也。《周南·关雎》“君子好逑”，陆德明《经典释文》：“逑本亦作仇。”仇，匹也。卜辞、金文求、裘两字都已出现。卜辞文残缺，文义不可考。金文裘为皮衣之专用字，求为祈请之祈。《说文》：“祈，求福也。”《尔雅·释诂》云：“告也。”《一切经音义·九》引孙炎曰：“祈为民求福叫告之辞也。”《谷梁传·定公元年》：“求者，请也。”按祈、求并群母字，故祈雨即求雨，祈福即求福矣。【《金文大字典》页四八二九—四八三〇】

二九〇　释皀

戴家祥曰：青铜器中有自铭为𣪘者，其形正圆，或圈足，或带方座，左右带两耳。宋人图录则定名为敦，清儒钱献之、韩履卿始疑其误，瑞安黄绍箕反复证明即簠簋之簋。一九二七年，东莞容庚收其说于《殷周礼乐器考略》，其后遂成定说。按：释𣪘为簋是也。𣪘即《说文》三篇《殳部》𣪘字。许云：“揉屈也。从殳。从皀。皀，古文叀字。廏字从此。”皀当为，上象丰盖，下象圆底。卜辞多作，下象方座，即簋之初文。段为之加旁字。古之独体象形字，每有表义加旁，变为合体象形者，犹磬之初文为，加旁作；鼓之初文为，加旁作；壶之初文为，加旁作（伯姬壶）。以此证之为，亦古文表义加旁之通例也。金文多从。《说文》作段，从皀，而被误释为叀。颂段、师趛父段、追段作，作，与《说文》同。知之为，亦古文繁简之通例也。

《说文》五篇："皀，谷之馨香也。象嘉谷在裹中之形。匕，所以扱之。或说皀，一粒也。……又读若香。"按商周金文从皀为偏旁者，如卽、即、既、卿、食、段诸字，以及从食为偏旁者，字皆作。六国器铭或写作，秦汉碑碣通行作皀，即许氏所云"匕所以扱之"也。《唐韵》皀音皮及切，并母缉部。许云"又读若香"。香音许良切，晓母阳部。小徐《系传》引颜黄门《家训》曰："在益州与数人同坐，初晴，见地下小光，问左右是何物。一蜀竖就视云：'是豆逼耳。'皆不知所谓。取来，乃小豆也。蜀土呼豆为逼，时莫之解。吾云：'《三仓》《说文》皆有皀字，训粒。《通俗文》音方力反。'众皆欢喜。"按《说文》二篇《辵部》："遐，恭敬行也。从辵。段声。读若九。"三篇《殳部》段"廏字从此"。《唐韵》居又切。九篇《勹部》："匓，饱也。从勹。段声。民祭祀曰厌匓。"《唐韵》己又切。《广部》："廏，马舍也。从广。段声。，古文从九。"《唐韵》居又切。十二篇《女部》："嬺，竦身也。从女。簋声。读若《诗》'纠纠葛屦'。"《唐韵》居夭切。纠读居蚪切。是以皀表声者无非见母幽部。许云"又读若香"，《唐韵》皮及切，颜之推谓"《通俗文》音方力反"，皆臆说不足信。《说文》五篇："簋，黍稷方器也。从竹，从皿，从皀。，古文簋，从匚、饥。，古文簋，或从轨。，亦古文簋。"考《仪礼·士昏礼》《聘礼》《公食大夫礼》，郑玄注："古文簋皆作轨。"《易·损卦·彖辞》"二簋应有时"，《释文》："簋，蜀才作轨。"《春官·小史》"史以书叙昭穆之俎簋"，郑玄云："故书簋或为几。"郑众云："几读为轨，书或为簋，古文也。"清儒段玉裁谓《说文》"各本作从匚、饥，饥非声也。从匚，从食，九声也。”（《说文解字注》）又谓：“簋古音同九，其古文作轨，轨音亦同九。簋为秦时小篆，必从周人作轨也。今本（《周礼》）注：九讹作几，非其声类。”（《周礼汉读考》）桂馥《说文义证》引董仲舒《春秋繁露·祭义》云：“春上豆实，夏上尊实，秋上杋实，冬上敦实。豆实，韭也。尊实，麷也。杋实，黍也。敦实，稻也。”杋实即簋实。簋，黍稷器。同声通假，字亦作塯。《史记·秦始皇本记》“饭土簋”，《索隐》：“簋作塯。”云：“如字，一音镂，一作簋。”《李斯列传》二世责问李斯“吾有所闻于韩子曰：‘尧饭土匭，啜土鉶。’”《集解》引徐广曰：“匭，一作塯。”按塯从留声，留读力求切，韵在幽部，声在来母。古代牙音见母每有混为舌音来母者，如各之与洛，监之于滥，兼之于廉，是其例也。来母可读见母，故簋亦或作塯。

簋声同九，已为前儒习知。《一切经音义·九》廏古文㲃、𩚏二形。㲃即皀之表音加旁字。古人于象形字附以表音加旁者，如凶之加旁作兇，幽之加旁作𪗋，网之加旁作罔，可为㲃即皀增一佐证。㲃，古文簋，借用为廏。𩚏、勼同字。《释名·释宫室》：“廏，勼也。”廏，勼声符更旁字也。

簋之初文作皀，字本象形，加旁从殳，变为形声。同声通假，字亦作轨，形声更旁，则有匭、匭、杋诸体。降至秦篆，则有表义加旁再加旁。从皿者，以器物之类属言也。从竹者，以器物之取材言也。陈子匜以𨪞为匜，字之结构，亦犹是也。《仪礼·聘礼》“夫人使下大夫劳以二竹簋方”，郑玄注：“以竹为之，状如簋而方。”贾公彦疏：“凡簋皆用木而圆，受斗二升。此则用竹而方，故云如簋而方。”以此知簋之加旁从竹有所本也。此文起草于一九廿七年春，次年修改重定为《释皀》，刊于《国学论丛》第一卷第四期。越数年，李济、郭宝钧、梁思永等发掘殷虚遗址，得陶簋残器，左右无两耳，形同卜辞皀字，为皀即簋之初文，增一铁证。其后又见青铜器封仲毁铭曰“戚姬作宝尊皀”，一九五三年山西洪赵县出土铜毁铭曰“系一冋彝皀”，不徒可证鄙见之不谬，并可证钱、韩、黄、容诸公揭覆之

功，不可灭也。【《金文大字典》页四八三三—四八三六】

二九一　释冟

戴家祥曰：虎冟一词，宋人释为虎冕。（薛尚功《历代钟鼎彝器款识法帖》卷十四牧敦、卷十五寅簋）清儒阮元读为虎韔之韔，通鬯。（《积古斋钟鼎款识》卷五吴彝）徐同柏（《从古堂款识学》卷十六）、刘心源（《奇觚室吉金文述》卷二）、吴大澂（《说文古籀补》卷五）从之。孙星衍（《续古文苑》）释良。静安先生在《毛公鼎考释》中云：吴中丞从阮太傅旧释为韔。案上下皆车上物，不得有韔。疑即《秦风·小戎》之“文茵”。《毛传》：“文茵，虎皮也。”《释名》：“文鞇，车中所坐者也，用虎皮有文采。”然先生未言其为何字，形声缺如也。孙诒让谓：“当为褀。”《说文·皀部》：“冟，饭刚柔不调相着。从皀。冖声。读若适。”冟、冥并从冖声，得相通借也。巾车作褀，郑司农训为覆笭。虎褀即《诗·韩奕》之“浅幭”。《毛传》：“浅，虎皮浅毛也。幭，覆式也。”韩、毛同为周同姓国，故亦得乘金车而虎幎矣。《仪礼·既夕》注：“古文幦为冥。”幦正字，褀冥假借字。（《籀庼述林》卷七《毛公鼎释文》）林义光（《文源》卷五）、郭沫若（《两周金文辞大系考释》二七二叶）从之。

考金文冟字作，或作，鬯字作，字形绝异，不容混淆。为冖之加旁字。《说文》七篇：“冖，覆也。从一下垂也。”《玉篇·二一二》音亡狄切，“覆也，以巾覆物。今为幂”。《小尔雅·广服》“大巾谓之幎”，《天官·幂人》“掌共巾幂”，郑玄注：“共巾可以覆物。”《序官》注亦云：“以巾覆物曰幂。”谓巾幂，则是巾之可以覆物者，以别于佩巾不可以覆物也。冖为原始象形字，两端下垂，中则覆物也。变而为幎，从巾冥声。（《说文》七篇：“冥从日，从六，冖声。”）在六书为形声。偏旁移易，则写作幂。《玉篇·四三二》：“幎、冥同字。”表义更旁，字或作褀。《春官·巾车》“王之丧车”，“犬褀”。幎、褀本一字也。注音更旁，字或作幦。《仪礼·既夕记》“白狗幦”，郑玄注：“古文幦为幂。”《集韵·入声二十三锡》：“幦、褀同字。”亦或作幭。《说文》:“幭,盖幭也。从巾。蔑声。”冥、蔑声同。《大雅·韩奕》“鞹鞃浅幭”,《大戴礼记·三本篇》:“大路车之素幭也。”《礼记·玉藻》“君羔幦虎犆,大夫齐车鹿幦豹犆,朝车士齐车鹿幦豹犆”,郑玄注:“幦,覆苓也。”幎、複、幭、幦字异声同,皆冖之形声增益字也。覆物之巾通称曰冖,分别言之:则有覆鼎之鼏,加旁从鼎;覆簋之冟,加旁从皀;覆尊之酉,加旁从酉。皆后起之增字也。

《仪礼·公食大夫礼》“鼏若束若编”,郑玄注:“凡鼎鼏盖,以茅为之,长则束本,短则编其中央。”意谓鼎口特殊,巾不适用,乃改用茅,而仍以幂名。鼏、幂同字,故礼经通用。以此例推,冟字从皀,冖声。皀,古文簋。(详拙作《释皀》,文载清华研究院《国学论丛》一卷四期)其为覆簋之冖,殆无疑义。《士昏礼》“醯酱二豆,菹醢四豆,兼巾之”,《既夕记》“瓮三,幂用疏布;甒二,幂用功布”,《天官·幂人》“掌共巾幂”,“凡王巾皆黼”,贾公彦疏云:“凡王之覆物之巾,皆用黼文覆之。言凡非一,四饮三酒之外,笾豆俎簋之属皆用之。”是尊、彝、甒、壶、笾、豆、簠、簋皆有幂。《公食大夫礼》“簠有盖幂。”举簠以该簋也。幂以布及葛为之。

卜辞有𡨦字,从酉从冖。酉,古文尊。(《增订殷虚书契考释》卷中第三十九叶)其为覆尊之冖,殆无疑义。《乡饮酒礼》“尊綌幂,宾至,彻之”,《燕礼》“执幂者升自西阶,立于尊南,北面东上”,《少牢馈食礼》司宫“乃启二尊之盖幂”,幂为覆尊巾。綌,葛也。以葛为幂,取其坚洁。(皆本郑玄注)

其在车饰,冟当读幔。《集韵·去声二十九换》:“《说文》衣车盖也。一曰战车以遮矢也。”段玉裁云:“衣车,上文辎軿是也。四围为衣,上为盖,皆以蔽舆也。”(《说文解字注》)表义更旁,幔亦作幔。《广雅·释诂二》:“幔,覆也。”幔、幔皆从曼声。

《说文》二篇:“曼,引也。从又,冒声。”冃、冃皆冖之演变字。《说文》:“冃,重覆也。从冖、一。”按一为指事性符号,在六书为指事,小篆冢从之。(《说文》十篇:“仌,住也。从大立一之上。”大徐云:“大,人也。一,地也。”十三篇:“至,从一。一,犹地也。”)再变为冃,从冖、二。

按二，古文上字，覆上为冃，在六书为会意。加旁注音，冃亦作冒。《说文》一篇："瑁，古文作玥。"《玉篇·二一四》冃或作帽。《集韵·去声三十七号》冃或作䘵。《邶风·日月》"下土是冒"，《毛传》："冒，覆也。"《汉书·周勃传》"太后以冒絮提文帝"，颜师古《集注》："冒，覆也。"《三国志·东夷传》"夫余国以金银饰冒"，是即许书所谓"冃，小儿蛮夷头衣也"。冃本会意，冒为形声。由会意变为形声，亦文字发展演变之通例也。

通观经传，凡字之训覆盖者，不论形体如何多变，声读始终不出明纽之外。寻根溯源，必与冖字有关。循声得义，则知《周官·巾车》之複，《礼记·玉藻》之幦，《大雅·韩奕》之幭，传世金文之冟，皆指车盖而言。冖，正字；冟、複、幦、幭皆假借字也。二郑训为覆笭，未必然也。

字之初造，往往随体屈曲，依类象形，厥后庶业其繁，象形不周于用，不得不增益偏旁，别创新字，新旧相袭，字数倍增，此一事也。东周以还，政教分离，私家讲学蔚然成风，口耳相传，侧重耳受，声同韵近之字，信手拈来，一字数训，所在都有。此又一事也。两汉经师，颇识前闻，片言只字，或可稽寻。历年弥远，情伪难分，言之，则其声也；视之，未必是其本字也。圖字《说文》失收，冟字虽见于《说文》而又失其本义。识字解经之难，大率类此。今试以加旁更旁之通例求其形体演变，以先秦声韵求其音训通假之渠道，以典章制度求其铭辞大意，庶几得义得声之规矩法度，或得冥符于万一尔。【《金文大字典》页四八三七—四八四〇】

二九二　释卿

刘心源曰："卿即卿，用为鄉，实为飨，古文止卿字，小篆为三形耳。如𦂶鼎'王卿酒'、效卣'纳卿于王'，飨字也，与此同。望敦'北卿'、吴尊'北卿'，鄉字也，即向。毛公鼎'卿士寮'，邾公钟'及我正卿'，卿字也。并可证。"（《奇觚室吉金文述》卷一二叶征人鼎）按字象两人相向对坐，共食一簋之形，本义当为飨。《诗·彤弓》"一朝飨之"，笺："大饮宾曰飨礼。"金文"王卿"或"王卿酒"，卿即飨。两人相对而坐，故引申为向，相向之义，如[illegible]（北）引申为背意一样。金文"北卿"，卿即向。原始社会，一个氏族部落就是一个共同劳动，一起饮食的集体。他们聚族而居，形成村落乡邑。因此，表示共食一簋之义的卿又引申为乡邑之乡。一乡之中有乡老，后来发展为六卿之官。因此乡字古又通作卿。如金文"卿事寮""用召卿事辟王"之卿。

戴家祥曰：鼎铭云："隹十又五年三月既霸丁亥，王在[illegible]宫，大以厥友守王[illegible]醴。"[illegible]字从食从[illegible]，《说文》所无。以文义推之，字当释卿。《说文》九篇："卿，章也。六卿：天官冢宰、地官司徒、春官宗伯、夏官司马、秋官司寇、冬官司空。从卯。皀声。"按卜辞、金文卿、乡同字，皆从[illegible]，从[illegible]，[illegible]象两人相向，为向背之向之本字。[illegible]，古文簋。《唐韵》卿读去京切，溪母阳部，乡读许良切，晓母阳部，在谐声字中，牙音见溪二纽每与喉音晓匣混谐，故卿、乡两字不但形同，而且声同。相向就簋，即宴飨之本字。经传作飨，乃形声相益之孳乳字也。鼎铭[illegible]当读飨礼。[illegible]字从[illegible]，乃[illegible]之省笔也。《秋官・大行人》："上公，王礼再祼而酢，飨礼九献。侯伯，王礼壹祼而酢，飨礼七献。若子男，则王壹祼不酢，飨礼五献，有献而无酢。"又《掌客》云："王合诸侯而飨礼，则具十有二牢，庶具百物备。"《左传・庄公十八年》"虢公、晋侯朝王，王飨醴（礼作醴），命之宥（宥读侑），皆赐玉五珏，马三匹"，《僖公二十五年》"晋侯朝王，王飨醴，命之宥"，《僖公二十八年》"王享（飨作享）醴，命晋侯宥"。《小雅・彤弓》之首章云"钟鼓既设，一朝飨之"，即主人献宾之礼。次章云"一朝右（右读宥。《毛传》：'劝也。'）之"，为宾酢主人之礼。三章云"一朝醻（同酬）之"，即谓主人酬报之礼。程序较然与《周官》相互佐证，是鼎铭之[illegible]醴为飨礼，或亦考释家所首肯欤？【《金文大字典》页四八六三—四八六四】

二九三　释臾

戴家祥曰：[illegible]字从[illegible]从元，师臾钟作[illegible]，从兀，字当释臾。许君隶臾于十四篇《申部》云："从申从乙"，训"束缚捽抴"。古字人字近兀，当云"从人从𦥑。"𦥑者，叉手也。臾、颂、容古本一字。《汉书·古今人表》及《艺文志》均有"鬼容区"，《郊祀志》云："冕侯问于鬼臾区"，颜师古注："《艺文志》'鬼容区'，而此志作'臾区'，臾、容声相近，盖一也。"按《唐韵》容、颂俱读余封切，喻母东部，臾读羊朱切，喻母侯部，东侯阴阳对转，颜说是也。《说文》七篇《宀部》古文容作宊，从宀，公声。九篇《页部》："颂，貌也。从页。公声。籀文作䛦。从页。容声。"是容、颂同颂之证。《诗序》："颂者，美盛德之形容，以其成功告于神明者也。"《释名·释言语》："颂，容也。叙说其成功之形容也。"此言颂之异于风、雅二体者，不但有其文，而且再现其状貌形容，使人见其舞，知其德，闻其谥，知其行也。臾字从元从𦥑，象摇头叉手，在六书为象形。变而为颂，从页，公声。页者，头也。在六书为形声。更旁从宀，为"容盛"之本字。（古字从宀表义者，亦或更旁从穴。容字本为从穴，公声。宊，古文容。许谓从宀、谷，大误。）同声通假借为雅颂之颂，在六书为假借，其实本一词也。《汉书·儒林传》称鲁徐生善为颂，亦犹近人所谓优秀表演艺术家也。器铭[illegible]为人名。《左传·文公十二年》"晋有臾骈"。【《金文大字典》页四八七〇】

二九四　释𨾅

戴家祥曰：𨾅字从隹从午，字书未见。以形声求之，字当读鹉。《玉篇·三九零》"鹉鼠或作䶊，午胡切。"《说文》："鸟，长尾禽之总名也。""隹，鸟之短尾总名也。"鸟、隹都象禽形，故字从鸟表义者亦或更旁从隹。例如雞籀文作鷄，雎或作鸡，鸒或作雤，是其证。《唐韵》午读疑古切，疑母鱼部，吾读疑乎切，不但同母，而且同部。《战国策·燕策》"人不敢忤视"，鲍本作悟。《韩非子·说难篇》"大意无所拂悟"，《太平御览》四六二引悟作忤。《尔雅·释言》"逜，寤也"。《释文》"孙炎本吾字作午"。以是而知鹉之作𨾅，其例亦犹是也。盦铭首言"我皇祖唐公□受大命左右武王"，后言"𨾅今小子敢率刑先王秉德""万年晋邦"，知𨾅即《史记·晋世家》顷公去疾之子定公午，即位后使荀跞唁鲁昭公于乾侯，事见《左氏春秋·昭公三十一年》。《哀公二年》称“郑胜乱从，晋午在难”，杜预注：“午，晋定公名。”《国语·吴语》“以会晋公午于黄池”，韦昭注：“晋公午，晋定公也。”黄池之会亦见《左传·哀公十三年》，字亦作午。今得此器，知其人本来名锥，经传作午者，皆用同声借字也。【《金文大字典》页五〇〇七】

二九五　释陎

戴家祥曰：陎字从自从美，《说文》未见。以形声审之，殆即渼之别体。古字以自表义者，亦或更旁从水。《玉篇·三五四》阱亦作汫，陀亦作沱，�今作濮。陎之作渼，其例亦犹是也。《玉篇·二八五》渼读莫彼切，明母歌部，训“水波也”。《集韵·上声五脂》音母鄙切，明母之部，训“水名，在京兆。一曰水波”。《长安志》云：“渼陂在鄠县西四五里，受终南山之水，西北流入涝水。”或即其地。【《金文大字典》页五〇四八】

二九六　释陣

戴家祥曰：陣字从自从尃，《说文》所无。周名辉释傅（《古籀考》卷下），日本高田忠周释甫（《古籀篇》第十四），皆臆说不可据。曩见静安先生手题克鼎拓本云：“案此鼎出于宝鸡县之渭水南岸，而克钟有‘遹泾东至于京师’之语，是克之封地跨泾渭二水，与公刘所居之豳地略同，则陣泉殆即《诗》之‘溥原’欤？”考古字从水表义者，亦或更旁从自。《说文》十一篇：“渚，水。在常山中丘逢山。东入湡。从水。者声。”《尔雅》曰：“小洲曰渚。”今本《尔雅·释水》作“小洲曰陼”。《玉篇·二八五》浪或作限。溥原之作陣原，其例亦犹是也。鼎铭“易女田于㟭”“易女田于匽”“易女田于陣原”“易女田于寒山”，㟭、匽、陣原、寒山皆地名。然则《大雅·公刘》"瞻彼溥原"亦当实有其地。《毛传》训溥为大，郑笺训溥为广，皆非是。《唐韵》溥读滂古切，音普。【《金文大字典》页五〇四九】

二九七　释隁

戴家祥曰：强运开云："隁'自作隁中鼎'，《说文》所无，疑即古墁字。作自，与阯或从土作址同意。"（《说文古籀三补》卷十四第七叶）按《说文》十三篇《土部》垝或作陒，埻或作障。十四篇《自部》："隖，小障也。从自。乌声。"《后汉书・马援传》李贤注："坞字或作隖。"《礼记经解》"犹坊上水之所自来也"，《释文》："坊，音房。本又作防。"是古文土、自表义更旁所在多有。强说可从。墁字《说文》失收。《孟子・滕文公下》："毁瓦画墁，其志将以求食也。"《广韵・二十九换》："墁，所以幔饰墙。"《集韵》云："涂具。通作镘、槾。"在此当读为鄤。《说文》："附，附娄小土山也。从自。付声。《春秋传》曰：'附娄无松柏'。"今本《左传・襄公二十四年》作"部娄无松柏"。是古字从自表义者，亦或更旁从邑。鄤，郑地。《左传・成公三年》："郑公子偃率师御之，使东鄙覆诸鄤。"鄤中或即食采于鄤之大夫欤？【《金文大字典》页五〇五二】

二九八　释埜

戴家祥曰：字上半从林，下从。考毛公鼎"率褱不廷方"廷作，利鼎"井伯内右利立中廷"廷作，师酉毁"公族鸿釐入右师酉立中廷"廷作，字皆从，从。与此字下文正同，其为壬字明甚。《说文》八篇："壬，善也。从人、士。士，事也。一曰象物出地挺生也。"然埜字不见于字书，以声义审之，或即莛之别体。《集韵・上声四十一迥》莛、梃、挺俱从廷声，音待鼎切，定母耕部。《汉书・地理志》胶东国有挺县，或即埜汤叔之故地欤？【《金文大字典》页五〇八九】

二九九　释楙

戴家祥曰:《说文》六篇:"楙,木盛也。从林。矛声。"在形声字中,以林表义者,亦或更旁从艹。《说文》囿籀文作，殷墟卜辞作，或作。《说文》麓古文作禁,卜辞或作纛。《说文》莫从日在茻中,卜辞作茸,或作蓂。《说文》蒿从艹,高声,卜辞作蒿作蒿,或作纛。是其证。《唐韵》矛读莫浮切,明母幽部,戊读莫侯切,明母侯部,古音幽部韵位第二,侯部第四,声同韵近,故楙、茂皆读莫侯切。同声必然同义。《汉书·律历志》"君主种物使之楙盛也",颜师古《集注》楙"古茂字"。加旁从心,字亦通懋。《尚书·皋陶谟》"政事懋哉!懋哉!"《汉书·董仲舒传》作"茂哉!茂哉!"(《史记·五帝本纪》作"勉哉!勉哉!")《周书·康诰》"惠不惠,懋不懋",《左传·昭公八年》作"惠不惠,茂不茂"。《尔雅·释训》:"懋懋、慔慔,勉也。"陆德明《经典释文》懋"古茂字"。懋、勉盖声训也。

同声通假,字亦同勖。《说文》十三篇:"勖,勉也。《周书》曰:'勖哉!夫子。'从力。冒声。"《唐韵》冒读莫报切,明母幽部,勖读许玉切,晓母侯部。在谐声字中,唇音明母每与喉音晓母混谐,如每(武罪切,明母)之与海(呼改切,晓母),毛(莫袍切,明母)之与吒(火角切,晓母),亡(武方切,明母)之与肓(呼光切,晓母),黑(呼北切,晓母)之与墨(莫北切,明母)。冒之与勖,其例亦犹是也。《商书·般庚下》"懋建大命",又曰"懋简相尔",两懋字汉石经皆作勖。勖从冒声,故冒亦通勖。《周书·君奭》"迪见冒",《释文》马融本作勖;《顾命》"冒贡非几",马融本、郑玄本皆作勖。以是而知楙之与茂,懋之与勖,皆一声之转也。【《金文大字典》页五〇九一—五〇九二】

三〇〇　释㮚

戴家祥曰:皆字从林从自,《说文》所无。以形声审之,殆自之加旁字。《说文》十四篇："𠂤，小𨸏也。象形。"鼎臣云："今俗作堆。"戴侗(《六书故》)谓："侧为𨸏，侧为𠂤。𠂤，小山𨸏也，故其文眂𨸏为杀，别作堆。"按、与山形(秦泰山刻石山作)相近，作书者故为竖立，以示区别耳。𠂤本象形，表义加旁，则为形声。《一切经音义》(卷六)："𠂤，高土也。"故𠂤亦作垍。《益州记》"青衣神号为云垍，班固以为离垍"。字亦作塠。《魏志·武帝记》"依塠为屯"。塠从追声，亦或简写作追。枚乘《七发》"踰岸出追"，李善注："追亦堆字。"形声变换，则写作崔。《说文》九篇："崔，高也。从屵。隹声。"《唐韵》隹读职追切，照母脂部，崔读都回切，与𠂤声同，同部谐声字也。表义更旁，字亦作陮。《说文》十四篇："陮隗，高也。从𨸏。隹声。"《唐韵》都罪切，端母支部，支脂韵近。同声通假，字亦通碓。《史记·河渠书》"凿离碓"，《汉书·沟洫志》碓作崔，从山，隼声。隼读思允切，心母文部。《尔雅·释丘》"一成为敦丘"，郭璞注："江东呼地高堆为敦。"孙炎云："形如覆敦。"《唐韵》敦读都昆切，韵在文部。敦丘即顿丘，《卫风·氓》篇"送子涉淇，至于顿丘"。《毛传》"丘一成为顿丘"，《释文》顿音都寸反，端母文部。然《豳风·东山》"敦彼独宿"，《释文》敦读都回反，音𠂤，脂文阴阳对转。《集韵·上平十五灰》垍、塠皆读都回切。同声通假，字亦通作魁。《国语·周语》"高山而荡荡为魁"，韦昭注："小阜曰魁。"《唐韵》魁读苦回切，溪母脂部，由是而知𠂤之字形多变，韵部不出脂文之间。𠂤字作晳，亦犹大鹿之为大麓也。(《水经注·浊漳水》篇："衡水又北经钜鹿县故城东。"应劭曰："鹿者，林之大者也。"《太平御览》五十三引《隋图经》曰："大陆、大鹿、广阿即一泽而异名。《尚书》云'纳于大麓'是也。")【《金文大字典》页五〇九九—五一〇〇】

三〇一　释录

戴家祥曰：《说文》七篇："录，刻木录录也。象形。"王筠云："案上象其交互之文，下象其分披之文，不定为何物，不得为象形也。录录，犹云历录，形容之词。”（《说文释例》）按许说误矣。录、鹿为一字之演变。卜辞鹿作，金文作，四足歧角，象活鹿之侧视形。录字卜辞作，金文作，象鹿宰后首尾扩张形，实一物也，亦一字也。故六篇《林部》麓古文作禁，十一篇《水部》漉或体渌，《玉篇·七十六》踛、逯同字。鹿、录《唐韵》都音卢谷切，不但同母，而且同部。徐中舒曰：“录，经典通作禄。《诗》多以福禄并称，而金文则否。《说文》以福释禄，福为一切幸福之总称，故禄得释福，此通义也。析言之，禄之本义当为俸禄。《周礼·太宰》‘四曰禄位，以驭其士’注：‘禄若今月奉也。’《韩非子·解老》云：‘禄也者，人之所以持生也。’盖有禄则足以持生，无禄则不足以持生，故人死则曰不禄，曰无禄。”（《中央研究院历史语言研究所集刊》第六本一分册《金文嘏辞释例》）按禄为录之表义加旁字。汉以前金石刻辞止作录，传世经传率用禄字，录、寿同义。或者鼎“用绥眉录”、叔多父毁“用锡屯录”与齐侯壶“用祈眉寿”、蔡姞毁“用旜匄眉寿”同义。颂鼎“通录永命”与陈逆毁“用匄羕令眉寿”同义。禁伯毁“通录鲁令”与絲伯毁“永命鲁寿”同义。墙盘“褱眉录黄耇弥生”与买毁“用锡黄耇眉寿”同义。无禄亦即无寿，《左传·成公十三年》“无禄，献公即世”，又曰：“无禄，文公即世”，《昭公七年》“今无禄早世，不能久享君德”，无禄即无寿。不禄者，不永其年也。

【《金文大字典》页五一〇四—五一〇五】

三〇二　释亩

孙诒让曰：案字最奇异难识，旧释为黾，引徐同柏云：“勉字作，古文黾。黾、僶、勔、勉一声之转。”今考金文黾字虽未见，而鼋、鼍诸文从黾者，皆象形（鼋据二之三鼋公华钟、鼋公牼钟。鼍据邵钟拓本），不作。徐、吴所释殊不确。吴大澂释为宪，则于形尤远，其误不必辩矣。今通校金文，参互推案，乃悟此字实当为亩。《说文·亩部》云：“亩，谷所振入也。宗庙粢盛，仓黄亩而取之，故谓之亩。从入，从回，象屋形，中有

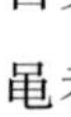

户牖。"此上从即《说文》所谓"从入",金文"入门"合文多如此作,但此穹然下覆,即所谓"象屋形"者,当与宀同意,实非入字。中从,则正象户牖形。此西周文字,乃真古文正体。小篆变为回,乃与本形殊不相似矣。(凡象形字分之多不能独成一字,《说文》注中入回二字乃借此比况,非正从此二字也。)其见于金文者,惟召伯虎𣪘亩字作(三之二。《说文·亩部》啚字古文作,下半亦交午作井形,足证古文不从回也。),其文微有省变,它如诸偏旁从亩之字,则散氏盘图字作(本卷),楚公钟𡨦字作,作(二之二。此字难识,以兮仲钟证之,知其从亩也),兮仲钟镤字作、,又薔作(二之三),穴簠字作(三之一),穴簠字作(三之一),并与此形合。此外如兮仲钟薔字作,作(三之二,又二之𬭚伯钟同),子庙卣图字作(一之二),虽篆画各有变异,而于户牖形咸不相连,并与此可互证。亩者,受也(《说文·亩部》啚从口,从亩。亩,受也。),亦作禀。《方言》:"禀,敬也。"亦作懔。《广雅·释诂》:"懔,敬也。"(懔,俗字。《说文》所无。)皆禀受引申之义。"亩于玟王正德,若玟王令二三正",言敬受文王中正之德,及其命令也。(《左传》"禀命则不威")(《古籀余论》三卷第四十七至四十九)

戴家祥曰:亩字作,在六书为象形,变而为亩,从宀,亩声,在六书为形声。《说文》七篇:"宀,交覆深屋也。"又九篇:"广,因广为屋,象对刺高屋之形。"宀、广义同,古字从宀表义者亦或更旁从广。《说文》宅古文作厇,寓作庽。《玉篇·三四七》序籀文宇字。《集韵·上声四十七寝》亩古文作廩,或作廪。鼎铭"今我隹即廩于玟王",犹《大雅》云"仪刑文王"也。《集韵》廩读力锦切,《唐韵》力甚切,皆来母侵部。【《金文大字典》页五一〇七—五一〇八】

三〇三　释虍卜

戴家祥曰:虍卜字从虎从卜,《说文》所无。以声义求之,似当释豹。

《唐韵》豹读北教切，帮母宵部，卜读博木切，帮母侯部，声同韵近。古人名豹者多矣！如斐豹(《左传·襄公廿三年》)、胡子豹(《左传·定公十五年》)、叔孙豹(《左传·哀公五年》)是其证。虎与豹皆兽中之凶猛者也，《礼记·郊特牲》"虎豹之皮，示服猛也"。《说文》九篇《豸部》："豹似虎，圆文。"故先哲每以虎豹并举，《论语》颜渊"虎豹之鞟，犹犬羊之鞟也"。豹之更旁作虓，亦犹晋郤豹字叔虎也。(《国语·晋语》注)徐同柏释虢(《从古堂款识学》卷十第八叶)，吴大澂释虔(《愙斋集古录》二册第八叶)，孙诒让释虐(《古籀余论》卷一第四叶，又见《名原》下第九叶)恐非是。【《金文大字典》页五一二七】

三〇四　释鞞

《说文》三篇："鞞，刀室也。从革。卑声。"《周书·王会解》"请令以鱼皮之鞞"，孔晁注："鞞，刀削也。"《小雅·瞻彼洛矣》"鞞琫有珌"，《毛传》："鞞，容刀鞞也。"孔疏："古之言鞞，犹今言鞘也。"《内则》注："遰刀鞞"是也。以《公刘》云："鞞琫容刀"，故知鞞容刀鞞也。考《说文》四篇："削，鞞也。一曰，析也。从刀。肖声。"《方言·九》："剑削，自河而北，燕赵之间谓之室，自关而东谓之削，自关而西谓之鞞。"是鞞也，削也，室也，实一物而异名。容刀曰室，犹今人云"剑廓也"。表义更旁，鞞或作[illegible]，从古文堇。削或作鞘，作鞩，鞞亦作韠，声义不变。【《金文大字典》页五一九〇】

三〇五　释鞢

戴家祥曰：[illegible]字从[illegible]，从[illegible]。考金文豦作[illegible](豦殷)，豙作[illegible](毛公鼎)，家作[illegible](卯殷)，下文豕与[illegible]字偏旁同。《说文》九篇："豕，彘也。"又"彘，豕也。"《方言》卷八："豬，关东西或谓之彘，或谓之豕，南楚谓之豨。"《唐韵》豕读式视切，审母脂部，彘读直列切，照母祭部，脂、祭韵近，循声寻义，字当释璏。《说文》："璏，剑鼻玉也。"《小雅·大东》"鞙鞙佩璲"，《毛传》："鞙鞙，玉貌。"《释文》："鞙字，或作琄。"《玉篇·四二三》鞛亦作琫。是古字亦玉表义者，亦或更旁从革。通声通假，字亦作瑑。瑑读直恋切，照母元部，祭、元阴阳对转。颜师古注《汉书·王莽传》谓："瑑，字本作璏。从玉。彘声。后传写者误也。"非是。【《金文大字典》页五一九一】

三〇六　释载

戴家祥曰：孙诒让云："载字金文屡见，如宂彝、宂卣、趩尊、趞曹鼎皆有载市之文。阮文达公云：'载，即韦之繁文。'许印林则谓当是韨字。其说皆不确。依字从韦，𢦏声。以声类推之，当与纔声义略同，犹经典通以纔为才也。（𢦏从才声）纔，礼经作爵。《士冠礼》'玄端爵韠'，注云：'士皆爵韦为韠'，引《玉藻》曰：'韠，君朱，大夫素，士皆爵韦。'此云载市，即礼经之爵韠也。"（《籀庼述林》卷九师奎鼎拓本跋，《古籀余论》卷三宂彝，《名原》卷下二六叶）按孙说非是。《唐韵》纔读七咸切，声在清母，韵在侵部，𢦏读祖才切，声韵都不相同。以纔为才，乃汉魏俗书，不可以例金文。载当读缁，缁、𢦏均之部字，经典得以通假。《小雅·大田》"俶载南亩"，郑笺："载读为菑栗之菑。"《春秋经·隐公十年》"宋人、蔡人、卫人伐戴"，孔颖达正义引《汉书·地理志》云："梁国甾县故戴国。"应劭曰："章帝改曰考城。"古音甾、戴声相近。𢦏从才声，缁从甾声，甾从巛声。《说文》："𡿧，害也。从一雝川。"在六书为指事。甲骨文亦作[illegible]，从川声，才声。故缁亦可作纣。《郑风·丰》"裳锦褧裳"，郑笺："士妻，纣衣纁袡。"陆德明《经典释文》："纣读侧基反，本或作纯，又作缁。"《礼记·檀弓上》"天子之哭诸侯也，爵弁经纣衣"，《释文》："纣本又作缁。"《说文》："缁，帛黑色。"《考工记·钟人》"七入为缁"，郑注："緅又再染以黑，乃成缁矣。"金文屡云"锡某载市"，市、韠同字，载市即缁韠，《仪礼·特牲馈食礼》"其服皆玄冠、缁带、缁韠"可证。郑玄《玉藻》注云："凡韠以韦为之，必象裳色。"《左传·桓公二年》"衮冕韨珽"，孔颖达《正义》云："以其用丝，故字

有为绂者。”载之更旁作纣或裁。以此例推，亦犹韍之更旁从绂也。【《金文大字典》页五一九七—五一九八】

三〇七　释龺

戴家祥曰：左半从音，右半从，有点象皮省。叔皮父段作，亦作，六国古玺作，或作，中山王鼎作，似能隶定为龺。左半从音，可以和言交换。《说文》二篇吟或从音作訡，或从言作訡。王孙钟“眉寿无諆”，以諆为期，从言其声。郘王子钟作“眉寿无”，变为从音声。蔡侯盘假诈为作，从言乍声。曾侯乙簠“事甬终”，左半从音，如果右半释皮可以成立的话，那么释龺为诐也就顺理成章的了。诐为帮母歌部，变为帮母元部，歌、元阴阳对转。《说文》三篇诐训“辩论也”。《礼记·礼运》：“大夫死宗庙谓之变”，郑玄注：“变当为辩，声之误也。”【《金文大字典》页五二〇七】

三〇八　释頩

戴家祥曰：《玉篇·三六》：“頩，颊骨也。读扶武切。”以声类求之，当即《说文》九篇之䩉字。䩉训颊也，从面，甫声。页为人头，从页与从面同。亦或作俌，《说文》八篇：“俌，辅也。从人。甫声。读若抚。”形符变换，亦写作辅。辅和车是面部组织的两个部分，《释名·释形体》：“辅车，言其骨强，所以持口也。”《左传·僖公五年》宫之奇谏虞公曰：“谚所谓辅车相依，唇亡齿寒”，孔颖达《正义》云：“辅为外表，车为内骨。”所以䩉又可以从车，《尔雅·释诂》：“辅，俌也。”《易·咸》上六“咸其辅颊舌”，《释文》引虞注辅作䩉，作为动词谓语，则为亲附之义。曾侯乙钟“峉頩”表示峉上的大三度音。【《金文大字典》页五二四一】

三〇九　释食

戴家祥曰:《说文·食部》:"食,亼米也。从皀。亼聲。或说亼,皀也。"金文作,卜辞作。细绎其形,许说亦未当。窃思训食之字皆从皀。先儒均以"谷之馨香"释之,今以金文、卜辞证之,皀殆为古人盛饭器,日用饔飧之具也。字本象形,故即、飨、食等字偏旁从之。许君训"谷之馨香。象嘉谷在裹中之形。匕,所以扱之也。或说皀,一粒",与即、飨、食诸字谊皆不合。凡人就食之谊,必取谷之馨香以造字,于六书毫无所取。如依或说皀为一粒,则飨食之飨象宾主相向就食而仅谷之一粒,于事物之情更不可通。故皀为簋之初文无疑。(详见皀字条)食则亼象器盖,下为簋之初文。《史记·序传》司马谈论六家要旨引作"食土簋,啜土刑",《韩非子·十过篇》"尧饭于土簋,饮于土铏",是食古代往往用簋,故以加盖之簋作为食饭之食。【《金文大字典》页五二五七】

三一〇　释餍

戴家祥曰:餍,古馈字。《说文》五篇:"馈,以羹浇饭也。从食。赞声。"《玉篇·一百十二》馈读子旦切。古文作餍。金文或作饌。薛尚功《历代钟鼎彝器款识法帖》宰辟父敦"用饌乃祖考事",孙诒让云:"以古文偏旁考之,当为饌字。其字从食、箅声,即籑字也。……籑,古又通纂。《祭统》孔悝鼎铭云:'纂乃祖服'。又云:'纂乃考服'。郑注:'服,事也。'《左·襄十四年传》王使刘定公锡齐侯命曰:'纂乃祖考。'此铭云'饌乃祖考事',犹孔悝鼎云'纂乃祖服''纂乃考服',《左传》云'纂乃祖考'也。"(《古籀拾遗》卷上第二十五页)按《说文》籑之或体作馔,从食,巽声。《商书·盘庚上》篇"世选尔劳"。俞樾《群经详议》云选当读为纂。《齐风·猗嗟》"舞则选兮",《韩诗》选作纂。巽声之馔可以为籑,巽声之選亦可为纂。是赞声之馈,未始不可以为缵。墙盘"天子骆餍文武长烈",犹《礼记·中庸》云"武王缵太王、王季、文王之绪,壹戎衣而有天下。"《豳风·七月》"载缵武功",《毛传》:"缵,继也。"(《墙盘铭文通释》)【《金文大字典》页五二六五】

三一一 释饔

戴家祥曰:薛氏《款识》有尹卣,铭曰:"隹十又二月,王初□旁,唯还在周。"(第十一卷。又见《啸堂集古录》上第四十叶)薛尚功释□为祭,近人胶州柯昌济(《韡华阁集古录》跋尾,第三十六叶)、日本高田忠周(《古籀篇》卷九第十七叶)从之。陈梦家释居(《金文论文选》第七十七叶),强运开释飧(《说文古籀三补》卷五第九叶),以字形审之,殊不緦。郭沫若释饔,其形差近。郭云:"饔字亦见吕鼎,彼铭云'唯五月既死霸,辰在壬戌,王饔于太室',彼字作□,正从夕作。此铭上宛从月,盖古人月夕字每通用不别也。又右里盌,盌字作鋆,所以夗字与此同。小篆从巳,亦稍异矣。由二器之辞旨与文字之结构以推之,当是馆之古字,从食宛,宛亦声也……出馆葊京,犹《诗》云:'出宿于泲'。"按郭读饔为馆,是也。馆从官声,饔从宛声,古音都在元部。《说文》十二篇婠"从女。官声。读若楚却宛",是官声相近,得相通借。经传"馆于"二字,习见不鲜。《左传·僖公五年》记晋师灭虢,"师还,馆于虞"。《昭公元年》春,"楚公子围聘郑……乃馆于外"。夏,"天王使刘定公劳赵孟于颍,馆于雒汭"。【《金文大字典》页五二七〇】

三一二 释𩛿

孙诒让认为字从□,当为缶。齐国差[illegible]字从缶作□,大鼎鋗字从□,正同,当为𩛿之异文。从又者繁缛文也。《集韵·三十一巧》有饱或作𩛿。《吕氏春秋·辨土篇》云"为其难厚而及𩛿也",明古饱字有作𩛿者,故吕不韦得用之。(《名原》下二一叶)

戴家祥曰：宋时出土弡仲医铭云："弡中受无疆福，必共（应释寮友）餐食人具皦。"黄伯思云："皦与飽同，音饱也。"（《东观余论》卷上）可为孙释佐证。【《金文大字典》页五二七一】

三一三　释畐

戴家祥曰：《说文》："福，祐也。从示。畐声。"士父钟以畐为福，象长颈器形。以形拟之，殆即瓶之古文。作福者，形义符号加旁字也。《小雅·蓼莪》"瓶之罄矣！维罍之耻"，郑玄笺："瓶小而尽，罍大而满，言为罍耻者，刺王之不使富分贫恤寡。"《文选》沈休文《三月三日率尔成篇诗》"金瓶泛羽卮"，李善注："瓶，酒器也。"瓶读薄经切，韵在耕部。耕蒸韵近，可以通用，故亦假凭为瓶。《广雅·释诂》："凭，满也。"《楚辞·离骚》"凭不厌乎求索"，王逸注："凭，满也。楚人名满曰凭。"满之同义词为备。《广雅·释诂》之"福，备也"，《说文》"畐，满也。"《玉篇》："肠满谓之畐。"《广雅·释诂》："愊，满也。"备、畐韵在之部，前人不知阴阳对转，故不解畐为瓶之象形字。瓶为酒器，其奉满器为祝者为福酒，反之则以为耻。是畐之为瓶，于形于声于义，俱可通也。【《金文大字典》页五三三二】

三一四　释邋

戴家祥曰：[illegible]字从辵从重文鬲，《说文》所无。按《说文》三篇鬲，汉令作歷，从瓦，厤声。《集韵·入声二十三锡》"趰，行貌。或作遯、徲、䎶。"又有遯字，训"近也"。邋殆䎶之更旁字，亦即遯之别体。器铭曰邋鼎，似又假邋为鬲字。《说文》："鬲，鼎属。"鬲鼎连称，犹金文以尊彝连称也。唯叔鼎云"乍宝鬲鼎"，是其证。《集韵》狼狄切，来母支部。【《金文大字典》页五三八九】

三一五　释㚿

戴家祥曰：字，徐中舒释𦃟，李学勤释𦅫，于形不类。按字从素从句，素、系古通用。《说文》十三篇𦅽或作绰，𦆝或作缓，是其证。郑玄注《仪礼・士冠礼》："絇之言拘也。"诅楚文"拘圉其叔父"，字正作拘。拘圉本叠韵联绵字，拘读见母，见、郡混用，已被近人证实。阴阳对转，鱼部得转为阳部，故拘圉亦即强圉。《离骚》"浇身强圉兮"，王逸注："强圉，多力也。"亦作强御，《大雅・荡》"咨汝殷商，曾是强御"，《左传・昭公元年》"且夫以千乘去其国，强御已甚"。强圉，古成语，或作敦圉。《汉书・扬雄传》"白虎敦圉虖昆仑"，颜师古注："敦圉，盛怒也。"《孟子・梁惠王下》"一人（指殷纣）衡行于天下，武王耻之，此武王之勇也，而武王亦一怒而安天下之民"，《吕氏春秋・首时篇》"武王不忘王门之辱，立十一年而成甲子之事"，此即所谓"絇圉"也。（《墙盘铭文通释》）【《金文大字典》页五四〇八】

三一六　释𦆝

戴家祥曰：（）即绶字。从素与从糸同，如金文𦅽或作绰等。《说文》："绶，韨维也。从糸。受声。"㪟读作襘，《说文》："㪟，带所结也。"绶襘，犹言缙绅也。【《金文大字典》页五四一一】

三一七　释鹃

戴家祥曰：《集韵・二十六桓》："鹃，鸟名。人面鸟喙。音呼官切。通作驩。"方成珪《集韵考证》谓鹃字《广韵》作鴅，从月不从月。月，古文丹字。隶作鴅。郑季宣残碑"虞放鴅□（兜）"，驩作鴅，与类编合。按古音丹、驩、欢、鹳都隶元部，月读鱼厥切，音在祭部，祭元阴阳对转，故鹃亦同作鸠。《管子·侈靡篇》"鸠然若謞之静"，尹知章注："鸠然，和顺貌。"是古代确有此字。鸠为鸟名，字亦从鸟，应该释鹳。同声通假，则读为驩或欢。【《金文大字典》页五四四四】

三一八　释麐

戴家祥曰：字从鹿从文，字应释麐。《说文》三篇，吝"从口。文声。"《唐韵》良刃切，来母文部。《集韵·十七真》麐或作麟。通作麟。音力真切，真、文韵近，古人通用。段铭"唯伯其父麐作旅簠"，其当读麒，《玉篇·三七二》："麐，麒麟也。"《孟子·公孙丑上》："麒麟之于走兽，类也。"古人名字，义必相应，故伯麒父字麐。郭沫若释庆（《两周金文辞大系考释》）非是。

薛尚功《历代钟鼎彝器款识法帖》释盘和钟"高弘有麐"为"有庆"，吕大临《考古图》、翟耆年《籀史》因之。近世出土秦公段铭与钟同。按"有庆"为古成语，《周书·吕刑》"一人有庆，兆民赖之"、《小雅·楚茨》"孝孙有庆，报以介福"、《国语·周语》"有庆未尝不怡"、《孟子·告子下》"俊杰在位则有庆"，与器铭"畯疐在立，高弘有麐"可以互证。有庆一词，见诸《周易》坤、履、大畜、颐、晋、睽、益、升、困、丰、兑诸卦者共十一处，是"有麐"之为"有庆"从辞义观之有余征矣。器铭以锽、亨、疆、麐、方为韵，古音文在十一，阳在十二，真在第十，真、文韵近，文、阳韵亦相近。字之从文得声者，可以谐真，亦可谐阳，故麐字可假为麐，亦可假为庆。【《金文大字典》页五四五四】

三一九　释麋

戴家祥曰：字从鹿，枀声，字当读麔，声符更旁字也。《说文》六篇："枀，两刃臿也。从木。象形。宋魏曰枀也。"《唐韵》互瓜切，变为形声则写作釫，从金，于声。《集韵·九麻》茉、釫、鋘、铧同字，音胡瓜切。

麚,《玉篇·三七二》音古瑕切。《集韵》麚、麔同字,音居牙切。叚、加声同,故从叚得声者亦可借用加声。《诗·大雅》"假乐君子",《礼记·中庸》引作"嘉乐君子"。烎、叚韵位都在鱼部,烎读喉音匣母,叚读牙音见母,古音见母每有谐作匣母者,例如胡从古声是也。是叚之与烎,不但同部而且同母。《尔雅·释诂》:"假,大也。"故兽之牡者名焉。《释兽》:"鹿,牡麚。"《说文》九篇:"豭,牡豕也。"《释鱼》:"鲵大者谓之鰕。"其义一也。徐同柏释叶(《从古堂款识学》卷十五周师害毁)殊误。【《金文大字典》页五四五九】

三二〇　释釐

《说文·里部》:"釐,家福也。从里。𠩺声。"段玉裁注:"家福者,家居获祐也。"盖以许训"里居也",故特意伸其从里之义。家祥按:釐之本义为理,理、里同字。《庄子·则阳篇》"灵公夺而里",陆德明《释文》:"里本作理。"注音加旁则写作釐,声义不变。《书·序》"帝釐下土方",马融注:"釐,理也。"《周颂·臣工》"王釐尔成",郑玄云:"釐,理。"《国语·周语》"釐改制量",韦昭注:"釐,理也。"家福之训乃假借字,非从里之本义。段注可商。

师兑毁云:"用作朕皇考釐公𩰫毁",釐为国邑名。宋时出土之齐侯镈钟有釐都、釐邑、釐仆之文,孙诒让读釐为莱,故莱国。《左·襄公六年传》"齐侯灭莱",又《哀公五年传》齐"置群公子于莱"是也。字亦作郲。《襄十四年传》"齐人以郲寄卫侯"。莱、郲并从来声。(《古籀拾遗》卷上第十页)按《天官》兽人"及弊田令禽注于虞中",郑众云:"虞中谓虞人釐所田之野。"陆德明《释文》:"釐本亦作莱。"《地官》山虞、泽虞,《夏官》大司马并云:"莱所田之野。"釐、莱音近字通。古书或本有借莱为釐者,故郑众依用之。釐王、釐公、釐叔、釐季盖即《禹贡》之莱夷。《史记·齐世家》:"太公东就国,莱夷来伐,与之争营丘。"《左传·襄公十四年》"以郲粮归"。《定公十年》:"夹谷之会,莱人欲以兵劫鲁侯。"《国语·齐语》:

“莱、莒、徐夷、吴、越。”韦昭注：“莱，今东莱。”《水经注·淄水》注：“齐灵公灭莱，莱民播流此谷，邑落荒芜，故曰莱芜。《禹贡》所谓莱夷也。”孙说至确。【《金文大字典》页五四六三—五四六四】

三二一　释孷

戴家祥曰：从子，𠩺声，当即嫠之古文。从子与从女义同。《大雅·大明》“长子维行”，《毛传》：“长子，长女也。”《仪礼·丧服》传“故子生三月则父名之”，郑玄云：“凡言子者，可以兼男女。”《左传·庄公廿八年》“小戎子生夷吾”，又《成公二年》“必以萧同叔子为质”，杜预注：“子，女也。”《礼记·曲礼下》“子于父母则自名”，郑注：“言子者，通男女。”嫠声同釐，经传多借用釐。《左传·襄公廿五年》“嫠也何害”，杜注：“寡妇曰嫠。”《释文》：“嫠，力之反，本又作釐。”又《昭公廿四年》“嫠不恤其纬”，《释文》：“嫠，本作釐。”釐从里声，里读良己切，子读即里切，韵位都在之部。知孷之从子，亦注音加旁字也。其在器铭皆禧之借字。叔向段“降余多福緐孷”、墙盘“黉猶多孷”、秦公段“以受屯鲁多釐”文例正同，盖皆古人颂福之词也。【《金文大字典》页五四六七】

三二二　释异

戴家祥曰：《说文》：“异，分也。从収，从畀。畀，与也。”静安先生云：“此疑戴字，象头上戴甶之形。”杨树达亦谓：“甲文异字作人头上戴物，两手奉之之形。盖戴之初字。”（《积微居金文说》二零八叶《芇伯段再跋》）按王说是也。《释名·释姿容》：“戴，载也。载之于头也。”“载，戴也。戴在其上也。”《左传·僖公廿三年》晋子犯教文公曰：“天赐也，稽首受而载之。”《襄公十八年》中行献子将伐齐，“梦与僪公讼，弗胜。公以戈击之，首队于前，跪而戴之，奉之以走”。金文父己尊有字，且戉鼎有字，象人一手提物，头上又载一物而用一手护之之形。父戊彝有、两字，象侧视人形，头上戴物，意者运输工具未被利用之时，唯有头戴背负才能维持其生存权利。“颁白者不负戴于路矣”，在战国时代，孟子还作为“王政之始”向梁惠王慨乎言之。盖异为原始象形字，加旁从𢦏，则变为形声字。今异失其初义，乃由后起加旁之戴据有之，而异字则有殊异、佐翼、敬趩之义，皆同声通假字也。【《金文大字典》页五四七六—五四七七】

三二三　释[戠/異]

戴家祥曰：[戠/異]从异从戠，戠亦声，似炽字。史墙盘“櫅角[戠/異]光”，犹云“并耀光芒”。【《金文大字典》页五四七八】

三二四　释黄

戴家祥曰：郭沫若云：黄字中有环状之物，当系佩之体，即双珩之所合成。黄即佩玉。（《金文余释·释黄》）按象形文字加表义符号者，在金文中例子颇多，壶之别体作镩（函皇父毁），戈之别体作钱（陈金钱），加旁从金，亦犹黄之加旁作璜也。黄读户光切，行读户庚切，不但同部，而且同母，同声必然同义，故珩为璜之注音更旁字。《说文》：“珩，佩玉也。”郭说可信。

同声通假，借为表色之黄。黄之所以成其颜色者，端在太阳光照作用。《释名·释采帛》：“黄，晃也。犹晃晃象日者也。”《太平御览》引《易》传云：“煌煌似黄。”（《天部》三）许谓黄字从光，光声同黄，从田者，地之色也。近人或谓⊕象光环形，非从田。古音见、溪二纽每与喉音晓、匣混谐，故觵、觥同字。（四篇《角部》）光亦读横（《汉书·王莽传》及《王褒传》）然此皆以声训立论，非造字之初义也。

横从黄声，故黄亦读横。（吴大澂《说文古籀补》卷十三第七叶）《说文》：“横，阑木也。从木。黄声。”《礼记·缁衣》“狐裘黄黄”，《释文》云“徐本作横”是其证。黄、行声同，横之为衡，亦犹璜之为珩也。《说文》衡训“牛触横大木”，牛以角触，故表义从角。《毛诗·陈风》“衡门之下，可以栖迟”，《毛传》：“衡门，横木为门，言浅陋也。”《齐风·南山》“衡从其亩”，《释文》引《韩诗》云：“东西曰衡。”明乎横、衡同声之理，则知“赤市幽黄”（柳鼎）即《玉藻》“再命赤韨幽衡”。“赤市[illegible]黄”（毛公鼎）即《玉藻》“三命赤韨葱衡”，郑玄注《玉藻》谓衡为“佩玉之横”。近人唐兰谓黄为系市的横带，举师翻鼎“赤市幽䊷”从市表义为证，颇有卓见。郭沫若读幽黄为幽珩，[illegible]黄为葱珩，固执一隅之见，不足为训。

金文又有以黄为国名者，其铭云：“黄大子白克乍仲嬴□媵盘”，按黄，嬴姓小国，其故址在今河南省潢川县西二十里。《左传·桓公八年》“楚子合诸侯于沈鹿，黄、随不会，使薳章让黄”，杜注：“黄国，今弋阳县。”又《僖公十二年》“黄人恃诸侯之睦于齐也，不共楚职，曰：‘自郢及我九百里，焉能害我？’夏，楚灭黄。”即其国也。

又有地名黄池者，按《国语·吴语》：“阙（掘）为深沟于商、鲁之间，北属之沂，西属之济，以会晋公午于黄池。”《左传·哀公十三年》“公会晋侯及吴子于黄池”，杜预注：“封丘县南有亭，近济水也。”【《金文大字典》页五四八七—五四八八】

三二五　释䵻

戴家祥曰：孙诒让云：“[illegible]字从墓从㞷，《说文》所无。以文义考之，当为𦻝之异文。《说文》（𠇗部）：‘𦻝，华荣也。从𠇗。㞷声。读若皇。’或作𦵹，从艹、皇。古皇、黄音同字通，𦻝或体形声并与皇同。墓与黄形亦相近，故又作䵻。‘孙子之䵻’亦谓孙子之光荣也。”（《古籀余论》卷二第廿八叶叔家父簠。又见《名原》卷下第廿四叶）按牙音见、溪两纽，古文每与喉音晓、匣混谐。黄读户光切，匣母阳部，而觵从黄声（四篇《角部》），读若古横切，广从黄声（九篇《广部》），读古晃切，彉从黄声（十二篇《弓部》），读若郭，皆见母也。“㞷，草木妄生也。讀若皇。”匡从㞷声，读去王切。去在溪母。《豳风·破斧》“四国是皇”，《齐诗》作“四国是匡”。

㞷、匡同声，故光亦通黄。《左传·襄公二十年》“陈侯之弟黄出奔楚”，《公羊》《谷梁》并作光。《大雅·江汉》“武夫洸洸”，《盐铁论·徭役篇》作“武夫潢潢”。《尔雅·释训》“洸洸纠纠”，《释文》：“舍人本作僙僙。”《一切经音义·十四》桄古文櫎、横二形。䵃从黄，㞷声，即光之或作，殆无疑义矣。“孙子之䵃”，犹《大雅·皇矣》“载锡之光”。《毛传》：“光，大也。”孙释䵃，同皇，迂回曲折，未中肯綮。【《金文大字典》页五四九〇】

三二六 释噩

罗振玉曰：“许书无噩字，而有咢，注：‘哗讼也。从吅。屰声。’《集韵》‘萼或从噩’。以是倒之，知噩即许书之咢矣。噩字见于《周官》，以卜辞诸文考之，知从王者乃由□传写而讹。传世古器有噩侯鼎、噩侯殷，鼎文噩字作□。（沈氏树镛释作噩。前人释器，非也。）又古金文中丧字从噩，从亡。量侯殷丧作□，从□；齐侯壶作□，作□，均与卜辞同文。考鼎作□，从□，则与噩侯鼎文合。丧为可惊咢之事，故从噩、亡。据此，知卜辞诸字与噩侯两器之文，确为噩字。噩侯，《史记·殷本纪》作鄂侯。《汉书·韦贤传》‘咢咢黄发’，《文选·讽谏诗》作‘谔谔黄发’。绥民校尉熊君碑‘临朝謇鄂’，谔又作鄂。是咢、谔、鄂古通用。《尔雅·释天》之‘作噩’，《史记·历书》作‘作鄂’。（《集解》引徐广曰：‘噩一作鄂。’）《史记》之‘鄂侯’，即金文之‘噩侯’。卜辞中噩为地名，殆即噩侯国。许书之咢，盖后起文字，此其初字矣。”（《增订殷墟书契考释》卷中第七十五叶）按惊噩之噩，丧亡之丧，均桑之假借。《说文》六篇《叒部》：“桑，蚕所食木。从桑。”《唐韵》息即切，心母阳部。阴阳对转，则读鱼部。噩读五各切。噩侯之名，见于商末纣王之世。《左传·隐公五年》“曲沃庄伯以郑人、邢人伐翼，王使尹氏、武氏助之，翼侯奔随”，《六年》“翼九宗、五正、顷父之子嘉父，逆晋侯于随，纳诸鄂，晋人谓之鄂侯”，杜预注：“随，晋地。”【《金文大字典》页五四九八】

三二七　释曑

戴家祥曰:《说文》:"曑,商星也。(考《说文》每承上篆文连读,如'昧爽,旦明也。''肸响,布也。''腬嘉,善肉也。''熢燧,侯表也。''训诂,故言也。''頿痴,不聪明也。'皆承篆文为句。此应读'参、商,星也'。后人误断。)从晶,㐱声。,或省。"徐铉曰:"㐱非声,未详。"按大克鼎作,其他金文作,下半从。曾见父乙尊、毁,前人或释为先,字应读人,而被许君读为卩者也。父乙尊有字,象两人相向形,为向背之向之初文,卿、乡两字从此。毛公鼎"有嗣",徐同柏读为《小雅·十月》之"三有事"。毛传:"有事有司,国之三卿。"宗周钟"参寿隹琍",薛氏《款识》(卷十)晋姜鼎作"三寿是利",《鲁颂·閟宫》作"三寿作朋",参亦作三。召白虎毁"公宕其,女(汝)则宕其贰,女则宕其一"。据此,则用二、三纪数,金文或作贰、曑。经传借参为三者,更不知凡几。《易·系辞》"参伍以变",孔颖达《正义》:"参,三也。伍,五也。"《左传·昭公三年》"民参其力,二入于公,而衣食其一",《广雅·释诂》:"参,三也。"《汉书·刑法志》"秦造参夷之诛",师古注:"参夷,夷三族。"参、三既可通假,参之古读必然同三,大徐读参所今切,小徐师今切,审母侵部。陆德明《左传音义》参读七南切,精母侵部,三读苏甘切,心母谈部。侵、谈韵近,隔部可以借谐。由是而知参字本从晶,从人,彡声,如杉音所衔切,审母谈部,声母同参,韵部同三,此皆鼎臣所未详者。天文学者皆读参星为白虎七宿末一宿,有星七颗,其中三颗星居中,为朝夕所常见,因而取名为参。参者,三也。《唐风·绸缪》"三星在天",《毛传》:"三星,参也。"参、三声同。【《金文大字典》页五五六〇—五五六一】

三二八　释单

丁山曰:单之形见于殷契者,与金文不甚远。而其流变也往往似干。

干与盾同实而异名。盾、单双声而单干叠韵，审其声音递转。窃疑古谓之单，后世谓之干。单、干盖古今字也。何以证之？兽部："兽，守备者。从兽，从犬。"征之金文，先兽鼎作，宰邦敦作，父甲鼎作，率从犬，从单，不从兽。更上征之卜辞，其左亦无不从单作（《前编·六》第卌九叶）、（《后编·下》十二叶）。罗振玉所谓古者以田狩习战阵，故字从战省，以犬助田狩，故字从犬，是也。然兽之见卜辞者则不尽从之全形或省为（《前编·六》第卌九叶），为（《藏龟》卅九叶），为（《前编·六》第廿六叶）；或省为（《前编·一》第卌四叶），为（《前编·一》第廿九叶）。左之，将谓单乎？将为干乎？兽本从单，时或省而为干，此单、干古本不别之证一。卣文，其缀网于上，绝肖后来罕字者。惟父丙爵形者之省文也。者罕之古象也。网部："罕，网也。从网。干声。"后之以干为声者，古或繁形作，虚之点而轮廓之为，则无异旁之单省上二点，则无异𧆞敦干戈之，此单、干古不甚别之证二。戈部：：盾也。从戈。旱声。《释名》："盾，遯也。"跪其后以隐遯也。盾，许君则云"瞂也"，所以扞身蔽目，象形。夫拔林木以为兵，戦盾之兴远矣。今《说文》盾云象形，而形不肖；戦云形声，而字不习闻。戦之见于先秦典籍、金石古文者，无不作干。则《六书故》引蜀本《说文》以为盾者，犹为近古。《尔雅·释言》郭璞《方言注》皆曰："干，扞也。"何休《公羊解诂》谓能为人扞难而不使害人，则干与盾固同实而异名也。《方言》曰："盾，自关而东谓之瞂，或谓之干。关西谓之盾。"干盾之用，所以扞矢石、障戈戟也。故先秦典籍每以干戈隐括一切兵器之名与战伐之义。其变也则或谓之戈盾。……殷人以戈单名戈盾，盾单本一声之转。而单干则韵部不殊，亦可见单之与盾，盾之与干，后世岐为数名，在昔本为一体。此单、干古不甚别之证三。《仪礼·大射》"干五十"，郑玄注："干读为豻。"许君云："豻，胡地野狗也。从豸。干声。"又曰："貚，貙属也。从豸。单声。"而司马相如《子虚赋》则曰："蟃蜒貙豻。"郑众《周礼注》则曰："兽有貙豻"。貙貚之貚，本从单声。汉儒间从干声作豻，是两汉之际单、干之音尚无大别也。……《春秋左氏·襄十年传》"狄虎弥建大车之轮而蒙之以甲,左执之以为橹。"杜注:"橹,大楯。"《礼记·儒行》"以礼义为干橹",郑注:"干橹,小楯大楯也。"车轮可以为橹,干之制必肖车轮。单、章古文下并从[illegible],与车中之轮形相似,自古音古义古名物制度言,亦可知单象盾橹,即象干矣。此单、干古不甚别之证四。不特此也,旌旗之竿古通从干也。《诗》:"孑孑干旄,在浚之郊。"《传》:"孑孑,干旄之貌。"注:"旄于干首,大夫之旃也。"《正义》引李巡注亦曰:"旄牛尾着干首,然旂之见于卜辞者,大抵作[illegible](《戬寿堂殷虚文字》四十七叶之九),见于金文者作[illegible](追敦)、[illegible](伯侯父盘),其注首之旄,显如《毛传》。而竿则作单不作干,单、干本为古今字也。此其铁证矣。"(《说文阙义》三叶至八叶)

戴家祥曰:单,采地名。周成王封蔑于单邑。《左氏春秋·庄公元年》"夏,单伯送王姬。"杜元凯云:"单伯,天子卿也。单,采地。伯,爵也。王将嫁女于齐,既命鲁为主,故单伯送女,不称使也。"孔颖达疏:"单者,天子畿内地名。人君赐臣以邑,令采取赋税谓之采邑。《礼运》曰:'诸侯有国以处其子孙,大夫有采以处其子孙,是谓食邑为采邑。'单氏世在王朝,此及文公之世,皆云单伯,成公以下,常称单子,知伯、子皆爵也。此时称伯,后降为子耳。"《经典释文》单音善。【《金文大字典》页五五八〇—五五八二】

三二九　释鼏

《说文》七篇《鼎部》:"鼏,以木横贯鼎耳而举之。从鼎。冂声。《周礼》'庙门容大鼏七个',即《易》'玉铉大吉'也。"清儒段玉裁分鼏、鼏为二,礼经文扃为铉。古文鼏为密。鼏字从鼎,冂声,读古荧切。鼏,鼎覆也,从鼎、冖,冖亦声。鼏见礼经,所以覆鼎,用茅为之。今文作鼏,正字也。古文作密,假借字也。从鼎从冖者,冖,覆也。冖亦声者,据冥字之解知之,古者,覆巾为之幎,鼎盖为之鼏,礼经时亦通用。《蚰部》蠠从鼏声,亦作蜜。《虎部》虙读若鼏,知鼏古音同冥,亦同蜜。(《说文解字注》)

钱大昕亦谓冂与冋同,鼏即扃之异文。《易》谓之铉。铉又扃之转声也。鼏从冖，所以覆鼎，此别是一字。叔重于鼎部盖兼收之，学者多谓鼏少闻鼏，疑为重出而删其一，又以觅狄切注于鼏字之下，此徐辈之误，非叔重元本如是也。(《潜研堂集小学答问》)今按秦公段“鼏宅禹绩”，从冂。录伯𢦚段、毛公鼎冟从冂，吴彝伯晨鼎、番生段、师兑段君均从冃。冃象帽形，非扃之借字。《邶风·日月》“下土是冒”，毛传：“冒，覆也。”《尧典》“分命羲仲宅嵎夷”，汉石经作“度嵎夷”。《方言》：“度，居也。”禹绩即禹迹。“鼏宅禹绩”犹齐侯镈铭云：“咸有九州，处禹之都”也。

戴家祥曰：《说文》七篇：“鼏，以木横贯鼎耳而举之。从鼎。冂声。《周礼》‘庙门容大鼎七个’，即《易》‘玉铉大吉’也。”考《仪礼·公食大夫礼》“设扃鼏”，郑注：“扃，扛所以举之者也。凡鼎鼏盖以茅为之，长则束本，短则编其中央。”是许氏以鼏为扃也。扃或作铉。铉举鼎也。鼏为冖之加旁字。冖，覆也。十三篇《䖵部》蠠或体作蜜，从虫，宓声。故《仪礼·士冠礼》《公食大夫礼》《士丧礼》《士虞礼》《特牲》《馈食礼》今文作鼏者，古文作密。《士昏礼》《既夕记》则反是，古文作鼏者，今文作密。同声必然同义，知鼏义亦为覆，段铭“鼏宅禹责”当读“幎宅禹迹”。《淮南子·原道训》“舒之幎于六合”，高诱注：“幎，覆也。六合，言满天地间也。”禹迹者，九州也。杨树达读迥，训远也(《积微居金文说》卷二第四十三叶秦公段)，强运开谓“横宅禹迹，所至之地”(《说文古籀三补》卷七第五叶)皆不离许书之失也。【《金文大字典》页五六一五—五六一六】

三三〇　释⿱肁章

戴家祥曰：⿱肁章从章，肇省声，《说文》所无。以声类求之，殆即垗之别构，形符声符两易字。三体石经垣作⿰亘章，散氏盘城作⿰成章，邵钟堵作⿰者章，是从土可以从章。《大雅·生民》“后稷肇祀”，《礼记·表记》肇作兆。《汉书·礼乐志》“佻正佳吉弘以昌”，颜师古集注引如淳曰：“佻读曰肇。”是兆、肇声同字通。《说文》十三《土部》：“垗，畔也。为田畴界，祭其中。《周礼》曰：‘垗五帝于四郊。’从土。兆声。”今本《周礼·春官·小宗伯》

垗作兆。《汉书·郊祀志》"兆五帝于南郊",颜师古曰:"兆,谓坛之营域也。"(《墙盘铭文通释》)【《金文大字典》页五六四四】

三三一　释[龠力]

戴家祥曰:字始见宋时出土微栾鼎,薛尚功《历代钟鼎彝器款识》卷十释嗣。清仪征阮氏藏一禄康钟,大兴翁氏藏一士父钟(阮元误名叔丁宝林钟,或称叔氏钟)亦有此字,《积古斋钟鼎彝器款识》卷三释龢,吴大澂《说文古籀补》卷二、吴式芬《攈古录金文》(二之三受钟,三之一叔氏宝钟及叔向段)、孙诒让《述林》卷七(克鼎释文)从之。徐同柏《从古堂款识学》卷八(周叔氏宝钟释文)释协,方濬益《缀遗斋彝器考释》卷一(士父钟)从之。徐中舒《耒耜考》(中央研究院《历史语言研究所集刊》第一分册)、《金文嘏辞考》(同刊第六本一分册)从薛《款识》释嗣。按《说文》嗣从册、口,司声,古文作孠,更旁从子。金文作(盂鼎),或作(曾姬无恤壶),于不同。金文龢作(邾公牼钟),又作(龢尊),偏旁龠作,释为古文龠字,焯然无疑。《说文》二篇:"龠,乐之竹管,三孔,以和众声也。"《龠部》龡从龠,炊声。(或简写作炊字。亦同吹。)"音律管壎之乐也"。龥从龠,虒声,"管乐也"。或作篪同。(《礼记·月令》"仲夏之月调竽、笙、篪、簧",《释文》"篪音池,又作篪同"。)龢从龠,禾声,读与和同,"调也"。考《尔雅·释乐》"大笙谓之巢,小者谓之龢",郭璞注:"大者十九簧,《乡射礼》曰:'三笙一龢。'龢,十三簧者。"许云:"龢,调也。"盖咊之假借,非龢之本义。《说文》六篇:"乐,五声八音总名。象鼓鞞木虡也。"卜辞作,罗振玉谓:"其字从丝附木上,琴瑟之象也。或增以象调弦之器,犹今弹琵琶、阮咸者之有拨矣。虘钟作,借泺为乐,亦从。许君谓象鼓鞞木虡者,误也。"(《增补殷墟书契考释》中第四十一叶)按乐之本义为弹弦乐器,犹龠之本义为吹孔乐器,引而申之为音乐之乐。《释名·释言语》:"乐,乐也。使人好乐之也。"后世分乐为五角切,音岳,"五声八音之总名也”；亦读卢各切，音洛，即“仁者乐山，智者乐水”（《论语·雍也》）之乐；又读为弋灼切，音龠，读如“洵吁且乐”（《郑风·溱洧》）之乐。先秦古韵宵部韵位第三，侯部第四，鱼部第五，《国风》及谐声字中每有通韵借韵。例如《晨风》“山有苞栎，隰有六驳，未见君子，忧心靡乐”（《秦风》），亦栎、驳、乐押韵。《唐韵》栎读以灼切，韵在宵部，驳读北角切，韵在侯部，乐都卢各切，韵在鱼部，此一证也。许书泺从乐声（十一篇《水部》），《唐韵》卢谷切，韵在侯部，金文虘钟“用泺好宗”借用为乐，乐韵鱼部。《集韵·入声十八药》泺、藥同字，藥从药声，韵在宵部，此二证也。《陈风·衡门》“泌之洋洋，可以乐饥”，《毛传》乐音洛，郑笺音療（《经典释文》卷六），療或作疗，读力召切，韵在宵部。乐声同龠，故烁亦作爚（《集韵·入声十八药》），此三证也。以是而知乐、龠两字声韵俱近，义亦相同。金文勫字所以加旁从力者，明其声为舌音来纽，而非喉音喻纽而已矣。士父钟铭“勫于永令”当读“乐于永命”，永，长也，令、命同字。犹齐景公云：“古而无死，其乐若何？”（《左传·昭公二十年》）大克鼎铭“勫克王服”，意谓乐任王事。（《释名·释言语》：“克，刻也。刻物有常处，人之所克念有常心也。”）番生𣪘铭“勫于大服”，犹《周书·多方》云“有服在大僚”。《尔雅·释诂》：“服，事也。”古汉语康与乐义同字异，分言之曰康，或曰乐，《逸周书·谥法解》“丰年好乐曰康，乐抚其民曰康，令民安乐曰康”，《淮南子·原道训》“是故不以康为乐”，《尔雅·释诂》“康，乐也”。是皆分别康与乐二字而言之者也。连言之则曰康乐。《唐韵》康读苦冈切，溪母阳部，乐读卢各切，来母鱼部，先秦古语每以字之溪纽与字之来纽者组合成词。《小雅·鱼藻》“岂乐饮酒”，《春官·大司乐》“则令奏恺乐”，《夏官·大司马》“以先恺乐献于社”，岂、恺都音苦亥切。《国语·周语》“弃伉俪妃嫔”，《左传·昭公三年》“未有伉俪”，伉音苦冈切，俪音郎计切。《楚辞·九辩》“怆怳懭悢兮”，懭音口广切，悢音力让切，又曰“坎廪兮贫士失职”，坎音苦感切，廪音力甚切，是其例也。康乐二字韵部又是鱼部，阴阳对转。《秋官·小行人》“其康乐和亲安平为一书”，贾公彦疏云：“其康乐一条，专陈安泰之事。”《礼记·乐记》“啴谐慢易繁文简节之音作,而民康乐”,孔颖达疏云:“善乐感人,则人化之为善。”《淮南子·要略》“康乐沉湎”,高诱注:“康乐,乐也。”《史记·孔子世家》于是“选齐国中女子好者八十人,皆文衣而舞康乐”,《索隐》王肃曰:“康乐,舞曲也。”晚周金文郭子壶铭云“康乐我家”。是皆组合康乐二字而为词者也。由是而知康勵之为康乐,不但声同韵同,而且义同。勵为乐之或体,盖昭昭然。微栾鼎铭云“康勵鲁休”,鲁当读旅(《史记·周本纪》“鲁天子之命”,《书序》作“旅天子之命”。《说文》旅古文以为鲁卫之鲁。)《尔雅·释诂》旅“众也”,休“美也”。录伯𣪘铭、善夫克鼎铭云“康勵屯右”当读“纯佑”。(《周书·君奭》“天惟纯佑命”,又曰“亦惟纯佑秉德”,同声通假,亦作醇佑。汉樊毅修华岳碑云“天惟醇祐,万国以康”。)《仪礼·士昏礼》“腊一肫”,郑玄注,纯“全也”。《广雅·释诂》佑“助也”。今知乐、龠二字本为乐器之象形字,复以诗书雅诂求其字之引申义,庶几前辈考释家之是非曲直,或将折衷于一是欤?【《金文大字典》页五六五七—五六五九】

三三二　释龢

戴家祥曰:《说文》二篇《龠部》:“龢,调也。从龠。禾声。读与和同。”按许说非是。龢本小笙之名。《尔雅·释乐》:“大笙谓之巢,小笙谓之和。”郭璞注:“大者十九簧”和“小者十三簧者”。《释文》引孙炎注:“和,小笙是也。”许书龠字注云:“乐之竹管,三孔,以和众声也。”龠、笙为吹奏乐器,故小笙之龢表义从龠。《仪礼·乡射礼》记“三笙一和而成声”,郑注:“三人吹笙,一人吹和,凡四人也。”和应作龢。和为唱和之和,从口,禾声。调和之和,字应作盉,从皿,禾声。三者各有专字,形义昭然。后世苟趋便捷,任意假借,以和为龢,以龢为盉。许氏袭非成是,每以字之假义说字之本义,遂使形义舛误,捍格难通。【《金文大字典》页五六六四】

三三三　释龣

容庚曰:“《玉篇》:‘龣,东方音也。乐器之声。今作角。’《魏书·江式传》'宫商龣徵羽'，龣读作角。"高田忠周曰："《说文》无龣。野王《原本玉篇》：'龣，古学反。'《礼记》'孟春其音龠'，郑玄曰：'谓乐器之声也。三分羽，益一以生龣。龣数六十四，属木者，以其清浊中民之象也。春气和则角声调也。'又曰：'龣为民角，乱则忧其民怒也。'《白虎通》：'龣者，阳气跃地也。'《仓颉篇》：'东方音也。'此铭云'盟彡龣叀'，其义未详。"（《古籀篇》五十第二十五叶）

戴家祥曰：龣字从龠，从录，《说文》失收。《魏书·江式传》"宫商龣徵羽"，以龣为角。《玉篇·一零六》龣"东方音也。乐器之声。今作角"。一曰乐器，即号角。《文献通考·乐考十一》引《卫公兵法》："军城及野营行军在外，日出没时挝鼓千槌，三百三十三槌为一通。鼓音止，角音动，吹十二声为一迭。三角三鼓而昏明毕。"《集韵·入声四觉》角、龣俱音讫岳切。《唐韵》角音古岳切，见母侯部。《玉篇》龣音卢谷切，来母侯部。古代牙音见纽在谐声字中每有读成舌音来母者，例如《唐韵》京读举卿切，见母阳部，从手为掠，掠读离灼切，声在来母；《唐韵》监读古衔切，见母侵部，从艹为蓝，蓝读鲁甘切，从水为滥，滥读卢瞰切，声在来母；《唐韵》各读古洛切，见母鱼部，从水为洛，从隹为雒，洛、雒俱读卢各切，从田为略，略读离灼切，声在来母；《唐韵》兼读古甜切，见母谈部，从广为廉，廉读力兼切，从石为磏，磏读离盐切，声在来母；《唐韵》翏读力救切，来母幽部，从水为漻，漻读洛萧切，来母宵部，璗从漻声，《唐韵》古巧切，声在见母。龣之与角，其例亦犹是也。龣字从龠，为乐音之本字；作角者，同声通假字也。【《金文大字典》页五六六六—五六六七】

三三四　释爵

戴家祥曰：师訇毁云"乃祖考又[illegible]于我家"（《历代钟鼎彝器款识法帖》卷十四及《啸堂集古录》卷下），录伯㦱毁盖云"繇自乃祖考又[illegible]于周邦"，殉尊云"又[illegible]于天"，又[illegible]当读有爵。殷墟卜辞尊作[illegible]，金文员壶铭文壶作[illegible]，皆象两手奉尊壶形，与[illegible]字作两手奉爵形同。殉尊作[illegible]，[illegible]在[illegible]

上，为偏旁移位之例，知□为爵之表义加旁字。《周官·秋官·司厉》："凡有爵者与七十者与未龀者皆不为奴。"《孟子·告子下》："有天爵者，仁义忠信，乐善不倦，此天爵也。公卿大夫，此人爵也。"赵岐注："天爵以德，人爵以禄。"有爵言其身份之殊荣而已矣。

单伯钟、毛公鼎俱言"□堇大命"，吴式芬(《攈古录》三之三毛公鼎)、吴大澂(《窸斋集古录》四册毛公鼎，《说文古籀补》附录第二叶)释劳。静安先生(《毛公鼎考释》)从而申其说曰："鼎文作□，象两手奉爵形。单伯钟'□堇大命'，录伯𣪘盖'有□于周邦'，字亦如此作。古之有劳者奉爵以劳之，故从两手奉爵。齐子仲姜镈'䵼叔有成劳于齐邦'，齐侯镈钟'堇劳其政事'，字又作□，则与小篆为近矣。"郭沫若(《两周金文辞大系考释》录伯𢦏𣪘盖)、唐兰(《文物》一九七六年第一期《𢼸尊铭解释》)从之。按《吕氏春秋·正月纪》云："反，执爵于大庙，三公九卿诸侯大夫皆御，命曰劳酒。"高诱注："御致天子之命，劳群臣于太庙，饮之以酒。"先生谓两手举爵为劳，其义或取于是。然古籍如《周书·金縢》云"昔公勤劳王家"，《无逸》云"厥父母勤劳稼穑"，《吕氏春秋·爱类篇》云"勤劳为民"，《史记·鲁周公世家》云"勤劳阻疾"，皆以勤劳成词，未闻有作劳勤者。齐侯镈钟以"女(汝)巭□朕"为句，与鼎铭语法不同，未可以彼例此也。孙诒让(《古籀余论》卷二第三十叶。又卷三第三十三叶。《名原》卷下第二叶，《籀庼述林》卷七第一叶)释揩，杨树达(《积微居金文说》卷一第二十叶)从其释，而读为勋。统观吴、孙诸释皆不确。鼎铭"□堇大命"当读"釂勤大命"。《说文》十四篇："釂，饮酒尽也。从酉。嚼省声。"《唐韵》釂读子肖切，精母宵部，爵读即略切，精母鱼部，宵、鱼韵近。《礼记·曲礼上》"长者举未釂，少者不敢饮"，郑注："不敢先尊者尽爵曰釂。《燕礼》曰：'公卒爵，而后饮也。'"《左传·隐公元年》："未王命，故不书爵。"孔颖达《正义》引服虔曰："爵者，醮也。尽其材也。"《唐韵》釂、醮俱读子肖切。《说文》二篇噍、嚼同字，《唐韵》才肖切。知醮、釂注音更旁字也。《荀子·礼论篇》云"利爵之不醮也"，杨倞注："醮，尽也。"《白虎通·爵名篇》:“爵者,尽也。”爵本有尽义,言饮酒尽,故表义从酉,声符更旁则写作醮,实则爵之繁衍字也。《礼记·祭统记》孔悝鼎铭“对扬以辟之,勤大命于蒸彝鼎”,王念孙谓郑玄读“对扬以辟之”断句为失当,君命谓之勤大命,犹《周书·洛诰》“文武勤教”也。(王引之《经传释词》引)王氏此说最确,君命、天命、大命其义一也。古字天、大形近,每多混淆。《商书·盘庚上》云“恪谨天命”,金文作“爵堇大命”,恪义为敬,爵义为尽,皆言尽其心力于王命而已。孙氏释揞,形义更远。【《金文大字典》页五六七一——五六七三】

三三五　释夔

朱芳圃曰:孙诒让、林义光皆释为夔,确无可易。惟孙谓中从□即象手形(《名原》上一零),林谓□象其尾(《文源》一三)于义为短。按《大戴礼记·五帝德》“龙夔教舞”,《荀子·成相篇》“夔为乐正,鸟兽服”,盖古代相传夔为乐师,故其字作手持□形。□,牦牛尾也。《周礼·春官·序官》“旄人”,郑注:“旄,旄牛尾,舞者所持以指麾。”孙诒让曰:“云舞者所持以指麾者,谓以旄牛尾为舞者之翳也。”(《周礼正义》九三二)此正其形象矣。(《殷周文字释丛》卷下第一四八叶)按朱说论证详实,惟孙释之前,刘心源已有论著。(文载《奇觚室吉金文述》卷五第五十二叶)由此可知□父爵□字亦当释夔。《谷梁传·僖公廿六年》秋“楚人灭夔,以夔子归。夔,国也。不曰,微国也”。杜预《左传注》:“夔子,楚之别封。”《公羊传》作隗子,声同字通。尊铭:“丁子王省夔且。王易小臣艅夔贝。”且读为《大雅·韩奕》“韩侯出祖”之祖。夔贝者,夔国所产之贝也。毛公鼎夔作□,静安先生曰:“徐明经、吴中丞释为颠,吴阁学、孙比部释为𢆶,余疑即古羞字,象以手掩面之形,殆羞耻之本字也。《书·康王之诰》‘毋贻鞠子羞’,《春秋左氏传》‘毋作神羞’,与此文例正同。”朱芳圃释夔,《说文·夊部》:“夔,神魖也。如龙,一足。从夊。象有角、手、人面之形。”《国语·鲁语》“木石之怪曰夔、蝄蜽。”韦注:“木石谓山也。或云夔一足。越人谓之山缫也。或云独足。”《庄子·达生篇》“山有夔”，《释文》司马云：“状如鼓而一足。”是夔为山中怪物，当为猿类之幻化。《山海经·西山经》：“刚山……是多神⿰光鬼。其状人面，兽身，一足，一手。其音如钦。”郭注：“⿰光鬼亦魑魅之类也。音耻回反。或作⿰失鬼。”郝懿行曰：“按⿰光鬼，疑为魋字之或体。《说文》云：‘魋，神兽也。从鬼。隹声。’与郭音义俱合。又云：‘或作⿰失鬼’者，⿰失鬼当为⿺鬼失。《说文》云：‘⿺鬼失，厉鬼也。’《玉篇》云：‘⿺鬼失，丑利切。’又曰：按《说文》‘夔，神魖也。如龙，一足。从夊。象有角、手、人面之形。’许君所说形状正与此经合，再证以魋字之解，则知神魖当为神魋字之讹也。”（《山海经笺疏》二三二）按夔为原始象形字，后世渐向形声转变，则为从鬼，隹声；从光，鬼声；从失，鬼声。夔、鬼韵同声近。朱氏释夔，较王氏释羞为强。《孟子·万章上》引《逸书》曰：“祇载见瞽瞍夔夔斋慄。”《伪古文·大禹谟》孔传：“夔夔，悚惧之貌。”毛公鼎“俗我弗作先王夔”者，即上文所云“余小子家湛于艱，永巩（恐）先王”之谓也。朱文载《殷周文字释丛》一四六叶，可以取信。【《金文大字典》页五六七五—五六七七】

三三六　释⿰卣夒

戴家祥曰：孙诒让释吴县潘氏大克鼎“⿰卣夒远能𤔲”一语，证以诗书，谓以⿰卣夒为柔，𤔲为迩，为声近假借。（《古籀余论·后叙》）按⿰卣夒字亦见秦盄和钟、晋姜钟，薛尚功（《历代钟鼎彝器款识法帖》卷七第七十三叶及卷十第一百十二叶）释为西夏两字合文，误也。⿰卣夒字从夓，从卣，卣即石鼓文《田车》“君子逌乐”之逌。《说文》卣“从乃。卤声。读若攸”。⿰卣见“从见。卣声。读若攸”。《汉书·韦贤传》“方国卣平”，颜师古集注：“卣，古攸字。”《唐韵》柔读耳由切，卣读以周切，韵位都在幽部。⿰卣夒为夓之注音加旁字。柔远能迩为古代成语，见《尚书·尧典》《文侯之命》《大雅·生民》及《左传·昭公二十年》等篇。古者为相善为相能，柔远能迩其义正如《论语·子路》“近者悦，远者来”，《礼记·中庸》所云“柔远人，则四方归之;怀诸侯,则天下畏之”。以声义求之,孙说无可非也。然就字形言之,犹有未足。《说文》:“夒,贪兽也。一曰母猴,似人。从页。巳、止、夊,其手足也。”《小雅·角弓》“毋教猱升木”,孔颖达正义引陆玑《毛诗草木鸟兽虫鱼疏》云:“猱猕,猴也。楚人谓之沐猴。老者为玃。长臂者为猨。白腰者为獑胡。獑胡骏捷于猕猴。”然则猱、猨其类大同,故《乐记》注云:“猨,猕猴。”《说文》:“猴,夒也。”“玃,母猴也。”《广韵·下平十九侯》:“猕猴,猱也。”《玉篇》猴读乎沟切,晓母侯部,夒读乃刀切,泥母宵部,宵、侯韵相近,例可通韵。知夒、猴本一物也,亦一名也。曰母猴,曰沐猴,曰猕猴。猕盖猕之字误,《集韵》民卑切,音弥,皆同母字也。夒本原始象形字,《说文·犬部》无猱字,而有从犬,夒声训“獿獿”之獿字。獿即形义符号加旁字。《玉篇·三六四》猱、獿同字,猱即獿之声符更旁字。《说文》“瓇,玉也”,“读若柔”。《广韵·下平十八尤》引《声类》:“瑈,玉名。”《集韵·上平六豪》夒或作獿蝚,同声通假,字或为擾。《说文》:“擾,烦也。从手。夒声。”《尚书·皋陶谟》“擾而毅”,《史记·夏本纪集解》徐广曰:“一作柔。”《韩非子·说难篇》:“龙之为鳞,可柔狎而骑也。”《史记·老子韩非列传》柔作擾。《地官·大司徒》“以佐王安擾邦国”,郑注:“擾亦安也。”《夏官》服不氏“掌教猛兽而教擾之”,郑注:“擾,驯也。教习之使之驯服。”《列子·黄帝篇》:“虽虎狼雕鹗之类,无不柔者。”安、驯义亦同柔,为烦之反训。声符更旁字亦作揉。《大雅·嵩高》“揉此万邦”,《毛传》:“揉,顺也。”秦盄和钟“𩒨燮百邦”字又作𩒨。《国语·楚语》“民神杂糅”,《史记·历书》作“杂擾”。《礼记·乐记》曰:“及优侏儒,獿杂子女,不知父子。”王念孙谓獿杂即糅杂。(《经义述闻》卷十五)郑注《乡射礼》记曰:“糅者,杂也。”《说文·米部》无糅字,而有粈字,训“杂饭也”。夒声同丑。《集韵·下平六豪》㹛、狃同字。《论语·阳货篇》:“公山弗擾以费畔”,《左传·定公十二年》《哀公八年》并作“公山不狃”。传世经典擾多从憂作擾,盖后世传写之俗字也。【《金文大字典》页五六七八—五六七九】

论　学

释　皀

《说文》五篇："皀，谷之馨香也。象嘉谷在裹中之形。匕所以扱之。或说皀，一粒也。……又读若香。"小徐《系传》引颜黄门《家训》云："在益州与数人同坐，初晴，见地下小光，问左右是何物。一蜀竖就视，云：'是豆逼耳。'皆不知所谓。取来，乃小豆也。蜀土呼豆为逼，时莫之解。吾云：'《三苍》《说文》皆有皀字，训粒。《通俗文》音方力反。'众皆欢喜。"段懋堂曰："颜黄门云《通俗文》音方力反，不云出《说文》，然则黄门所据未尝有'方力反'矣。而许书中卿、鄉字从皀声，读香之证也。"今按许氏说皀之声义引"或说"以存之，足见此字后汉已不经见，独食、既、即、𣪘诸字偏旁存其形耳。颜黄门以蜀竖之言证皀《通俗文》音方力反，音则近矣，义则未安。《通俗文》音方力反未知何据。以鄙意测之，或因小篆从匕而比附其声与？

传世经典未见皀字，无从确诂。今细考商周古文从皀表义之即字、既字、㿝字、食字、𣪘字、鄉字以及从食之餅字、饔字、饧字、馈字、饗字、饑字、馑字等字，皀皆作。曹魏三体石经篆文即作，古文作，篆文既作，古文既作，盖起于东周末年，是异体字。《说文》五篇："饗，乡人饮酒也。从食，从鄉。鄉亦声。"又六篇："鄉，国离邑，民所封乡也。啬夫别治。封圻之内六乡，六卿治之。从䢼。皀声。"九篇："卿，章也。六卿：天官冢宰，地官司徒，春官宗伯，夏官司马，秋官司寇，冬官司空。从卯。皀声。”五篇：“即，食也。从皀。卩声。”“既，小食也。从皀。旡声。”上虞罗氏谓：“古金文嚮背之嚮、公卿之卿、饗食之饗，皆作，毫无分别。曩以为疑，嗣读《白虎通》言‘卿之言嚮也，为人所归嚮’，始悟公卿之卿与饗食之饗古为一字，而则嚮背之嚮也。此彝卿字作，象两人相向就食之形，盖饗食之饗本字。”（《卿彝跋》）又云：“即，象一人就食形。既，象人食既。许君训既为小食，谊与形不协。”（《殷虚书契考释》）古文鄉、即、既等字在六书为象形，皆象人就食形，许君以形声释之，非也。

《说文》五篇：“食，亼米也。从皀。亼声。或说亼皀也。”金文均作，卜辞作。皀殆为古之食用器，故即、既、饗、食等字以之作为表义符号。卜辞作，上象器盖，下象方座。宋人图录有㲃者，形正圆有两耳，或连方座而定名为敦者，即其物也。惟清儒钱献之、韩履卿始疑宋人定名之误。吾乡前辈黄仲弢先生更疏证其说，以为即簠簋之簋。而福山王懿荣谓簋有专器（指盨而言），亦有专字，形与文皆与㲃迥异，则㲃自是一器。后人假敦为㲃，㲃字遂废而不用云云。（《翠园墨话》）

丙寅秋，余从海宁王静安先生问古文字学，读二家书，颇信黄氏切合商周字例，更从古器铭辞以证诗礼，知㲃确为簋之别构，写成《释皀》一文质之静安先生。先生颇有微词，不以为然。至丁卯秋，东莞容希白教授发表《殷周礼乐器考略》于《燕京学报》，证其亦同意黄氏。凡鄙意所欲言者，容君已尽言之，惟皀字音义容君尚未之及。今逡录一过，不敢有所攘善也。

《说文》五篇《竹部》：“簋，黍稷方器也。从竹，从皿，从皀。匭，古文簋，从匚、飢。匦，古文簋，或从轨。朹，亦古文簋。”古书簋亦通轨。（《唐韵》簋读居洧切。飢读居夷切，见母脂部。《韵会》居狋切。轨读居洧切。朹，《唐韵》巨鸠切，群母幽部。上古韵位之部第一，幽部第二，声韵俱近。）《仪礼・士昏礼》《聘礼》《公食大夫礼》郑注：“古文簋皆作轨。”《易・损卦・彖辞》，《释文》：“簋，蜀才本作轨。”簋又与𡌶通。（《广韵》𡌶读力救切,音溜,盛饭瓦器也。“尧舜饭土熘”,见《韩非》。)《墨子·节用中》“饭于土熘,啜于土形”,《史记·序传》司马谈《论六家要指》引作“食土簋,啜土刑”。《韩非·十过篇》:“尧饭于土簋,饮于土鉶。”(《唐韵》鉶读户经切)《史记·李斯列传》二世责问李斯曰:“吾有所闻于韩子曰:‘尧饭土匦,啜土鉶。’”徐广曰:“匦一作溜。”《秦始皇本纪》云:“饭土簋”,《索隐》本簋作熘,云:“如字。一音鏤。一作簋。”(《正字通》熘同榴。《集韵》力求切,音留。《唐韵》鏤,卢侯切。《方言》:“鍑,江淮陈楚之间或谓之鏤。”)又《叙传》云“食土簋”,《集解》引徐广云:“一作熘。”《春官·小史》“史以书叙昭穆之俎簋”,郑玄注:“故书簋或为几。”郑众云:“几读为轨。书亦或为簋,古文也。”段玉裁校几为九,云:“簋字古音同九,古文作轨。轨古音亦同九也。”《易·涣》之九二“涣奔其机”,惠栋曰:“机亦古文簋。涣宗庙中故设簋。”(《九经古义》)《春秋繁露·祭义》云:“春上豆实,夏上尊实,秋上机实,冬上敦实。豆实,韭也。尊实,麷也。机实,黍也。敦实,稻也。”机实即簋实。桂未谷曰:“簋,黍稷器。”(《说文义证》)许书《女部》嬒“从女。簋声。读若《诗》‘纠纠葛屦’之纠。”纠读居黝切,见母幽部。按簋、匭、匦、机、轨、熘、九、嬒、纠古音同部,故得同声通假。又《说文》三篇《殳部》:“𣪘,揉屈也。从殳,从皀。皀,古文叀字。(四篇《叀部》:‘[illegible]亦古文叀。’)廏字从此。”二篇《辵部》:“䢴,恭谨行也。从辵。𣪘声。读若九。”九篇《勹部》:“㲃,饱也。从勹。𣪘声。民祭祝曰厌㲃。”(《唐韵》居又切,见母之部。)九篇《广部》:“廏,马舍也。从广。𣪘声。《周礼》曰:‘马有二百十四匹为廏。廏有仆夫。’[illegible],古文,从九。”(《唐韵》居又切)《一切经音义·九》厩古文𠬛、㲃二形。《释名·释宫室》:“廏,勼也。”(《唐韵》廏读居又切,见母之部。勼读居求切,见母幽部。)按字之从𣪘得声者音皆近九,是簋、𣪘同音之证也。《说文》𣪘即皀之加旁字。颂𣪘、师趛父𣪘、追𣪘字均作[illegible]。秦公𣪘作[illegible],是变[illegible]为[illegible],乃古文繁简之通例也。今按𣪘读见母之部或者见母幽部,宋人图录之[illegible]非敦之异体则昭若发蒙矣。𣪘字从皀得声而读若九,则皀字不应读若香与方力切(《唐韵》香读许良切,晓母阳部。方力切反为帮母之部),亦可放胆断定矣。

由此而知毁字从皀读为之韵，簋字从竹从皿从皀而读为九，通为轨，则簋从皀得声而非会意字亦涣然冰释矣。推而论之，《说文》廄古文作，九、皀声同，注音加旁重复字也。簋之古文作匭、匦二形，则又形声更旁字也。今既断定毁、九二字古音同部，则皀亦必读若九。《殷虚书契前编》：“庚辰大贞来。丁亥帚之枡羌卅卯十牛十月。”（卷六第十六页）又云：“亥其帚牢。”（《后编》卷下第三页）字以上下文义檡之，即廄之古文。兮甲盘云：“毋敢或入䜌宄賈”。孙籀公释宄为廄，谓“或廄或贮皆毋许人闌入也”。皀、九声同，故得声符互易，则又为簋字从皀得声增一佳证矣。簋字既可定为皀之加旁字，则皀为簋之象形字。先民造字，往往先有独体象形，而后又出现合体象形字。磬之古文加旁作。为鼓之古文，加旁变作。为壶之古文，加旁变作（见伯姬壶）。之作，亦古文形义增益之通例也。古文又有象形表义加旁变形声者，如函皇父毁壶作鐪。《说文》豆作梪，叔上匜匜作盘，史颂匜匜作鉇是也。古文又有易象形为形声者，如凵之作笶，鬲之作歷是也。以此证皀之作匭或匦，亦古文书嬗与互易之通例也。古文象形之字又有累益其形义而为形声者，如小篆作箕。本象形，陈子匜匜作鐳，变为一声两形。以是证簋之从竹，盖以质言之；从皿，盖以类言之；亦古文声义重复之通例也。可知为簋初文，自有焯然通例，而非谷之一粒及谷之馨香，以声义证之，已弇若合符矣。

清代大儒于古文字学实驾宋人而上之，然古器物之命名仍踵宋人旧说，故自宋以后均以盨为簋，以毁为敦，于字例不加细檡，亦考古者之遗憾也。今既由文字推定毁为簋字，又有传世古器可证，许、郑方圆之争由此决矣。《说文》言：“簋方簠圜。”郑氏《周礼·舍人》注：“方曰簠，圆曰簋”。又按《淮南·泰族训》“陈簠簋”注：“方中者为簠，圆中者为簋。”（陶方琦谓此篇为许注。果尔，则许君之说亦不一也。）贾公彦《周礼疏》引《孝经》“陈其簠簋”，注云：“内圆外方受斗二升者。”《北堂书钞》引作“方曰簠，圆曰簋”。《小牢馈食》疏引作“外方曰簋”。《诗·秦风》，《释文》：

"内圆外方曰簠,内方外圆曰簋。"《仪礼·聘礼》,《释文》"内圆外方曰簋,内方外圆曰簠。"《广韵·五旨》亦曰:"内圆外方曰簋。"颜师古《汉书·贾谊传》注云:"方曰簠,圆曰簋",与郑说同。是汉讫唐,师说各异。宋欧阳修《集古录》"簋容四升,其形外方内圆而小",此指盨而言,本《聘礼音义》之说也。聂崇义《三礼图》引旧图云:"外方内圆曰簠,内方外圆曰簋。足高二寸,挫其四角,漆丹中。"《御览·器物部》引旧图云:"簋受一升,足高一寸,中圆外方,挫其四角,漆赤中,盖亦龟形。其饰如簠,盛稻粱。"考传世古器名毁者之形正圆。然盨之形长方椭角,与内方外圆之说均可牵合。即许、郑方圆之异亦不致偏废,故《三礼图》及庐陵径定为簋。今推皀之形观之,颇似豆,与传世古器形状恰合,知郑是而许非也。况古书自来言簋方者,仅《说文》耳。《诗·伐木》毛传云:"圆曰簋。"《易·损卦·象辞》"二簋可用享",郑玄注:"离为日,日体圆。巽为木,木器圆,簋像。"《论语·公冶长篇》皇疏亦同郑说。《仪礼·聘礼》"夫人使下大夫,劳以二竹簋方,玄被重里,有盖",郑注云:"竹簋方者,器名也。以竹为之,状如簋而方,如今寒具筥。筥者圆,此方耳。"贾公彦疏云:"凡簋皆用木而圆,受斗二升。此则用竹而方,故云'如簋而方,受斗二升'。"则同。以此可证簋确为正圆,贾舍人疏此经云"用木而圆"者,本郑君《周易注》。"受斗二升"者,《考工记》"实一觳"之说,是不以簋为长方椭角者。依《仪礼》经文,则郑义确不可易。否则竹簋不当特言方为殊异之词矣。本《说文》簋作簠,疑方之言并也,非方圆之方,朱骏声《说文通训定声》据误。《周官·考工记》言"陶人为甗、盆、甑、鬲。旊人为簋",而不言簠。今传世古器甗、盆、甑、鬲,形皆正圆,知《考工记》举簋而不举簠者,簋亦多为正圆器也。又"旊人为簋"云"器中膊,豆中县",郑注云:"膊读如车辁之辁。既拊泥而转其均,尌膊其侧,以拟度端其器也。县,县绳正豆之柄。"孙籀公《正义》云:"此记陶旊笵器之法也。拊泥谓拘泥为瓦器之坯也。膊为长方之式,以度器使无斜曲者。郑注所谓均即器范下圆物以便旋转者。《管子·七政篇》云'立朝夕于运均之上',尹注云:'均,陶者之轮也。'《淮南子·原道训》云'均旋毂转',高注云:'均,陶人作瓦之器法下旋转者。'

《汉书·邹阳传》颜注引《张晏传》云:‘陶家名模下,圆转者为均。’”(《周礼正义》八十一)是簋之形圆由其制造之法证明矣。以上可证郑谓簋确为正圆,与毁之形状吻合矣。考周秦诸子言“尧舜饭土簋,食土刑”说虽无征,然簋之由来必甚古。自有卿、即诸字以来,饗、餕必已通用簋矣。故圣人借皀作书,以彰饮食之谊。今传世古器毁之数量为诸器冠,盖古者自天子至于士庶人,祭祀、宾客、饗飧无不用之。如《易》之“二簋”,《诗》之“四簋”“八簋”,《仪礼·聘礼》之“六簋”“八簋”,《公食大夫礼》之“六簋”,《周礼·掌客》之“十二簋”,《玉藻》之“四簋”,函皇父毁(皇父器1940年又在武功出土,文辞相同)之“八簋”,此殆诸侯、卿、大夫、士、庶人贵贱之等差也。家东原先生云:“古者簠、簋或以金,或以木,或以瓦。管仲镂簋,金簋也。”《尔雅》“金谓之镂”,是饰以玉,饰以象者木簋也。簋之为用如此之广,古圣人造作书契之宏义妙旨,可想见矣。至传世之盨,经典无征,钱献之仍以簋称之,容希白谓盨毁或其别名,然伯庶父盨、叔乐父盨皆云盨毁,则盨、毁当是二物。盨殆即颜师古《汉书注》谓状如盘之“窭数”与?(荀悦《汉纪·武帝纪》朔曰:“是窭数也。”舍人曰:“朔果不能。”中曰:“湿肉为脍,干肉为脯。树上为寄生,盆下为窭数。”)戊辰闰二月重定。

【清华国学研究院学报《国学论丛》,1928年第1卷第4号】

释　甫

《说文》:“甫,男子之美称也。从用、父。父亦声。”经典皆训甫为大(详下文),训鑮为大钟。按金文薄、铺、敷(详下文)皆从□、□(虢叔钟),□、□(楚公钟),□、□(兮中钟)。《殷虚书契前编》(卷四第十一页)“庚寅卜,贞:叀□人令省在南□。十月(行)。□十二月(缺)南□省。(缺)”又(第五卷六页)“己巳卜,贞:令□省在南□。十月”。(以文意推之,似即《左传》《国语》之西鄙、东鄙,但卜辞自有啚字,或即圃之假字欤?)虽单文孤证不详其谊,以意断之,则甫字也。字颇象钟形,殆大钟为甫之本义,引申之为一切大貌。后世文字繁缛,字更从金,由象形变为形声字。再变为从金、尃声,为同声增省字。更变为薄,存其声而失其义,同声通假字也。更变从金、薄声,形繁缛字也。辗转变异,以鑮为正义,以镈为假借,则文字本谊全失。虽仓圣复生,恐亦不能言字例之条。许君居东汉之世,仅见小篆,未睹殷周古文,故训甫为男子之美称,而不知甫之称于男子乃父之假字。(《春秋》“公及邾仪父盟于蔑”,《谷梁传》曰:“仪,字也。父犹傅也,男子之美称也。”《仪礼·士冠礼》某伯某甫,甫皆作父。他经亦通用父。)考甫之孳乳字,经典均有大义。若薄(《荀子·荣辱篇》注:“广大貌。”)、敷(《韩诗·常武》:“大也。”)、博(《说文》:“大通也。”)、溥(《诗·北山》,《毛传》:“大也。”)、圃(《诗·车攻》,《毛传》:“博也。”)、酺(《说文》:“王德布,大饮酒也。”)、誧(《说文》:“大言也。”)可证。窃思邃古文字,亩、甫当为一字,虽其声音不近,字形约略可证。古文[古文字]、[古文字]盖象甬,证隧铣之形。而个亦可变为[古文字],古代钟鼓之装饰也。《说文》:“壴,陈乐立而上见也。”上见者何?当指[古文字]而言也。后世传写误变为从[古文字],则为形声字,其实用字既非形又非义。六书之例,凡形声之字当以形为主,以声为副。而甫之从用为形,从父为声,不可达其说矣。古文甫皆作[古文字],与亩字之古文变化同。试言其证。雍伯啚鼎啚字作[古文字](《愙斋集古录》)。卜辞作[古文字](《殷虚书契前编》卷四第十一页),作[古文字](《前编》卷七第二十一页)。敌敦作[古文字](《博古图》《啸堂》、薛氏著录)。《古文四声》(十一模)引《道德经》图作[古文字](按此为啚字之假)。王存乂《切韵》啚作[古文字]。子[古文字]图卣图字作[古文字](《愙斋集古录》)。散氏盘作[古文字](《积古斋》《攈古录》《奇觚室》著录)。亩字复由[古文字]变为[古文字]。《说文》古文啚作[古文字]。齐子仲姜镈“民人都鄙”,鄙字作[古文字]。古玺文图作[古文字]。(《说文古籀补》)三体石经《春秋·桓公经》廪字作[古文字],而甫字一变为[古文字]。(《说文》逋籀文作[古文字],而遂之古文作[古文字]。段大令谓:“不得其所从,疑是草木𠦪孛之𠦪。”案,三体石经《尚书·君奭》“乃其隧命”,隧作[古文字]。金文亦无作[古文字]。疑遂之古文当作[古文字],[古文字]乃逋之古文,后世脱去。[古文字]字,传写者不识古文,见行中缺一字,而逋下既有籀文,复有古文,其位置亦仅差二字,即移其字于逋之下。后之治小学者多不深解古文,遂以误字目之。按此字与古文甫恰合,绝非遂之误。唐碧落碑“藐觌遂初”,遂作[古文字]。此碑文字多依《说文》,可知遂之误逋当在此碑之前。《古文四声·六至》引天台经幢遂作[古文字],《古文尚书》作[古文字],崔希裕《纂古》作[古文字]。然天台经幢坠作[古文字],南岳碑作[古文字],知豕之古文无作[古文字]、[古文字]、肯,此皆唐宋人承误本《说文》,故有种种变异。又按《古文四声·十一模》引王存乂《切韵》,古文逋作[古文字],是逋本有六国古文之证。虽单文孤谊,古籍亦略可征。《汉书·郊祀志上》,《集注》:“蒲或作满。”《左传·成十年》“立公子州蒲以为君”,《释文》:“蒲,本作满。”晋厉公名州蒲,疏作州满。今观唐碧落碑遂做，与凿形颇相似，则六国之古文甫字作明矣。汉尧庙碑满作，与甫形易讹。如以为遂之古文，何古籍满讹蒲之多也？）又变为（甫人盘），公代邾钟及鼎作（《周金文存》），稣甫人匜作（《奇觚室》卷八），逋敦逋作。石鼓文鲟作。盂鼎匍作，盄和钟作。辅伯鼎（《愙斋集古录》）、师嫠敦（《愙斋集古录》）辅作、、。齐侯镈钟作。寅簋作。甫之下文又变为⊕。（由变成）御尊圃字作（《攈古录》《从古堂》《敬吾心室》著录），辛巳敦作。由此可知白者君盘字、白者君匜字、仲艾匜字、宰敦字（《周金文存》），并甫之变体也。

齐侯镈、毛公鼎、番生敦、王孙钟専字作。齐侯镈、公孙班镈（《愙斋集古录》）、齐子仲姜镈，镈字从。录伯敦（《攈古录》《奇觚室》著录）、毛公鼎、番生敦、师兑敦（《愙斋集古录》）、吴尊（《积古斋》《攈古录》《奇觚室》著录），鞲字从。虢季子白盘（《攈古录》《从古堂》《奇觚室》著录）、不娶敦（《攈古录》《从古堂》《奇觚室》著录）抟字，师寰敦（《筠清馆》《攈古录》《奇觚室》《陶斋》《敬吾心室》著录）字，石鼓文遳字、博字并从，（孙籀公释由，以为用之变体，其说非是。）故经典専与专字互讹。《仪礼・觐礼》“四传摈”，郑注：“古文传作傅。”《周礼・职方氏》“诵四方之传道”，郑注：“故书传为傅。”杜子春注：“傅当作传。书亦或作傅。”《荀子・议兵篇》“和传”，杨注：“传或为博。”《礼记・檀弓》注“何传乎”，《释文》：“传本作傅。”而古文亩字变异与甫字同。兮仲钟镈字作，左旁从从禾，即禀字也。召伯虎敦（《攈古录》《积古斋》《奇觚室》著录）禀作。农卣廪作（《奇觚室》），陈猷釜作（同上），从米从。即楚公钟之字。师寰敦墙作。卜辞穡作。（亦⊕之变，卜辞用刀刻不能作圆笔。）《说文》古文作，《古文四声・十三阳》引《义云章》古文墙作，《汗简》（卷上之二）作，并由田变⊕，是亩、甫古本一字之铁证。盖古文变异之源可推究也。孙籀公、刘心源以金文从亩之字与钟文同，故释为墙、穡等字，用心可谓勤矣。今以金文变异例之，始知亩、甫古实一字。作书者群趋简便，每变错纵之笔为平直，后世遂认为二字耳。考说文亩字，当由□变为□，再变为□，最后乃变为亩。古文如此类者多矣。

卜辞西作□。《说文》作□，下文□即□之变也。疑甫之初文殆一字而两音。古文亦有此例，如卿大夫之卿与燕飨之飨，金文、卜辞为一字。又如卜辞屡云多毓，多毓即多后。麀即牝字，卜辞有羓、麀等可证，而今音读为攸。此皆一字两声之类也。由此推甫、亩古音，庶几可得而讲焉。

《韩非子·外储说》云：秦昭王"以松柏之心为博箭"。《方言》："秦晋之间谓之簙，吴楚之间或谓之蔽。"《说文》："簙，局戏也。六箸十二棊也。"《楚辞·招魂》："箟蔽象棊有六簙些。"是甫、啚双声字，犹"簙，蔽也"。《说文·系部》綼"一曰不借綼"，《释名》作"搏腊"。《仪礼·丧服传》郑康成注："绳菲今时之不借也。"《周礼·弁师》郑注曰："璂，读如薄，如借綦之綦。"是不、薄二字通假之证。古文啚又与不通。（详下罯字）啚从亩声，薄从甫声，以不字例之，间接可互通假。疑甫、亩本为一字，后世析而为二，音读亦辗转变异，但唇音尚存耳。至亩之孳乳字，如禀、啚，多与甫字双声；而懔、廪字本从亩声而读为来母，疑此为古代辅复音字，后世歧而为二。西藏文多如此例。中国古字，如理、埋均从里声而异读，冰、凝一字而两音，吝从文声而不读文诸类是也。亩、甫古文既可推定为一字，于是孳乳之字亦可迎刃而解。

番生敦有□字（《陶斋古金录卷》二），前儒未释。谛审其字从㫃从□从虫，许书所无。以声类增省求之，当即旃字。《说文》旃或作旜，从㫃，亶声。此从虫从亩，乃蟺之音省。《说文》鳣，籀文作鱣，乃鳣之形义重复字。殷周字例，偏旁虽有增损，音读同者皆可变异。云台碑坛字作□、□（《古文四声·二十六寒》引），并易亶为亩，尤为旜字作旜之铁证。敦文云"朱旂旃金莽二铃"，朱旂旃即《周礼·司常》之"通帛大赤"也。

又《殷虚书契前编》（卷八第七页）有□字。兮甲盘（《攈古录》《奇觚室》《愙斋集古录》著录）云："王初伐厌𤞷于□虞"，□字与卜辞形同，前儒未释。谛审此字从网从啚，许书所无，以声类互易求之，殆罯字也。《说文》"罯，兔罟也。从网。否声。"古陶文作罘。古玺文作罘。（丁氏《说文古籀补补》据吴氏《古匋》释陈氏《印举》）古音否、啚同部。《释名·释言》"否，鄙也"，《释州国》"鄙，否也"。《书·尧典》"否德忝帝位"，《史记·五帝本纪》作"鄙德"。《论语·雍也》"予所否者"，《论衡·问孔》引作"予所鄙者"。《庄子·大宗师》"不善少而否"，《释文》："本作鄙。"晋邦盦"都鄙"作"者否"，是从啚即从否之证。又《说文》"罦，覆车网也"，引《王风·兔爰篇》"雉离于罦"。《尔雅·释器》"罬谓之罦。罦，覆车也"。《礼记·月令》"罝罘罗网毕翳"，《淮南·时则训》亦同。《吕览·慎人篇》"编蒲苇，结罘网"。《庄子·胠箧篇》"削格罗落罝罘之知多，则兽乱于泽矣"，《释文》："罘又作罦。"又《尔雅》"𪇆罟谓之罗"，郭注："幕也"，《释文》："本或作罠。"䍣、罠、幕一声之转。是罦、罦、罠、䍣、罟、罘、䍌即一字之声类互易例也。（观堂师《鬼方昆夷玁狁考》云："䍌字虽不可识，然必为从网，啚声之字。𩵦则古文鱼字。古鱼、吾同音，衙从吾声亦读如吾。䍌𩵦与《春秋传》之彭衙为对音。䍌、彭声相近，𩵦、衙则同母兼同部字也。"）金文虢叔钟云："用作文考惠叔大𣡕和钟。"（《积古》《攈古》《奇觚室》《筠清馆》《从古》《陶斋》《愙斋》著录）阮元（《积古斋钟鼎款识》卷三）释曰："案《国语》周景王铸无射，而为之大林。单穆公谏谓：'作重币以绝民资，又铸大钟以鲜其继……若无射有林，耳弗及也。先王之制，钟不过石。今王作钟，听之弗及，比之不度。'伶州鸠又谓：'细抑大陵，不容于耳。'韦昭注谓：'大林为无射之覆。无射，阳声之细者。大林，阴声之大者。'据此知大林为逾常之大钟，景王铸之，当日必有效之者。此虢叔钟是也。钟之大从无及此者，称之重六十六斤，逾于古权远矣。古之为钟也，各自计律，倍而半之，故曰'为之律度'。如林钟之律，长六寸。林钟之钟当长一尺五寸。翁氏所藏周叔丁林钟，以汉虑俿尺度之，两栾高一尺五寸有零，合于律矣。此钟两栾为一尺八寸五分，准以林钟之律，两倍有赢。意景王之钟当亦如是，故名曰'大林'。单子谓其'比之不度'，州鸠谓'其槬则不容'，皆以其乖于律度也。不然，声中林钟，安得为非法钟乎？"案阮言虢叔效周景王非法之制，于义难通。考周景王作大林钟在春秋之世，是时虢亡已久。纵后世续封，国当褊小，岂如秦楚霸强，敢拟周王,以变乱先王旧制者乎?以钟铭考之,当非东周物也。夫大林钟之制仅见于《国语·周语》。如此钟为逾常之大,当日侯国之君多有效法,则载籍何以失征?古圣之作乐也,取法阴阳,自有定律。景王处周德日衰之时,败法扰民,不遵先王遗制,二十一年铸大钱,二十三年铸大钟,皆为非法之举,故单穆公谏之。又案《国语》景王二十四年,"(大林)钟成,伶人告和。王谓伶州鸠曰:'钟果和矣。'对曰:'未可知也。'王曰:'何故?'对曰:'上作器,民备乐之则为和。今财亡民罢,莫不怨恨,臣不知其和也。且民所曹好,鲜其不济也;其所曹恶,鲜其不废也。故谚曰:'众心成城,众口铄金。'今三年之中,而害金再兴焉,惧一之废也。'王曰:'尔老耄矣!何知!'二十五年,王崩,钟不和。"盖景王受人民怨恨久矣!列国君民当知其过,而大钟告成,音又不和,侯国之君安有效之者哉?武虚谷信阮元之说,以《唐书·宰相世系表》"楚庄王起陆浑之师,责王灭虢。于是王求虢叔裔孙序,封于阳曲",证此钟为虢续封时作,可谓词费也矣。阮氏此说出后,世之治古文学家多本之。徐桐柏(《从古堂款识学》卷十)曰:"林字下体象屋庑形。古屋庑之庑,与蘩无之无同字。林有繁无义,故林字又从无。《左·襄十九年传》注:'林钟,律名。铸钟声应林钟,因以为名。'知大林龢钟应林钟之律,特以其大谓之大林,如《尔雅》大钟谓之镛也。"吴式芬(《攈古录》三之二)更引申其说曰:"[illegible],古林字。合观伊氏一器宝林钟,兮中大林钟,又兮中大夹钟,楚公太簇钟,知[illegible]象屋庑形。[illegible]即[illegible]之变,[illegible]、[illegible]又[illegible]之变。古屋庑之庑与繁无之无同字。《书·洪范》'庶草繁庑',《说文》引作'庶艸繁无'。无字本从林,此林字更从无,益见繁无之意。"按徐、吴之说甚辨,而实不能申其意。《说文》:"平土有丛木曰林。从二木。"然古文从林从艹形义互易(详下文薄字),审如徐、吴之说,[illegible]即无字,则[illegible]字以形声求之,必为从林,无声,当即芜之古文,不能读林明矣。阮以此字为棽,读为林,形虽不近,声犹可通。徐、吴执《国语》之说,以此字从林、从无,则形声俱不可通矣。刘心源(《奇觚室吉金文述》卷九)云:"啬或释林、棽、庑、夹四形,皆非。余旧以为郁亦未合。考《攈古录》载兮中钟五器,此其第三器也。其第一器作[illegible],第二器作[illegible],

第四器作，第五器作。又载吴生钟云‘大’。本书叡钟云‘龢’，叔氏钟云‘宝’，虢叔钟云‘大’。案《说文》墙籀文作，从二禾，以此知啬有作者。师寰敦‘卹厥事’，竟以墙为穑，同形假借也。大敦‘余弗敢’，言天子命易徙里居，余不敢吝啬也。古文偏旁木、禾不甚分别。如休从木，而古刻皆从。楙从林，而师寰敦、从秝。曆从秝，而叙尊、叉卣从林。木禾互用，则钟文之即𤔲，即啬，亦即穑。《汤誓》‘穑事’，《史记·殷本记》作‘啬’；《盘庚》‘力穑’，《汉书·成帝纪》作‘啬’。知啬、穑通用也。从、者，将亩移于上体，而省一禾。从者即省。又从金，以所铸言之，正如虢叔编钟龢字作也。《方言·十二》：‘啬，合也’，《管子·国蓄》注：‘穑，敛也’，钟铭盖取其音之合且敛耳。信如各家之释，将何解于大敦之‘余弗敢’？”按刘说引证金文颇博，而不知金文禾之作木，自有本谊存在。如稣字，《说文》：“把取禾若也。”《尔疋》：“苏，桂荏也。”史颂敦从鱼、从木，即桂荏之本义。此形义互易字，非妄改也。刘以从金、从林均为啬之古文，于义果无可取，于形又系误释，迂曲附会，去古谊远矣。太姻丈孙比部公（诒让）（《古籀余论·楚公钟》）曰：“大林钟虽见《国语·周语》，而金文或从亩，或从稟，概不皆从林”，又云：“龢𬞟钟、宝𬞟钟亦不皆云大林，则与彼未必尽合。且大林自是极大特县之钟，今虢叔编钟亦有大𬞟之语，则义尤不相应。在钟文则当读为墙，墙即宫县、轩县之通称。《周礼·小胥》‘王宫县，诸侯轩县’注，郑司农云：‘四面象宫室四面有墙，故谓之宫县。’虽若，然轩县不四合，而三面环列，亦得取墙形。《周书·大匡篇》云‘乐不墙合’，即文王在程时侯国制也。特钟、编钟同县于虡，故并谓之墙，犹钟、磬编县之二十八、十六枚而在一虡谓之堵。”按孙驳此非林字颇透彻，而以为墙字亦未当。（说详下文）观堂师云：“，先儒释作㯱，非也。此镈字也。公伐郐钟云：‘世为周’（《史记·鲁周公世家》‘间于两社，为公室辅’，《鲁颂》‘为周室辅’，与此文例同），甫字与此下文同。”案师说至确，惜未申其谊，致学者疑信猜半，不为定说。许书：“镈，大钟、淳于之属，所以应钟磬也。堵以二金。乐则鼓镈应之。从金。薄声。”谛审字，当为从林，甫声，《说文》所无。以意求之，乃莆字也。《说文》：“莆，莲也。从艸。甫声。”按此即蒲省文。鑮从薄得声，薄从蒲得声，蒲从莆得声，因假莆为鑮，亦即甫之繁文。（《诗》“薄言震之”，郑笺：“薄，犹甫也。”）小篆薄从艸，溥声。古文从林从艸，形义互易。小篆莫从艸，卜辞作（《殷墟书契前编》卷四第九页）。籀文农从林，卜辞作（《殷墟书契后编》卷下第十三页），《古文尚书》作（《古文四声·二冬》引）。籀文囿作（石鼓同），卜辞作（《前编》卷九第二十页）。小篆杞从木，卜辞作（《后编》卷上第十三页）。并艸、林互易之证。知莆即簙之异文也。《说文》：“薄，林薄也。一曰蚕薄。”《淮南·原道训》“隐于榛薄之中”，《主术训》“入榛薄险阻也”，《俶真训》“兽走丛薄之中”，《人间训》“越人皆丛薄中与禽兽处”，又曰：“是犹乘骥逐人于榛薄而蓑笠盘旋也”，高诱并云：“深草曰薄。”《楚辞·涉江》“露申辛夷死林薄兮”，王注：“草木交错曰薄。”《广雅·释草》“草丛生曰薄”，《文选·江赋》李注引《字林》“薄，草丛生也”。《补亡诗》李注引《纂要》“草丛生曰薄”。《吴都赋》“倾薮薄”，刘注：“薄，不入之丛。”段大令《说文注》曰：“林木相迫不可入曰薄。引申凡相迫皆曰薄……相迫则无间可入。凡物之单薄不厚者亦无间可入，故引申之为厚薄之薄。”窃疑薄字乃林薄之本谊。厚薄之薄，本无其字，依声托事字也。从艸、从林者，形也；从薄、从甫者，声也。古文之例，形则可以同类互易，声则可以同类增省。从林，甫声，薄之义昭然无疑也。

周迟父钟云“作姬齐姜龢钟”，《博古图》（卷二十四）、《啸堂集古录》（卷下）释为林夹钟，薛氏、《钟鼎款识》（卷六）释夹字，皆误。兮仲钟云“兮中作大钟”（《筠清》《攈古》《奇觚》著录），钟上一字或作，从金、从甫；或作，从金、从甫、从禾；或作，与虢叔钟略异。吴式芬（《攈古录》二之三）云：“或释镈，或释龢，而不敢定说。”谛审此字，从金，从。即虢叔钟薄之下文。而编钟中亦有簙字，文例与虢叔钟同，以意求之，当为铺之异文，镈之假也。楚公钟云“楚公冢自作大钟”（《积古》

《攈古》《奇觚》《从古》《集古》著录)，大下一字或作[glyph]，或作[glyph]，或作[glyph]，吴式芬无释。阮元(《积古斋款识》卷三)云:“大下一字，以意求之，盖尃字，镈之省。上体尋膴形，当是甫之古文。下体易寸为支，殆取搏击之义。”刘心源(《奇觚室吉金文述》卷九)云:“镈从[glyph]，象甬钲隧铣之形。从支，击钟也。又从肉。《乐记》云‘宽裕肉好，顺成和动之音作’，郑注:‘肉，肥也。’疏谓:‘厚重者也。’此从肉，盖以音言之。”案阮、刘之说是也。[glyph]者，镈之初文象形。(说详下文)从支者，象击搏之也。犹古文鼓字，[glyph]即鼓之形，从支，击鼓也。与此文正同。而此文右旁[glyph]象镈声出之状，犹[glyph]《说文》训为“鼓声者”。然《铁云藏龟之余》(第十叶)有一甲文曰:“辛亥卜，出贞:其[glyph]告于唐。九牛。一月。”[glyph]即彭字，假为鬃。上象击鼓，下[glyph]象声自鼓出也。与此义正同。古文形不可象之处，每附数笔以表明之。如只从口，象气下引之形。[glyph]从口、乙，象口气出也。(依段改本)斯盖六书之例。刘谓从肉，非也。后变为尃字，引申之为分布之义，亦即敷字。《说文》:“尃，布也”，“敷，敁也”。按敁、布义同，经典通用。《易・说卦》，《释文》引干注:“尃，花之通名为铺。花朵谓之敷。”《书・禹贡》“禹敷土”，郑注:“敷，布也。”《诗・小旻》“敷于下土”，《毛传》:“敷，布也。”《汉书・上林赋》“布结缕”，《史记》布作尃。是敷、尃二字皆训布，其义一也。字亦有如兮仲钟铭作从金，甫声。《仪礼・特牲馈食礼》郑注“为神敷席也”，《释文》:“敷本作铺。”《诗・赉》“敷时绎思”，《左传・宣十二年》作“铺时译思”。铺即鏄之省，而甫之繁文也。足见古时铺、敷二字互通。为兮中钟作铺，楚公钟作敷二字一义之证。后人逞意窜改，则古义不可知矣。敷字隶书从万，殆由古文[glyph]变易乎？字又通为蒲、薄。《释名・释宫室》:“蒲，敷也。”《诗・蓼萧序》注“外薄四海”，《释文》:“本作敷。”孔颖达疏云:“检郑注《尚书经》作‘外薄’，今定本作‘外敷’，恐非也。”殊不知敷、薄古音同部可通假。以虢叔钟铭作薄，楚公钟作敷证之，知后人不知古文通假，臆改必多。阮谓[glyph]字易寸为支，取击搏之义，非也。古文[glyph]、[glyph]与[glyph]同义互易，不能执小篆以求之。古玺“宜有千万”作[glyph]。(丁氏《说文古籀补补》)郑虢仲敦又作[illegible]。《说文》籀文右作[illegible]。小篆傳从寸,卜辞作[illegible]。(《殷墟书契前编》卷五第十二页)小篆寺从寸,金文作[illegible](邾公钟)、[illegible](邿季敦)、[illegible](姬寺男簋)、[illegible](沃伯寺敦),是寸、又古文相通之证。小篆敏从攴,卜辞作[illegible](《前编》卷五第十七页),金文作[illegible]、[illegible](师嫠敦)、[illegible](盂鼎)。小篆叙从攴,卜辞作[illegible](《前编》卷六第十页)。小篆敃从攴,金文作[illegible](师望鼎、兮甲盘、复公子敦、毛公鼎)。并攴、又古文相通之证。知尃之从寸,即古文之攴、又也。而古文从攴之字增省无定。《诗·吉日》"吾车既攻",石鼓文作"工";齐国佐𨱇"工师"作"攻市"(师之省文)。卜辞彭作𡔷。(详上文)公伐郐钟"敌"作[illegible]。𢿌狄钟、井人钟、宗周钟、虢叔钟豐作𢿌,是古文从攴增省之证。故楚公钟镈从攴,虢叔钟、兮中钟从林或从金而不从攴,其义一也。先贤不察古文增省与通假之例,致穿凿附会,释虢叔钟为林,释兮中钟为和,释楚公钟为镈,以意为之说,缴绕纠互,皆不能得其要领,是六书之义晦矣。夫古文增省之例,非但金文然也,考之古籍亦往往如是。《说文》敷从尃,从攴,寸、攴本一字,此盖繁文也。汉子游残碑云:"敽我汉道,厥敽伊何",省其声浪形,此敷之古文间存于隶书也。敽变为尃,《古文四声》(十虞)引《古文尚书》敷作尃,此则偏旁倒置字也。作旉者存其声浪形,省其击攴,犹𡔷之变为彭也。《一切经音义·二》:"敷,古文作旉。"《后汉书·荀淑传》:"俭绲靖衷,汪爽肃尃",注:"尃本或作敷。"《汉书·礼乐志》集注:"旉,古敷字。"《易·说卦》旉,《释文》:"本作尃。"是敷之初文为敽,或为尃无疑,而滋生之字亦然。从寸、从攴均可视为繁文,不能执为正谊也。金文大敦云:"王命善夫敏曰。[illegible]睽曰余既锡大乃里。嬰傧敏龙(宠)帛束。睽命敏曰。天子。余弗敢[illegible]。"(一作[illegible]。《筠清》《攈古》《集古》著录)吴式芬释[illegible]为啬,受濇也。(《攈古录》二之一)孙籀公(《古籀余论·楚公钟》)云:"旧为吝啬之啬,甚确。"(《古籀拾遗》卷下释𣏟,假为遴,训吝也。)按[illegible]字与虢叔钟、兮中钟文同,而从攴乃繁文,当为蓴字。《古文四声》(三十药)引《古老子》薄作[illegible]、[illegible]、[illegible]。王庶子碑作[illegible]。林罕《集古文》簿作[illegible](十姥)。字虽变异,必为从艹或从艸,尃声,可证尃与溥声类互易字也。《汉书·张安世传》集注:“薄犹嫌也。”《广雅·释诂二》:“薄,惧也。”言天子既以此里锡大,弗敢不从命,而有贪于心也。先儒不知从支增省之例,而训虢叔钟为林,释此为啬,失之愈远。经典薄字从寸亦多增省。《书序》“将迁其君于蒲姑”,《史记·周本纪》作“薄姑”。《释文》:“马本作薄。”《左传·昭九年传》:“乃武克商蒲姑”,文与《书序》同。支、寸古一字,知支、寸之可增省也。又宂簋云:“王在周,命宂作嗣土。嗣奠还[illegible],罘吴罘牧,易戠衣䜌,对㪣王休。”(《集古》《攈古》《奇觚》《敬吾心室》著录)阮(《积古斋钟鼎款识》卷七)云:“‘司奠还散’,散,杂也。命奠定县内之杂政。‘罘吴罘牧’者,罘,及也。吴,古虞字。土均掌土征地守,与牧人、虞人均有联事,故曰‘及虞及牧也’。”孙籀公(《古籀拾遗》卷中)云:“[illegible],阮训为杂,云‘奠定县内之杂政’。案吴录又有宂敦,与此宂亦是一人。彼铭云:‘今汝疋圅师嗣[illegible]’,与此簋[illegible]字同,而与楙季敦[illegible]字、散氏盘[illegible]字并异。其形从[illegible],盖即从啚省。敔敦啚字作[illegible]可证也。[illegible]字《说文》所无,其音义不可考。意必求之,疑即酇之变体。[illegible]盖从楙声,与酇从赞声,古音同部。(二句本细注)《周官·遂人》:‘造县鄙,五家为邻,五邻为里,四里为酇,五酇为鄙,五鄙为县,五县为遂。’此云‘嗣奠还[illegible]’,犹司奠县酇耳。若如阮说以为‘县之杂事’,则宂敦言杂不言县,其说不可通矣。”按孙驳阮说是也。而以从林为从楙,则又袭阮之误矣。孙(《古籀余论·楚公钟》)又云:“啬字本从来、㐭。金文从林者即墙字之偏旁,而墙字籀文本从二来,又从二禾,是由一来增为二来,又变为二禾,三变而后为林。而金文墙字所从䆊形,亦不皆从林。如师寰敦作[illegible]、[illegible],正从二禾。师酉敦作[illegible](释啬不确),则省从一禾。唯大鼎啬字乃直作䆊,变二禾为二木。以此推之,则知钟文䆊字从林,自亦秝之变体,非正从林木之林,尤不得读为林矣。若然,䆊字依大鼎可决定其为啬字。以此根据参互推绎,窃疑𣀔亦啬之异文,而钟文中䆊、𪉟、𥨦、㐭诸文,则咸当为墙之省变,其声义不必与㐭、稟相比傅也。𣀔字从啬从攴者,疑取力田之意。宂簋云:‘司奠还𣀔’,还读为县,谓司奠安县内之啬事,宂彝‘嗣𣀔’亦同,犹师寰敦云:‘卹乃穑事’。故簠文以□与虞牧并举，似即《周礼・九职》之'农圃山泽薮牧'。彝文嗣□又与《郊特牲・司啬》事异而义同。"案孙释穑非也。（《奇觚室吉金文述》卷十七亦释为啬）《说文》"谷可收曰穑"。段大令曰："不言禾言谷者，赅百谷言之，不独谓禾也。古多假啬为穑。"《说文》："来，周所受瑞麦来麰也。"《广雅・释艸》："大麦，麰也。小麦，麳也。"是来亦百谷之类。故籀文墙从二禾，亦从二来。信如孙说，则从秝可变为从林，而林非百谷之类，乌可以彰稼穑之旨？况师寰敦两穑字均从秝，恰与《说文》籀文吻合，不宜与此相混。师酉敦□字，下文非从㐭，不能遽定为穑字。《殷墟书契》（《前编》第四十一页）有□、□二字，即穑之古文，从二禾或从三禾，与六书相符。未有变禾为木，而得为穑之旨者。今观奠字当为郑之省。古文地名从邑，有增省例焉。（三体石经《春秋・僖公三十二年经》郑作□，郑叔向敦作□，郑虢仲敦作□、□，虢仲鼎作□，曶鼎作□，□伯鬲作□，郑同媿鼎作□）还疑园之假字。（睘从袁得声。师遽敦环作□，师寰敦寰作□。《仪礼・士丧礼》"环幅"，郑注："古文环为还"。番生敦环作□。）□即薄字，读为圃。圃、薄皆从甫声，故得同声通假。《诗・车攻》"东有圃草"，《韩诗》作"圃艸"。《左氏・定四年传》"及甫田之北境"，《释文》："甫作圃。"《公羊・定八年传》"将杀我于蒲圃"，《释文》："圃作甫。"是甫、圃同字之证。加支作□亦同。《左氏・襄二十八传》"石圃"，《史记・十二诸侯年表》作"傅"，《卫世家》作"石曼专"，傅与专并□之变体，知□亦圃之假字也。《诗・时迈》"薄言震之"，郑笺："薄犹甫也。"可证薄、圃同声通假。细玩宂簠文义，当读为"王在周，命宂作司徒，司郑园圃，遝虞遝牧"，犹窌鼎（《集古》遗文）云："遣仲令窌□嗣郑田。"《周礼・太宰》"九职"："一曰三农生九谷，二曰园圃毓草木，三曰虞衡作山泽之材，四曰薮牧养蕃鸟兽"，郑注云："树果蓏曰圃。园，其樊也。"（《墨子・非攻上》："今有一人，入人园圃，窃其桃李，人闻而非之。"）《载师》注云："樊者，圃之园。"《诗・东方未明》"折柳樊圃"，《毛传》："樊，藩也。"孔疏引孙炎《释言注》："樊，圃之藩也。"《说文・爻部》、《诗・青蝇》传、《尔雅・释言》及

《庄子·山木篇》司马注并云："樊，藩也。"（樊、藩古通。《诗·青蝇》"止于樊"，《汉书·昌邑王传》作"藩"，《史记·滑稽列传》作"蕃"，《论衡·商蛊》作"藩"。）还、园、樊、藩古音同部，并字之假也。郑《注》："虞衡，掌山泽之官，主山泽之民者。泽无水曰薮。牧田在远郊，皆畜牧之地。"按牧非牧田，疑为主牧养之官，大司徒之属，与簠文适合。《周官·大司徒》"所掌天下土地之图，周知九州之地域与人民之数"，其属地不止园圃，属官不止虞牧。而簠文独举园圃、虞牧，盖天子特命之职。此例金文屡屡见也。宂敦云："王受作册尹者（书），卑（俾）册命宂曰：'命女正周师嗣𪉩。'"正，长也。周，即王京之内。师，众也。（"周师"与《洛诰》"至于洛师"文意同）司𪉩亦即簠文之园圃。孙以为《郊特牲》之"司啬"事异义同，非也。克钟云："用作朕皇祖考伯宝𠝬钟"（《奇觚》《陶斋》著录），以文例推之，𠝬即薄字也。从刀者，犹静敦䩵字作剢也。《周礼·春官·序官》"镈师"，郑注："镈如钟而大。"《小胥》及《仪礼·大射仪》《郊特牲》注并同。《初学记·乐部》引《三礼图》云："镈，钟之大者也。形如钟但大耳。其在虡亦一枚而已。"《左传·襄公十一年》孔疏引郑君《礼图》及贾疏说并同。惠士奇（《礼说·周礼·春官·镈师》）曰："镈师，掌金奏之鼓。许叔重曰：'鑮，淳于之属，所以应钟磬也。'愚谓镈即金錞。錞，錞于也。錞之言敦，镈之言簿。以薄为敦，古人好作反语，犹以徂为存，以乱为治，以甘为苦，以故为今也。鼓人职以晋鼓鼓金奏。又云以金錞和鼓，谓击晋鼓时，以金錞和之。镈师掌金奏之鼓者晋鼓也，然则镈即和鼓之錞明矣。不然镈师何不明言击镈，而云掌金奏之鼓乎。金奏谓金錞。金奏之鼓谓金錞所和之晋鼓，镈师主击之也。许氏云：'堵以二金，乐则击鑮应之'，谓金奏而鑮应，则鑮非即和鼓之錞欤？《周语》'细钧有钟无镈，昭其大也'，《晋语》'郑纳歌钟二肆及宝镈'，则镈非大钟。戚施不能仰，而使直镈则镈不高县。金錞圆如筩甚薄，故一名鑮，以芒筒捋之，其声极震。隋开皇定乐，有金錞二，四人舆，二人作。宋《宣和乐府》'就击于地'，然则镈不高县也。镈当作鑮，省作镈。《尔雅》'大钟谓之镛'，注云：'亦名鑮'，失之。康成谓'镈如钟而大'亦非。或曰'镈亦县，但不高耳'。《旧唐志》曰:‘錞于圆如锥头,大上小下,县以笼床,芒莲捋之以和鼓’。”按惠说以鑮、錞取薄、敦之意,说颇穿凿。古乐器字多象形,命名多取其声,非取意也。《说文》言:“鑮,大钟、錞于之属”,则錞于亦为大钟。而传世古器与钟形异制,未知镈与錞于果为一器否也。惠氏未见古制,以唐宋制度比附,以镈为小钟,驳郑注之非,误矣。褚寅亮(《仪礼管见·大射仪》)曰:“鑮大于编钟而小于特县之钟。盖特县之钟又自有大小也,并非小于编钟。”案此引申郑说,谓即《考工·凫氏》所谓大钟是也。江永(《周礼疑义举要·春官·序官·镈师》)曰:“郑注:‘镈如钟而大’,《国语》:‘细均有钟无鑮’,韦注:‘钟,大钟。镈,小钟。’当以郑说为正。《大射仪》东方笙钟与笙磬并陈,而鑮在其南;西方之鑮亦在颂钟、颂磬之南,岂非笙钟、笙磬、颂钟为编县,而鑮为特县与?《左传》‘郑赂晋侯歌钟二肆及其鑮磬’,《国语》作宝镈。其云‘歌钟’必是应歌之钟,云‘二肆’必是编县十六枚者。而于镈则言及以殊之,岂非特县者为镈。与磬师掌教击磬击编钟,钟师掌金奏,镈师掌金奏之鼓,岂非登歌用编钟,金奏用镈钟,小者应人声,钟大者应鼓声与?《国语》伶州鸠之言亦是以镈为大钟,其云‘细钧有钟无镈,昭其大也’。大谓金声,即细钧之钟也。若奏细钧而兼用镈钟,则镈又大于钟。钟声为镈所陵不得昭,故不用镈,所以使钟声之昭也。大钧有镈无钟,两大相配为宜,若不甚大,则鑮不可用。用镈则丝竹细声为所抑如不鸣,故亦不用镈,所以使丝竹之鸣也。韦注未细绎其言而误解耳。”案江说是也。韦注《国语·周语》《晋语》以镈为小钟。《广雅·释器》以镈为铃。薛氏《钟鼎款识》谓镈比特钟为小,比编钟为大,以齐侯镈钟大于特钟为不合古制。《宣和博古图》亦言镈比特县为小。而钟铭曰镈,考其形制,乃大于钟。谓春秋之时,礼乐征伐自诸侯出,而等夷制度无复先王之法,而妄自夸大耳。此皆拘虚《国语》之言,以致强辞曲辨,误谬殊甚。案镈为大钟,其说不能攻。经典或名曰镛。吴大澂(《窸斋集古录》及《攀古楼款识》齐子仲姜镈释文)曰:“按古文增减不同。楚公専钟作[illegible],此作[illegible],与《书》‘笙镛’、《商颂》‘庸鼓’为一字。”孙籀公(《周礼·春官·序官·镈师》)云:“《尔雅·释乐》云:‘大钟谓之镛,其中谓之剽，小者谓之栈。’郭注云：‘《书》曰：‘笙镛以间，亦名鑮。’案《书·咎陶谟》之镛，据《大司乐》贾疏引郑书注‘即礼经之颂钟，实编钟也’。郭引以证大钟为失考，而以镛、镈为一则确不可易。此经及《仪礼》皆有镈无镛，《诗》及《尔雅》则皆有镛无镈，实一钟明矣。”按孙说是也。《诗·大雅·灵台》云：“贲鼓维镛”，《毛传》云：“镛，大钟也。”《商颂·那》云：“庸鼓有斁”，《毛传》：“大钟曰庸。”《周书·世俘篇》“王奏庸”，庸盖镛之假也。镛即镈之误变。镈或省作铺，与镛形近。镛字或省作庸，与[illegible]形亦相近。庸或省作甬（《史记·周本纪》成王名鏞，《竹书》作“名庸”。），或假作用（《书·舜典》“舜生三十征庸”，《论衡·气寿》作“征用”）。《古文四声》（三用）引《古孝经》用作[illegible]，与甫形亦相近。考传世钟铭，不见庸字，殆与镈一字也。后世误镈为镛，则庸遂生别训。《书·益稷》，《正义》引《尔雅·释乐》李巡注：“大钟音声大。庸，大也。”又孙炎注：“庸，深大之声。”考经典庸无训大，而甫有大义。《尔雅·释诂》：“甫，大也”，《诗·甫田》，《毛传》：“甫，大也”，始知孙炎、李巡训庸为大，实训甫非训庸也。镈为钟之特县，不待细考，传世古器约略可征。《宣和博古图》著录齐侯镈钟，高一尺七寸五分。同时所出编钟高自一尺一寸六分至九寸五分，所差颇远。吴县潘氏藏齐子仲姜镈，大小未详。今观《周金文存》影印原拓本，约高营造尺一尺五寸五分有余。上虞罗氏藏，辛酉年夏巨鹿故城出土宋尺三，（同时所出磁器有“大观”“政和”纪年款识）其二尺长营造尺一尺零二分，其一长九寸一分。大观、政和、宣和均宋徽宗纪年，与《博古》之尺想不甚差，则二镈之高不相远也。钟之大从无逾此二者，自是特县之钟明矣。镈之制度如何，经典无征。就二器图录观之，形状尚似，则古镈之制，皆可以二器求之者也。夜雨楚公钟云：“隹八月甲申，楚公逆自作霝镈，乃名曰身其克□□□公逆其万年寿□市□韦孙子其永宝。木甲木中。”此钟铭亦曰镈，其制度与齐二镈不同，文在腹内。今器存上虞罗氏，高营造尺一尺一寸余，为传世古钟之最巨者，当亦镈之遗规也，殆齐楚异制耳。然虢叔钟、克钟、兮中钟、楚公钟、编钟亦有铭为镈，近儒或以其字非镈，或以镈小于编钟，不觉自相矛盾。窃疑虢叔钟等编钟虽有镈字，其实为钟非镈也。古人造器不止于一，而同时所造之器，因以连铭，凡铸钟每以一肆或几堵，则镈或在内，因连铭之曰镈钟。今考《博古图》、赵氏《金石录》、《啸堂集古录》、薛氏《钟鼎款识》著录齐侯编钟十有三，而赵明诚《齐钟铭跋》云："宣和五年，青州临淄县民于齐故城耕地，得古器物数十种。其间钟十枚，有款识尤奇，最多者至五百字。"《西清续鉴》（卷十六）言："临江民得钟十一，高宗定为周镈钟。"又咸丰间，山西荣河县后土祠畔出邵钟十六枚（或云十二）。近来新郑出土直县者四，偏县者十八，则同时出土之数必为一时所造，况其器铭文前后相同，尤可证也。邾公牼钟云"铸龢钟二锗"（《积古斋》《攈古录》《两罍轩》《陶斋》《愙斋》《怀米山房》著录。《周礼·小胥》"半为堵，全为肆"，锗为堵之别体。），齐侯壶云"鼓钟一銉"（《筠清馆》《攈古录》《从古堂》《两罍轩》《奇觚室》《怀米山房》著录），邵钟云"大钟八肆，其竈四堵"，可见古人造钟不止一器，此可以实物证明也。更就钟铭证之，如齐侯镈云："罩其吉金，[illegible][illegible][illegible]铝，用作铸其宝镈。"齐子仲姜镈云："齐辟鞷叔之孙，適中之子[illegible]作子中姜宝镈。"考二器制度确为镈，而不言镈钟，知虢叔、兮中诸钟之铭为镈钟，并钟与镈而言也。虢叔钟云："用作文考惠叔大薔和钟"（七器文同），克钟云："用作皇考伯宝薔钟"（六器文同），井人钟云："用作朕文考釐伯和薔钟。"（《积古斋》《筠清馆》《攈古录》《从古堂》《愙斋》《陶斋》著录，三器文同。）叔氏钟云："用作朕皇考叔氏宝薔钟。"（《积古斋》《攈古录》著录，二器文同。）兮中钟云："兮中作大铺钟。"（《筠清馆》《攈古录》《奇觚室》《愙斋》著录，五器文同。）楚公钟云："楚公豪自作大敿钟。"（三器文同。一器文曰："楚公豪自[illegible][illegible]钟。"徐同柏曰："鉢迺木铎铎字。錞以即錞于字。铭云铎錞钟，言同时铸此三器，非谓钟名铎錞也。"刘幼丹曰："木谓音中木。《汉书·律志》'角为木'是也。《复斋款识》楚公钟二行三行之间隙地有两木字，亦此义。《淮南·兵略》云：'錞鼓相望'，注：'錞于，大钟也。'然《周礼·鼓人》注：'錞于圜如椎头，大上小下，乐作鸣之，与鼓相和'，则非钟矣。按此文左旁金字乃属上文铸字，木字属下文。"徐以[illegible]、[illegible]为二字殊误，而以同时作三器实有悬解。刘说以木自旁一字亦非。[illegible]

疑从金从葡之损，即镈字也。）吴生钟云：“吴生用作[illegible]公大[illegible]钟。”（《攈古录》著录）由此观之编钟之铭，无一器单称宝镈或大镈，是镈为特县之钟，钟乃编县之钟，显然二器，不容相混。此可以钟铭辞例证明也。先儒不察铭文镈、钟为二器，而以钟形短小，致生误释。考之金文如此例者多不胜举。陈午錞（《攈古录》三之一）云：“陈侯午以群诸侯献金作皇妣孝大妃祭器镈敦，以蒸以尝，保有齐邦，永枼□忘。”此文尤明显。祭器为鼎、彝、尊、爵、豆、簠之属。镈、大钟，乐器之属。盖陈午以群诸侯献金作祭器、乐器，而连其同时铸造之器纪之于铭，与钟铭文例正同。又函皇父敦云：“函皇父作琱娟般盉隮器敦具，自豕鼎降十，又敦八，两[illegible]，两壶。周娟其万年子子孙孙永宝用。”（《攈古录》三之一、《奇觚室吉金》卷三、《从古堂款识》卷十五）按此文所载器铭极多，自豕鼎而降，及盘、盉、尊、敦凡十器，下言十器之外又十二器也（本徐同柏说），皆为同时所作，故铭文连言之。盖古人作器，以同类合铸者多，以异类合铸者少。后人见同类之器合铭，以为文句偶涉，毫不致意。殊知古人属辞，无一字妄添。毛公鼎、伯晨鼎、师望鼎、无叀鼎、师奎父鼎皆云“作隮鼎”，隮为酒器，鼎为饭器，截然为二，形制各异。而言作隮鼎者，同时所作之同类器也，非谓鼎名隮鼎也，犹钟铭镈钟者然。又大鼎云“用作朕刺考已伯盂鼎”（《筠清馆》《攈古录》《奇觚室》《怀米山房》《敬吾心室》著录），刺鼎云“用作黄公隮鬻彝”（《窸斋集古录》），都公鼎云“都公自作隮鬻”（《周金文存》），同敦盖云“用作朕文考[illegible]中隮宝敦”（《窸斋集古录》），师兑敦云“用作皇祖[illegible]公鬻敦”（《窸斋集古录》），鲁侯角云“鲁侯作爵[illegible][illegible]用隮[illegible]盟”（《积古斋》《攈古录》《从古堂》《奇觚室》《敬吾心室》著录），并以二器或三器连铭，与钟铭之和镈钟、大镈和钟同义，此可以彝器辞例证明也。镈之古文与镈之制度，管见所及殆尽于此。故辄条先儒之得失，以俟成学治古文者论定焉。

附：《西都圃田志疑》

阮录又有冘彝，文曰：“隹六月初吉王在郑。丁亥，王格太室。井叔右宂。王□宂𠪚命史𣓌锡宂载巿冋黄作司工。对扬王休。用作隮彝。”案《左传·庄二十年》《史记·周本纪》《国语·周语》《古本竹书纪年》(《开元占经》一百二十六、《太平御览》九百五十引)并云:“周惠王出奔郑”。《公羊》《谷梁》《左氏春秋·僖公二十四年》《国语·周语》《吕氏春秋·不广篇》《史记·周本纪》并纪“周襄王奔郑”。今案此器文体古奥,非东周物,与静敦、静彝、遹敦如出一型。数器铭文皆曰“王在莽京”,决为西周时物。遹敦称穆王者三,即周昭王之子穆王满也。昭、穆二字乃号,而非谥也。又有史懋壶铭文与此器如一人所书,文云:“隹八月既死霸戊寅,王在莽京溼宫,窥命史懋路筭。咸。王乎伊白锡懋贝”,疑与此器之史懋为一人。而此器王在太室策封之事,爵禄“必赐于宗庙,示不敢专也”。以此证之,非惠、襄奔郑时物明矣。《穆天子传》云“天子入于南郑”,郭璞注:“今京兆郑县也。”《纪年》穆王元年“筑祇宫于南郑”,《传》所谓“王是以获没于祇宫”者。《古本竹书纪年》(《太平御览》一百七十三、《初学记》二十四引):“穆王所居郑宫春宫。”《汉书·地理志》臣瓒注:“穆王以下都于西郑”,是穆王之时宫庙俱在畿内,与郑相近。此文所载“王在郑,格于太室”,疑即《穆传》《纪年》之郑也。又阮录及《筠清馆》著录更有宂敦、宂盉,字极相似,当为一人所作。其文云“王在周”,《穆传》:“吉日甲申,天子祭于宗周之庙”,此不过偶合耳。窃疑宂殆为穆王时人。按《穆传》所载,南郑当指陕西华阴。郑玄《诗·郑风谱》云:“初,周宣王封母弟友于宗周畿内咸林之地,是为郑桓公。今京兆郑县是其都也。”按郑县古书无称南郑,《汉书·地理志》南郑属汉中郡。《史记·秦本纪》秦躁公时,南郑反,盖其地入蜀,故惠公伐蜀取南郑。此南郑对京兆郑县而言。瓒引《纪年》注《汉书·地理志》谓“穆王以下都西郑”。西郑之名,后世所以别于南郑也。而《穆传》以京兆郑县为南郑,或后世因武公与平王东迁新郑,南郑盖对东郑而言也。下文复有圃郑圃田,即新郑圃田泽薮。或系战国之时,南郑、郑县均为秦境,作书者偶传误乎?《穆传》之书当为战国以后文士所作,非西周史料也,故名歧异。如穆王之时郑县已有南郑之称,则新郑尚为虢会之地,南郑之名将何对指?知此南字必为后人加别之词也。如彝文之郑即在华阴，则簠文之郑园圃当亦在华阴郑县之内，非河南新郑境也。《列子·天瑞篇》“居郑圃”，殷敬顺《释文》：“圃田，郑之薮泽也。”《左·定四年传》“自武父以南，及圃田之北竟”，杜注：“圃田，郑薮名。”《左·僖三十三年传》：“郑之有原圃，犹秦之有具囿也”，杜注：“今荥阳中牟县圃田泽是也。”《小雅·车攻》“东有甫草”，郑笺：“圃田之草也。”《吕氏春秋·有始览》“梁之圃田”，《淮南子·地形训》“郑之圃田”，高诱并注：“圃田在今河南中牟。”《韩非子·外储说上》：“而中牟之民弃田圃而随文学者邑之半。”《汉书·地理志》引《周礼·职方》“其山曰华，薮曰圃田”，韵注“在中牟”。《后汉书·地理志》“中牟有圃田泽”，宋本《说文·艸部》“豫州甫田”。《国语·周语》：“薮有圃草，囿有林池。”《风俗通义·山泽》云：“九薮，豫州曰圃田，在中牟县西。”《史记·魏世家》“秦七攻魏，五入囿中”，《索隐》：“囿即圃田。圃田，郑薮，属魏。”《正义》《括地志》云：“圃田泽在郑州管城县东三里。”《周礼》云：“豫州薮曰圃田也。”《水经·渠水注》引《古本纪年》云：“入河水于甫田，又为大沟，而引甫水”，又云：“为大胄于北郛以行圃田之水”，郦云：“渠水历中牟县之圃田泽。皇武子曰：‘郑之有原圃，犹秦之有具囿。’泽在中牟县西，西限长城，东极官渡，北佩渠水，东西十许里，南北三百许里。中有沙冈，上下二十四浦。津流迳通，渊潭相接。”《元和郡县志》云：“郑州中牟县圃田泽，一名原圃，县西北七里，其泽东西北七里。”《尔雅·释地》云：“十薮郑有圃田”，郭注云：“今荥阳中牟西圃田泽是也。”郝懿行《义疏》云：“圃田者，《职方》豫州薮。西周时在东都畿内。东迁以后属于郑。”《周礼·职方氏》：“河南曰豫州。其山镇曰华山。其泽薮曰圃田。”郑注云：“华山在华阴。圃田在中牟。”《穆传》云：“丁丑，天子□雨乃至，祭父自圃郑来谒。夏，庚午，天子饮于洧上，乃遣祭父如圃郑”，郭注云：“郑有圃田。”《穆传》又云：“丁丑，天子里圃田之路：东至于房，西至于□邱，南至于桑野，北尽经林煮□之薮。南北五十□，十虞。东虞曰兔台，西虞曰栎邱，南虞曰□富邱，北虞曰相，其御虞曰□来。十虞所□。”丁谦《地理考证》曰：“栎邱，河南阳翟县，今禹州地。”兔台，《史记正义》云在河北。富邱，考《竹书纪年》"惠成王十六年，邯郸伐卫，取漆、富邱，城之"，《水经注》"漆城在滑台东南濮渠旁"，富邱当与相近。陈君焯曰："相即殷河亶甲迁都地，后世立为相州，今彰德州府城。"案《穆传》之文似穆王之时已有郑圃，而郑圃当在穆王之前也。传世经典记圃田之名者，始于《周礼·职方氏》。记郑圃之名者，始于《尔雅·释地》。今二书作者年代不能确悉，是圃田之名始于何时，或东西二周是否一处，不能臆断。今《穆传》已有圃郑圃田之称，就其地望观之，亦为新郑中牟之地。孔颖达《诗·车攻》疏云："以下搏兽于敖。敖，地名，则甫草亦是地名。宣王之时，未有郑国，圃田在东都畿内，故宣王得往田焉。"案孔驳郑笺是也。宣王之时无中牟之圃田泽，然圃草确为圃田之草。《毛传》训甫为大，非也。疑《小雅》之"圃田"犹簠文之"园圃"，后人误以圃田即中牟泽薮，故其年代、地望多牾。《墨子·明鬼上》："周宣王合诸侯而田于圃田，车数百乘，从数千人满野。日中，杜伯乘白马素车，朱衣冠，执朱弓，挟朱矢，追周宣王。射之车上，中心折脊。殪车中，伏弢而死。"《国语·周语》"周之兴也，鸑鷟鸣于岐山。其衰也，杜伯射王于鄗"，韦昭注："鄗，鄗京也。杜，国名，伯爵，陶唐氏之后也。周春秋曰：'宣王杀杜伯而不辜。后三年，宣王会诸侯田于圃。'"《史记·封禅书》索隐、《周本纪》正义并同。《论衡·死伪篇》云："宣王将田于圃田"，俞荫甫云："田于圃田者，圃田，地名。《诗·车攻篇》'东有甫草，驾言行狩'，郑笺以郑有圃田说之。《尔雅·释地》作'郑有圃田'，即其地也。"(《墨子评议》)按《国语·周语》言"杜伯射王于鄗"，《史记·周本纪》《集解》徐广云："镐在上林，昆明北有镐池，去丰二十五里，皆在长安南数十里。"以周地望言之，鄗在西都，中牟在东都，地望绝不相及。《荀子·王霸篇》杨注引《随巢子》云："杜伯射宣王于亩田"，孙籀公(《墨子间诂·明鬼》)云："亩与牧声转字通，疑即鄗京远郊之牧田。"按金文辛子彝云："辛子綮守官在小圃。王𢦏商綮贝，用作父乙彝。"御尊云："癸未，王在圃雚京。王赍御贝。"卜辞亦屡云"省南甫"，疑圃田当在王京近郊，与牧田比邻，天子游猎之所也，亦即宂簠之园圃及《小雅》之甫草，非中牟之泽薮也。故宂簠及《周礼·太宰》以园圃与虞牧并举。《墨子》《国语》举其圃田,《随巢》举其牧田,实皆王京郊外园囿之通名。当时侯国亦多有之。《韩非·外储》:“赵王游于圃中,左右以菟与虎而辍之。”《史记·鲁周公世家》:“隐公祭钟巫,齐于社圃”,《集解》引杜预曰:“社圃,园名。”《淮南子·地形训》“秦之阳纡”,高注:“阳纡盖在冯翊池阳,一名具圃。”按今本《左传·僖公三十三年》具圃作具囿。《庄子·知北游》“豨韦氏之囿、黄帝之圃、有虞氏之宫、汤武之室”,以文义绎之,疑圃与囿本相类似,皆古侯王游幸之处,故庄子以其与宫室并举。古籍又多载侯王在圃之事。后人仅知中牟圃田名垂遐迩,凡见古书之载圃田者,往往误解。郑君笺《诗》尚不免千虑之一失,姑志疑于此,以俟他日考定焉。

【清华国学研究院学报《国学论丛》,1928 年第 1 卷第 4 号】

释百——申《说文》义

《说文》四篇："百，十十也。从一、白。数十十为一百。百，白也。十百为一贯。贯，章也。，古文百。"段懋堂曰："自、白同。白，告白也。此说白之意。数长于百，可以词言白人也。"按段释许书从白之义甚辨而实非也。

殷墟卜辞百作（《殷墟书契前编》卷三第二十三页）、作（同上，第三十一页）、作（卷二第三十页）、作（《龟甲兽骨文字》卷二第十四页）；金文百作（舀鼎）、作（史颂敦）、作（宗周钟）、作（免盘）、作（沇儿钟）、作（贤觥）、作（叔妃敦）、作（伯敦）、作（伊敦）；大略相似，各一、白相连而成百，是即许氏"从一、白"之证。十千为万，十万为亿，其数皆以十进矣，于是加一于白而成百。许氏云"百，白也"，是乃以声训明其语源。夫世无衡量筹算之时，人之纪数固以指尔。上古遗言，数止三五而已。（略本章炳麟《正义杂义说》）百、千、万、亿本无专字，其数不过赅括言之。百辟、百礼、百工、百货、百谷、百姓、百官、百兽，俱不能以百数泥之也。后来生产力发展，始定其数，十十为百，十百为千，十千为万，十万为亿，其数皆以十进，于是加一于白而成百。《说文》云："百，白也。"百数既定，于是百之计数皆于白字之上加画数为其倍。从一者百之系数也，分之则为一白，合之则成百。惟一白合文沿用已久，假白为百，加之数若干，即为百数之若干倍。然亦有以数加百者，如金文盂鼎六百作，此于一白合文之上加六矣。多父般“百子千孙”百作，于一白连文之上再加一画，其百上原有一画不算加数之内。卜辞二百作（《殷墟书契前编》卷二第二十页及卷四第四页），金文作（小子野敦），作（齐子仲姜镈），皆二倍其百数也。卜辞三百作（《前编》卷三第三十一），三倍其百也。又五加白上为五百（《殷墟书契前编》卷七第九页及金文虢季子白盘皆作），六加白上为六百（《殷墟书契后编》卷下第二十三作），五与六皆并百之上一画而核算之。加数与白相连，所加谊不必拘泥可也。古文本无百字，假白为百，见于卜辞者有（《前编》卷六第四十三页），有（《后编》卷下第四十三页），并无上画，更可为许氏百白之佐证。

又按古多以伯为百，盖古文伯作，即伯之初文，故古书多以伯为百。后世仅知白为伯之古文，不知白即百之假借，乃易古书之白为伯为佰，故伯、佰均有百义。《说文》“佰，相什”，“百也，从人百”。《孟子·滕文公上》作“或相什百”，此即百伯之孳乳字也。又《孟子》“百里奚”，《韩非子·难言》作“伯里奚”。《汉书·食货志》“亡农夫之苦，有仟伯之得”，颜师古注：“伯谓百钱也。”《淮南·氾论训》“队伯之卒”，《兵略训》“正行伍，连什伯”，《史记·秦始皇本纪》“蹑足行伍之间，而崛起什伯之中”，贾谊《过秦论》“起于仟伯之中”，《史记索隐》“以为千人百人之长”，《荀子·王制篇》“司马知师旅甲兵乘白之数”，杨倞注：“或曰白当为百，百人也。”王引之曰：“白与伯同。”《逸周书·武顺篇》“五五二十五曰元卒，四卒成卫曰伯”，是百人为伯也。凡此皆白、百、伯、佰同声同义之证，亦可证伯、百均白之假借与孳乳字也。盂鼎“锡汝邦司四百人”，又曰“锡夷司王臣有三百人”，百字均作，吴愙斋释为伯，是犹未知白即百之本字也。古玺“百万金”百字作（《说文古籀补补》），《续齐鲁古印攈》“百万金”作（张廷济《古印偶存》亦有此印），周氏《古鉨印景》有“千百万”古鉨。可知假白为百至六国尚未尽绝也。秦汉以后，既不知白为百之本文，又不知一为百之系数，而古书中白字又辗转变易为佰为伯，于是白字遂无百字之训义矣。段君乃以白为告白，又以为自、白相同，为许书从白之义，误谬殊甚。谁知白、自音异义殊，自无通假之理，虽二字古文间有相混，此乃形之增省，非同声之通假。如《汗简》帛作[illegible]，白作[illegible]者，增其一画，自作[illegible]者，减其一画，非即白自之本形如此。六国变乱以后，字画增减多类此，不足怪也。或疑卜辞、金文伯仲之白中画均平，而数字之白中画微有坳突，此为古文变异例，非二字也。𠭯叔簋、𠭯叔敦，𠭯字均作[illegible]，偏旁[illegible]之中画均平。而𠭯伯簠作[illegible]，𠭯弔敦作[illegible]，[illegible]之中画微突。又如寽儿鼎[illegible]字作[illegible]，[illegible]之中画均平。齐侯盉作[illegible]，[illegible]之中画微坳。此犹卜辞、金文[illegible]、[illegible]之变也。至一[illegible]合文，往往引长[illegible]之左右两沿连接于一而成[illegible]形。骤睹之似与白字无涉，实则[illegible]之变也。窃谓百白同音相假，当远在商周以前。卜辞、金文已变其原态，今依许书百白古谊反覆证明，至是殆无疑义。

【清华国学研究院学报《国学论丛》，1928 年第 1 卷第 4 号】

释　千

《说文》三篇："千，十百也。从十，从人。"（据大徐校本）清儒徐灏《段注说文解字笺》云："人寿百岁为率，故十人为千。"是以会意申大徐义也。小徐《系传》作"从十，人声"，在六书为形声。今按《古文四声韵·下平一先》引《滕公墓铭》千作，盖借用古文人字。求之《说文》七篇："秊，谷熟也。从禾。千声。"卜辞、金文并作，从人不从千，知夏竦所收古文非臆造也。再看篆文偏旁从人者，六国古文亦或更旁从千。三篇《言部》："信，诚也。从人，从言。会意。"曹魏三体石经《君奭》残石"天不可信"，古文作。六国小玺信字作，或作。八篇《人部》："仁，亲也。从人，从二。，古文仁，从千、心。"以是而知卜辞三千作（《殷虚书契前编》六卷第卅四页），作（同上，卅八页）；五千作（同书七卷第十五页）；金文三千作（小盂鼎"孚八万三千八十一人"）；四千作（《博古图》载齐侯镈，旧释三千，上虞罗氏正之）。其纪千之倍数皆就人字而递加焉，与古文百字递加之倍数同一方式。许君解为"从十"大误。然则千字作人，果何义耶？以声韵求之，"本无其字，依声托事"字也。从一、人者，犹百之从一、白也。以一加于人而成千，犹一加于白而为百也。人字加画若干以定千之倍，亦犹白字加画若干以定百之倍，是从字形变易之迹象而知者也。

《唐韵》人音如邻切，日母真部；千音此先切，清母文部。《毛诗·鄘风·定之方中》第三章云："灵雨既零，命彼倌人，星言夙驾，说于桑田。匪直也人，秉心塞渊，騋牝三千。"零(《唐韵》郎丁切，韵在耕部。《广韵》落贤切，韵在真部)、人、田、渊，韵在真部，千在文部。《小雅·甫田》之第一章云："倬彼甫田，岁取十千，我取其陈，食我农人，自古有年。"田、陈、人、年四字韵在真部，千在文部。真、文韵近，故可通转。

窃思人类纪数之词，随生产力之进步发展，逐步升级，十十为百，十百为千，十千为万，必然应运而生。其始也，有言语而无文字，后乃取声韵相同相近者便于识别，积久承用，遂成科律。汉魏经师去古已远，率知其然而不知其所以然，其违失造字者之本意，职是故也。迩来卜辞、金文大量出现，声韵学家深入微妙，后学之士故能参酌前人之成果，触发一得之新知，世之治小学者幸是正之。

【清华国学研究院学报《国学论丛》，1928 年第 1 卷第 4 号】

皃字说

金文师寰𣪕、兮甲盘均有□字，吴子苾（式芬）释皃（《攈古录》三之二第六十九页）而缺其说。孙籀公（诒让）曰：“□旧并释为皃，古无此字，案当为贯之异文。贯古文或从两贝，前南宫鼎作□是也。此文从□，乃贝之省。贯晦即畎晦。毌俗又作串。《诗·大雅·文王》云‘串夷载路’，‘串夷’郑笺谓即混夷。孔疏引《尚书大传》作‘畎夷’，是贯、畎二字相通之证。”（《古籀余论》卷三第三十六页）《唐韵》贯读古玩切，见母元部。毌读古丸切。不但同部而且同母。按《说文》七篇：“毌，穿物持之也。从一横贯，毋象宝货之形。”“贯，钱贝之毌。从毌、贝。”考古金文贝字皆作□，象海介虫形。谛审此文上半从□，与赤白之白正同。吴氏释皃，于形至确。眉敖𣪕有𧵍字，从贝从帛，亦《说文》所无。以声类更旁例之，实即皃之异文。帛从白得声，故白、帛可以同谐。《小雅·六月》“白旆央央”，《尔雅·释天》孙炎注引作“帛旆英英”。《左传·定公四年》“分康叔以大路、少帛”，王引之《经义述闻》云：“案少帛盖即小白。《逸周书·克殷篇》‘县诸小白’，孔晁注：‘小白，旗名。’”案王说是也。《战国策·秦策》“大败秦人于李帛之下”，《史记·张仪传》作“李伯”。《史记·伍子胥列传》“伯嚭”，《吴越春秋》作“白喜”，《论衡》作“帛喜”。《唐韵》伯读博陌切，帮母鱼部。帛读旁陌切,并母鱼部。韵同声近。白读旁陌切,不但同部而且同母。古文白、伯一字,是白、帛又一通假之证。《礼记·玉藻》"大帛不緌",郑注:"帛当为白"。子思之子名白,《史记·孔光传》作帛。并帛、白通假之证。细绎貟、贳二字均许书所无,以意求之,当即帛之古文。《说文》七篇:"帛,缯也。从巾。白声。"贳字从贝,帛声,声符更旁字也。貟字从贝,白声,形义更旁字也。盖上古以物易物,后来发展以某种货物为等价交换之媒介,所以通货物,易有无,其方式有缯、缣素,有圭璧,有金贝。《管子·四称篇》:"诸侯臣伏,国家安宁,不用兵革。受币帛,以怀其德。"《韩非子·内储说上》引《管子》曰"布帛尽则无以为币",是绻缣素之币也。《吕览·制乐篇》"币帛以礼豪士",高诱注:"币,圭璧",是圭璧之币也。古金文国君赏功臣,或云贝几朋,或云金几钧,是金贝之币也。字之从巾白声者,总缣素、缯之属言之。易巾为贝者,则总圭璧、贝货之属言之。释玄应《一切经音义·十四》币古文作赘。《古文四声韵·去声十四祭》引《茅君传》币作[illegible]。古金文贸鼎有贫字,从贝从父,今以貟、贝更旁例之,殆即布之别构。《说文》六篇:"賨,南蛮赋也。从贝。宗声。"《后汉书·南蛮西南夷传》"槃瓠之传蛮夷秦置黔中郡,汉改为武陵。岁令大人输布一匹,小口二丈,是为賨布。"按賨为布名,字亦从贝,故币、帛、布三字从贝不从巾,东汉犹有遗存。然则貟字为帛之异体,声义焯然,孙说非是。兮甲盘云"王令甲政嗣成周四方责,至于南淮夷。淮夷旧我貟晦人",与师寰𣪘"淮夷繇我貟晦臣"文例正同。此旧字即繇之假,人、臣义近,言淮夷应纳我周帛赋、田晦籍与人役三者。《管子·山国轨篇》:"今四壤之数,君皆善官而守之,则籍于财物不籍于人。"此器反面说明织帛荀合于国奉者皆置,故下文云:"毋敢不出其貟、其责,进及(及字旧释乃,或释人,谛审拓本作[illegible],确系及字。三体石经《无逸篇》仲宗及高宗及祖甲及字皆如人)其贮。"责字前儒皆读委积之积。《孟子·万章篇下》"孔子尝为委吏矣,曰会计当而已矣",赵注:"委吏,主委积仓庾之吏也。"《周礼·掌客》"上公五积,皆视飧牵",郤注云:"飧牵,谓牵牲以往而不杀也。亦有米、干、刍、薪",又注云:"上公飧,五牢,米二十车,禾三十车。侯伯,四牢,米、禾皆二十车。子男,三牢,米十车,禾二十车,刍、薪皆倍。"其禾积既视飧,则米、禾、刍、薪与飧同。(《左传·僖三十三年传》杜注:"积刍、米、禾、薪。")《良耜》"积之栗栗,其崇如墉"。《诗·大雅·公刘》所谓"乃积乃仓"。又《周颂·载芟》:"载获济济,有实有积。"《墨子·节用篇》:"是故凡大国之所以不攻小国者,委积多,城郭修,上下调和,是故大国耆攻之。无委积,城郭不修,上下不调和,是故大国耆攻之。今唯无以厚葬久丧者为政,国家必贫,人民必寡,刑政必乱。若苟贫,是无以为积委也。"皆以委积为刍、米、禾、薪之属,国家赖以备饥馑,防战役也。《荀子·儒效篇》"得委积足以掩其口"。《管子·任法篇》"困仓自实,蓄积自多",《治国篇》"仓廪墟而民无积"。《韩非子·五蠹篇》"尽其地力,以多其积"。按《吕氏春秋·慎大览》:"武王于是复盘庚之政,发巨桥之粟,赋鹿台之钱,以示民无私,出拘救罪,分财弃责,以振穷困。"此责当与金文责字义同。高诱以责已不责人为训,殊非是。(《战国策·齐策四》孟尝君谓冯谖曰:"先生不羞,乃有意欲为收责于薛乎?"冯谖曰:"愿之。"于是约车治装,载契券而行,辞曰:"责毕收,以何市而反?"孟尝君曰:"视吾家所寡有者。"驱而之薛,使吏召诸民,当偿者悉来合券遍,起矫命以责赐诸民,因烧其券。民呼万岁。按责义为债,乃战国时制也。)进读为賮,《史记·吕不韦传》"车乘进用不饶",《索隐》云:"下文又云'以五百金为进',宜依小颜读为賮。"《汉书·陈遵传》"陈遂与宣帝博数员进"。《史记·高祖本纪》"萧何为主吏主进",《集解》:"主赋敛礼进为帅。"《索隐》郑氏云:"主赋敛礼钱也。"颜师古:"进者,会礼之财。"字本作賮,声转为进。"宣帝数负进",义与此同。按賮即赆之省变。《孟子·公孙丑》"行者必以赆",赵岐注:"赆,送行者赠贿之礼也。"《论衡·刺孟》引作賮。《广韵·二十一震》:"賮,琛。賮又财货也,会礼也。"是金文之进即《鲁颂》之琛。《唐韵》进读郎刃切,来母文部。賮读徐刃切,邪母文部。同部通假。《玉篇·七》"琛,敕今切",透母侵部。

贮当读为颂鼎"官司成周贮"之贮,其义虽不可尽识,而大意員与进即指員赋,责与贮皆指田畮赋。下文毋敢不即陳即夸,实指人役而言。

三者文义较然，各有所指。若如孙说貟晦为畎晦，则下文貟[illegible]进贮连文，不云貟晦通矣。眉敖𣪘云“王令益公征眉敖，益公至𠮷。一月，眉敖至𦤶献贳”，与此文“毋敢不出其貟”文义相对应。淮夷、眉敖皆姬周滨海之夷，《禹贡》“徐州淮夷，蠙珠暨鱼”，是其所贡职与《王制》九赋不同。貟字从贝，经典略知之矣。《诗·鲁颂·泮水篇》“憬彼淮夷，来献其琛，元龟象齿，大赂南金”，《毛传》：“憬，远行貌。琛，宝也。元龟，尺二寸。”《广韵·下平侵部》：“琛，宝也。”淮夷贡职原不与列国同制，其余荒服之民，贽币亦异诸夏。《左传·襄十四年》，戎子驹支对范宣子曰：“我诸戎饮食衣服不与华同，贽币不通，言语不达”，此亦可考外族史者之要纪与？

【清华国学研究院学报《国学论丛》，1929年第2卷第1号】

界字说

《宣和博古图》著录疑生豆，及薛氏《钟鼎款识》师馗段，均有字。宋人以隶体拟之，定为昊天之昊。字形殊不类，然后人无说以纠正之也。

此器铭云“肆皇天亡界，临保我有周”，与师馗段铭文句正同。嘉兴徐同柏(《从古堂款识》)、吴县吴大澂(《愙斋集古录》)并读为“无斁”。海宁王先生更申其义曰：“无斁古通作无射。界从目从矢着目上，意亦为射。”是以界为射之本字，假为斁，较徐、吴二家释斁为切。吴氏《说文古籀补》三篇复以虢叔钟、师望鼎、兮甲盘、克鼎之敃字与此鼎为一字；以单伯鼎昊隶十篇为界，于字例殊有未当。然则界之音义殆不能得一确解耶？

余昔草《商周字例》，发现、、、⊙，古文均为目之异体，因悟象眼睑眼珠及瞳孔形，、乃仅象眼珠在眼睑中，⊙则省去眼睑独象珠球，此繁简之通例也。由是勾稽考核，知此鼎字，静彝字，棺妃段字，皆界之繁缛文也。单伯钟字，师界父段字，无界鼎字，邓伯氏鼎字，界生钟字，皆界之简省文也。考许书无界字，即古文射亦无从目从矢之义，然则界果何字耶？

以声义绎之，实即眣之异文，原形移置字也。《公羊·文七年传》“眣晋大夫使与公盟也”，又《成七年传》“郄克眣鲁卫之使”，何劭公解诂：“以目通指曰眣。”《说文·目部》无眣字，而有从失之眣，训“目不正也”。段玉裁谓浅人无识以伪体改《说文》，字应作眣。窃疑眣字从目从矢，在六书为会意；变而为眣，从目失声，在六书为形声。《唐韵》矢读式视切，声母脂部；失读式质切，声母至部。脂、至韵近，此六书嬗变例也。陆德明《公羊传释文》云：“眣本又作眣。丑乙反”，透母至部；“又大结反”，定母至部。韵同声近，是从失非误字也。《广韵》《玉篇》眣同。《说文》：“瞚，开阖目数摇也。”《庄子·庚桑楚篇》“儿子……终日视而目不瞚”。《吕氏春秋·安死篇》“其视万世，犹一瞚也”，高诱注：“颍川人谓相视曰瞚。”《唐韵》瞚、瞬俱读舒闰切，故陆德明《释文》云：“眣一音瞬。”是眣之本义为目动，从目从矢，在六书为象形。

师訇段、静彝及此鼎均以亡睪为文，当从徐、吴读为无射。无射乃宗周成语。《诗·大雅·车舝》“式燕且誉，好尔无射”，《思齐》“无射亦保”，《周颂·清庙》“无射于人斯”，又《礼记·祭统》“奔走无射”，扬子《法言·先知篇》：“昔在周公，征于东方，四国是王，召伯述职，蔽芾甘棠，其思矣夫！齐桓欲经陈，陈不果内，执辕涛涂，其斁矣夫！于戏！从政者审其思斁而已矣。或问：‘何思？何斁？’曰：‘老人老，孤人孤，病者养，死者葬，男子亩，妇人桑，之谓思。若污人老，屈人孤，病者独，死者逋，田亩荒，杼轴空，之谓斁。’”《礼记·射义》：“射之为言者，斁也。绎者，各绎己之志也。”故射之音义与斁相近，故无射亦作无斁。《周颂·清庙》“无射于人斯”，《礼记·大传》注引作“无斁于人斯”；《葛覃》“服之无斁”，《礼记·缁衣》引作“无射”；《周颂·振鹭》“在此无斁”，《韩诗》作“无射”；《大雅·云汉》“耗斁下土”，《春秋繁露·郊志》作“耗射下土”。《周颂·振鹭》“在彼无恶，在此无斁”，又《駉》篇“思无斁”，《周南·葛覃》“服之无斁”，《鲁颂·泮水》“徒御无斁”，《书·洛诰》“公无困哉，我惟无斁”，《后汉书·张衡传》“惟盘盂之无斁兮”，《文选·魏都赋》“复之无斁”，字均作斁。许书：“臭，大白泽也。从大、白。古文以为泽字。”盖古文睪亦作□（见薛氏

《款识》)、作（无斁鼎）、作（邓伯氏鼎）。上文与白形近，故误为臭。泽、斁均从睪声，金文睪与斁通，则许书云“古文以为泽字”，知东汉经师尚能知古文古义。《说文》四篇：“殬，败也。从歺。睪声。《商书》曰：‘彝伦攸殬。’”今伪古文《洪范》作“彝伦攸斁”。《唐韵》殬读当故切，端母鱼部。择、泽俱读丈伯切，定母鱼部。

择与斁通。《尔雅》：“射，厌也。”《释文》射字“又或作斁”。《周南·葛覃篇》“服之无斁”，《毛传》曰：“斁，厌也。”《说文》曰：“斁，厌也。一曰终也。”字或作绎。《广雅》：“绎，穷也。”然则无斁者，无有厌弃，无有终穷也。以此例推，金文无斁鼎无斁二字为人名。知魏人田子方名无泽，即无斁之义也。（见《庄子·田子方篇》，《国策·魏策》，《吕氏春秋·当染》《举难》《察贤》等篇；《说苑·尊贤篇》《奉使篇》有“吉人无择”）《史记·魏世家》变为“无择”。《诗·大雅·思齐篇》“古之人无斁”，《毛传》：“音亦猒也”，郑笺作“择”。故《庄子·让王篇》《吕览·离俗篇》有“北人无择”，《史记·太史公自序》“昌意生无择”。《汉书·高祖纪》：“高祖问曰：‘骑将谁也？’曰：‘秦将冯无择子也。虽贤，不能当灌婴。’”《庄子·天下篇》“于物无择”，其义犹无殬也。《诗·齐风》“岂弟”笺：“此岂弟犹言发夕也。岂读当为闿，古文《尚书》以弟为圛。圛，明也。”案《洪范》“曰驿”，《史记·宋微子世家》用今文，作“曰涕”，古文作“曰圛”，此郑君所本也。此“岂弟”，疑三家《诗》有作“闿圛”者，司马相如《封禅文》“昆虫闿泽，回首面内”，实用其语。（王先生《诗·齐风》“岂弟”释义）案《唐韵》弟读特计切，安母至部；圛读羊益切，喻母支部，喻母四等。古归定澄，支至韵近。驿读羊益切。泽从睪声，读丈伯切，澄母鱼部，鱼支韵近。涕读他谨切，透母脂部。涕亦作洟。洟读他计切，透母至部。扬子《方言·吾子篇》：“君子言也无择，听也无淫；择则乱，淫则辟。述正道而稍邪哆者有矣，未有述邪哆而稍正者。”《太玄》：“元掜曰：‘言正则无择，行正则无爽，水顺则无败。无败故久也，无爽故可观也，无择则可听也。’”此即本《孝经》“口无择言，身无择行”为说。无择即无射之假字也。

古人行文,随声变异,非通校传记,不能得其正谊,故略阐其说,以明古文正假之封域云尔。

【中山大学《语言历史学研究所周刊》第11集第125期,
1930年4月23日】

金文⿱曲丂字说

⿱曲丂字从𠚕,从丂,字书所无。考魏三体石经《君奭》残石"我迪(今本《尚书》作道)惟宁王德延(当作延)",篆文迪作□,古文作□,偏旁由字与⿱曲丂字上部近似。许叔重云:"秦始皇帝初兼天下,丞相李斯乃奏同之,罢其不与秦文合者。斯作《仓颉篇》,中车府令赵高作《爰历篇》,大史令胡毋敬作《博学篇》,皆取《史籀》大篆,或颇省改,所谓小篆者也。"(《说文解字》自叙)今观籀文□,小篆作□(三篇《言部》);籀文□,小篆作□(三篇《攴部》);籀文□,小篆作□(四篇《刀部》);籀文□,小篆作□(七篇《禾部》);籀文□,小篆作□(八篇《衣部》);籀文□,小篆作□(八篇《欠部》),即所谓小篆或颇省改者也。以是而知金文⿱曲丂,殆即小篆省改之甹字。《说文》:"□,木生条也。从马。由声。《商书》:'若颠木之有甹枿。'古文言由枿。"(七篇《马部》)今《尚书·盘庚上篇》作"若颠木之有由櫱"。按《说文》隶属马部之字,若圅训舌也,金文卜辞作□,象倒矢在函中。藏矢所用者为圅,□象函形,□其緘处,且所以持也(略本静安先生《不𡢁簋盖铭考释》),既不象舌形,亦不从马。再如甬训"艸木华甬甬然也。从马。用声"。金文作□,上象钟悬,下象钟体,中二横画象钟带(本杨树达《积微居金文余说·自序》),既不象艸木华,亦不从马。《玉篇·一七九》甹读弋周切,《唐韵》以周切,喻母幽部,丂读苦浩切,溪母幽部,韵同声异。甹之从丂,同部注音字也。大徐马读乎感切,晓母侵部。古代牙音见溪两纽,每与喉音晓匣两纽混淆。侵部幽部,又是阴阳对转。毛公鼎甹作甹,变从丂为从可,多父盘“眉寿可使”,可作丂(本强运开《说文古籀三补》),叔角父簋“皇考”作皇[illegible],考亦从可。可读肯我切,溪母歌部,丂可同母更旁字也。以是而知甹甹两字仍当读由,《方言·卷六》“胥由,辅也。吴越曰胥。燕之北鄙曰由。”《广雅·释诂》:“由,助也”。番生簋云“甹王位”,毛公鼎云“甹朕位”,字当训助。《商书·盘庚上》“由乃在位,以常旧服正法度”(杨筠如《尚书核诂》云:“乃疑当作厥。古金文乃厥形近易误。”),词例与此相近。

加旁从辵,其义为道。《说文·二篇》:“迪,道也。从辵由声。”《古文四声韵·入声·十九锡》徆迪同字,徆迪俱从由声,故迪亦通由。《大戴礼记·文王官人篇》“喜色由然以生”,卢植注:“由,当为迪。”《汉书·扬子云传》“蠢迪检押”,颜师古云:“迪与由同义,今言日则曰由迪。”大徐迪、徆俱读徒历切,定母支部,《集韵·入声·二沃》徆音徒沃切,定母宵部。《广韵》由读以周切,喻母幽部。古音喻母四等归入定纽,已为声韵学家所证实,幽部韵位第二,宵部第三,故迪徆两字亦得通由。《周书·多方》“不克终日劝于帝之迪”。陆德明《释文》云:迪,“马本作攸”。《唐韵》攸读以周切,不但与由同母,而且同部。同声通假,由亦作犹,同猷。《左传·庄公十四年》“犹有妖乎”,孔颖达《正义》云:“古者由、犹二字义得通用。”《孟子·公孙丑上》“欲齐王,由反手也”,《离娄下》“我由未免为乡人也”,孙奭《音义》引丁音“由当为犹”。《荀子·富国篇》“由将不足以勉也”,杨倞注:“由与犹同。”迪从由声,故迪猷两字义皆为道。《方言·卷三》:“裕猷,道也。东齐曰裕,或曰猷。”《唐韵》裕读羊戍切,喻母侯部。宵侯韵近,故裕亦通猷。《尔雅·释宫》:“路、场、猷,行道也。”道与路,异字同义,故仲由字子路(《史记·仲尼弟子列传》)。孟子曰:“惟君子能由是路”(《万章下》)。

墙盘铭文云:“故文王初盭和于政,上帝降懿德大甹”,懿德(《易·小畜》“君子以懿文德”,虞翻注:“懿,美也。”)、大甹,乃动词降字之下两个名词短语，□读猷，《诗·小雅·小旻》：“匪先民是程，匪大犹是经。”又《诗·小雅·巧言》云：“秩秩大猷，圣人莫之”，《毛传》俱训“大道”。班固《幽通赋》“漠先圣之大猷兮”，曹大家注：“猷，道也。”

猷廸声同字通，义皆为道，《诗·大雅·桑柔》云“弗求弗廸”，弗廸当读不廸，犹言不道。《毛传》郑笺训“进”，非是。《书·周书·牧誓》斥纣之罪云“昏弃厥遗王父母弟，不廸”，《史记·周本纪》作“昏弃其家国，遗其王父母弟不用”。不廸乃概括上述诸罪行而言，应自为句。《礼记·緇衣》“刑之不廸”，郑注：“廸，道也。”《康诰》云：“矧今民罔廸不适，不廸则罔政在厥邦。”《伪孔传》云：“况今民无道不之，言从教也。不以道训之，则无善政在其国。”按《论语·子罕篇》云：“可与共学，未可适道。”《淮南子·氾论训》云：“未可以适道也。”《广雅·释诂一》“适，善也”，可为《伪孔》添一佐证。罔廸不适、未可适道，其义一也。《雒诰》云“公功棐廸，笃罔不若时”，《伪孔传》不知棐廸即不廸（《书·周书·吕刑》明明棐常，《墨子·尚贤·中》引作不常），释为“公之功辅道我已厚矣”，竟读至下文笃字为句，则于文义难通矣。今以金文、《诗》《书》彼此互证，知大猷、不廸均古代政治成语。金文作□，《诗》《书》作廸，声读可通，义恰相会。

薛尚功释□为聘（《历代钟鼎彝器款识法帖》卷六），徐同柏释甹，读拜（《从古堂款识学》卷十六），刘心源（《奇觚室吉金文述》卷二），吴大澂（《窸斋集古录》四册）从之。孙诒让初释謣（《古籀拾遗》卷下《毛公鼎释文附》），后又云：“謣字义无考，改释甹”，“读若亭，言定朕位也。”（《籀庼述林》卷七《毛公鼎释文》）郭沫若云“仍当以释謣为是，假为屏。《左传·哀公十六年》‘旻天不弔，不憖遗一老，俾屏予一人以在位’，与此相近”云云（《两周金文辞大系图录考释》廿二页），皆主观武断，不可信也。

戊辰腊八节书于上海华东师范大学

【《华东师范大学学报》，1990 年第 2 期】

冟字说

虎冟一词，宋人薛尚功(《历代钟鼎彝器款识》卷十四牧敦、卷十五寅簋)释为虎冕，清儒阮元(《集古斋钟鼎款识》卷五吴彝)读为虎韔之韔，通鬯。徐同柏(《从古堂款识学》卷十六)、刘心源(《奇觚室吉金文述》卷二)、吴大澂(《说文古籀补》卷五)从之。孙星衍(《续古文苑》)释良。静安先生在《毛公鼎考释》中云：吴中丞(大澂)从阮太傅(元)旧释为韔，案上下皆车上物，不得有韔。疑即《秦风·小戎》之文茵。《毛传》："文茵，虎皮也。"《释名》："文鞇，车中所坐者也，用虎皮有文采。"然先生未言其为何字，形声缺如也。孙诒让谓当为幎。《说文·皀部》："冟，饭刚柔不调相著。从皀。冖声。读若适。"冟、冥并从冖声，得相通借也。《巾车》作幎，郑司农训为覆笭。虎幎即《诗·韩奕》之浅幭。《毛传》："浅，虎皮浅毛也。幭，覆式也。韩、毛同为周姓国，故亦得乘金车而虎幎矣。"《仪礼·既夕》注："古文幦为幂。幦正字，幎、幂假借字也。"(《籀庼述林》卷七毛公鼎释文)林义光(《文源》卷五)、郭沫若(《两周金文辞大系图录考释》272页)从之。

考金文冟字作、或作，鬯字作，字形绝异，不容混淆。按当为冖之加旁字，《说文》七篇："冖，覆也。从一下垂也。"《玉篇·二一二》音"亡狄切，覆也。以巾覆物。今为幂"。《小尔雅·广服》："大巾谓之幎。”《天官·幂人》“掌共巾幂”，郑注：“共巾，可以覆物。”《序官》注亦云：“以巾覆物曰幂。”谓巾幂，则是巾之可以覆物者，以别于佩巾不可以覆物也。冖为原始象形字，两端下垂，中则覆物。变而为幎，从巾冥声。（《说文》七篇：“冥，从日从六。冖声。”）在六书为形声，偏旁移易，则写作幂。《玉篇·四三二》幎、冪同字。表义更旁，字或作幦。《春官·巾车》“王之丧车”“犬幦”。幎、幦本一字也。注音更旁，字或作幦。《仪礼·既夕礼》“白狗幦”，郑注：“古文幦为幂。”《集韵·入声·二三錫》幦、幦同字。亦或作幭，《说文》：“幭，盖幭也。从巾。蔑声。”冥、蔑声同。《大雅·韩奕》“鞹鞃浅幭”，《大戴礼记·礼三本篇》“大路车之素幭也”。《礼记·玉藻》“君羔幦虎犆；大夫齐车鹿幦豹犆；朝车士齐车鹿幦豹犆”，郑玄注：“幂，覆笭也。”幎、幦、幭、幦皆冖之形声增益字。

覆物之巾，通称曰冖，分别言之：则有覆鼎之鼏，加旁从鼎；覆簋之冟，加旁从皀；覆尊之酓，加旁从酉。皆后起之增益字也。

《仪礼·公食大夫礼》“鼏若束若编”，郑注：“凡鼎鼏盖，以茅为之，长则束本，短则编其中央。”意谓鼎口特殊，巾不适用，乃改用茅，而仍以幂名。鼏、幂同字，故礼经互通。以此例推，冟字从皀，冖声。皀，古文簋。（详拙作《释皀》，文载清华研究院《国学论丛》一卷四期）其为覆簋之冖，殆无疑义。《士昏礼》“醯酱二豆，菹醢四豆，兼巾之”，《既夕记》“甕三，幂用疏布。甒二，幂用功布”。《天官·幂人》“掌共巾幂”“凡王巾皆黼”，贾公彦疏云：“凡王之覆物之巾，皆用黼文覆之。言凡，非一。四饮三酒之外，笾、豆、俎、簋之属皆用之。”是尊、彝、甒、壶、笾、豆、簠、簋皆有幂。《公食大夫礼》“簠有盖幂”，举簠以该簋也。幂以布及葛为之。

卜辞有𦉢字，从㽞，从冖，酉，古文尊（《增订殷虚书契考释》卷中第39页）。其为覆尊之冖，殆无疑义。《乡饮酒礼》：“尊綌幂，宾至，彻之。”《燕礼》：“执幂者升自西阶，立于尊南，北面东上。”《少牢馈食礼》司宫“乃启二尊之盖幂”。幂为覆尊巾，綌，葛也。以葛为幂，取其坚絜。（皆本郑注）

其在车饰，冟当读幔。《集韵·去声·二十九换》：“《说文》衣车盖也。一曰战车以遮矢也。”段玉裁云：“衣车，上文辎軿是也。四周为衣，上为盖，皆以蔽舆也。”(《说文解字注》)表义更旁，辍亦作幔。《广雅 · 释诂二》:“幔，覆也。辍幔皆从曼声。”

《说文》二篇:“曼，引也。从又。冒声。”冃、冃皆冖之演变字。《说文》:“冃，重覆也。从冂、一。”按一，为指事性符号，在六书为指事，小篆冢从之。(《说文》十篇:“立，住也。从大立一之上。”大徐云:“大，人也。一，地也。”十三篇:“至，从一。一，犹地也。”)再变为冃，从冂、二。按二，古文上字，覆上为冃，在六书为会意。加旁注音，冃亦作冒。《说文》一篇，瑁古文作珇。《玉篇 · 二一四》冃“或作帽”。《集韵 · 去声 · 三十七号》冃“或作褶”。《邶风 · 日月》“下土是冒”，《毛传》:“冒，覆也。”《汉书 · 周勃传》“太后以冒絮提文帝”，颜师古《集注》:“冒，覆也。”《三国志 · 东夷传》“夫余国以金银饰冒”，是即许书所谓“冃，小儿蛮夷头衣也”。冃本会意，冒为形声，由会意变为形声，亦文字发展演变之通例也。

通观经传，凡字之训覆盖者，不论形体如何多变，声读始终不出明纽之外，追根溯源，必与冖字有关。循声得义，则知《周官 · 巾车》之禊，《礼记 · 玉藻》之幦，《大雅 · 韩奕》之幭，传世金文之冟，皆指车盖而言。冖，正字；冟，假借字也。二郑训为覆笭，未必然也。

字之初造，往往随体屈曲，依类象形，厥后庶业其繁，象形不周于用，不得不增益形声，别创新字，新旧相袭，字数倍增，此一事也。东周以还，政教分离，私家讲学蔚然成风，口耳相传，侧重耳受，声同韵近之字，信手拈来，一字数训，所在多有。此又一事也。两汉经师，颇识前闻，片言只字，或可稽寻。历年弥远，情伪难分，言之，则其声也；视之，未必是其本字也。𩔰字《说文》失收，冟字见于《说文》而又失其本义。识字解经之难，大率类此。今试以加旁更旁之通例，求其形体演变，以先秦声韵，求其通假音训之渠道，以典章制度，求其铭辞大意，庶几得义得声之规矩法度，或得冥符于万一尔。

【《汉语论丛》创刊号，华东师范大学《汉语论丛》编委会，华东师范大学出版社，1990 年 1 月】

“社”“杜”“土”古本一字考

从前，嘉兴沈乙庵（子培）对静安先生说过这样的话，“文字有字原，有音原。字原之学，由许氏以上溯殷周古文止矣，自是以上我辈不获见也。音原之学，自汉魏以溯诸群经、《尔雅》止矣，自是以上我辈尤不能知也。明乎此，则知文字之孰为本义，孰为引申假借之义，盖难言之。”(一)许慎作《说文解字》是首先打破四个字一句的识字课本的框框，创造了分别部居的独特体例，把九千多个文字，分别归纳于五百四十部之内。两汉经生，对于先秦时代的所谓“雅言”，还多少有些知道，特别是古文学家的笺注，许氏都博采在他的著作中，作为说字解经的依据。所以这部书在小学领域中，统治了一千六七百年。

由于金文卜辞大量发现，老一代文字学家不断地揭露许氏局限于两汉经生的旧说，把引申假借之义来说李斯同文之后的秦篆，没有说到字原上去。

许氏以部首统率从属字的体例，必然把同一偏旁的形声字，作为同类性质的范围。凡是偏旁从木的字，只能作为木名看待，凡是偏旁从示的字，只能作为祭名看待，这就必然混淆了物象之本的原始字，与形符加旁的孳乳字的派生关系，同时也堵塞了同声同义的汇通渠道。现举“社”“杜”“土”三字为例。社在一篇示部，杜在六篇木部，土则作为十三篇的一个部首，却不知道社与杜的字原都是土字。

《说文》："土，地之吐生物者也，二象地之上，地之中，丨，物出形也。"(依段玉裁校)西周早期金文大盂鼎"受民受疆土"，土作□，司土司篕土作□，卜辞作□，静安先生初见□□一辞，开始断为邦社，假土为社。后来撰写《殷卜辞中所见先公先王考》，把有关"燎于土"的祭典，考定为殷人祭祀先公即《史记·殷本纪》昭明之子相土，从而否定了自己过去假土为社的旧说，承认土字有它自己的独立地位。至于土字为什么写成□形，先生没有详细论列。杭县马叙伦说□象地上有堆，实堆之初文。[二]潢川孙海波说□为社之初文[三]，最有说服力。卜辞"□求年于□□"，王先生释邦社，谓"即《祭法》之'国社'，汉人讳邦，改为国社，古当称邦社也"。[四]然字形从田丰声，似当释封，《说文》十三篇籀文封作□，从土丰声。《尔雅·释言》："土，田也。"从土与从田同。《白虎通·社稷》、何休注《公羊传》、高诱注《淮南子》都言封土为社。[五]卜辞"乍大邑于唐□"(乍读为作)，"唐□"即"荡社"。《史记·秦本纪》宁公二年"遣兵伐荡社"，《集解》引徐广曰："荡，音汤。"古汤、唐同字。[六]"作大邑于汤社"，与《周书·召诰》"乃社于新邑"义同。卜辞"东□受年吉，南□受年吉，西□受年吉，北□受年吉"。[七]案刘昭注《续汉书·祭祀志》引马融说：大社之外，又有五社，东社八里，西社九里，南社七里，北社六里，是谓近郊四社。《白虎通·社稷篇》引《尚书》逸篇说略同。是卜辞所言东□、南□、西□、北□，非读社不可。

社读正齿禅纽，土读舌腹透纽，在形声字的声系中，禅纽每每混入舌声，以舌腹透纽作为定点，前行则为舌端，后行则为舌面。例如：

是，《玉篇·一三七》时纸切，《唐韵》承旨切。(禅)

緹，从糸，是声。《玉篇·四二五》他礼切。(透)

睼，从目，是声。《玉篇·四八》土系、徒系二切。土透纽，徒定纽。《玉篇·七十六》蝖，他殄切。蝖，常演切，音善。透定相为轻浊。

石,《玉篇·三五一》时亦切。《唐韵》常只切。(禅)

拓,从手,石声。《玉篇·六六》他各切。(透)

从以上两个例子看来,作为音原的独体字土,在古代当读正齿声,后来才分离出舌腹声。这是字原、音原发展变化的一般规律。

人类社会从狩猎经济发展农牧经济,意识到土壤对于人类生存的命运,有着不可思议的主宰力量,因而产生了一种幼稚的可笑的敬畏心理。一系列的祈求活动,便接连而来,这在宗教学上叫做自然神崇拜。卜辞中东社、南社、西社、北社受年的记载,这在宗教学上叫做自然神崇拜。《春官·肆师》:"社之日,涖卜来岁之稼。"《吕氏春秋·仲春纪》"命人社",高诱注:"社祭后土,所以为民祈谷也。"都可以作为卜辞旁证。

由于长期的生产实践,逐渐认识到土壤之神与土壤本身,不可一概而论,于是塑造了与本族有血缘关系的特殊人物作为社神[八],把自然神人格化了,这是祖先崇拜教发展的结果。这样下去,不得不把原来的土字,加上形义符号示,以区别于土壤之土,于是出现了从示土声的形声字,许氏所谓"孳乳而寖多也"。经过若干年代的自发使用,在社会上"约定俗成",已不复知社的字原为土。两汉时代,经典遗文,偶然残存着一个两个原始字原,但是不得经师翻成俗语,没办法以晓学者。《经》《传》《史记》所以有异文存在,诂训学家,有所谓文雅浅俗之别,[九]原因就在于此。

现在既然肯定土即社之初文,自当依《说文》一篇解释为地主。地主亦名田主,卜辞作□,金文作□。铜山县丘湾发现的殷人祭社遗址,以不规则的自然石块,竖立土中作为社主,与□、□字形象非常相似。《淮南·齐俗训》:"有虞氏社用土,夏后社用松,殷人社用石,周人社用栗。"松、栗木质易朽,至今尚未发现。如果《淮南子》的话是可靠的,把地主追溯到有虞氏时代,那么孙海波说卜辞□"象筑土成阜",也许可以自圆其说。社主在殷周两代,是有统一的形式的,不然,卜辞金文就不会有同样的写法。至于社主的质地,可能因为时地不同,未始不可以因地制宜。

社主作为神灵依附的外表而存在。社主的建立等于人们的生存获得了神灵的庇护，包括被统治阶级和统治阶级在内。下自人们聚居的自然村落，上而至于乡、州、遂、县、公卿采邑，各有各的社主，在权力集中的地方，甚至残杀战俘、罪犯作为社主的祭品。这样一来，社主又成了政权的同义语。(一〇)

为了避免社主受风雨侵蚀，在它的周围种植树木，或者选择树木丛生的地方，立起社主(十一)，显示出令人敬畏的阴森气氛。(十二)《地官·大司徒》："设其社稷之壝，而树之田主，各以其野之所宜木，遂以名其社与其野。"鲁哀公问社于宰我，宰我对曰："夏后氏以松，殷人以柏，周人以栗。"(十三)"夏人都河东，地气宜松，殷人都亳，地气宜柏，周人都丰镐，地气宜栗。"(十四)

由于社主的所在与林木结成不解之缘，所以在形声字的结构上，又可以易示为木，写成了杜。《大雅·緜》"自土沮漆"，《汉书·地理志》作"自杜沮漆"。《豳风·鸱鸮》"彻彼桑土"，《经典释文》引《韩诗》作"桑杜"(郭璞注《方言》引同)。《荀子·解蔽篇》"杜作乘马"，杨倞注："杜与土同。"《史记·秦本纪》宁公二年"遣兵伐荡社"，《集解》引徐广曰："社一作杜。"金文杜伯簋杜作[古文字]，象社主竖立在木旁形。

土读舌腹透纽，往后则为浊音舌面定纽。《玉篇·一五七》《唐韵》徒古切，定纽。犹如：

蜀，《玉篇·四〇》市烛切，《唐韵》市玉切(禅)。

獨，从犬，蜀声。《玉篇·三六四》大卜切，《唐韵》徒古切，定纽。

单，音都寒切，舌头端母，(十五)又音善，常演切(禅)。

墠，从土单声，《玉篇·九》云同坛，坛读徒兰切，《唐韵》徒干切，浊音舌面定纽。

六国古文社作[古文字]，从示而又从木，正如防之古文作[古文字]，陈之古文作[古文字]，在形声字中算是形义符号重复例。从形体发展变化的规律来看，也可以证明社、杜都是土字的孳生字。

由于我国汉字不是拼音符号，同一个词，往往写成几种不同的方块字，但是不管它有什么样的写法，同义必然同声，包括声母和韵部在内。先秦古韵部的研究到了王念孙、江有诰，已经取得最后结论，从而归纳出“古韵明而后诂训明”的基本原则。但是声母问题，自戴东原首创二十母，至黄侃古本十九纽的提出，虽然经过不少人的补充修改，到现在为止，还没有最后解决。所谓“古韵明而后诂训明”的提法，仍然是片面的，不够全面的。黄侃看到定纽包括着禅纽，但是端、透两组却没有考虑禅母在内。近人又因为经典中的异文，有些得不出同声通假的依据，臆造所谓形假的问题，其实他们所谓形假，无非是说明古人写半边字的或者苟趋简易的简体字的可能。从语原角度去考虑，形假在事实上是不存在的。

我于古声韵的研究，还是处于初学阶段。社、杜、土古本一字的探讨，谈不上什么新的心得，只是企图通过这三个字的考定，作为开展语原研究的一次尝试。

一九八二年五月于华东师范大学

注释

（一）《观堂别集》卷四《尔雅草木虫鱼鸟兽释例自序》。

（二）《读金器刻辞》一二九页《司土簋》。

（三）《甲骨文编·十三》五一八页。

（四）《殷礼征文·外祭》。

（五）《公羊传·哀公四年》“社者封也”。何休注：“封土为社。”《淮南子·缪称训》：“其社用土。”高诱注：“封土为社。”

（六）《金璋所藏甲骨·六一一》《铁云藏龟·二一四》：“唐，大丁大甲……”《孟子·万章上》：“汤崩，大丁未立，外丙二年，仲壬四年，太甲颠覆汤之典刑，伊尹放之于桐”，是唐即汤也。

（七）《殷契粹编·九〇七》。

（八）《左传·昭公廿九年》：“史墨曰：‘共工氏有子曰句龙为后土。’”

（九）《商颂·玄鸟》：“宅殷土茫茫”，《史记·三代世表》译为“宅殷社茫茫”。《公羊传·僖公三十年》“天子祭天，诸侯祭土”，何休《解诂》“土”谓“社”也。《大雅·緜》：“乃立冢土”，毛氏《诗诂训传》“冢土，大社也”。《礼记·檀弓上》“君举而哭于后土”，郑玄注：“后土，社也。”《春官·大祝》“先告后土”，郑玄注：“后土，社神也。”

（一〇）《地官·大司徒》：“设其社稷之壝，而树之田主。”《战国策·秦策》张仪说秦王“今荆人收亡国，聚散民，立社主，置宗庙……今魏氏收亡国，聚散民，立社主，置宗庙……”《春官·大宗伯》：“以血祭祭社稷、五祀、五岳。”郑玄注：“社稷，土谷之神，有德者配食焉。”《秋官·大司寇》：“大军旅，涖戮于社。”郑玄注：社“谓社主在军者也”。一九六五年冬，铜山县丘湾发现殷人祭社遗址，南京考古工作者在天然石块所竖立的四面，共清理出二十具人骨，十二具狗骨，另外还有两个人头骨。这些人骨、狗骨和头骨，都面向这四块巨石。（见南京博物院《江苏铜山县丘湾遗址的发掘》）。

（十一）《墨子·明鬼》：“圣王建国营都必择国之正坛，置以为宗庙，必择木之修茂者，立以为丛位。”《战国策·秦策三》“应侯谓昭王曰：‘恒思有神从与？’”高诱注：“盖木之茂者神所凭，故古之社稷，恒依树木。”

（十二）《白虎通·社稷》：“社稷所以有树何？尊而识之，使民望见即敬之，又所以表功也。”《独断》：“凡树社者，欲令万民知肃敬之。”

（十三）《论语·八佾》。

（十四）《太平御览·礼义》引《五经异义》文。

（十五）《史记·儒林传》：“延及徐氏弟子公户满意、桓生、单次。”《索隐》：“上音善，单姓，次名。”《汉书·地理志》：“山阳郡单父县”。颜师古《集注》音善甫。

【《古文字研究》第15辑，中华书局，1986年6月第1版】

【《上海博物馆馆刊》，1986年】

辨字小记

有关曾侯乙钟铭文中的几个异体字问题，答王文耀同学问。

（一）问：《周礼·春官大师》："掌六律、六同以合阴阳之声。阳声：黄钟、大蔟、姑洗、蕤宾、夷则、无射。阴声：大吕、应钟、南吕、函钟、小吕、夹钟。"《礼记·月令》《吕氏春秋·十二纪》《淮南子·时则训》等书基本一致。现在考古发现的曾侯乙钟却有许多奇字，不但和先秦文献所讲的律名两样，而且和甲骨、金文、小篆的写法，也多歧异。裘锡圭、黄翔鹏两先生虽然做了隶定，但是在文字结构上，未作说明，使人难以择从，请老师谈一谈。

答：根据老一辈专家的经验，释字必须辨明三方面的基本条件：第一、字形有没有搞错；第二、字音是否基本准确；第三、文义是否说得通。如果形、声、义三方面条件齐全，就具有令人信服的说服力。即使三者之中，目前还有一点处在假设推理阶段，只要比较合理，也可略备一说，以待将来证实。

（二）问：《说文》十篇："应，当也。从心。䧹声。"钟铭为什么从邑？

答：《水经注·滍水》："应城，故应乡也。应侯之国。"《左传·僖公廿四年》"邘、晋、应、韩，武之穆也"，杜预注："应国在襄阳城父县西。"金文应公鼎、应侯簋作[illegible]。但是，东周金文有关国邑的地名，每每加邑以区别之。徐王义楚盘徐作⿰余阝，秦诅楚文商於之於作⿰於阝，三体石经《僖公》残石温作⿰昷阝。应为国邑，可以作⿰䧹阝。应钟写作⿰䧹阝钟，是把地名借作乐律名。應、⿰䧹阝都从䧹得声，肯定可以借用。

（三）问：[illegible]亦作[illegible]，怎样确定它就是姑洗？

答：[illegible]字左从先，右从津。[illegible]字左从死（古屍死同字）。《玉篇·一五一》古文死作[illegible]，和这字形近，右旁不知所从。《周南·螽斯》“螽斯羽，诜诜兮”，《经典释文》引《说文》作“⿰先辛⿰先辛”，今本《说文》仍作“诜诜”。钱大昕谓：“唐人引《说文》不皆可信。”（《十驾斋养新录》卷四）案《玉篇·三一五》⿰先辛读所陈切，或作莘。可见六朝以前是有⿰先辛字的，或许左旁作[illegible]，后人误写为多。《说文·八篇》侁训“行貌。从人。先声”。《吕氏春秋·本味》“有侁氏”，《汉书·古今人物表》作“有⿱先女氏”，《楚辞·天问》作“有莘氏”。是洗字本有辛声。[illegible]字虽不可识，它的音读与辛相同或相近。这是无疑的。死读息姊切，洗读想礼切，不但同母，而且同部。所以，声符变换，亦可从死。辛、津皆属真部，真脂为次对转。可见，⿰歹辛、⿰火聿都是声音符号重复字。

（四）问：⿰甫页字从页甫声，不见《说文》，到底是什么字？

答：《玉篇·三六》“⿰甫页，颊骨也”，读扶武切。以声类求之，当即《说文》九篇之⿰面甫字。⿰面甫训颊也，从面甫声。页为人头，从页与从面同，亦或作俌。《说文》八篇：“俌，辅也。从人。甫声。读若抚。”形符变换，亦写作辅。辅和车是面部组织的两个部分。《释名·释形态》：“辅车言其骨强，所以持口也。”《左传·僖公五年》宫之奇谏虞公曰：“谚所谓辅车相依，唇亡齿寒。”孔颖达《正义》云：“辅为外表，车为内骨。”所以⿰面甫又可以从车。《尔雅·释诂》：“辅，俌也。”《易·咸》上六“咸其辅颊舌”，《释文》引虞注辅作⿰面甫。作为动词谓语，则为亲附之义。

（五）问：[illegible]字从口从[illegible]从又，是不是事字的异体？

答：你说得对。《说文》三篇，事从史，之省声，不突出口字。三体石经《多士》事作[illegible]，和《说文》所引古文都是从口从[illegible]从又，并不从史。金文大克鼎“敬夙夜用事”，应公钟“用夙夕黨享”，和曾侯乙钟铭文“其永事用享”，文义正同。用与乍同义。《易·离》象曰“明两作离”，《释文》引荀注：“作，用也。”《周礼·夏官罗氏》“蜡作罗襦”，郑玄注：“作，用也。”钟铭又云“曾侯乙乍事”，乍事犹言用事也。

（六）问：钟铭字从水从辥，似可释为櫱，或者释灋，两释哪个比较好？

答：从声源说，释得都对。不过就字形看，右半边从水，以释灋较妥。《说文》十一篇：“灋，议罪也。从水、献。”与法同意。《玉篇·二八五》训“议也”，与谳同。《说文》十篇：“灋，刑也。平之如水。从水、廌。所以触不直者去之，从去。”灋字从水，是体现议罪量刑，在统一水平的原则上，力求公正的裁决。

《广雅·释诂三》：“蘖，罪也”。《说文》六篇：“櫱，伐木余也。或体作櫱，从木，辥声。”罪蘖之大者，可受到砍头的处分，亲属遭受株连，沦为罪犯奴隶，奴产子的地位也就低人一等。《公羊传·襄公廿七年》“执铁锧，从君东西南北，则是臣仆庶孽之事也”，何休注：“庶孽，众贱子，犹树之孽生。”这是由于人们看见被砍伐后的树桩，个个裸露着象砍掉头的罪犯一样，因而联想再生小枝的低矮姿态，仿佛就是奴产子的化身。这是文字学上所谓引申义。

（七）问：钟铭音，或作音，可不可以释为函音？

答：《说文》七篇，马读若含；《唐韵》乎感切，匣母谈部。函读胡男切，匣母侵部。《说文》十一篇，涵读胡感切，涵读胡男切。侵谈通韵，在音理上可以说得过去。郑玄在《春官·大司乐》《春官·大师》两处注“函钟一名林钟”。考“大司乐六祭”“大师六同”，言函钟不言林钟。《礼记·月令》以林钟为蕤宾之合，韦昭注《国语·周语》亦云六月林钟。总之，先秦古籍中，从来没有在一处同时出现函钟、林钟两个律名。郑玄说“函钟一名林钟”，是信得过的。

（八）问：角的，上半从羽，下半似乎从于，是否就是羽字？

答:字当读羽,于读羽俱切,喻母侯部,羽读王矩切,喻母鱼部,侯鱼音近,旁转通韵,读雩为羽,在音理上不成问题。不过《说文》十一篇把雩列为雩的重文,理由是《春官·司巫》"若国大旱,则帅巫而舞雩",雩是祈求甘雨的夏祭,所以表现字义,偏旁从雨。也由于古人在农业生产的事件中觉察到禽类中的某些种属,对于气象的变化,特别敏感。如所谓鹊噪晴,鸠唤雨,鹬知天之将雨等等客观事实,便把鸟羽作为舞具,来表达祈雨的心切。这种心理状态,反映在字义的表现上,把雩字由从雨变为从羽,写成了翌。《春官·乐师》:"掌国学之政,以教国子小舞。凡舞:有帗舞,有羽舞,有皇舞,有旄舞,有干舞,有人舞。"《说文》四篇把皇舞写成翌舞,帗舞写成翇舞;《说文》五篇,舞之古文作翌,它的表义形式和雩之作雩如出一辙。这就是所谓连类及之的更旁规律。

(九)问:《春官·太师》有太蔟。钟铭作□□,又作□□,为什么?

答:宋公差戈族作□,与此近似。斐戊鼎旅作□。六国古文㫃字简化为□,或者作□,是很多的。曾侯乙簠侯字作□,以□为矢,如□□就是族字。《广雅·释言》:"族者,聚也。"蔟从族声,所以亦可训聚。

(十)问:《春官·太师》姑洗之下为蕤宾,《曾侯乙钟》作妥宾。《尔雅·释诂》:"妥,止也。"《释文》引《字林》读他罪切,为什么可借为蕤?

答:《说文》没有妥字,十三篇《纟部》有从妥旁的绥字,《唐韵》读息遗切。《纟部》另出绥字,从纟,委声,汉代经师每每读为蕤宾之蕤。个别地方也有以绥为绥的,郑玄注《礼记·杂记》认为绥当为绥,读如蕤宾之蕤,字之误也。但是陆德明《经典释文》提到古人以绥为绥有好几处。郑玄以为字误,恐不尽然。《荀子·儒效》"绥绥兮其有文章也",杨倞注:"绥或为蕤宾之蕤。"绥字从妥,简写为妥,未始不可。《仪礼·士相见礼》"绥而后言",郑玄注:"古文妥以为绥。"《礼记·曲礼上》"国君绥视",孔颖达《正义》引庾氏说:"绥读为妥。"蕤、绥、绥、妥四个字声母或有差异,但都属脂部。铭文以妥宾为蕤宾,在文献上有足够证据,可以引用。

(十一)问:钟铭"文王之□商",□,左半从音,右半从□从又,有点象皮字。金文叔皮父毁皮作，亦作；六国古鉨作，或作；中山王礨鼎作。能否隶定为誮？

答：可备一说，右半是否就是皮字，还有待证实，左半从音，可以和言互换。《说文》二篇吟或从音：訡，或从言：訡。金文王孙钟"眉寿无谌"以谌为期，从言，其声。邻王子钟作"眉寿无"，变为从音，諆声。蔡侯盘假诈为作，从言，乍声。曾侯乙簠"事甬终"，左半从音。如果右半释皮可以成立的话，那么释誮为诐，也就自然顺理成章的了。诐为帮母歌部，变为帮母元部，歌元阴阳对转。《说文》三篇，诐训"辩论也"。《礼记·礼运》"大夫死宗庙谓之变"，郑玄注："变当为辩，声之误也。"

（十二）问：姑洗之后为夷则，钟铭一作屖则，从尸从辛，一作迠则，从辵从辛。夷读先稽切，为什么可以假借？

答：《说文》二篇，籀文迟作遲。中叡父毁作，与籀文同。钟铭作，省彳。《小雅·四牡》"周道倭迟"，《韩诗》作"郁夷"；《淮南子·原道训》"冯夷大丙之御也"，高诱注夷或作迟，是迟、夷同声通假之证。遲从屖声，屖读先稽切。古读夷如尸：兮甲盘"至于南淮夷"，曾伯簠"克狄淮夷"，无曩毁"王征南夷"，竞卣"命伐南夷"，宗周钟"南夷东夷"，都以尸为夷。《天官·凌人》"大丧供夷槃冰"，郑玄注："夷之言尸也，实冰于夷槃中，置之尸床之下，所以寒尸也。尸之槃曰夷槃，床曰夷床，衾曰夷衾，移尸曰夷于堂，皆依尸而言者也。"《左传·成公十七年》晋厉公"一朝而尸三卿，余不忍益也"，《韩非子》作"吾一朝而夷三卿"。《说文》八篇："屖，迟也，从尸，辛声"，读先稽切，尸读式之切，辛读斯人切，同为齿音字。屖字从尸从辛，不但辛为声符，尸也作声符。

（十三）问：钟铭云"无射之宫曾""夷则之征曾""姑洗之羽曾"，可否训曾为层？

答：《仪礼·丧服》："曾孙，孙之子。曾，犹重也。"《左传·襄公十八年》"曾臣彪将率诸侯以讨焉"，孔颖达《正义》："曾祖、曾孙者，曾为重义，诸侯之于天子无可重，曾臣犹末臣，谦卑之意耳。"层从曾声，亦有重义。

（十四）问：毛公鼎"肆皇天亡旲"，嘉兴徐同柏、吴县吴大澂，释为无斁。例证虽多,但是没有讲清,请谈一谈好吗?

答:《广韵》射读羊益切,音睪,凡是从睪得声的字,都可读射。从攵为斁,《周南·葛覃》“服之无斁”,《礼记·缁衣》引作“服之无射”;《大雅·云汉》“耗斁下土”,《春秋繁露·郊祀》作“耗射下土”;《周颂·清庙》“无射于人斯”,《礼记·大学》引作“无斁于人斯”;《周颂·振鹭》“在此无斁”,《韩诗》作“在此无射”;《鲁颂·泮水》“徒御无斁”,《释文》“斁”本作“射”。从纟为绎,《礼记·射义》:“射之为言者,绎也。”从示为袶,《集韵》读夷益切,《尔雅·释天》:“绎,又祭也。”《经典释文》绎本作袶。《玉篇·一一二》祭之明日又祭曰饆,读余石切,同样可以通假。

从金为铎,《说文》十四篇,铎从金,睪声,《唐韵》徒各切。《战国策·赵策》“尹泽”,《国语》《韩非子》都作“尹铎”。睪字从罒从矢,罒为横目,可以隶定为昳。《公羊传·文公七年》“昳晋大夫使与公盟也”,又《成公七年》“郤克昳鲁卫之使”。《经典释文》昳音大结反。公羊高,齐人,声读和中原微异。昳、铎同为定母字,却是事实。古音喻母三等,每每混入定母,所以昳、铎可借为射。古金文每每以睪为择,从廾等于从手。栾书缶“[illegible]其吉金”,以斁为择。《大雅·思齐》“古之人无斁”,郑玄笺“无斁”作“无择”,《经典释文》斁,“择也”。从攴和从手同。从衤为襗,《唐韵》羊益切,《集韵》达各切。《天官·王府》“掌王之燕衣服”,郑玄注“燕衣服者,巾絮寝衣袍襗”。《秦风·无衣》“岂曰无衣,与子同泽”,字亦作泽。古人取名无择的有好几个。《史记·太史公自序》昌意生无择,《庄子·让王篇》《吕氏春秋·离俗篇》有“北人无择”,《说苑·尊贤篇》有“吉人无择”。从水为泽,《战国策·魏策》《吕氏春秋·当染篇》魏田子方名无泽。无泽、无择,皆无斁之假字。泽读丈伯切,澄母鱼部,古无舌上音,澄定声同,所以无斁亦作无择、无射,亦作无铎。

(十五)问:钟铭[illegible]钟,或反写作[illegible],金文王孙钟“畏忌趩趩”,以[illegible]为忌。乙毁“眉寿无期”,以[illegible]为期,[illegible]、[illegible]似即字。《说文》三篇:“丮,持也。”从丮与从攴同义,是不是形声符号重复字?

答:你说得对。《说文》十二篇《手部》:“扶,佐也。从手。夫声。古文作𢫦。”“扬，飞举也。从手。昜声。古文作敭。”“播，种也。从手。番声。古文作𢾱。”《说文》三篇《攴部》：“攺，抚也。从攴。亡声。”读与抚同。金文朱公钧钟扬作[古文字]，亦易手为攴，是手、攴同义，可以互易之证。扬𣪘扬作[古文字]，令鼎作[古文字]，师酉𣪘作[古文字]，既不从手，也不从攴，而变从丮，可见丮义同攴，亦即同手。《说文》三篇《丮部》：“𢀜，褱也。从丮。工声。”或从手作𢪏。丮、手同义，可以重复。丮、攴亦同义，也未必不可以重复。钟铭[古文字]字可以隶定为𢽿，即敉之异体，《说文》训“抚也”，读若弭，或从人作侎。《周书·洛诰》“亦未克敉公功”，郑玄注：“敉，安也。”

（十六）问：钟铭有[古文字][古文字]二字，裘锡圭先生释“羸孠”，谓即《国语·周语》伶州鸠所说的“羸乱”，是否可从？

答：按[古文字]字左半从[古文字]从[古文字]很明显，右半上角，虽欠清晰，下角作[古文字]，也无可疑。当即从肉，㠯声的能字。《说文》十篇：“能，熊属，足似鹿。从肉。㠯声。”《史记·天官书》“魁下六星两两相比者曰三能”，《集解》引苏林曰：“能，音台。”徐灏谓能为熊之本字，后来借为贤能之能，日子久了成了习惯，就把火光熊熊之熊，作为兽名来用，从此便忘了能的本义了。（参看《说文段注笺·卷十》）《左传·昭公七年》韩宣子告郑子产曰寡君（晋灵公）“今梦黄能入于寝门”。《经典释文》：“能，本作熊。”熊读羽陵切，喻母蒸部，能读乃登切，泥母蒸部，同部通假。能亦读熊。徐灏讲得很对。《左传·宣公八年春秋经》“葬我小君敬嬴”，《公羊》《谷梁》作“葬我小君倾熊”，嬴读以成切，喻母耕部，熊读为嬴，同母通假。[古文字]字上文从匕从甘，乃古文旨字，颂鼎𩞄字作[古文字]，师克𣪘作[古文字]，偏旁旨可证。《广韵》旨读职雉切，照母脂部，疑𦎫即孳字别构。《广韵》孳读疾置切，从母脂部，孳字作𦎫，同部通假字。《国语·周语下》伶州鸠说的“嬴乱”，当作嬴孳。《说文》孳作[古文字]，三体石经《无逸》“乃变乱先王之正刑”，古文乱作[古文字]，与[古文字]形近，可能致误。孳同滋，训“益也”。

（十七）问：[古文字]字释申，是否可信？

答：过去安徽寿县出土蔡侯器有[古文字]字，或作[古文字]，至今未有定说。此字作[illegible]，与蔡器又不相同，偏旁无法隶定，只好暂缺，以待后来学者。

（十八）问：五声的徵字，钟铭都写作[illegible]，隶定为峉，从山从各，是否妥当？

答：[illegible]字上部应与徵字一样，从微省，不是从山。《集韵》徵或作敳。[illegible]省攴，应隶定为峉。惟山下一笔排在各字之下，因而写成了[illegible]，与篆文微异。

（十九）问：钟铭“才楚[illegible]为坪皇”，“在[illegible][illegible]为逄则”，[illegible]字能否释也？

答：据字形，下半为女，金文女康丁段女作[illegible]，钟铭妥宾之妥作[illegible]，下文和此相近，从口从女，字应释如。

（二十）问：[illegible]字可不可以释镈？

答：吃不准。到现在为止，只有“小铜柱”铭文出现[illegible]字，从戈从[illegible]，[illegible]字上端微曲，形近父字，与[illegible]字从[illegible]，又有不同，目前还是缺疑为妙。

【《社会科学战线》，1984 年第 3 期】

辨字小记

研究文字学的人，总是离不开《说文解字》，因为它早在一千八百多年前，首创了"分别部居"的办法，把九千三百五十三个篆文归纳于五百四十个部首之中，又以形系义，以义系声，提出了分析研究汉字的方法，奠定了汉字典的轮廓。体例是每个篆文之后，简要地确定了词义，接着分析其形体结构——"从某，某声""某省声""某亦声"，遇到没有声符可资传读的字，则曰"读如某""读若某"。在为数众多的谐声字中，还有一个"义存乎音"的特异字例。至于一些词义不够明确的地方——"厥谊不昭"，引个先秦文献中的句子作为例证——"爰明以谕"，并且十分清楚地指明这些例证来自哪一家的本子。这都是《说文》的优点所在。我们微觉不足的是，那些先秦文献经过秦火之厄，一些老儒口耳相传，而后改成隶定，早已面目全非。所谓"壁中古文""漆书古文"，名曰古文，实则出诸齐鲁学者变乱常行的字体，和我们所讲的古代文字名同而实异。刘向父子虽说能通其读，谁敢保证他们没有失真。陆元郎《经典释文序》引郑康成的一段话："其始为书之也，仓卒无其字，或以音类比方，假借为之，趋于近之而已。"这就清楚地告诉了我们，流传到现在的先秦文献，存在着一定数量的声同声近的错别字。依据这些错别字的形体构造来说解文字的本义，就必然陷于穿凿附会之中。乾嘉学者段玉裁研究《说文》四十余年，深知理解古字古言很不容易，把自己的心得体会归结成几句话：“学者之考字，因形以得其音，因音以得其义。治经莫重于得义，得义莫重于得音。”（《广雅疏证序》）

家祥早在二十年代，尝从静安先生问古文字学。先生告以段君一生功力，在于推敲许书每一个字的本义，而以声类通转为秘诀。其专著《说文解字》的后面附了《六书音韵表》，道理就在这里。师门答问已成陈迹，而先生之音容笑貌如在目前。年来与门人编写《金文大字典》，于众说纷纭的考释中，秉承先生遗训，以段氏义法求其析中，敢为许书议论得失，略举一二实例，请国内外专家学者批评指正。

昔：《说文》七篇：“昔，干肉也。从残肉，日以晞之。与俎同意。，籀文，从肉。”按卜辞昔作，作，或作；金文作（曶鼎），作（克鼎），字皆从日，从横水。（《说文》《玉篇》益从水从皿，而篆作；又十一篇，濒从页从涉，而篆作。趙鼎、令鼎溓作。殷敦盘沫作），与俎字形异。卜辞金文俎作，或作，象置肉于且上。肉作形，或简化为，而无作形者，许说非是。窃疑昔为夕之或体。古音夕读祥易切，邪母鱼部，昔读思积切，心母鱼部，韵同声近。夕象月半形，与月字易混（历鼎“夙夕”作“𠃬月”），于是创昔字以示别异。盖商周时，人类但知日轮初出，未离于土，日轮将没，尚傍乎水。《淮南子 · 天文训》曰：“至于曲阿，是为旦明。”曲阿者，山也。故旦字古文作。“至于虞渊，是为黄昏”，虞渊者，水也，故昔字作。《谷梁传 · 庄公八年》：“四月辛卯昔，恒星不见。恒星者，经星也。日入至于星出，谓之昔。”《小雅 · 頍弁》“乐酒今夕”，《楚辞章句 · 十》引作“乐酒今昔”。《管子 · 小匡篇》云“旦昔从事于此”，尹知章注：“旦昔，犹朝夕也。”厥后时间观念日见重要，乃以夕为朝夕，昔为今昔。两汉经师但知篆籀假昔为腊，许氏不但不加深究，且曲为之说，其违失制字之初旨，往往如是。

：金文御作（遹簋），作（颂鼎），又作（吴王监），字皆从辵，卸声。大保爵、竞簋、伯尊都有字，殷墟卜辞作，或作，从彳，均为祭名。金文亦有作[illegible]（《贞松堂集古遗文补遗》卷上第十三页禦父己鼎），与《说文》一篇训为祀者同。而先秦典籍，御、禦互通。《齐风·猗嗟》“以禦乱兮”，郑玄注《仪礼·大射仪》引作“以御乱兮”。《左传·庄公廿二年》“陈人杀其大子御寇”，《谷梁传》作“陈人杀其公子禦寇”。《左氏春秋经·僖公九年》“春，王三月丁丑，宋公御说卒”，《谷梁传》作“禦说卒”。大盂鼎“在雩[illegible]事”，[illegible]事当读御事。《周书·牧誓》云“我友邦冢君御事”，《大诰》“越尔御事”，《酒诰》“我西土棐徂邦君御事”，《国语·周语》“百官御事”，《伪孔传》及韦昭注皆训御为治。御事者，天子诸侯之执政官也。[illegible]从[illegible]声。[illegible]为古文杵，《唐韵》疑古切，疑母鱼部；御读牛据切，不但同部而且同母。《说文》九篇《卩部》：“卸，舍车解马也。从卩、止、午。读若汝南人写书之写。”按《唐韵》写音悉也切，卸读思夜切，虽然与御同韵，而声母则在齿音心纽。许氏隶御于《彳部》云：“从彳，从卸”，不但割裂形声，且亦于义无据。卸本祭名，加旁从辵，其义为进。《小雅·六月》“饮御诸友”，《周礼·天官·九嫔》“各帅其属而以时御叙于王所”，《毛传》《郑注》皆云：“御，犹进也。”凡衣服加于身，饮食入于口，妃妾接于寝，皆曰御（本《独断》说）。经传御、驭截然两字。驭字从又，又，手也。从马者，使马也。《夏官·驭夫》：“掌驭贰车、从车、使车，分公马而驾治之。”此驭字之本义也。《管子·形势篇》：“驭者，操辔也。”同声通假，驭亦通御。《荀子·王霸篇》“王良造父善服驭者也”，杨倞注：“驭与御同。”《大雅·崧高》“徒御啴啴”，《毛传》：“徒，行者。御，车者。啴啴，喜乐也。”御当作驭，作御者借字也。《说文》之为书也，以形联义，以义系声，以形、声、义明造字之旨。若遇字之有悖六经诸子者，则求诸声音以明之。独于御字注云“使马也”，“驭，古文御，从又从马”，乃混淆本义、余义、引申义、假借义而一之，故不能解后学之疑。

許：《说文》：“许，听也。从言午声。”按七篇《臼部》：“舂，捣粟也。从廾持杵临臼上。午，杵省也。”午象杵形，加旁从木，在六书为形声。许字从言从杵，当训送杵声也，会意兼形声。《史记·商君传》：“五羖大夫死，秦国男女流涕，童子不歌谣，舂者不相杵。”《集韵》引郑玄曰：“相，谓送杵声，以声音自劝也。”隋李则墓志“于是相杵停音，邻歌断曲”。许之本义为送杵声，其后用为“众人共力之声。”《小雅》“伐木许许”，《说文》十四篇《斤部》引作“伐木所所”。所，伐声也。又变为邪许，《淮南子·道应训》：“今夫举大木者前呼邪许，后亦应之，此举重劝力之歌也。”《唐韵》午读疑古切，疑母鱼部；杵读昌与切，穿母鱼部；许读虚吕切，晓母鱼部。许、杵同部谐声。许亦读所，所从户声，读疏举切，审母鱼部。《集韵》邪又音详于切，邪母鱼部，知邪许犹所所也。器铭乃许、能许、许之，皆字之假义，即叔重所谓“应也”。

[illegible]：[illegible]字，吴式芬释讼（《攈古录金文》），孙诒让释詘（《古籀余论》卷三第五十八页），郭沫若释许（《两周金文辞大系考释》第九十八页），李孝定释诂（《金文诂林》附录一四三五页），以字形审之，皆不类。[illegible]字从[illegible]从[illegible]。金文繺书缶缶作[illegible]，国佐罎罎作[illegible]，金文宝作[illegible]，或作[illegible]，偏旁缶俱作[illegible]。古字以缶表音者，亦或更旁从匋。石鼓文“我马既駈”，駈当读騊。“騊駼，北野之良马。”《玉篇·二二八》蒀、䒚同字。宝从缶声，筭伯盨“永宝用”作“永匋用”。匋，瓦器也，从缶，包省声，读与缶同。《集韵·上声三十一巧》饱或作餢，鞄或作鞷，《四十四有》缹、炰同字，以此例推，[illegible]当释詾。《说文》：“詾，往来言也。一曰小儿未能正言也。一曰祝也。从言匋声。詯，詾或从包。”《玉篇·九十》：“詑、詾，言不节也。”《集韵·上平六豪》詾、詯、啕同字。《唐韵》大牢切，定母幽部。

謮：謮字从言从速，《说文》所无。以形声拟之，殆即啧之别体，形声更旁字也。《说文》二篇《口部》：“啧，大呼也。从口，责声。讀，啧或从言。”《集韵·入声二十麦》：“讀，怒也，让也。通作啧。”啧、讀皆责之加旁字，古止作责。《说文》六篇《贝部》：“责，求也。”《孟子·公孙丑下》：“有言责者，不得其言则去。”赵岐注：“言责，献言之责，谏诤之官也。”言从口出，故加旁从口或从言。《左传·定公四年》“啧有烦言”，《经典释文》“啧音责”。责、速声同。二篇《辵部》：“迹，步处也。从辵，亦声。迹，或从足责。速，籀文迹，从朿。”是责、速声同字通之证。同声通假，字亦同赜。《易·系辞上》“言天下之赜”，《释文》：“京本作啧。”《荀子·正名篇》“啧然而不类”，杨倞注：“啧与赜同。”《唐韵》啧音士革切，床母之部。

【未刊稿】

卜辞金文“劦日”考

劦字屡见于殷虚卜辞，据上虞罗氏所见，已有二十八条（《增订本殷虚书契考释》卷下，第五页），其在金文见诸宋人款识之书者有己酉方彝、兄癸卣诸器。由形声审之，劦当释劦。

《说文》十三篇：“劦，同力也。从三力。”同力谓众力以为力，在六书为会意。许隶劦部有协、勰、协三字，协云“同心之和”，加旁从心；勰为“同思之和”，加旁从思；协为“众之同和也”，加旁从十，皆会意兼谐声字。

古字以心表义者，每有更旁从口：《集韵·入声·三十帖》慊嗛同字，《荀子·大略篇》“惟惟而亡者，诽也”，杨倞注：“惟读为唯。”《说文》二篇：“哲，知也。从口。折声。悊，哲或从心”。协之与劦，其例亦犹是也。

心与思义本相承。《孟子》曰“心之官在思”（《告子·下》），《玉篇·八十八》“䚡，古文慦”，是其证。

《洪范·九畴》“四曰协用五纪”，《汉书·五行志》作“叶用五纪”，《集注》引应劭曰：“叶，合也。合五行为之条纪也。”师古曰：“叶读曰叶，和也。”《春官·大史》“与群执事读《礼书》而协事”，郑玄注：“故书协作叶，杜子春云：叶，协也。书亦或为叶，或为汁。”《尔雅·释天》“太岁在未曰协洽”，《史记·历书》作“汁洽”，《天官书》作“叶洽”。《方言》卷三：“斟、协，汁也。北燕、朝鲜、洌水之间曰斟，自关而东曰协，关西曰汁。”协亦通洽:《小雅·正月》"洽比其邻",《左传·僖公二十二年》引作"协比其邻";《大雅·江汉》"洽此四国",《礼记·孔子闲居》引作"协此四国"。

《唐韵》汁读之入切,照母缉部,韵同声异;劦读胡颊切,匣母缉部;洽读侯閤切,不但同部而且同母。洽从合声,故合亦通洽。《周颂·载芟》"以洽百礼",郑笺:"洽,合也。"协、洽同声,故协亦通合。《尧典》"协和万邦""协时月正日",《史记·五帝本纪》协都作合。《伪孔传》:"协,合也。"《秋官·乡士》"协日刑杀",郑司农云:"协,合也。"以是知卜辞金文之"昚日"即祫日。

《礼记·王制》"天子犆礿、祫禘、祫尝",《郑注》:"祫,合也。天子诸侯之丧毕,合先君之主于祖庙而祭之谓之祫。"祫为合之表义加旁字。《春秋经·文公二年》:"八月跻僖公。"《公羊传》云:"大事者何?大祫也。大祫者何?合祭也。"何休注:"祫,犹合也。"《谷梁传》云"祫祭者,毁庙之主陈于大祖,未毁庙之主皆升,合祭于大祖",范宁注:"祫祭者,皆合祭诸庙——已毁未毁者之主于大庙中,以昭穆为次序。"《尔雅·释天》:"春祭曰祠,夏祭曰礿,秋祭曰尝,冬祭曰烝。"崔灵恩《三礼义宗》云:"周祫以秋者,万物新成,可以奉荐宗庙,故合先祖之神而祭之,故祫宜在秋也。"按商周王家宗庙之祭,祠、礿、尝、烝时祭之外,别有二大盛祭(衣祀),即所谓禘祫,五年一禘,三年一祫,禘祭在夏,祫祭在秋。五年再祭,禘以孟夏,三年一祫,祫以孟冬。卜辞二十八处贞"昚日"之辞。有"□□卜□贞王宾(大甲)奭(妣辛)昚亡尤,在八月"。有"□□卜癸丑,王□□亡尤,在八月,王乩□□吉,甲子昚(祖甲)"。金文己酉方彝,铭云:"在九月,隹王十祀,昚日",兄癸卣铭云:"在九月,隹王九祀,昚日。"(薛尚功《历代钟鼎彝器款识法帖》卷二及卷三,又见《啸堂集古录》卷下)肄父乙彝铭云:"在十月,隹王六祀,昚日。"卜辞卜昚日在八月,与文公"大事于大庙跻僖公"之事合,金文纪昚日,"在九月"或"在十月",未越孟冬之限。以是而知昚、洽、合、祫四字,不但声同、韵同,而且义同,其为一语之转,盖昭昭然。

昚,杨树达释力(《增订本积微居小学金石论丛》卷一,第二十九页);日本高田忠周释融,读为肜(《古籀篇》二十四册,第十九至二十页)。惟徐中舒谓“咎”当即“大合祭之袷,协有合力之意”(中央研究院《历史语言研究所集刊》第二本一分册《耒耜考》),较有见地,惜语焉不详。其余众说,皆悖离形声,谬于故实,不足信也。

【香港《大公报》,1989年3月17日第16版】

【《温州师范学院学报》,1989年第2期】

兮伯吉父盘铭考释

兮甲盘宋时出土，入元为鲜于伯机所得，至清末始为潍县陈介祺簠斋所有，与合肥刘氏所藏虢季子白盘，上虞罗氏所藏不𡢁𣪕皆有伐玁狁事，号称“玁狁三器”。

：（隹五年三月既死霸，庚寅。）

王国维先生曰：“《说文》：‘霸，月始生魄然也。承大月二日，小月三日。从月。𩅰声。’按古器物铭名日凡四：曰初吉；曰既生霸；曰既望；曰既死霸。差分一月之日为四分：一曰初吉，谓自一日至七八日也；二曰既生霸，谓自八九日以降至十四五日也；三曰既望，谓十五六日以后至二十二三日也；四曰既死霸，谓自二十三日以后至于晦也。八九日以降，月虽未满，而未盛之明则已久。二十三日以降，月虽未晦，然始生之明固已死矣。盖月受日光之处虽同此一面，然自地观之，则二十三日以后，月无光之处，正八日以前有光之处。此即后世上弦下弦之由分，以始生之明既死，故谓之既死霸。”（《生霸死霸考》）

以长术推之，宣王五年三月乙丑朔，二十六日正得庚寅。

。（王初各伐厰執于𠟭盧。）

各读为格杀之格，古器物铭文屡见。《说文》：“一击一刺曰伐。”甲骨文、古金文作，像以戈贯人形。𠟭字不见于许书，孙诒让云：“古啚与否通。晋邦盦'都啚'作'者否',此嚣疑啚之异文。"(《古籀余论》卷三)家祥按孙说是也。《书·尧典》"否德忝帝位",《史记·五帝本纪》引作"鄙德忝帝位"。《论语·雍也》"予所否者",《论衡·问孔》引作"予所鄙者"。《庄子·大宗师》"不善少而否",《释文》"本作鄙"。古音否、鄙同部,故《释名·释言》"否,鄙也"。《释州国》"鄙,否也"。啚之别体作嚣,以字例言,声类互易字也。𪚾为古文鱼字。《周礼·天官》"𩵦人",《释文》"本或作𩶘"。𩵦、𩶘为一字之繁省例,知𪚾、鱼亦一字矣。古鱼吾同音,往往假𪚾、𩵦为吾。齐子仲姜镈"保𪚾兄弟""保𪚾子姓",即"保吾兄弟""保吾子姓"也。沇儿钟"𩵦以宴以喜",即"吾以宴以喜"也。敦煌本《隶古定商书》"鱼家旄孙于荒",日本古写本《周书》"鱼有民有命",亦假鱼为吾。《史记·河渠书》"功无已时兮吾山平",吾山亦即鱼山也。古假鱼为吾,故王国维先生以嚣𪚾当春秋之彭衙。彭衙一地,于汉为左冯翊衙县。(《鬼方昆夷玁狁考》)古城在今陕西白水县东北四十里彭衙堡。

[illegible]。(兮甲从王折首执嘫,休,亡敃。)

嘫字从口从系允声,陈簠斋释讯,引《易》"有嘉折首",《诗》"执讯获丑""执讯连连"为证。鄞县马叔平藏一器,文云:"唯王正月,辰在甲午,王曰𩁹,命汝司成周、里人,眔诸大亚,[illegible]讼罚,取赞五寽,锡汝夷臣十家,用事。"扬𣪕铭云:"锡汝赤[illegible]市䜌旂。[illegible]讼,取赞五寽。"讼罚之上冠以[illegible]字,足为陈氏释讯之佐证。古允、讯二字声近字通,故嘫字从口从系允声。《礼记·王制》"出征执有罪,反释奠于学,以讯馘告",郑康成注:"讯馘,所生获断耳者。"

[illegible]。(王易兮甲马四匹,驹车。王令甲政嗣成周四方责,至于南淮夷。)

易读为赐,责读为委积之积。《诗·大雅·公刘》"乃积乃仓",《周颂·载芟》:"载获济济,有实其积。"《周礼·掌客》"上公五积,皆视飧牵",郑康成注:"上公飧五牢,米二十车,禾三十车,侯伯四牢,米、禾皆二十车,子男三牢,米十车,禾二十车,刍薪皆倍。"《左·僖三十三年传》弦高犒秦师云:"居则具一日之积。"是积指飧牵米禾而言。《汉书·刑法志》“刖者使守囿，完者使守积。”《孟子·万章下》“孔子尝为委吏矣”，赵岐注：“委吏主委积仓庾之吏也。”然则“王令甲政司成周四方积”，犹颂鼎云“令女官司成周贮。”盖主委积仓庾之职也。

二二[illegible]。（淮夷（上文重文）旧我𧶠、畮、人，毋敢不出其𧶠、其赍、其进、及其贮。）

𧶠字亦见师寰父毁，考古家都无确释。今按益公毁有𧷚字，从贝从帛，以声类增省例之，𧷚𧶠当即一字。帛从白得声，故古籍多假白为帛。《诗·六月》“白旆央央”，《尔雅·释天》孙炎注引作“帛旆英英”。《左氏·隐二年传》“纪子帛莒子盟于密”，《公羊》《谷梁》皆作“伯”。又《左氏·定四年传》“分康叔以大路少帛”，王引之曰：“案少帛盖即小白。”《逸周书·克殷解》“县诸小白”，孔晁注：“小白，旗名。”《礼记·玉藻》“大帛不绥”，郑康成注：“帛当为白。”子思之子名白，《汉书·孔光传》作帛。并帛、白通假之证。然𧶠、𧷚二字均许书所无，以意求之，当即帛之古文。𧷚字以贝为义，以帛为声，形义重复字也。𧶠字以贝为义，以白为声，形义互易字也。盖古者“货贝而宝龟”，以咸水贝为原始交易媒介，其后布帛之需要增加，可以与其它商品互相较量，在观念上完成其价值尺度作用。《韩非子·内储说上》引《管子》曰：“布帛尽则无以为币”，是布帛之币也；《吕览·制乐篇》“币帛以礼豪士”，高诱注：“币，圭璧”，是圭璧之币也；古金文载国君赏功臣，每以贝几朋，或金几钧，是金贝之币也；可知篆文从巾白声者，总布帛之币言之，此器铭文易从巾为从贝者，则总圭璧贝货之币言之。释玄应《一切经音义·十四》币古文作赘，夏英公《古文四声》引茅君传币作赘。（十四祭）是知贝、巾二字，古人自有互易之例。今以此例求之，古金文贸鼎有贫字，从贝，父声，亦许字所无。以意定之，当为布之异文，布之作贫，犹帛之作𧶠也。贸之言布，犹《诗》之“抱布贸丝”也。又按许君《贝部》賨字注：“南蛮赋也。从贝。宗声。”应劭《风俗通》云：“盘瓠之后，输布一匹二丈，是为賨布。”《后汉书·南蛮西南夷传》并同应劭说。賨为布名，字亦从贝，然则𧶠之为帛，以字例言，且坚确不可易矣。我国幅员广大，又为多民族之国家，到西周初年尚未有统一货币出现。《左传·襄公十四年》戎子驹支对范宣子曰:“我诸戎饮食衣服,不与华同,贽币不通,言语不达。”驹支虽未明言彼族(姜戎)之贽币,究系何物,但由此可知春秋时代,各族货币不统一自是事实。

“淮夷旧我帛、晦、人”,与师寰𣪘“淮夷繇我帛、晦、臣”,文例略同。旧、繇同声通假,人、臣义近,“繇我帛晦臣”,谓淮夷应职贡我周,币赋、田晦籍与人役三者。《管子·山国轨篇》“今四壤之数,君皆善官而守之,则籍于财物,不籍于人晦。”又曰:“女贡织帛,苟合于国奉者,皆置而券之。”可见布缕、粟米、力役之征由来已久。及字旧释乃,或释人,今谛审拓本尚有磨泐痕迹,应释为及。三体石经《无逸篇》“中宗及高宗”“及祖甲”,及字都同此形。进当读为琎,亦通为賮。《广韵·二十一震》賮、琎又“财物也”,“会礼也”。《史记·吕不韦传》“车乘进用不饶”,《索隐》云:“下文又云以五百金为进,宜依小颜读为賮。”《汉书·陈遵传》,陈遵与宣帝博,“数负进。”又《高祖本纪》“萧何为主吏主进”,《集解》“主赋敛礼进为帅”,《索隐》郑氏云:“主赋敛礼钱也”,颜师古云:“进者,会礼之财,字本作賮,声转进。”賮之别体作赆。《孟子·公孙丑》“行者必以赆”,赵岐注:“赆,送行者赠贿之礼也。”《论衡·刺孟》引作賮。

淮夷为东海滨之一强大部族,自山东沿海南下,至淮水西向,而达江汉流域。《左传·昭元年》“周有徐奄”,贾逵、杜预并云:“徐即淮夷。”徐在淮而淮夷尤大,故举共国则曰徐,举其地则曰淮夷,徐在东,故《毛诗》谓之“东国”,又谓之“东夷”。武王灭殷,惟淮夷长期反抗,最为周室大患。《史记·周本纪》“成王既迁殷遗民……召公为保,周公为师,东伐淮夷,践奄,迁其君薄姑。成王自奄归,在宗周,作《多方》。既绌殷命,袭淮夷,归在丰,作《周官》……成王既伐东夷,息慎来贺,王赐荣伯,作《贿息慎之命》。”又《鲁周公世家》:“管蔡武庚等果率淮夷而反。周公乃奉成王命,兴师东伐……宁淮夷东土,二年而毕定。”皆记成王之世,对淮夷之征伐,盖据《书·费誓》与《诗·鲁颂》之辞为说也。皇甫谧《帝王世纪》记:“成王既营都洛邑,复居丰镐,淮夷及徐戎奄又叛,王乃大蒐岐阳,东伐淮夷。”是成王之世,淮夷反叛不止一次。《后汉书·东夷传》:“厉王无道,淮夷入寇,王命虢仲征之,不克。”金文虢中盨盖铭文“虢中以王南征,伐南淮夷,在成周作旅盨,反十有二”。或即厉王时事。又有师寰𣪘:“淮夷繇我貟、晦、臣,今敢博厥众叚(遐)反工事,弗速东鄙(国),今余肇命汝,率齐师曩莱䕻檠[illegible],左右虎臣,征淮夷。”曾伯黎簠“克狄淮夷”,中信父鼎、师雒父鼎记“伐淮夷”,虽不知发生于何时,要亦西周征伐大事。

淮夷一族散居之地域,即今黑陶文化遗址所发现者,黑陶文化与小屯文化之继承关系,已为考古学者发掘证明。然则淮夷族为殷族之近支,殆洞若观火。徐中舒教授《从古书中推测殷周之民族》,说“殷之始祖母简狄为有戎氏女,曰狄曰戎,都是周人呼异民族的名称。周人也常称殷人为夷人,如《左传·昭二十四年》引《太誓》说:‘纣有亿兆夷人,离心离德’。夷人,殷人也。《逸周书·明堂篇》云:‘周公相武王以伐纣夷定天下。’纣夷连文,亦谓殷人为夷也。《墨子·非命上》引《佚书·太誓篇》‘纣夷处不肯事上帝鬼神’,《非命下》引作‘纣夷之居,而不肯事上帝’,《天志中》引作‘纣越厥夷居,而不肯事上帝’。此引同一书,而其文不同如此,盖昔人罕见纣夷连文,因转写误谬,遂失其读。《逸周书·祭公篇》云‘用夷居之大商之众’,‘夷居大商’与《泰誓》之称纣夷居义同。此皆谓殷人为夷人也。二曰:由周人称殷为戎证之,《逸周书·商誓篇》:‘命予小子,肆我殷戎,亦辨百度。’《书·康诰》‘殪戎殷’。《逸周书·世俘解》‘谒戎殷于牧野’。戎殷犹殷戎也。亦称戎商,《周语》单襄公曰:‘吾闻之《太誓》之故曰:朕梦协朕卜,袭于休祥,戎商是克。’此皆谓殷人为戎也。再由周畿内商遗民称夷者证之,《书·序》曰:‘成周既成,迁殷顽民’,《逸周书·作雒篇》云:‘俘殷献民,迁于九毕。’孔晁注:‘九毕,成周之地。’《左传·庄十六年》‘初晋武公伐夷,执夷诡诸’,杜预曰‘夷诡诸,周大夫,夷,采地名’。诡诸为大夫,夷地必在畿内。金文师酉𣪘有西门夷、熊夷、秦夷、京夷、畁夷,皆处畿内之地,足见诸夷皆殷之遗民。”淮夷徐戎,盖亦类此。

周族入主中原之后,对于被征服各族,以强制纳贡的形式,进行剥削。仲尼说:“昔武王克商,通道于九夷百蛮,使各以其方贿来贡,使无忘职业。”(《国语 · 鲁语下》)祭公谋父说:“今自大毕伯士之终也,犬戎氏以其职来王。”(《国语 · 周语上》)管仲责楚“尔贡包茅不入,王祭不共(供),无以缩酒,寡人是征”。(《左传 · 僖四年》)卫子鱼说:武王克商分鲁公(伯禽)以殷民六族,“使之职事于鲁”。分康叔殷民七族,“封畛土略,自武父以南,及圃田之北竟,取于有阎之土,以共王职”。职,贡献也。杜预解为“共鲁公之职事”,非也。《史记 · 刘敬传》:“成王即位,周公之属傅相焉,廼营成周洛邑,以此为天下之中也,诸侯四方纳贡职,道里均矣。…… 八夷大国之民,莫不宾服,致其贡职。”皆言贡职为周族对别族人民之剥削形式。其具体办法,分别为:“邦内甸服,邦外侯服,卫侯宾服,夷蛮要服,戎狄荒服。甸服者祭,侯服者祀,宾服者享,要服者贡,荒服者王。日祭、月祀、时享、岁贡、终王。……有不祭则修意,有不礼则修言,有不享则修文,有不贡则修名,有不王则修德。序成而有不至则修刑。于是乎有刑不祭、伐不祀、征不享、让不贡、告不王。于是乎有威让之令,有文告之辞。”(《国语 · 周语》)

淮夷为散处东海滨之部族,《禹贡》职贡“蠙珠洎鱼”者也。今殷虚遗物发现咸水贝、龟甲、象牙、铜锡等物甚多,学者不识从何处输入。《鲁颂 · 泮水》云:“憬彼淮夷,来献其琛,(进)元龟象齿,大赂南金。”由周代贡物观之,始知殷虚遗物皆来自淮夷地域。此铭云:“毋敢不出其帛、其积、其进(琛)、及其贮。”中信父鼎记伐淮夷而俘金事,足见淮夷被周族征服之后,不得不隐忍屈辱,被迫入贡。《鲁颂》谓其自动来献,盖诗人饰虚辞,耀周德以贻后耳。眉敖𣪘“戎献金于子牙父百车,而锡鲁眉敖金十钧”,益公𣪘“王令益公征眉敖。益公至吿。一月,眉敖至坙献贵”,亦言被征服后而始来献。成康以后,剥削愈重,部族之矛盾亦愈甚。穆王西征犬戎,“荒服者不至”。宣王即位,北逐玁狁,南征荆蛮,史家称其建中兴之业。《江汉》《常武》之诗,更歌颂经略淮浦之功。究之武力压迫,不但不能解决部族矛盾,且造成“丧南国之师”,“败绩姜氏之戎”之后果。至幽王时,“四夷交侵”,“蹙国千里”,周之国运,自此益微。

[illegible](毋敢不即次,即市;敢不用

命,则即刑扑伐。)

餗,《说文》所无。罗振玉释餗,从𠂤,朿声,师所止也。后世假次字为之。,孙诒让释市。《史记·越王勾践世家》:“卑辞礼以遗之,不许,而身与之市。”似市之字义乃被征服者为征服者贾货易利之义务,孙释近是。宗周钟云“戮伐乃都”,虢季子白盘云“博伐厰執”,此作屭伐并声同义通。

(其隹我诸侯百姓,厥贮毋不即市,毋敢或入闌宄贮,则亦刑。)

孙诒让释䜌为闌,释安为宄,皆声近字通。按《说文》:“闌,妄入宫掖也。读若阑。”贾谊《新书·等齐篇》:“天子宫门曰司马,阑入者城旦;诸侯宫门曰司马,阑入者为城旦;殿门俱为殿门,阑入之罪亦弃市。”此云“毋敢或入䜌安贮”,犹《书·费誓》云“无敢寇攘踰垣墙,窃马牛,诱臣妾,汝则有常刑”也。

(兮伯吉父作盘,其眉寿万年无疆,子子孙孙永宝用。)

吉父之名见于《小雅·六月》之诗。此器作于宣王五年,伐玁狁平淮夷之后,必为一人之事无疑。

《方言》“东齐谓老曰眉”,《诗》“以介眉寿”即其义也。

【《华东师范大学学报》,1955 年第 1 期】

墙盘铭文通释

一九七六年十二月十五日，陕西省扶风县法门公社庄白大队，发现了一个西周时代的青铜器窖藏。其中有“墙盘”一器，铭文多达二百八十四字，为晚近考古工作者又一次重大收获。

盘铭不同于常见的青铜器铭文公式：一、不记作器者的年月日期，二、不载觐见国王的礼仪形式，三、不记国王给作器者什么物质赏赐，却顺序地褒美了文、武、成、康、昭、穆以至作者身事的当朝天子——共王。这在我国文献资料中，除了《史记》等书外，还没有其它新的发现。

盘铭用二十四个字扼要地赞扬了文王的发祥，接着又以二十一个字赞扬武王征服近邻部落，终于取代了统治中原将近五个世纪的“大邑商”。仿佛有点类似于努尔哈赤仅以十三副遗甲的家当统一满洲，到福临终取代大明政权的业绩。这在当时的生产力水平局限下，只能用一句极其贫乏的宗教语言，说成是“天人感应”。至于文王武王何以能征服近邻，又如何集结其它势力瓦解商的统治，都有待我们进一步去研究、去解答。

《左传·昭公二十六年》：“王子朝使告于诸侯曰：昔武王克殷，成王靖四方，康王息民，并建母弟以蕃屏周，亦曰吾无专享文武之功。”但是《史记·周本纪》说：“懿王之时，王室遂衰，诗人作刺。”王子朝也说：“至于夷王，王衍于厥身，诸侯莫不并走其望，以祈王身。至于厉王，王心戾虐，万民弗忍，居王于彘。”这和穆王以前的政治形势形成了明显的对照。盘铭的作者，除了歌颂褒美七个国王之外，也简单的自序其烈祖在武王克殷之后，宾服于周，在周原的近处获得了经济利益和政治待遇。中间经过了乙祖、亚祖、文考，继继绳绳直至于墙，对其宗支在政治上与周天子的支干关系，与经济上依存一体的利益，呈露出颇为满意的气氛。说明作者所处的时代和西周王朝的政局稳定，有着不可分割的关系。从而可以肯定，盘铭的作者，不能晚于共王的中早期。盘铭作者当时的经济基础究竟是奴隶制还是封建领主制？还有待于历史工作者进一步探讨。

经今古文学的争讼，是我国过去政治派别斗争反映在学术史上的一桩公案。他们的严重分歧之一是如何看待孔孟：孔孟是“创作”者呢？还是“祖述”者？今文学家把孔子神化为制礼作乐的天生圣人，所有勾划的土地制度、政治制度、宗法制度完全是出乎圣灵，也就是凭空臆造出来的，不必追究事实。这种观点发展到了近代，改良主义分子康有为又创“孔子托古改制”说，“改制”是目的，“托古”只是从圣人那里寻找一些理论根据罢了。古文学家则持“祖述”论，认为孔孟之徒所称述的“祖述尧舜，宪章文武”，“删诗书”，“订礼乐”，“因鲁史而成春秋”，“述而不作”，“信而好古”，仿佛是把自己规范成一个忠守于历史文献的历史工作者。谁是谁非呢？一直没有很好地解决。

盘铭作者早在孔丘出生之前三百多年，即已提出了天人感应的宗教观点，支持家长制统治的孝友观点，以及经济生活中的农穑观点，可以从此推断出阶级社会到了西周，作为维护统治阶级利益的上层建筑——典章制度，不得不顺应历史的需要，创制出来，作为维护统治阶级利益的政府工作者、教育工作者，难道还能敢于无视当时的规定，自行其是吗？这些规定在盘铭中已经有所反映，“使墙夙夜不坠”。

盘铭文奇辞古，对于形声通假之学不兼采借助，竟不大容易句断。洪家义先生首先作了考释（《南京大学学报》1978 年 1 期），唐兰、裘锡圭、李中操（《文物》1978 年 3 期）、徐中舒、李学勤（《考古学报》1978 年 2 期）

诸先生又先后发表了自己的高见，取得了一定的成绩。但是有待商榷的地方，也未始没有。家祥不事笔砚已二十年，特别是林彪、“四人帮”文化专制主义恐怖下，不但没有发表作品的权利，“黄叶飞来怕打头”，也没有拿起笔杆的勇气。所幸垂暮之年，还能及见英明领袖华主席为首的党中央，一举粉碎了“四人帮”篡党夺权的阴谋，挽救了党，挽救了国家，挽救了民族文化，把各族人民特别是知识分子从苦难中拯救出来，怎不令人迸发出由衷的感激。

“谗人高张，贤士无名”的烟瘴，已经一去不复返了，在我国科技文化领域的一片春光里，我也忘记了自己的谫陋，敢于鼓其余勇，参加百家争鸣的行列。“贤者识其大者，不贤者识其小者”，我只能以不贤识小的咨格，希望校内外、海内外专家学者，不吝赐教，纠正一字半字之谬，皆吾师也。我将竭诚欢迎，虚心接受，誓以有生之年，在新的长征路上，紧跟到底。

一九七八年五月

盘铭全文

曰:古(故)文王初𢿚(戾)和于政,上帝降懿德大甹(由),匍(抚)有上下,迨(会)受万邦。蒟(拘)圉武王,遹征四方,达(挞)殷晄(畯)民,永不玑(恐)狄(惕),虘长伐夷童(僮)。害(宪)圣成王,左右毅(绶)𢿱(禬)刚鲧(果),用肇(挑)㪤(撤)周邦。□𢡈(哲)康王,兮(遂)尹啇(亿)彊(疆)。弦(宏)鲁邵(昭)王,广能楚荆(荆),佳寏(完)南行。祇覭(覭)穆王,井(型)帅(率)宇诲(谋),𩰭(重)宁天子,𡇂(骆)屖缵文武长刺(烈)天子亹(靡)无(膴),匄寒(扞)邛(丁)上下,亟(斤)獄亘(桓)慕,昊照亡(无)罡(斁)。上帝司□□;保受天子绾令,厚福丰年,方䜌(蛮)亡(无)不㛇(媟)见。

青(靖)幽高祖,在微霝处。雩武王既𢦏(裁)殷,微史(使)刺(烈)祖迺(乃)来见武王,武王则令周公舍寓(宇)于周卑处。甬(勇)叀(惠)乙祖,逨(绩)匹氒(厥)辟,远猷复心。子𠩺(倬)、啖(炎)、明。亚祖祖辛,𢿺(娠)屖(毓)子孙,繇猶(眉)多孷厘,㯔(齐)角𤎗(炽)光,义(宜)其禋(禋)祀。甫犀(夷)文考乙公𢕄(遽)𧼑(丧),得屯无谏,農(农)啬(穑)戊(茂)𥝷(啬)。隹辟孝舂(友),史(使)墙𣦼(夙)夜不豙(坠)。其日蔑历,墙弗敢有(沮),对扬天子不(丕)显休令,用乍宝尊彝。刺(烈)祖、文考弋(翼),寶(实)受墙尔䰙福,褱(怀)猶(眉)录黄耇弥生,宠事氒辟,其万年永宝用。

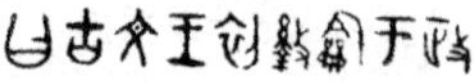

曰古(故)文王初𢿢(戾,定也)⿰龠力(乐)于政(正,治也)

曰,发语词。《书·尧典》:“曰,若稽古。”《文选》李善注引作粤。粤、曰声同义通。《尔雅·释诂》“粤,曰也。”古同故。三体石经《君奭》:“故一人有事于四方”,古文以故为古。大盂鼎“古天翼临子”,亦以古为故。古,昔也。“𢿢⿰龠力于政”,宋时出土之师訇毁作“盭勵雩政”,(薛尚功《历代钟鼎彝器款识法帖》卷十四。)⿸疒兵钟(丙组)𢿢作盭,盭、𢿢同字。《说文》:“盭,弼戾也,从弦省,从盩声,读若戾。”《玉篇·二七〇》𢿢别音力综切,误。戾有正反两义。《汉书·董仲舒传》:“上下不和,则阴阳缪盭,而妖孽生矣。”颜师古注:“盭,古戾字。”《荀子·荣辱》“猛贪而戾”,《小雅·节南山》“降此大戾”,义皆为“乖背”,为“违”,此反义也。《小雅·雨无正》:“宗周既灭,靡所止戾”,《大雅·桑柔》“民之未戾,职盗为寇”,《书·康诰》“今惟民未静,未戾厥心”,义皆为定。定之与乖,亦犹乱之训治,臭之训香。龠释乐。政同正。《小雅·节南山》:“不自为政,卒劳百姓”,《礼记·缁衣》政作正。正,治也。铭文首言“文王初戾乐于正”,继言“上帝降懿德……”,为统治阶级麻痹人民之宗教语言,亦犹大盂鼎“丕显文王受天有大命”,汉人董仲舒“天人感应”所论略,足以尽其旨要。

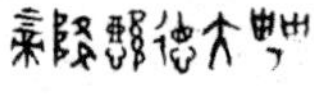

上帝降懿(美也)德大由(道也)

上帝二字连文,金文屡见,甲骨文亦已出现。《说文》:“降,下也。”《书·酒诰》“惟天降命”,《多士》“天大降显命于成汤”,降都含付以天命之义。彼云“天”降,此云“上帝降”,其义一也。懿从欯从心。曩中壶“匄三寿懿德万年”,师𩛥鼎“先祖孙子嗣皇懿德”,单伯钟“肇帅(率)井(刑)朕皇考懿德”,即《大雅·蒸民》《周颂·时迈》之“懿德”。《诗传》:“懿,美也”。《左传·昭公十年》:“让之谓懿德。”

第六字从“丂”从二“由”,见宋时出土聘钟,又见番生毁、班毁。毛公鼎作□,从可。薛尚功释聘(《历代钟鼎彝器款识法帖》卷六),徐同柏释甹,读丼(《从古堂款识学》卷十六)。吴大澂(《窓斋集古录》四册)、刘心源(《奇觚室吉金文述》卷二)从之。孙诒让初释誇(《古籀拾遗》下),后又云"誇字无义",改释甹,读若亭,言定朕位也(《述林》卷七)。郭沫若云:"仍当以释誇为是,乃假为屏。《左传·哀公十六年》'闵天不弔,不慭遗一老,俾屏予一人以在位',句法与此相近。"(《两周金文辞大系图录考释》22页)

按以上诸说都未确切,此盖当时所见不广,材料限于"□王位""□朕位"两句之故。徐同柏所以取信于人,因甹字从两由,亦犹渔之古文作瀊;星之古文作曐;败之古文作敗。《说文》以小篆为主,《仓颉》《爰历》《博学》皆取诸《史籀》大篆,或颇省改,而后公诸于世。小篆变两由为一由,殆亦省改之一例耳。

窃疑□即甹字。《说文》"甹,木生条也。从马。由声。《商书》曰:'若颠木之有甹枿。'古文言由枿。"徐锴曰:"《说文》无由字。今《尚书》只作'由枿',盖古文省马,而后人因省之,通用为因由等字。"(徐铉《说文注》引)遍查卜辞金文,未见马字。《说文·马部》之圅字,训"舌也"。金文卜辞作□,象倒矢在函中,藏矢所用者为圅,□象函形,□其缄处,且所以持也(略本王国维《不娶段盖铭考释》),既不象舌,亦不从马。再看甬字,《说文》:"草木华甬甬然也,从马。用声。"金文作□,上象钟悬,下象钟体,中二横划象钟带(本杨树达《积微居金文说》),既不象草木华,亦不从马。《玉篇·一七九》甹"弋周切",《唐韵》以州切。《玉篇·九四》甹"普经切",《唐韵》普丁切。两者都从由,未始不可读甹。丂、由同隶幽部。

毛公鼎"□朕位",变从丂为从可,多父盘"眉寿可使",可作丂(本强运开《说文古籀三补》),于字仍当读由。《方言·六》:"由,辅也。"《广雅·释诂》:"助也。""由王位""由朕位",言辅助我之统治地位。由字又可训道。《书·康诰》"乃由裕民","由裕"亦作"猷裕"(《书·君奭》:"告君乃猷裕。")。《方言》:"猷、裕,皆道也。东齐曰裕,或曰猷,故分言曰猷,曰裕,合言曰猷裕,皆道也。"《礼记·礼器》"匪革其犹",郑玄注:"犹,道也。”由、犹声同义通。《左传·庄公十四年》“由有妖乎”，孔颖达《正义》：“古者由、犹二字义得通用。”《荀子·富国》“犹将不足以勉也”，杨倞注：“由与犹同。”《孟子·公孙丑上》“欲齐王，由反手也”，《离娄下》“我由未免为乡人也”，孙奭《音义》引丁音：“由当为犹。”《礼记·聘义》“天下莫不贵者，道也”，郑玄注：“道者，人无不由之。”由义为道，故仲尼弟子仲由字子路。《孟子·万章下》：“惟君子能由是路。”

按，懿德大甹乃降字下之两个平列名词短语，且系具有特定内容之政治术语。屏风、屏障都与懿德不协，释井，释粤，亦觉牵强。

犹、猷古本一字，形声换位，变为两字。《文选·褚渊碑文》“德猷靡嗣”，李善注：“令德徽猷也。”《文选·幽通赋》“汉先圣人之大猷兮”，曹注：“猷，道也。”《小雅·小旻》“匪先民是程，匪大犹是经”，又《小雅·巧言》“秩秩大猷，圣人莫之”，《毛传》都训大猷为大道。“秩秩大猷”，即《洪范》：“王道荡荡。”道、猷同义，秩、荡声同。“上帝降懿德大猷”，亦犹《书·君奭》：“天不庸释于文王受命”，《书·文侯之命》：“惟时上帝集厥命于文王。”

又部⿱甹⿰兄女盘（旧名宗妇盘）⿱甹⿰兄女字从女从兄从甹。甹、甹同字，吴大澂释嫂（《愙斋集古录》十四册），强运开释娉（《说文古籀三补》卷十二），皆不可信。窃疑⿱甹⿰兄女从甹得声，当释妯。《尔雅·释亲》：“男子先生为兄”，《汉书·郊祀志上》：“长陵女子以乳死，见神于先后宛若。”颜师古曰：“古谓之娣姒，今关中俗呼为先后，吴越俗呼之为妯娌。”从女从兄，会合两文以见意，妯之涵义，盖尽于此。从甹，盖声符也。

匍（抚）有上下

师克盨“膺受大命，匍有四方”，秦公𣪘“高弘有慶，匍又（有）四方”，大盂鼎“匍有四方，畯正氒（厥）民”，《书·金縢》“敷佑四方”。前人读匍为溥，训大。翁祖庚谓借匍为抚，古音无、甫同部。（《攈古录》三之三36页）杨树达从其说，并云：“《左传·襄公十三年》‘赫赫楚国，而君临之，抚有蛮夷，奄征四海，以属诸夏’。又《昭公三年》云‘君若惠顾敝邑，抚有晋国，赐之内主’。抚与有义同，故二文连用；甫与抚古音同，故二器皆假甫为抚矣。”（《积微居金文说》62页）按抚字典籍常见，《左传·僖公二十四年》“大上以德抚民”，《周礼·秋官大行人》“王之所以抚邦国诸侯者”，《礼记·文王世子》引“武王曰：西方有九国焉，君王其抚诸！”郑注：“抚，犹有也。”抚、甫音义并同，翁说得之。佑，古止作右。《仪礼》郑注：古文右作佑。《公羊传·宣公十五年》“中国不救，夷狄不有”，即不右也。又为右手，有从又声，故有、右、又都可通假。

上下泛言君臣、尊卑、天地，金文多指天地。番生𣪘“丕显皇祖考，穆穆克哲，严在上，广启氒（厥）孙子于下”，《书·般庚中》“女（汝）何生在上”，《西伯戡黎》“我生不有命在天”，“在上”亦谓“在天”也。《易·系辞下传》“上下无常”，虞翻注：“入地为下。”

佮（会）受万邦

瘐钟（丙组）迨作[illegible]，[illegible]字亦见禹鼎。俎子鼎“王命俎子迨西方于省”。保卣“遘于四方，迨王大祀，祋于周”。《说文》：“迨，遝也。”《唐韵》侯閤切，《玉篇·一二七》音胡答切，是皆读迨为合，大误。按三体石经《文公》“敖会晋侯于戚”，古文以佮为会。《说文》会古文作佮。按古彳、辵每每通用：返可写作彶，後可写作逡，復可写作退。是迨之为佮，亦即会之古文，信矣。《周礼·春官大宗伯》：“时见曰会。”《大雅·江汉》“矢其文德，洽此四国”，孔颖达以洽为“和洽”，盖不知洽为佮之字误。

万邦指众多部落。晋邦盦：“督燮万邦。”《书·尧典》：“协和万邦”，《史记·五帝本纪》改万邦为万国，邦、国义同。

絇圉武王

第一字徐中舒释䋄，李学勤释緼，于形不类。按字从索从句，索、糸古通用，《玉篇·四三一》綷或作䌛，络亦作䋾，是其证。郑玄注《仪礼·士冠礼》：“绚之言拘也。”《诅楚文》“拘圉其叔父”，字正作拘。拘声同强。

《离骚》“浇身被强圉兮”，王逸注：“强圉，多力也。”亦作强禦，《大雅·荡》：“咨汝殷商，曾是强禦。”《左传·昭公元年》：“且夫以千乘去其国，强禦已甚。”禦又通御。《左传·昭公十二年》吾军帅“强禦”。强圉，古成语，或作敦圉。《汉书·扬雄传》“白虎敦圉虖昆仑”，颜师古注：“敦圉，盛怒也。”《吕氏春秋·首时篇》：“武王不忘王门之辱，立十二年，而成甲子之事。”《孟子·梁惠王下》：“一人（指殷纣）衡行于天下，武王耻之，此武王之勇也，而武王亦一怒，而安天下之民。”㔴圉，谓武王之盛怒也。

遹（唯也）征四方

遹，发语词，用在句首，并与唯同。《大雅·文王有声》“文王有声，遹骏有声，遹求厥宁，遹观厥成”，又曰“匪棘其欲，遹追来孝”，义皆为唯。同声通假亦写作越。《书·大诰》“越尔庶士御事”“越予小子考翼”，义亦为唯。用在句中，可作及解。大盂鼎“雩我其遹省先王，受民受疆土”，宗周钟“王肇遹省文武堇（勤）疆土”，遹犹及也。

古方、旁同字。旁从凡声，声符附加字也。《书·尧典》“共工方鸠孱功”，《史记·五帝本纪》作“旁聚布功”。《召诰》：“乌呼！天亦哀于四方民。”四方者，四旁也。

《逸周书·世俘解》：“武王克殷后，遂征四方，凡憝国九十有九国。”《孟子·滕文公下》：“周公相武王诛纣伐奄，三年讨其君，驱飞廉于海隅而戮之，灭国五十，驱虎豹犀象而远之，天下大悦。”《史记·周本纪》但言武王即位，九年，东观兵至于盟津，十一年，伐纣陈师牧野，革殷，受天明命，不言出征四方。此岂司马迁所谓“书缺有间矣”，抑或对百家轶闻采取保留态度？今获此盘铭，可以补其缺略。

达（挞）殷畯民

达通挞。《书·顾命》“昔君，文王武王，宣重光，奠丽陈教，则肄肄不违，用克达殷，集大命”，达殷当读挞殷。《商颂·殷武》“挞彼殷武，奋伐荆楚”，《释文》引《韩诗》：“挞，达也。”《礼记·文王世子》“成王有过，则挞伯禽,所以成世子之道也”,郑玄注:“挞,击也。”

《说文》夋“从夊从允声”,故畯得假为畯。畯、俊字同。《史记·宋微子世家》“畯民用章”,《书·洪范》畯作俊。《书·多士》“俊民甸四方”,郑玄注:“民无知之称。”民、臣同义。《礼记·少仪》“臣则左之”,郑玄注:“臣,谓囚俘。”故颂毁、颂壶、追毁“畯民”作“畯臣”。

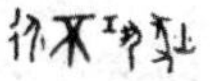

永不巩(恐)狄(惕)

第一字应释永。𦳊肇家鬲“其永子孙宝”永作,宅毁“永保”之永作,录毁作,并与此同。毛公鼎“永巩先王”,又曰“不巩先王配命”,徐同柏读巩为恐(《从古堂款识学》卷十六)。郭沫若释师嫠毁“巩告于王”,从徐说。(《两周金文辞大系图录考释》149页)今按徐说是也。狄当读惕。《说文》惕或以狄作愁。《国语·周语》“夫见乱而不惕,所残必多”,韦昭注:“惕惕然,恐惧也。”

徐中舒读至“狄虘”为句,谓即《国语·晋语》之“翟相”,非是。

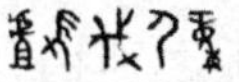

虘长伐夷童

虘,发语词。小臣謎毁“叡东夷大反”,录卣“叡淮夷敢伐内国”,《书·费誓》“徂兹淮夷徐戎并兴”,均以叡字发语。叡、徂同字,义亦同兹。释长。吴式芬释生毁为长生(《攈古录》二之二),可据。第四字读夷,《逸周书·明堂解》:“是以周公相武王以伐纣夷定天下。”第五字应释童。《说文》:“男有罪曰奴,奴曰童,女曰妾。从辛。重省声。”古从重之字,亦写从东。克鼎钟作,鲁遼钟作,公臣毁作,多以东为重。

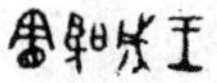

宪圣成王

井人钟“女(汝)害二圣越处”,害为宪之省,白宪盉、宪鼎多如此作。《周书·谥法解》“博闻多能曰宪”。字亦通显。《礼记·中庸》“宪宪令德”,《大雅·假乐》作“显显令德”。“聖,从耳呈声。”师望鼎圣人作

人,师趛父鼎"文考圣公文母圣姬",圣作[illegible],并与此近似。《孟子·尽心下》:"大而化之之谓圣。"宪圣成王,犹云睿圣成王也。

左右绥[illegible](襘)刚鲧(果)

左右指成王之近臣。《书·立政》"王左右常伯、常任、准人",是其例也。第三字即绥字,从素与从糸同。第四字从亼从米从口,即会字,读为襘。《说文》:"襘,带所结也。"此从攴不从衤,形符互易字也。绥襘,犹言缙绅也。

《周书·谥法解》:"猛以刚果曰威。""强毅果敢曰刚。"刚鲧"疑即刚果,声同字通。《史记·周本纪》:"成王少,周初定天下,周公恐诸侯畔周,公乃摄行政当国。"《周书·皇门解》:"惟正月庚午,周公格左闳门,会群臣。"左右绥襘刚果,殆即周公及其与会者。

用[illegible](垗)[illegible](搹)周邦

第二字从章肇省声,《说文》所无,以声类求之,殆即垗之别构;形符声符两易字也。散氏盘城作[illegible],邵钟堵作[illegible],三体石经垣作[illegible],是从土可以从章。《大雅·生民》"后稷肇祀",《礼记·表记》肇作兆;《汉书·礼乐志》"佻正嘉吉弘以昌",颜师古引如淳曰:"佻,读若肇。"是兆、肇声同字通。《说文》:"垗,畔也,为田畤界,祭其中。《周礼》曰:'垗五帝于四郊'。从土。兆声。"今本《周礼·春官小宗伯》垗作兆。《汉书·郊祀志》"兆五帝于南郊",颜师古曰:"兆,谓坛之营域也。"

第三字从又从鬲,甲骨文作[illegible],从丑。孙海波(《甲骨文编》卷三138页)释彻,唐兰释何尊[illegible]令为彻命。按驫羌钟作[illegible],从攴,古文又、攴两字或有混用。番生簋啓作[illegible],大盂鼎敏作[illegible],毛公鼎敃作[illegible],是其证。从攴亦可易为从手。《说文》扬古文作敭,播古文作[illegible],是[illegible]或[illegible]均可写作搹,形符变换字也。搹,《说文》:"把也。从手。鬲声。扼,或从戹。"《书·尧典》"肇十有二州"之肇,《书·酒诰》"肇国在西土"之肇,《商颂·

烈祖》"肈域彼四海"之肈，均有主持祭祀之意。《尔雅・释言》："兆，域也"。《广雅・释诂三》："搞，持也。"用肈搞周邦，犹《书・洛诰》："王肈称殷礼，祀于新邑。"

□悊(哲)康王

第一字奇古，过去未见。唐兰以其形似叔夷镈，释𣶒。徐中舒亦据释肃。按前代金文学家释𣶒为𣶒，始于吴大澂(《说文古籀补・附录》6页)，潘祖荫(《攀古楼彝器款识》二册7页)、方濬益(《缀遗斋彝器款识》卷二29页)从之。孙诒让释𣶒为肃，谓"肃肃，敬也，义法也。肃肃义正，言敬恭于法也"。(《古籀拾遗》卷上18页)。按《说文》，𣶒"从水，象形，左右岸也，中象水貌。古文作，从囗水"。不从水，与𣶒字不同，此一疑也。《说文》，肃"持事振敬也，从聿在𣶒上战战兢兢也"，乃会意非形声。𣶒古读喻母元韵，肃古读心母幽韵，假𣶒为肃，文献无征，此二疑也。徐引王孙钟"肃悊圣武"，旁征《小雅・小旻》《书・洪范》谓"肃哲"周人常用语。两说互校，徐说较详而已。，应释哲。大克鼎可证。

兮(遂)尹(治也)啻(亿)彊(疆)

第一字从八从。师望鼎"不兮不妻"，吴大澂释豙(《窸斋集古录》第五册7页)。按古文亥，亦豕之省文，吴说可通。此当读遂。古豙、遂通用，《玉篇・八七》燧同㷗，又同书《一五七》椓同檖，是其证。遂者，因上事生下事之辞，其义为继。尹，治也。毛公鼎"及兹卿事寮太史寮，于父即尹"，《左传・定公四年》"故周公相王室以尹天下"，两尹字皆当训治。《说文》啻"从言从中"，啻殷作，字当读亿，数词之极大者也。彊同疆，指领土主权。全句大意殆犹《周颂・执竞》"自彼成康，奄(当作造)有四方"，《小雅・北山》"溥天之下，莫非王土"。

弦(宏，大也)鲁(福也)昭王

弦、宏字同，《说文》误分为二。《书·康诰》“宏于天若德”，《荀子·富国》宏作弘。《尔雅·释诂》宏“大也”。叔氏钟“降余鲁多福无彊”，鲁，祝愿词，犹福也。宗周钟“𠬝子迺遣间来逆邵王”，邵王《史记·周本纪》作昭王。《周礼·小史》“奠世系，辨昭穆”，《释文》昭或作佋。弦鲁邵王，犹云洪福昭王也。

广能楚荆

第一字从广从荧，当释广。广、康旁纽双声，义得通假，《易·晋》“康侯”，《释文》引郑玄注：“康，广也。”《史记·屈原贾生列传》“而宝康瓠”，《索隐》引李巡曰：“康，谓大。”毛公鼎“康能四国”，齐侯镈钟“康能乃九事”，广能即康能也。

䏻当释能。棆妃𣪕“我不能不罛棆伯万年保”，能作。《说文》：“能，熊属，足似鹿。从肉。㠯声。”徐灏曰：“能，古熊字。《夏小正》曰：‘能罴则穴’，即熊罴也。罴，古文作㷴，从能，亦其证。假为贤能之能，后为借义所专，遂以火光之熊为兽名之能，而昧其本义矣。”（《说文段注笺》卷十）。按徐说是也。此从能，象四足形；从攴，示被鞭扑之意。古者谓相善为相能。《左传·昭公元年》“昔高辛氏有二子，伯曰阏伯，季曰实沉，居于旷林，不相能也，日寻干戈，以相征讨”，能，善也。《大雅·民劳》“柔远能迩”，言其安远而善近也。

荆楚为我国南方古老部落，商初有朝贡关系，后又中断。“高宗武丁奋扬威武，踰方城之隘，克其军率而俘虏其士众”（《商颂·殷武》郑笺）。武王伐纣，占有大邑商。成王平三监，征服淮夷、徐戎。昭王稳定政局，矛头指向南国。犾驭𣪕“犾驭从王南征，又有得，用作父戊宝障彝”，䢅𣪕“䢅从王伐荆，孚，用乍餴𣪕”，足证当年战争性质为掠夺，而其政治辞令则曰“广能”。《易·系辞上》“广大配天地”。

隹（为也）寏（完）南行

第二字史寏段作。吴大澂曰：“，古寏字，通院。”（《说文古籀补》七篇 6 页）按寏声读同完。隹寏南行，犹云完成南行也。唐兰读狩，非是。《初学记》卷七引《古本竹书纪年》：“昭王十六年伐楚荆，涉，遇大兕。”又十九年，“天大曀（日全蚀），雉兔皆震，丧六师于汉”。《吕氏春秋·音初》：“周昭王亲将征荆，辛余靡长且多力，为王右。还反涉汉，梁败，王及蔡公抎于汉中。辛余靡振王北济，又反振蔡公。”《史记·周本纪》：“昭王之时，王道微缺。昭王南巡狩不返，卒于江上。其卒不赴告，讳之也。”张守节《正义》引《帝王世纪》云：“昭王德衰，南征，济于汉，船人恶之，以胶船进王，王御船至中流，胶液船解，王及蔡公俱没于水中而崩。其右辛沈靡长臂且多力，沈振得王，周人讳之。”《左传·僖公四年》齐桓公伐楚，管仲责楚子“昭王南征而不复，寡君是问”。昭王确实死于南征，南进策略亦从此告终。所谓“为完南行”，盖文饰之辞，讳言其败也。

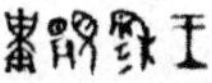

祗（敬也）䫀（显也）穆王

第一字见石鼓文《乍邍》、召伯虎段、蔡侯钟、郾侯库段诸器铭。魏三体石经《君奭》“祗若兹”，古文以为祗。强运开谓即甾缶之甾，象颠倒二，非祗之本字（《说文古籀三补》卷十二），郭沫若谓两缶相抵，……当即抵或底之本字（《文史论丛》300 页），唐兰释淄，强说近是。

第二字《说文》所无，但金文屡见。如㾓钟（戊组）“义文神无疆䫀福”，史颂段“日遅天子䫀命”，遣段“敢对天子䫀扬”，大克鼎“天子明哲，䫀孝于申”，虢季子白盘“孔䫀又光”等等。吴式芬释耿（《攈古录》三之一 56 页）。孙诒让释頵（《古籀拾遗》中 22 页）。按《玉篇·五二》覠，吉伦切，《集韵》俱伦切，训“大视也”。窃疑覠当释䫀。《说文》，䫀“外博众多视也。从见。员声。读若运”。《广韵》《集韵》䫀、䩵同字。《左传·文公元年春秋经》“冬十月，楚世子商臣弑其君頵”，《史记·楚世家》頵作恽。古音军、君、员三字同部，故声符变易，亦可以从员或从军。䫀义近显，徐同柏释为显（《从古堂款识学》卷六四〇页），非是。

井(善也)帅(率)宇(大也)诲(谋)

井读刑。《左传·襄公八年》“赏其德刑”,杜预注:“刑,善也。”井帅亦即帅刑。录伯𢦏毁“子=孙=其帅井受兹休”,虢叔旅钟“旅敢启帅井皇考威仪”,番生毁“番生不敢帅井皇祖考不杯元德”。《礼记·文王世子》“武王帅而行之”,郑玄注:“帅,循也。”宇,《尔雅·释诂》:“大也。”《说文》谋古文作𠰓,从口,母声;又作𧦝,从言。王孙钟“余义诲猷”,即《小雅·小旻》之“谋犹”。《史记·周本纪》:“(昭王)卒于江上,……立昭王子满,是为穆王。穆王即位,春秋已五十矣。”穆王由于昭王南征之败,转而向我国西北扩张。《古本竹书纪年》《穆天子传》等书言穆王西征犬戎,取其五王以东,王遂迁戎于太原。又北征,行流沙千里,积羽千里。但是矛盾从此加剧,“荒服不至”。井帅宇谋,犹《大雅·假乐》所谓“不愆不忘,率由旧章”。

𤔲(重,益也)宁(安也)天子

第一字金文屡见,字都作𤔲。师𤸫毁(《文物》64第一期)作𤔲与此同。款识学家或释缵,或释绍,孙诒让始从陈侯因資敦“邵练高祖”练作[illegible],确定为緟。(《述林》卷七毛公鼎释文)《说文》:緟“益也”。《玉篇·四二五》緟或作褈,今作重。《史记·周本纪》:“穆王闵文武之道缺,乃命伯冏申诫太仆国之政,作《冏命》。复宁。”《尔雅·释诂》:宁“安也”。重宁天子,犹《礼记·乐记》云“天下皆宁”,石鼓文《避水》云“天子永宁”。

𪄶(骆,续也)屖(缵,继也)文武长刺(烈)

第一字金文屡见:番生毁“𤔲𪄶大命”,叔向毁“用𤔲𪄶保我邦我家”,毛公鼎“𤔲𪄶大命”“𪄶殂夕敬念王畏(威)”。徐同柏释造(《从古堂款识学》卷十六周毛公鼎),吴大澂同意徐释(《窸斋集古录》四册毛公鼎)。孙诒让释圞,读为遯,假为循(《古籀余论》卷三叔向毁),郭沫若释皃(《金文从考》264 页毛公鼎)，杨树达释窸(《积微居金文说·毛公鼎跋》)，唐兰释匍，徐中舒读撰，均不可信。[illegible]从宀(古文从宀可易为囗)，貈声。《说文》：貈，"似狐善睡。从豸。舟声。"声符变换，则为各声。《玉篇·三八五》貈、貈、貉同，何各切，《广韵》《唐韵》下各切，音读合也。形符交换后亦写作鼦，亦犹貖之篆文作鼸，貂之俗体作鼦，物类近也。卫鼎(乙)云"商(赏)[illegible]裘雟亘矩(秬)卣"，[illegible]裘即貉裘。《论语·子罕》"与衣狐貉者立"，《释文》貉，本作貈，邢昺疏："狐貉，裘之贵者。"惟裘乃可言衣。《说文·鼠部》鼦，"鼠出胡地，皮可作裘。从鼠。各声"。《唐韵》下各切。义既相合，声读如一，[illegible]之为貉，昭然若揭，其他各说不攻自破。用在金文铭辞，应读为骆。骆义为续，俗书作络。《文选·南都赋》"男女姣服，骆驿缤纷"，《灵光殿赋》"纵横骆驿"，李善注："骆驿，连续。"

餍同饡，《玉篇·一二〇》子旦切。金文或作饌，从食，笲声。薛尚功《历代钟鼎彝器款识法帖》宰辟父敦"用䭆乃祖考事"，孙诒让云："其字从食，笲声，即饌字也。(《说文》馔之或体)饌，古又通纂。《祭统》孔悝鼎铭'纂乃祖服'，又云'纂乃考服'，郑注：'服，事也。'《左·襄十四年传》：'王使刘定公锡齐侯命曰："纂乃祖考"。'此铭文'饌乃祖考事'，犹孔悝鼎云'纂乃祖服''纂乃考服'，《左传》云'纂乃祖考'也。"(《古籀拾遗》卷上 25 页)按孙说至确。算、选声同，故饌亦得为馔。《书·般庚上》"世选尔劳"，俞樾《群经评议》："选当读为纂。"《齐风·猗嗟》"舞则选兮"，《韩诗》选作纂。《尔雅·释诂》纂，"继也"。选从巽声，纂从算声，既可通用，故巽声之馔与算声之饌，亦得通用。同声通假，字亦作缵。《礼记·中庸》"武王缵太王"，言继太王之帝业也。

第五字乃长字，稍有残泐。长子臣簠作[illegible]，广庶画戈作[illegible]，是其证。《尔雅·释诂》烈，"业也"。《书·洛诰》"以予小子扬文武烈"，《立政》"以觐文王之耿光，以扬武王之大烈"，实一义也。

[illegible]

天子釁(眉，通靡)无(同橅，大也)

天子指共王。《史记·周本纪》:“穆王立五十五年,崩,子共王繄扈立,一年灭密。”

唐兰、徐中舒、李学勤均读“天子眉无匄”为句,并谓眉下脱一寿字,训无匄为无害,即《鲁颂·閟宫》“万有千岁,眉寿无有害”。按《小雅·小旻》“民虽靡膴,或哲或谋,或肃或艾”,靡膴双声联绵字,亦作蘼芜,《楚辞·小司命》“秋兰兮蘼芜,罗生兮堂下”。亹无、蘼芜、蘪芜,字虽多变,其音则一,义犹繁芜,《玉篇·四二五》:“繁,多也,盛也。”其后用为蔓草畅茂之貌,又成为药草之专名。天子亹无,犹《礼记·曲礼下》“天子穆穆”。

[illegible]

匄□邘(丁)上下

宋时出土南宫中鼎“王在□睐”,周穆公鼎“至于历□”,王俅并释寒(《啸堂集古录》上第十页,又第十三页)。大克鼎“以女(汝)田于□山”,孙诒让释□为寒。(《述林》卷七 13 页)因此唐兰释□为寒,读为搴;释□为祁,假为示,谓“搴示与宣示同义”。徐中舒读□邘为搴提,谓“搴提上下”,即提拔上下各级大臣之意。窃疑寒可训扞,《释名·释天》:“寒,扞也。”“扞,格也。”邘,从邑,丁声,《玉篇·二〇》读徒苓切,乡名。在此无义。以声类求之,当假为丁。《大雅·云汉》“宁丁我躬”,《毛传》训“当也”。匄寒丁上下,犹云乞天地扞卫也。

[illegible]

亟(敬也)獄(斤,察也)逗(趄,桓)慕

《方言》:“自关而西,秦晋之间,凡相敬爱谓之亟。”□字从㹜从□。《说文》㹜,“两犬相啮也”。《唐韵》语斤切,在此当读为斤。《周颂·执竞》“斤斤其明”,《毛传》斤斤,“明察也”。□,史逗段作□。《说文》:“趄田易居也。从走。亘声。”古文从走,亦可作□。《说文》起或体作□,曾子簠趣作□,居簠迁作□,是其证。趄通桓,《周颂·桓》“桓桓武王”,《鲁颂·泮水》“桓桓于征”,《书·牧誓》“尚桓桓”,虢季子白盘作“趄趄子白”。陈侯因资敦“孝武趄公”，即《史记·齐世家》之齐桓公午。秦公𣪘“剌剌趄趄”，即《尔雅·释训》“桓桓烈烈，威也”。慕，思也。亟獄趄慕，言敬思威仪也。

昊照无睪(斁)

第一字似昦字，《说文》：“春为昦天。从日，夰亦声。”隶作昊，从天。书传训昦为大。《玉篇·三二三》照或体作炤。《小雅·正月》“潜虽伏矣，亦孔之炤”，《礼记·中庸》炤作昭。《大雅·抑》“昊天孔昭，我生靡乐”，郑笺训昭为“明察”。第四字从横目从矢，《玉篇》《广韵》眣同瞚。毛公鼎、师訇𣪘“肆皇天亡睪”，静彝“静学亡睪”，前代金文学家并释为斁。眣、斁声同字通。无斁，古之成语。《书·洛诰》“我惟无斁”，《周南·葛覃》“服之无斁”，《周颂·振鹭》“在此无斁”，《鲁颂·泮水》“徒御无斁”，古文或本作睪。斁、射声同，经传又作无射。《尔雅·释诂》射，“厌也”。《淮南子·天文训》“律中无射。无射，入无斁也”，斁又训败。昊昭亡睪，犹云明察无失也。

上帝司□□

第四字唐兰释夏，徐中舒释𪓐，李学勤释夒。

第五字唐兰、徐中舒并释尪，以尪保连读。裘锡圭释亢，李学勤释介，形俱不类，音义亦无确证。

保受天子绾(婠)令(命)

《书·召诰》“保受王威命明德”，《礼记·内则》“保受乃负之”，保，安也。受，成也。《礼记·文王世子》：“保也者，慎其身以辅翼之，而归诸道者也。”

𦃃释绾。宋时出土周伯硕父鼎“用旂匄百录眉寿，綰綽永令”(《啸堂集古录·上》9页)，绾作綰；周孟姜𣪘“寐繛眉寿”(《啸堂集古录·下》

55 页),缩作篠;蔡姞𣪘“用祈匃釁寿绰绾”,缩作;㾀钟(戊组)“匄永令绰绾,猶录屯鲁”,缩作。唐兰读绾为婠,训“好也”。令同命。绾命,犹《易・否》“有命无咎”也。

厚福丰年

释厚。戈厚𣪘作。㾀钟(甲组)“妥(绥)厚多福”,即《小雅・楚茨》“以绥后禄”。古厚、后通用。《释名・释言语》:“厚,后也,有终后也,故青徐人言厚如后也。”

《周颂・丰年》“丰年多黍多稌,亦有高廪”,郑玄笺:“丰年,大有年也。”

方蛮亡(无)不娥(婐)见

第二字当释蛮。梁伯戈“鬼方蛮”。

娥字,甲骨刻辞屡见。《说文》“读若踝”,《玉篇》《唐韵》“胡瓦切”。县妃𣪘“易(锡)女(汝)妇爵娥止弋周玉黄□”,麦尊“矦易(锡)诸娥臣二百家”,《礼记・丧服大记》“君即位于阼,小臣二人执戈立于前,二人立于后”,或即其义。娥象两手执戈形,又与臣连文,似应读婐。《说文》:“婐,妮也。一曰女侍曰婐。读若騧,或若委。从女。果声。孟轲曰:‘舜为天子,二女婐。’”

方蛮无不娥见,犹《左传・昭公二十六年》“君无违德,方国将至”。

青(靖)幽高祖

吴彝“用作青尹宝隮彝”,寓彝“用作幽君宝隮”,召伯虎𣪘“亦我考幽伯幽姜”,师兑钟“朕剌祖虢季宽公幽叔”。青或为靖,《独断・下》:“柔德好众曰靖。”幽有隐义。《荀子・致仕》“衡听显幽”,杨倞注:“显幽,谓使幽人明显不壅蔽也。”

才(在)敚霝(灵)处

洪家义云:“在,初看似甲字,细审实为在字。散盘、史颂段在字的写法,与此极似。”唐兰、裘锡圭、李中操、李学勤从之。按戊辰彝“在十月一,隹王廿祀,劦日”,在作十,洪说近是。

洪家义、徐中舒谓微为微子启封地。按殷代社会,继承制度兄终弟及,子弟皆为未来储君,殊无分封之必要,商亡之前,微子未闻有封国。唐兰谓微为古部落,“武王伐纣时曾率领庸、蜀、羌、髳、微、卢、彭、濮八族的人,成王立政也曾有微和卢的君长,微的地域未详”。按宋时出土周娟氏鼎“叀作敚伯娟氏□鼎”(《啸堂集古录・上》第十七页),散盘有“敚武父”“眉田戎敚父”之文,不知即其地否?微、眉二字古通。《仪礼・少牢馈食礼》“眉寿万年”,郑注:“古文眉为微。”《左传・庄公二十年》“筑郿”,《公羊》《谷梁》并作“筑微”。金文羌伯段“王命益公征眉敖”,散盘“奉于眉道”,至今亦未考定眉之地域所在。

霝处,似指高祖所居之神宫。《大雅・灵台》《毛传》谓“神之精明者称灵”。《汉书・扬雄传》“丽哉神圣,处于玄宫”,《释名・释咨容》处,“居也”。

雩武王既𢦏(裁,刑杀也)殷

雩,发语词。毛公鼎“雩四方殅(尸)母(毋)瞳(动)”,师訇段“雩四方民亡(无)不康静”,袮伯段“雩百诸婚媾”。《尔雅・释诂》雩,“于也”。

𢦏,《说文》“伤也”。此当读裁。《汉书・贾谊传》“跪而自裁”,颜师古注:“谓自刑杀也。”

敚史(使)剌(烈)且(祖)迺来见武王

唐兰谓微史是微国人,而曾任史官的。裘锡圭从其说,且谓史墙之名亦见师酉段。洪家义读史为使,作派遣解。信如唐说:“安静的隐居的高祖，在微国很好地居住”，其子烈祖又安能在微国“曾任史官”，更不能就此证明墙之家族是世袭史官。师酉𣪘“史[illegible]”是否即“史墙”，单词孤证，未可遽信。洪释为“使”于义较长。《礼记·杂记》“客使自下由路西”，郑玄注：“使，或为史。”

剌祖即烈祖。召伯虎𣪘“朕剌祖召公……”，师𠭰钟“朕剌祖虢季宄公幽叔……”，师訇𣪘“朕剌祖乙伯咸……”。《国语·晋语》“烈祖康叔”，韦昭注：烈，“显也”。

[illegible]当释迺，语助词，经典多作乃。

[illegible]

（武王）则令周公舍宇于周卑处

（武王两字见上句重文）

则同即。《广雅·释诂》则，“即也。”

《诗·羔裘》“舍命不渝”，郑笺：舍，“处也”。卫鼎“迺舍寓厥邑”，寓从宀。《玉篇·三四七》：“寓，今作宇。庑，籀文。”《一切经音义·七》宇古文作寓，籀文作寓（《说文》籀文作寓）。寓之作[illegible]，亦犹宏之作[illegible]，家之作[illegible]（并见毛公鼎）。舍寓，犹言“赐舍”。《仪礼·觐礼》“天子赐舍”，郑玄注：“犹致馆也。”

周指周原，亦即镐京。《书·召诰》“惟二月既望，越六日乙未，王朝步自周，则至于丰”，马融谓周为镐京。张守节《史记正义》亦同马说。

卑犹低。舀鼎“卞尚卑处厥邑”，亦“卑处”连文。《一切经音义·八》引《仓颉》：“卑，下也。”《说文》低，“下也”。

舍宇于周卑处，谓武王令周公赐舍于周原低处也。

[illegible]

甬（勇）叀乙且（祖）

第一字见《殷虚书契·前编》（二册廿三页一片）文云“王其[illegible]”，俎子鼎文云“王赏戍[illegible]贝三朋”，[illegible]似当释勇。戍勇，言戍卒之勇敢者。《一切经音义·一二》古文甬、䖂二形，今作勇。（《说文》或从戈、用，古文从心。)

叀释惠。大克鼎“惠于万民”,以叀为惠。《虢叔旅钟》“皇考惠叔”,亦以叀为惠。《广雅·释诂四》惠,“仁也”。

勇惠乙祖,犹云仁惠乙祖也。

速(绩)匹(配也)氒(厥)辟(君也)

第一字洪家义释述,张政烺释逨,假为弼;唐兰、李仲操并释逨,皆误。字当释迹。单伯钟“不(丕)显,皇且(祖)剌(烈)考,”。孙诒让云:“速为迹之古文。当为匹。疑先坏字。速匹先王谓顺循贰佐先王。”(《古籀余论》卷二 30 页)按《说文》迹籀文作速,舀鼎秭作,偏旁作,孙说得之,惜未能详其义。迹、绩声同义通。《左传·哀公元年》“复禹之绩”,《释文》“绩,本作迹”。三体石经《僖公》“楚师败绩”,古文以速为绩。《泰山刻石》“从臣思速”,思速即思绩。《国语·齐语》“世法文武远绩以成名”,韦昭注:“绩,功也。”《左传·昭公元年》“远绩禹功”,孔颖达《正义》亦云:“绩,功也。”

匹义同配。《书·洛诰》“其作周匹休”,《大雅·文王有声》“作丰伊匹”,《毛传》匹,“配也”。

迹匹先王,谓功配先王。迹匹厥辟,谓功配其居也。

远猷(道也)复(归也)心

《大雅·抑》“远犹辰告”,《毛传》远犹,“远道也”。

第三字洪家义、唐兰、裘锡圭、徐中舒并读腹,按《说文》復古文作复。《汉书·董仲舒传》“有火复于王屋,流为乌”,颜师古注:“复,归也。”

远猷复心,谓远道归心也。

子厡(倬)啖(炎)明

第二字从厂从執,執字从卓。《说文》卓古文作。卓林父𣪘作。

蔡姞毁"绰绾永令",石鼓文"丞皮淖渊",卓字同。

厭当读倬。《小雅·甫田》"倬彼甫田",《毛传》倬,"明貌"。字亦同焯。《说文》焯,"明也"。

第三字从口从炎,《说文》啖,"噍啖也"。字当读炎。《说文》:"炎,火光上也。"倬、炎、明均人名,为"勇惠乙祖"之众子,故取名,义相近似。

亚且(祖)且辛

㲉(孕)屍(毓)子孙

第一字从壷,从攴,《说文》所无,以意求之,字当释壷,从攴,毓㜸文也。《一切经音义·一一》堙古文垔、壷二形。垔声同辰,故甄可通振。汉开母庙碑"九山甄旅",古谓兵入曰"振旅",甄旅当即振旅。吴禅国山碑"甄匮启缄",甄当读振。《左传·文公十六年》"振廪同食",杜预注:"振,发也。"振可通震。《史记·夏本纪》"震泽既定",《索隐》:"震,一作振。"古谓怀胎为震。《大雅·生民》"载震载夙,载生载育",《毛传》震,"动也";育,"长也"。《释文》:"震,有娠也。"《左传·昭公廿九年》"郁湮不育",即《易·渐》"妇孕不育"。湮亦震也。《说文》娠,"女妇身动也"。新附侲同。《一切经音义·八》古文作䐔,《一切经音义·九》古文作䏰,《集韵》㛛同。汉人又通作孕,《淮南子·原道训》"毛者孕育",高诱注:"孕者怀胎。"《说文》育或体作毓。毓祖丁尊作,甲骨文又作,从女与从人同。

㲉屍子孙,即孕育子孙。

蘩(緐)猶(麋,同眉)多嫠(釐,福也)

第一字从泉,緐声。《说文》:"泉水也。"假为緐,其义为多。

第二字见猶钟,《说文》所无。唐兰、徐中舒释㺯,训福。按《集韵·四支》猶,"兽名,通假为眉。"按《仪礼·士冠礼》"眉寿万年",郑玄注:"古文眉为麋。"《大戴礼·王言》"孔子愀然扬麋曰",《荀子·非相》"伊尹之状而无须麋",《玉篇·二八五》麋同湄,均以麋为眉。《广雅·释鲁》麋,"麞也"。猶殆麋之别体。

第四字应释釐。叔向毁"降余多福緐釐",釐作,与此近似。秦公毁"以受屯鲁多釐",文例正同。《方言·一》:"眉,老也。"《说文》釐,"家福也"。

緐眉多釐,犹云福寿繁多。

檹角龏(炽)光

《尔雅·释木》檹,"白枣"。在此无义,或假为齐。石鼓文角作,伯角父盉作,均近似。《汉书·诸侯王表第二》"汉诸侯王厥角稽首,奉上玺韨,惟恐在后",颜师古《集注》引应劭曰:"角者,额角也。"

第三字从,从戠,似炽字。

齐角炽光,犹云并耀光芒。

义(宜)其禋祀

徐中舒读义为仪。唐兰读宜。按《大雅·荡》"天不湎尔以酒,不义从式",《毛传》:"义,宜也。"唐说得之。《说文》禋,籀文作,祭祀名。《书·洛诰》"则禋于文王武王",《周礼·大宗伯》"以禋祀祀昊天上帝",郑玄注:"禋之言烟,周人尚臭,烟气之臭闻也。"《周礼·大宗伯》又云"以实柴祀日月星辰",郑注:"积柴实牲体有玉帛,燔燎而升烟,所以报阳也。"

宜其禋祀,犹《大雅·生民》"克禋克祀"也。

甫屖文考乙公徻(遽)趆(丧)

王孙钟"余弦龚屖",字从夫。按季宫父簠簠字作,鲁士厚父簠作,铸公簠作,是屖即屖。窃疑象两簠俯仰相合之形,◇

示其形方，殆即簠之初文。《说文》簠古文作[illegible]，从匚、夫声；楚王酓肯簠作匿，从古得声；商丘叔簠作[illegible]，从故得声；鄀公簠作[illegible]，从钴得声；从象形变为形声，亦古文变化之通例也。甫、夫、古、故声韵相同或相近，故声符可以互易，亦可以通假。《左传·哀公十一年》"仲尼曰：'胡簋之事，则尝学之矣'"，胡簋即簠簋。《左传》之以胡簋连文，犹《周礼·舍人》之以簠簋为连文也。金文西啉簠以钴为簠；《集韵》钴"音胡，盛黍稷器"，亦簠之假借，从形声变为假借，亦古文变化之通例也。[illegible]既读甫，字又作[illegible]，甫、夫声同，声符重复字也。铸公簠作[illegible]，奢父簠作[illegible]，其下从古，甫、古声近，古亦附加声附。[illegible]之为[illegible]，益可信矣。

屖读夷。《说文》遲籀文从屖。钱大昕曰：(《史记·张释之冯唐列传》)"'陵迟而至于二世'，《汉书》作陵夷；《平准书》'选举陵迟'，《汉志》亦作夷。《司马相如传》'陵夷衰微'，《汉书》作迟。古文夷与迟通。《诗》'周道倭迟'，《韩诗》作郁夷，《淮南·原道训》'冯夷大丙之御'，高诱云：'夷，或作迟。'娄寿碑'徲徥衡门'，即栖迟也。《说文》迟或作遅，从𡰥，古文夷字。"(《廿二史考异》卷五)甫屖一词古书未见。以声类比求之，当读倭迟。簠簋可读胡簋，倭或作委，皆深喉音，故倭迟可假胡屖或委蛇。《召南·羔羊》"退食自公，委蛇委蛇"，郑笺：委蛇"委曲自得之皃。蛇音移"。

𨓆古遽字，从彳与从辵同，遽父已象尊器铭作𨓆，盖铭作遽，是其证。《国语·晋语》"公惧，遽见之"，《吕氏春秋·自知篇》"遽掩其耳"，韦昭、高诱并云："遽，疾也。"

井人钟"妄害圣越"，㾜钟(戍组)"㾜□舛夕圣越"，从走从丧，《说文》所无。于省吾云："当即丧之繁文，犹古文越之省作戉也。"(《双剑誃古文杂释》4页)于说近似。古文从走增省之例，尚有《尔雅·释诂》翼，"敬也"。翼为鸟翅，训敬者，字应作䢞。《左传·襄公二十九年》"广哉熙熙乎"，沇儿钟"皇皇熙熙"，熙作趣，是其证。越当读丧亡之丧。《白虎通·崩薨篇》："丧者亡也。人死谓之丧何？言其亡不可复得见也。不直言死称丧者何？为孝子之心不忍言也。"《书·酒诰》"越小大邦用丧"，《大雅·皇矣》"受禄无丧，奄有四方"，《毛传》："丧，亡也。"

㝵屯(纯,皆也)无(无)諫(怨也)

大克鼎、师望鼎、虢叔旅钟“□屯亡敃”,井人钟“□屯用鲁”,阮元释“㝵屯”,郭沫若释“贲屯”,读为“浑沌”(《两周金文辞大系图录考释》81页),徐中舒谓“贲屯”为“有文饰的丝衣”。按㝵从贝从手,即得字。甲骨文得作□,从又持贝,又与手同义。屯当释纯。《考工记·玉人》“诸侯纯九,大夫纯五”,郑玄注:“纯,犹皆也。”纯、肫声同。郑玄注《仪礼·士昏礼》、《仪礼·少牢馈食礼》:“肫,全也”。

諫读刺。《周礼·秋官司刺》“掌三刺三宥三赦之法,以赞司寇听狱讼;壹刺曰刺群臣,再刺曰讯群吏,三刺曰讯万民……”

得屯无諫,当读“德纯无諫”(《周颂·维天之命》“文王之德之纯”),犹《左传·僖公二十八年》“不失赏刑之谓也”。

𨑷(农)啬(穑)戉(茂)啬(积也)

《左传·襄公九年传》“庶人力于农穑”,杜预注:“种曰农,收曰穑。”古戉、戊一字。戊寅鼎戊作□,父戊彝作□,象斧钺形。虢季子白盘“锡用戉,用征蛮方”,戉作□。洪家义、裘锡圭、徐中舒读为岁之假字。唐兰读越,通粤。按《礼记·月令》“其日戊己”,郑玄注:“戊之言茂也。”《释名·释天》:“戊,茂也。物皆茂盛也。”《说文》啬古文作𤲸,从田;甲骨文有𤲸、□两体。穑、𤲸古本一字。《书·盘庚》“力穑乃亦有秋”,《汉书·成帝纪》穑作啬;《书·汤誓》“舍我穑事而割正”,《史记·殷本纪》穑作啬。铭文上言农啬,依《说文》应作穑,“谷可收曰穑”。

第四字依《说文》应作啬,从来从㐭,来者“㐭(廪)而藏之”。《广雅·释诂》啬,“积也”。

农穑戊啬,谓农产物盛积也。

隹(惟)辟(君也)孝友

隹同惟,发语词,读如《书·洪范》"惟辟作福,惟辟作威,惟辟玉食"之惟。《尔雅·释诂》辟,"君也"。《周礼·大司徒》"孝友睦姻任卹",郑玄注:"善于父母为孝";《尔雅·释训》"善兄弟为友"。《书·康诰》:"元恶大憝","矧(亦)惟不孝不友"。"孝友"为西周国家伦理准则,亦即家长制统治之精神支柱。

隹辟孝友,犹《礼记·大学》"上老老而民兴孝,上长长而民兴弟"。

[illegible]

史(使)墙夙(夙)夜不家(坠)

史读使。

墙,人名。《说文》墙籀文作牆,亦从二来。古墙、穑同字。师寰毁"卹厥墙事",即《书·汤誓》"舍我穑事"。

《说文》夙,"早敬也"。古文从人、西。徐铉曰:"今俗书作夙,误。"丰姞毁作宿夜,以宿为夙。《魏风·陟岵》"夙夜无已",郑笺:夙,"早也";夜,"暮也"。夙夜乃夙兴夜寐之省略语。

[illegible],古队字。齐侯镈钟"汝小心畏忌汝不家",录伯毁"女(汝)肇不[illegible]",师寰毁"虔不[illegible]"。吴大澂曰:"[illegible],陨也,小篆作家,亦作队,许氏说'从高队也',今俗作坠。"(《说文古籀补》二篇1页)

使墙夙夜不家,犹《左传·昭公七年》云"婴齐受命于蜀,奉承以来,弗敢失陨,而致诸宗祧"。

[illegible]

其日蔑历

蔑历一词,金文屡见。蔑历连文固多,亦间有蔑某历者。《广雅·释诂》蔑,"劳也";历,"行也"。

[illegible]

墙弗敢有(扭,取也)

第四字唐兰、徐中舒释沮,训"坏也"。洪家义、裘锡圭同。师虎毁"令女(汝)更乃有考",郭沫若释有为叡,云:"从又,且声。盖助之异文,假借为祖。”(《两周金文辞图录考释》74 页)按郭说非也。在即祖字，大(左)附加之声符也。大、祖同母字，亦犹齿之从止，鼻之从畀，声类重复字也。宁史卣“宁史锡[illegible]，[illegible]休弗敢且”，句法相同，字当读抯。《集韵》抯，“取也”。《说文》:“抯，挹也。从手。且声。读若樝梨之樝。”且、虘声同，籀文罝作𦋺，退作遽。《玉篇·六六》摣，“取也”。从又与从手同义，《说文》又，“手也。象形。三指者，手之列多，略不过三也。”手易为又，且易为虘，字亦作䝈。《玉篇·七五》䝈，“取也”。同声通假，且或作组。《说文》罝，“兔网也。从网。且声”。或体作𦊐。师寰𣪘“今余弗叚组”，叚组即假抯。郭沫若云:“‘弗叚组’，当读为‘拂遐组’，犹言解征辔也”(《两周金文辞大系图录考释》146 页)，亦误。同声通假，抯亦作沮。《大雅·云汉》“旱既太甚，则不可沮”，谓不可收也。《毛传》训沮为止，大误。

墙弗敢抯，犹云“墙不敢取”。

对扬天子丕显休令

豆闭𣪘“闭拜稽首，敢对扬天子丕显休命”，休盘“休拜稽首，敢对扬天子不显休令”，文句全同。《左传·僖公二十八年》对扬作奉扬，《书·顾命》作答扬，其义一也。对，“答也”。扬，“举也”。丕，“大也”。显，“光也”。休，“善也”。

用乍宝尊彝

剌(烈)祖文考弋(姒)

弋，唐兰释尗，读菽；郭沫若释为戈柲之柲(《两周金文辞大系图录考释》77 页)。㝨钟(戊组)“弋皇祖考，高对尔剌(烈)”，弋盉“弋敢作姜盉，用万年，用楚(胥)保叔弋”。按器铭以考弋、叔弋为辞，字当释姒。女姓之姒不见许书。《左传·襄公二十六年》“敬姒强命之”，杜预注:“姒，音似。”姒、似同字，形符变换字也。《说文》俟或体作竢，齐镈“保吾子姓”作

“保𪒠子姓”,可证。孝姒鼎作[illegible],从人,叔向父𣪕作[illegible],叔彝作[illegible],从女。古㠯、台通用,故颂鼎、邓嫚鼎、会姒鬲作始;𩰬姒彝作𡚤,皆别构也。姒又通弋。《左传·襄公四年春秋经》“秋七月戊子,夫人姒氏薨”,《公羊》《谷梁》姒作弋。《谷梁·定公十五年春秋经》“秋七月壬申,弋氏卒。九月辛巳,葬定弋”,《左传》《公羊》弋作姒。声符更易,字亦作妀。沕其𣪕“善夫沕其乍朕皇考惠仲,皇母惠妀尊𣪕”,惠妀即惠姒也。㦰𣪕“乌虖!朕文考甲公、文母日庚弋休”,弋即妀之简化,亦即姒字。

按姒有两义,其一,母系氏族社会之遗姓,《鄘风·桑中》“云谁之思,美孟弋矣”。《毛传》“弋,姓也”。弋姓即姒姓,夏禹姓姒。其二,女子平辈间等第之称,《释名·释亲属》:“少妇谓长妇曰姒,言其先来,已当法似也。”《尔雅·释亲属》:“女子同出,谓先生为姒,后生为娣。”又曰:“长妇谓稚妇为娣妇,娣妇谓长妇为姒妇。”郑玄注《礼记·内则》:“娣姒,犹兄弟也。”

同声通假,字亦作翼。《书·多士》“非我小国,敢弋殷命”,《释文》马本作翼,故考弋亦作考翼,《书·大诰》“亦惟在王宫邦君室,越予小子考翼,不可征”。蔡仲默《尚书集传》谓考翼即父兄,指管蔡。父为考,兄为姒,故诸从父从母亦得谓之考弋或考翼,郑玄训翼为敬,非是。(本孙诒让《述林》卷三《释翼》)

賓(实)受墙尔𪒠福

第一字《说文》所无。𢿱𣪕作賓,省玉;孟卣作𡩨,从止;宋时出土已酉戍命彝“用[illegible]□宗彝”,王俅(《啸堂集古录·上》二十八页)、薛尚功释[illegible]为室(《历代钟鼎彝器款识法帖》卷二)。孙诒让(《古籀余论》卷一3页)、方濬益(《缀遗斋彝器考释》卷三,14页)释宰𩣡㝎父丁鼎㝎字为室。吴其昌据召夫鼎等之[illegible],辛癸鼎等之[illegible],谓[illegible]即古四合院落之平剖面形。[illegible]或作[illegible]、[illegible]或[illegible]形,即象居屋之形,[illegible]则“加一屋之记号”(据马叙伦作册令尊及作册令彝铭考释转引)。按吴说近似。亞或[illegible]为独体象形，加形符[illegible]，则为象形兼形声字。大鼎（又名祖丁鼎）、令毁（又名丁公毁）、矢彝、宰儂鼎、宔父丁毁诸宔字，俱可释为室。宔父丁者，宗室父丁也。部史硕父鼎“用享孝于宗室”，可证。《大雅·文王有声》“皇王维辟”，又曰“皇王烝哉”，《毛传》：“皇，大也。”令毁“令敢尿皇王宔”，尿应释张，《书·顾命》“张皇六师”，《左传·宣公十八年》“欲去三桓以张公室”，杜预训张为大。王宔即王室，《左传·襄十四年》“王室之不坏，繄伯舅是赖”，即张皇室之谓也。《说文》：“室，实也。从宀，从至。至，所止也。”室、至声同，则为形声兼会意。古文从宀与从穴区别不严（叔宿毁宿作[illegible]，部钟竈作竉，是其证）。卯毁“取我家[illegible]用器”，家[illegible]即家室。《礼记·问丧》“家室之计”，《左传·襄公十年》“臣妾多逃，器用多丧”，可为佐证。《论语·阳货》“恶取而窒者”，郑玄云：“《鲁》读窒为室。”《说文》“窒，塞也”；《广雅·释诂》“实，塞也”；《释名·释宫室》“室，实也，人物满其中也”。是窒、室、实三字同声同义，可以互训，即所谓转注字。

《说文》实“从宀，从贯。贯，货贝也”。古者货贝而宝龟，至周而有泉。《书·盘庚中》“具乃贝玉”，贝与玉，在商周具有货币职能，可作为财富贮藏手段。𡨦字从贝从玉，义同从贯，宔盖声符也。敷毁省玉作賨，亦犹虢季氏毁永宝作永𡩧；禽毁宝彝作𡧧彝。实从贝、玉，故《礼记·哀公问》“好实无厌”，郑玄云：“实，富也。”《左传·文公十八年》“聚敛积实”，杜预云：“实，财也。”辛伯鼎“宔丝五十寽”，盂卣“兮公[illegible]盂鬯，束贝十朋”，敷毁“伯父宔敷”，字当读实。《楚辞·招魂》“实羽觞些”，王逸云：“实，满也”；《国语·晋语》“令司正实爵与史苏”，韦昭注：“实，满也。”是宔之为室，𡨦之为实，形声义已昭昭然。郭沫若（《殷周青铜器铭文研究》43 页）、杨树达（《积微居金文说》73 页）、吴闿生（《吉金文录》卷二 15 页）释休，于形于声一无是处。马叙伦（《国学季刊》第四卷一期 19 页）释家，唐兰（《国学季刊》第四卷一期 27 页）释庸，于省吾（《双剑誃吉金文选》下三第 10 页）释予，亦难取信。

盘铭实字用在动词受字之前，为助动词。《易·既济》“东邻杀牛，不如西邻之禴祭，实受其福”，《左传·昭公七年》“去卫地如昔也，于是有灾,鲁实受之”,可以取证。

尔,犹其也。《小雅·南山有台》“乐只君子,保艾尔后”,《小雅·宾之初筵》“酌彼康爵,以奏尔时”,尔后即其后,尔时者,其是也。

从黹从处,㾓钟(丁组)作,郭沫若释𪓰毁文云:“𪓰,当即《说文》黹部之䵵,云:‘合五采鲜色,从黹,𧆨声,《诗》曰‘衣裳䵵䵵’,语在《曹风·蜉蝣》,今《诗》作楚楚。”(《两周金文辞大系图录考释》119页)唐兰读“受墙尔𪓰”为句,谓𪓰为租之假字,训“积也”。李学勤读“弋(必)𠤕(予)受墙尔𪓰”为句,谓𪓰为祚之假字,训“福也”。徐中舒读“尔𪓰福褱”为句,谓即处之繁文,训“居也”。𪓰之音义尚无定论,其为福之形容词,殆无疑义,征诸典籍,似读“实受墙尔𪓰福”,较为通顺。《易·井》“王明,并受其福”,《礼记·礼器》“祭则受福”,是其例也。

褱(怀)猸(眉)录(禄)黄耇弥生

褱释怀。毛公鼎“率怀不廷方”,怀作;它毁“沈子其怀多公能福”,怀作。《尔雅·释诂》怀,“思也”。

猸同眉。者鼎“用妥(绥)眉录”,眉作。《方言·一》:“眉,老也。东齐曰眉。”

录犹寿也。《左传·成公十三年》“无禄,献公即世”,又曰“无禄,文公即世”。《左传·昭公七年》:“今无禄早世,不能久享君德,其子弗敢有。”禄即寿之同义语。

《释名·释长幼》:“九十曰鲐背,或曰黄耇,鬓发变黄也。耇,垢也,皮色骊顇如有垢者也。”

《说文》镾,“久长也,从长。爾声”。《广韵》镾通作弥。齐镈“用求命生”,弥又从日,声符重复字也。蔡姞毁“弥毕生霝终”,《大雅·卷阿》“俾尔弥尔性”,性、生二字古通。《白虎通·情性》:“性者,生也。”

怀眉录黄耇弥生,犹云“望永寿长生”。

宠事氒(厥)辟(君也)

第一字当释宠,眉寿钟"□年无疆,宠事朕辟皇王",文例正同。《国语·楚语》"宠神其祖,以取威于民",章昭注:"宠,尊也。"《说文》宠,"从宀,从龙"。考金文从宀之字,间或写作∧形。邾公釛钟"用乐嘉宾",宾作;沇儿钟"以乐嘉宾",宾作,是其例也。大鼎"王呼膳夫騕召大,以氒友入捍",入作。毛公鼎"今余黼先王命",今作,则又似从宀。是宀、入易混,又一证也。《说文》龙,"从童省声,从肉"。沕其钟"用天子宠",宠作;曾伯从宠鼎宠作。仲龏父甗龏作。龙字上象其首,下象其身,乃象形,非形声。唐兰释为龕,读如钦,训"敬也";徐中舒、裘锡圭、李学勤谓即今龛字,训"堪也"。均不明从∧即从宀之变。

宠事厥辟,谓尊事其君,犹《左传·昭公元年》"国之大臣,荣其宠禄,任其大节,有菑祸兴而无改焉"。

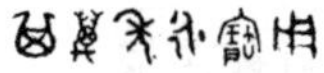

其萬(万)年永宝(宝)用

【《上海师范大学学报》,1979年第2期】

记瑞安孙氏两青铜器及其考释

一

曩读太姻丈孙籀庼（诒让）公遗作，知其家藏有西周青铜器二：一为圆形盂，光绪二年得诸河南省项城县道次；一为长方形小鼎，光绪二十二年三月得诸本省永嘉县。圆盂世人未见，小方鼎虽未见于著录，而《西清古鉴·三十一卷》三十一页载一麦盉，铭文大同小异，本爱新觉罗内库藏物，不知何时流出宫外为吴兴丁氏所得。其后流出海外，为日本金融资本家住友氏购得，上虞罗振玉得其墨本，印入《三代吉金文存·卷十四》十一页，又摹其款识于《贞松堂集古遗文·卷八》四十二页。《西清古鉴·卷八》三十三页有一麦尊，同书《卷十三》十页，又有麦彝一器，与小方鼎显然为一人所作，亦必同出一地，何以三器都归清室，一器独在我乡，令人百思不得其解。

癸酉年夏，有事于瑞安，谒姻丈次缪于虞池故居，承告以“家兄先一日携两器至温州，惜汝不得一见”云云。翌日余径赴道前街公和酱园孟晋丈寓次，请准予手拓两份，并请摄影师摄其器形，携至故都与刘子植（节）共赏。子植复为复影数份，分寄吉林于省吾及当时寓居日本京都郭沫若。于省吾收麦鼎拓片于《商周金文录遗》第二十三页。一九三四年十一月廿日，郭沫若增订其《两周金文辞大系》，收入《图录·卷二》廿一页、《考释·卷六》四十二页，并加注云："此器拓本旧未见，今已补入"云云。子植作《麦氏四器考》，文载一九四七年《浙江学报》第一卷第一期，后又收入《古史考存》三五四至三五五页。

二

麦鼎质朴无华，四角小椭，色泽黝黑，光几可鉴，铭文二十八字，重文一，无土垢锈蚀之失，骨董行家所谓"熟坑货"也。籀公考释精确绝伦，惟末句"用乡(飨)多[古文]友"，谓"[古文]上从古文旅，下从土，当为堵之省，其读当为诸。用飨多诸友，犹《诗·六月》云饮御诸友，金文弡中簠(薛尚功《历代钟鼎彝器款识法帖·卷十五》称张仲簠)诸友饮食具饱。彼诸字作[古文]，亦以者为诸，但不从土耳。"(《籀庼述林·卷七》三十页)按《唐韵》者读章也切，照母鱼部，诸读章鱼切，不但同母，而且同部，故周秦古器物铭，恒以者代诸。堵读当古切，声在端母，金文和经传绝无假用为诸者。谛审鼎铭下文从火，字当释尞。[①]《说文》十篇："尞，柴祭天也。"《殷虚书契》作[古文](《前编·六卷》六十四页)，象然木形。又作[古文](《前编·四卷》三十一页)，作[古文](《续编·三卷》廿八页)，加旁从宀，象屋下然木之形，当为庭燎之本字。《诗序》："《庭燎》，美宣王也。"陆德明《经典释文》："郑玄云：在地曰燎，执之曰烛。又云：树之门外曰大烛，于内曰庭燎，皆是照众为明。"是寮之本字为尞，加旁从宀，即郑义所谓然"于内"也。《说文》七篇《穴部》："寮，穿也。"《玉篇·一三八宀部》："寮，官寮也。与僚同。"又《一五六·穴部》："寮，穿也。"解同许书。许氏《宀部》则缺寮字。后世治小学者，每疑今本《说文》误脱之。按古文从宀与从穴，区别不严。叔宿簋

① 刊于《社会科学战线》的此文中，此句后作"《[古文]伯簋》'尞于宗周'。尞作[古文]。《说文·十篇》尞，柴祭天也。《殷虚书契》作[古文](《前编·五卷》卷十八十四页)，皆释戚，意说不可从。"

宿作宿，部钟竈作竈，《集韵·下平十一唐》康、㡖同字，《十三耕》宏、宖同字，《十九侯》宴、㝢同字。金文作（矢方彝），亦作（毛公鼎）。《易·系辞下》上古穴居而野处，后世圣人易之以宫室，变从穴为从宫，表义更旁字也。番生簋作，则又从寮省火。

寮之本义为焚木照众，引申为晨昏议大事所聚之馆舍，《尔雅·释诂》："寮，官（馆）也。"更旁从人，则为馆舍中治事者之尊称。《说文·八篇》："僚，好也。"性别更旁，字亦作嫽，《陈风·月出》："佼人僚兮。"《释文》："僚本作嫽。"《广雅·释诂一》："嫽，好也。"《方言·二》："釥、嫽，好也。青徐海岱之间曰釥，或谓之嫽。"《集韵·上声二十九筱》嫽、僚同字。嫽、僚义皆训好，故同馆舍治事者，得称同寮（《左传·文公七年》荀林父语），或称僚友。《礼记·曲礼上》"僚友称其第也，执友称其仁也"，郑注："僚友，官同者；执友，志同也。"《仪礼·士冠礼》"宾礼辞，许"，郑注："宾，主人之僚友。古者，有吉事，则乐与贤者欢成之；有凶事，则欲与贤者哀戚之。"又《士丧礼》"有宾则拜之"，郑注："宾，僚友群士也。"鼎铭"多寮友"，即《酒诰》"百僚庶尹"之义。若释为"诸友"，则其上不应有"多"字。《说文》七篇："多，重也。"《玉篇·九十》："诸，非一也。"《尔雅·释诂》："多，众也。"众、重、非一皆多数词。《周诰》称国之庶邦曰"多方"，不云多诸方，《王制》称王之列侯曰"诸侯"，不云多诸侯。商周器铭辞约旨明，语近《诗》《礼》，绝无繁曲芜累之病句，此不可不辨也。

寮字声义既依卜辞确定，知尊、觯之字亦可大胆隶定为䟫，即戮字之异体。《说文·六篇》："鄝，地名。从邑。翏声。"桂馥《义证》云："汉袁良碑，仙修地之鄝，《类篇》鄝，《说文》作鄝。"《广雅·释诂四》："飂、飉，风也。"王念孙《疏证》云："飂亦飉也，语之转耳。"《集韵·下平三萧》寮、翏俱读怜萧切，嵺、嵺同字。是䟫为戮之别体，昭昭然也。《说文》："戮，杀也。从戈。翏声。"《周礼·秋官》有"掌戮"，器铭"䟫作彝"，䟫为作器者之姓氏或官名。古者女生为姓，男为氏，居官者以官为氏，其例并不少见。徐同柏（《从古堂款识学·卷八》廿七页），吴子苾（《攈古录金文·之二》十四页），方濬益（《缀遗斋彝器考释·卷十八》十四页）皆释戚，意说不可从。

三

圆盂口大底小，两耳有珥，周身翠绿铸蟠龙文，间以小乳杂其中，骨董行家所谓"生坑货"也。盂内有铭廿五字，重文三。籀公释之曰："'隹正月，初吉。要君白□自乍餴盂，用祈眉寿无疆，子子孙孙永宝是尚。'器是要君所乍，篆作者，即要之异文。《说文·𦥑部》，身中也。象人要自𦥑之形。从𦥑，交省声。古文作。盖要字篆文以象形兼谐交声，古文作，则从女从嬰省，既非身中之形，又无交省之声，于六书当为会意，然其义殊不可说。嬰本从𠬪，囟声，此又变囟从卤，《筠清馆金文》伯要簋要作，中亦从卤，与此同。卤与要，古音同部。若然，古文疑本从卤声，今本《说文》传写讹作囟，金文可据以校正。唯古文要从𦥑，伯要簋同。此又省从彐，虽辗转减少，要于形义固无戾也。要，盖古国名之不见于经史者。"（《籀庼述林·卷七》三十一至三十二页）按许说非是，篆文象两手结绳形，在六书为象形，变而为约，从糸，勺声，在六书为形声。《玉篇·四二六》约读于略切，影母鱼部，又音于妙切，影母宵部；又《七十·𦥑部》要音于宵切。《说文》曰："身中也，象人要自𦥑之形。今为要约字。"上古韵位宵部第三，侯部第四，鱼部第五。若然，要、约两字不但同母而且同部。同声必然同义，《论语·宪问》"久要不忘平生之意"，何晏《集解》引孔注："久要，旧约也"，许云"身中"者，乃同声假借字，非字之本义也。

《筠清馆》著录之白要段，字从女从，字当释嫖，《说文·十二篇》嫖，"轻也"。从女，票声。性别更旁，字亦作僄，义亦为轻。《唐韵》嫖读匹招切，僄读匹妙切，皆滂纽宵部，未始不可借用为要。然核之形义，则当释娄。《说文》十二篇："娄，空也。从母，从中、女。娄空之意也，一曰娄务也。，古文。"金坛段玉裁校改为："娄，空也。从毋，从中女，娄空之意也。一曰娄务也,愚也。,籀文娄,从人、中、女,臼声。,古文娄如此。"按汉娄寿碑额作,魏正始石经《僖公三十三年》残石"公伐邾,取娄"篆作,古文作。郭忠恕《汗简》引《义云章》娄作,虽然繁简各自并不相同,然而大体尚存。① 簋铭云:"白乍宝簋。"字从人从府,字极明晰。《集韵·上声九麌》頫、俛、俯同字。《左传·昭公七年》引正考父之鼎铭曰:"一命而偻,再命而伛,三命而俯。"《史记·孔子世家》裴骃集解引服虔《左传注》:"偻、伛、俯,皆恭敬之貌也。"《汉书·蔡义传》"行步俛偻",师古曰:"俛即俯字也。偻,曲背也。"是作器者名俯,字伯娄。古人往往名字并称,且皆先字,而后名。例如宋公孙嘉,字孔父,孔颖达《礼记·檀弓》疏引《世本》称石甫愿绎。② 宋南万,字长,《左传·庄公十一年》称"南宫长万"。秦百里奚之子名视,字孟明,《左传·僖公三十三年》称"百里孟明视"。娄之为偻,亦犹《荀子·非相篇》以府为俯也。

以此例推,齐侯壶两字当释堇娄。

齐侯两壶作于陈桓子死后,其子为其母孟姜丧终易服时所作之祭器。于礼:父在母亡,则为母服期年之丧;父亡而后母丧,则为母服齐衰三年,此丧服之通例也。孟姜死于陈桓子身后,其子本宜服丧三年,以欲短丧,请示于齐侯。齐侯乃使使叩宗伯礼官为请于天子,天子许其持服。《孟子·尽心章下》:"齐宣王欲短丧,公孙丑曰:为期之丧,犹愈于已乎?"又曰:"王子有其母死,其傅为请数月之丧。"③齐侯两壶所铭,是否即公孙丑所言,不得而知,但也可知短丧之举,在齐国上行下效。《仪礼·丧服传》:"野人曰:父母无算焉?都邑之士,则知尊祢矣。大夫及学士则知尊祖矣。"贾公彦疏:"谓国外为野人,野人稍远政化,都邑之士为近政化。"

---

① 刊于《社会科学战线》的此文中,此句作"郭忠恕《汗简》引《义云章》娄作,虽然繁简不同,而从女,从大体尚存。"

② 刊于《社会科学战线》的此文中,此句作"古人往往名字并称,且皆先字而后名。例如宋公孙嘉,字孔父,《左传》桓公二年称孔父嘉。宋公孙愿绎,字硕父,孔颖达《礼记·檀弓》疏引《世本》称石甫愿绎。"

③ 刊于《社会科学战线》的此文中,此句后有"赵岐注:'其傅为请之于君,欲使行数月之丧,如之何?'"

《论语·子路》:“野哉!由也。”《集解》引孔曰:“野,犹不达也。”壶铭“齐侯既跻桓子孟姜丧,其人民都邑、堇窭无用从尔大乐”,人民都邑与堇窭并提,亦犹《丧服》郑注以野人粗略,与都邑之士并提。《史记·货殖列传》“堇堇物之所有”,《集解》引应劭曰:“堇堇,少也。”加旁从广,则为“少劣之居也”(《说文》九篇)。《广雅·释言》:“劣,鄙也。”《邶风·北门》“终窭且贫”,《毛传》:“窭者,无礼也。贫者,困于财。”《一切经音义·一》引《仓颉篇》云:“无财曰贫,无财备礼曰窭。”《说文》七篇:“窭,无礼居也。”贫而无礼,先见于屋室,是堇窭即野人之家也。

《礼记·丧服四制》:“祥(易服吉祭)之日,鼓素琴,告民有终也,以节制者也。”壶铭“大乐”二字,其义指此而已。意谓田氏子易服作乐,人民都邑,贫窭小户,无须从汝大乐,义颇明显。而阮元释“窭无”为夏舞(《[illegible]清馆金文·卷二》二十八页),陈颂南释窭为疊(《两罍轩彝器图录·卷四》十三页),徐同柏释堇窭为觐庙(《从古堂款识学·卷十》二十三页),吴大澂释“堇宴无用”句(《说文古籀补·第七》六页),孙籀公读其全句为“其人民都邑谨宴舞,用纵尔大乐”(《古籀余论·卷三》四十四页),几乎瞎子摸象,以偏概全,且不得丧服有终之义。

由以上两器字例征之,圆盂“㛫君”当释娄君。《说文》六篇“郪,南阳穰乡”,《玉篇·二十》作“南阳穰县乡”。按穰在战国属楚,后为韩邑。秦昭王六年(公元前三〇一)取穰,封魏冉为穰侯。今河南省南阳地区邓县穰东即其地也。[①] 娄之为郪,亦犹金文以丰为酆,以登为邓,以奠为郑也。桂未谷《说文义证》谓《史记》之娄敬当作郪敬,以地为氏,颇有卓识。若释要君,则无地望可属矣。心有所疑,笔之于此,非敢自以为是也。[②]

【《温州师范学院学报》,1991 年第 2 期】

【《社会科学战线》,1992 年第 1 期】

① 刊于《社会科学战线》的此文中,此句后有“娄、郪古今字”。

② 刊于《社会科学战线》的此文中,文末有“1990 年 10 月重阳节”的落款。

叔皮父𣪘铭考释

《说文》四篇："隹，鸟之短尾总名也。象形。"金文则用为发语词。虢季子白盘"隹十又二年，正月初吉丁亥"，膳夫克鼎"隹王廿又三年，九月"，是其证。表义加旁，隹亦作唯。不㝬𣪘盖"唯九月初吉，戊申"，散氏盘铭"唯王九月，辰在乙卯"，是又一证。《尚书》则写作惟，《洪范》"惟十又二祀，王访于箕子"，《多方》"惟王丁亥，王来自奄"。唯之为惟，亦犹哲之更旁为悊也。《毛诗》作维，《小雅·南山》"维此六月，既成我服"，《大雅·皇矣》"维此二国，其政不获，维彼四国，爰究爰度"。唯、惟、维皆隹之孳生字。《说文》十二篇："乍，止也。一曰亡也。从亡从一。"金文则假为作。《尔雅·释言》："作，为也。"

《说文》十四篇："铸，销金也。从金。寿声。"此作[illegible]，从[illegible]，从[illegible]，象镕金在炉中形。从火者，火能销金也。

[illegible]字龚定盦释民，何子卢释仲，朱建卿释妻，许印林释弟（并见《攈古录》二之三），吴式芬阙释。孙籀公曰：今考[illegible]字下从女，则与民、仲、弟诸文并不相应，上从[illegible]，亦非妻字。吴庴诸释皆不确，信然。窃谓[illegible]当为由，后虡彝甲胄字作[illegible]，上从[illegible]。韩侯伯晨鼎作[illegible]，盂鼎残字胄字作[illegible]，并以[illegible]为由，与此上从[illegible]相类。此从女从由，当为妯之变体。《说文》十

二篇《女部》:"妯,动也。从女。由声。"即此字也。依声类当为胄之借字。《书·舜典》"教胄子",《伪孔传》"胄,长也"。《说文·肉部》云:"胄,胤也。"古重宗法以嫡长子主祭祀,故云其胄子用享孝于叔皮父矣。(《古籀余论》卷二)案孙说非是。谛审召伯虎毁虎作,师虎毁虎作,滕虎毁虎作,与上文并同,乃虍字也。下半从女,则确不可易。《说文·五篇》:"虎,山兽之君,从虍从儿,虎足象人足也。"又曰:"儿,古文奇字,人也,象形。孔子曰在人下故诘屈。"古字以儿表义者,亦或更旁从女。《说文》九篇,鬼古文作䰟。子禾釜铭䰟作䙕。《说文》十四篇,処"或从虍声"。鱼匕"出处其毋所述",处作。不嬰毁盖"厰(玁)允(狁)"作"厰妴",并易儿为女。儿之为女,亦犹人之更旁为女也。《说文》八篇倓或从女,十二篇姷或作侑,齐子仲姜镈百姓作百佳,郑伯鬲伯作㚖,汉碑姒皆作似。以是而知之为虎,昭昭然无疑义矣。

毁铭首云"乍铸叔皮父障毁",后云"其虎子用享孝于叔皮父",则作器者为其父字叔皮名虎者作祭器明甚,故云"其虎子用享孝于叔皮父"矣。古人名字,义必相应,凡是以虎为名者,每每以皮为字,《礼记·郊特牲》"虎豹之皮,示威猛也"。其义在此而已。《礼记·檀弓》滕伯文为孟虎齐衰,其叔父也;为孟皮齐衰,其叔父也。滕虎孟皮本一人耳,其所以一称名,一称字,加重语气而已矣。《春秋》襄昭时代,郑子展之子名罕虎,字子皮;东汉班孟坚之父班彪(《说文·五篇》:"彪,虎文也,从虎,彡,象其文也。")字叔皮,皆其确证。龚、何、朱、许诸家所释固非是,孙释亦未为得。

毁铭末句"子=孙=宝皇万年永用"。《说文》一篇:"皇,大也。从自。自,始也。始皇者,三皇大君也。自读若鼻,今俗以始生子为鼻子。"案金文作(颂鼎),作(克鼎),或作(王孙钟),皆象日光照耀形,绝无一字作皇者,以是而知,皇为煌晆之本字。《尔雅·释诂上》暀暀皇皇,美也。毁铭"子子孙孙宝皇万年永用",毛公鼎铭"对扬天子皇休,用乍障鼎,子子孙孙永宝用"。两器皇字,其义一也。

附:释窜

释窜

一九九七年九月清华、北大及台湾清华、台大四校在清华园召开王国维学术研讨会,此乃递交大会之论文。

金文窜豖段云:"窜豖乍父丁𩜁彝。"又窜尊云:"窜乍父辛䶪□。"窜字从宀从午,前人未识。以形声求之,窜当释寤。《唐韵》午读疑古切,疑母鱼部,吾读五乎切,不但同母,而且同部。故字之从吾得声者,亦或更旁从午。《战国策·燕策三》"人不敢与忤视",鲍本忤作悟,吴《注》悟忤通。《韩非子·说难篇》"大患无所拂悟",《太平御览》(四六二)引悟作忤。《说文》七篇:"寤,寐也。从宀。吾声。"又《㝱部》寤籀文作𡬃,"寐觉而有言曰寤"。寤、寤,表义加旁字也。《左传·隐公元年》"庄公寤生,惊姜氏,故名曰寤生",杜预注:"寤寐而生庄公。"窜段以父丁称其父,窜尊以父辛称其父,知作者之年代至迟当在商周之交,以是而知以寤为名者,不独郑庄公一人而已矣。

【《华东师范大学学报》,1998 年第 3 期】

商周字例自序

叙曰：太古之民，狉狉獉獉，含哺而熙，鼓腹而游。洎乎智识稍进，结绳为治，后世圣人乃易之以书契焉。书契之初作也，依类象形。人类蕃息，饰伪萌生，物象之本，不足以该之，于是孳乳寖多，六书大备。

书传言文字作于仓颉，年代邈邈，不但初文不可殚究，即唐虞夏商之体系，亦无由擘覈。汉孝惠帝时，北平侯张苍献《左氏春秋传》。景帝时（本《论衡·正说篇》），鲁恭王坏孔子宅，得古文《尚书》及《礼记》《论语》《孝经》凡数十篇。后汉永元间，汝南太尉、南阁祭酒许慎，从侍中骑都尉贾逵受古学，愍学者不达其意而师悖，乃萃通儒绪言，作《说文解字》十五篇，揭橥秦篆，阐发六书。近言文字者，仅此书也。

魏晋隋唐，虽有作者，不足以比肩。唐大历中，李阳冰以其私说刊改许书，学者多从新义而乱古训。

南唐季世，文林郎、守秘书省校书郎徐锴，整纷剔蠹，作《说文系传》及《篆韵谱》。赵宋初，锴兄，右散骑常侍铉，奉敕与句中正、葛湍、王惟恭等同校《说文》。世称广陵弟兄，为许氏功臣。

熙宁、元丰之际，王荆公作《字说》，偏主会意。罗愿、陆一群等宗之，字学为之汩乱。

元祐以后，金石学兴。士大夫刘原父、欧阳永叔辈蒐罗古器，杨南仲诸儒迪相考释。李伯时、吕与叔复撰图录，啸堂、薛氏后先踵出。王楚、薛尚功、杨銁、党怀英、吾丘衍诸家，又以韵隶字，各撰专书。途术虽启，而流派未宏。

元明兴替，兹音不嗣。有清学者，感元明苟且破碎，肆意稽古，经艺之外，兼攻金石。仪征道于前，海丰翼于后，三百年间，士夫闻风承流，相与购致古器墨本，駸駸乎驾宋人上矣。后起之士，若吴恒轩（大澂）、孙籀公（诒让），巧会冥索，凿空悬解，古文之学，勃然中兴。

嗣是鼎彝出于丘陇窟穴间者，毛公鼎、盂鼎、散氏盘等数百器外，更有殷虚之甲骨、燕齐之陶器、古侯王之符玺、大司马之五兵、九府之圜法，并前秀所未见，幸后死得与闻。齐东、江左达官显人，又能聚而好之，鸿儒硕彦，补许书缺逸，究文字原始，咸有创获。迄于光、宣之间，海宁大师抗志希古，玉振海东，爰征殷礼，创读龟书，会合偏旁之文，剖析孳乳之字，参伍以穷其变，比较以发其凡，悟一形繁简之殊，起两字并书之例，由卜辞以窥金文，由金文以正许书，创通条例，开发奥窔，数千载未有之学也。

家祥少时，即嗜读金石文字，僻居里门，见闻狭隘。年十四五，涉略宋人图录及吴氏《筠清馆金文》，苦其考文艰琐，难于讽味。旋得乡先哲黄鲜盦（绍箕）《评校〈说文古籀补〉》及太姻丈孙籀庼（诒让）《古籀拾遗》等书，始知昔儒述作，间或千虑一失，心窃识之。年十有七，获观海宁先生之作，乃翻然悟龚定盦、庄保琛、陈颂南诸子自负其学能冥合仓籀遗旨，增益颠倒以为释，而缀累晦涩不可解者，皆未睹字例之蔽也。

丙寅夏初，学于海宁先生，方将探赜索隐，潜心撰述，孰知昊天不淑，道大莫容。悲夫！夫子之学，博硕无方，言教六书，足缵许君之绪也。若夫究先民之习俗，明形声之攸归，则又许君有志而未逮欤。许君叙《说文》，言俗儒鄙夫，玩其所习，蔽所希闻，不见通学，未尝睹字例之条。窃谓作者谓圣，述者谓明，而字例之述，作者其谁乎？

东汉之时，士大夫所谓古文，指壁中书、《左氏传》及漆书古文而已。郡国山川，虽出商周鼎彝，而拓墨之术未兴，流通未广，故形名说解，不能尽究原始。姑论其要略，裨览者详焉。一、六书次第有疑问也。《周礼·地官·保氏》始言六书，郑众曰“象形、会意、转注、处事、假借、谐声”（《周礼》注），刘、班《六艺略》云“象形、象事、象意、象声、转注、假借”（《汉书·艺文志》），许慎则谓“一曰指事，二曰象形，三曰形声，四曰会意，五曰转注，六曰假借”（《说文》序）。书传言苍颉作书，依类象形，则原始文字必在象形。夫草昧之世，虽无画刻记形之书契，必有口耳传之语言。随体屈曲，以肖其形，则语音之标符也。形不足以尽其用，依声托事，辅以假借。（如古文勿，本象旗形。与勿同音者，皆得以勿标焉。如卜辞以勿为物是也。然虫鱼鸟兽同名甚多，由是形义加旁，则为形声。物之从牛，[illegible]之从糸，皆由是生。究其原始，非即象旗形勿字同声孳生欤？外如刍豢之犓，巢车之轈，莫不形义加旁，是假借、形声应在象形后也。）若夫有事可指，无形可象，形声又不该备，于是托物像之形，加以指示性符号而滋益之。（如刃、末二字皆属指事，然非托形刀、木，不能察而见意。先儒说六书者，往往附会八卦，谓八卦之后，继之以数，故六书次第以指事为首。殊不知指事非依象形不得其谊，至八卦与六书究竟如何关系，鄙意不敢尽信也。）推而至于有意可拟者，乃引申二谊成为会意。转注为同义语之互训。后世方语分歧，声类互易，一语数形，为同义语之互训，实孳乳寖多之一途也。许君居东汉之初，成书十四篇，以五百四十部归纳九千三百五十三字，识见卓绝，固非《凡将》《急就》《元尚》《训纂》所及。然仅资秦篆、壁书、籀篇，未睹商周古文，绳以字例，则鼏、冟不察同音之源（鼏、冟皆从冖声，形义互易字也。详《释冟》），蠕、蛉不明同形之本（蠕，螟蠕，桑虫。蛉，蜻蛉也，从虫令声，一名桑根。《尔雅·释虫》“螟蛉桑虫”，《诗·小宛》“螟蛉有子”，《说文》引作“螟蠕有子”，是蠕、螟二字，声类互易字也。），皀字声义全非（皀即簋之初文，许说“谷之馨香也。象嘉谷在裹中之形。匕所以扱之。或说皀，一粒也”，“又读若香”，均误。见《释皀》），己形居[illegible]之后（[illegible]字即己之形义重复字也），此固白圭之玷，不能无损本质矣。至于援引纬书，伪托鲁叟，讹音鄙句，举目可求，则文字之例，沉薶已久。

自蔡邕、邯郸淳、张楫、吕忱、江式、顾野王、徐氏兄弟与先祖侗公、张有、周伯琦之流，以暨乾嘉大师，率阐申旧说，无所匡正，而以指事、象形、形声、会意四者，字之体也；转注、假借二者，字之用也。（戴东原说）虽间持异议，无大发明。俗儒鄙夫未习旧艺，奋臆妄说，其违失字例，宁足责耶？

盖文字者，所以别同异，明是非。苟不明参伍之变，学者罢老不能究一艺。尝叹流俗之士，信末师而背往古，舍熊掌而食马肝，乡壁虚造之说，不可究诘。举壁书古文为仓籀遗迹，及以鼎彝款识为古奇字。甚至大共非訾，斥殷之甲骨、周之鼎彝尽为伪迹。师弟相承，随声是非，或谓古文之源出自埃及、巴彼仑之象形契刻；或为抗辩，谓彼土文字皆出我黄族之结绳。不识字例而言字源，譬犹两鼠争于穴中，果孰得而孰失耶？

近数十年来，缀学之士皆以商周古文为篆籀之祖。光、宣已还，作者如林，而考文释义，识昧圆通。余覃思累月，始知商周文字与古籀、篆文形体歧异，自有焯然通例。深恐初学不得正轨，数千载旧义沦没无闻，乃汇举条科，撰成九例：曰繁简例、形演例、增省例、假借例、互易例、重复例、移置例、书嬗例、音歧例。一例内形与声不同者，则别为数小例（详例证论）。

嗟乎！书契之始，年代远矣，顾难深考。自秦汉上溯商周，约千余年，王者迭兴，改异殊体，新故相袭，变化益多。至战国时，各私其土，不统于王，语根字例，颇多未备。惟秦处宗周，犹能存籀，祖龙强令同文，罢其不与秦文合者，因而无繁省移易之习。东汉以后，籀篇丧失尽矣。学者仅赖许书以正读，执一不通，字例几废，此有识者所深惜也。

夫六国文字，各异其体，字例所以难明，文献不足故也。试以商周遗文较壁书、籀篇以及玺印文字，歧异已多；以壁书而较秦篆，其歧异更无论矣。原始旧文虽厕其间，然其形与势皆渐变。凡既有文字之国，未有能以一人之力创造一体者，爰集龟甲文、金文、石鼓文，名曰《商周字例》。正反假借，悉以汝南旧说校定，考之史事，证之地理，本之诗书，覈之辞例，以古音达通读之方，以方言究语音之变，以宋人图录、《汗简》《古文四声》为立说佐证，推甲即乙，援古证今，综校互勘，以今正古，一得之愚，不敢护先哲之所短。凡所考论，悉本海宁师成法，益以上虞雪堂之说；嘉道以来，专修之士、同门诸子有所创获，咸载于篇，阙其不可知者，则《商周字例》其庶几近之乎？所望山川献秘，三古瑑迹，日出不穷，世之通雅故者，发挥而光大之。窥造作之精，启假借之源，于汉唐诸儒，诗书训释，舍短取长，则不佞此书，或为拥篲先道与！

【中山大学《语言历史学研究所周刊》第 7 卷第 82 期，1929 年 5 月】

【上海《艺观》，1929 年第 3 期】

商周字例例证篇重复例第六

夫文字者，形与声缔构而成者也。形者经也，声者纬也。苟无形声，则不能成其字矣。今就象形论之，随物体之屈曲标之于简策，是为字之经；随习惯所呼之名标其声，是为字之纬。如画马成马，呼牛为牛，皆赖经纬以成之。苟无经，吾人知其名不知其形焉；苟无纬，知其形不识其名焉。象形如此，其余假借、形声，朗若布帛之易数也。以是例之，虽有复经复纬，其为用则一也。

迨后声系演进，象形之义渐晦，一人之力不足以驭千万人之智，无论蠢愚智慧之人，莫不持声音之易记，形意之难悟。盖古者口耳相传，竹帛文少，解诂属读率皆口学，声音取以达意，讵可执一笔画，唯便记形，未能强同。故象形者而至一字形义增至二三，将原有之象形字变为声音；或因体质之不具，畛域之无定，断义之莫贯，习俗所安，耳目所及，各视所施而增益之。然字虽华缛，而声义存矣。苟欲明其要谛，亦当溯其名之所自。此形义重复字也。象形之文，本自有声，然造怀指物，务求昭晢，而更益其声类，将原有之字变为形义，此声类重复字也。斯二例者，正文、或体字无定型，六书分析转成支绌：省其偏旁，物谊本昭而易见；益其左右，形名反隐而难通。今世所传商周文字，更不胜屈指，暨乎籀篆隶楷承流未绝，然其迁越之势，又不仅变易象形之端矣。若夫形声相配，许书举江、河为例。而篆文半形半声者，占许书之什九，此犹布帛一经一纬之常度也。倘外缘生歧，累其形声，以地而变异，与情而转移，驱声逐貌，唯取纤密，总括旨要，实相枝干，则形声重复自此阶矣。此之谓形声重复字也。窃谓商周文字与许书古籀或体形虽不同，其通例则相表里，而重复之种类尤足与之印证。姑就许书所载，举斯例之关于形义者。如：

二篇《牙部》："牙，牡齿也。象上下相错之形。𤘗，古文牙。"按篆文牙既已象形，古文又从齿，则以牙为声矣。

七篇《禾部》："秫，稷之黏者。从禾、朮。象形。秫或省禾。"又"秾，齐谓麦秾也。从禾、来。"按朮、来象形字也，然不以朮、来为文，而变为从禾，则以朮、来为声矣。

九篇《勿部》："勿，州里所建旗。象其柄有三游。杂帛。幅半异。所以趣民。故遽称勿勿。勿或从㫃。"按勿即物之本字，物为旗旟旐之制。《大司马·治兵》云"乡家载物"，许云"州里所建"，州里即乡也（本孙籀公说）。是㫚即勿之重复字，亦即杂帛为物之本字。然不以勿为文，而变为从㫃，则以勿为声矣。

十二篇《乙部》："乙，天鸟也。齐鲁谓之乙，取其鸣自呼。象形。鳦，乙或从鸟。"按"鸟，长尾禽总名也。象形。"然此不以乙为文，而或体从鸟，则以乙为声矣。

又《𦣝部》："𦣝，顄也。象形。頤，篆文𦣝。𩠐，籀文从首。"按𦣝字既已象形，篆、籀又从页或从首，页、首表义加旁字也。

十四篇《矛部》："矛，酋矛也。建于兵车，长二丈。象形。𢦤，古文矛。从戈。"按"戈，平头戟也。从戈。一横之。象形。"《诗·节南山》"相尔矛矣"，《释文》："矛，戈也。"扬子《太元经》云"争干及矛轴"，注："矛，戈也。"然此不以矛为文，而变为从戈，则以矛为声矣。凡此诸类皆畛域之分别也。

二篇《册部》："册，符命也。诸侯进受于王也。象其札一长一短，中有二编之形。笧，古文册。从竹。"按篆文册既已象形，古文又从竹，竹与册形义相属字也。此从竹，册声者，言乎"册，竹器也"。

三篇《鬲部》:“鬲,鼎属,实五觳。斗二升曰觳。象腹交文,三足。𤮼,鬲或从瓦。”本书“瓦,土器也。烧之总名。象形。”《周官·考工记》“陶人为鬲”,《说苑·反质篇》“瓦鬲煮食”,即或体从瓦之义。

五篇《豆部》:“豆,古食肉器也。从口。象形。木豆谓之梪,从木,豆声。”按《尔雅·释器》“木豆谓之豆,竹豆谓之笾,瓦豆谓之登”,即此从木之义。

十三篇《户部》:“户,护也。半门曰户。象形。𢨼,古文户。从木。”按户既已象形,古文又从木。考本书“门枢谓之椳”,“榍,门枢之横梁”,“梱,门橛也”,是门户之义字皆从木,即古文户从木之义也。

十四篇《金部》:“鐊,酒器也。从金、昜。象器。昜,或省金。”按昜象形字也。篆文从金,言昜为金制器。凡此诸类,体质之分别者也。

十一篇《水部》:“渊,回水也。从水。象形。左右岸也,中象水貌。㴊,或省。”按《庄子·应帝王篇》“鲵桓之审为渊,止水之审为渊”,《管子·度地》“水出地而不流曰渊”,《文选·典引》“斟酌道德之㴊源”,蔡注:“水深曰渊。”此篆文从水义也。

十一篇《云部》:“云,山川气也。从雨。云声。象云回转形。云,古文,省雨。𠖠,亦古文云。”按古文云、𠖠字本象形。本书“雨,水从云下也。一象天,冂象云,水霝其间也。”此篆文从雨,云声,犹王充《论衡·龙虚篇》云:“云,雨水也。”

十三篇《田部》:“𤱑,耕治之田也。从田。𠃬,象耕屈之形。𠃬,畴或省。”按𠃬象形字也。《孟子·尽心章》“易其田畴”,《左氏·襄三十年传》“取我田畴而伍之”,《国语·齐语》“田畴均则民不憾”,田、𠃬二字形义相属,故得增益。凡此诸类,断义之分别也。以上诸端皆两文结合,遁其物象之形焉。

五篇《竹部》簋“从竹,从皀,从皿”。皀即簋之象形字,从皿者犹言“簋,黍稷器”,从竹者犹《仪礼》之竹簋。又《箕部》:“箕,从竹,从丌,从

[illegible]。”按[illegible]本象箕形，从丌（丌，古文几。几读居履切，见母脂部；其读居之切，见母之部），为合体象形字。从竹者犹言“箕，竹器也”。籀文从匚作[illegible]，与小篆义微异。此皆三文集合，乃形义之骈拇。关于重复例者一也。

必若以此例求之，一字两声亦尝有焉。自许书以下，强析形声，其谬不亦甚乎！昔太姻丈孙比部公（诒让）释晋邦盦䚇字（《古籀余论》）曰：“䚇字从爨，从侃，省。亦《说文》所无。以声义求之，諐当为《说文·心部》愆之籀文。”但从爨省，于义难通。爨古音亦与諐同部，《唐韵》愆读去虔切，溪母元部；《唐韵》爨读七乱切，清母元部。或从两字为声，亦六书之变例也。

先师海宁先生见殷虚卜辞及小盂鼎之㬵字从日，从立，又从[illegible]，证以《召诰》《无逸》《武成》之文，定为昱之异体，一形二声之字。或又省日作䶵，则去形而但存其二声。㬵读力入切，来母辑部；䶵读良涉切，来母叶部，声近。䶵之从立，增旁字也。窃尝根据此二说综校许书，颇多厥迹，细擀其原，与形义重复正同。

如六篇《员部》：“䲨，物数纭䲨，乱也。从员。云声。读若《春秋传》曰：‘宋皇郧’。”小徐《系传》云：“即今纷纭字。”段大令曰：“䲨，今字作纭。纭行而䲨废矣。纷䲨谓多，多则乱也。古假芸为䲨。《老子》：‘夫物芸芸者，各归其根。’”按员、云二字，《唐韵》员读王权切，喻母元部；云读王分切，文部；声同韵近。本书“员，物数也。”《诗·小雅·正月》“洽比其邻，昏姻孔云”，《释文》：“云本又作员。音同。”《商颂·元鸟》“景员维何”，郑笺：“员，古文作云。”孔疏：“古文云、员字同。”又《郑风·出其东门》“聊乐我员”，《释文》：“员本作云。”《韩诗》作“魂，神也”，孔疏：“云、员古今字，助句辞也。”《书·秦誓》“若弗云来”，孔疏：“员即云也。”山井鼎《七经·孟子考》云作员，《汉书·李寻传》引同。《汉书·古今人表》有“行人子员”，颜注：“员音云。”许书《耒部》：“䡝，除苗间秽也。从耒。员声。[illegible]，䡝或从芸。”《女部》：“妘，祝融之后姓也。从女。云声。[illegible]，籀文从鼎。”古金文妘字皆作䵨、嫖，与籀文同。又《手部》：“抎，有所失也。”

《唐韵》五丸切，疑母元部；损读苏本切，心母文部，元文韵近。引《春秋传》“抎子辱矣”，今本《左传·成二年》作“石稷谓孙良夫曰：‘子国卿也，陨子辱矣。’”《战国策·齐策》：“宣王说，曰：‘寡人愚陋，守齐国惟恐失抎之焉。’”《楚策》：“被礛磻，引微缴，折清风而抎矣。”此假抎为陨也。《左传·宣公四年》“初，若敖取于䢵”，杜注：“䢵，国名。”《释文》：“䢵，本又作郧。音云。”《桓十一年传》：“郧人军于蒲骚。”杜注：“郧国，在江夏云杜县东南，即䢵也。”《说文》：“郧，汉南之国。”《史记·东越列传》：“不战而耘，利莫大焉”，《集解》引徐广曰：“《汉书》作殒。”古书贠亦通作员、云。《汉书·礼乐志》“纷云六幕浮大海”，又“赤雁集六纷员”。老子《道德经》“夫物芸芸”，唐道德经五千文碑作“夫物云云”。《吕氏春秋·圜道篇》：“云气西行云云然。”《释名》“云犹云云，众盛意也”。《文选·长杨赋》“汾沄沸渭，云合电发”，李善注：“汾沄沸渭，众盛貌也。汾音纷。沄音纭。”《唐韵》员读王权切，喻母元部，云读王分切，喻母文部，元文韵近。由是观之，员、云二字同音通假之证也。

七篇《冥部》：“鼆，冥也。从冥。黽声。读若黽蛙之黽。”《广雅·释诂四》：“鼆，夜也。”《小雅·斯干》：“哕哕其冥”，郑笺：“冥，夜也。”《左传·定公四年》：“吴伐楚，舍舟于淮汭，自豫章与楚夹汉。左司马戌谓子常曰：‘我悉方城外以毁其舟……还塞大隧、直辕、冥阨。’”《淮南子·坠形训》：“何谓九塞？曰：太汾、渑阨、荆阮、方城、殽阪、井陉、令疵、白注、居庸。”高诱注：“渑阨，今宏农渑池是也。”《初学记·州郡部》引作大仿、冥阨。《吕氏春秋·有始览》：“何谓九塞？大份、冥阨、荆阮、方城、殽、井陉、疵处、句注、居庸。”高诱注：“冥阨、方城皆在楚。鲁定四年吴伐楚，左司马请直辕、冥阨以击吴人者也。”《墨子·非攻中》：“古者，吴阖闾教七年，奉甲执兵，奔三百里而舍焉。次注林，出于冥隘之径。”《战国策·燕策》“残均陵，塞黽隘”，《史记·苏秦列传》作“塞鄳阨”。《集解》引徐广云：“鄳，江夏鄳县。”又《魏世家》云：“秦攻冥阨之塞”，《集解》引徐广云：“或以为江夏鄳县”，是鄳隘即冥阨之证。《左传·文公十五年》“一人门于句鼆”，《释文》：“鼆本作黽。”《唐韵》黽读莫杏切，明母阳部；冥读莫经切,明母耕部;阳耕韵近。由此观之,冥、黾二字声同义通之证也。

二篇《走部》:"走,趋也。从夭、止。夭者,屈也。"又"趋,走也。从走。刍声。""趣,疾也。从走。取声。"按趋、趣二字音近字通。《周礼·秋官·朝士》"趋且辟",《释文》:"趋本又作趣。"《礼记·玉藻》"一节以趋",《释文》:"趋本作趣。"《孟子·告子下》"其趋一也",孙奭《音义》引张音:"趋读如趣。"《小雅·十月之交》"彻我墙屋,田卒污来",郑笺:"令我不得趣农,田卒为污莱乎?此皇父所筑邑,人之怨辞。"《释文》:"趣如字。本又作趋,音促。"《周礼·地官·县正》"趋其稼事而赏罚之",《释文》:"趣本作趋。"《礼记·月令·仲秋之月》"趣民收敛"(《吕览》《淮南》并同),《释文》:"趣本作趋。"《庄子·外物篇》"趣灌渎",《释文》:"趣本作趋。"《大雅·棫朴》"左右趣之",贾谊《新书·连语篇》作"左右趋之"。《汉书·贾谊传》"趣中肆夏",颜师古注:"趣读曰趋。"《司马迁列传》"死有重于泰山,或轻于鸿毛,用之所趋异也",颜注:"趋读曰趣。趣,向也。"按《文选·太史公报任安书》趋作趣。

趣、趋又与走通。《孟子·公孙丑章》"其子趋而往视之",赵注:"趋,走也。"《庄子·胠箧篇》"则负匮揭箧,担囊而趋",《释文》引李注:"趋,走也。"《吕氏春秋·举难篇》"追逃者趋",高诱注:"趋,走也。"《淮南子·俶真训》"夜半,有力者负而趋",高诱注:"趋,走也。"《吕氏春秋·期贤篇》"若蝉之走明火也",高诱注:"走,趋也。"又《汉书·项籍传》《陈余传》《扬雄传》《韩信传》《李广传》《张骞传》,颜注并云:"走,趣也。"《礼记·曲礼上》"抠衣趋隅",《释文》:"趋本又作走。"《左传·成公十八年传》"程郑为乘马御,六驺属焉",孔颖达疏云:"《周礼·夏官·趣马》掌驾说之颁,是驺为主驾之官。"《左传·襄公二十三年》"孟氏之御驺",孔疏:"驺是掌马之官,盖兼掌御事,谓之御驺。"《礼记·月令》"命仆及七驺咸驾",郑注:"七驺谓趣马,主为诸官驾说者也。"《说文》:"驺,厩御也。从马。刍声。"是驺即趣马之官。驺即趣之形声互易字,亦即趋之形义互易字。《荀子·礼论篇》"步中武象,趋中韶濩",《正论篇》趋作驺,杨注:"驺当为趋。"《周礼·夏官·大驭》云:"凡驭路,行以肆夏,趋以采齐",郑云:"行谓大寝至路门。趋谓路门至应门。”金文趋亥鼎趋字殆即驺之变体也。《庄子·齐物论》郭象注“万物万情,趣舍不同”,《释文》:“趣,七喻反,精母侯部。字或作取。”《天地篇》“趣舍滑心,使性飞扬”,又曰“且夫趣舍声色,以柴其内”,成玄英疏:“趣,取也。”《释名·释言语》:“取,趣也。”《汉书·王吉传》“言其取舍同也。”颜注:“取,进趣也。”《淮南·氾论训》:“趋舍人异,各有晓心。”《韩非子·显学篇》:“取舍不同”。取舍即趣舍。《周礼·夏官》“趣马”,古金文皆作走马。(详余《金文释官》)刍、取二字声近字通。

本书:“鬻,熬也。”《方言·七》:“熬、聚、煎、僬、巩,火干也。”“秦晋之间或谓之聚。”郭璞注:“聚即鬺字也。”聚即鬻之假字。《说文》:“鬻,熬也。”释玄应《一切经音义·一·大集日藏分经》及《胜天王经》音义引古文鬻、炰、聚、槱四形,今作鬺。《仪礼·既夕记》“白狗幦,蒲蔽,御以蒲菆”,郑注:“古文菆作驺。”《玉篇·一八五》:“黀,麻茎也。古文作黀。”《汉书·古今人表》有“轧子”“郰子”,钱大昕曰:“疑即治春秋之夹氏、邹氏也。轧、夹、郰、邹音近。”翟云升曰:“字书郰与𥠵同。”《左传·昭公二十年》“宾将掫”,《周礼·春官·镈师》及《夏官·掌固》杜子春注皆作“宾将趋”。郑注《礼记·檀弓上》“郰叔梁纥”,《释文》又作邹。《孔子世家》“孔子生鲁昌平乡陬邑”,《集解》:“徐广曰:‘陬音驺。’”是刍、取同音互易之证。《论语·八佾》:“孰谓鄹人之子知礼乎?”鄹人即邹人。《荀子·礼论》“步中武象,趋中韶濩”,《史记·礼书》趋作骤。《晏子春秋·外篇》“景公使烛邹主鸟”,《集韵·去声十》作烛雏,云:“人名。孔子弟子有颜烛雏。”《说苑·正谏》作烛趋,即《左传·哀公廿七年》“召颜涿聚之子晋”。《汉书·古今人表》有“颜浊邹”,颜师古注:“即颜涿聚子也。”《汉书·孝文纪》“材官骤发”,《晁错传》作“材官驺发”,苏林曰:“驺音马骤之骤。”师古曰:“驺谓矢之善者也。《春秋左氏传》作菆,其音同耳。”王引之曰:“苏读驺为骤,是也。骤发谓疾发也。字或作趋。《韩子·八说篇》:‘貍首射侯,不当强弩趋发’,趋发、驺发并与骤发同。《曲礼》:‘车驱而驺’,《释文》:‘驺,仕救反。’是驺有骤音也。”按王说近是。《韩子·十过篇》："王其趣发信臣，多其车，重其币，以奉韩曰：'不谷之国虽小，卒已悉起，愿大国之信意于秦也。'"趣发即骤发也。《史记·田敬仲世家》《孟子传》有驺衍，《尚书·禹贡》《释文》作鄹衍，《汉书·古今人表》作邹衍。按聚从取得声，与刍音同。走读子苟切，精母侯部；取读七庾切，清母侯部；刍读侧隅切，穿母侯部；趋读七逾切，趣读七句切，不但同部而且同母。由是观之，走、取、刍三字声同义通之证也。

十四篇《午部》："啎，屰也。从午。吾声。"按吾、午古音皆在鱼部。许书后云："午，啎也。五月阴气啎屰阳，冒地而出也。"又《五部》："五，五行也。从二阴阳在天地间交午也。"吾从午声，义与午相近。《广雅·释言》："午，仵也。"段大令谓："仵即啎字。"《战国策·秦策四》有楼啎约秦、魏《周礼·秋官·壶涿氏》"则以牡橭午贯象齿而沈"，郑注："故书午为五。"《左·成十七年传》"童夷羊五帅甲八百将攻郤氏"，《国语·晋语》五作午。《管子·七臣七主篇》尹注："啎，古伍字。"东魏敬史君碑"檀越元圄鸾施地五拾亩"，五作仵。隋章仇氏造像"章仇五娘"，五作旿。唐朱孝诚碑"午参之变"即《春秋传》之"伍参"。《尔雅·释言》"逜，寤也"，《释文》："孙本吾字作午。"《庄子·天道篇》"倒道而言迕道，而说者人之所治也"，《释文》："迕音悟。"《周易》系辞注"众之所不迕"，《释文》："本作悟"。《释名·释丘》："当途曰梧丘。梧，忤也，与人相忤也。"《战国策·燕策》"人不敢忤视"，鲍本忤作悟。《韩非子·说难篇》"大意无所拂悟"，《太平御览》的悟作忤。《释姿容》："寤，忤也，与物相接忤也。"《释长幼》："青、徐州曰始婟忤也。始生时人意不喜，忤忤然也。"《汉书·司马迁传赞》："分散数家之事甚多，疏略或有抵梧"，如淳曰："梧读曰迕，相触迕也。"《一切经音义·四》悟古文作啎、遻、迕三形。《左传·桓十四年春秋经》"郑伯使其弟语来盟"，《谷梁传》语作禦。《周礼·夏官·田仆》郑注："逆衙还之。"《释文》："衙本作籞。"《释名·释言语》："御，语也。将有所欲先语之也。"汉碑石门颂"绥亿衙疆"，北海相景君碑"强衙改节"，皆假衙为禦。按御、禦皆从午声，语、衙皆从吾声。《唐韵》午读疑古切，疑母鱼部；吾读疑乎切，不但同母，而且同部。由是言之，午、吾二字声同义通之证也。

九篇《广部》:"廄,马舍也。从广。𣪘声。《周礼》曰:'马有二百十四匹为廄。廄有仆夫。𠩷,古文,从九。'"按《一切经音义》引古文作㫿。《周礼·春官·小史》"以书叙昭穆之俎簋",郑注:"故书簋或为九。"皀为簋之原始象形字。殷虚卜辞廄作𡨦,从攴从宄。兮甲盘作㝌,从又从宄。(详余《释皀》)《唐韵》九读举有切,见母之部;簋读居洧切,不仅同母而且同部。由此观之,皀、九、廄三字声同义通之证也。

十二篇《民部》:"氓,民也。从民。亡声。读若盲。"又十三篇《田部》:"甿,田民也。从田。亡声。"《史记·秦本纪》《集解》引如淳:"甿,古氓字。"《孟子·公孙丑上》"皆悦而愿为之氓矣",《周礼·地官·载师》注作"皆说而愿与之民矣"。后周《开基龙泉院善后记》"畂俗渐归于方便",按畂即甿之声类互易字。民读弥邻切,明母真部;亡读雨方切,明母阳部。由是观之,亡、民二字声同字通之证也。

七篇《齐部》:"𪗉,等也。从齐。妻声。"本篇:"齐,禾麦吐穗上平也。象形。"下《女部》:"妻,妇与已齐者也。从女,从中,从又。又,持事妻职也。中声。"《礼记·曲礼》郑注:"妻之言齐也。"《白虎通·嫁娶篇》:"妻者,齐也。与夫齐体者也。"《广雅·释亲》:"妻,齐也。"本书《雨部》霋字注云:"霁谓之霋。"霋读七稽切,清母脂部;霁读子计切,从母支部;声韵俱近。由是观之,齐、妻二字同声同义之证也。

五篇《虍部》:"虖,哮虖也。从虍。乎声。"虍训"虎文也。象形。读若《春秋传》曰:'虍有余。'"今本《公羊·昭公三十三年》作"人未足而吁有余"。虍读荒乌切,晓母鱼部;吁读况于切,晓母鱼部;同部而且同母。乎读户吴切,匣母鱼部,与吁韵同声近。《吕氏春秋·审应篇》"然则先生圣于",高诱注:"于,乎也。"《庄子·人间世》"不为社会者,且几有前乎",《释文》:"乎,崔本作于。"于读羽俱切,喻母侯部,侯鱼韵近。《庄子·在宥篇》"对云将曰吁",《释文》:"本作呼。"《诗·大雅·荡》"式虎式呼",《释文》引崔本作謼。《汉书·扬雄传》颜师古注:"虖,古乎字。"(《武帝纪》《楚元王传》《贾谊传》《晁错传》《董仲舒传》《孔光传》《司马迁传》《景武昭宣成功臣表》并以虖为呼。)《小雅·白华》"滮池北流",《说文·水部》引作"滮沱"(据宋本)。《周礼·夏官·职方氏》"并州其川虖池"。滮读胡荒切,与虖同读。由是观之,虖、乎二字同音增省之证也。

又本篇:"虞,驺虞也。白虎黑文,长尾于身,仁兽也。食自死之肉。从虍。吴声。"《诗》曰"于嗟乎驺虞",按吴、虍古音皆在鱼部。《诗·丝衣》"不吴不敖,胡考之休",《史记·孝武纪》作"不虞不敖"。《鲁颂·泮水》"不吴不扬",汉衡方碑作"不虞不扬"。《左传·僖公五年》"虞仲",《汉书·地理志》及《吴越春秋》均作"吴仲"。《公羊·定公四年传》"师伐鲜虞",《释文》:"虞本作吴。"《释名·释州国》:"吴,虞也。"由是观之,虍、吴二字同部更旁。

二篇《此部》:"柴,识也。从此。朿声。一曰藏也。"按玄应《一切经音义》卷四引古文柴,今作㓨。又卷十九引字书㓨或柴字,《唐韵》次读雌氏切,清母支部;朿读七赐切,不但同部而且同母。由是观之,柴、朿二字同声加旁之证也。

三篇《齿部》:"齿,口断骨也。象口齿之形。止声。[illegible],古文齿。"由是观之,齿、齒二字同部加旁之证也。

七篇《网部》:"网,庖牺氏所结绳以田以渔也。从冂。下象网交文。网或从亡。"玄应《贤愚经音义》引古文罔、网二形。《唐韵》网读文纺切,明母阳部;亡读武纺切,不但同部而且同母。由是观之,网、罔二字同音增省之证也。

余如《门部》闵"从门。文声"。《唐韵》门读莫奔切,明母文部;文读无分切,不但同母而且同部。闵读眉殒切,声俱同。古部嘏从古,假声。五篇《鼓部》籀文鼓从鼓,古声。鼓读工户切。古读公户切,见母鱼部;假读古马切,不但同母而且同部。嘏读古雅切,声韵全同。《厂部》籀文厂从厂,干声。厂读呼旱切,晓母元部;干读古寒切,见母元部。古音牙声见每与喉音匣、晓混谐。《亢部》古文亢从亢,㞷声。《己部》曩从己,其声。己读居拟切,见母之部;其读居之切,不但同母而且同部。曩读暨己切,声韵全同。《炎部》燄从炎,臽声。炎读于廉切,匣母谈部;臽读户猪切，匣母侵部；侵谈韵近。《明部》萌从明，亡声。明读武兵切，明母阳部；亡读武方切，明母阳部；不但同声而且同部。《有部》戫从有，戫声。有读云久切，喻母幽部；戫读幽母之部，之幽韵近。《青部》静从青，争声。《㓞部》栔从㓞，夬声。㓞读恪八切，溪母至部；夬读古迈切，见母祭部，声韵俱近。《冃部》冒从目，冃声。《冃部》冕从冃，免声。并两字集合声义均同。前儒仅列形声之目，未详古音之原，识高者衔其形声，中庸者叹为本字。今以古籍参互考绎，虽不明其谊，然循声取证，则弇若合符。此关于重复例者二也。

至于考证形声所裨尤多。夫形声者虽一形一声组织而成，然经纬、消长、广约则条理虽异而其为体则一。今以一声数形言之，则《艹部》薵从艹，从水，毒声。《八部》曾从八，从日，囱声。《止部》归从止，雟声。又如《鱼部》鱣籀文作鱣。《门部》闉或从土。《匚部》医、匡或作篋、筐，是篆籀一声两形之所由生也。七篇《宀部》："宝，珍也。从宀，从玉，从贝。缶声。"十二篇《甾部》："虘，垂也。从甾。虍声。读若卢。"矑篆文虘，罏籀文虘，则篆籀有一声三形字也。外如许君不明古谊析一为二、同声同义重见互出者罄竹难书。然求其音声，字谊自达，察其形义，神貌并着。此关于重复例者三也。

若夫字有一形两声者，如《糸部》："紵，檾属。细者为絟，粗者为紵。从糸。宁声。緒，或从绪省。"按绪从者声，者从耂声，宁、者声近字通。本书《木部》楮或从宁声。《周礼·地官·廛人》郑注"貯谓货物藏于市中"，《释文》："貯本作贮，又作褚。"按貯为声类重复字，以此知緒乃一形两声字也。又《网部》网或作罔，网、亡古音同部，则网为网亡皆声字也。又《米部》："稽，多小意而止也。从禾，从支。只声。一曰木也。"按支、只古音同部，则稽为支、只皆声字也。《玉部》："瑁，诸侯执圭朝天子，天子执玉以冒之，似犂冠。《周礼》曰：'天子执，冒四寸。从玉冒。冒亦声。'"按曰：目声同，冒即声类重复字是瑁有两声也。《韭部》："韲，韰也。从韭。次、朿皆声。"是皆一形两声。此关于重复例者四也。

又有宛转屡变而有两形两声者。如七篇《米部》窃"从穴，从米。禼、廿皆声”。于重复例者五也。

《说文》九篇下《厂部》云：“厂，山石之厓岩人可居。象形。”籀文作厈，则象形之外注声旁干矣。又十篇下《尢部》云：“尢，尳曲胫也。从大，象偏曲之形。”或体故作尪。

又十一篇下《永部》云：“永，长也。象水坙理之长。”引《诗》曰：“江之永矣”。又云：“羕，水长也。从水。羊声。”引《诗》曰：“江之羕矣”。

十一篇下《雨部》：“霨，雨貌。从雨。禹声。”十二篇下《曲部》：“𠚕，象器曲受物之形。”又云：“𡿨，骫曲也。从曲。玉声。”皆于象形之外又加声符，皆声音重复例也。

凡此数类皆足证商周文字重复之例与篆籀古文脉络本相承贯，虽散见难明而汇举易晓。后之学者鲜能通方知类，一身罢老不知古籀与小篆字形歧异之点，斯盖经儒墨守旧故之失欤？

【据戴家祥《我的自传》：“与此同时(1928 年)，我写成《商周字例》初稿。1929 年春，寄广州中山大学，请同学余永梁、黄淬伯、朱芳圃诸兄批评指正。余永梁把我的自序选登在中山大学《历史语言周刊》，原稿寄回，藏在衣箱中。不料在斜桥安邻里寓所，原稿连同衣箱一起失窃。惟《重复例的例证篇》，朱芳圃兄认为新颖，抄录一份，故还有副本保存。”】

虔字说（商周字例互易例附录）

叔皮父段云："隹一月初吉，乍铸叔皮父障段，其□子用享孝于叔皮父，子子孙孙宝皇万年永用"。□字龚定盦释民，何子贞释仲，朱建卿释妻，许印林释弟，（并见《攈古录》二之三引）吴式芬阙释。孙籀公曰："今考□字下从女，则与民、仲、弟诸文并不相应；上从□，亦非妻字。吴庴诸释皆不确，信然。窃曰：□当为由。后㝬彝甲胄字作□，上从□，韩侯伯晨鼎作□，盂鼎残字贝胄字作□，并以□为由，与此字上从□相类。此从女从由，当为妯之变体。《说文·女部》：'妯，动也。从女。由声。'即此字也。依声类当为胄之借字。《书·舜典》'教胄子'，《伪孔传》：'胄，长也。'《说文·肉部》：'胄，胤也。'古重宗法，以嫡长子主祭祀，故云：'其胄子用享孝于叔皮父'矣。"（《古籀余论》卷二）

家祥按，孙说非也。□字上从□，与□形绝异。谛审拓本，上半当为虍字。古文虎皆作□，象虎头形，或变体为□。盂鼎字作□，㝬段㝬字作□，不㝬段献字作□，上文虍并与□形近，殆非妯之变体。下文从女，则确不可易。今就此字以隶定之，当为虔形无疑。然字书无此字，声义不可考。以意求之，实即虎之别构，形义互易字也。许书："虎，山兽之君。从虍。虎足象人足。象形。"按虎本象形，小篆从虍从儿，则形声字也。由象形变形声，亦合古文书嬗之通例。易从儿为从女，则以形声相属故也。《说文》八篇《人部》:“㑵,妒也。从人,疾声。嫉,㑵或从女。”十二篇《女部》:“娟,耦也。”或从人作侑。汉碑姒皆作似。金文郳伯鬲伯作攸。齐子仲姜镈百姓作百佳,子禾釜䰟作褸。不嬰毁厥允作厥妴。并人、女互易之证。鱼匕有[illegible]字,从虍从女从几,前儒并释为处。由此可知,虎字以象形变为从女虍声,犹鬼之由象形变为畏也。然则叔皮父毁之[illegible]为虎字异文,于字例殆无乖戾也。

虎子疑作器者名。上文云:“隹一月初吉,乍铸叔皮父隮毁”,下文云:“其虎子用享孝于叔皮父”,则作器者必属叔皮父之子;为其父作祭器,故云:“其虎子用享孝于叔皮父”矣。人名之上冠“其”字,为发语辞,非指物辞,金文本有此例。句鑃铭云:“隹正月初吉丁亥,其[illegible]其吉金铸句鑃,以享以孝,用蕲万寿,子子孙孙永保用之。”[illegible]亦作器者名,而冠以“其”字,与此云“其虎子”文例正同。虎子疑承其父之名为名,犹齐子仲姜镈之𬯀子綸,(据上文綸为𬯀叔之孙,此以王父氏冠其名也。)陈子匜之陈子子。

由是观之,叔皮名虎,殆与汉班叔皮名彪义同。(《说文》:“彪,虎文也。”)古人名虎,多取皮为字。《左传》郑罕虎字子皮,即其例也。然则叔皮名虎,其子名虎子,以意推之,亦足以定其说矣。诸家读为弟子、妻子、青子,率望文生义,不足据也。

【中山大学《语言历史学研究所周刊》第10集第111期,
1929年12月25日】

商代的上帝崇拜和祖先崇拜

根据世界各民族的历史发展，父系社会的形成和私有财产的发展，宗教形式上才有祖先崇拜。随着原始公社制解体，及奴隶制时代的原始宗教产生，崇拜自然界事物的宗教，逐渐让位给所谓多神教。随着社会分为统治与服从两阶级，神与神的关系也建筑在统治与服从上面，神也分成了上级与下级，最有力与次有力的。在现实世界中，在社会阶梯上的巅峰上坐上一个皇帝；在宗教世界中，也照样在一次要的神的头上摆上一尊主神。（恩格斯《家庭私有制及国家之起源》）我国商代出现了国家政权，这在考古工作者多年发掘中已经获得了证实。不过在宗教形式上崇拜哪些神，这些神的崇拜是否反映了当时社会的物质条件和社会性质，似乎还有再行讨论的必要。

一

根据卜辞的记载，商代上层分子对死者有隆重的祀典。罗振玉《殷虚书契考释》从《铁云藏龟》《殷虚书契前后编》各书中辑录了一千一百六十九条，分别为祭祀、卜告、卜享、卜出入、渔猎、征伐、卜年、风雨、杂卜九大类，其中祭祀祖先的卜辞几占总数的一半。这就说明了商人的宗教，反映了父权家长制在商代已经有了强固的基础。

我们在古代遗留的文献中，还发现商代有一尊主神—上帝（或单称帝）有绝对的权力，现实世界的帝王也得完全听命于它。如：

> 予（商汤）畏上帝，不敢不正（征）。（《史记·殷本纪》引《汤誓》）。
>
> 上帝弗常（尚），九有以亡，上帝不顺，降之百殃。（《墨子·非乐篇》引《汤之官刑》）。
>
> 肆上帝将复我高祖之德，乱（治也）越我家。（《商书·盘庚下》）。
>
> 我闻在昔，鲧垔洪水，汩陈五行，帝乃震怒，不畀洪范九畴。（《周书·洪范》）
>
> 纣越厥夷居不肯事上帝，弃厥先人神祇不祀。（《墨子·天志中》）引《太誓》。
>
> 荡荡上帝，下民之辟，疾畏上帝，其命多辟。又曰：匪上帝不时，殷不用旧……曾是莫听，大命以倾。（《大雅·荡之什》）
>
> 殷之未丧师，克配上帝，宜鉴于殷，骏命不易。（《大雅·文王》）
>
> 古帝命武汤，征域彼四方。（《商颂·玄鸟》）
>
> 帝命不违，至于汤齐，圣敬日跻，昭假迟迟，上帝是祗，帝命式于九围。（《商颂·长发》，据魏源《诗古征》及王国维先生《说商颂》，判断它为春秋时宋人祭祖之诗。）

历来学者对于这些史料的时间性估价不一，特别是晚近所谓疑古派，采取了一臂推倒的态度。现在第一手资料—殷虚卜辞告诉我们，商代的上帝确实具有无上的权力，是一切次要神头上的一尊主神，和古文献资料中的情况并无多大区别。

据殷虚卜辞，上帝之下有“五臣正”做他的辅佐，文云：

> [illegible]又于帝五臣，又大雨。
>
> 王又岁于帝五臣正，佳亡雨。

辛亥卜，五臣彭。（《粹》一三）

上帝有呼风唤雨的力量：

羽癸卯，帝其令风—羽癸卯，帝不令风。（《乙》二四五二、三〇九四）

帝令雨足年。帝令雨弗其足年。（《前》一八、五〇）

今三月，帝令多雨。（《前》三、一八、五。）

帝及四月令雨—帝弗其及今四月令雨。（《乙》三〇九〇）

自今至于庚寅，帝令□。自今至于庚寅，帝不其令雨。（《乙》三六八二，十五五七八）

有降蒉（唐阑释旱）、降馭、降若的威权：

帝其降我蒉—帝不我降蒉。（《乙》七七九三）

□帝隹期降馭—□帝不降馭。（《汉》五，二一）

我其已宾乍，帝降若。（《前》七，三八，一）

我勿已宾乍，帝降不若。（《粹》一一一三）

还有可能使现实世界的国王受祸，受佑，受福，受佐，受保：

帝其乍（作）王祸—帝弗乍王祸。（《乙》一七〇七十四、八六一）

伐邛方，帝受我又（祐）。（《林》一、一一、一三）

帝弗其福王。（《下》二四、一二，《库》五六一）

帝弗𠂇（佐）王。（《库》七二〇）

帝弗缶于王。（《铁》一九一四）（按缶即保之假字，《韩非·难势篇》“而势位足以缶贤者也”是其证。）

因而现实世界的专制君主，要经常地向上帝进行祈年、求雨、宁风以及有关国运的祈祷。卜辞“戊戌卜，其𠦪年于帝”。（《库、方二氏所藏卜辞》一七三八）相传商汤的时候，天大旱，五年不收，商汤“于是剪其发，鄜其手，以身为牺牲，用祈福于上帝”。（本《吕氏春秋·季秋纪》）这个故事普遍地见之于周秦诸子，可见上帝在商人的宗教世界中是一尊至上的主神。

二

关于商人所崇拜的上帝究竟是谁呢？汉唐以来都没有解说。梁启超《先秦政治思想史》虽然作过一番资料的排比，只是启示商周两代天和帝的观念有某些演变。较后的古史辨派把传说中的五帝统统归纳在宗教世界中的神，至于为什么有这些神，却没有说出其所以然来。惟郭沫若《先秦天道观念之进展》指出，商人所崇拜的帝或上帝就是他们的祖先神，换句话说，上帝和祖先事实是一个。主要论证有三个：(一)根据《山海经》至上神之帝即帝俊，则卜辞之帝或上帝亦当即夒，若高祖夒也。(二)根据《左传・昭公元年》的话："昔高辛氏有二子：伯曰阏伯，季曰实沉，居于旷林，不相能也。日寻干戈以相征讨，后帝不臧，迁阏伯于商邱，主辰，商人是因，故辰为商星；迁实沉于大夏，主参，唐人是因，以服事夏商。"阏伯、实沉的故事是天上的故事，所以在高辛氏、陶唐氏都是天神或上帝。(三)商族在氏族社会阶段以玄鸟为图腾，到了战国时期，又加上帝喾与简狄的关系，帝喾是在天上的，玄鸟乃天人的媒介。

郭氏的论证未始没有问题，但是原则性是讲得通的。因此，翦伯赞的《中国史纲》、吕振羽的《中国简明通史》关于商人的宗教信仰都采用其说。最近赵光贤在《争鸣》杂志第二卷发表《商族的上帝与祖先》，首先否定了郭氏所据的《左传》《楚辞》《山海经》的史料价值，说这些书都是战国以至汉人的东西，没有力量证明商人的上帝就是祖先。况且卜辞也并不以高祖夋为上帝。商人一向用帝字指上帝，而不指人王。卜辞中只称高祖夋，而不称帝夋，从而就推翻了他的第一论证。

阏伯、实沉的故事，未必不是把人间的传说附会到天上去，商人传说中的先公也没有阏伯，可见这二子的传说并不能证明商人认自己的祖先是最高的天神，因而否定了他第二论证。

卜辞中的凤字一般假借为风，并不做凤凰解。帝史凤，是帝使命风师，并非上帝的使者凤凰。郭氏以风师为凤凰，又以凤凰即天人的媒介玄鸟的说法毫无是处,因而否定了他的第三论证。

赵氏且强调解决上帝是不是祖宗神,不当求之于晚出的古书,应当求之于商人自己的卜辞。从卜辞来看,商王都是向祖先有所祈求,对上帝则只有恭顺听命,祖先和上帝在商人思想中是大有区别的。

赵氏纠正郭氏对于史料的曲解是有一定力量的,不过认为只有卜辞可靠则未免太过。王国维先生对于古史材料的处理,曾经有过这样的意见:

> 研究中国古史,为最纠纷之问题。上古之事,传说与史实混而不分,史实之中,因不免有所缘饰,与传说无异;而传说之中,亦往往有史实为之素地。二者不易区别,此世界各国之所同也。……吾辈生于今日,幸于纸上之材料外,更得地下之新材料。由此种材料,我辈固得据以补正纸上之材料,亦得证明古书之某部分全为实录,即百家不雅驯之言,亦不无表示一面之事实。此二重证据法,惟在今日始得为之。虽古书之未得证明者,不能加以否定;而其已得证明者,不能不加以肯定,可断言也。

《左传》的作者及年代问题,现在仍在聚讼之中。《山海经》一书,其文不雅驯,其中人物,世亦以子虚乌有视之。而王亥之名,竟于卜辞见之。其事虽未必尽然,然而其人则确非虚构。《楚辞》虽像辞赋家言,而《天问篇》前后所陈,又皆商家故事,与《山海经》《竹书》同出一源。(王国维先生说)可见古代传说存于周秦之间,并非绝无根据,问题在于我们如何处理这些传说资料。

周秦诸子传说上古的历史,虽然不免有意无意地羼杂些时代意识,或者个人的主观意图,使某些史实走样,然而在宗教问题上我们始终觉得关系不大。恩格斯说:"宗教一经形成,它永远保存着一些留传下来的材料。像在一切意识形态领域内一样,传统乃是巨大的保守力量,不过这些材料所遭遇的变化,则是由推进这些变化的人们的阶级关系,亦即经济关系发生的。"(《费尔巴哈论》)

卜辞成于盘庚迁殷以后，距周初不过二百多年，在落后的生产工具制约之下，经济关系基本上很少变化，宗教形态岂能起巨大的变化？

三

解决商人的上帝崇拜是不是祖先神的化身，不当光靠传说资料或者殷虚卜辞，还得从语源上推测古代帝字的涵义。第一，必得把基督教徒的上帝区别开来。因为外来的宗教，在开始传入的时候，往往借别国的成语译自己的名词。如魏晋的佛经译菩提为道，译佛为圣人；大秦景教流行中国碑译基督徒为僧；最早的犹太教经典译阿拉伯罕为阿罗汉。语言的形式虽然相同，但是概念绝对不同。我们若以基督徒的上帝概念来体会商人的上帝，那就必然得不到客观的结论。其次，我们要把上帝和秦汉以后的皇帝称号区别开来。现实世界的专制君主采用“古帝位号”倡议于战国末年，即鲁仲连义不帝秦之争，而以秦始皇为第一人（《史记·秦始皇本纪》）。因此汉人才有“帝，君也”，（《尔雅·释诂》）“帝，尊号也”（《春秋繁露·三代改制质文篇》）的语义。郭氏没有区别商周时代的帝和秦汉以后帝字有了语义上的不同，因而说卜辞中也有一例称上帝的，惜乎上下的文字残缺，整个的辞句不明，但由字迹上看来，是帝乙时代的东西，大抵殷代对于上帝的称号，到晚年来，在帝上是加了一个上字的。郭沫若的意思，这个至尊无上之神，所以由帝而改称上帝者，是因为殷末国王如帝乙、帝辛皆称帝，有了上帝，一定有下帝，上帝所以别于下帝也。这个论点是值得考虑的。我们不妨分别检查一下，卜辞里的上帝是否到帝乙时代才有。除他所见的一条之外，据陈梦家搜得的材料，分明还有：

□□卜争□上帝降熯。”（《师友》一·三一，《存》一·一六八）武丁时代

……出……上帝……兄。（《上》二八·一四）

叀五鼓，上帝若王又又。（《甲》一一六四）廪辛卜辞

既𦎫于上帝。(《邺》三上三三)乙辛金文

年代都远在帝乙之前,这是值得考虑的第一点。

其次,我们根据现有的卜辞,而且经过多数专家考定者,在商王十七世中,有廿九王见于卜辞,帝乙、帝辛二名至今没有发现。帝乙之名见于《周书·多士》《多方》两文;帝辛之名见于《国语·周语》。《周语》且称十二世的祖甲为帝甲。(《三代世表》亦作帝甲)《帝王世纪》称十五世的文丁为帝文丁。(《太平御览》八十三引)《史记·殷本纪》载商代的三十一王,每人都加上了一个帝字,和殷虚卜辞完全不符。我们虽然不敢说帝乙、帝辛一定没有称帝,但祖甲、文丁没有称帝则是铁一般的事实。可见商王生前并不称帝,帝乙、帝辛都是死后加上去的,犹如《虞书》称帝尧、帝舜、帝禹,《史记·夏本纪》称帝太康、帝中康一样。

帝字的语源到底怎样来的呢?清人吴大澂有篇很好的考证,他说:

> 《白虎通》《说文解字》《孝经援神契》《书·尧典序》疏皆曰:"帝,谛也。"大澂窃疑谛为后起字。上古造字之始,不当先有谛字。以帝之大与上帝、天帝并称,何独取义于审谛,此不可解也。尝见潘伯寅师所藏旧拓本,有一卣盖文曰:"▽己且〇[illegible][illegible]。"又甘泉毛子静所藏鼎文曰:"▼己且〇[illegible][illegible]。"古器多称祖某、父某,未见祖父之上更有尊于祖父之称。推其祖之所自出,其为帝字无疑。许书帝古文作[illegible],与鄂(萼)不(跗)之[illegible]同意,象华蒂之形。周悆鼎作[illegible],䎃簋作[illegible],𪯛狄钟作[illegible],皆▽之繁文,惟▽、▼二字最古最简。蒂落而成果,即艸之所由生,枝叶之所由发。生物之始,与天合德,故帝足以配天。虞夏禘黄帝,殷周禘喾,禘其祖所自出,故禘字从帝也。《吕览·下贤》注:"帝也者,天下之适也。"古嫡字通作適。《广雅·释诂》:"適,君也。"《诗·江有汜》序:"適能悔过",《释文》:"適,正夫人也。"《公羊传》"立適以长不以贤",注:"適谓適夫人之子。"古文適作啇,从帝从口。適妻如果之有蒂,一本之所生也。(《字说》)

帝字的语源起于花蒂,宋人周伯琦已经发现,比他更早的经师也有过同样的理解。“帝者生物之主，兴益之宗。”(《易·益》王弼注)“因其生育之功谓之帝。帝为德称也。”(《礼记·郊特性》孔颖达疏)

汉人去古未远，对于古代的语言自然比后世有较多的了解。《礼记·曲礼下》：“君天下曰天子……临祭祀：内事(祭祖)曰孝王某，外事(祭神祇)曰嗣王某。临诸侯，畛于鬼神，曰有天王某甫。”崩后，“措之庙，立之主，曰帝”。《大戴礼记·诰志》：“卒葬曰帝。”这都说明了秦汉以前的帝为死后之称。蒂落而成果实，即种子之所由出，因此名始祖曰帝。换句话说，上帝和祖先在语义上说来，一是二，二是一者也。

现实世界的专制君主所以能够成为专制君主，在宗教意义上说是因为“昊天其子之”(《周颂·时迈》)。商纣所以亡国，是因为“皇天上帝，改厥元子……兹大国殷之命”。(《周书·召诰》)周族之所以代殷而有天下，是因为周族的统治者已经“闻于上帝，帝休，天乃大命文王，殪戎殷”。(《周书·康诰》)现实世界的国王和上帝有着父子的关系，所以只有“王用享于帝”。“禘，帝也。事尊明帝，故曰禘。”(《旧唐书》引《礼记》卢注)“礼：不王不禘。王者禘其祖之所自出，以其祖祀之。”(《礼记大传》)商人自称他们的始祖契之生，是由于“天命玄鸟”；周人自称他们的始祖弃之生，是由于天帝的足迹，都不过说明“唯天子受命于天”(《礼记·表记》)、“王者天太祖”(《荀子·礼论》)的宗教意义和只有“天子祀上帝”(《国语·鲁语》“曹刿谏庄公如齐观社”)的道理。

赵光贤说卜辞只称高祖夋，并不称帝夋，反证商人并不以高祖夋为上帝。我的意见刚相反，卜辞称[illegible]和王亥为高祖，亦惟高祖[illegible]、相土、高祖王亥及[illegible]四个人的祀典用燎礼，自上甲以下的诸王却不如此。《说文》“燎，柴祭天也”，“烧柴焚燎以祭天神”。可见高祖[illegible]、相土、高祖王亥及[illegible]四人已经以祖先的身分而天神化了。这是一证。“王者天太祖”所以只有“郊祀天”的大祭曰禘。(《礼记大传》郑注)“祭昊天于圜丘曰禘。”(《国语·鲁语》韦昭注)卜辞“贞帝于王亥”(《殷虚书契后编》卷上第四页十七版)是二证也。“有虞氏禘黄帝而郊颛顼”(《国语·鲁语》)。“周武王克殷纣，乃复求舜后，得妫满，封之于陈，以奉帝舜祀”(《史记·陈杞世家》),金文陈侯因齐錞称“高祖黄帝”,可见享受帝礼祀典的天神,也就是本族的最高祖。是三证也。展禽说:“故有虞氏禘黄帝而祖颛顼,郊尧而宗舜。夏后氏禘黄帝而祖颛顼,郊鮌而宗禹。商人帝舜而祖契(《礼祀·祭法》作‘帝喾而郊冥’),郊冥而宗汤。周人帝喾而郊稷,祖文王而宗武王。”(《国语·鲁语》上)

依《史记·五帝本纪》,黄帝为虞舜九世祖。黄帝生昌意,昌意生颛顼,颛顼为虞舜七世祖。《夏本纪》,黄帝为夏禹五世祖,以颛顼配黄帝而祭,是禘其祖之所自出(高祖),以其祖(宗祖)配之也。《殷本纪》,契为商汤十四世祖。契的祖先是谁,司马迁没有明言。近来考古学家都以《山海经》中的帝俊当甲骨文的高祖夒。俊、舜音近,故《国语》误作舜。帝喾为周文王十六世祖,弃为十五世祖。这些世系是否可靠是另外的问题,作为说明上古时代以远祖为本族最高神的宗教信仰,标志着本氏族集团有共同血缘的关系。摩尔根调查“不大出名的氏族也有共同的宗教仪式,有共同的超人的祖先,有共同的系谱,正与有名的氏族一样”。(《古代社会》)但是氏族的系谱已经十分湮远,以致氏族的成员除了有比较近些的共同祖先的少数场合以外,已经不能证明他们之间确实有相互的亲族关系了。恩格斯说:

“原始的宗教表象,大概是一切有血缘关系的民族集团所有的。这些集团分裂之后,便在各民族中随其所遭遇的生活条件不同而独特地发展起来,而且这一思想过程,在一系列民族集团中,主要在亚利安族(所谓印度欧罗巴族)中,已经由此比较神话学详尽地论证明白了。各民族这样创造出来的神,都是本民族的神。神的王国不会越出它们所保佑的民族领域,出了界线,便由别的神不容争议地主宰着。只有那民族存在的时候,这些神才能在表象中生活着,随着民族没落,它们也就没落了。”(《费尔巴哈论》)

虞、夏、商同样地有祖先崇拜的宗教信仰,也同样地把祖先神升化为最高主神,但是周人的上帝自是周人的上帝,商人的上帝自是商人的上帝,“神不歆非类,民不祀非族”(《左传·僖公十年》引狐突的话),“鬼神非其族类，不歆其祀”(《左传·僖公二十一年》宁武子说)。从虞、夏、商、周创造出来的神来看，虞、夏或许是有血缘的关系，商、周两族则肯定没有。

四

由于以上的事实综合研究，我们应该肯定商人的上帝崇拜，实质上就是祖先崇拜。这种崇拜是渊源于父权家长制时代，历虞、夏、商、周一段漫长的历史。这时期的上帝，大概是一切有血缘关系的氏族集团创造出来的祖先神。

随着阶级社会的出现，国家政权的出现，专制君主的出现，宗教领域内便产生了天廷组织和最高主宰者的上帝。专制君主生前统治着现实世界，死后升化为宗教领域内的上帝，主宰着本民族的灵魂世界。即或不然，也得“在帝左右”。(《大雅·文王》及猶钟铭文)

宗教一经形成，是有着巨大的保守力量，如果经济关系和阶级关系没有巨大的变化，宗教信仰在短时期内不至于变化。研究商代的宗教信仰，不必拘守着第一手材料—殷虚卜辞，即较晚的传说资料，亦不无表示一面之事实。赵光贤的批评精神不无可取，惟事实上不能推翻郭沫若上帝就是商人的祖先神的论点。

【据戴家祥《我的自传》：(1957年4月)，“在全校科学报告会上做了《商代的上帝崇拜和祖先崇拜》的学术报告，用大量文献资料证明现实世界的最高统治者，就是灵魂世界的最高统治者——上帝的子孙。灵魂世界的上帝，反过来就是现实世界的最高统治者已经死去不知年数的始祖。所以只有天子才有资格祭祀上帝(禘)。这实际上就是祖先教。师大领导原计划在《华东师大学报》(社会科学版)发表，后因“右派”问题不准采用，原稿被毁。”】

甲骨文的发现及其学术意义

一

商代国家的建立，距今约三千九百多年。据各家所载，由成汤至纣之灭，凡十七世三十一王，共四百九十六年（据《竹书纪年》）。这四百九十六年间的历史事实，孔子已有文献不足之叹。商纣之亡，离孔子之生，不过五百十五年（据唐兰推算），等于现在上溯到明宣宗时代，文献已不足征。何况孔子死后，离现在又二千四百三十三年。不料后于孔子二千多年的我们，所遇到的商代文献，却远胜于孔子所见。谁晓得孔子所不足征的殷礼，到现在居然可征了。

这些可靠的商代文献，是在一八九九年（光绪二十五年）发现的。它初发现时，被掮客商人拿到中药铺里冒充"化龙骨"去卖。直至第二年，才有一位潍县的古董商人范维卿，选取了八百片刻有文字的甲骨向福山王懿荣兜售。王懿荣是潍县陈介祺（簠斋）的受业弟子，对古代文物具有一定程度的鉴别能力。范维卿因陈介祺的同乡关系，专以贩卖古物往来官僚地主之间，因此，这新鲜的古物——甲骨文，便由中药掮客转移到古董掮客之手了。

一九〇〇年，帝国主义分子制造了"庚子之乱"，在占领北京的时候，杀害了王懿荣。王懿荣的儿子翰甫，将所有的甲骨卖给《老残游记》的作者丹徒刘鹗(铁云)。刘鹗又托古董商人再行搜集。一九〇三年，选印千〇五十八片为《铁云藏龟》六册。这是甲骨文字由发现到成书的第一阶段，距现在已经五十八年了。

关于刘鹗的生平情况及以后的遭遇，据罗振玉的《五十日梦痕录》记载，大概是所谓洋务派革新人物。他说：

> 铁云，振奇人也……精于数学，曾从事治河事业，复主张修造津镇铁路；又与山西巡抚筹划借外债，开掘山西铁矿，因而被人诋为汉奸。庚子之乱，刚毅奏君通洋，请明正典刑，以在沪上幸免。……联军入都城，两宫(光绪及慈禧太后)西幸，都人苦饥，道馑相望。君乃挟资入国门，委赈恤。适太仓为俄军所据，欧人不食米。君请于俄军，以贱价尽得之，粜诸民，民赖以安。而数年后，柄臣某乃以私售仓粟罪君，至流新疆死矣。

刘鹗死后，所藏的甲骨又转卖给上虞罗振玉。罗振玉再扩大收购，共得三万多片，陆续印行《殷墟书契前编》《后编》《菁华》《铁云藏龟之余》等书六七部。

甲骨文发现以来，瑞安孙诒让是第一个从事考释研究的人。他看见刘鹗的《铁云藏龟》印行，穷两月之力，写就《契文举例》二卷，书成于一九〇四年(光绪三十年)。一九一六年，副稿在上海旧书店被王国维先生发现。甲骨文由古董玩好提高到学术研究，这是第二阶段。

一九二八年，伪中央研究院派董作宾到安阳试掘。一九二九年，考古学家李济之等正式组成组织科学的发掘殷墟，所得将近十万片，而学术研究的范围也进一步地扩大。甲骨文由偶然的发现，到有计划的实地搜求，这是第三阶段。

甲骨出土，到现在已有五十八年的历史，图录编纂和考释研究不下五六百种，胡厚宣教授《五十年甲骨学论著目》，便是介绍这些重要论著的目录提要。

甲骨文出土有多少数量，到现在为止，还没有正确的统计。据我个人所知，罗振玉藏三万片（现在一部分归山东博物馆），刘体智藏二万八千片（现归中央文化部），北京图书馆及其他文化机关约计藏有五万多片，散在私家的约五千多片。蒋帮劫往台湾的约有二万五千片。流散国外的，以加拿大人明义士（彰德府长老会牧师）为最多，大约运走五万片。日本林泰辅、富冈谦藏、内藤虎次郎、三井源右卫门、河井仙郎、中村不折、高田忠周、后藤朝太郎，以及欧美帝国主义明取暗窃而去的不下一万五千多片。内容的丰富，超过世界上任何考古发现。

二

我国第一个从事甲骨文考释的孙诒让先生，是皖南学派的后劲，是先秦礼制专家，一生著作以《周礼正义》《墨子间诂》为最精，其所著《古籀拾遗》《古籀余论》也有卓越的发现。《契文举例》局限于《铁云藏龟》一部书的材料，贡献并不很大。不过甲骨出土以后，他是第一个开荒工作者，对后人来说有一定的鼓动作用。

继孙诒让之后而为甲骨文研究工作的，当推罗振玉。罗振玉在《契文举例》副稿未发现之前，已草成《殷商贞卜文字》一卷，（一九一〇年出版）一九一一年又写成《殷墟书契考释》。从此以后，甲骨文遂成为专门学问，学者的研究热情也骤然提高起来。

罗振玉的主要成就，是把甲骨出土的地点考证出来。过去收藏文物的官僚地主，都坐在家里等着古董商人上门，很少注意这些文物的来处。刘鹗自序《铁云藏龟》说："出土在河南汤阴县属之古牖里城"。孙诒让《契文举例》亦跟着刘鹗的错误。其实刘鹗是得自古董商人的诳语，孙诒让则又从刘鹗的错误，以误传误。

罗振玉于一九二二年亲自探访到真正的出土地点，是河南省安阳县西北五里小屯的东北地。安阳县四面都是平原，惟安阳河流经的东南，有一个稍为隆起的土丘，那就是大批龟甲兽骨出现的地区，而被《彰德府志》所误会为“河亶甲城”者也。据《史记》“河亶甲居相”，地点是现在内黄县东南，不在安阳。罗振玉在这个地区瞧望了很久，才敢判断为《史记·项羽本纪》项羽约章邯“乃与期于洹水南殷墟上”的“殷墟”。罗振玉为什么敢认现在的安阳河就是古代的洹水呢？他是根据宋（刘宋）裴駰的《史记集解》引臣瓒曰：“洹水在今安阳县北，去朝歌殷都一百五十里。”《水经注·洹水篇》：“洹水出山东，径殷墟北”，又云：“洹水自邺东径安阳城北”，又引《魏土地记》：“邺城南四十里有安阳城，城北有洹水东流者也”。以上一系列的文献，都说安阳城北有洹水，洹水之南有殷墟，现在龟甲兽骨出土的地点正在安阳县西四五里的小屯，而小屯正处于安阳河的南面，安阳河非洹水莫属，而小屯之为殷墟也是无容争辩的了。罗振玉这一判断，有足够的文献证明，因此为史学家所公认。这个出土地点一经确定，对殷商的历史研究来说，是指出了最可靠和最基本的方向。因是，甲骨文和罗振玉的名字大有不可分的样子。

三

甲骨文是商代王室的史官，把贞卜的原因及后日的应验，用朱或墨的毛笔写在龟甲或牛肩胛上，用铜刀或玉刀刻划出来。因它的质料为龟甲或兽骨，所以称之为甲骨文；又因它多数是贞卜的记录，我国有些学者又称之为殷墟卜辞或殷墟书契。契者，刻也。

贞卜是商代奴隶主阶级和祖先打交道的一种宗教形式，其方法是用牛羊的肩胛骨，或田龟的腹甲，削治平滑，在它的背面先凿后钻，再用火灼，经过三道手续，正面出现了坼裂的纹理来。商王有一种“齐肃衷正”的特定人物—巫觋，就从它的纵横纹理里看有什么预兆。预兆有吉有凶，因此必须把卜问的内容和兆文的预示记录下来，以供来日的参考。殷墟发现的十数万片甲骨，几乎十之八九为武丁、祖庚、廪辛、康丁、武乙、文丁、帝乙、帝辛七世九王的卜辞。

骨卜的宗教形式起源很早，流传也很久远，最早的见之于龙山城子崖新石器时代遗址，较后的发现于河北邢台县、陕西西安市，还有山西省的赵县。邢台、西安是西周的文化遗址。赵县据考古学者初步判断，大约近于春秋时代。而宋元时代的文献记载，西夏、蒙古兄弟民族也还流行着这种骨卜的习惯。

按照商代的宗教：现实世界的专制君主的高祖，就是宗教世界的最高主神—上帝。上帝是王室的祖先，所以称国王为天子。天子死后又上升到天廷，在帝左右；有的被选为日月星辰诸自然现象的掌管者。因为宗教世界最高主管者上帝，就是最高统治者高祖，分掌自然现象的神祇就是最高统治者的先公或先王，所以国王事无大小，都得由上帝和祖先作出决定，诸如祖先神祇的祭日，牺牲的毛色和品类，牺牲、酒鬯的数量，风雨、日月食等天象的变化，以及今夕来旬的吉凶休咎；还有边鄙的被侵，对外战争的发动，都邑迁徙；更细小的问题，如时王的巡行、田猎、疾病；都得通过巫觋用贞卜的方式向上帝或祖先请示。上帝或祖先又通过甲骨的兆文给商王以预示。国王在上帝或祖先的预示之下做出的行动，一切都变成了合法的行动。因为国王自己不是最高决定者，只是受命的执行者。

四

一九二九年以前的甲骨，都是私家盗掘出来的东西，同时又卖进了私家的柜架，往往把一块甲骨分裂在各个地方，变成了残篇断简，这就增加了学术研究上的不少困难，同时也不容易成功一部较完全的《甲骨文字典》。据个人所知，到现在为止，甲骨大约有三千五百多个单字，正确可信的考释，完全符合于古文字结构规律的，还不到一千字。此外都属于主观的猜测，较好的也不过是一种较有道理的假定。

世界各先进国家的文字发生及发展的规律，先有象形，最初的象形文字从绘画发展而来，写字就等于画画。直至若干年后，绘画和文字才分了家，各走各的路。

甲骨文字已经不是书画同体的原始阶段。它已经把绘画做过一番概略的、简化的加工工作，离文字的产生一定有一段漫长的历史。

社会越向前发展，事物的联系越多，在社会中交际的语言也愈来愈丰富，作为记录语言的工具—文字也不得不为了满足客观需要，不断地“增产”和不断地补充。因此象形之外，又有表意作用的指事、会意和表音作用的假借、形声。甲骨文中已经具备着象形、指事、会意和假借、形声五种结构规律，绝非短时期所能完成。换句话说，甲骨文事实上并不是我国最原始的古文字。

不过甲骨文的写法极不稳定，根据现有的卜辞，几乎没有一个字固定于一种形态的写法，个别的竟达几十种之多。一字的笔画多少不拘，正反不拘，形声变换不拘，不但不象秦统一以后的文字基本上一字一形，即较之西周的金文，变化的幅度也大得多。这就说明了这一阶段的文字，还保留着一定程度的原始性。

在文字发明之前，我们的祖先度过了漫长的岁月，一些原始的生产经验，至多只能靠口讲指划指导给年青的一代。可是这种指导受种种条件的限制，只能及身而止。后来的年青一代，很难在前人的经验继承上进一步提高，这就决定了原始社会迟缓发展。直至我国人民完成了文字的创造，那许多过去的条件限制才被打破，所以历史学家称文字的出现是标志着文明时代的开始。

三千年的汉字，虽然由大篆、古文而小篆、隶书，由小篆、隶书而变为楷书，经过不断的简化和许多后期字的孳生，但它构成汉字的基本规律—六书，并未完全推翻。也就是说，没有商代的文字，就没有东周的大篆、古文，没有东周的大篆、古文，也就没有我们现代的汉字。文字是积累经验，扩大智慧，推动人类社会进步的唯一工具。我们伟大的祖国所以被称为世界文明古国之一，有它一套十分完整的历史经验，都得归功于千百万创造者完成了文字的创造。殷墟甲骨文是已经经过了长时期的创造过程，把祖国的历史推向新的阶段。

【《历史教学问题》，1975年第3期】

王静安先生与甲骨文字学的发展

殷墟甲骨从药材掮客转到古董商人之手，距今八十多年历史，再从古董玩好进而为学术研究，也已七十多年。而它的史料价值，早已引起全世界史学家的重视。作为中华人民共和国的史学工作者，是值得自豪的。

任何一种学说的兴起，都不是偶然的，都有它的发生发展过程。甲骨文所以成为一门学科，首先是建立在朱为弼、徐同柏、吴大澂等人的金文研究的基础之上，同皖南经学的体系也有着血肉相连的关系。

对甲骨文试行考析的，是皖南派经学后劲瑞安孙诒让（仲容）。上虞罗振玉（叔言）及海宁王静安先生则后来居上，做出更多的贡献。孙氏一生，差不多全神贯注在《周礼正义》一部书上。为了写好《周礼正义》，不得不从事先秦古籍的精校与细读，其《尚书骈枝》《周书斠补》《大戴礼记斠补》《墨子间诂》和《札迻》等，都是《周礼正义》的副产品。他对金文甲骨的研究，虽然仅占其一生精力的极小部份，但他的《古籀拾遗》《古籀余论》却被誉为闳通而又颇守矩矱的典范。《契文举例》成书于1904年，取材局限在一部《铁云藏龟》1058片。对于先秦古音韵的部分，也仅仅看到顾炎武、江永、戴东原、孔广森、段玉裁诸家之作，他自己的创见并不太多。

罗叔言比孙氏晚生十八年，正值古文物大量出土的时代，他一个人收藏的甲骨就有三万多片。与他同好的亲友，以拓片相赠送相交换的，更不知有多少。拿材料占有来讲，孙氏是不能跟他比拟的。并且罗氏的知识是多方面的，不像孙氏那样把全部精力都放在先秦时代。

静安先生又晚罗氏十一年。他自己虽然没有一片甲骨私藏，但较长时间和罗氏相处，后来又结成儿女亲家。凡是罗氏所能见到的，他都有机会见到。再加在少年时期就掌握了英、德、日等几国文字，具有现代的科学知识。特别是由于敦煌石室唐写本古籍的大量发现，他从英人斯坦因、法人伯希和那里取得了宋以后即已佚失的隋陆法言《切韵》残本、唐长孙讷言笺注本《切韵》残本的照片。看到了蒋梦蘋买到的唐写本孙愐《唐韵》残本，看到了清宫收藏的唐写本王仁煦《刊谬补缺切韵》残本。肯定唐人韵书，有关韵目的分部，部次的改动，在音理上不无贡献。1916年，在上海又先后看到了极其难得的歙县江有诰《音学十书》道光辛卯(1831年)初刻本和咸丰壬子(1852年)重刻本。1923年又在北京获见高邮王念孙《训诂韵书》的手稿本。在音韵训诂一行，囊括了七大家的所有知识，并且在周代金石文韵中证实先秦“古音廿二部之目，遂令后世无可增损”。

人们重视金文甲骨文研究，不是为了猎奇。因为学会古文字，是打开殷周史料宝库的一把钥匙。钥匙对不上号，史料宝库的门槛是跨不进的。根据孙氏、罗氏、静安先生的教导，识字这个关并不难过，但是必须具备形、声、义三方法的基础知识。形，是指从秦篆、籀文上溯到金文，由金文上溯到甲骨文，找出形体变化本身的规律，同时也不排除六国时代不规则的“古文”。《玉篇》《一切经音义》《广韵》《集韵》《汗简》和《古文四声韵》也或多或少残存着一些重文或者所谓异体字。但这只能排在第二位，允许有条件的利用。

声音是语言的外壳，是气流经过声带，再与喉舌唇齿各个器官不同的接触发出的声响，这是自然的物理现象。但是，由于祖国历史悠久，疆域辽阔，兄弟民族迁徙往来，使汉族语言变得复杂化了。我们只要划定了自己所要研究的先秦文献范围，就可以分别出声和韵的古今区别，或者地域区别。

从钱大昕发现“古无轻唇音”“古无舌上音”“古无深喉浅喉之分”，章炳麟发现“娘日归泥”以来，近人又提出了许多新的观点，对于古声母的探索又前进了一步。江有诰在论证古韵廿一部的同时，又提出通韵合韵的原则：凡是顺序紧接的两部，可以通韵；超越顺序隔部合用的成为合韵；既非通韵又非合韵的通假字，可以考虑阴阳对转这一原则。

字义是语言的内容。《尔雅》《方言》《释名》《广雅》诸书，实际上是集中了汉魏以来古汉语学的所有资料，分门别类地编纂而成的工具书。清代学者郝懿行、钱绎、毕沅、王先谦又加以疏证，特别是高邮王念孙的《广雅疏证》，成绩更为可观。后来阮元的《经籍纂诂》告成，不但资料更集中更丰富，而且使用起来也更方便。这些条件，三百年前的知识分子是享受不到的。

孙氏、罗氏、静安先生虽然都具备了这三方面的渊博知识，但各有自己不同的侧重点。孙氏的侧重点，比较多的从先秦语法辞例和典章制度中取得成绩，罗氏的侧重点比较多的从字形的演变中取得成绩，静安先生虽然贯彻到各个方面，但是丰硕的果实，还是“同声通假”。

三位学者在古文字研究中，不但文章写得多，更重要的是在论析形、声、义三方面，具有令人信服的说服力。即使三者之中，或许还有一点处于假设推理阶段（至少是比较合理的假设），将来有一天，或者可能得到证实。

初学金文、甲骨文的人，总觉得各个单字在众说纷纭的考释中“公说公有理，婆说婆有理”，特别是权威学者的论点，似乎必须恭顺。这是我国在封建专制主义长期统治下，政治民主、学术民主都没有养成习惯的缘故。在金文、甲骨文领域中，颇有类似的现象。我自己在学习过程中，也遇到这种情况。例如齐子仲姜镈“保慮兄弟”的“慮”字，吴大澂谓即《诗》“眉寿保鲁”之“鲁”（《说文古籀补》四篇）。罗氏 1914 年著《殷虚书契考释》采用他的说法。静安先生却说“慮”同“叡”，即古文鱼字。古鱼、

吾同音,保鱻兄弟、保鱻子孙,就是保吾兄弟、保吾子孙。(《鬼方昆夷猃狁考》)

静安先生的文章发表在广仓学宭学术丛刊,民国癸亥(1923年)编在《观堂集林·史林》,乌程蒋梦蘋替他出版,罗氏早已看到,且为《观堂集林》写了序言。但是丁卯(1927年)罗氏增订本《殷虚书契考释》不采用他的话,仍用吴大澂释“鱻”为“鲁”(卷中七十三页)。吴大澂在古文字学界有崇高的声誉,不但罗氏推崇,静安先生也称道他的古文字“尤有悬解”(《毛公鼎考释序》)。罗氏一再采取他的话,其中必有奥妙的道理。我冥思苦索的结果,却为吴大澂找出一条歪理来。

齐鲁两国世代互为婚姻,鲁桓公的妻子——文姜,是齐釐公的女儿(襄公的妹子)。(《左传·桓公十八年》)鲁庄公的妻子——哀姜,也是齐釐公的女儿。(桓公的妹子)(《左传·庄公廿四年》)齐襄公的次弟公子纠,却是鲁女所生。(《史记·齐世家》)鲁成公的妻子——穆姜,又娶自齐国。(《左传·成公十四年》)齐灵公的妻子——颜懿姬却娶自鲁国。(《左传·襄公十九年》)作为铸造镈钟的仲姜,对鲁国祝以兄弟般的祝愿,自属情理之中。假使吴大澂看到沇儿钟“鱻以宴以喜”的话,一定又会扯上《鲁颂·閟宫》中“鲁侯宴喜”这句话了。这样一来,便把吴大澂的观点上升到领先的地位。

几个月的时间过去了,我初步学得一点音韵学的常识,发现《说文解字》里有一些合体字,既非形声,又非会意,而两者都算音符。这才想到虍读荒乌切,晓母鱼部;鱼读语居切,疑母鱼部。鱻字从虍从鱼,是上下谐声字。也就是说,虍在同部字的上面,许多地方处于可有可无的地位。例如鸣呼可以写为鸣嘑,吴仲可以写为虞仲,鲜吴可以写为鲜虞,敔人可以写为敿人。早在光绪癸卯(1903年),孙氏事实上已经考定鱻即虞字的或体。(《古籀余论》卷三)

后来在山西省代县蒙王村,发现一个青铜古器,铭曰:“攻吴王夫差,择其吉金,自作御监。”丹徒(镇江)刘鹗(铁云)购得一个铜钟,铭曰:“工敿王皮戁之子者减自作□钟。”安徽寿县出土的铜戈,铭云:“攻敔王光自

□。"解放以后，在河南省辉县琉璃阁发现铜剑，铭曰："攻敔王夫差自作其元用。"淮南蔡家岗赵家孤堆出土的铜剑，铭曰："工𫊸王大子姑发𨶹反，自作元用……"《左传・宣公八年》"盟吴越而还"，孔颖达《正义》："太伯仲雍让其弟季历，而去之荆蛮，自号句吴。句或为工，夷言发声也。"工、攻古音隶东部，句隶侯部，东、侯阴阳对转，是工𫊸、攻吴、攻敔、攻𢾊就是句吴。这个科学的推断，从考古发掘中完全得到证实。《唐韵》鱼读语居切，疑母鱼部，吾读五乎切，不但同母而且同部。声同字必通假。《国语・晋语》"暇豫之吾吾"，韦昭注："吾读如鱼。"《列子・黄帝篇》"鱼语女(汝)"，张湛注："鱼当为吾。"《汉书・沟洫志》"吾山"，《水经注・八》作"鱼山"。鱼、吾同音。吾从五声，五、午通假，所以《说文》五篇御字重文作馭。由此可见，保𪊨兄弟、保𪊨子孙、𪊨以宴以喜，非读𪊨为吾不可。

𪊨、鲁两字，虽然同隶鱼部，但鲁隶来母。鲁𢁉生鼎作[illegible]，周公簋作[illegible]，象以器盛鱼形。𠩣敖簋作𩵋，从皿。(金文智作[illegible]，魏石经《君奭》残字智古文作[illegible]，知从皿与从凵同。)郭沫若释为胪之古文。鲁、胪不仅同部，又是同母，同声通假，都可为旅。郭沫若很有灼见。《秋官・司仪》"皆旅摈"，郑玄注："旅，读为鸿胪之胪。"《仪礼・士冠礼》"旅占"，郑玄注："古文旅作胪。"班固《汉书・叙传》"大夫胪岱"，《集注》引郑氏曰："胪岱，季氏旅于泰山。"这是胪可通旅之证。旅亦同鲁，《说文》七篇："旅，古文以为鲁卫之鲁。"《书序》"旅天子之命"，《史记・周本纪》作"鲁天子之命"。《释名・释船》："橹，旅也"，也用声源来解语义。鲁本象形，胪为形声，由象形变为形声，乃六书隶属再分例。胪或作旅，旅亦为鲁，乃同声文字假借例。如依吴大澂释为鲁，用以解释齐子仲姜镈、沇儿钟的铭文，或许可以自圆其说，用在林氏壶"𪊨以为弄壶"、栾书缶"𪊨以祈眉寿"，那就不可理解了。

我当时在两种考释中，所以弄得不知选择，主要是自己对音韵一行愚昧无知，同时也受了迷信权威思想的影响。

在一定的时间之后，由一无所知到稍有所知，看到罗氏、静安先生认为“字不可识”的[illegible]字(《殷虚书契前编》卷八,七页三片),大胆地释为罯的异文。后来居然看见孙氏在兮甲盘考释中已有此说。于省吾也同样释罯。我的认识是通过《玉篇·五十六》“否,蒲鄙切”;《大雅·烝民》“邦国若否”,陆德明《经典释文》“否”音鄙;《书·尧典》“否德忝帝位”,《释文》“否,方久切……又音鄙”。首次表达自己的观点于1928年5月29日《大公报·文学副刊》《评容庚〈金文编〉》,1928年10月《国学论丛》一卷四期《释甫》一文又重新做了阐述。孙氏的《古籀余论》成书于1903年,燕京大学1929年为它刊行。他说:“古鄙与否通,后晋邦盦‘都鄙’作‘者否’,此罯字疑罯之异文。”于省吾先生的文章过去发表在什么时候没有注明,1978年收在《甲骨文字释林》(54页)。据他自己的话,“看见古陶文有罘字(《陶文录》七·四)当即罯之异文,从不与从否古字通”。可见,我们三个人都根据自己个人的体会,达到殊途同归的目的。这是因为嘉定钱大昕用了一辈子精力,发现了“古无轻唇音”这个客观事实。我们都承认了它,从而运用了它,并且进一步证实了它。

埋藏地下几千年之久的龟甲兽骨,质量非常松脆,一不小心就会破损,难免造成文句残缺,带来理解上的困难。它又是我国目前已发现的最古老的文字,还没有达到完全定型化的阶段,一个字的考定要付出很大的力气,有的要经过几个人的补充,才能得到形声义的全部证实。

在我们所能见到的卜辞中,不知多少次出现“亡[illegible]”一词。丁山首先释[illegible]为尤,“象手欲上伸而碍于一,犹巛之从一雝川,[illegible]之从[illegible]而横止以一也”。(《中央研究院历史语言研究所集刊》一本一分册《殷契亡尤说》)胡光炜、朱芳圃都从其说。我总觉得他在形声义方面都还没有解决。因为卜辞的字形有点象戈字,又不完全象戈,到哪里去找出从又的声源来?1934年我在批评朱芳圃《甲骨文文字编》时,认为只能作为假定,“冒然信之,有背多闻阙疑之旨”。

后来朱芳圃受到孔广居的启发,知道“尤,古肬字。从又、乙,象赘肬。又亦声”。(《说文质疑》)朱氏肯定“尤为初文,从又、一。又,手也。一,指赘肬”。(《殷周文字释丛》162页)把一看作指示性的符号,在六书中隶指事类，这就彻底解决了形和声的问题。

《说文》四篇："肬，赘也。从肉。尤声。黕，籀文肬，从黑。"九篇《页部》："頄，颤也。从页。尤声。疣，頄或从疒。"《一切经音义·十一》："古文肒、疚、頄三形，今作疣。"是疣从又得声，再也没有什么疑问了。

亡尤为古代成语，亦作无尤。"匪寇婚媾，终无尤也"(《易·贲·六四》)，"以宫人宠，终无尤也"(《易·剥·六五》)，"舆说輹，中无尤也"(《易·大畜·九二》)。无亦作無："夫惟不争，故無尤"(《老子·易性》)，"君無尤焉"(《孟子·梁惠王下》)。尤应读为訧。《说文》三篇《言部》："訧，罪也。从言。尤声。《周书》曰：'报以庶訧'。"今《书·吕刑》作"报以庶尤"。《邶风·绿衣》"俾无訧兮"，《释文》："訧，本或作尤。"《鄘风·载驰》"许人尤之"，《释文》："尤，本作訧。"《左传·襄公二十二年》郑子产对晋人曰："鄙邑欲从执事，而惧为大尤。"大尤犹言大罪。同声通假。尤或作郵，《小雅·四月》"莫知其尤"，《宾之初筵》作"不知其郵"。《汉书·谷永传》"咎征着郵"，颜师古《集注》："郵字与尤同义。"今人言"动辄得罪"为"动辄得咎"。《周易》卜辞也以亡咎、无亡交错为用，是亡尤为无咎之同义语。朱芳圃训过，训异，不若训罪更觉明确易懂。

"亡尤"是1928年10月丁山提出来的，朱芳圃在形声上把它核实，我又在训义方面加以补充，经过半个世纪的时光，三个人的思考，在形声义三个方面才获得完满解决。

静安先生把卜辞中[illegible]几个不同形的写法，统统释为昱之初文。罗氏用他的话说，遍查卜辞中有干支记日的[illegible]等字，差不多绝大部分都作"明日"解，只是极个别的地方放宽到第三日或者第四日。这个考定已经无容争论的了。不过静安先生说它的字形是鬣的初文，象毛发鬣鬣之形。卜辞诸形都不从囟，何来毛发鬣鬣之形？说服力似嫌不够。丹徒(镇江)叶玉森把它定为翼之初文，并象虫翼上有网膜，并说《书·武成》《书·金縢》"翼日"之"翼"乃本字，昱、翌并后起字。(《说契》第1页)周名辉《古籀考》、孙海波《甲骨文编》都采用他的说法，在学术界起了一定的影响。

我们知道今天通行的《尚书伪孔传》是唐玄宗天宝三年七月诏学士卫包改过字的本子。(《册府元龟》卷五十《帝王部》)现在,《武成》"越翼日癸巳",《汉书·律历制》引《佚武成》作"若翌日癸巳"。《金縢》"王翼日乃瘳",《尔雅·释言》"翌,明也"。郭璞注:"《书》曰'翌日乃瘳'。"《顾命》"若翼日乙丑",《集韵·一屋》:"翌,明也。"《书》"翌日乙丑"。郑樵云:"明皇之时,去隶书既远,不通变古今之义,所用文违于古义尤多。"(《通志》六十三《艺文略》)所以段玉裁说:"凡经传子史'翌日'皆'昱日'之假借。翌与昱同,故相假借,其作翼者误也。"(《说文解字注》七篇《日部》)

[illegible][illegible][illegible][illegible]当为蜡之初文,象蜂蜡结构形。《说文》无蜡字,《玉篇·四〇一》:"蜡,蜜滓。"《说文》十三篇《䖵部》:"𧖅,蠭甘饴也……重文作蜜。"有蜜必定有蜡,许慎失收,不等于古代没有这个字。《说文》十篇《囟部》巤应为形声字,从𡿺,[illegible]声。古文学从巛,象发也。[illegible],籀文子。囟有髪。(《说文》十四篇《子部》)金文宰椃角"在六月,隹王廿祀,[illegible]又五",[illegible]为蜡之上下重叠形,声读不变。卜辞或体作[illegible],从日,[illegible]声,变为形声字。亦有作[illegible],从立从[illegible]。《广韵·二十八盍》䶉同𪘉。巤、立同隶来母。今立在辑部,蜡在叶部。叶、辑通韵。昱之作[illegible],犹纭字或体作𧵍,迕字或体作啎,贮字或体作䈌,甿字或体作氓,声音符号重复字也。小盂鼎作[illegible],从日从立从[illegible],立、[illegible]皆声,犹紵字或体作緒(从者从宁),齑字或体作齏,隮字石鼓文作隮(从齐从妻),为一形两声的异体字。

翌读喻母,立、蜡都读来母,古代有些喻母的字可以变为来母。金文颂鼎"王各太室,即立"。《春官·小宗伯》"掌建邦之神位"。郑玄注:"古者立、位同字。古文《春秋经》'公即位'为'公即立'。"立读力入切,隶来母。位读于备切,隶喻母三等。聿读余律切,古书或借作曰。聿、曰并喻母四等,从彳为律,读吕戌切,则为来母。聿或作越。《礼记·王制》"越绋而行事",郑玄注:"越犹躐也。"越隶喻四,躐则为来母。

唐人不知昱从立声,立可读位,也不知翼从異声,異隶之部,之缉音近,古本通韵,从羽立声等于翼字。叶玉森弃旧从新,却把《尚书》翌字统统改为翼字，并据以解析卜辞，未免是非颠倒。

孙氏批评仁和(杭州市)龚自珍作《筠清馆金文》考释，“自负其学为能冥合仓籀之指，而凿空駞缪，几乎阳承庆、李阳冰之说”。(《古籀拾遗序》)罗氏谓:“形声义三者不备知则曰阙，非必全阙也。此例后人罕用，惟吴氏《说文古籀补》附录不可识之字于末，能得许君遗意。因念柬广微之于汲冢古文，未必遽胜许君，乃一一写定无疑滞。又宋人之释金文者，每字注以今文，不复阙遗，后者后人尚可纠正，前者则无能为矣。”罗氏又说:“诸字古今异体者什二三，古有今佚者什六七。今日不知，异日或知之；我所不知，他人或知之。”(《殷虚书契待问编序》)静安先生也一再批评王楚、王俅、薛尚功、庄述祖、龚自珍等人甚失阙疑之指。对于商锡永《殷虚文字编》、容希白《金文编》严守不知盖阙之义表示高度的赞赏。但是郭沫若却深为不满。他批评:

> 并世学者多优游岁月，碌碌无为，甚或亘数年而成一编者。语其内容，则依样葫芦，毫无心得，略加考释，即多乖互。而彼辈乃动辄以阙疑谨慎自矜许，而讥人以妄腾口说。呜呼！谨慎！呜呼！阙疑！汝乃成偷惰藏拙之雅名耶？余实不敏，亦颇知用心，妄腾之讥，在所不免，阙疑之妙，期能善用矣。知我罪我，付之悠悠。(《卜辞通纂序》)

郭氏这篇文章写在1933年1月11日，他所指责的并世学者，当然包括我。但我理解前辈学者是总结了长期的经验教训，事非经过不知难，难就难在实事求是。标新立异，哗众取宠，不但无助于殷周历史的研究，相反给史学工作者帮了倒忙。

三十年代的甲骨学著作中，以徐协贞《殷契通释》为最突出，全书六册，计三百三十四页。

徐氏谓殷代为部落社会，部落之名都称为方，鬼方、人方之类是也。卜辞中的多字即多方，当今内蒙古之多伦。卜辞中的㚇字即㚇方，就是唐代之突厥。卜辞中的和字即和方，当今新疆之和阗。中国的所有姓氏都出于殷代部落之后。明朝文学家归有光为归方之后，画家仇十洲为九方之后。徐氏又说，卜辞中的字为《山海经》之长股国，为《山海经》之歧舌国，为深目国，即今日耳曼人。徐氏在《祭仪》一章里，重点指出卜辞中所有牛羊犬豕，十居八九为方名，而真的牛马犬豕在殷人用牲中不及万之一。

徐氏自序：

> 余近因时轮金刚法会，探得德金刚佛所说四大六成诸法，与殷代史乘适相符合。（卷六第 44 页）
>
> ……有友人研究佛学，深通显教，自信已入三昧。后学秘宗，听讲年余，终不相应。余书脱稿，索阅一通，顿然大悟。余追询之，伊云："不能说，说犯戒。惟可告者，欲知秘宗真谛，非读君书不可也。"（卷六第 75 页）

且在书后引马克思作《资本论》来自比。狂妄自大到如此地步，居然有人吹捧："自此书出后，卜辞有不识之音，无不解之义。"居然有人把他的考释作为自己的新史学、新论点的依据。

一个学者的劳动成果应当受到尊重，但也不必设立保护区。我们之所服膺者在于科学，不合科学的就要否定。有待补充证实的，就要当仁不让。只有这种精神，才能使伟大祖国的文化自强不息。

郭沫若在甲骨金文研究中，成绩是主要的。他在日本东京帝大考古学教室发现一片卜辞：

> 庚寅卜[贞]其又畞[于]甲南庚喙甲（般庚）小辛。（文中框框是郭氏意补的）

他说：

> 甲在南庚之上，其下复有喙甲在南庚与小辛之间，可证阳甲实作喙甲，而甲非沃甲莫属。此外，卜辞中尚有通例为余所发见者，即于甲日卜祭某甲而合祭某甲时，二甲必相次，所祭者在后，所

合祭者在前。有第三甲时,更推而上之,综合多数例证,得一号甲之先公先王之次第为:

上匣　大甲　小甲　戋甲　□甲　喙甲　祖甲

与历来文献中之

上甲　太甲　小甲　河亶甲　沃甲　阳甲　祖甲

适相比次,尤足证戋甲为河亶甲,□甲为阳甲。(《殷契粹编考释》第42页。又见《卜辞通纂》第176页)

静安先生著《殷卜辞中所见先公先王考》《殷卜辞中所见先公先王续考》,根据:

己卯卜贞帝甲(中缺两字)其眔祖丁。(《后编·上》第4页)

祖辛一牛,祖甲一牛,祖丁一牛。(《后编·上》第16页)

父甲一牡,父庚一牡,父辛一牡。(《后编·上》第25页)

从而判断祖丁之前的一个帝甲为沃甲,非《周语》"帝甲乱之"之帝甲也。祖辛、祖丁之间惟有沃甲,则祖甲亦即沃甲,非武丁之子祖甲也。第三条卜辞,父甲即阳甲,父庚即盘庚,父辛即小辛。沃甲在卜辞中是怎样写的,阳甲又是怎样写的,他都没有看见过实物。□甲、□甲、□甲、□甲等名是孤立地出现的,罗氏定为阳甲,当然不算最后定论。郭沫若这一发现足以震动世界,有功稽古,但他硬在文字考释上兜来兜去,却给人留下画蛇添足的印象。

其实,郭沫若所定的戋甲,字本作□,陈梦家、于省吾都认为它从两弋相背形,并非从戈。弋读喻母,从人为代,读为定母。亶读定母,从示从亶,从羊为羶,从鱼为鳣,都读禅母。古读正齿声禅母,有时也有混入定澄母者,可以通向喻母。戋读从母,不能读亶。

所谓□甲,金文象作□(师汤父鼎),有点形似。《说文》五篇《食部》餘重文作餳。金文作饧。或许可以通阳。

□□□释羌,本来无可非议。郭沫若却隶定为芍。说它:

为狗之象形字,象贴耳人立之形,此乃狗之惯态。其或作□者,示狗之项有帔巾。又或作者,示有索链以系之。古敬字从此作者,敬乃警之初文,正宜从狗。其字形与驭、牧、羖等同意。苟或音己力切,读若亟者,乃后人之误会。其从艸句声之形误,形失而音尚存。其从犬句声之狗字,乃后起之形声字,象形文失其本义本音,别创形声之字起而代之之事至多,此其一例耳。(《殷契粹编考释》第42页)

六书中所谓象意,是西汉刘向父子提出来的,后来郑众、许慎把它改称会意,把范围缩小在“会合两字以见意”的概念。其实,会意字绝大多数兼了形声,说它是形声字也未始不可以。但后来学者偏爱象意这个定义,从不考虑我国汉字的形成,不知经过多少代人的摸索,到甲骨文时代,尚未达到相对地定型化程度。现在要用三千五百年后的生活状况,去猜想当时的狗项带有帔巾,那正是大胆的设想。至于三千五百年前的狗的惯态是否“贴耳人立”一直立,可以暂置不论。

乾嘉学者校勘古书,教人千万要慎重破字,但也允许在必不得已的地方,运用形近而误的原则,作必要的破字。郭氏提出苟字音亟,是后人在声读上的误会,从艸句声的字又是字形上的错误。为了坚持个人的论点,传统的字形可以否定,传统的声读也可以否定,未免思想解放过了头。

狗读古后切,见母侯部,沃读乌酷切,影母鱼部,至多在韵部上找出侯、鱼通韵的道理。其实,古代史料由于形近而误的地方不知多少。“晋师己亥涉河”误为“晋师三豕涉河”(《吕览·察传》),“公子阳生”误为“伯于阳”(《公羊传·昭公十二年》)。谚语就有“书三写,鱼成鲁,虚成虎”之叹(《抱朴子·遐览》)。在商代先公先王世系中,王亥误为王振,康丁误为庚丁,就是最近才被考定的历史事实。《说文》没有沃字,只有茯、芙两字。《书序》沃丁亦作茯丁。于省吾直截了当地说、芙形近,可能致误(《甲骨文字释林》第43页),倒能令人满意。

郭沫若又说《殷契粹编》第十二片:

> 庚午贞：蘁大隽于帝五丯臣　皿　在祖乙宗卜。“帝五丯臣”或省作“帝五丯”，其文云“癸酉贞，帝五丯臣其三牢”（《后·上》廿六·一五）。以其字形及日辰观之，与此乃一时所卜。丯字罗振玉释玉，以乙亥簋玉十丯为证。实则彼簋玉字作丯，与丰字不同。金文从玉之字颇多，无一从丰作者。且此如读为‘帝五玉臣’亦大不辞。故丯绝非玉字。余意当即小篆丯字，读介。《泰誓》“若有一介臣”（据《礼·大学》引），《公羊传》文十二年引作“惟一介”，犹此“五丯臣”，亦省称“五丯”也。介今作个，故“帝五丯臣”又省称“帝五臣”（见下片）。帝自上帝，五臣不知何所指。（《殷契粹编考释》5页）

胡厚宣《释殷代求年于四方和四方风的祭祀》的大龟甲刻辞“西方曰彝，风曰□”，三斜画作弯环之形。于省吾释丯，读若介。（《甲骨文字释林》第354页）丰字三横平正，与□和丯截然不同。我们看见金文从玉的字，以宝字为最多，从宀，从玉，从贝，缶声。颉鼎“颉作宝隮彝”，宝作□。旂父鼎“旂父作卣宝鬻”，宝作□。霸姞鼎“霸姞作宝尊彝”，宝作□。本鼎“本作宝鼎”，宝作□。嬴氏鼎“嬴氏作宝鼎”，宝作□。另一器作□。可见玉字作丯，并非一个也没有。铁的事实证明，的的确确为数不少。

“丨”为贯穿玉的绳组，三画像玉片侧视形。三片、两片只是表示它的象征性的形象，汤叔鼎宝作□，昶伯匜宝作□，召乐父匜宝作□，说明丯字又可简化为丰。

即使吾丰可以释五丯，也没法证明“五丯臣”和“一介臣”有必然性的联系。

《书·尧典》“修五礼、五玉、三帛、二牲、一死贽”。郑玄云：“执之曰瑞，陈列曰玉。”《续汉书·郊祀志》引范宁《尧典集解》：“五玉，五等诸侯之瑞璧也。”《周书·顾命》“越玉五重”，马融谓：“越地所献玉也。”五重犹言五品。《考工记·玉人》：“璧琮八寸，诸侯以享天子。”《礼记·曲礼》“五官致贡曰享。”帝、禘同字，《尔雅·释天》：“禘，大祭也。”孙炎云：“禘，五年大祭也。"宝玉在殷周时代,已经取得货币职能,可以作为财富贮藏手段。五等诸侯把它作为进贡天子的贵重礼品,亦把它作为供祭先帝或者天帝的贵重礼品。禘为动词谓语,帝五玉犹言禘以五玉。

《殷契粹编》第十二片所谓"于帝五丯臣"的臣字,拓本作[illegible],根本无法隶定,遽释为臣,未免主观武断。

龟甲兽骨发现的总数,有人估计有十六万片,有人估计有十九万片左右。单字约有四千五百多个,罗氏考释出五百六十四字。徐中舒释[illegible]为耤,叶玉森释[illegible]为晕,郭沫若释[illegible]旅为振旅,释彷徉为彷徉,陈梦家释[illegible]为秜,胡厚宣释[illegible]为臽,屈翼鹏释娉为婢,于省吾释庶为煮,释膏鱼为高鱼,都是人们信得过的定论。商锡永、余永梁、杨树达、陈邦怀、唐兰、朱芳圃、董作宾诸公也都有所发明。到目前为止,可以隶定的字将近九百个以上。不过这九百个以上的字有待于重新检查,有的并不可信。

静安先生六十五年前在《毛公鼎考释序》中说:

> 文无古今,未有不文从字顺者。今日通行文字,人人能读之,能解之。《诗》、《书》、彝器,亦古之通行文字,今日所以难读者,由今日之知古代,不如现在之深故也。苟考之史事与制度文物,以知其时代之情状;本之《诗》《书》,以求其文之义例;考之古音,以通其义之假借;参之彝器,以验其文字之变化。由此而之彼,即甲以推乙,则于字之不可释,义之不可通者,必间有获焉。然后阙其不可知者,以俟后之君子,则庶乎其近之矣。

并世学者取得令人信服的成绩,一般说来,都没有脱离王先生所规定的基本原则。"梓匠轮舆,能与人规矩,不能使人巧。"巧与拙是对立的统一,真正的巧匠,是在规矩尺度上勤学苦练取得的。《老子》所说的"大巧若拙",道理或许就在这里。这是我个人的粗浅体会。

智者千虑,必有一失,愚者千虑,必有一得,这是古今中外所认可的论学风度。我只能以愚者的一得,谈谈师友间的智者所失。长江后浪推前浪，一代新人胜旧人，这事不可抗拒的历史规律，也是衰病老人所日夜馨香祷祝的。

1981年5月　永嘉戴家祥
时年七十有六

【《王国维学术研究论集》(一)，吴泽主编，
华东师范大学出版社，1983年9月】

《金文编》书后

昔吴县吴大澂，采钟鼎、玺印遗文，作《说文古籀补》。吴氏虽当古器物出土极盛之时，惜并世学者多庄葆琛、龚瑟人之流，是以获助不多。瑞安黄绍箕摘其大谬十四，上虞罗振玉亦言其不当有五，是此书弥缝阐发有赖乎后之贤者。近人东莞容希白教授，专就商周钟鼎彝器作《金文编》十四卷，《附录》二卷，《通检》一卷。十四编之中，得字千四百一十，重文七千六百二十六，附录字之不可识者九百二十八，重文三百七十六，所见商周彝器拓本或影印本千五百三十五器，并承诸大家论列，力矫吴氏之失，搜罗之勤如彼，断限之严又如此，宜乎声名籍甚。

余乙丑入都，适逢此书杀青之会，并以古文奇字获交有道，故略志读后所感，用附不贤识小之列。该书采摭古器据海宁王先生《国朝吉金著录表》定取舍，以名家考订正音读，以许氏《说文》摄部类，一词一义无不遵修旧文。就其短处言之，少有阐发。就其述作之旨言之，难与愙斋强合。此不佞之所敢窃议者也。

许慎作《说文》，处李斯同文之后。是时秦篆已有定型，故其分部简易可循。《说文・自叙》明言"今叙篆文，合以古籀"，深知古籀文体不能得其部目，五百四十部悉依小篆，职是故也。吴氏自居许氏附庸，不便有所更张，宜也。容君以金文为统系，与吴氏增补体例当然不同。况商周文字多增省移易之习，不能以五百四十部统摄之也，故上虞罗氏《殷墟书契考释》不为削足适履之业。其后番禺商承祚、天津王襄、秀水唐兰，方孳孳焉以分别部居自任，罗氏之子福颐用其道为《玺印文字征》，希白用其道而作《金文编》，其于取便检查未始不可，若言阐发六书则不也。何以知其然也？许书每部属字，注其例外于下云某或从某，某省某，某作某，此则先合部首。容书一篇载《柏舟》“枼”字云“叶不从艹”，录伯段“丝”字云“兹不从艹”；二篇载齐侯壶“遵”字云“蹲从辵”；三篇载詠父段“詠”字云“詠或从口”等等。上文既无从艹、从辵、从言之正文，其书又非许氏附庸，徒执小篆以绳金文，说字解经之例当不如是。盖偏旁变省为金文常例，当依本形录部。容君将枼、丝二字迳隶艹部，遵字迳隶足部，咏字迳隶言部，则与部首全不相属，以此而拟许书，正所谓貌同而心异也。

东汉之世，未见商周古文，许君虽博识过人，然受材料限制，如辛、辛分为两部，乚字误作⺄形，已为有识者证明。容君此书，对许氏旧说既多纠弹，于部首分合，何必拘守一先生之说，而屈商周古文。

孔壁古文脉胳不尽可寻，东汉学者多依经文校读，未穷许书采用古文，于字之点画变异不能辨其指归，殚其体系。吴氏《说文古籀补》隶古器文字与许书诂训不合者为两部，注明某字之重文。黄绍箕评语第二条，谓字书之例与属辞截然不同。属辞之法，形声通借变化无方，字书则“分别部居，不相杂厕”。兹编仰范吴书，正谊假借杂然不别（如三篇载兮甲盘“者”字云“诸不从言”，齐侯壶“折”字云“誓不从言”之类是也）。须知许书专言字之形声义，于经传属词另有雅故在也（苟斯编仿许书引经说字之例，于“者”字下注明“兮甲盘以为诸字”，“折”字下注云“齐侯壶以为誓字”，则属词与造字之别显然自见）。

许书昧于假借而为迂曲之说者，不可胜数，如物为万物、不为鸟飞不至，近世治古文字学者亦多此失。就容君之书言之，其例类有曰：凡文义已明者，分正假二部。然则文义不明者，如宂簠“还散”即《周礼·太宰》九职之园圃，兮甲盘“进”字即《史记·高祖本纪》之“賮”字，该编仅载于辵部、攴部，是不明其为假借也；若夫夲字迳定为蔡，帀字迳定为师，牆字迳定为穑，是不明其字之本义也。凡此二类，吴氏既误，容君不以为非。

该书十四篇中，每部之后，附载金文字形，可以隶定而不见于许书者，共百六十八字，附录字形不可隶定者为上下二卷，九百二十八字。而附录中，如师寰𣪘、兮甲盘貟字，贸鼎贫字，证以古文幣作赞，则知帛布之异文也。兮甲盘之𦋺字，证以经传鄙可通否，则知为啚之异文。更言附录下卷，多形声较然可以隶，如毛公鼎𤩽字即𤨏之异文，仲𪓐父盘𩞁即饱之异文，邵王𣪘𥂴字乃鑪之异文，荓廷冀𣪘荓字即刑之异文，番生𣪘旞字即旜字之异文，叔皮父𣪘虘字即虎字之异文，此皆形声较然。该编虽本多闻缺疑之旨，然不免刻舟求剑之失。区区之见，未知贤达以为然否？

【天津《大公报·图书副刊》，1928 年 5 月 29 日】

评《古代铭刻汇考》

西川郭沫若氏，年来放弃文学生涯，从事卜辞金文之学，其著述七种，学者多已见之。去岁十二月，又将最近心得刊为《古代铭刻汇考》，计《殷契余论》一卷，《金文续考》一卷，《石鼓文研究》一卷，《汉代石刻二种研究》一卷，共三册，大抵皆就新得材料加以考订。《金文续考》与《汉代石刻研究》，将前人论述增拓补苴，足备一说。

郭氏受文学熏陶甚深，想象力之强，自出晚近考古学者之右，故多新奇可喜之论。然以好奇太甚，此固白圭之玷，不能无损本质者矣。如《殷契余论》申论丂甲及释[illegible]为蒙是一例也。又不守多闻缺疑之义，欲以两目之力尽识三代遗文，终至穿凿形声，破坏形体，如以“不[illegible][illegible]”为“不镘黾”，以“叓”为“饮”，是又一例也。须知三代遗文，考释家最感棘手者，厥在象形、假借。象形随体诘诎，不能以晚近人事物律之，此象形之难以为说者，势也；假借同音通用，漫无涯涘，当今古声古韵学者尚在努力中，此通假难以尽明者，亦势也。二者形格势禁，其难如此，苟非持之有故，取舍有法，贸贸然以形象、声音拟之，此乃最危险之臆断，吾人不敢苟同。

《龟兹刻石研究》，郭氏谓第三行“作”字为“化”字，盖言“共来化□□□作□谷关”，或“共来化□，作□□谷关”。“化□”或“化□□”即关所在之地名。石之所在地为白山，隋《西域图》云“白山一名阿羯山”，阿、化音相近，则此“化□□”盖即“阿羯山”耶？按《唐书·龟兹传》“阿羯田山，亦曰白山”，《后汉书·耿秉传》“出白山击车师”，即其地也，可知白山之名汉已有之。阿羯山之名始于唐，不能以后起之名证前代之假字。近人冯承钧氏以“阿羯”当突厥语之“AK”(此言白)，其见甚卓。

郭沫若研究石鼓文用力最多，且在日本得见锡山安桂坡(国)旧藏北宋精拓中权本及后劲本，存字多出范氏天一阁北宋拓本三十五至三十八字。去春写成《秦雅刻石研究》，嗣以取证欠备，再为《石鼓文研究》。此文主要论点：(一)《元和郡县志》谓石鼓发现在陕西省凤翔府天兴县东南二十里许田野中，唐之天兴县在秦国为岐州雍县，其东南二十里当古之三畤原；(二)《史记·十二诸侯年表》西畤作于秦襄公八年；(三)根据发现位址及《史记》记载，遂肯定石鼓必然是秦襄公始受命为诸侯时之记功刻石。按秦襄公八年即周平王元年，为公元前七七〇年，是时西戎方强，周室东迁以避其锋，襄公虽受命为诸侯，而征伐不休，未必有心及此。后四年，即公元前七六六年，尚有伐戎之师，身卒岐地。前后四年未有岐西之地。窃思《秦风·驷驖》《小戎》之诗，岐阳刻石文笔虽或近似，未始不是襄公子孙多方面歌诵祖德之作，惟恐后世不能知也，故“琢之金石，镂之盘盂”以重之也，但不能断为同时产物。且郭氏所以龂龂为此者，谓丁、戍两鼓𢉖字，新得旧拓本作“鄜”，从虏得声，断定海宁王先生释雍(《观堂别集》卷二《明拓石鼓文跋》)为非，而以鄜当蒲谷乡之蒲。按《唐韵》虏读“郎古切”，来母鱼部，蒲读“薄胡切”，并母鱼部，同部通假，或有可能。而其中最难令人心服者，以《作原》一鼓“作邍作□”、《吾水》一鼓“遊□既止”两处缺损臆补为“畤”，为秦襄公作三畤之证。然班孟坚《汉书·郊祀志》云：“秦襄公攻戎救周，列为诸侯，而居西，自以为主少昊之神，作西畤”，“其后十四年，秦文公东狩汧、渭之间，卜居之而吉……于是作鄜畤”，“而雍旁故有吴阳武畤，雍东有好畤，皆废无祀”，“秦德公立，卜居雍。子孙饮马于河，遂都雍……用三百牢于鄜”，“后四年，秦宣公作密畤于渭南”。按秦宣公公元前六七五年即位，公元前六六四年卒，上距秦襄公始列为诸侯共一〇六年，先后四次作畤，即使《作原》一石与《吾水》

一石两处缺文诚如郭氏所说确为畤字，亦不一定就是秦襄公所作之西畤。《说文》十三篇云："畤，天地五帝所基址祭地。从田。寺声。右扶风有五畤。好畤、鄜畤皆黄帝时祭。或曰秦文公立也。"杭县马叙伦《石鼓文为秦文公时物考》，其根据即本乎此。

依上所见，郭氏论著只可作为假设或推理，并非必然定论。唯其治学颇有今是昨非之风，吾人指其前作为不当者，兹编多已改正，行见他日所获，必有进于此者。

【天津《大公报·图书副刊》，1934 年 2 月 2 日】

【《古代铭刻汇考》，郭沫若著，日本东京求文堂出版】

评《高昌陶集》

西北科学考察团中国团员黄文弼氏，民国十九年赴吐鲁番发掘雅尔崖古墓。费时月余，发墓百十数，先后采集砖志墓表百三十余方，陶器八百余件。二十年秋，彙集墓表影片印行《高昌专集》，于高昌史事补助良多。其续编《高昌陶集》，近又以出版闻矣。《陶集》分上下二篇，下篇全系古陶图版，上篇则分发掘报告、古冢遗物说明及陶器研究三项。发掘报告，详记交河城水道沿革，居民迁徙之迹暨墓葬明器之放置，大抵有图可稽，有物可证。坟茔为经，日程为纬，读者几如身临其地。古冢遗物说明，分论器物制度、工艺遗迹，甚至大小厚薄、油彩质料，均有精密之测量。古陶研究，推断远古陶器之年代，乃综合泰西学者之说，为事实之判断；又不以偶尔所获，妄立异说；方法矜慎，实有可取。下篇共有一百十图，其侧背花纹，不能在照片见其全者，则展绘全图以附之。其搜罗之勤如彼，方法之严如此，是诚晚近考古界有价值之著述也。

陶器之学，国人素鲜研究。伊洛、岐丰之间，零甓断瓴，无人目之。西儒安特生、阿尔纳两博士始为甘肃、河南陶器之研究，学者乃以陶器证史籍之未备；然其物限于中土，发掘未尽周详，成绩刊行，已荷时名。况乎流沙万里之外，禹迹之所未奄，而能采彼蕴藏，窥其遗俗，事之重轻，岂可较哉？

新疆古时，人种庞杂，文字言语都属印欧语系，宗教美术则沐希腊、印度之化育，后又以汉人经济治权之支配，农村社会多与汉族同化。其间希腊、印度与初时波斯文明输入之孔道，以及汉族文明散播农村与贵族之状态，该书类能以实物证之。在中国考古学成绩中，求其能确举塞北文化之历史如该书之翔实确切，除非求之西国学者，如希亭、斯坦因、奈柯克、伯希和之著作中，然彼等对汉族文明素持成见，研究结论除承认中国在新疆于政治、军事有特殊之发展外，不承中国文明在新疆有若何影响，故其推断古物时代，每多可议。黄氏此书，适足以证其谬而补其缺略也。

吾人感有遗恨者，即陶器之定名，多出主观臆造。如十二版至十六版定名为盆，三十七至三十九版定名为壶，七十一版定名为碟，黄氏自谓援经据典，而其结果愈说愈远。更有“碗状盂”“浅底钵”之说，更使人对此书失其敬重。窃谓古代陶器，非商周礼乐器之有划一制度可比。器之大小高低与夫单耳双耳、擞口卷口之异，本非截然有别，此事黄氏尚未知之。且黄氏自相矛盾之点，亦不为小。如五十版至六十二版与六十版至六十五版，器本一类，一则定为盂，一则定名为碗。第七版与六十八版，器本一类，一则定名为小钵，一则定名为杯。第四、第五版与七十版，器本一类，一则定名为浅底钵，一则定名为盘。又全书对于古墓及土鲁番一带照片，绝无登载，使国人留意边事者，大失所望，此亦不能不为此书之遗恨。

【天津《大公报·图书副刊》，1934 年 2 月 17 日】

【《高昌陶集》，黄文弼著，西北科学考察团理事会出版】

评《殷契通释》

卜辞出土于今已三十年矣，编订考释无虑十数家，而其成绩不能超越罗、王二家之囿。材智之士，每欲研精覃思，自标异说，若叶玉森《殷契钩沉》、程仰之《商民族的氏族社会》、郭沫若《古代社会研究》，其著焉者。最近有徐协贞氏，闻叶氏之风而悦之，作《殷契通释》六卷：(一)《殷代社会》，(二)《两姓文源》，(三)《王朝政绩》，(四)《卜贞原理》，(五)《各种祭法》，(六)《王公考证》。全书六册，共计三百三十四页，是诚晚近卜辞学之皇皇巨著也。

徐氏自负之言有曰："余近因'时轮金刚法会'，探得德金刚佛所说四大六成诸法，与殷代史乘，适相符合。"(卷六四四页)"有友人研究佛学，深通显教，自信已入三昧，后学秘宗，听讲年余，终不相应。余书脱稿，索阅一通，顿然大悟。余追询之，伊云：'不能说，说犯戒。惟可告者，欲知秘宗真谛，非读君书不可也。'"(卷六七五页)"心灵未死，神志尚清，竟于卜辞有新发现，悯前释之歧路，恐后学之迷津。"(《后序一》)书后且引马克思作《资本论》以相比况，其荒谬绝伦，殊非初意所及。

该书主要论点：以殷代为部落社会，部落之名，都称为方。鬼方、人方之类是也。卜辞所有文字，都属殷人为方名创造之标识，故多不可识之音。盖殷人文化程度低浅，当时部落繁多，不得不急于造字，以为氏族标识，且备王朝之记。徐氏既悬此为鹄，于是尽纳卜辞之字于方名之中，反覆论述，剌剌不休，甚至人名、祭名，前人已有确释者，亦一举而推翻之。二卷论两姓文源，则举卜辞中同形之字，偏旁从人从女可以互易者，认为同方之标识，从女者乃其女权伸张之结果。五卷论祭仪，谓殷人祭祀，以各部落人民为牺牲。此说叶玉森、郭沫若曾主之，然不得学者首肯，徐氏更申其说曰："卜辞中所谓牛、羊、犬、豕，十居八九为方名，而真牛、羊、犬、豕，在殷人用牲之内不及万之一。"例如释*为燔，凡有*字为词者，乃殷人以各方人为牲而燔之也。释[illegible]为羊方人被燔燎之形，[illegible]为午方人被燔燎之形。释[illegible]为茅，引"汤婴白茅，以身为牲"作证，凡卜辞有[illegible]字者，为殷人以各方人为茅祭之事。他如释[illegible]为埋西方人，释[illegible]为沉中方人，谓埋沉亦祭名之一种，自我作古，莫此为甚。六卷王公考证，强半以他人成说致其怀疑，而谓殷代虽曾组织王朝，犹未脱亚血族群族婚之风习，为其全书得意之笔。前人为卜辞学者，以周秦文物制度解释卜辞，徐氏慨乎言之，以为未有不误，而其自己所持材料则以《汉书 · 地理志》《元和郡县志》释地望，《姓苑》《史姓韵编》证氏族，倘有一字足以为地名佐证者，则《辞源》《民国地理》亦不辞尽量采用。善哉！张伯烈先生之言也。"自此书出后，卜辞有不识之音，无不解之义。"（见张序）吾恐其流毒士林，贻害后生，故不殚烦，举其治学方法如次：

（一）以前人缺释之字释为方名之标识者。如以[illegible]为《山海经》之长股国，[illegible]为歧舌国，[illegible]为深目国，即今之日耳曼民族之类是也。

（二）以前人误解之字附会古地理者。如以[illegible]据孙诒让释臬，当春秋之臬鼬；[illegible]据叶玉森释诸，当《山海经》诸余之山；[illegible]据王襄释肃，当《山海经》肃慎国之类是也。

（三）以近代地理证殷代之方名者。如以多字当内蒙之多伦，突字当唐之突厥，和字当新疆之和阗之类是也。

（四）以近代姓氏为殷代部落之后裔者。如以归有光为归方之后，仇十州为九方之后，鸡鸣时为鸡方之后是也。

（五）因附会方名而抹杀反面证据者。如以邓非曼姓之后，《尔雅 ·

释水》，大史、李巡注为臆说，武祖乙、祖丁、上甲，斥王静安氏不审契文方式之类是也。

（六）毫无文字学常识，妄释卜辞不识之字。如以“亡尤”为“无斁”，以“[illegible]”为“爰”，以“[illegible]”为“益”，以“[illegible]”为“赵”，以“[illegible]”为“禹”之类是也。

以上不过举其大概而已，此外则百孔千疮，触目皆是，必欲尽摘，可盈二车，真谬种流传，不可救药，我未知如之何也已矣。

【天津《大公报·图书副刊》，1934年3月31日】

【《殷契通释》，徐协贞著，文楷斋刻书处发行】

附：关于《殷契通释》之讨论

徐协贞氏《殷契通释》出版后，本刊于三月三十一日曾登有戴家祥君一评。兹得徐君来书，对于戴评有所辩难，谨依来文照刊如次，戴君覆语，亦附于后。编者私意以为：今日思想界之糟，在于缺乏近代常识，是以不能为清明澄澈之思。一方面提倡近代科学，大言其辨证法、马克思，一方面又欲皈依三宝，顶礼弥陀。禁城之“金刚法会”方了，长城之天险随之以去，然而世之信奉曾未有异，此十足表现社会之偷堕，思想之停滞。“子不语怪力乱神”。吾辈之所服膺者在于科学，不合科学者，胥置不论。至于无名函徐君疑出戴君手，绝无此理。戴君与编者亦为素识，即至无赖，亦不至此，此则可以告慰徐君者也。编者

答戴君家祥评《殷契通释》

徐协贞

拙著《殷契通释》未能精密审核，至有百孔千疮，诚如戴君所言。不过戴君是否研究卜辞，余不得而知，惟就其评语视之，对于全书似觉隔靴搔痒，而“荒谬绝伦”“胆大妄为”各语又等于“王婆骂街”，殊失学者态度。原拟置之不理，现接无名函数件催其速答，如限期不答则有无聊恐吓语，其函与评是否出于一人不得而知。余饱经世变，非有所畏，为说明拙著计，姑为数语以复之。

《殷契通释》原为二篇，一为多方，一为仪祭，为此书原则，其余内容虽不敢云绝对不错，然就原则言之，是将所有卜辞著录按例排列，互相参校，以卜辞证释卜辞，自信绝对不错。原则既定，则卜辞强半为方名平列，方名即殷代氏族标识。周后部落逐渐解散，其氏族即以标识为姓。有见前代史册者，当然引前代人，如归、仇、鸡三姓前代未有闻人，不得不引其在后者。吾国无论何姓，其为殷代氏族标识可以断言，（归化冠姓当然例外）要错全错，非止此三姓也。吾国古代地名，非有人按地取名，证之卜辞，悉为殷代各氏族之领域或迁地，因标识而存其名者，就卜辞连辞较诸稍古地图，无不符合。多、突、和就各连辞考之，其地在北及西北，故有此拟议，皋鼬亦然。叶玉森释[illegible]为诸是错释，[illegible]为诸不错，余已有申明。戴君或未就二字参阅，故有此说。[illegible]与东貊常连辞，故知是肃慎国，非据王襄所释言之。[illegible]之男性字为[illegible]，[illegible]之男性字为[illegible]，[illegible]又作[illegible]，就其图文与连辞审之，故有长股国、歧舌国、深目国之拟议。《山海经》国名、地名证诸卜辞连辞，相合者十居八九，此书所引甚多，亦非止此三国也。吾国氏族志自《世本》以下，证之卜辞，纯属虚构，此书辨论甚多，亦非邓与大史而已。王静安先生为吾国学者泰斗，生前亦面承训示，不过所著《殷先王先公考》错误丛生，而后祖乙、武祖乙、武祖丁、康祖丁为尤甚。余据卜辞证明其非，原文具在。上甲一条引卜辞有五十片，非凭空结传，亦就卜辞驳论，并非斥其人，就学论学，与人无关。西儒门徒驳师说所见不鲜，戴君措辞亦似未当。且对前释有未安处，均系援辞比校，牛、羊、犬、豕引辞有七十余片，燔、燎、沉、埋共有一百余辞，其他有数辞、数十辞，列辞均有程序，一望而知。如欲驳此书不是，亦须就所列各辞而纠正之，不得信口雌黄"某不是某不是"也。至谓毫无文字学常识，妄识释不识之字云云，亡[illegible]据金文[illegible]、[illegible]递变释之，[illegible]据金文[illegible]、[illegible]等而释，益据《说文》《汗简》，赵据《诗经》《毛传》，禹据卜辞图文及许书，说解悉与偰相同，非等虚构。戴君既谓余无文字学常识，当然是有文字学常识者，理宜据证以释其字原形以指其谬，何徒为捕风捉影、空谷传音耶？至云二卷是从人从女偏旁互易为之，五卷"用人为牲"叶、郭二氏曾主其说，未得学者首肯，但著者自抒解释，惟问与辞合否，他人首肯不首肯，何暇计及也。密宗若何，余未曾入门，不过就学密宗友人所述，引而证之，究竟是非得失，既属密乘，个中人自能了解，非空言所能争辩也。“茅”“示”既非，戴君既论已见及，请举字证，实余愿聆教。又云“引马克思作《资本论》以相比况”，此文主旨稍习国文者应知之矣。戴君继章取义，未免信口开河，学界有此现象，令人可骇可笑。拙著乃为研究卜辞而作，始发现卜辞为方名平列，故作前三卷；后发现祭辞是用人为牲，故作后三卷。卜辞是否为方名，与用人为牲为此书根本问题，若前不是方名，后不是用人为牲，此书已无存在可能，徒云“百孔千疮”，不啻为此书作反宣传，未审戴君以为何如？总之，此书所有关键在乎卜辞，欲论得失是非，必须要以卜辞解卜辞，以卜辞证卜辞，更必须要证解一卜辞而其他卜辞皆可以通，否则非辨证法之所许也。

此书出现日浅，将来自有定评。前上海《申报》与近上海《晚报》评此书均有过誉之辞，在余视之，与戴君所诋毁者，同一过当，均不能增减此书价值毫末。惟所自信者，不为罗、王所囿而已。以后无论何人，就卜辞全部或一部有所讨论，极愿随时答复。若任意毁誉，恕置不理，勿谓言之不预也。

答徐协贞君

戴家祥

昨承本报图书副刊主笔见示徐协贞君来稿，对拙评《殷契通释》（见三月三十一日本刊）颇致不满，斯或敝帚千金之蔽欤？

窃谓研究经史小学之条件，须以客观为衡，常识为断，而后方能取信于人。若舍此不顾，徒恃空言谬说，吾人必不敢置诸著述之林。今徐君答辩之词曰：“吾国无论何姓，其为殷代氏族标识，可以断言”，又曰：“但著者自抒解释，惟问辞合否，他人首肯不首肯何暇计及”，是皆越乎研究经史小学常例之外。他如自诩研究殷代史乘与“时轮金刚法会得德金刚佛所说四大六诸法初无二致”等语，斥之荒谬绝伦，犹觉多之，若再哓哓纠弹，不啻为该书作义务宣传，且非吾人瘅恶彰善之旨。

至徐君所云“现接无名函数件,有无聊恐吓语”,而疑出于鄙人之手。揆之情理,决无此举。如强以小人之心度君子之腹,我亦莫如之何也已矣。

戴家祥

【天津《大公报·图书副刊》,1934年6月2日】

评《龟甲文字概论》

泰兴陈夕康在太原各学院教授《尔雅》《说文》有年，最近挈其平昔所著之《龟甲文字概论》问世，内容共分十章：一、契学定义，二、甲骨出之时代地域，三、龟骨种类，四、卜法，五、契学中之文字，六、契学中之典礼制度风俗，七、契学中之帝王世系及人名，八、契学中之地理，九、诸家著述，十、契学之将来。大抵就前人著述，删节诠次，略下己意，既无独见之论，又乏删述之才，不过眉目清晰，可作学校讲义。

作者虽僻居太原，而晚近学者甲骨文字之论述，除程憬《殷氏族的社会》，郭沫若《中国古代社会研究》《甲骨文字研究》《卜辞通纂》，刘盼遂《甲骨中殷商庙制征》数书外（皆二十二年以前出版），能引证三十余种，倘非好古敏求，不能至此。所惜陈氏穷年兀兀于龟契雅故之中，依然所得甚微。观此书第五章第二项论契文与金文之关系，以及指事、形声、会意、假借之说，肤浅疏陋，误谬殊多。如丁字、小字、午字（午象杵形，故舂字从之），卜辞无一非象形。天字卜辞作□，象人颠顶形，或作□，则以一指颠顶之所在。灾字卜辞作□，从巛省，才声，或作□，则以一指灾之所在。卜辞每有指事、形声、象形杂然并用者。至于旁字古文从凡从方，上下俱声，按诸六书，惟形声差近，陈氏以例指事。又如行字，卜辞象通衢形（壶字古文从此），陈氏举之以例形声。毕字，卜辞象田网形，陈氏举之以例假借。诸如此类，非但于商周文字通例不甚了了，且汉儒六书例类，尚有所蔽。此外采摭他人述作，失于考较(如“不绍龟”之说承孙诒让之误)，疑囿于环境，匪可尽责以人事也。

惟第六章论巡狩而卜习，入学而观乐习舞，燕至而请子之俗诸条，为前人所未发。然其滥用假借(如第四节以佳𢆶为观乐之省文，以入爻为入学之省文，以乍为习之省文，九节以令焚为馆焚之省文等是)，穿凿附会，为可惜耳。

【天津《大公报 · 图书副刊》，1934 年 4 月 7 日】

【《龟甲文字概论》，陈晋著，中华书局，1933 年 11 月】

评《孙诒让年谱》

太姻丈孙籀庼先生，深究《周官》《仓》《雅》之学，生平著述，不下十余种。归道山后，余杭章炳麟、海宁章梫、桐城马其昶先后为作《家传》，南通张謇复为墓表，推论学术，克称详尽，惜未能究其家世旧闻，承学之士弗心慊也。民国九、十年之交，亡友瑞安薛储石君（钟斗），次第其言行著述，为《孙徵君年谱》一卷，储石属稿甫峻，不幸辞世。其后五年，同里宋墨哀君（慈抱）继成其业，（刊于《东方杂志》第二十三卷十二号）先生进德修业之过程，始为学界所深悉。惜其材料限于《遯学斋诗文集》及《籀庼述林》等书，于晚清诸大儒述作未加详讨。迨先生次子孟晋丈（延钊）解绶归田，尽发先人遗作，逐事排比，撰为《年表》一卷，以过庭见闻论先德绪言，宜乎简要详核，益可贵矣。惜乎至今未刊行也。

醴陵朱芳圃氏，好学多所涉猎，于胜朝三百年声音训诂之学，尤诚服先生。民国十八年至二十年，设帐温州中学，与孟晋为道义挚交，数至玉海楼观书，阅时两载，撰成《年谱》一卷，非但先生遗书浏览已备，即清季学者，若俞樾、戴子高、刘叔俛、章太炎、梁任公等家述作，及清室衰败之迹象，与夫安阳甲骨出土，凡与先生思想言行有相互关系者，均按次而类举之，故其篇幅超过宋氏两倍以上！今举其要者言之，若同治五年，曾国藩开府金陵，方闻邃学之士，相携持而至，宝应刘叔俛治《论语》，甘泉梅延祖治《谷梁》，仪征刘恭甫治《左氏》，德清戴子高治金文，独山莫友芝又以金石版本之学著称，先生得习与之扬榷讨论，学益精进。其后重疏《周官》，精研古篆，卓然成一家言者，其机括皆启于此。又如光绪八年，瑞安重修县志，先生为撰总例六条，为史才史识所寄。此外议开学堂，提倡科学诸大端，均薛、宋二家之所略而朱氏之所详。若乃摘录序例，揭载旨要，皆先生治学关键。倘使先生复起，必解颐笑曰："是吾之心也。"

虽然，朱氏捃摭之勤如此，仍不能使人无憾者，时与地限之也。朱氏生长醴陵，去温州不啻千里之遥，处今日而言数十年前之旧事，又不若故老耳闻目见者之为多也，故虽穷搜博讨，依然不无瑕疵可指。

一、材料不无疏漏。邵懿辰《四库全书简明目录》标注先生参校计百余条，玉海楼所藏稿本分装十册，每卷末必题校勘年月，末帙有跋文，为今刻本所无，朱氏未为提及。玉海楼藏书传录诸大儒校本，卷尾皆有年月可稽，若《文心雕龙》借录谭仲修家藏顾广圻、黄丕烈校本，《春秋繁露》、贾谊《新书》借录戴子高校本，《淮南子》借校黄绍箕家藏北宋本，是皆后来札迻所要删。晚年为临海黄以周《礼书通故》校正百余条，朱氏亦未见及也。

二、考证似有未允。南通张季直撰先生墓表，载其遗书有《百晋精庐碑录》一卷，碑录乃砖录之误。先生于光绪庚午之岁年三十三，得晋泰和砖于盖竹村，后又倩人搜访，得晋、宋、梁、陈砖七十余块，因以"百晋精庐"署斋额。初记其文字尺寸为《温州古甓记》一卷，后拟摹刻字体花纹为《百晋精庐砖录》，而工匠不能胜任，今板样存于玉海楼者，不过四五方而已。朱氏误信张氏之说，刺取《籀庼述林》卷八碑跋十四篇，系于光绪甲戌，当《百晋精庐碑录》之一部（见本书二十三页），未免武断。

三、论断未免过当。永嘉之学，本以通经致用为务。琴西公自居陈（止斋）、叶（水心）经制嫡传，渠田公亦尝致力于此（撰有周行已、陈止斋年谱）。二公启示子弟，不离通经致用四字。先生虽秉性异趣，然其敬仰乡贤，服膺墨氏，故庭训熏染使然。其序《周礼正义》，龂龂以推行周政为己任。晚年撰《周礼政要》，创办化学学堂，其思想一本通经致用。朱氏谓先生改变曩日谨守家法态度，以《周官》比附西政，诚不免蹈梁氏所讥“以西学缘附中学，名为开新，实为守旧”之失，（见本书八十一页）非岂先生之操？

余如著录《琴西公遗书》，漏列《郡志选举考正》《郡志职官考正》（二书考覈精详，关系郡志甚巨）《水心集校注》三种。（尚有《永嘉学案》未成书）《永嘉集》未尝付梓，《瓯海轶闻》梓而未行。朱氏谓永嘉王景羲校勘二书，未知何据。（见本书七十页）《渠田公遗著》六种，惟《吕氏春秋高注补正》一度登载《国故》，民国十七年刊入《敬乡楼丛书》第二集，朱氏漫云“多未梓行”。（见本书第八十页）附录《孙氏著述目录表》云“《大戴礼记校补》为先生手定付刊”，（此书民国四年广明石印局印行，书中错置三叶）《古籀余论》不载燕京刊本，《名原》不详刊行年代（此书民国五年刻成），不免失于覈校。

要之，朱氏此书，大体尚佳，小节虽与鄙意略有出入，然非该书之累，抑吾更有进者。不佞与先生有葭莩之亲，先生尝手援先君子于水火之中，义声懿行，老仆多能道之。不佞弱冠之岁，复得借居其家，拜瞻坠绪，不意碌碌十载，未能有获。今观朱氏此书，安能无动于心哉！故辄就管见所及，窃附不贤识小之列，非敢于朱书价值有所褒贬。

【天津《大公报·图书副刊》，1934 年 6 月 30 日】

【《孙诒让年谱》，朱芳圃著，商务印书馆，1934 年 5 月】

书《孙诒让年谱》后

晚清国学大师瑞安孙先生，深究《周官》《仓》《雅》之学，生平著述，不下三十余种。先生归道山后，余杭章炳麟、海南章梫、桐城马其昶，均为先生家传；南通张謇，为先生墓表；推论学术，克称详尽，惜不能究其家世旧闻，承学之士，弗心慊也。民国九、十年之交，亡友瑞安薛储石君（钟斗），次第其言行著述，为作《孙徵君年谱》，属稿甫峻，不幸辞世。其后五年，同里宋墨庵君（慈抱），继成其业。（刊于《东方杂志》第二十三卷十二号）先生进德修业之阶梯，始为学界所略悉，惜其材料限于《逊学斋诗文集》及《籀庼述林》等书，未加详讨，故其遗漏实多。未几先生次子孟晋丈（延钊）追寻往迹，尽发楹书，为之逐事排比，撰成《年谱》八卷，以过庭之闻见，论先德之绪言，宜乎详核可贵矣，惜至今未刊行也。醴陵朱芳圃君，博治声音训诂之学，于胜朝三百年学术嬗变之迹，悉心研究，尤诚服先生。民国十八年至二十年，执教温州中学，与孟晋丈通书问，复尝至玉海楼观书，两载之功，撰成《年谱》一卷。非但先生之书，浏览已多，即清季学者，若俞曲园、戴子高、刘叔俛、章太炎、梁任公等诸家之述作，及清室衰败之现象，与夫安阳甲骨之出土，凡与先生思想言行有相互关系者，朱氏均按次而类举之，篇幅增多宋氏两倍以上，其功可谓伟矣！今举其要者言之，若同治五年，曾国藩开府金陵，方闻之士，相携持而至，宝应刘叔俛治《论语》，甘泉梅延祖治《谷梁》，仪征刘恭甫治《左氏》，德清戴子高治金文，独山莫友芝，又以金石版本之学著称，先生得习与之扬榷讨论。其后重疏《周官》，精研籀篆，卓然成一家言者，其动机皆启于此也。又如光绪八年瑞安重修县志，先生为撰《瑞安县志总例》六条，立论闳通，起例精谨，为史材史识所寄。此外议开学堂，提倡科学，诸大端，均薛、宋二家之所略，而朱氏之所详。若乃摘录序例，揭载旨要，皆先生治学精神所萃；倘使先生复起，必解颐笑曰："是吾之心也。"方之石洲之谱亭林，无多让焉。

虽然，朱氏捃摭之勤如此，仍不能使人无憾者，时与地限之也。良以朱氏生长醴陵，去温州不啻千里之遥，处今日而言数十年前之旧事，又不若故老耳闻目见之为翔实；故虽穷搜博讨，依然不无瑕疵可指。姑论其一二，以备读此书者之参考：

（一）材料不无疏漏：邵懿辰之《四库全书简明目录》标注，先生参校百余条，朱氏未为提及。玉海楼藏书传录诸名家校本，卷尾皆有年月可稽，若《文心雕龙》，借录谭仲修家藏顾广圻、黄丕烈校本，《春秋繁露》、贾谊《新书》，借录戴子高校本；《淮南子》，借校黄绍箕家藏北宋本；是皆后来札迻所要删，进德之阶，可见于此。晚年为定海黄以周《礼书通故》校正百余条，研覈当否，具有卓见，惜朱氏多未见及也。

（二）考证似有未允：南通张季直撰先生墓表，载其遗书有《百晋精庐碑录》一卷，碑录乃砖录之误也。先生于光绪庚辰之岁，（年三十三）得晋泰和砖于盖竹村，后又倩人搜访，得晋宋梁陈砖七十余块，因以"百晋精庐"署斋额。记其文字尺寸，为《温州古甓记》一卷，后拟摹刻字体花纹，为《百晋精庐砖录》，而工匠不能胜任，今板样存留玉海楼者，不过四五方而已。朱氏误信张氏之说，刺取《籀庼述林》卷八碑跋十四篇，系于光绪甲戌，当《百晋精庐碑录》之一部，（见本书二十三页），未免武断。

（三）论断未免过当：永嘉之学，本以通经致用为务。琴西公自居陈（止斋）叶（水心）嫡传，渠田公亦致力于此；（撰有周行已、陈止斋年谱)二公启示子弟,不离通经致用四字。先生虽秉性异趣,蔚为汉学宗师,然其敬仰乡贤,覃研经制,固庭训之薰染也。《周礼正义·自序》,慨然以推行周政为己任,即此可以知矣。晚年撰《周礼政要》,创办地方新事业,其思想一本通经致用,非偏于执古或夸今者可比。朱氏谓先生“改变曩日谨守家法态度,以周官比附西政,诚不免踏梁氏所讥‘以西学缘附中学,名为开新,实则守旧’之失”,(见本书八十一页),此岂先生操之哉?

余如著录《琴西公遗书》,漏列《郡志选举考正》,《郡志职官考正》,(二书考覈精详,关系郡志甚巨)《水心集校注》三种,尚有《永嘉学案》未成书,《永嘉集》未尝付梓,《瓯海轶闻》梓而未行,朱氏谓“永嘉王景羲校勘二书”,未知何据。(见本书七十页)《渠田公遗著》六种,惟《吕氏春秋高注补正》,一度登载《国故》;《陈文节公年谱》,于民国十七年刊入《敬乡楼丛书》第二集;朱氏漫云“多未梓行”。(见本书第八十页)附录《孙氏著述目录表》云:“《大戴礼记校补》,为先生手定付刊”,(此书民国四年,广明石印局印,书中错置三叶)《古籀余论》,不载燕京刊本,《名原》不详刊行年代,(此书民国五年刻成),不免失于覈校。

要之朱氏此书,大体甚佳,小节不免与鄙意出入。抑吾更有进者,不佞与先生有葭莩之亲,先生尝手援先君子于水火之中,义声懿行,老仆多能道者。不佞弱冠之岁,复得借居其家,拜瞻坠绪,不意碌碌十载,未能窥其微言往行。今观朱氏此书,不禁抚卷三叹,故辄就管见所及,窃附不贤识小之列,凡所闻见,冀补不备已耳,非敢于朱书价值有所贬抑也。民国二十三年六月永嘉戴家祥记。

案薛、宋、朱三君所编孙先生年谱,互有得失。最近焕椿尝取三本,逐条勘对一过,有《孙籀公年谱三编合校录》之作,经付《前线日报·书报评论副刊》发表,与戴君此篇,可参览之。又后人为孙先生阐述学行者,尚有朱孔彰之《孙徵君事略》,见《甲寅杂志》第一卷第九号《文苑》,张寿贤之《孙仲容先生学术概论》,见上海商务印书馆出版《清儒学术讨论集》;宋慈抱之《孙氏遗书总序》,见刻本宗集;则又与章、马各传,及张撰墓表,彼此异同详略之间,有可考校者也。

民国三十四年一月洪焕椿附记。

【《浙江省通志馆馆刊》第1卷第2期,浙江省通志馆编。此文与上篇均为评论朱芳圃《孙诒让年谱》,但内容各有详略,可以互相参照,故并存之。】

评《甲骨学文字编》

民国二十年之秋，醴陵朱芳圃氏执教河南大学，因其教学之便，撰为《甲骨学》四编：一曰文字，二曰例类，三曰商史，四曰器物。其《文字编》定稿，去秋寄上海姜亮夫处。余适有北平之行，未暇细读。尔后江山遥隔，緜延至今，而此梦寐系念之书始得尽读之。

殷虚甲骨之学，今日时尚所趋，老师宿学，弱冠童年，相与怀铅握椠，为探颐索隐之业者，无虑数十家，而考文说字，有系统之作，自商承祚氏《殷虚文字类编》外（王襄《汇纂》不若商书），十年于兹，未闻有述焉。

盖说字考文，为通词识义之首事。乾嘉诸老放其经学异采者，以此也。卜辞出土，为年三十，字之不可通者，在三四千名以上，即以可通者五六百字言之，尚有依违两可不成义之说。学者推臆社会之起源，探求史事之异同，譬犹户隙窥人，难以见其全矣。

商氏《类编》订于民国十二年，当时止得罗、王二家之助，而此十年之间，卜辞研究有一日千里之概，若叶玉森氏、郭沫若氏颇多新奇可喜之说，若丁山氏、吴其昌氏、董作宾氏每有独得之见，若徐中舒氏、余永梁氏、唐兰氏、容庚氏则又以多闻缺疑，为诸大师所推重。之数子者，才大心细，足以窥造成作之精。顾矜才立异之蔽，虽古之贤士不能或免。今朱氏广征博引，片言只字之善，尽萃无遗，其于商氏《类编》，不啻《说文》

之有段注。然则朱氏此书，誉之为初学津梁可也，虽誉之为斯道大成，亦未始不可也。

今进而论朱书之取材，共得二十家五十七篇（专书三十二，单篇二十五），可识之字达八百三十四（据补遗删订），比罗氏（《增订殷虚书契考释》）多二百七十四，比商氏多四十三；重文三千四百六十九，比罗氏多二千一百五十七，比商氏多一百廿九，摹写古篆皆精校原文（《凡例》自云）。余尝取其四十余字，以证罗氏影印《殷虚书契前后编》，未见歧异之迹。新增之字，不仅取诸新印材料，即罗氏、商氏所曾穷搜极讨者，朱氏亦尝苦索一翻，补漏不少。（《书契后编》下十四叶有[illegible]字，《书契精华》有[illegible]字，《后编》下三十九叶有[illegible]字，《前编》六卷五十六叶有[illegible]字，均罗、商二书所漏列）然则《凡例》所云“本书皆精校原文，一一更正”，殆非自夸之词。所惜成书太骤，未能尽赴《凡例》之所愿。例如胡光炜、丁山释[illegible]为无尤（余别有说），郭沫若释[illegible]为宰，董作宾释[illegible]为编，叶玉森释[illegible]为雷之类，于字例均有未安。又如郭沫若训午为驭马之辔，训南为镈钟类之乐器，丁山训[illegible]为斧扆，训九为肘，朱氏冒然信之，有背多闻缺疑之旨。若乃并存数家之说，不知前后矛盾（郭沫若、叶玉森最多），陈陈相因，无复创获而为悬疣附赘（如天字存陈柱之说），更有湮没启发之功，致后之作者有掠美之嫌。（[illegible]字释函始于孙诒让，见《古籀余论》卷一第六叶西弗生甗，而此仅列王静师之说；[illegible]释籍始于徐中舒，见广州中山大学《语言历史研究所周刊》第四集第三十九期、四十期、四十二期，程憬《殷民族的氏族社会》引）。凡此诸端，未免笔削之旨，与鄙意微有不同，而其旁搜博讨之功，固览者所宜知也。今好古之风日盛，仓、籀遗文钻研倍多，一得之见，功在经艺，况兹巨著，安有不垂声于儒林者哉！予有感于此，故敢就管见所及，为读此书者告焉。

【天津《大公报·图书副刊》三十八期，1934 年 8 月 4 日】

【《出版周刊》新九十号，1934 年】

【《甲骨学文字编》，朱芳圃著，商务印书馆，1934 年 3 月】

评《史前期中国社会研究》

近数年来，中国学术界研究古史之风大炽，讨论半字之差，表彰一事之异，报章杂志不少概见。就中注意社会问题者，有程憬《商民族的氏族社会》、郭沫若《中国古代社会研究》，然而尽神州如丝如麻之史料，理董而讲贯之，终今以来尚无有也。近有吕君振羽者，继诸家之后有述焉。其书名《史前期中国社会研究》，分为

一、序幕

二、中国社会形势发展的阶段

三、古代社会特征的一般

四、神话传说所暗示之野蛮时代的中国社会形态

五、传说中之尧舜禹时代

六、传说中的夏代

七、神话传说所暗示由氏族至市区之转变的形迹

八、仰韶各期出土物与传说时代

九、中国古代各民族系别的探讨

十、洪水的传说和其时代

大都根据穆尔刚《古代社会》、恩格斯《家庭私有制和国家的起源》、卢森堡《经济学入门》等书为立论张本。

顾中国古史，百家所述，神话居其大半。诗书六艺所言，尧舜不胜其美，桀纣不胜其恶，故近代主今文学者，疑为儒家托古改制者所想象。吾人苟欲离神话而创为新编古史，而材料又仅限于甘肃、辽宁、河南、山西几处新石器时代遗址，器物单简，给予吾人历史知识者，仅为旧史反证而已。好学深思之士虽为之引据人类进化程序，作种种假定，譬犹盲人断匾，其所争议之对象本无有也。惟殷虚甲骨刻辞诏示吾人眼前者，知殷人习俗与周人多异。以社会组织言之，亲属中有多父多母现象，先妣特祭，兄弟叔侄之间称诸父诸兄；以政治组织言之，王位继承兄终弟及，王朝与诸侯无君臣之序；以社会生活言之，盘庚虽有务农力穑之大令，而人民奉行未广（观《商书·盘庚篇》人民不愿迁都之辞，与《周书·无逸》《大诰》《梓材》等篇责殷王不知稼穑之艰难，可见当时农业生产实况），迄至季世，犹以渔猎游牧为基本生产（《殷虚书契前后编》共得卜辞千一百六十九，而卜渔猎者占百九十七；卜辞卜祭祀有用牛羊百余者），较之西周社会男女有别，嫡庶不乱，诸侯天子之间尊卑划然，农村殷富，乃至“千斯仓万斯箱”，研究古代社会者第能上溯及此。

近日中国史学界之缺点，在乎缺乏一贯精神，一面大唱史前期石器时代，一面又将三皇五帝挂于唇吻齿腴之间。虽以郭沫若之器识，犹认舜妻尧女、夏禹传子俨然若有其事，后起之士人云亦云，充其量不过窃取谯周、皇甫谧之唾余耳矣！

虽然郭氏附会穿凿诚或有之，然其引用材料大都尚存缺疑之旨。如谓殷代亲属关系与穆尔刚、恩格斯二氏所称为彭那鲁亚家庭者（Punaluan family）相似；西周金文纪天子赏赐功臣田若干、臣几家，以为奴隶社会之进展；又言甲骨文字百分之八十以上为象形图画等等，皆非无根之说。今吕君特将中国文化远溯千余年前，而为反驳郭氏之说曰：“从甲骨文字看，并不如郭沫若先生所断定为原始象形文字，实际，而是已发展到了声音文字阶段的文字。照人类发明文字的演进程序去推断，中国文字从原始象形图画发展到甲骨文字的阶段，至少应已有千年以上的历史。”（《序幕》第三页）

不知中国文字,本无所谓形系、声系之程序。汉人言六书,其意盖谓假借、谐声即所以济其用之穷,非谓假借、谐声为文字之改正与发明者。吾固不敢言文字之始即有六书,然文字构造肇端语言,形与声如形影相依,不可舍其一。诚如吕君所言,有形有声应有千年以上之历史,终今以来并无实物证明。

不宁唯是。吕君谓尧舜时代为母系氏族社会,夏禹传子为男系本位氏族社会,殷代为商业发展后之奴隶社会,西周为封建社会,其所引据徒有古代传说,故虽反覆详辨,不惟无损郭氏,且令上古史迹混乱愈甚。

殷虚发掘之结果,知仰韶文化仅早于殷虚若干年。殷虚虽曾发现铜器,而同时发现石器亦不少,故学者疑为石铜并用时代。仰韶遗址非但未见铜器,即陶器花纹亦无近似文字之迹。安特生《甘肃考古记》言辛店、寺洼、沙井三期文化已有铜器,而年代推断为公元前一千七百年至二千六百年者,乃一时之疏也。氏于一九三零年在瑞典《远东古生物馆杂志》第一期撰 Der Wegüken die Steppen(Bulletin No. I; Ostasiatiska Samlingarna)一文,已将沙井期文化重订为公元前一百年至六百年。此说若确,则沙井、寺洼、辛店三期文化至早不出东周定王七年,最迟乃至西汉武帝天汉元年。然则殷商以前,中国固未尝用铜也。吕君误信《左传》禹铸九鼎及宋人薛尚功《钟鼎款识》夏琱戈、夏带钩二器,遂认夏代为金石并用时代。按陶南村《辍耕录》卷十七谓尝见夏琱戈于钩上相嵌以金,其细如发然,则此物决非夏制。殊不知古书传说多无参验,倘冒然从之,史实不复得,而身为识者笑矣。况古书言金属之为用者,不独夏后氏也,黄帝尝获宝鼎矣(见《史记·五帝本纪》),伶伦尝铸十二钟矣(见《吕氏春秋·古乐篇》),唐尧、虞舜尝以金作赎刑矣(见《尚书·帝典》),将谓五帝以前已入铜器时代可乎?

虽然,此犹不足为该书病也。至其取材之滥,不敢恭赞一词。盖中国伪书愈古愈多,别择虽感不易,诚有经前人考定已成铁案者,吾侪宜具知之。今观吕君自序,知该书得北京大学教授罗膺中先生、中国大学国学系主任吴承仕先生之指导,立论要旨承教于其业师李鹤鸣先生。李氏叙文亦认“著者在着手以前，曾提出许多问题来和我商榷。本书写成以后，也经我阅读过一遍”，又云“著者对于方法论的应用可说是很严谨，关于史料的搜集上也是很慎重”，由此观之，吕君此书最少亦当为专家识见之一部，因其佽助之者皆专家也。谁知书中引证《伪古文尚书·大禹谟》者二（见一六一、一六七页），《五子之歌》三（见二一五、二一六、二六七页），《胤征》二（见二一七、二一八页），《伊训》二（见二三六、二七〇页），《仲虺之诰》一（见二四四页），《太甲》一（见二六六页）；引伪《竹书纪年》者二十余处（见四五、九七、二一〇、二一一、二二三、二四五、二五四、二五八、二五九、二六一、二六二、二六六、三七〇等页）。斯二书者，伪作之迹经太原阎百诗（《古文尚书疏注》）、元和惠定宇（《古文尚书考》）、海宁王静安（《今本竹书纪年疏证》《古本竹书纪年辑斠》）诸先辈一一疏其出处，是犹捕盗者之获得真赃。《尸子》《尉缭子》《列子》等书曾见摈于宋濂（《诸子辨》）、姚际恒（《古今伪书考》），《穆天子傅》《山海经》《吴越春秋》《越绝书》以及类书所引之谶纬，吾人虽不确知其成书年代，要之考史者无所取资也。吕君不问牛溲马勃、败鼓之皮，兼收并蓄，未知李鹤鸣先生盛称其方法严谨，搜集慎重者何在，专家所指导者果何事也。

若由是进言之，作者未有著述修养，此亦无容再讳。例如引证古书不注篇名者十之七，单注篇名或单注书名者十之三，甚有任意自安使人不明所以（如一四页云《世纪》及皇甫谧语，《朱子集注》二〇九页云洪兴祖），未知中外作家曾有此例否？至于援引现成材料不知字误者，更难偻指数（如二〇九页云《楚辞·天问》《墨子·尚贤篇》《吕氏春秋》等书又皆称伊尹为小人，小人盖小臣之误。《楚辞·天问》“何乞彼小臣，而吉妃是得”，王逸注：“小臣谓伊尹也”。《墨子·尚贤下》“汤有小臣”，《吕氏春秋·尊师篇》“汤师小臣”，高诱注：“小臣谓伊尹”。金文齐侯钟铭云“伊少臣隹补”。二五二页云：“周人也再三的说‘我有夏复禹之续’”。案“复禹之续”当为《左传·哀公元年》“复禹之绩”，或《大雅·文王有声篇》“维禹之绩”之误。），然此犹可委曰手民之过。

考西晋张华撰《博物志》十卷，宋人李石，字知几，号方舟，又续作十卷,名曰《续博物志》。吕君乃云"李石续《博物志》"。《吕氏春秋·慎势篇》云"汤武之贤……功名著乎盘盂,铭篆著乎壶鉴,其势不厌尊,其实不厌多",盘、盂、壶、鉴皆器名。壶鉴亦作壶滥。《节丧篇》云"夫玩好货宝钟鼎壶滥",《墨子·节葬篇》"又必多为屋幕鼎鼓几梴壶滥戈剑羽旄齿革寝而埋之",皆其证也。盘盂二字更为古书习见。《吕览·求人篇》云"故功绩铭乎金石,著于盘盂",《墨子·尚贤下》"故书之竹帛,琢之盘盂",《兼爱下》"镂于金石,琢于盘盂",《天志中》"又书其事于竹帛,镂之金石,琢之槃盂",《明鬼下》"又恐后世子孙不能知也,故书之竹帛,传遗后世子孙。咸恐其腐蠹绝灭,后世子孙不得而纪,故琢之盘盂,镂之金石以重之",《非命下》"是以书之竹帛,镂之金石,琢之盘盂",《韩非·大体篇》"豪杰不著名于图书,不录功于盘盂",其义均与《吕览》同。且"功名著乎槃盂,铭篆著乎壶鉴"以语法言,适成对举,非有诘诎聱牙,不可索解者在也。吕君竟云"传说的记载则说汤、武之贤……功名铸乎盘盂铭篆,著乎壶鉴,其势不厌尊,其实不厌多",不但字误并复失其句读。(并见二四九页)余如《舜典》"帝曰:'畴若予上下草木鸟兽?'佥曰:'益哉!'帝曰:'俞!咨!益,汝作朕虞。'"之结语在"作朕虞"三字,吕君则以"咨益"为断。(见一六〇页)《舜典》又曰:"月正元日,舜格于文祖,询于四岳,辟四门,明四目,达四聪。咨十有二牧,曰:'食哉!惟时!'"文之句读应以"惟时"为断,故《伪孔传》云"所重在于民食,惟当敬授民时",吕君引至"食哉"为止(见一六二页)。似此横断古书,足征根柢浅薄,累累十数万言,究于中国史前社会无与也。《论语》云:"工欲善其事必先利其器",器尚未利,遑论其他。故敢就管见所及,标而出之。一言以蔽,三隅自反,世之读是书者,幸留意焉。若乃组织不精,行文欠雅,斯皆该书之小节,非不佞所敢具论也。

【南开大学《政治经济学报》第3卷第2期,1935年1月】

【《史前期中国社会研究》,吕振羽著,北平人文书店,1934年】

评《楚器图释》

治史学者，固以古代遗留之史料为重，而史料在天地间丧失易，保存难，时代愈远，则其丧失也亦愈多，故孔子于夏殷之礼有文献不足之叹。

我汉族立国远在数千年前，殷周文物为近日考古家所论定者，固已彬彬然。东周已还，民族活动力特大，文化之传播亦愈广。试就荆楚区域言之，周初屡张挞伐之师，摒之化外，武王伐随犹自称蛮夷，而春秋季世，抚征南海，驯及诸夏，负固方城，希心九鼎，雄主辈出，人材比肩。孙叔敖之相业，子反之武功，申叔时论教太子以书史典刑为训，郧公论君臣严尊卑上下之别，屈宋唐景之篇为千古词赋典型，足征荆楚民族之兴起亦即汉族同化之实效，安得以夷夏之见而为轩轾哉？惟嬴政御宇，烧天下诗书，诸侯史记尤甚。太史公作《六国年表》，据《秦纪》以为言，学者欲广异闻，邈乎不知所从也。

最近有新发现之史料，为举世所瞩目者，安徽寿县出土楚器是也。寿县为考烈王所徙之国都，巨量古物大抵皆出土于二十二年（公元一九三三）七月间。报载，发掘时，土人鸠工六十余人，掘深五六丈，长可二丈，得见古铜器甚多，四周皆架以大木，木料坚致，排列数层，约七八房间之大。其中有大鼎重七百余斤，鼎盖皆雕镌有字，花纹极古。又有大小铜锅若镬若錡若釜，以及盘、匜、尊、簠之属。玉器则有珪、璧、环、玦、琅玕。武器则有刀、剑、弋、矛、兜盔、矢镞各件。石器则有蟠龙形、蟠螭形，并有石牛八座，刻镂极精。此外尚有杂器多件，名称难定。总计共出大小诸器在八百件以上云。（据郭沫若《古代铭刻汇考续编》引）

惜参与发掘之役者，多掘冢摸金之徒，盗卖私匿，不知凡几。得其物者，又复缄縢扃鐍，讳莫如深。公家弋获，虽有七百余件，而零乱杂沓，难以整理，至今未有图录问世，学者无所取资。最近北平尊古斋主人黄伯川氏，将其所得九件出展故都团城（二十三年五月，西北文物展览会）。好古能文之士，若刘子植（《寿县出土铜器及甘肃出土莽衡》，见《大公报·图书副刊》第二十九期）、徐中舒（《寿县出土铜器补述》，见《大公报·图书副刊》第三十一期）、郭沫若（《寿县所出楚器之年代》，见《古代铭刻汇考续编》）、唐兰（《寿县所出铜器考略》，见北京大学《国学季刊》四卷一号），斐然有作。黄氏豁达有大度，欲悉依原价让予中华教育文化基金董事会。北平图书馆金石部主任刘子植（节）遂得从容论列，折衷众说，有《楚器图释》之作。

书之内容除原器照片外，分为

绪言

铭文考释

年代及地理

形制与纹样

余论

五篇，以唐兰之作殿后。引据之多，考证之博，自宋以来，未尝有此类似之书也。

吾尝窃叹，夫今之文人，每喜耀奇务异，甚有以外国学者之言为必是，竟不知外人治学所以胜吾人者，乃利用不经见之材料耳。吾国上古史料，不过五经、三《传》与商周古物。经传之文，先儒训释，无虑亿万家，彼土之士安能尽取而究洞之哉？商周古物，异国所藏，又岂能驾我而上之哉？此皆客观事实所昭著者也。谁知事有大谬不然者。法人柴狄克（H. D. Ardenne de Tizac）、英人西仑氏（Osvald Siren）硬指中国铜器受斯克坦(Scythian)文化影响,又以秦中为输入之途径,故号之曰“秦式器”。我国人数典忘本,遽尔和之,而文化发展之系统紊矣。子植氏以楚器为时代标准,取证山西李峪村、洛阳韩君墓、河南新郑诸古器,证其形状原出一系,出土之地均为秦国势力所未及,“秦式”之说不攻自破。此关于器物形制者一也。

姬姓之鄫,经传从未言及,惟徐锴《说文系传》引杜元凯曰“曾,姬姓”,亦未及其地望。子植以曾伯霥簠、曾侯簠、曾姬无邺壶诸铭文,证明周代有姬氏之鄫,又有姒姓之鄫,在齐者姒姓,在郑者为姬姓。且姬姓之鄫自东周中叶以迄战国晚期,活动之迹北起郑郊,南及光州,西起南阳,东抵睢州,与江淮间诸小国皆通婚姻,而与楚之王族关系尤深。此关于国邑世族者二也。

若夫推较花纹,证明楚郑二国交界,郑之南部土地为楚所得,鄫为郑人,又附庸于楚,谓鄫人为楚郑文化之媒介,皆于历史进化翕若合符。然则吾人昔日所悬为理想者,子植悉为之证明矣。此关于文化传播者三也。

即此数端言之,成绩已自足观。昔宋人刘原父撰《先秦古器图》,言:“考究古器之法,礼家明其制度,小学正其文字,谱谍次其世谥。”七百年后,子植一一能尽之,苟非世泽遗风,曷能臻此。

虽其中间有以个人理想为史实者,如谓《史记》楚王负刍乃酓肯之形误,曾侯乙宗彝谓曾侯自谓小宗之意,铸工中有名秦苛者指为秦国之工人,名圣陈者指为陈国之工人,脰官以为即膳夫,甚至释𠕁为守,未免率尔之间,与鄙意微有不同。又如《左传·襄公四年》“公请属鄫”,误书十四年(见本书十二页);申本姓姜而云“申亦姬姓”,诸如此类,或为作者一时疏忽,或为手民偶误,其于大体无伤也。窃惟寿县楚器所在尚多,尝鼎一脔已知至味,好古能文之士,诚能继是有作,其为助于周季史迹之考定宁有涯矣耶?

【南开大学《政治经济学报》第3卷第3期,1935年4月】

【《楚器图释》,刘节著,国立北平图书馆出版,1935年】

评《桑弘羊年谱》

近几年来，我国史学渐渐发达，年谱撰述尤为值得惊异之盛事。大凡学者、文人、政治家之人格学问与事业之展拓，各有其社会背景，其活动之为功为过，又往往因时代思潮之阻限或时人情感所激刺，真正色相层层包裹，虽离朱之明亦不能辨其功罪也。凡物之有障隔，观察不明者，昔人形容之曰“雾里看花”。读史之士不审当日社会实况，第知赞几句孔明，骂一通曹操，人云亦云者，亦大率类此。近世以来，为政者身经体验之结果，治史者受外来方法之激刺，则凡前代人物之历史价值皆可重新作理智的估定，年谱著述之纷至沓来，宁非世势变迁相激使然？

试举一事言之。先儒政治道德，莫不曰“何必曰利，亦有仁义而已矣”(《孟子·梁惠王上》)，“正其谊不谋其利”(《汉书·董仲舒传》)，但见料理边疆便指为多事，见理财便指为聚敛，见心计材武便憎斥为小人，虽有富国裕民之君相，道不同不足为训。

读史者恒知中国之雄主曰秦皇，曰汉武。汉武用兵数十年，开疆辟土，视高、惠、文、景时几至一倍以上，又为读史者所周知。洛阳桑弘羊在此长期对外战争之际，为侍中者二十五年，为大农丞者五年，为治粟都尉兼领大司农者十年，为大司农者四年，为搜粟都尉者十年，为御史大夫者七年，能使“兵行三十余年，百姓犹不加赋而军用给”(张敞语)。方之前代萧、曹，后世房、杜、李善长之流，高卑上下果何如耶？方之高谈仁义、自命直接孔孟而使国土日促、生民日困者，其功过果又何如耶？然而彼以龙兴则名传，此以盛世而名湮；彼以儒者而道尊，此以杂霸而望轻：贤愚功罪之论定，宁尽足据！

近有马君元材者，精经济之学，有感桑弘羊功业之伟大，剌取《史》《汉》《盐铁论》等书，为《桑弘羊年谱》一卷，其在近日著述中，殆即我之所谓“有理智的估定者”欤。试举其优点言之。

一、对于谱主年代有所辨正也。谱主生年，《史》《汉》不可究诘。海盐朱希祖教授据昭帝始元六年谱主与贤良文学辩论云“年六十余”，至少当为六十一岁，明年为元凤元年，则为六十二岁，由此上溯，则谱主实生于景帝后三年。十三岁与东郭咸阳、孔仅等“言利析秋毫”，盖据《史记·平准书》之文言之。马氏细玩太史公书云“于是以东郭咸阳、孔仅为大农丞，领盐铁事，而桑弘羊贵幸”，咸阳、仅为农丞在武帝元狩三年，是时弘羊已先贵幸，故史家特于弘羊之上加而字以示别。由此推校，谱主应生于景帝五年己丑，十三侍中，咸阳、仅为农丞之时，谱主年已三十三矣，故能“言利析秋毫”。至昭帝元凤元年与上官桀等坐罪，年寿适得七十三，然则谱主之事业环境皆得由此上溯十数年。吾人于此虽不敢率尔置喙，然就情理度之，以十三之年“侍中”固无不可。若遂谓其能“言利析秋毫”，即使天纵之圣，亦不至此。朱氏之说，窃期期以为不可。

二、注意谱主之环境也。作者据《史记·货殖列传》谓洛阳早在战国时代已经形成商业都市，“白圭、师史运之方寸，转之息耗，取之贵贱之间”。谱主为洛阳贾人子，在市场经济怀抱中成长壮大，又在商贾家庭生活中进进出出，故能养成心计巧密，言利析秋毫。

三、注意时事时人也。谱主在武帝一朝，筹划全国财政，创盐铁、均输、榷酒酤诸大计，蓄货长财以佐边费。其直接影响军事者曰边境之增拓，影响社会者曰豪强之摧抑，影响政治者曰君权之集中。若乃酷吏、商贾之进用，与其他相互出入之人物，更难擢发数。马氏能汇举条科，标而出之，俾览者于武帝一朝之局势一目了然。

四、注意谱主学术思想也。谱主之为盐铁、均输、榷酒酤、平准诸策，不唯整理财政，且能均贫富、齐劳逸，为社会问题作有效的解决。马氏据《盐铁论》所记谱主对于盐铁之说明，分析为四种理由，即：法律上之理由，财政上之理由，政治上之理由以及社会上之理由。而社会上之理由，尤以重工商，与十七世纪英国盛行重商义相悬契。

至如历官六十年，升降黜陟不止一次，马氏乃以所历官职分幼年时代、侍中时代、大司农中丞时代、治粟都尉兼领大司农时代、大司农时代、搜粟都尉时代、御史大夫时代，堪称年谱学之创例。盖年谱之学自宋以来，经学者试验发明，方法渐渐精密，马氏此书殆即后来居上之证。更有小节考证，每发前人所未发（如三〇页考证张汤为御史大夫之时代，六九页考证均输官之变名，八四页考证谱主贬为搜粟都尉之原因），其优点诚有不可胜言者。

虽然，吾人于此尚有一得之愚，为作者告焉。汉承秦敝而有天下，政教典章兴革殊鲜，高祖轻田租，什伍而税一，开关梁，弛山泽之禁，农工商业渐渐滋长。后数十年，寖而至于贫富不均，豪强兼并。《史》《汉》所载，一面有邯郸郭纵、赵人蜀卓氏、梁人宛孔氏、山东迁虏程郑、鲁人曹邴、鲁人猗顿、齐人刁简、长安无盐氏等拥资巨万之家，一面有耕豪右之田，见税什伍，衣牛马之衣，食犬彘之食者。而人口激增与商业发达尤为不可遏止之势。灾祲猝来，山东七十万人，县官无所措手足。武帝虽席全盛之势，而险象在在堪虞。廷尉张汤深见及此，于是请笼天下盐铁，排富商大贾，鉏豪强兼并之家。元狩三年，大农令郑当时以东郭咸阳、孔仅等皆商贾起家，言利析秋毫，进用于朝。时弘羊已贵幸，一切计议多所参与，其论盐铁专卖之理由，则为“山海有禁而民不倾，贵贱有平而民不疑，县官设衡立准，人从所欲……今罢去之，是豪民擅其用而专其利。决市闾巷，高下在口吻；贵贱无常，端坐而民豪。是以养强抑弱，而藏于跖也。强养弱抑，则齐民消，若众秽之盛而害五谷”（《盐铁论·禁耕篇》）。

是时公卿又言：

郡国颇被灾害,贫民无产业者,募徙广饶之地。陛下损膳省用,出禁钱以振元元,宽贷赋,而民不齐出南亩,商贾滋众。贫者畜积无有,皆仰县官。异时算轺车贾人缗钱皆有差,请算如故。诸贾人未作贳贷卖买,居邑贮积诸物,及商以取利者,虽无市籍,各以其物自占,率缗钱二千而算一。诸作有租及铸,率缗钱四千算一。非吏比者、三老、北边骑士,轺车一算;商贾人轺车二算;船五丈以上一算。匿不自占,占不悉,戍边一岁,没入缗钱。有能告者,以其半畀之。贾人有市籍,及家属,皆无得名田,以便农。敢犯令,没入田货。(《汉书·食货志》)

其后百姓不愿自占,

杨可告缗徧天下,中家以上大氐皆遇告。杜周治之,狱少反者。乃分遣御史廷尉正盐分曹往,即治郡国缗钱,得民财物以亿计,奴婢以千万数,田大县数百顷,小县百余顷,宅亦如之。于是商贾中家以上大氐破。(同上)。

弘羊又于郡国"置输官以相给运而便远方之贡,故曰均输。开委府于京师,以笼货物。贱即买,贵则卖。是以县官不失实,商贾无所贸利,故曰平准。平准则民不失职,均输则民齐劳逸。故平准、均输所以平万物而便百姓,非开利空,为民罪梯者也"(《盐铁论·本议篇》)。他如统一币制、榷酒酤、卖爵,募奴婢入官,皆以巧取豪富商贾为目标,故能"民不益赋而天下用饶"(《汉书·食货志》)。天下用饶,然后将国内剩余人口尽量发展边境,"边境强则中国安,中国安则晏然无事,何求而不得也"(《盐铁论·地广篇》)。且政治发展之结果,"道无不通,故交易之道行,而富商大贾周流天下,以中国一端之缦,得匈奴累金之物,而损敌国之用。是以赢驴、馲駞衔尾入塞,驒、騱、騵、马尽为我畜,鼲、鼦、貂、狐、貉、采旃、文罽充于内府,而璧玉、珊瑚、琉璃咸为国之宝,是则外国之物内流而利不外泄也。异物内流则国用饶,利不外泄则民用给矣"(《盐铁论·力耕篇》),"是故匹夫莫不乘坚良,而民间厌橘柚"(《盐铁论·未通篇》)。

由此观之,社会险象殆解除其半矣。求之历代君相能挽狂澜于既倒者,莫汉武朝若也。故为弘羊作年谱者,必须将西汉社会险象先作一概括的说明,使读者知算缗钱、均输、平准、盐铁、榷酒酤、铸钱、卖爵诸新经济政策施行困难容或不免,然以政略言,皆针对当时社会而发者也。

且汉初政治本不以儒家为重。文帝议以贾谊任公卿之位,绛灌、东阳侯冯敬之属尽害之。(见《史记·贾谊传》)景帝即位,以晁错为内史,法令多所更定,丞相申屠嘉心弗便。(见《汉书·晁错传》)武帝即位,虽诏举贤良文学,而董仲舒出为江都相(见《汉书》本传),公孙弘无益于俗(见《史记·平准书》),儒术之不为世重如此。昭帝以来,公卿大夫士吏,彬彬多文学之士矣。而宣帝犹曰:“汉家自有制度,本以霸王道杂之,奈何纯任德教,用周政乎?”(见《汉书·元帝纪》)可知张汤、桑弘羊志得而道行者,实有其传统的思想为其撑柱。儒者重本抑末、井田仁政之论不为当局所重,亦世势使然。弘羊之言曰:

> 严墙三仞,楼季难之;山高千云,牧竖登之。故峻则楼季难三仞,陵夷则牧竖易山巅。夫铄金在炉,庄蹻不顾;钱刀在路,匹妇掇之。非匹妇贪而庄蹻廉也,轻重之制异而利害之分明也。(《监铁论·诏圣篇》)

证之《韩非·五蠹篇》云:“故十仞之墙,楼季弗能逾者,峭也;千仞之山,跛牂易牧者,夷也。故明主峭其法而严其刑也。布帛寻常,庸人不释;铄金百溢,盗跖不掇。不必害,则不释寻常;必害,手则不掇百溢。故明主必其诛也。”(《史记·李斯传》引韩子曰:“是故城高五丈而楼季不轻犯也,泰山之高百仞而跛羊牧其上”,文意略同)不但宗旨相同,而文字亦在大同小异之间。又曰:“夫禄不过秉握者,不足以言治;家不满担石者,不足以计事”(《盐铁论·地广篇》)。

证之《慎子》(《韩非·难势篇》引):“尧为匹夫,不能治三人;而桀为天子,能乱天下。吾以此知势位之足恃,而贤智之不足慕也。”其一种以位尚贤,以禄骄士之精神,又表里相似如此。

若乃李悝论平籴之法(《汉书·食货志》):

> 今一夫挟五口,治田百亩,岁收亩一石半,为粟百五十石……终岁则不足……是故善平籴者必谨观岁有上、中、下熟。上熟,其收自四,余四百石;中熟,自三,余三百石;下熟,自倍,余百石。小饥则收百石,中饥七十石,大饥三十石。故大熟,则上籴三而舍一;中熟则籴二;下熟则籴一,使民适足价平则止。小饥则发小熟之所敛,中饥则发中熟之所敛,大饥则发大熟之所敛而粜之。故虽遇饥馑水旱,籴不贵而民不散,取有余以补不足也。行之魏国,国以富强。

而桑弘羊"开委府于京师,以笼货物,贱则买,贵则卖,是以县官不失实,商贾无所贸利,故曰平准。(《盐铁论·本议篇》)"其立论之本,孕于李悝,他如什伍连坐之义,慈母败子之训(见《韩非·显学篇》《史记·李斯传》),无往不崇奉法家。然则桑弘羊者,虽谓之法术正宗可也。良以法家在诸子之中较为后起,以道家无私欲之理掌握客观实际,以墨家尚同之效责之臣下,以儒家尊卑之序集中君权,然后参之以名家正名覈实之旨,主之以荀卿性恶之论,而朝宗于历史进化。故曰"正名去伪,事成若化。以实覈名,百事皆成。不别亲疏,不殊贵贱,一断于法"。其议论卑卑皆立于强国裕民基础之上,秦人用之统一天下,汉人述之而继长增高焉。汉代政治家萧何、曹参,政论家贾谊、晁错,间或悬儒道之名规划天下,而其精神核心未离法术。司马迁作《史记》,自命直接《春秋》,然"论大道则先黄老而后六经,序游侠则退处士而进奸雄,述货殖则崇势利而羞贫贱"(见《汉书·司马迁传》)。及乎末流,减宣、义纵、尹齐、杜周、王温舒之徒,犹以三尺破豪强而绳社会秩序。盖封建社会进入君主专制,法家之为举世钦奉,乃历史必有的过程也。弘羊飘转于时代潮流鼓荡之中,为新经济政策树其初基,殆非偶然。(《毁学篇》大夫曰:"司马子有言:'天下攘攘皆为利往'",引《货殖传》文)。马氏倘能将西汉政治思想于谱前作一叙论,刺取申、韩、管、商之言，与《盐铁论》作几翻对比，则读者不知弘羊思想之渊源者未之有也。吾钦弘羊之敢作敢为，又服该书之精覈，故敢述其区区，窃比野人之献云尔。

【南开大学《政治经济学报》第3卷第4期，1935年7月】

【《河南政治》1935年第5卷第12期转载】

【《桑弘羊年谱》，马元材著，商务印书馆出版，1934年】

《甲骨文选读》序

前年经史存直先生介绍，我和文登李君玲璞（圃）相识，以后叙谈数次，并读了他的论文。我去年身患重病，在医院过了七个月的病床生活，玲璞赴广州从商锡永、容希白两老教授问古文字学。迨我病愈出院，他以短短的时间，从中大所有的甲骨文书籍中，选有代表性的拓片六百三十五块，描成《甲骨文选读》一册。这种一丝不苟的刻苦治学精神值得提倡。

殷墟甲骨从药材掮客转到古董商人之手，已有八十多年的历史，再从古董玩好进而为学术研究，也已七十多年。现在老一辈的专家在世的已经不多了，而它的史料价值却引起全球史学界的重视。作为中华人民共和国的史学工作者，真正值得自豪。可惜过去的甲骨文专著，印数太少，售价太高，大大限制了这门学科的普及和发展。玲璞的《选读》对初学者来说，是很有实用价值的。

任何一种学术的兴起都不是偶然的，都有它的发生壮大过程。甲骨学所以成为一门学科，首先建立在朱为弼、徐同柏、吴大澂等人的金文研究的基础之上，同皖南经学的体系也有着血肉相连的关系。

对甲骨文试行考析的是皖南派经学后劲，瑞安孙诒让（仲容）姨公。上虞罗老、海宁王老师后来居上，做出更多的贡献。姨公的一生差不多全神贯注在《周礼正义》一部书上。为了写好《周礼正义》,不得不从事先秦古籍的精校与细读。其《尚书骈枝》《周礼斠补》《大戴礼记斠补》和《墨子间诂》等都是《周礼正义》的副产品。他对金文甲骨的研究,虽然只占其一生精力的极少部分,但他的《古籀拾遗》《古籀余论》都被誉为闳通而又颇守矩矱的典范。《契文举例》成书于一九〇四年,取材局限在一部《铁云藏龟》。对于先秦古音韵的分合,也仅仅看到顾炎武、江永、戴东原、孔广森、段玉裁诸家,他自己的创见并不太多。

罗老比姨公晚生十八年,正值古文物大量出土的时代,他自己一个人收藏的甲骨就有三万多片,与他同好的亲友,以拓片相赠送相交换的,更不知有多少。拿材料占有来说,姨公是不能跟他比拟的。并且罗老的知识是多方面的,不像姨公那样把全部精力都放在先秦时代。

王老师又晚罗老十二年,他自己虽然没有一片私藏甲骨,但较长时间和罗老相处,后来又结成儿女亲家,凡是罗老所能见到的,他都有机会见到。再加在少年时期就掌握了英、德、日几国的文字语言,具有现代的科学知识。特别是由于敦煌石室唐写本古籍的大量发现,他从英人斯坦因、法人伯希和那里取得宋以后即已佚失的隋陆法言《切韵》残卷,唐长孙讷言笺注本《切韵》残卷的照片,看到了蒋孟蘋买到的唐写本孙愐《唐韵》残卷,看到了清故宫收藏的唐写本王仁煦《刊谬补缺切韵》残本,肯定唐人韵书有关韵目的分合,部次的改动,在音理上不无贡献。一九一六年在上海又先后看到了极其难得的歙县江有诰《音学十书》道光辛卯(一八三一)初刻本,和咸丰壬子(一八五二)重刻本。一九二三年又在北京获见高邮王念孙训诂韵书的手稿本。在音韵训诂一行,他囊括了七大家的所有知识,并且在周代金石文韵中证实先秦古音廿二部之目,遂令后世无可增损。

人们重视金文甲骨文研究,不是为了猎奇,因为学会古文字是打开殷周史料宝库的一把钥匙。钥匙对不上号,史料宝库的门槛是深入不进的。根据姨公、罗老、王老师的教导,识字这个关并不难过,但是必须具备形、声、义三方面的基础知识。形是指从秦篆、籀文上溯到金文,找到形体变化的本身规律，同时也不排除六国时代不规则的古文，《玉篇》《一切经音义》《广韵》《集韵》《汗简》和《古文四声韵》也或多或少残存着一些重文或者所谓异体字，但这只能排在第二位，允许有条件地利用。

声音是语言的外壳，是声带吐出的气流通过喉舌唇齿各个器官发出的声响，这是自然的不用做作的东西。但是由于祖国的悠久历史，辽阔疆域，兄弟民族的迁徙往来，使民族语言变得复杂化了。我们只要划定自己所要研究的文献范围，就可以分别出声和韵的古今区别，或者地域区别。

字义是语言的内容，《尔雅》《方言》《释名》《广雅》诸书，实际上是集中了汉魏以来古汉语学的所有资料，分门别类地编纂而成的工具书，清代学者郝懿行、钱绎、毕沅、王先谦又加以疏证，特别是高邮王念孙的《广雅疏证》，成绩更为可观。后来阮元的《经籍籑诂》告成，不但材料更集中更丰富，而且使用起来也更方便。这些条件，三百年前的知识分子是享受不到的。

姨公、罗老、王老师虽然具备了这三方面的渊博知识，但各有自己不同的侧重点。姨公的侧重点比较多的从先秦语法辞例中取得成绩；罗老的侧重点比较多的从字形的演变中取得成绩；王老师虽然贯彻到各个方面，但是丰硕的果实还是“同声通假”。

三位学者在古文字研究中，不但文章写得多，更重要的是在形、声、义三方面具有令人信服的说服力。即使三者之中，目前仍有某些方面还属于假设和推论（至少是比较合理的假设和推论），或许有一天，也可能得到证实。

初学金文甲骨文的人，总觉得各个单字在众说纷纭的考释中“公说公有理，婆说婆有理”，特别是权威学者的论点，似乎必须恭顺。这是封建专制主义长期统治下的我国，政治民主、学术民主都没有养成习惯，在金文甲骨领域中也颇有类似的现象。我自己在学习过程中，也遇到过这种情况。例如齐子仲姜镈“保𠪚兄弟”的“𠪚”字，吴大澂谓即《诗》“眉寿保鲁”之“鲁”，（《说文古籀补》四篇）罗老一九一四年著《殷虚书契考释》

采用他的说法。海宁王老师却说“𪚔”同“魰”，即古文鱼字。古鱼吾同音，“保𪚔兄弟”“保𪚔子姓”就是保吾兄弟，保吾子姓。（《鬼方昆夷玁狁考》）

王老师的文章发表在广仓学宭《学术丛刊》，民国癸亥（一九二三）编在《观堂集林·史林》，乌程蒋孟蘋先生替他出版，罗老早已看见，且为《观堂集林》写了序言。但是丁卯年（一九二七）罗老增订本《殷虚书契考释》不采用王老师的话，仍用吴大澂释“𪚔”为“鲁”。（卷中，七三页）吴大澂在古文字学界有崇高的地位，不但罗老推重，王老师也称他“于古文字学尤有悬解”。（《毛公鼎考释序》）罗老一再采取他的话，其中必定有奥妙的道理，我冥思苦索的结果，却为吴大澂找出一条歪理来。

齐鲁两国世代互为婚姻，鲁桓公的妻子——文姜，是齐釐公的女儿，襄公的妹子。（《左传·桓公十八年》）鲁庄公的妻子——哀姜，也是齐釐公的女儿，桓公的妹子。（《左传·庄公廿四年》）齐襄公的次弟公子纠，却是鲁女所生。（《史记·齐世家》）鲁成公的妻子——穆姜，又娶自齐国。（《左传·成公十四年》）齐灵公的妻子——颜懿姬却娶自鲁国。（《左传·襄公十九年》）作为铸造镈钟的仲姜，对鲁国致以兄弟般的祝愿，自属情理之常。假使吴大澂看到沇儿钟“𪚔以宴以喜”的话，一定又会扯上了《鲁颂·閟宫》“鲁侯宴喜”这句话了。这样一来，便把吴大澂的观点上升到领先的地位。

几个月的时间过去了，初步学得了一点音韵的常识，发现《说文解字》里有一些合体字，既非形声，又非会意，而是两者都算声符。这才想到虍读荒乌切，鱼读语居切。虍隶晓母，鱼隶喻母，古无深喉浅喉之分，晓、喻两母实际上每每混用。𪚔字从虍从鱼，是上下皆声字。也就是说，虍在喻母字的上面，许多地方处于可有可无的地位，例如鸣呼可以写为鸣嘑，吴仲可以写为虞仲，鲜吴可以写为鲜虞，魰人可以写为𩵦人。早在光绪癸卯（一九〇三），姨公事实上已经考定𪚔即虞字的或体。（《古籀余论》卷三）

后来山西省代县蒙王村发现一个青铜古器，铭曰：“攻吴王夫差，择其吉金自作御监。”丹徒刘鹗购得一个铜器,铭曰:“工𫊸王皮𪅂之子者减自作□钟。”解放以后,河南省辉县琉璃阁发现铜剑,铭云:“攻王夫差自乍其元用。”淮南蔡家岗赵家孤堆出土的铜剑,铭云:“工𫊸王大子姑𩀁閛反,自乍元用……”安徽寿县出土的铜戈,铭云:“攻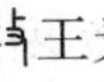王光自□。”

《左传·宣公八年》“盟吴越而还”,孔颖达《正义》:“太伯、仲雍让其弟季历,而去之荆蛮,自号句吴。或为工,夷言发声也。”工、攻古音隶东部,句隶侯部,东侯阴阳对转,是工𫊸、攻吴、攻、攻就是句吴,不仅是科学的预见,而且是从考古发掘中得到完全证实。鱼吾同音,吾从五声,五午通假,所以《说文》五篇𢔶字重文作𢔶。由此可见,“㒒𫊸兄弟”“㒒𫊸子姓”“𫊸以宴以喜”,非读𫊸为吾不可。

𫊸、鲁两字虽然同隶鱼部,但鲁隶来母。鲁厍生鼎作,周公毁作,象以器盛鱼形,郭老释为胪之古文。鲁、胪不仅同部,又是同母,同声通假,都可作旅。郭老很有灼见。《秋官·司仪》“皆旅摈”,郑玄注:“旅,读为鸿胪之胪。”《仪礼·士冠礼》“旅占”,郑玄注:“古文旅作胪。”班固《汉书·叙传》“大夫胪岱”,《集注》引郑氏曰:“胪岱,季氏旅于泰山。”是胪可通旅之证。旅亦同鲁,《说文》七篇:“旅,古文以为鲁卫之鲁。”《书序》“旅天子之命”,《史记·周本纪》作“鲁天子之命”。《释名·释船》:“橹,旅也。”也用声源来解语义。鲁本象形,胪为形声,由象形变为形声,乃六书隶属再分例。胪或作旅,旅亦为鲁,乃同声文字假借例。如依吴大澂释𫊸为鲁,用以解析齐子仲姜镈、沇儿钟的铭文,或许可以自圆其说,但用在林氏壶“𫊸以为弄壶”,栾叔缶“𫊸以祈眉寿”,那就不可理解了。

我当时在两种考释中被弄得不知选择,主要是自己对音韵一行愚昧无知,同时也是习惯势力迷信权威思想的影响。

在一定的时间之后,由一无所知,学到了稍有所知,看到罗老、王老师两位认为“字不可识”的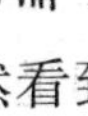字(《殷虚书契前编》卷八七页三片),大胆地释为罯之异文。后来居然看到姨公在兮甲盘考析中已有此说,于省吾先生也同样释罯。

我的认识是通过《玉篇·五十六》“否，蒲鄙切”；《大雅·烝民》“邦国若否”，陆德明《经典释文》否“音鄙”；《书·尧典》“否德忝帝位”，《释文》否，方久切，又音鄙；首次表达自己的观点于一九二八年五月二十九日《大公报·文学副刊》《评容庚〈金文编〉》。一九二八年十月《国学论丛》一卷四期《释甫》一文，又重新作了阐述。姨公的《古籀余论》成书于一九〇三年，燕京大学一九二九年为他刊行。他说：“古啚与否通，后晋邦盦都鄙作者否，此罯字疑鄙之异文。”于省吾先生的文章，过去发表在什么时候没有注明，一九七八年收在《甲骨文字释林》（五十四页）。据他自己的话，看见“古陶文有罘字（《匋文录》七·四）当即鄙之异文，从不与从否古字通”。可见我们三个人都根据自己个人的体会，达到殊途同归的目的。这是因为嘉定钱大昕用了一辈子精力，发现了“古无轻唇音”这个客观事实，我们都承认了它，从而运用了它，并且进一步证实了它。所以，一个人能够认识到的，两三个人也同样地可以认识到，一百个人也未始认识不到。也只有这样众所周知的客观条件，才能取得同行业的公认。

埋藏地下几千年之久的龟甲兽骨，质量非常松脆，一不小心就会破损，难免造成文句的残缺，带来理解上的困难。它又是我国目前已发现的最古老的文字，还没有达到全部定型化的阶段。一个字的考定，都要付出很大的力气，有的要经过几个人的补充，才能达到形、声、义的全部证实。

在我们所能见到的卜辞中，不知多少次出现亡𠂇一词，丁山先生首先释𠂇为尤，“象手欲上伸而碍于一，犹𡿧之从一雝川，朱之从木而横止以一也。”（中央研究院《历史语言研究所集刊》一本一分册《殷契亡尤说》）胡光炜、朱芳圃两先生都从其说，我总觉得他在形、声、义三方面都还没有解决。因为卜辞的字形有点像戈字，又不完全像戈，到哪里去找出从又的声源来？一九三四年我在批评朱芳圃《甲骨学文字编》时，认为：“只能作为假定，冒然信之，有背多闻缺疑之旨。”

后来朱芳圃先生受到孔广居的启发，知道“尤，古肬字，从又乙。象赘肬。又亦声”。（《说文质疑》）朱先生肯定“尤为初文，从又、一。又，手也。一，指赘肬”。（《殷周文字释丛》一六二页）朱先生把一看作指示性的符号，在六书中隶指事类，这就彻底地解决了形和声的问题。

《说文》四篇：“肬，赘也。从肉。尤声。黕，籀文肬从黑。”九篇《页部》：“頄，颤也。从页。尤声。疣，頄或从疒。”《一切经音义·十一》：“古文䟮、疚、䫃三形，今作疣。”是疣，从又得声，没有什么疑问了。

亡尤为古代成语，亦作无尤。“匪寇婚媾，终无尤也”（《易·贲·六四》）、“以宫人宠，终无尤也”（《易·剥·六五》）、“舆说輹，中无尤也”（《易·大畜·九二》）、“得童仆贞，终无尤也”（《易·旅·六二》）。无亦作無：“夫惟不争，故無尤”（《老子·易性》）、“君無尤焉”（《孟子·梁惠王下》）。尤应读为訧。《说文》三篇《言部》：“訧，罪也。从言。尤声。《周书》曰：‘报以庶訧’。”今《书·吕刑》作“报以庶尤”。《邶风·绿衣》“俾无訧兮”，《释文》：“訧，本或作尤。”《鄘风·载驰》“许人尤之”，《释文》：“尤，本或作訧。”《左传·襄公二十二年》郑子产对晋人曰：“敝邑欲从执事而惧为大尤”，大尤犹言大罪。同声通假，尤或作邮。《小雅·四月》“莫知其尤”，《宾之初筵》作“不知其邮”。《汉书·谷永传》“咎征著邮”，颜师古《集注》“邮字与尤同义”。今人言“动辄得罪”为“动辄得咎”。《周易》、卜辞也以亡咎、亡尤交错为用。是亡尤为无咎同义语。朱芳圃先生训过，训异，不若训罪更觉明确易懂。

亡尤是丁山先生一九二八年十月提出来的，朱芳圃先生在形、声上把它核实，我又在训义方面加以补充，经过半个世纪的时间，三个人的思考，在形、声、义三个方面，才获得完满解决。

王老师把卜辞中□、□、□、□几个不同形的写法，统统释为之昱初文。罗老用他的话，检查卜辞中有干支纪日的□、□、□、□等字，差不多绝大部分都做明日用的，只是极个别的地方放宽到第三日或者第四日。这个考定已经是无容争论的了。不过王老师说它的字形是巤之初文，象毛发巤巤之形。卜辞诸形都不从囟，何来鬣鬣之形，说服力似乎不够。丹徒叶玉森先生把它定为翼之初文，并象虫翼上有网膜。并说《书·武成》《书·金縢》“翼日之翼乃本字，昱、翌并后起字”。（《说契》第一页）周名辉先生《古籀考》、孙海波先生《甲骨文编》都采用他的说法，在学者中发生了一定的影响。

我们知道今天通用的《尚书伪孔传》是唐玄宗天宝三年七月诏学士改过字的本子。(《册府元龟》卷五十《帝王部》)现在《武成》“越翼日癸巳”,《汉书・律历志》引《佚武成》作“若翌日癸巳”。现在《金縢》“王翼日乃瘳”,《尔雅・释言》郭璞注引作“翌日”。现在《顾命》“若翼日乙丑”,《集韵》引作“翌日”。所以段玉裁说凡经、传、子、史，翌日皆昱日之假借。翌与昱同，故相假借，其作翼者，误也。(《说文》七篇《日部》昱字注)

[illegible]、[illegible]、[illegible]、[illegible]当为蜡之初文，象蜂蜡结构形。《说文》无蜡字。《玉篇・四○一》:“蜡，蜜滓。”《说文》十三篇《䖵部》“蠠，蠭甘饴也”，重文作蜜。有蜜必有蜡，许慎失收，不等于古代没有这个字。十篇《囟部》巤是形声字，从𡿺，[illegible]声。𡿺象毛发巤巤之形。古文𡿺从巛，“象发形”。“[illegible]，籀文子，囟有发”。(《说文》十四篇《子部》)宰椃角“在六月，隹王廿祀，[illegible]又五”。[illegible]为蜡之上下重叠形，声读不变。卜辞或体作[illegible]，从日，[illegible]声，变为形声字。卜辞或体作[illegible]，从立从[illegible]，《广韵・二十八盍》[illegible]同[illegible]。巤、立同隶来母。今立在缉部，蜡在叶部，缉、叶通韵。昱之作[illegible]，犹纭之或体作[illegible]，连字或体作[illegible]，贮字之或体作[illegible]，眝字或体作[illegible]，声音符号重复字也。小盂鼎作[illegible]，从日从立从[illegible]，立、[illegible]皆声，犹紵字或体作[illegible](从者从宁)，齑字或体作[illegible]，隮字石鼓文作[illegible](从齐从妻)，为一形两声的异体字。

翌读喻母，立、巤都读来母。古代有些喻母得字可以变为来母。金文颂鼎“王各大室，即立”,《春官・小宗伯》“掌建邦之神位”，郑玄注:“古者立、位同字。古文《春秋经》公即位为公即立。”立读力入切，隶来母。位读于备切，隶喻母三等。聿音余律切，古书或作曰，聿、曰并隶喻母四等。从彳为律，读吕戌切，则隶来母。聿或作越，《礼记・王制》“为越绋而行事”，郑玄注:“越，犹躐也。”越为喻四，躐为来母。后人不知昱从立声，立可读位；也不知翼从异声，异为之部，之、缉音近，古本通韵，从羽立声等于翼字，却把《尚书》翌字统统改为翼字。

姨公批评仁和龚自珍作《筠清馆金文》考释，“自负其学为能冥合仓籀之恉，而凿空贻缪，几乎阳承庆、李阳冰之说”。(《古籀拾遗序》)罗老和王老师也一再批评王楚、王俅、薛尚功、庄述祖、龚自珍等人甚失阙疑之恉。对于商锡永先生《殷墟文字类编》、容希白先生《金文编》严守不知盖阙之义，表示高度得赞赏。

一个学者的劳动成果，应当受到尊重，我们之所服膺者，在于科学。终极真理是没有的。不合科学的，就要否定，有待补充证实的，就要当仁不让。只有这种精神，才能使伟大的祖国文化，自强不息。

王老师著《殷卜辞中所见先公先王考》《殷卜辞中所见先公先王续考》材料限于：

> 己卯卜贞帝甲(中缺两字)其眔祖丁(《后编·上》第四页)
>
> 祖辛一牛，祖甲一牛，祖丁一牛(《后编·上》第十六页)
>
> 父甲一牡，父庚一牡，父辛一牡(《后编·上》第廿五页)

从而判断祖丁之前的一个帝甲为沃甲，非《周语》“帝甲乱之”帝甲也。祖辛、祖丁之间惟有沃甲，则祖甲亦即沃甲，非武丁之子祖甲也。第三条卜辞，父甲即阳甲，父庚即盘庚，父辛即小辛。沃甲在卜辞是怎么写的，阳甲是怎么写的，他都没有看见过实物。[illegible]甲、[illegible]甲、[illegible]甲、[illegible]甲等名是孤立地出现，罗老定为阳甲，当然不算最后定论。

郭老在日本东京帝大考古学教室发现一片卜辞：

> 庚寅卜[贞]其眂又[于][illegible]甲南庚喙甲(般庚)小辛(文中框框是郭老意补的)

他说：

> [illegible]甲在南庚之上，其下复有喙甲在南庚与小辛之间，可证阳甲实作喙甲，而[illegible]甲非沃甲莫属。此外，卜辞中尚有通例为余发现者，即于甲日卜祭某甲而合祭某甲时，二甲必相次，所祭者在后，所合祭者在前。有第三甲时，更推而上之，综合多数例证，得一号甲之先公先王之次第为：

上匣　大甲　小甲　戋甲　𦍋甲　喙甲　祖甲

与历来文献中之

上甲　太甲　小甲　河亶甲　沃甲　阳甲　祖甲

适相比次，尤足证戋甲为河亶甲，𦍋甲为沃甲。(《殷契粹编考释》四十二页。观《卜辞通纂》百六十七页)

戋甲，字本作[illegible]，陈梦家、于省吾两先生都认它从两弋相背形，并非从戈。弋读喻母，从人为代，读为定母。亶读定母，从示为禮，从羊为羶，从鱼为鳣，都读禅母。古读，禅元音亦有混入定澄母者，可以通向喻母。戋读从母，不能读亶。

所谓[illegible]甲，金文象作[illegible](师汤父鼎)，有点相似。《说文》五篇《食部》，餯重文作餳。金文作鍚，或许可以通阳。

𦍋、[illegible]、[illegible]释羌，不当释苟(狗)。狗读古后切，见母侯部；沃读乌酷切，影母鱼部；至多只能在韵部上找出侯、鱼通韵的道理。乾嘉学者校勘古书，教人千万要慎重破字，但也允许在必不得已的地方，运用形近而误的原则，作必要的破字。其实古代史料由于形近而误的地方不知道多少。"晋师己亥涉河"误为"晋师三豕涉河"(《吕览·察传》)，"公子阳生"误为"伯于阳"(《公羊传·昭公十二年》)。谚语就有"书三写，鱼成鲁，虚成虎"之叹(《抱朴子·遐览》)。在商代先公先王世系中，王亥误为王振，康丁误为庚丁，就是最近被考定的历史事实。《说文》没有沃字，只有渶、芺两字。《书序》沃丁亦作渶丁。于省吾先生直截了当地说𦍋、芺形近，可能致误(《甲骨文字释林》四三页)，倒能令人满意。

"帝五丰臣"(《殷契粹编》第十二片)、"帝五丰"(《殷虚书契后编》上二六·一五)中丰字，当从罗老释玉，不当释丯，读介。胡厚宣先生《释殷代求年于四方和四风的祭祀》大龟甲刻辞"西方曰彝，凤曰[illegible]"，三邪画作弯环之势。于省吾先生释丯，读若介(《甲骨文字释林》三五四页)。丰字三笔平正，与丯或[illegible]截然不同。我们看见金文从玉的字，以宝字为最多，从宀从玉从贝，缶声。颉鼎"颉作宝隮彝"，宝作[illegible]。旂氏鼎"旂父作卣宝

[illegible]”，宝作[illegible]。霸姑鼎“霸姑作宝尊彝”，宝作[illegible]。本鼎“本作宝鼎”，宝作[illegible]。嬴氏鼎“嬴氏作宝鼎”，宝作[illegible]，另一器作[illegible]。说明玉字可写作丰的，不是一个也没有，并且数目不少。

丨，为贯穿玉的绳组。三画，象玉片侧视形。三片、两片只是表示它的象征性而已。汤叔鼎宝作[illegible]，䄍伯匜宝作[illegible]，召乐父匜宝作[illegible]，说明丰字又可简化为丰。

即使五丰可以释五丯，也没法证明“五丰臣”和“一介臣”有必然性的联系。

帝、禘同字。《尔雅·释天》孙炎注：“禘，五年大祭也。”《书·尧典》“修五礼、五玉、三帛、二牲一死贽”。《书·顾命》“越玉五重”。《左传·庄公十八年》“虢公、晋侯朝王。王飨醴，命之宥，皆赐五瑴，马三匹”。古人谓两玉为瑴，瑴或作珏。五瑴，犹言玉五串。禘五玉，是指五玉供祭天帝的贵重礼物，同时也是周天子对于诸侯国君长的最高奖赏。禘为动词谓语，“禘五玉”犹言“禘以五玉”。宝玉在殷周时代已经取得货币功能，可以作为财富贮藏手段，同时在人们的思想意识中，被看作高贵的象征。祭公谋父《祈招之诗》云：“思我王度，式如玉，式如金。”《秦风·小戎》：“言念君子，温如其玉。”《礼记·玉藻》：“君子于玉比德焉。”玉字可以作为名词宾语，也可以作为介宾修饰语。

龟甲兽骨发现的总数，有人估计有十六万片，有人估计有十九万片左右。单字约有四千五百多个，罗老考释出五百六十四字。徐中舒先生释[illegible]为耤，叶玉森先生释[illegible]为晕，郭老释遝旅为振旅，释衎[illegible]为彷徉，陈梦家先生释[illegible]为秜，胡厚宣先生释[illegible]为臽，屈云鹏释𡚸为婢，于省吾先生释庶为煮，释膏鱼为高鱼，都是人们信得过的定论。商锡永先生、余永梁先生、杨树达先生、陈邦怀先生、朱芳圃先生、唐兰先生也都有所发明。到目前为止，可以隶定的字有九百个以上。不过这九百个以上的字，有待重新检查的，还有少部分，有的并不可信。

王老师六十五年前在《毛公鼎考释序》中说：

> 文无古今，未有不文从字顺者。今日通行文字，人人能读之，能解之。《诗》、《书》、彝器，亦古之通行文字。今日所以难读者，由今日之知古代，不如现代之深故也。苟考之史事与制度文物，以知其时代之情状；本之《诗》《书》，以求其文之义例；考之古音，以通其假借；参之彝器，以验其文字之变化。由此而之彼，即甲以推乙，则于字之不可释，义之不可通者，必间有获焉。然后阙其不可知者，以俟后之君子，则庶乎其近之矣。

并世学者取得令人信服的成绩，一般说来，都没有脱离王老师所规定的基本原则。“梓匠轮舆，能与人规矩，不能使人巧。”巧与拙是对立的统一。真正的巧匠，是在规矩尺度上，勤学苦练取得的。

“智者千虑，必有一失；愚者千虑，必有一得”，这是乾嘉学者所许可的论学风度。玲璞是肯下苦功夫的健者，可望百尺竿头更上一步，做一个貌似拙者的大巧。我只能以愚者的一得，谈谈师友间的智者所失。长江后浪推前浪，一代新人胜旧人，这是不可抗拒的历史规律，也是衰病老人所日夜馨香祷祝的呢。

一九八一年五月　永嘉戴家祥

【《甲骨文选读》，李圃著，华东师范大学出版社，1986年1月】

《中国甲骨学史》序

十九世纪末叶在河南安阳出土的商代甲骨文字，对于我国汉字的发展提供了珍贵的直接史料，这是文化史上值得大书特书的事。

大体说来，甲骨最初是小屯村的农民翻耕棉田之际偶然发现的。首先成为药材掮客用以牟利的所谓“化龙骨”。由于王懿荣的爱好，传到范维卿、赵执斋等古董商人手里，并一时为他们所垄断。王懿荣虽然较早地认识了甲骨文这个古老的文物，但没有进行仔细的研究。一九〇五年初（光绪三十年）瑞安孙诒让著《契文举例》，才提高了甲骨文的学术价值。海宁王静安老师在研究方法上有了新的突破，先后写成《殷卜辞中所见先公先王考》及《殷卜辞中所见先公先王续考》，之后又写成《殷周制度论》，立即得到学术界的广泛重视。

一九二六年冬，钟祥李济博士在山西夏县西阴村考古发掘告一段落之后，接受了王静安师的建议，选择一个具有历史事实根据的文化遗址，用近代科学方法进行发掘，从一层一层的层位序列上对比年代的先后。一九二八年以后，在李济博士的主持下，殷墟的科学发掘工作开始了。又从地层关系以及与甲骨文共存的遗物研究中，使人们对整个商代的文化面貌有了比较全面的认识。特别是由于发现了小屯、龙山与仰韶的三层叠压关系，这又使学术意义扩大到了新石器时代晚期文化和原始社会的研究。

以后随着国家基本建设的蓬勃发展,大量的文化遗址发现了。为了抢救古文物,田野考古工作者不辞艰辛,足迹遍天下,并且有很多新的收获。例如甲骨就不仅小屯殷墟一个地方有,在郑州及其他地方都先后有零星发现,在陕西岐山周原更有大批的出土。这样,从纵的来说,可以上溯到成汤建国以前,下及西周早期的历史,就有了更多的材料证明夏商周的文化有一定程度的继承和新的发展;从横的来说,用这一类型的文化作为考古学上的尺度来衡量,则东至辽宁、渤海湾,南至江南,西至川陕,北至内蒙古的广大地区,都发现商代的遗迹遗物和深受商文化影响的青铜文化,这都说明早在三四千年以前,我们祖先的生产和活动的地区是那么广阔,他们所创造和遗留下来的文化遗产是那么丰富和绚丽多彩,真使后世子孙为之景仰不已!

现在,甲骨学已经成为一门世界性的学问,引起了国内国外许多专家学者探讨研究的兴趣,并且取得了巨大的成绩,这却不是偶然的,而是甲骨文本身具有的上述重要学术价值所导致的必然结果。凡是有志于甲骨学研究的朋友,只要在材料上有新的发现或者是在研究过程中有新的收获(例如进一步证实了前人研究的成果,或者否定了前人不正确的说法和补足了前人的漏缺的),都可以在这门学科中取得应有的学术地位。这种机会在以前是不可能有的。

说到研究甲骨,首先有一个材料问题。过去的甲骨文专著,种类太多,印数太少,售价太高,这就限制了这门学科的普及和发展。今天可好了,《甲骨文合集》这部书是经过当代专家去伪存真和精心筛选的结果,为学者提供了既丰富而集中又可靠的资料。但年轻的一代如何利用《合集》仍有一定的困难,这就需要甲骨学概论或甲骨学目录学方面的著作为提要、向导,首先帮助他们如何了解这门学科,如何由浅入深、登堂入室加入我们甲骨学的研究行列中去。吴浩坤、潘悠的《中国甲骨学史》一书正是为此目的而编写的,同时又是在复旦大学历史系和华东师大历史系教学实践中完成的。阅读了之后,可以得到甲骨学方面的系统知识,也可以根据书中所介绍的重要线索，进一步找到有关材料作深入的学习研究。

研究不只是要认识事物的这一面，还要认识事物的那一面，这就需要详细占有材料，通过大量材料的占有，从而分析得出比较全面的可靠的客观真实，才能有助于对社会历史发展规律的阐述和认识，这是我们研究历史的主要目的之一。而研究古代社会形态，以商代为突破口，上溯夏代，下延西周，旁及兄弟民族各自的历史发展，甲骨学这门学科已经有了自己的特殊规定，但还有许多题材要大量的后起之秀去做。希望今后有更多有志之士勇于探索，勇于创新，不畏艰难，锲而不舍地从事这方面的研究，以便使这门年轻的学科得到更快和更大的发展，并且预祝全国史学工作者为我国的上古史研究作出义不容辞的贡献。

一九八四年元旦永嘉戴家祥写于华东师大一村

【《中国甲骨学史》，吴浩坤、潘悠著，上海人民出版社，1987 年 3 月】

斠点《名原》书后

乡先哲籀庼公为先祖母二妹婿，少嗜古文大篆。年十七八，得阮刻薛尚功《历代钟鼎彝器款识法帖》读之，即爱玩不释，尝取《考古》《博古》两图及王厚之《复斋款识》、王俅《啸堂集古录》雠对。旋得薛书手迹景钞本以相参证，时有所寤，即手志之。

清自乾嘉以还，小学家每喜取金文以证篆籀。仪征阮芸台（元）得休宁朱右甫（为弼）之助，集诸家拓本为《积古斋钟鼎款识》，南海吴伯荣（荣光）著《筠清馆金石录》，亦以金文五卷冠首。公侍亲江宁布政使官署，通学之士多在金陵官书局任事，仪征刘恭甫（寿曾）、宝应刘叔俛（恭冕）、德清戴子高（望）及公父执独山莫子偲（友芝），相与研讨经义款识之学，过从甚密。同治壬申（一八七三），仿高邮王氏《汉隶拾遗》之例，以字书及他刻斠正薛、阮、吴三家之失，为《商周金识拾遗》三卷，叔俛为之题跋。逾二年，在金陵得汉阳叶东卿（志诜）家藏金文拓片二百种，间有仁和龚定盦（自珍）手笔识其上。海丰吴子苾（式芬）《攟古录金文》九卷，亦于是时问世。公揽涉之余，又有足正旧著之疏略者，《商周金识拾遗》改名《古籀拾遗》。同里周仲龙（璪）为之手书，璪兄伯龙（珑）为填篆籀成之。

光绪癸卯，对《攟古录》多所諟正，录为《古籀余论》。伯龙篆书取法《开母》《少室》，不幸早卒，不及为《余论》效劳。

公在春明，获睹吴县潘伯寅（祖荫）家藏商周彝器八百件，阳湖费峐怀（念慈）、元和江建霞（标）、满族收藏家盛伯羲（煜），亦以墨拓为赠。而生平偶尔经眼者又不下累千种，先后写成《毛公鼎释文》《克鼎释文》《郘钟拓本跋》《乙亥方鼎拓本跋》《周虢季子白盘拓本跋》《周遣小子敦拓本跋》《周唐中多壶拓本跋》《周师龠父敦拓本跋》《周麦鼎考》《周要君盂考》《师奎父鼎拓本跋》《康侯鼎拓本跋》《汉卫鼎考》《周大泉宝货考》《无惠鼎拓本跋》《秦权拓本跋》《秦大騩权拓本跋》《新始建国铜镜拓本跋》《阮摹天乙阁宋拓石鼓文跋》《与友人论金文书》《籀文车字说》《记彝器款识黼黻文》等廿余篇，散见《述林》六、七、九诸卷。

戊戌、己亥年间，安阳棉农发现龟甲兽骨，福山王廉卿（懿荣）为购得之。庚子之乱，廉卿及于难，丹徒刘鹗得其藏骨五千余片，甄其略明晰者千零五十八片，印成《铁云藏龟》。公就文字所通者，略事甄述，为《栔文举例》。遗稿不知何时外流，丙辰（一九一七）冬，静安先生得之海上，以遗上虞罗叔言。叔言印入《吉石盦丛书》。

公年逾五十，目力衰退，犹审斠奇字，竟夕不辍。略摭金文、龟甲文、石鼓文、贵州红岩古刻，檃括《说文》古籀，成《名原》两篇，距易箦之年仅三载耳。

《名原》为正名之书，《春官·外史》“掌达书名于四方”，郑玄曰：“古曰名，今曰字。”《名原》《述林》刊于公之身后，介弟季芃仓卒授梓，写官既不知点画，校者又漫以不识篆籀而阙之。壬戌（一九二二）夏五，公之犹子莘农丈以其传斠本见贻，不言斠者姓氏，亦不知得自何所。友好之中，或疑传录鄞县马叔平（衡）所斠，以马氏为罗叔言弟子，时主讲北京大学金石学课也。丁卯（一九二七）仲夏，静安先生自沉身亡，研究院聘马氏为讲师。义宁陈寅恪师深以不得从静安先生问《尚书》及古文字学为憾事，家祥敢乞代询马君曾否斠补《名原》，马君即以草稿见示。是年秋季为陈师过录一册，并录其斠于旧藏（即莘农丈所贻）册耑。缮写既竟，发现两者歧异互见，得失间出。始知旧本既非传录马斠，亦非过录公之遗稿。然此仅就甲骨文、金文而言，至其全书之中，鱼鲁虚虎，讹迹皎然可知者，两本都未匡违，随手改易数百字，呈陈师存之。

甲戌（一九三四）之秋，余承乏南开大学讲席。日寇咄咄逼人，莘莘胄子无路请缨，爰作北平之行，访友自遣。同乡刘节为言前借手拓麦鼎铭文、要君盂铭文，已摄影数份，分寄郭沫若、于省吾诸公，国内有三本，不至湮坠。又言《名原》一书字讹难读。私意蠢蠢，若有所寤，归取《铁云藏龟》《愙斋集古录》《殷文存》《周金文存》及《说文段注》，反复核斠，补正若干字，而以斠补后语投天津《益世报·副刊》发表。林师宰平（志钧）、刘兄盼遂、刘兄子植及友好向君觉明都贻书嘉勉。觉明且愿推荐影印出版。醴陵朱耘僧（芳圃）则函请一睹底本为快。朱亦静安先生弟子，曾在温州设帐，著有《孙诒让年谱》，时在河南大学讲甲骨学，著有《甲骨学文字编》《甲骨学礼制篇》。他山之石，可以攻玉，故敢邮寄请益。不料耘僧接书，要求留玩几天。余次年离津赴蓉。又次年，抗日军兴，虽多次函索，或托辞迁延，或搁置不复。据姜亮夫（寅清）兄追忆，朱兄辛丑（一九六一）莅杭，曾以该书相示。或在十年浩劫中蒙受不测，亦未可知。

去岁偶读蒋秉南（天枢）《陈寅恪先生编年事迹辑》有云："本年（一九二七）秋，曾令学生戴家祥迻录马叔平斠孙仲容《名原》于所藏本上。"（卷中六十七叶）寅师藏书由北平启运者，毁于长沙大火（一九三八）；从滇越铁路启运者，全被偷盗（一九三九）。遗存在广州者又遭十年浩劫，而此《名原》初斠因寄存秉南兄处，得保无恙。物之存没，岂可逆料。

金坛段懋堂（玉裁）有言："学者之考字，因形以得其音，因音以得其义。治经莫重于得义，得义莫重于得音。"（《〈广雅疏证〉序》）卜辞金文，去今緜远，文例、字例与《说文》、群经相表里，非淹贯故训，不能通其句读。公之治学，大都声义密合，辞无苟设，如释师汤父鼎之"[illegible]"为"象弭"（卷上第十叶），邵钟之"既桷"为"既县"（卷下十九叶），觑父盘之"殈餮"为"殈饱"（卷下廿一叶），毛公鼎之"玉瑹"为"玉胷之荼"（卷下卅一叶），皆"考之史事与制度文物，以知其时代之情状；本之《诗》《书》，以求其文之义例；考之古音，以通其义之假借；参之彝器，以验其文字之变化；由此而之彼，即甲以推乙"。（用静安先生《毛公鼎考释序》中语）段氏所云得形得音得义之学者，公则庶乎其近之矣。

《名原》约计四万五千七百余字，初斠曾为补茜墨丁四百零七，顾书中有称引钟鼎彝器器名之讹者，（例如上篇十四叶正面第四行伯罚卣，罚应作鱼。又十六叶正面第五行陈侯因資彝，彝应作敦。又十七叶正面第八行祖辛爵，爵应作尊。又廿四叶正面第十一行大保敦，敦应作鼎。又廿七叶反面第六行名白虎敦，名白应作召伯。下篇四叶正面第十四行柏尊，尊当作舟。又十一叶反面第九行毛鼎，鼎上夺公字。又廿叶反面第一行夹注全讹。）引用《说文》失检者，（上篇廿一叶正面第四行"《说文·口部》古文图字作[illegible]"，按《说文·亩部》啚字作[illegible]。又全叶反面第十三行"《说文·殳部》般古文作㪔"，按《说文·舟部》般古文作㪔。下篇廿八叶正面第六行"《说文·口部》喜古文作[illegible]"，按《说文·喜部》喜古文作[illegible]。）空白待补者，（下篇十五叶反面第七行"此敦[illegible]　二文"，二上应补[illegible]字。又廿一叶反面第七行夹注"详前转楬　"，楬下应补桀字。全叶第十二行"古孚　缶声多通用"，孚下应补保字。又廿四叶反面第三行"此　"，此下应补[illegible]字。）空白讹賸者，（下篇二叶反面第四行"唯据盂鼎[illegible][illegible]两文〇"，文下不应有〇。又八叶正面第九行"三变为互　"，互下不应有空白。又卅一叶正面第四行"其　　义既不甚古"，其下不应有空白。）文字傎倒者，（上篇五叶反面第十五行夹注"又乌古文於"，按《说文》四篇"[illegible]，象古文乌省"。又十五叶反面第八行"俗作穗，从禾惠声"，按《说文》作"穗，俗从禾惠声"。又廿叶正面七行"嶽，《说文·山部》古文作[illegible]"，依上文《说文·山部》[illegible]，"有石而高，象形"。下文《说文·𨸏部》"[illegible]，大陆也。山无石者，象形"例之，此处当云"《说文·山部》嶽，古文作[illegible]"。下篇五叶正面第十五行"复不云从寽"，应作"不复云从寽"。）讹衍者，（上篇十七叶反面第二行"各，异词也，从口从夂"。按《说文》二篇作"从口夂"。下篇八叶正面第十四行"从彑声"，按《说文》十三篇作"彑声"。又十九叶反面第二行"县，系也。从系持県也"，按《说文》九篇作"从系持県"。）讹夺者，（上篇十九叶反面六至七行"从丂一"，按《说文》五篇云"从丂从一"，一上应有从字。下篇八叶正面第十四行"叹，持米器中实也"，按

《说文》十三篇作“収,持之。米,器中实也”。持下应有之字。又十六叶反面第十一行“从乙,象相及也”,按《说文》五篇作“从乙,乙古文及,象物相及也”,象下应有物字。又廿叶正面第四行《公食大夫礼》“庶羞皆有大”,按《仪礼》作“士羞庶皆有大盖”。庶上应有士羞两字,大下应有盖字。同叶第六行“加膴祭于其上”,按《仪礼》作“皆加膴祭于其上”,加上应有皆字。又廿一叶反面第六行“齐国差甔字从缶作[illegible]”,甔下应有罐字。)声近而讹者,(下篇十一叶正面第九行“即省字之省”,字为视之讹。又廿七叶反面第十三行夹注“此非许君元文”,元为原之讹。又卅二叶正面第三行“辮疑养奴二入于[illegible]”,二为误之讹。)形体讹别者多至二百多处。(上篇十叶反面第十四行“鸟之足似七,从七”,两七字均为匕之讹。又十四叶正面第十五行“与初文制若天𦉼矣”,制为判之误。下篇十三叶正面第十行“武事执俘省从爪”,省为者之讹。又廿五叶正面第十三行“上从入推耒形”,入为人之讹。又廿七叶反面第三行夹注“置在哈部”,哈为咍之讹。)亦有不明致讹之由者若干处,(下篇廿八叶反面第一行夹注“一曼篚”,一当作陈。仝叶本行夹注“饋古文从𡴖,作一”,一当作饋。又廿九叶正面第十三行“以日要考曰成”,按《周礼·天官·司会》“以叁互考曰成”。又卅二叶正面第五行“门部十之省”,十当作闢。)为数亦二百五十九。连同墨丁,总共六百六十又六,占全书百分之一点三三,而相沿承用之通用字、别体字为学者所习见者,则固无须捃摭矣。

公之遗书,孟晋(延钊)丈早已捐赠浙江大学图书馆。其后院校几经改名,今归杭州大学。该校古籍研究所珍惜乡邦文献,以刊行公之遗著为职志,主其事者知不佞与公有葭莩之亲,且于甲骨、金文之学稍涉藩篱,以重版《名原》下问。窃思《名原》作于公之晚年,爬罗剔抉,精要集中。旧刻不但有讹字,且墨丁满纸,上海扫叶山房影印本仍之,实非再校不能读者。甲戌拙校已由秐僧湮坠,只能求诸陈师旧藏,用相勘覈。俾公之古文篆籀专著咸有新版,信儒林之盛事也。不佞初陟雠勘,还在从师,识见陋隘,阙讹是惧。今年已耄荒,陋习难改,经传雅故,十不记一,其所理董,亦极肤浅。后之君子,幸諟正之。

今马师叔平、林师宰平、陈师寅恪墓已宿草，觉明、盼遂惨遭残害，耘僧、子植亦未永其天年，故旧凋零，前尘如梦。不佞忝列后死，得见日月之重光，每念及此，不知涕泪之何从也。斠点既竟，爰志籀公治学之耑绪，与夫师友之津逮于卷尾，后之治古文篆籀者，或有取于是乎。乙丑春正，永嘉戴家祥书于华东师范大学中国史学研究所。时年八十。

【《名原》，孙诒让著，戴家祥点校，齐鲁书社，1986 年 5 月】

《古籀余论》跋

《古籀余论》者，太姻丈籀庼公暮年之作也。其书校订海丰吴子苾（式芬）《攈古录金文》考释之疏，间或自纠其旧作《古籀拾遗》之失，援经据典，创获良多。子苾生当古器物日出不穷之时，又与陈寿卿、刘燕庭、许印林、徐籀庄等海内名流相友善，故其书博采众见，汇集成编。光绪二十一年，其子重憙付梓刊行。同年十二月二十五日，福山王懿荣（廉卿）代其进奉初印本十部于内府。意籀公得见吴书，当在光绪廿三四年之后。《籀庼述林》（卷四）载其自撰《〈古籀余论〉后叙》云："此册既写定，将寄质峐褢、仲弢两君。"费念慈（峐褢）于光绪三十一年捐馆，黄绍箕（仲弢）于光绪三十三年卒于湖北提学使任内，翌年五月，籀公亦归道山。然则此书清稿曾否寄出，费、黄二君曾否过目，至今已无可稽考者矣。民国辛酉（一九二一），余肄业于瑞安县立中学，以舍亲诸叔琳为公之次子延锴（次镠）妻弟，王季思（起）为叔琳契友，又余之同里，由是因亲及亲，乃得同寓虞池孙宅。次镠姻丈知余素有书画篆刻之癖，不时出所藏咸、同学者致其父祖书札及汉阳叶东卿（志诜）家藏钟鼎彝器款识拓墨数巨册，以供观摩。并在假日导至玉海楼观书，不啻良师之于弟子。偶于籀公遗著中获见《尚书骈枝》及《古籀余论》未刻稿，不揣冒昧，借来录副，竭一月之功始毕，并录其《后序》于首。逮余毕业离瑞，乃请海安所蔡笑萍君各为传写几份，携在行箧，冀遇好学之士，为其梓行。

岁在丙寅，获从海宁王静安先生治甲骨、金文之学，以《古籀余论》贽见，因先生尝言胜清一代治古文字学者“近惟瑞安孙氏颇守矩矱”云云。（《〈殷虚书契考释〉后叙》）先生以示东莞容希白（庚），希白假归雇人传写，复为填补篆文若干字，且有意付梓，嘱余商诸籀公后人。余欣然如约，并以钞本《尚书骈枝》为赠。翌年暑假，偶遇籀公长子延钊（孟晋）姻丈于沪温航线海晏轮中，亟以希白之意为请。孟晋丈在北洋政府财政部盐务署服官日久，与学术界甚少往来，且不知希白所学为何物。虽然勉强俞允，却责成不佞在上版之前必须躬与其役，免蹈《名原》《述林》二书之故辙。岂知希白长余一纪，其专著《金文编》问世以来，声名籍甚。且已荣任燕京大学教席，未便冒犯尊严，但又不敢违长者之托。考虑再三，不得已违心诡称得见《余论》稿本，愿为覆校，以免万一之误。希白接函，即以底本寄沪，始知此稿已三更迻写，衍夺倒窜，所在多有。其中有蔡君脱误者，亦有希白雇工笔讹者。希白底本不但舛误更多，且在卷三第十一叶脱一整行计十九字，第十四叶又脱一整行计二十三字，甚至第四十二叶脱一整页计八百余字。余乃依据昔日借原稿手钞之者为全书校补千余字，付邮还之，时戊辰年（一九二八）冬月事也。次年春暮，全书告成，希白寄赠初印本二部，溜览一过，仍有不尽如人意者在也。随手识之。及读希白来函，则知余之校本到京，几已欹刻及半。工匠不作彻底挖补，其不得更动者，别列“正误”八则于后。余如记之作記，㠯之作巳，叚之作段，寶之作寳，迹在形似之间者，殆不可以偻指数。

昔昆山顾炎武著《音学五书》成，有感于“日西方莫，遂以付之梓人，故已登版而刊改者，犹至数四。又得张弨为之考《说文》，采《玉篇》，做字样，酌时宜而手书之。二子叶增、叶箕分书小字，鸠工淮上，不远数千里累书往复，必归于是。而其工费则又取诸鬻产之直，而秋毫不借于人。其著书之难，而成之不易如此”。（《亭林文集》卷二《〈音学五书〉后序》）《古籀拾遗》成书于同治十一年（一八七二），初名《商周金识拾遗》。光绪十四年（一八八八）重校定，改名《古籀拾遗》，“刊于温州，同里周琛为手书以上版,并是正其文字。中牵于他事,至庚寅(一八九零)正月始斁工”。(《〈古籀拾遗〉自序》)亭林称张力臣(弨)“宅心和厚,精心六书,信而好古”,为己所不如。(《亭林文集》卷六《广师》)周璪先生又名拱藻,字仲龙,光绪十四年与同里黄绍第乡试中举,通经术,擅词翰,籀公称其“修学好古,则固今之力臣也”。(《〈古籀拾遗〉自序》)窃谓力臣之于亭林,仲龙之于籀公,年齿稍逊,发越在后。然皆虚心笃行,愿闻绪余,又能体察述作之难,梓行匪易,莫不聚精会神,任其艰巨。故其校写,为世所珍。此岂造次于是者,所能攀附者哉!不佞弱冠之年,妄敢希风前哲,而年届耄荒,反觉事事后人。每念《余论》一书,雠校未尽完善,有负长者付托之重,中心绻绻不释于裹。今孟晋丈已仙逝西泠,希白亦在岭南作古。回首前尘,百感交集,故不度德量力,出其旧校,重行裁缀,付诸影印,赎我前愆。并摘其误谬之尤甚者,殿于末袟,昭其信也。

戊子春月,适逢玉海楼建立一百周年,展露原姿。永嘉戴家祥幼和甫敬识于上海华东师范大学,用申遥祝。

【《古籀余论》,孙诒让著,戴家祥点校,
华东师范大学出版社,1988 年 9 月】

《简明金文词典》序

金文即青铜器铭辞，宋人谓之钟鼎彝器款识。其始见称于西汉张敞之读美阳古鼎，至北宋而盛称，在清一代，藏之者弥众，近五十年又有大量发现。

昔刘原父撰《先秦古器图》言其学术价值："礼家明其制度，小学正其文字，谱牒次其世谥。"乾嘉已还，考据学兴，谭经者必及小学，攻小学者每及金文。时至晚近，此风更盛。金文研究在小学领域，可谓硕果累累，礼制谱牒虽或见诸名家考释，然视文字学一途，瞠乎后矣。

余尝谓金文研究，事有三难，以言文字都出李斯同文之前，未可以《说文》执一求之，此一难也；铭辞作者每以音类相近假借为之，稍不留意，即失音义，此二难也；殷周至今，积年数千，制度因革，已非一代，仪注体式，名号各殊，策勋受赏，名物多异，其中成语，更难寻根，此三难也。更有一语之中三难俱在，穷搜博讨，未必即得，望文生义，谬种流传，制度谱牒之研究，受制于成语之遗缺，盖可知也。举例言之：

（一）《仪礼·士虞礼》："夙兴夜处，小心畏忌"，齐侯镈："余既尃乃心，女（汝）少（小）心畏忌。"陈贿毁"毕龏（恭）畏忌"，畏亦作愄，涉下文忌字从心，而加旁从心也。王孙钟："䧐嬰趩趩"，畏字从限，《考工记·弓人》："恒当弓之畏"，郑玄谓"畏读如秦师入隈之隈"。邾公华钟："余毕龏

(恭)威忌”，畏又作威。《释名·释言语》：“威，畏也，可畏惧也。”《洪范》：“威用六极。”《史记·宋微子世家》威作畏。

忌从己声，己声同其。《王风·扬之水》：“彼其之子。”郑玄笺：“其或作记，或作己；读声相似。”《多方》“尔若不忌于凶德”，《说文·言部》引忌作諅。以是而知“畯嬖”即“畏忌”之假字也。趩当读趩，《说文》：“趩，趋进趩如也。”今本《论语·乡党篇》趩作翼，《尔雅·释诂》：“翼，敬也。”《释训》：“翼，恭也。”训敬训恭者，趩之假字，钟铭作趩，音符更旁字，“畯嬖趩趩”犹《大雅·大明》云“小心翼翼”也。

《扬子·法言》云：“言，心声也。”故字从心表义者，亦或更旁从言。《立政》：“勿以憸人”，《说文·言部》引憸作譣。《玉篇·八十七》悮误同字、𢚌诶同字，由是而知惎、諅本一字也，许书误分为二。齐子仲姜镈：“余弥心畏忌諅。”諅，忌之表义重复字，许书误分为二。

(二)《小雅·六月》：“薄伐玁狁，以奏肤公。”“薄伐玁狁，至于太原。”虢季子伯盘：“博伐厰允，遇洛之阳。”薄、博俱应读搏，薄、博皆从尃声，《左传·昭公十七年》：“水火合而相搏”，《释文》搏“本作薄”。《小雅·车攻》：“搏兽于敖”，《文选·东京赋》搏作薄。《左传·僖公二十八年》：“晋侯梦与楚子搏”，杜注：“搏，手搏。”盘铭作博，更旁从干，言搏之以干也。同声通假字亦作各。兮甲盘铭“王初各伐厰執，至于嚣䗊”，各当读挌。《说文》：“挌，击也。”《广雅·释诂三》：“敋，击也。”《集韵·入声二十陌》挌、敋同字。《逸周书·武称解》：“穷寇不挌。”

不嬖毁盖：“驭方厰允广伐西俞”，又曰：“女(汝)以我车宕伐厰允于高陵。”《玉篇》：“广，大也。”《说文》：“宕，过也。从宀。砀省声。”按广伐即挌伐。《唐韵》挌读古伯切，见母鱼部；广读古晃切，见母阳部，鱼阳阴阳对转。宕读徒浪切，定母阳部。韵同声异。

宗周钟“戭伐厥都”，戭当读扑，《一切经音义·十一》引《字林》：“手相搏曰扑”，更旁从戈，言搏之以戈也。《唐韵》薄读傍各切，并母鱼部，扑读蒲角切，并母侯部，上古韵位侯部第四，鱼部第五，声类学家谓之近旁转。

(三)《洪范·九》"五福""三曰康宁"。《多士》"非我一人奉德不康宁",金文宁作能。齐侯钟(三):"尸女(汝)康能乃九事。"毛公鼎:"康能四国。"《唐韵》宁读奴丁切,泥母耕部,能读奴登切,音儜。上古韵部耕部十四,蒸部十五,能之与宁不但声同而且韵近,其为一语之转,盖昭昭然。《尔雅·释诂下》:"康,静也","宁,安也"。《康诰》云:"用康保民。"《逸周书·武称解》云:"各宁其亲。"康宁一词,其义如是而已。《左传·僖公九年》晋却芮使夷吾重赂秦以求入,曰"……入而能民,土于何有?"又《十年传》:"苏子叛王即狄,又不能于狄。"能之为义,亦同宁也。墙盘铭:"广能楚荆。"《唐韵》康读苦冈切,溪母阳部,广读古晃切,见母阳部,在谐声字中,见溪两纽每多混用。《列子·汤问篇》:"不思高林广泽。"殷敬顺释文一本作旷。《荀子·王霸篇》:"人主胡不广焉。"杨倞注:"广或读为旷。"《说文》旷从广声,《唐韵》苦谤切,在溪母,是广能、康能本一语也。

《无逸》:"不敢荒宁,嘉靖殷邦。"《伪孔传》:"不敢荒怠自安。"《文侯之命》:"惠康小民,无荒宁。"《伪孔传》云:"无余不假妄宁。"金文晋姜鼎:"余唯司朕先姑君晋邦,余不假妄宁。"毛公鼎:"余非庸又昏,女毋敢妄宁。"吴大澂、孙诒让俱读妄为荒。《唐韵》妄读巫放切,明母阳部;荒读呼光切,晓母阳部,古代唇音明母在谐声字中每与喉音晓母混用。例如毛读莫袍切,声在明母。秏从毛声,读呼到切,变为晓母。黑读呼北切,声在晓母;墨从黑声,读莫北切,变为明母。妄之为荒,其音亦犹是也。

(四)《左传·昭公三年》晋叔向引谗鼎之铭曰:"昧旦丕显,后世犹怠。"杜预训为"早起"。亦称昧爽,《周书·牧誓》:"时甲子昧爽,王朝至于商郊牧野,乃誓。"《释文》引马融注:"昧,未旦也。"《礼记·内则》:"由命士以上,父子皆异宫,昧爽而朝,慈以甘旨,日出而退。"金文《宂鼎》:"杳(昧)𠷎(丧),王各(格)于太室。"孙诒让谓第一字是昧字,特迻左形右声为上声下形耳。第二字当为从日从丧省声,盖即爽之异文。《周语》"晋侯爽二",韦注:"当为丧"。《墨子·非攻上》"龚丧厥师",《伪古文尚书·仲虺之诰》用其文,丧作爽(《古籀拾遗下》第七页)。按《唐韵》爽读疏两切,审母阳部,丧读息郎切,心母阳部,上古齿音,心审二纽每有混用,故丧亦通爽。《汉书·郊祀志》“十一月辛巳朔,旦冬至昒爽”,《史记·封禅书》昒作昧。颜师古《汉书集注》:“日尚冥,盖未明之时也。”《唐韵》昧读莫佩切,明母之部,昒读呼骨切,声在晓母,音忽。忽从勿声,勿读文弗切,明母脂部,昒之为昧,其例亦犹是也。

(五)《大雅·江汉》:“肇敏戎公,用锡尔祉。”金文齐侯钟(二)云:“女(汝)肈勄于戎攻。”不嬰段云:“女(汝)肇诲于戎工。”文字颇有出入。《说文》:“肁,始开也。”以是而知肇、肈皆肁之加旁字。古字以攴表义者亦或更旁从戈。金文戮作敹。《一切经音义·九》古文敼戩同字。知肇、肈亦同字也。许氏误分为二。勄为敏之变义更旁字也。《唐韵》:“荒内切”,晓母脂部,敏读眉殒切,明母文部,脂文阴阳对转,敏声变诲,亦犹昧之为昒,妄之为荒也。敏诲皆当读谋,《说文》:“虑难曰谋,从言某声。”古文作㖼,从口母声,古文亦作譬,更旁从言,即诲字也。《说文·木部》梅“或作楳”,《心部》慔“从某声,读若侮”。《礼记·中庸》“人道敏政”,郑玄注:“敏或为谋。”双声相转,声韵学家所谓双声也。“肈谋”也者,犹《易》之讼卦云“君子以作事谋始”。

公、攻与工皆功之借字,《毛诗》:“肇敏戎公。”《后汉书·宋宏传》、《周举传》皆作“肇敏戎功”。《大雅·灵台》:“蒙瞍奏公。”《吕览·达生篇》高诱注引公作功。功亦通攻,《荀子·议兵篇》:“械用兵革攻完便利者强。”杨倞注:“攻当为功。”《战国策·楚策一》:“攻大者危”,《史记·张仪传》攻作功。攻、功皆从工声,故功亦通工。《尚书·皋陶谟》:“天工,人其代之。”《汉书·律历志》工作功。三体石经《无逸》残石“即康功田功”,古文作工,篆文作功,由是而知戎公、戎攻、戎工皆指戎马之功。与上文“武夫洸洸”文义相应,《诗》《传》训肇为谋、训敏为疾、训戎为大,训公为事,语既傎到,文义又支离破碎,以是而知毛公未能解也。

以上数例皆古成语常见于青铜器刻辞中者,不但与诗书所言文有出入,即各器铭之间亦非形声若一,苟不求诸古文变异通例,与夫声韵转变通借之理,安知形声之间同条共贯。亦不可能使其语义涣然冰释。

宁波王君文耀,淑质卓荦,赋性聪明,早年考进华东师大历史系,素以勤奋好学为师友所推重，而十年浩劫愠于群小，先后下放到浙江乔司农场、四川阆中农场监督劳动，虽然受侮不少，而进德修业，志行弥坚，洎乎拨乱反正，以优异成绩考进母校硕士研究生。每念通读青铜器铭辞，即觉龃龉难通，乃夜以继日，稽覈《易》《诗》《离骚》，汉赋声读之轻重，韵脚之通借，运用于声同字异、形近义近之文字，写成学位论文《两周金石文字之声类》，颇有心得体会。后又助予编写《金文大字典》，耳目所及，即甄录其词汇，萃为《简明金文词典》一书，余受而读之，笑曰："此即静安先生所谓就成语之数见者，得比较之而求其相沿之意义者是也(《与友人论诗书中成语书一》)。"其有助于古言古义之研究，功不在杨子云、刘成国下也。余嘉其勤而且恒，姑叙平日所见拉杂言之，以告世之读文耀之书者，且亦示予之厚望于后起之士者也。是为序。

一九九三年三月

永嘉戴家祥时年八十又八

【《简明金文词典》，王文耀著，上海辞书出版社，1998年12月】

《金文大字典》序

金文即青铜器刻辞，宋人谓之钟鼎彝器款式。其始见诸西汉张敞之读美阳古鼎，厥后郡国山川虽有出者，率鲜著录。北宋渐受青睐，见器六百四十又三，翟耆年《籀史》著录钻研之者三十余家。洎乎清季，铁路矿山先后兴建，前古遗址迭相出现。达官贵人又有财力聚而好之，上虞罗振玉出其墨拓四千八百三十为《三代吉金文存》，长春于省吾又增补六百十六为《三代吉金录遗》。五十年来，陆续又有发现，中国科学院共收墨拓一万一千九百八十四为《殷周金文集成》，国内外私蓄未及著录者，未始蔑有。

我国汉字形成于夏商之交，即所谓二里冈时期。其始也不过一二似字非字之氏族徽记，继而有祖某、父某、兄某之专用器或祭器，至西周则有一百七十四字之齐侯镈，四百九十七字之毛公鼎，五百五十七字之散氏盘。

宋人刘原父作《先秦古器记》，称“礼家明其制度，小学正其文字，谱牒次其世谥”，今之所得，与夫学者论定，学术价值岂止于此。

一、藉此可知重大历史事件与历史人物之价值也。

墨翟斥古之王公贵人，身死之后“必多为屋幕、鼎鼓、几梴、壶滥、戈剑、羽旄、齿革，寝而埋之”（《节葬篇》），证之韩郑边界发现之郑国古墓，安徽寿县之楚王古墓，河北平山之中山王墓，湖北随县之曾侯乙墓，圹藏之多，尚非墨翟所尽举。

古人恒言建功立业之豪杰，唯恐后世子孙不能知也，故功绩铭乎金石，著于盘盂，奉之宗庙，以显父母，扬名于后世。钟鼎彝器，非历史重要人物不能作也。所作之器铭，乃当是政治军事之实录。利簋称："珷征商，隹甲子朝，岁（岁星）鼎（正也），克闻，夙又（有）商。辛未（第七天），王在䖒师，锡有事（通司）利金，用作旜公宝障彝。"《牧誓》但称"甲子昧爽，王朝至于商郊牧野，誓师"，而不言其战胜经过及赏赐功臣。

《大雅·荡》云："文王曰咨，咨女殷商……内奰于中国，覃及鬼方。"《竹书纪年》称"王季伐西落鬼戎，俘其二十翟王"，可见殷末周初，受鬼方之威胁很大。小盂鼎纪成王二十五祀，盂伐鬼方，献俘万三千八十一人，自是一场大捷，而史家未及纪也。

《史记》（《周本纪》）言，武王崩，管、蔡、武庚率淮夷而反。周公奉成王命兴师东伐。柴誓、《鲁颂》（《泮水》）亦多道及。录戎卣"淮夷敢伐内国"，翏生盨"王征南淮夷"，虢中盨"虢中以王南征伐南淮夷，在成周，作旅盨"，曾伯霥簠"克狄淮夷，印燮繁汤"，自是姬周立国大事，作器者皆战役有功之豪杰也。

《本纪》又言："成王既伐东夷，息慎来贺"。㝬鼎"隹王伐东夷"，伯懋父段自称"以殷八师征东夷"，或即其事。《鲁颂》（《閟宫》）"及彼南夷，莫不率从"。无㠱段"隹十又三年正月初吉，壬寅，从王征南夷"，则《本纪》未及载也。

《楚世家》言周夷王时，"熊渠甚得江汉间民和，乃兴兵伐庸、杨粤，至于鄂"。《本纪》且言昭王南巡不返，卒于江上。《鲁颂》（《閟宫》）有"戎狄是膺，荆舒是惩"之语，《小雅》（《采芑》）亦云："蠢尔荆蛮，大邦为雠"，与北方玁狁并举。迪伯段"从王伐反荆"，鼒鼎"从王伐荆"，禽彝"王伐楚侯"，夨段"王伐楚伯"，殆即其事。言伐玁狁者有宣王五年之兮伯吉父盘，宣王十二年之虢季子伯盘，以及不着年祀之不嬰段盖三器。此皆重大政治事件见诸历史人物所作之祭器。

二、藉此可窥两周朝章法度也。

孔子(《论语·八佾》)曰:“夏礼吾能言之,杞不足征也。殷礼吾能言之,宋不足征也。”“周监于二代,郁郁乎文哉!”而以战国交争,嬴政坑焚,书缺有间。汉景帝时,河间献王得《周官》五篇,儒者以其晚出,疑信参半,或斥之为刘歆伪造,佐莽篡汉。学者欲有论定,舍金文其奚取哉?

《地官》保氏教国子,“三曰五射”,郑玄注:“五射:白矢、参连、剡注、襄尺、井仪也。”静彝“王令静嗣(司)射,学宫小子眔服眔小臣眔厥仆学射。雩八月初吉庚寅,王以吴市吕犅会𢼸益自邦周射于大沱。静学无㚴(愿也)。王锡静鞞剢。”《礼记·王制》言:“大学在郊。天子曰辟雍,诸侯曰頖宫。”蔡邕《月令论》云:“辟雍之名,乃取其四面周水,圆如璧。”然则彝铭“周射于大沱”,即天子之辟雍也。前人多谓静彝为宣王为太子时所作。若然,宣王即位之后,北伐南征,建中兴之业者,不能不归诸辟雍教养之道。

《春官·大宗伯》“以脤膰之礼亲兄弟之国”,郑玄注:“脤膰,社稷宗庙之肉,以赐同姓之国,同福禄也。”《秋官·大行人》“归脤以交诸侯之国”。大段“隹十又二年二月既生霸丁亥,王在𩜁侲宫”,按归、𩜁当读馈。《集韵》(去声六至)馈、归、餽同字,通作餽。馈之为𩜁,亦犹餔之籀文为䭢也。脤、侲小篆作祳,皆谓王祭社稷,馈肉于同姓诸侯;同姓诸侯祭祀祖先,亦馈肉于天子;交互往来致福也。

《秋官·掌客》“王合诸侯而飨礼”,《仪礼·觐礼》“飨礼乃归”。飨亦作享。《左传·僖公廿八年》晋文公献楚俘于王,“乙酉,王享醴,命晋侯宥”。杜元凯云:“既行飨醴而设醴酒,又加之以币帛,以助欢也。”大鼎“大以厥友宥王飨醴”。以是而知《周官》《仪礼》作“飨礼”者,皆醴之假字。

《秋官·司约》“凡大约剂书于宗彝,小约剂书于丹图”。时至今日,丹图尚未出现。鬲攸从鼎记攸卫侵牧其地,造于王。王命相史南以即虢旅,乃使攸卫誓。曶(字应释稻)鼎以昔馑岁,匡众及臣廿夫寇禾十秭,讼匡季，求乃人，并愳以法。匡季稽首谢过，愿以五田及众一夫、臣四夫以当罚。散氏盘因夨国侵其地，由夨国派遣十五人，与散有司十夫，在王九月乙卯作誓，乃为图。由此而知《周官》所言实有其事。

三、可以藉此解决史料纠纷也。

两周至今，积年数千，百家争鸣，传闻或异。凡今之人，殊难取舍，而钟鼎彝器每有古人第一手资料。例如《史记》(《周本纪》)“武王追思先圣，乃褒神农之后于焦，黄帝之后于祝”。《吕氏春秋》(《慎大览》)“封黄帝之后于铸”。《礼记》(《乐记》)则云：“封黄帝之后于蓟。”按司空季子云：“黄帝之子二十五宗，其得姓者十四人，为十二姓：姬、酉、祁、己、滕、箴、任、荀、僖、姞、儇、依是也。”(《国语·晋语四》)铸公簠铭云：“乍孟妊车母媵簠”，任之为妊，亦犹俟之或体作娭，姷之或体作侑，性别更旁字也。其为黄帝之后，信矣！以是而知《吕览》是而《乐记》非也。《唐韵》铸读之戍切，照母幽部；祝读之六切，不但同母而且同部。《吕览》作铸为本字，《史记》作祝，同声通假字也。(《淮南子·俶真训》“今夫冶工之铸器”，高诱注：“铸读如垂祝之祝。”)

《左传·襄公十七年》“邾子牼卒”，杜注：“邾宣公也。”《谷梁传》作“邾子瞷”。《公羊传》作“邾娄子瞷”。传世古编钟有铭云：“鼄公牼择其吉金，玄镠膚吕，自作龢钟”，足证《左传》是而《公羊》《谷梁》皆非也。

《公羊传·昭公十年》“宋(平)公戍卒”，《左传》《谷梁》《史记》(宋微子世家)皆作“宋公成”。按《左传·昭公二十年》“宋华向、公子城、公孙忌、乐舍、司马疆、向宜、向郑、郧甲出奔郑”。杜预注：“公子城，平公子。”《说文》(十三篇《土部》)“城，从土从成，成亦声”。故城亦通成。(《左传·文公十年》“齐王子成父”，《管子·小匡》作“城父”。《战国策·赵策》“韩守成皋”，《史记·苏秦列传》作“城皋”。)若平公名成，则其子焉得名城？薛氏《钟鼎彝器款识》有“宋公戍之諴钟”六器。以是而知《公羊》是而《左》《谷》《史记》皆非也。

《史记》(《田敬仲世家》)“齐侯太公和立。二年，和卒。子桓公午立。六年，桓公卒。子威王因齐立”。(《六国年表》同)司马贞《索隐》：“按《纪年》，梁惠王十三年（公元前二五七年），当齐桓公十八年，后威公始见，则桓公十九年而卒。”陈侯午錞“隹十又三年，陈侯午以群诸侯献金作皇妣孝太妃祭器𬭼錞”。足证桓公午在位不止六年。以是而知《纪年》是而《史记》非也。

四、可以藉此諟正两汉经师之误也。

《史籀篇》、壁中书，其源皆来自商周古文。平王东迁，秦襄公抚有宗周故地，君臣上下，守成而已。东方各国则以政权之转移，诸多更张，文字体势趋向约易。近来发现之沁阳侯马玉片载书，与夫楚墓之手写简书，与《说文》所收古文同一辙也。而岐阳猎碣、秦公段、大良造鞅铜量，则与史籀、大篆同一辙也。六艺之书行于齐、鲁，爰及赵、魏，简册所遗，东方古文也。汉初诸儒生于战国末年，或仕于李斯同文之后，不但不识商周古文，甚至不知东土古文。西汉中叶，能通读李斯《仓颉篇》者已寥寥无几。刘向父子校书秘阁，分别《七略》之外，间举讹文于《别录》。后汉安帝永初四年（公元百十年），刘珍及五经博士校定五经、诸子百家、艺术，安其所习，率鲜諟正，故便词巧说，每多以误传误。例如古文文作□或□，与□形近，故《大诰》误文王为寍王者六：

寍王遗我大宝龟

天休于寍王与我小邦周

寍王惟卜用克绥受兹命

尔知寍王若勤哉

予不敢不极卒寍王图事

肆予曷敢不越卬敉寍王大命

《君奭》误寍王者二：

我道惟寍王德延

在昔上帝割申劝寍王之德

按《大雅》（《皇矣》）“比于文王”，《毛传》“经天纬地曰文”，文王之尊号其义在此。《伪孔传》不知寍为文之误，训为“安天下之王”。

《大诰》误文人为寍人者四：

予曷敢其不于前寍人图功攸终

予曷其不于前寍人受休毕

天亦惟休于前寍人

率寍人有指疆土

按《大雅》（《江汉》）“告于文人”，《毛传》：“文人，文德之人也。”兮中钟“用侃喜前文人”，西宫段“前文人秉德”，义亦在此。《伪孔》不知寍为文之字误，乃释寍人为安民。

《大诰》“以于敉寍武图功”，寍武盖文武之误。其义犹毛公鼎“亡不閈于文武耿光”，墙盘“貉屖文武长烈”。《伪孔》不知文武为文王武王之合称，乃云“抚安武事，谋立其功”。

《大诰》“乃寍考图功”，寍考亦文考之误。金文言文考者不可偻指数。或曰文父、文祖考、皇文考，其义多谓继业守文之父祖。《伪孔》则谓“寍祖圣考文武所谋之功”。

古文君本作[illegible]，与古文居作[illegible]形近。史颂德苏鼎“里君百姓帅堣敦于成周，休有成周”。周公彝“眔里君眔百工眔诸侯侯甸男舍四方令”。以是而知《酒诰》“越百姓里居，罔敢湎于酒”，《逸周书》（《商誓解》）“昔及百官里居”，里居皆里君之字误。里君即里尹（《左传・隐公三年》“君氏卒”，《公羊》《谷梁》作“尹氏卒”。《荀子・大略篇》“尧学于君畴”，《韩诗外传・五》作“尹寿”。）《礼记》（《杂记下》）言：“丧无主者，则里尹主之”，郑注：“里尹，闾胥里宰之属。王度记曰：‘百户为里。里一尹。’”《伪孔传》不知里居为里君之字误，训为“百官族姓及卿大夫致仕居乡里者”。以此例推，《逸周书》（《祭公解》）“用夷居之大商之众”，《墨子》（《天志中》）“纣越厥夷居，不肯事上帝”，《非命下》易居为处，作“纣夷处不肯事上帝鬼神”。按《左传・昭公廿四年》引佚《书》“大誓曰：‘纣有亿兆夷人，亦有离德’”。《逸周书》（《明堂解》）“是以周公相成王以伐纣夷定天下”。《伪孔传》不知殷纣之被称为夷君、纣夷之义在此，而在《伪古文尚书》

(《泰誓上》)训夷居为平居。

古文氏多作,与民之古文形近,以是而知《多方》“尹民”当作“尹氏”。尹氏为内史之长,掌书王命及制禄命官。《小雅》(《节南山》)“尹氏大师,维周之氐,秉国之均,四方是维”,其政治地位概可知已。经文先言“猷告尔多方”,继言“惟尔殷侯、尹氏”,殷义为众(《郑风·溱洧》“士与女殷其盈矣”,《毛传》:“殷犹众也。”),与《大诰》“肆告我友邦君,越尹氏庶士御事”,文异而义同。《伪孔传》不知其义,训尹为正,谓“殷诸侯之正民者”。

古字疐作或,与形近。秦盄龢钟“畯在位”,晋姜鼎“乍为亟”,宋人并释疐为惠。天水发现之秦公毁“畍在天”,亦有人释“畯惠在天”。以是而知《周颂》(《维天之命》)“骏惠我文王”实“骏疐”之字误。《曲礼》言削瓜“士疐之”,郑注:“不中裂横断,去疐而已。”《释文》“疐音帝”。孔颖达正义:“疐谓脱华处”,意即蒂、柢之假字。《曲礼》:“天王登假,措之庙立之主曰帝。”骏、畯、畍皆俊之假字。骏疐之义在此而已。“乍疐为亟万年无疆”亦犹《大雅》“嵩高维岳,骏极于天”也。郑笺不知骏惠为骏疐之字误,而云“大顺我文王之意”。

秦盄龢钟“=国”,宋款识学家释“奄有下国”。秦公毁“囿三方”,近人亦或释“奄有四方”。按奄、弇同字,《集韵》(上声五十琰)慛或作愴,崦或作嶮。《说文》三篇,弇古文作,《古尚书》(《古文四声韵·上声四十九琰》引)奄作,与竈之古文作(《六国古鉨》)、(《古文四声韵·去声三十七号》引《籀韵》)形近易误。以是而知《大雅》(《文王》)、《周颂》(《执竞》)“奄有四方”,《鲁颂》(《閟宫》)“奄有下国”“奄有下土”“奄有龟蒙”,《商颂》(《玄鸟》)“奄有九有”,奄有皆竈有之误也。竈字通造(《天官·膳夫》“卒食以乐彻于造”,造谓造作食物之处,即竈也。《春官·太祝》“二曰造”,郑注:“故书造作竈”。)《国语》(《周语中》)单襄公曰:“故凡我造国,无从匪彝”,韦昭注:“造,为也。”竈有两字其义亦犹是也。《毛传》不知奄当作竈,而训为大。郑玄不从传义,训为覆,亦未为得。

五、可以藉此諟正《说文解字》之误也。

前代学者称许书之长有三。《仓颉》《爰历》《博学》《凡将》《急就》《元尚》《滂喜》《训纂》以下十四篇，字止五千三百四十。叔重收录篆文九千四百三十一，重文异体一千二百七十九，所谓“万物成睹，靡不兼载”，此一长也。《史籀》《三仓》亦犹后世《千字文》等书，采取若干常用字，组成四字一句，两句一韵，以供诵习。学童死记硬背，往往不知其字之所以然。叔重则以六书分释字之义形声，“将以理群类，解谬误，晓学者，达神恉”，此二长也。不但如此，且把九千四百三十一字归纳于五百四十部，为吕忱《字林》、顾野王《玉篇》所仰范，此三长也。顾其书完成于后汉安帝建光元年（公元百廿一年），上距李斯同文（公元前二百二十一年）三百四十二年，其时未见商周古文。建武之世，史篇、大篆亡其六篇，叔重所见止九篇也耳。故字之加旁更旁者，不易据形系联，此一蔽也。保氏六书，为后人长期观察汉字形成之六条客观规律，非谓造字者自定之六条主观准绳也。必求划一隶属，终将歧互百出，此二蔽也。五经诸子，用字遣词之书也。两汉通人，以字说经之学也。《说文解字》，探索造字之秘也。若都“博采通人”，“以经说字”，其于字之假借引申为用者，每每不知所云。例如：

《说文》（一篇）：“皇，大也。从自。自，始也。始皇者，三皇大君也。自读若鼻，今俗以始生子为鼻子。”卜辞未见皇字，金文作[illegible]或[illegible]，从王从[illegible]或[illegible]。[illegible]、[illegible]为日之别体，象日光辉煌形，并不从自。许氏又云：“王，天下所归也。董仲舒曰：‘古之造文者，三画而连其中谓之王。三者，天、地、人也，而参通之者，王也。’孔子曰：‘一贯三为王。’”卜辞王作[illegible]，金文作[illegible]，或作[illegible]，皆从[illegible]从二。[illegible]，古文火字；二，古文上。其义犹《洪范》云：“火曰炎上。”古人以日与火热光相似，凡字以火表义者，亦或更旁从日。（如晕本又作煇；炤与昭同。）以是而知，王、皇、煌、晊本一字也。《春秋繁露》（《深察名号》）：“王者，皇也。”蔡邕《独断》：“皇者，煌也。”《鲁颂》（《泮水》）：“烝烝皇皇”，郑笺：“皇当作晊。”《尔雅·释诂》：“晊晊皇皇，美也。”王、皇之所以用为尊称，其义在此而已。许说形义失据。

《说文》(五篇):“皀,谷之馨香也。象嘉谷在裹中之形。匕,所以扱之。或说,皀,一粒也。”卜辞作[glyph]作[glyph]或作[glyph],金文作[glyph]。上象器盖,下象圈脚,皆不从匕。汷伯毁“汷白自乍宝[glyph]”,戈姬毁“戈姬乍宝隣[glyph]”,家商毁“乍家商彝[glyph]”,以是而知皀为簋之初文。簋、毁皆皀之表义加旁字。

《说文》(三篇《殳部》):“毁,揉屈也。从殳从皀。皀,古文叀字。”按毁为毁之或体,毁即宋人误释为敦之簋字。皀即[glyph]之繁文,非叀字也。颂毁“用乍皇考龏叔皇母龏姒宝隣毁”,师趛毁“乍孟姜隣毁”,追毁“用乍朕皇祖考隣毁”。《唐韵》毁读居又切,见母之部;簋读居洧切;不但同母,而且同部。

《说文》(五篇《舛部》):“舞,乐也。用足相背,从舛。無声。翌,古文舞,从羽、亡。”“無(六篇林部),丰也。从林爽。或说规模字。从大;卌,数之积也;林者,木之多也。卌与庶同意。”按廡字籀文作廡(九篇《广部》),潕亦作潕(《玉篇·八五》),舞、舞同字(《集韵·上声九虞》),是舞、無本一字也。《春官·乐师》有羽舞、旄舞、人舞。六国古文作翌(《唐韵》無读文甫切,明母鱼部;亡读武亡切,明母阳部;对转。)者,羽舞也,故其字表义从羽。卜辞無作[glyph],金文作[glyph],旄舞也,故其字象人之两手持旄形。郑玄云:“旄,旄牛尾。舞者所持以相指麾。”(《春官·序官·旄人》注)小篆作舞者,人舞也,故表义从舛(用足相背)。许氏训無为丰,则假無为蕪,《尔雅·释诂》:“蕪,丰也”,非無之本义也。

《说文》(八篇《儿部》):“兀,高而上平也。从一在人上。”按九篇髡“或从元”。《小雅》(《正月》)“胡为虺蜴”,刘歆《尔雅注》虺作蚖(《玉烛宝典》引)。《秋官·掌戮》“髡者使守积”,《汉书》(《刑法志》)髡作完。《说文》(七篇《宀部》)完,从宀,元声。寇(三篇《攴部》):“从攴,从完。”曶鼎寇作[glyph],司寇良父壶作[glyph],虞司寇壶作[glyph]。考元之本义为人首。(《左传·僖公三十三年》“狄人归其元”,杜预注:“元,首也。”《孟子·滕文公下》“勇士不忘丧其元”,赵注:“元,首也。”)曶鼎作[glyph]者,特着其人之首,在六书为象形。良父壶作[glyph]者,从人从一,一为指示性符号,示人首所在之部位,在六书为指事。虞司寇壶作[glyph]者,从一从二。二为古文上字,人上为元,在六书为会意。许书(一篇《一部》)元,从一,兀声。(本段玉裁注)《唐韵》愚袁切,疑母元部。《集韵》(入声十月)斬或作軏,音鱼厥切,疑母祭部。祭元阴阳对转。髡从兀声,《唐韵》苦昆切,溪母文部,上古韵位元部第十,文部十二。声韵学家谓之隔部借韵字也。是元也、兀也,二而一,一而二也。

《说文》(十篇《介部》):“奚,大腹也。从介,𦃃省声。𦃃,籀文系字。”卜辞、金文作奚,卜辞亦作奚,变从大为从人。大为人体正面形。作人者,侧视也。从人从系,即小篆之係字。《孟子》(《梁惠王下》)“係累其子弟”,赵岐注:“係累,犹缚结也。”奚字象手牵索以系人,为俘人之暴力行动,亦或用为被俘者羞辱之词。表义加旁,奚亦在傒。《孟子》(《万章下》)“百里奚自鬻于秦养牲者”,《史记》(《秦本纪》)作“百里傒”。《左传·襄公三年》“祁奚请老”,《史记》(《晋世家》)作“祁傒”。以是而知,奚、係本一字也。性别更旁,傒亦作㜎。(㜎中毁)古俘奴男女并有之。《秋官》(《禁暴氏》)“凡奚隶聚而出入者,则司牧之”。郑玄曰:“奚隶,男奴女奴也。”《说文》(十二篇《女部》):“㜎,女隶也。”许氏但知㜎为女奴,而不知奚为男奴。

前代好古之士有心纂集古文字典之作者,首推后周宗正丞郭忠恕,采录汉魏以来辗转传摹诡更变乱之所谓古文,依《说文》部居为《汗简》一书。赵宋受禅,郡国时有古器物上献,江州夏子乔(竦)大中祥符年间备员史馆,深惧问及古器刻辞仓促无以论定,乃采《汗简》以下九十八家断碑蠹简,准唐《切韵》二百十韵,成《古文四声韵》五卷,以便检索。其后,杜从古《集篆古文韵海》、熊朋来《广钟鼎篆韵》、袁日省《汉印分韵》、桂馥《缪篆分韵》多效其法。良以古人属辞每以音类比方,假借出之,其在词语,为尤甚焉。加旁更旁,信手增易,一字数形,后先错出,必欲墨守五百四十部居,寻检未必方便,故舍形就声,遂成风尚。

时至晚清,商周遗迹发现于山崖水隗者十倍往昔。吴县吴清卿(大澂)尝疑许书数引秦刻石而不引某钟某鼎之文,知郡国所出鼎彝,许君实未之见。爰据耳目所及,辑录商周彝器、石鼓残字以及李斯同文以前之古币、古玺、陶器四千七百余字,分隶《说文》篆文之下,别以字之不可识者为《附录》一篇，名曰《说文古籀补》。循名责实，未始不可以为一家之言。不料瑞安黄仲弢（绍箕）指其所失十四，上虞罗叔言（振玉）亦言其不当有五。而丁佛言、强运开则全然不顾前人求全之论，而为之《再补》《三补》焉。

东莞容希白（庚）早年就学北京大学研究所国学门，以商周钟鼎彝器款识单一字体成《金文编》，体例一依窸斋之旧，盖受其师鄞县马叔平（衡）之指导。所谓治古字文字之学者，必先有综合之功，而后言剖析者也。叔平尝从罗叔言问古器物、古文字之学。罗氏又一弟子番禺商锡永（承祚）撰《殷墟文字类编》《石刻篆文编》，罗氏之子（福颐）为《玺印文字征》，潢川孙怒涛（海波）为《甲骨文编》，吴县顾起潜（廷龙）为《古匋文孴录》，其于字体各自综合，足饷来学，而其部居，咸袭《汗简》之旧。

不佞早年尝欲匀集金文，师法许书首创精神，融合形声义于说解之中，而以商周字例改并部居，便于读者。谁知蒙冤诬陷，二十几年不得从事笔砚。洎乎平反昭雪，年齿已逾古稀，而且患有心脏、肝胆多种疾病，先后动过三次手术，头童齿豁，精力大不如前。幸得青铜器鉴别专家马君承源、甲骨文专家潘悠，与夫硕士研究生王文耀、沃兴华之助，重上教学科研岗位。之数子者，才大心细，且亦几经风雨，为之搜集拓墨，复印剪贴，兢兢业业，丝毫不苟。拓墨或有漫缺，悉仍其旧，深恐描改失实，滋益妄测之弊。又为搜集《说文》《玉篇》《一切经音义》《经典释文》《广韵》《集韵》诸书之重文异体字，作为探索形声更旁之客观依据。所有音切，虽以《唐韵》为主，吸取钱晓征（大昕）、陈兰甫（澧）、曾运乾（星笠）诸家古声母研究之成果，江晋三（有诰）、王怀祖（念孙）古韵部研究之成果，作为探索同声通假以及注音更旁之客观依据。须知古人属辞，文字或无定形，而声韵音理未始不可推断。因形以求其音，因音以求其义，声音训诂，互相表里，然后定其取舍，不据一人之见，不拘一书之说，此乃不佞与同人之所孜孜以求，而不敢一时或忽者也。

本书定稿之后，得王超英、李行达、季培华三君承担钞写任务，又承学林出版社雷君群明、陈君达凯、张君建一大力襄助，使风烛残年得见其成，此又衷心感谢而不能自已者也。

一九九四年三月廿八日，永嘉戴家祥幼和甫书于上海华东师范大学中国史学研究所，时年八十又九。

【《华东师范大学学报》(哲学社会科学版)，1995 年第 2 期】

【《金文大字典》，戴家祥主编，学林出版社，1995 年 1 月】

《孙诒让遗文辑存》序

太姻丈籀庼公归道山后，介弟季芃公萃其遗文若干篇附《述林》付梓。越数年，乡人杨宰刚（嘉）搜得遗诗二十六首，词二阙。宰刚英华早谢，其父哭之恸，刊其杂著为《墨香簃丛编》，公之诗词，奕奕然在焉。宰刚契友陈绳夫（准）继是而作，辑成《籀庼遗文》二卷，文四十九篇，诗三十一首，词二阙。其中《上田戴氏族谱序》以及永嘉叶莪士家藏《富贵残砖砚铭》，则余所抄录寄奉者也。

先师静安先生尝与余言，《述林》一书，应以经、史攷正论学之作为主，其通俗酬应以及言事例略应自为篇，以便后之学者。今事隔六十余年，言犹在耳，中心怀之，胡或忘之。迩来退食闲居，老病萦身，欲继《名原》《古籀余论》之后，为《述林》校补缺文，厘革卷帙，方知同里张宪文先生搜辑公之遗文成书，珵瑄碎玉，巨细毕收，用力之勤，范围之广，承学之士，叹观止矣。

籀公生当清室式微之日，败衄蹙地，噩耗叠至，欲寄复仇雪耻之忱于生聚教训之业，尝谓：

姬周之治，国有大学、小学，乡遂有乡学六，州学三十，党学百有五十。九州之内，意当有学数万，以致四海之大，无不造学之士，亦无不受职之民。贤秀者挟其才能，愚贱者贡其忱悃，君臣同德，上下齐心，太平极盛之治，岂偶然而庶几者哉？即晚近东西诸国所以富国强兵者，亦莫不广学设教，启迪民智之途求之。

籀公有鉴于此，仆仆风尘，历山陬，践海壖，惟筹资兴学之大业是谋，虽古之摩顶放踵利天下而为之者，奚尚焉？惜年甫中寿，溘然物故，志业未竟，遐迩哀之。我生也晚，不及亲即謦欬之侧，而其笃学懿行，传诵于师友闲者，未尝不心醉神迷而向慕之也。

宪文之先德为籀公故知，今宪文辑公之遗文成，非特明两家之高义亮节而已，盖将使世之深于籀公之学者，必将洞悉明刑弼教为秉国之钧者，固不可一日或忽也。

己巳端阳，永嘉戴家祥幼和甫叙于上海华东师范大学，时年八十有四

【《孙诒让遗文辑存》，张宪文辑，浙江人民出版社，1990年5月出版】

【此文又名《孙仲容先生遗文辑存序》，
《上海瑞安中学校友通讯》，1989年第3期】

《中西文化交汇与王国维学术成就》序

“不屈旧以就新，亦不绌新以从旧。”此乃静安先生的治学特点。即不论新学、旧学，中西学术都要以客观事实为准的，用科学方法而取舍。因而先生著述字字炳辉，成果斐然。在人文科学诸领域内多有开拓、发明。

周一平君积多年研究王国维学术之功，撰就《中西文化交汇与王国维学术成就》一书，能从中西文化冲突的大背景中阐述静安先生的学术成就，资料翔实，观点新颖，可谓独具一格，自成体系，属中青年学者中不可多得的力作。

愿王学研究日新月异，更上一层楼。

一九九三年五月　戴家祥　时年八十又八

【《中西文化交汇与王国维学术成就》，周一平、沈茶英，学林出版社，1999年12月】

《王国维选集》序

今天是先师王静安先生百二十岁的纪念，也就是他逝世的七十周年。

记得1927年6月2日（农历5月3日）清华大学的浙江籍师生，假座工字厅聚餐。饭后，有人向会长——曹云祥校长倡议，今晚可用我们的名义发一个通电，呼吁蒋介石放下屠刀，完成北伐大业。

曹校长字庆五，浙江嘉兴人。他十分谦逊地答道："我们的声望起不了什么作用的。要搞呢，还得邀请在京的知名人士领个衔。例如：孙慕老（孙宝琦，字慕韩）、汪伯老（汪大燮，字伯涵）、××老。"一位旧制美预备生蓦地抢着唱一名"吴其老"，引起哄堂大笑。吴其昌（子馨）也被逗得前俯后仰，笑个不停，工字厅里闹得气氛热呼呼的。

忽然李济的助手王庸（以中）进来与人窃窃私语，刘节（子植）笑着说："不会的，不会的。"我便跑去问他笑什么？刘节答道："有人说王先生到颐和园自杀去，我说不会的。"因为前一天有人在日本人办的《顺天时报》上造谣，说"北伐军明天即来北京"。北伐军杀掉过湖南著名学者叶德辉，但王先生说："他（指叶德辉）在地方上名声不好。动乱时好人多不出来，出来的多为投机分子。"那天，山西人卫聚贤劝王先生到山西去避避，王先生说："这些书怎么办？"刘节认为，清华园在郊区，不是怕军队，而是怕土匪，想办法到城里避避。所以，刘节说："先生可能到城里了。"但我总是放心不下，去王家问个究竟。半路上碰着王先生助手赵万里，我问："先生到颐和园去，真的吗？"赵万里答："是真的。"我的两腿一软，昏倒过去。吴其昌遥远地看见，知道情况不妙，大哭起来。赵万里扶我起来，刘节拉着吴其昌，到校门口，校长曹云祥也来了。我们分乘二部卡车开到颐和园，但门岗不让进去。清华园警署的派出所长上去交涉。门岗请示上级，只准一人进去。吴其昌吵起来，骂门岗，曹校长批评了吴其昌。这一天是阴历五月初三。

王先生那天是乘黄包车去的。那个黄包车夫一直等在颐和园门外。门岗问他："游人都走光了，等谁？"他说："等一位老先生，留有辫子的。"门岗一听就说："里面有人跳水自杀，你去看看是否是他。"黄包车夫进去一看，果真是王先生，就跑回清华园西院十八号王宅来报信。

那天王先生跳进水里，园林工人听到声音马上过来，抓住他撩在后面的衣服拉上去，背上衣服还没湿，可见时间不长，如有急救医生还不会死。

当晚，天已黑，遗体暂留园中。第二天报请法院验尸。下午一点多钟，一位穿灰色长袍的检案官才来，摆起桌凳，坐在上面，清华警署派出所长代表家属请求免验。又问王先生的儿子王贞明："平时有没有精神病，家里有没有受过刺激？"王贞明讲："没有。"又问："为什么自杀？"王贞明答："不好讲。"检察官说："可以说嘛，有什么不好讲！"王贞明答："时局的关系。"检查官补充说："忧时。"又说："统统不验不行。既是有地位的人，只脱上身的衣服。"查后说："没有别的伤，不是被杀。"衣服解开时，发现有三块银元和一份遗书。

王先生是溺死的，我们看到他嘴里有流出血来。

那天，我们将王先生的遗体领回来，由四个工人抬着，抬到庙里装棺材。这时他家做了多年的老妈子叩头先哭了，并为他重梳辫子。曹校长要大家鞠躬，陈寅恪说："我要叩头。"大家鞠躬后，陈寅恪跪下叩头，我和其他学生也都跪下叩头。

王先生去世的当晚，我们从颐和园回来后到赵万里家帮他写报丧的信封。赵万里拟好一个给罗振玉的电报云："师今晨在颐和园自沉，请代奏。"我说："为什么不打电话呢？"赵万里说："电话更慢，有一次，八个小时才打通。"我便把他的电报送到清华邮局发出去。罗振玉于是伪造了个所谓临终遗折，称自己为清室尽忠而死。过几天，按《大清则律》，"凡是内阁大臣，官至六部九卿者，死后可加赠一级。"王先生在辛亥革命之后任南房行走，官仅五品，死后再加一级也不过奉政大夫，怎么可称"公"呢？

王先生身边的遗书说"义无再辱"。"前辱"是指1924年冯玉祥将废帝溥仪从故宫中赶出。

徐仲舒说："王先生进故宫当南书房行走，并非感到光荣，而只是去看'看不到的东西'。"

王先生去世后，挽诗挽联很多。我记忆最深的是梁启超的挽联："其学以通方知类为宗，不独奇字译鞮创通龟契；一死明行己有耻之义，莫将凡情恩怨，猜拟鹓鶵。"这副挽联不仅高度评价了王先生的学术价值，而且充分理解王先生自沉一举所包涵的道德伦理观，批驳了一些凡夫俗子的闲言碎语。

我是先从书本上认识王先生的。那还是在温洲读中学时，我看到罗振玉编的《齐鲁封泥集存》。罗振玉《序》中说到王先生用"王徵君"的称号，因为当时教育部曾聘他做官，但他不肯去上任。封泥是古代竹简文书封口上的印章。竹简文书往往用绳扎紧，在绳的结头处用一块泥封牢，再在上面加盖官印。王先生对汉代封泥很熟，于是请他按照《汉书·百官公卿表》分门别类，加以校订。这是一件了不起的学问，因此，陈燕甫先生说他是真正的古文家。

我早年读到王先生的另一部著作是《观堂集林》。《观堂集林》是王先生在仓圣明智大学时的著作。仓圣明智大学在哈同花园（现上海展览馆）内，当时只有树木、山石。哈同夫人罗伽儞，咸水妹出身。咸水妹是专门服侍洋人的妓女。基督教徒姬觉弥看中哈同的遗产，巴结罗伽儞，二人出面办了所民办性质的大学。王国维先生住在文义路、大通路，在那里讲《仪礼》，有空就去蒋孟蘋（字伯斧）家看书，帮助蒋孟蘋编《密云楼藏书志》，蒋孟蘋就出资帮助王先生出版自己的学术论文《观堂集林》。我就托熟人以八块银元的代价在上海买到一部。

拜读王先生的著作后，愈感到王先生学问之深厚博大，对王先生的敬仰之情也日益增长。

1925年，我的同乡王季思从南京寄来了一份剪报，说清华大学办了国学研究院，导师有王国维、梁启超、赵元任、陈寅恪等，约我一起去应试。那年上海发生“五卅”惨案，奉系军阀乘机南下，交通受阻，没有赶上应试。1926年秋季，总算达到我的愿望，而王季思却承受不了川资而没有去京。

当时清华大学有一部分留美学生，当时快结束，所以由一些全国第一流的教授、学者办起国学研究院。由王国维、梁启超、陈寅恪、赵元任四位名教授，月薪四百银元。梁启超自退出政界后，认为“五四”运动对旧的传统文化否定得太多，可能会后继无人，因此愿意出山执教，工资无所谓。

这四位教授讲课，做学问各有各的特点。梁启超的课程是“中国历史研究法”“儒家哲学”。他自己不写，由上届留下来的周传儒做笔记，事后整理成文。梁先生每月自已拿出工钱30元给他。梁先生在燕京大学讲“古书真伪及其年代”，每周日讲一次，月薪100元。他自己每月拿出30元，叫姚名达记笔记。王国维先生不让人代写，都是自己亲自动笔。陈寅恪先生知识实在太广，但讲课太多，太乱，学生都记不下来。第一年讲的题目是“西洋人之东方学的目录学”，梁启超认为题目很好。后又讲《金刚经》，由高僧传译而成，因语法颠倒，根本就听不懂。

梁任公很健谈，到他家里去，光听他一个人说。王先生则很少话，主要听你讲，也很少表态。如你讲得好，他就说一句：“那倒很有意思。”到陈寅恪先生那里，他讲一半，学生讲一半。赵元任那里，学生去得比较少。

研究院的教务主任也是四百银元一月，有大学部教务长张彭春、研究院筹备主任吴宓等人。张彭春认为只要一个人就够了，如要他做，二百元工资就行了，因而其他人感到有压力。校长就做他工作，认为“你的意见是好，但其他人接受不了”。结果张的意见没被采纳，一气之下，他离开了清华。学生当时倒都要留他。

当时，留美处的教务主任是庄泽宣，训育主任是余日宣，加上吴宓，共三人。后又找了物理系教授梅贻琦做教务主任。我在南开大学时还碰到过张彭春，谈起往事，他说：“年轻时太好强么，要自我表现，这也是缺点。”国学研究院第一届招生 30 人，息县刘盼遂名列第一，海宁吴其昌第二。第二届招生 20 名，安阳谢国桢名列第一，永嘉刘节名列第二。第三届只招蒋天枢等十名。第四届只招两名。我们当时都以有这样的导师指导而自豪。王门弟子除我们以外，当然还有许多通过其他途径向王先生求教的弟子和私淑。至今还常听到一些知名学者以王门弟子自夸，足见王先生在学术界威望之高，影响之大。

锡山君研究王学多年，著述多种，乃学术界后起之秀。近年又精心编就《王国维选集》，嘱我题签并作序，故重拾清华园的一些轶事旧闻，告祭先师之英灵。

一九九七年六月二日

【《王国维集》，周锡山编校，中国社会科学出版社，2008 年】

《戴家祥学述》自序

金文即青铜器铭辞，宋人谓之钟鼎彝器款识。其始见于西汉张敞之读美阳古鼎，至北宋而称盛，有清一代，藏之者弥众，近五十年又有大量发现。

昔刘原父撰《先秦古器图》言其学术价值："礼家明其制度，小学正其文字，谱牒次其世谥。"乾嘉已还，考据学兴，谈经者必及小学，攻小学者每及金文，时至晚近，此风更盛。金文研究在小学领域，可谓硕果累累。礼制谱牒或难见诸名家考释，然视文字学一途，瞠乎后矣。

余尝谓金文研究，事有三难，以言文字都出李斯同文之前，未可以《说文》执一求之，此一难也；铭辞作者每以音类相近假借为之，稍不留意，即失音义，此二难也；殷周至今，积年数千，制度因革，已非一代，仪注体式，名号各殊，策勋受赏，名物多异，其中成语，更难寻根，此三难也。更有一语之中三难俱在，穷搜博讨，未必即得，望文生义，谬种流传。制度谱谍之研究，受制于成语之遗缺，盖可知也。举例言之：

《仪礼·士虞礼》"夙与夜处，小心畏忌"。齐侯鎛"小心愄忌"，陈侯簋"毕恭愄忌"，畏字均增心旁；王孙钟畏增阜旁，邾公华钟"畏忌"又作"威忌"。

《小雅·六月》"薄伐猃狁，以奏肤公"，"薄伐猃狁，至于大原"。兮甲盘“薄伐”作“各伐”，不嬰簋作“广伐”，宗周钟作“扑伐”。

《洪范》九“五福”：“三曰康宁”；《多士》“非我一人奉德不康宁”。金文宁作能。齐侯钟“女（汝）康能乃九事”，毛公鼎“康能四国”。

以上数例皆古成语常见于青铜器刻辞中者，不但与诗书所言文有出入，即各器铭之间亦非形声若一，倘不求读古文变异通例，与夫声韵转变通借之礼，安知形声之间同条共贯，亦不能使其语义涣然冰释。

难却林君在勇盛情，不辞耄耋，借门人文耀之力，编撰《学述》，略言家祥治学种种，厚望好学之士得之，冥而思之，有所收益，进而洞烛古文字之深义，揭示古传统之奥秘，发扬华夏文化之精髓，乃吾辈平生之愿矣！

一九九七年十二月

【《戴家祥学述》：戴家祥著、王文耀整理，
浙江人民出版社，1999 年 3 月】

书薛尚功摹岐阳石鼓文后

薛尚功《历代钟鼎彝器款识法帖》卷十七摹写石鼓文，存字四百五十一，比范氏天一阁所藏宋拓本少十一字，比无锡安桂坡氏所藏先锋本少二十九字，中权本少四十九字，后劲本少四十六字。薛氏虽为北宋时人，而其所见拓本未必精善，盖可知也。

第二鼓，“其⿰立月孔庶”，“其”下一字从月从立，字书所无，前人亦多缺释。今以形义核之，殆即“昱”之异文。《说文》：“昱，明日也。从日，立声。”古字以日表义者，亦或更旁从月。《说文》期“从月，其声”，古文作𣅀，从日，几声。金文作⿱日共，或作㫷，是其证。昱亦作煜，加旁从火，训“耀也”。《广雅·释诂四》：“昱，明也。”明之与耀，字异义同。同声通假，昱亦作翌。《尔雅·释言》：“翌，明也。”翌亦作翼，《金滕》“王翼日乃瘳”，《伪孔传》训翼为明。《唐韵》翌、翼都读与职切，喻母之部；昱读余六切，喻母幽部。上古韵位之部第一，幽部第二，声同韵近，故翼亦训明。《太元·元告篇》云：“日以昱乎昼，月以昱乎夜。”昱之作朗，其义在此而已。鼓文先言“澫有小鱼，其游遨遨”，又言“黄帛（白）其鲔，有鳑有鲌”，是“其昱孔庶”乃概括上文水产资源，言其前景极富足也。《小雅·楚茨》“为豆孔庶”句例近似。

第三鼓，“我戎止陕，宫车其写”，陕当读坱。古字以阜表义者，亦或更旁从土，以土表义者亦或更旁从阜。《说文》四篇阯或作址。《玉篇·九》墺亦作隩，埦亦作阮，墇亦作障，堤与隄同。垁之为阤，更旁亦犹是也。扬子《太玄经·闲首六赞》“闲黄垓，席金策”，王厓注：“垓或作垁，《左传》作雉。”《集韵·上声五旨》垓、垁、雉俱读直几切，照母脂部；《唐韵》，垓读于开切，喻母脂部。韵同声异，垓、垁为城雉之本字。故表义从土或从阜，作雉者，同声通假字也。《礼记·儒行》：“儒有一亩之宫，环堵之室。”郑玄注：“五堵为雉。”《公羊传·定公十二年》：“五板而堵，五堵为雉，百雉而城。”许慎《五经异义》，范望注《太玄经》亦同此说。《左传·隐公元年》祭仲曰：“都城过百雉，国之害也。”杜预注：“三堵曰雉。”不知何所据而云然。

下句“宫车其写”，写当读卸。《邶风·泉水》“以写我忧”，《毛传》：“写，除也。”《说文》九篇：“卸，舍车解马也。从卩、止、午。读若汝南人写书之写。”《唐韵》卸读司夜切，心母鱼部；写读悉也切，不但同母而且同部。鼓文“我戎止阤，宫车其写”，言军士休止于城雉，宫车亦卸马舍车，示狩猎告一段落也。

第四鼓，彤矢𢓊𢓊，𢓊当读樅，從从同字。《大雅·灵台》“虡业维樅”，《毛传》：“樅，崇牙也。”孔颖达《正义》引孙炎《尔雅注》：“其县钟磬之处又以彩色为大牙，其状隆然谓之崇牙，言崇牙之状樅樅然。”《大雅》维樅为修饰木器虡业之副词，字故从木。鼓文𢓊𢓊为修饰彤矢之副词，字故从矢。亦犹《商颂·那》“鞉鼓渊渊”，《说文·鼓部》渊渊作鼘鼘。《小雅·采菽》“觱沸槛泉”，《说文·水部》槛泉作滥泉也。

【未刊稿】

周初之年代

一　序说

考中国上古之年代，周共和元年［西纪前八四一年］以来，《史记》有《十二诸侯年表》，而《周本纪》与诸侯世家之记事，亦颇一致，纪年之当否，殆无问题。顾自此上溯仅二百余年，而至周初克殷之年代，则现有数种异说，非独彼此绝不一致，其两端间实有七十年许之差，亦云甚矣。

试观林春溥《古史考年异同表》，武王克殷之岁，计算颇不齐一。

竹书纪年	辛卯	西纪前一〇五〇
史记	甲午	一〇四七
帝王世纪	乙酉	一一一六
三统历	己卯	一一二二
大衍历	庚寅	一一一一
通志	己卯	一一二二
诗正义	辛未	一一三〇
通鉴前编	己卯	一一二二

［如依《诗正义》引《易纬乾凿度》应为一〇七〇年。林春溥不注意而

误至六〇年之多。]①

窃思孔子述编年体之《春秋》,断自隐公元年[前七二二],过此以前,但以片段的根本史料存之《尚书》。然至春秋战国之时,倘有长于历数者,整理而咀寻之,必犹有足以确定周初乃至殷商年代之根本史料存也。不幸是等史料,其后多遭秦火之厄,当太史公之作《史记》,虽以其专门的努力,亦仅得确定共和元年[前八四一]以降之年代。迨前汉末之刘歆,以见称"推法密要"之历数的才能,整理当时仅存之根本史料,远溯周初及殷初之年代而推定之,尔后对于周初之年代,遂多用刘歆之推算,至于今日。

刘歆以外,关于周初之年代,提供有力之史料,或处理诸材料而推定一定之年代者,决不为少。通览古来之研究,其主要者为《竹书纪年》《史记》。《律历志・世经》《纬书》《逸周书》《帝王世纪》《大衍历》《皇极经世》《通鉴外纪》《通鉴前编》,以及清代诸学者之研究。就中首先审量最主要之《律历志・世经》推算法,以次及于《竹书纪年》《史记》暨其他,是我辈所当进之顺序也欤?

二 《律历志・世经》中周初年代之推算

太初元年,采用邓平之八十一分法,为《太初历》,施行百年。至前汉末,追加刘歆所考察之超辰纪年法,普通谓之三统历。刘歆即应用此三统历于上代,妙证春秋及三代之年月,班固叹为"推法密要",采以为《律历志・世经》焉。

《律历志・世经》,关于周初年代之部分如次。

(一)《春秋历》。周文王四十二年十二月丁丑朔旦冬至,孟统之二会首也。后八岁而武王伐纣。武王,《书经・牧誓》:武王伐商纣。水生木,故为木德,天下号曰周室。三统上元至伐纣之岁,十四万二千一百九岁,

① 本文原文双行小字注内容以[]形式表示。

岁在鹑火张十三度。文王受命九年而崩，再期在大祥而伐纣。

故《书序》曰："惟十有一年，武王伐纣，作《太誓》。"

八百诸侯会。还归二年，乃遂伐纣克殷，以箕子归，十三年也。

故《书序》曰："武王克殷，以箕子归，作《洪范》。"

《洪范》篇曰："惟十有三祀，王访于箕子。"

自文王受命而至此十三年，岁亦在鹑火。

故《传》曰："岁在鹑火，则我有周之分野也。"

（二）师初发，以殷十一月戊子，日在木箕七度。

故《传》曰："日在析木。"

是夕也，月在房五度，房为天驷。

故《传》曰："月在天驷。"

后三日，得周正月辛卯朔，合辰在斗前一度，斗柄也。

故《传》曰："辰在斗柄。"

明日壬辰，晨星始见。癸巳武王始发，丙午还师。戊午渡于孟津。孟津去周九百里，师行三十里，故三十一日而度。明日己未冬至，晨星与婺女伏，历建星，及牵牛，至于婺女天鼋之首。

故《传》曰："星在天鼋。"

《周书·武成》篇："惟一月壬辰旁死霸，若翌日癸巳，武王乃朝步自周，于征伐纣。"《序》曰："一月戊午，师度于孟津。"

至庚申二月朔日也。四日癸亥，至牧野，夜陈，甲子昧爽而合矣。

故《外传》曰："王以二月癸亥夜陈。"

《武成》篇曰："粤若来三(二)月既死霸，粤五日甲子，咸刘商王纣。"

是岁也，闰余十八，正大寒中，在周二月己丑晦，明日闰月庚寅朔，三月二日庚申，惊蛰，四月己丑朔，死霸。死霸，朔也。生霸，望也。是月甲辰望，乙巳旁之。

故《武成》篇曰："惟四月既旁生霸，粤六日庚戌，武王燎于周庙。翌日辛亥，祀于天位。粤五日乙卯，乃以庶国祀馘于周庙。"

（三）文王十五而生武王，受命九年而崩。崩后四年，而武王克殷，克殷之岁八十六矣。后七岁而崩。

故《礼记·文王世子》曰:“文王九十七而终,武王九十三而终。”

凡武王即位十一年,周公摄政五年,正月丁巳朔旦冬至。《殷历》以为(六年)戊午,距炀公七十六岁,入孟统二十九章首也。后二岁,得周公七年“复子明辟”之岁,是岁二月乙亥朔,庚寅望后六日得乙未。

故《召诰》曰:“惟二月既望,粤六日乙未。”

又其三月甲辰朔,三日丙午。

《召诰》曰:“惟三月丙午朏。”

古文《月采》篇曰:“三日曰朏。”

是岁十二月戊辰晦,周公以反政。

故《洛诰》篇曰:“戊辰,王在新邑烝祭岁”……“命作策”……“惟周公诞保文武受命,惟七年。”

成王元年正月己巳朔,此命伯禽俾侯于鲁之岁也。后三十年四月庚戌朔,十五日甲子哉生霸。

故《顾命》曰:“惟四月哉生霸,王有疾不豫。甲子,王乃洮沬水,作《顾命》。”

翌日乙丑,成王崩。康王十二年六月戊辰朔,三日庚午。

故《毕命丰刑》曰:“惟十有二年,六月庚午朏,王命作策《丰刑》。”

(四)《春秋》《殷历》皆以殷鲁自周昭王以下亡年数,故据周公、伯禽以下为纪,鲁公伯禽推即位四十六年,至康王十六年而薨。

故《传》曰:“燮父、禽父并事康王。”

言晋侯燮、鲁公伯禽俱事康王也。子考公就立,酋。考公,《世家》:即位四年,及炀公熙立。炀公二十四年正月丙申朔旦冬至,《殷历》以为丁酉,距微公七十六岁。

以上记载之形式,事事假定以独断的年代,于此假定年代,一一依《三统历》而推算日月及其他条项,以显示其适合于事实,其引用文献以故曰云云为证据,要为一种记述法耳。其实先有所引用之根本史料,而后推定周初之年代,使适合无矛盾而已。余欲明别是等引用证据与刘歆之推算,故凡引用文献别行书之，兹先加以若干注释，然后审查刘歆之算法。

（一）《春秋历》云者，以其俨然适合《春秋》所载之历日，而名三统历之称也。按三统历法，以十九年为一章，二十七章五百十三年为一会，八十一章千五百三十九年为一统。此所谓孟统者，言自太初元年[前一〇四]一五三九年前，即自西纪前一六四三年为第一统，其第二会首又自是后五一三年，即前一一三〇年，其后八岁为前一一二二年，此乃武王伐纣克殷之岁也。

三统上元云者，为太初元年以前十四万三千百二十七年之岁，当西纪前一四三二三一年，自此十四万二千百九岁之年，当前一一二二年。如依三统历，则岁星应在鹑火之次矣。

文王四十二年云者，文王自即西伯之位四十二年。十二月云者，所谓殷正十二月之义也。《书序》之"惟十有一年"、《洪范》之"惟十有三祀"，皆自文王受命之年计之者，据《武成》篇及其他《周书》之日月，大概依据所谓周正而计之也。则文王之受命，为文王三十八年，当西纪前一一三四年。

（作）《太誓》之作字，依王先谦之说加入。

故《传》曰："岁在鹑火，则我有周之分野也"，乃引《春秋外传·周语》所载伶州鸠之言。

（二）"丙午还师"，《诗·大明》疏引《律历志》作"丙午逮师"，如以前后文义观之，《律历志》原文当为"逮师"，传写之间误为"还师"也。

"星在天鼋"，谓辰星[水星]在玄枵也，则与"日在析木"不合，以为一月之后，渡孟津时之天象，而谋其调和耳。

"死霸，朔也"，"生霸，望也"，乃刘歆之说，虽于朏引古文《月采》篇"三日曰朏"为证，而于更难解之死霸生霸无证据以全己说，可见其时已无确凿可据之材料矣。

（三）引《礼记·文王世子》，据以为推定武王在位年数十一年之计算根据。

殷历以为(六年)戊午之六年，系衍文，可删。入孟统二十九章首云者，较前揭第二会首后十九年，当西纪前一一一一年。三统历作周正月丁巳朔旦冬至，盖殷历朔旦冬至之日，比三统历常后一日，此年亦应作周正月戊午朔旦冬至，不当以此年[前一一一一]为周公摄政六年[此事后述殷历纪年时更详说]，此后每七十六年朔旦冬至之日，揭载其三统历及殷历，是从书例观之，此处亦当但记日耳。六年二字断为搀入之衍文无疑。

（四）王公在位年数之记录，以周王室之部分不完备故以鲁公在位年数为纪年，所惜鲁公部分，初代伯禽在位年数亦未明也。其引用文献，谓伯禽事康王，但知伯禽在位年数，较成王在位三十年为多而已，刘歆协调历法之推算，定为四十六年也。

考公就立酋云者，考公之名，《世本》作就，《世家》作酋，后人为注酋于其侧，不知何时搀入本文。此类以下尚有三种同样之例，于前揭之六年搀入问题，并为佳证。

通鉴以上，类分刘歆所据之根本史料，细究其推算法如次。

（A）岁星之位置。《春秋外传·周语》伶州鸠之言曰：武王伐殷之时，岁在鹑火。刘歆以右之记述，信为能传当时天象之事实，且信岁星百四十四年进行百四十五次，故从《左传》及《国语》之春秋时代岁星位置推算，例如晋文公奔狄之岁，为西纪前六五五年，岁星在大火之次，自此上溯西纪前六七一、八一五、九五九、一一〇三等年，皆当超辰之岁，又鹑火在大火前三次，故伐殷之岁，若在前一一〇三之前，则为 $655+3+12\times m-4=1110+12\times n$，即西纪前一一一〇年，或更前于此，则非十二年之整数倍不可。[若较纪元前一一〇三为后，则为 $1099-12\times n$]

（B）月之相与日之干支

（a）克殷之岁

武成　一月壬辰(29)旁死霸　癸巳(30)

书序　一月戊午(55)

周语　二月癸亥(60)

武成　二月既死霸粤五日甲子(1)

四月既旁生霸粤六日庚戌(47)　辛亥(48)　乙卯(52)

(b) 周公摄政七年

召诰　二月既望粤六日乙未(32)

三月丙午(43)朏

洛诰　戊辰(5)王在新邑烝祭岁命作策惟周公诞保文武受命惟七年

(c) 成王末年

顾命　四月哉生霸王有疾不豫甲子(1) 王乃洮沬水作顾命翌日乙丑　(2) 成王崩

(d) 康王十二年

毕命　惟十有二年六月庚午(7) 朏

以上引用文中,凡示月相之字句,朏作新月解,死霸作朔,生霸作望解。月相与日干支略以五年之关系,而仍以三统历之推算,其中(1) 苟搜得充足岁星位置之条件者,即可依此决定克殷之岁,此刘歆所采方法也。欲悉利用(2) 材料,不能不先决定(a)(b)(c)(d)四年代之距离。

(C) 年次序列。关于(a)(b)(c)(d)四年代相互之距离,因武王与成王在位年数,无明确记载。刘歆于成王在位年数,则顾虑月相之关系,而定为三十年。于武王在位年数,则以《礼记·文王世子》之文王、武王年龄为端绪,定为文王十五而生武王,受命九年而崩,崩后四年而武王克殷,克殷之岁八十六矣,后七年而崩。[八十六系八十七之误]其计算稍欠明,图之如后。

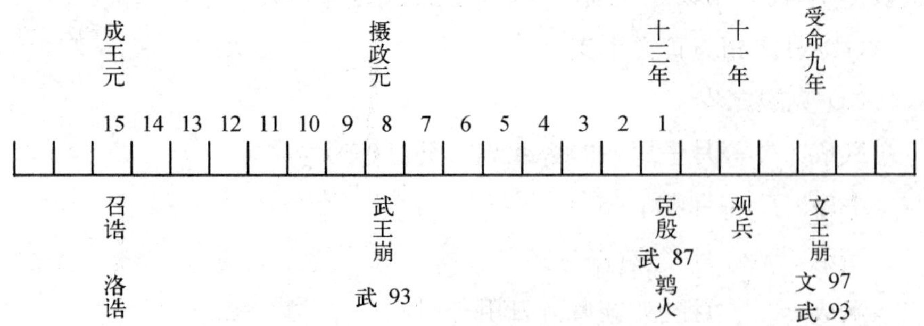

刘歆求其满足(A)(B)(C)之条件，偶然几得豫想以上之成功，所得答案，即克殷之岁为西纪前一一二二年是也。

(D) 王公积年。周代王公历代之年数，刘歆时似已无具备而足信者，故多未置信焉。然以历法推算，所得之克殷年代，则颇置信用，于其当否不稍置疑。为调和计竟认鲁公历代年数，有二三传误，而敢为订正。《后汉书・律历志》引张衡《论历》，讥其"横断年数，损夏益周，考之表纪，差谬数百"，盖即指此。

三 新研究之方法及研究材料

推定周初之年代，刘歆所用之方法颇妥。集当时仅存之断片史料，甚为微妙，而依当时推重为甚微妙之三统历，而巧为整理，此则阐明孔子以来之宿题，虽太史公亦不能解决之上古年代，其推算并理路整然，殆可谓无有缺陷，无怪班固称为"推法密要"，后世之治纪年学者皆宗刘歆，无敢出于其右，亦乌足异也。我尤敬服不已，明别其用为证据之根本史料，与夫据为推算之结果，而记载分明之学者的用意也。若是其公开研究全部表示欢迎自由批评其当否之态度，而尔来二千年迄至今日，竟无一可倾听之批评者，想非刘歆之愿也。况引用证据文献之一部，[例如"岁在鹑火"之《周语》纪事]至有人视为刘歆伪作，信言语道断之谬，其诬学者之心，不能不谓之太甚矣。

刘歆之推算法极妥，然于解释其所依据之根本史料，自今日视之，可批评之点殊不少。(1) 在《左传》及《国语》关于岁星之纪年，余十年前尝发表其研究之结果于学界，知《周语》"岁在鹑火"之记事，非本于周初当时之实睹也。(2) 生霸死霸指月之如何相，则近时故王国维之研究可倾听也。(3) 所谓殷正周正之名不存于周初，又其时统一历法不发达，置闰似常限于岁终。(4) 王公之积年，不能不参照西晋时代出土之《竹书纪年》。是等皆对于刘歆之推算有要求再调查之理由。余于(1)(2)(3)新见解之下，即取刘歆所引之同一材料，据刘歆之方法，同样推算，试检其得如何结果，要所以修正刘歆二千年前试验之推算法而完成其志，亦幸遇盛世学徒对于二千年前先辈不可辞之责也。

追加于刘歆以后之《竹书纪年》及金文等之研究，果于问题有如何贡献，不能不充分考虑也。

四　岁在鹑火

曰武王伐殷之岁，岁星在鹑火者，见《周语》周景王二十三年[前五二二]之条。兹摘其关系问题之部分曰：

> 王将铸无射，问律于伶州鸠。[中略]王曰："七律者何?"对曰："昔武王伐殷，岁在鹑火，月在天驷，日在析木之津①，辰在斗柄，星在天鼋。星与日辰之位，皆在北维，颛顼之所建也，帝喾受之。我姬氏出自天鼋，及析木者，有建星及牵牛焉，则我皇妣大姜之侄，伯陵之后，逢公之所凭神也。岁之所在，则我有周之分野也，月之所在，辰马农祥也。我大祖后稷之所经纬也。[中略]王以二月癸亥夜陈，未毕而雨。"[下略]

此伶州鸠之言当作如何解释耶?

记岁星之位置者，尚有《晋语》文公之条，《左传》多于襄公、昭公时代载之，若据余昔日研究《左传》《国语》诸岁星记事之结果，则皆战国中叶之作者，本其时之天象观测推算而成者，此谓"昔武王伐殷，岁在鹑火"，亦决非传自周初当时之事实，且非景王时伶州鸠所述之语，乃显然为战国中叶之《国语》著者于西纪前三六五年观测岁星之在星纪，以十二年一周天之比例，溯及周初之年代，计算而成者。既非直接传自周初之事实，即未可以刘歆所用之法而用之。但亦不失为一种材料，从可见战国时代一般所信周初之年代耳。周天之十二次为寿星、大火、析木、星纪、玄枵、娵訾、降娄、大梁、实沉、鹑首、鹑火、鹑尾。岁星一年行一次，故鹑火当在

① 原文"津"误为"律"，本书整理者据出处原文和前后文改。

星纪前五次。岁在鹑火之年，$365\pm5+12m=1066+12\times n$，即西纪前一〇六六年，或其前后进退十二年整数倍之年，此即传信于战国时代之武王伐殷年也。

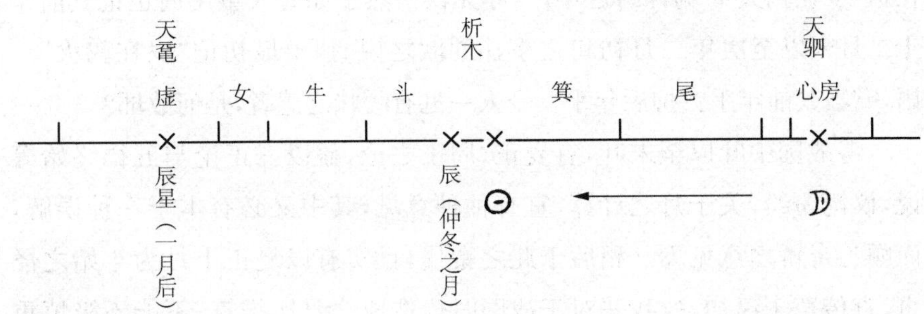

至《周语》所谓昔武王伐殷时之年，果指何年乎？《武成》作一月壬辰旁死霸出发，二月甲子诛纣，四月为战捷告祭者，果为同一之年耶否耶？

引用文中，如谛审其接续“岁在鹑火”之后者，则“天驷者房也”“析木之津”者、“箕斗之间也”、“斗柄南斗之柄也”，无可疑矣。又辰为日月之交会点，合朔时日月之位置也，以斗柄为合朔点之月冬至月也，亦无疑矣。故“月在天驷、日在析木之津，辰在斗柄”云者，是谓孟冬月之月末二十六七日时也。天鼋为玄枵，当于虚危，星也者辰星[水星]也，水星常接近太阳，故谓“星在天鼋”，不能不比前段约后一月矣。

刘歆调和《武成》与《周语》之记事，解释如次。

孟冬月末（周正十二月）	（《周语》“月在天驷”云云）	师初发
周正一月初	（《武成》壬辰旁死霸）	武王出发
周正一月中旬	（《大传》丙午逮师）	武王合师
周正二月初	（《周语》《武成》癸亥甲子）	诛纣

岁在鹑火　周正一月以后之年事

星在天鼋　诛纣之时事

刘歆信《周语》伶州鸠之言，以为本于伐殷当时之实见天象，而为以上之说。《周语》之记事，乃战国时《国语》作者造成之说无疑，我辈不能不更稍深入，而研寻夫作者之为是等记事将欲何言，而作者所有周初年代历日之智识果如何也？

曰“岁之所在，则我有周之分野”，则其注重岁星之所在无疑。而其意在指“岁在鹑火①”为诛纣之年，当亦无误。然于如此大事用周正记其前年十二月末以至次年二月初旬之事，[刘歆之说]独于最初记“岁在鹑火”一语，究当其前年乎？抑后年乎？令人一见有暧昧之感者，是何故耶？

考战国中叶以至末叶，有夏正、周正之论，益以三正论与五德终始等说，议论纷纷，关于月之计算，宜有种种意见，其中又必有本于一种误解，而颇为奇矫之意见焉。稍后于此之秦代，且实有以夏正十月为年始之怪事，直传至于汉初，故我辈对于战国时代造成之月次推算，不能不极慎重注意而讲究之也。

引用文中，前段“辰在斗柄”以上，盖指孟冬月末殆无疑。其次或无重要之义乎？韦昭注“星与日辰之位皆在北维”曰：“星，辰星也。[中略]北维，北水位也。”注“颛顼之所建也，帝喾受之”曰：“建，立也。颛顼、帝喾所代也。帝喾之先祖后稷所出，《礼·祭法》曰：‘周人禘喾而郊稷。’颛顼水德之王，立于北方，帝喾木德，故受之于水。今周亦木德，当受殷之水，犹喾之受颛顼也”云云。余欲更进一步考之，其云“皆在北维”“颛顼之所建也”者，北方水位，当孟冬十月为古颛顼历之年始或正月，不当作如是解耶？

考《国语》作者，依五行相生说为帝王相承之顺位，颛顼水，帝喾木，尧火，舜土，夏金，殷水，周木，颛顼与帝喾之关系，适为殷周之关系，行于颛顼时代之古颛顼历，[以北方水位之孟冬十月为年始]再行于殷末之时，据《武成》谓“一月壬辰旁死霸”殷末之历，即依古颛顼历为一月旁死霸，而旁死霸作下弦以后之月末解，结果一月壬辰旁死霸，即孟冬月末壬辰，因记曰“月在天驷，日在析木之津，辰在斗柄”以实之，或不然乎？

如依此说，《周语》伶州鸠之言，所见周初天象，不过全本《武成》之记事，而为翻案而已。盖战国时代所传周初日月之文献已颇乏，而《武成》

① 原文“火”误为“大”，本书整理者据出处原文和前后文改。

实其一极罕有者,果如此诚无足怪矣。其言(一) 昔武王伐殷,岁在鹑火,(二) 月在天驷,日在析木之津,辰在斗柄,(三) 星在天鼋,(四) 星与日辰之位皆在北维,颛顼之所建也,帝喾受之,其中第二段当一月壬辰旁死霸,第三段约当一月后之二月癸亥夜阵,第四段记殷末当时行孟冬月为岁首之古颛顼历。是武王伐殷之行动,自一月末始,至二月末终,第一段之"岁在鹑火",明其年代关系毫无疑矣。

要之,战国时代所认武王伐殷之年,即《武成》一月壬辰旁死霸,二月甲子诛纣之年,必居西纪前一〇五四、一〇六六、一〇七八、一〇九〇、一一〇二、一一一四、一一二六……等年之一。余以为周初年代,至战国时必有传之无误者,得以上有力之证据,研究他方面之史料,将能如何调和耶?

《国语》之作者,为解说《武成》而用之古颛顼历,虽不传于后世,莫知其详,而战国时代试为种种之历法考案,俾适合于溯春秋而周初以迄殷代之历史,颇传于后,故可知其亦犹今日可推究之颛顼历与殷历,并为战国时代所提案之一种无疑。迨后秦一天下,据邹衍五行相胜说,而为帝王交替之顺位,以为黄帝土,夏木,殷金,周火,秦水,秦以水德王,自以为颛顼之后,名当时施行之历为颛顼历,以孟冬十月为年始为端月[正月],实有力之左证也。

研究颛顼历、殷历及古颛顼历、殷历古法等,提案论议于战国时代诸历法,实与三正论及五德终始说之研究相待,并为阐明战国时代学术发达史之有力材料,则更期诸他日之讲贯也。

周初时代,关于岁星之传说,尚有《晋语》姜氏说晋公子重耳之言曰:"吾闻晋之始封也,岁在大火,阏伯之星也,实纪商人"[下略]云云,大火比鹑火后三年,此见唐叔虞之始封,比武王伐殷之年,后三年,或后十五年也。始封之年,史无明文,俟后论之。

五　月之相与日之干支

(1) 朏与生霸死霸

朏为新月无疑矣,至生霸死霸指月之如何相,古来意见相殊,刘歆之说，确为未妥。俞樾《生霸死霸考》，详究此问题之真相。更有近时故王国维之发明新说，[《国学丛刊》卷二十《生霸死霸考》。《观堂集林》采入卷首]颇可倾听。如依其说，则既生霸、既死霸等，非指特定之日，盖四分一月，为每七日乃至八日之段落，而称之为初吉、既生霸、既望、既死霸是也。哉生霸、旁生霸、哉死霸、旁死霸之称，乃指既生霸、既死霸之第一日、第二日而言也。其所论证宣王时物之虢季子白盘、吴尊盖、师虎毁、伯吉父盘，及颂鼎、颂毁、颂壶，暨幽王时物之师兑毁等铭文，引《武成》及《顾命》之日月也，又立证"生霸，望也""死霸，朔也"，乃刘歆始发之私见，迄汉代诸儒之意见，今文家、古文家皆不与此一致，其理路颇著。余赞成其说，请即本此见解，而细审周初之日月焉。

考初吉、既生霸、既望、既死霸之四分月法，乃后发达于西洋之周法原始的者，盖周初为周之民族所输入，中国本国上代以来三分月之旬法久已行，新输入之周法，无使用于一般之余地，而终不发达也。惟朏不问旬法周法，皆用于月初之日，旋据二十八宿法上溯，而以朔为月初，为遏混杂计，因早忘却，于是朏、生霸、死霸等文字，刘歆时代，一般已不明其真义矣。

按王国维之《生霸死霸考》，若以四分月法为分自朔至晦之一月者，余据前述之理由，欲稍改变，以为四分始自朏之一月。疑非由颁历之方法，而豫示月之区分，乃自然见新月以其为朏为月初，自是每切七日而名初吉、既生霸、既望、既死霸，独最后之死霸，或为八日，或为九日，直至新月之再见焉。故对照周法与后之朔望月，考其大体如次。

	初吉	既生霸	既望	既死霸
承大月	2—8	9—15	16—22	23—2
承小月	3—9	10—16	17—23	24—1

（2）记述果为当时之物乎。

《召诰》《洛诰》及《顾命》素传为《今文尚书》，《武成》及《毕命》见引于《汉书·律历志》，所谓中古文者，皆云为自古传来之根本史料，而孔子所编纂整理者也。考孔子之时，尚未有自信足以上溯数百年，而试算月相之历法，且春秋之历日，亦即记录当时颇乱杂之历日，毫无加入编纂者手迹，则所传是等《周书》之日月，亦传来之旧，而非孔子时所作成所修正，可断言也。依前节所研究，作于战国时之《周语》所载，即直录《武成》日月，是知《武成》之日月，亦自古传来者也。

然不能不细心注意者，自战国至秦汉，夏正、周正之论喧然，且其中若秦代，竟有遍以十月为岁始之事，可保无改订古传记中之月名。而改订实原于订正者之误解，故或前或后，不必一定未可知也。今武王渡孟津之日，《书序》为一月戊午，《尚书大传》及《周本纪》作十二月戊午，又灭殷之日，今本《律历志》引《武成》作三月甲子，是皆显然始为二月，而传写之间误为三月也，《周本纪》作二月甲子，《集解》引徐广曰："二，一作正"，《齐世家》作正月甲子。

《书序》云："惟十有一年，武王伐殷，一月戊午，师渡于孟津"，《律历志》引此割为二段，谓"惟十有一年，武王伐殷"为观兵之时，谓后之"一月戊午"为二年后[十三年]之事，其言甚谬。段玉裁[《古文尚书撰异》]定《书序》古形以为前后两端之间，有若干文句，其说未易首肯。王国维[《生霸死霸考》]视"一月戊午，以师度于孟津"为观兵时事，如余后节所述，乃九年观兵，十一年伐殷，《书序》全体盖关于伐殷之时者也。

《书序》之作者，未必依自己推算而制日月也，定据真古文《大誓》之记述，故序为"一月戊午，师渡孟津"。惟经文或单作戊午，抑或作"二月戊午"，[当《武成》二月甲子之六日前]而作者当时之意，谓周正二月，即殷正一月，本此误解，遂记"一月戊午"之文欤？要之，"一月戊午"，未可以为确证，而作研究周初年代之材料也。

《尚书大传》云："惟丙午王逮[一作还]师，前师乃鼓鼗躁，师乃慆，前歌后舞"，或谓《大誓》之本文，按《律历志》作一月"癸巳武王始发，丙午逮师，戊午渡于孟津"，[今本《律历志》作"丙午还师"，《诗・大明》疏引《律历志》作"丙午逮师"，此当是原形]两者关系如何，为极微妙问题。刘歆因调和《周语》与《武成》之故，以为师先发，武王自后出发，以逮师为必要，或不与《大传》关系，或误解之而述丙午之逮师。《大传》之原文，如王鸣盛[《尚书后案》]之说，为"惟丙午还师"乃观兵还师之时，无关于伐殷之一月，殆后世转受《律历志》影响而变为“丙午逮师”也。

按周初月之相，及日之干支，刘歆采用材料之外，尚有《逸周书》若干记载，惟《世俘解》全类《武成》，其日月之记载，且比刘歆引用《武成》稍多，《酆保解》及《宝典解》载朔之干支，然视为传自周初当时之记录，而供周初年代推定之材料，可耶？否耶？为慎重计，不能不细究也。依余后节所述理由，《逸周书》所载之日月，观夫《律历志·世经》经刘歆之推算，然后认为伪作故以为周初年代决定材料，则无价值而不采用之。

是以余于研究周初月相与日干支有关系之根本史料，取《武成》《召诰》《洛诰》《顾命》《毕命》，至于《国语》《书序》《大传》《史记》《逸周书》《纬书》等但资参考而已。

(3) 月次序列

《武成》所载伐殷之日月，为“一月壬辰(29)旁死霸癸巳(30)”“二月既死霸粤五日甲子(1)”“四月既旁生霸粤六日庚戌(47)辛亥(48)乙卯(52)”。假如刘歆以死霸为朔，生霸为望之说，则二月与四月不相调和，故刘歆于二月至四月之间置闰月，“正月辛卯(28)朔”“二月庚申(57)朔”“闰月庚寅(27)朔”“三月己未(56)朔”“四月己丑(26)朔”以解决之。巧哉！依三统历此年正当周公摄政五年朔旦冬至岁之前十年，历法上正应二月置闰，素以三统历为天地自然之历法，行自上古之刘歆，至是对三统历愈得确信焉。

然其后许多学者，至少皆信周初之时必行岁终闰，而以刘歆之闰二月为不合。当时事情，别为苦心讲求疏通之法。如林春溥[《克殷日记》]以为一月二月尚在殷代，用殷正为丑月寅月，而四月明为周代，依周正为卯月，尝欲整理《武成》之日月，而其书卷末，亦自谓此说不免牵强。又如陈以纲[《〈汉志〉〈武成〉日月表》]以一月二月为武王起兵之一月二月，当亥月子月，四月则周代秩序已定，故用周正，而为卯月。此两说皆非也，徒示学者对此问题如何棘手而已，究非周初当时之事实。对此几穷于途之《武成》日月说，而别开通衢者，则有王国维生霸死霸之新说，如从其说，则为“一月戊辰朔，壬辰旁死霸二十五日”“二月戊戌朔，既死霸二十三日庚申，粤五日甲子二十七日”“三月丁卯朔”“四月丁酉朔，既旁生霸十日丙午，粤五日庚戌十四日”，[《律历志》引《武成》作“粤六日庚戌”，王国维以《武成》原文为“粤五日庚戌”，而刘歆误五为六]则是等日月，遂皆可安。王国维之生霸死霸新说，诚因《武成》之日月问题，而想成者也。千古之难题，得此明解足见新说之妥，同时益可信《武成》为周初之真实记载矣。

月次之为周正、殷正，殆无问题，因周初既非周正，亦非夏正，殆必限于当时之幼稚智识，而用近于所谓夏正之历也。

关于月次种种之说，图其相互关系如后。

乙卯● 庚戌●			甲子●	(戊午)○ (丙午)○ 壬辰●	
●● 四月	三月	闰二月	二月 ●	○○ 一月 ●	刘歆
●● 周四月			二月 举兵 ●	一月 举兵 ●	陈以纲
●● 周四月	殷二月 ●	殷一月 ●			林春溥
●● 四月	三月	● 二月	● 一月		王国维

六　周初之月朔表

(1) 传来之记录

前节推究者，据《周书》所载月之相，推算各月初日之朏，列记如次。

(a)《武成》之岁

一月壬辰(29)旁死霸	故庚午(7)朏
二月既死霸粤五日甲子(1)	故己亥(36)朏
四月既旁生霸粤六日庚戌(47)	故丁酉(34)朏
[若从粤五日庚戌则为]	戊戌(35)朏

(b)《召诰》之岁

二月既望粤六日乙未(32)　　故丙子(13)朏

三月　　丙午(43)朏

(c)《顾命》之岁

四月哉生霸之后甲子(1)　　故丁巳(54)以前朏

(d)《毕命》之岁

六月　　庚午(7)朏

(2) 推算月朔表

刘歆据三统历，而研究周初之日月，盖三统历者取一月之长，二九·五三〇八六，视真正值长〇·〇〇〇二七，行三百年，适应生一日之差，其取为基点之太初元年前十一月甲子朔旦夜半，当真正合朔后〇·五日，故用三统历而推算周初时之合朔，则 3－0.5＝2.5 约失之二·五日矣。

周初之时，根本无一定历法，盖以新月始见而取朏为月初，季节则略以立春之候为正月为年始，时时于岁终置闰以调节之，其当时所实行大小月之交替，置闰之岁，要非今日所能推定，我辈可无论历法如何，务推定近于当时之朔晦，以比较当时之记录可耳。

余选简单之推算法，先据俄颇察[Oppolzer]之日蚀表，检得西纪前一〇六六年猷尔(Yulius)历四月八日[猷尔积日一三三二一六四]午前一时[中国地方时]合朔，而知其年正月[夏正]朔之干支为戊戌(35)，当太阳历[格儒哥历(Gregoriug)]一月二十九日，是为基点，闰月之插入，则以当殷历或三统历章首之西纪前一〇七四年末为起点，每三、二、三、三、二、三、三年之年末，连大月以前一〇六六年之年始夹于中，每一五、一七、一七月而一置，如别制之周初月朔表。

此月朔表，当略近于当时之实际，仍不过一种想定历耳。以当时实行之历日比之，朔之干支则有一日，季节亦不免有一二月之差。

(3) 年代推定

苟对照前两项所作之记录与推算，其近于《武成》之月日者，有 1030、1035、1040、1056、1061、1066、1071、1092、1097、1102、1123 诸年，并能满

足第四节"岁在鹑火"之条件者，有 1030、1066、1102 三年，其当朏之日，皆仅为一日之出入，固未可以严格论，而三者之中，最为适合者，为西纪前一〇六六年。

《武成》之岁，若采用一〇六六，则《召诰》及《毕命》之岁，亦在其后适当范围中求之，《召诰》之岁，得一〇五七，或一〇五二，《毕命》之岁，得一〇一五，或一〇一〇等，又试采一〇三〇及一一〇二为《武成》之岁，而讲究之，统示以表则如次。

	第一	第二	第三	第四	第五	第六
《武成》之岁(a)	一〇六六	一〇六六	一〇三〇	一〇三〇	一一〇二	一一〇二
《召诰》之岁(b)	一〇五七	一〇五二	一〇二一	一〇一六	一〇九三	一〇八八
《毕命》之岁(d)	一〇一五	一〇一〇	九七九	九七四	一〇五一	一〇四六

第二第三第四则于(d)太牵强，第五第六则于(a)太牵强，结果惟第一案最无批难。

《顾命》之岁，较《毕命》之岁当前十二年，书之内容可明睹也，故采取第一案，则为西纪前一〇二七年，依月朔表为四月庚戌(47)朔，甲子当月之十五日，而满足(1)之条件焉。

七　年次序列

考周初之书相互之年次序列，无明了记载，学者意见不一，吾今务限吾当面之问题极狭，第就(a)"《武成》克殷之岁[旁死霸、既死霸、既旁死霸]"(b)"《召诰》朏既望"(b)①"《洛诰》周公摄政七年"(c)"《顾命》成王末年哉生霸之后甲子"(d)"《毕命》康王十二年朏"之五种书，考其相互之距离，《武成》克殷之岁，《洛诰》周公摄政末年之七年，《顾命》成王之末年，《毕命》康王之十二年，从其内容观之，毫无疑也，而(c)与(d)之距离，显然为十二年。《召诰》普通视为《洛诰》同年物，郑玄据《大传》有"五年营成周"，而视为周公摄政五年之物。但成王亲政之在位年数，普通视为三

① 原文如此。

十年者，郑玄视为二十八年，故(b)与(c)之距离仍为三十年。要之谓(b)(c)间三十年，(c)(d)间十二年，学者无异说也。盖(b)(d)皆记朏之干支，其距离条件，限于三五、四二、四七等年，不容许多异说之余地。案成王亲政之在位年数，于刘歆之三十年说与郑玄之二十八年说以外，《书》及《史记》，无可据之记载，然(b)(d)之距离四十二年，既能合朏之推算，外此亦无可变更之理由，故余则从(b)(d)间四十二年说。

(a)与(b)之距离，一方面为死霸，一方面记朏，生霸死霸之说不一。苟从刘歆之说，则为八年或十三年，若用王国维之说，则不能不为九年，或十四年，关此问题，古来异说颇多，不易归着也。其殷末周初之纪年，谓自文王受命之岁起算，然伐殷之岁，与文王之崩，及受命之岁，相互距离为如何，则问题更加一段混杂焉。

定(a)与(b)之距离，关于月相以外，但本记录而求得武王克殷后之在位年数，即迄于崩后周公摄政之障隔，及《召诰》适当摄政之何年可矣。乃关于是等之直接材料，有(一)《洪范》："惟十月三祀，王访于箕子。"(二)《金縢》："既克殷二年，王有疾，弗豫。"(三)《洛诰》："戊辰王在新邑，烝祭岁[中略]在十有二月，惟周公诞保文武受命，惟七年。"(四)《书序》："惟十有一年，武王伐殷，一月戊午，师渡盟津，作《太誓》三篇。"等。仅此不能决定，此外不得不参考各种，(五)《周语》："昔武王伐殷，岁在鹑火。"《晋语》"吾闻晋之始封也，岁在大火。"(六)《管子·小问篇》："武王伐殷，克之，七年而崩。"(七)《吕氏春秋·制乐篇》："凡文王立国，五十一年而终。"《首时篇》："(武王)立十二年而成甲子之事。"(八)《尚书大传》："天乃大命文王，文王受命，一年断虞芮之质，二年伐于，三年伐密须，四年伐畎夷，五年伐耆，六年伐崇，七年而崩。""周公摄政，一年救乱，二年克殷，三年践奄，四年逮卫侯，五年营成周，六年制礼乐，七年致政成王。"(九)《礼记·文王世子》："文王谓武王曰：'女何梦矣！'武王对曰：'梦帝与我九龄。'文王曰：'女以为何也？'武王曰：'西方有九国焉，君王其终抚诸。'文王曰：'非也。古者谓年龄，齿亦龄也。我百尔九十，吾与尔三焉。文王九十七乃终，武王九十三而终。'"(十)《史记·周本纪》："诗人道：

‘西伯盖受命之岁称王,而断虞芮之讼,后七年而崩。’[中略]九年,武王上祭于毕,东观兵,至于盟津。(中略)是时,诸侯不期而会盟津者八百诸侯。诸侯皆曰:‘纣可伐矣!’武王曰:‘女未知天命,未可也。’乃还师。归居二年。[中略]以东伐纣,十一年十二月戊午,师毕渡盟津。[中略]二月甲子昧爽,武王朝至于商郊牧野乃誓。[中略]”“武王已克殷后二年,问箕子殷所以亡。[中略]武王病。天下未集,群惧,穆卜,周公乃祓斋,自为质,欲代武王,武王有瘳。后而崩,太子诵代立,是为成王。成王少,周初定天下,周公恐诸侯畔,周公乃摄行政当国。[下略]”《鲁世家》:“武王九年,东伐至盟津,周公辅行,十一年伐纣,至牧野。[中略]武王克殷二年,天下未集,武王有疾不豫。[中略]明日武王有瘳,其后武王既崩,成王少在强葆之中,周公恐天下闻武王崩而畔,周公乃践祚,代成王,摄行政当国。[中略]”“成王七年二月乙未,王朝步自周至丰,使太保召公,先之雒相土,其三月,周公往营成周雒邑。[中略]及七年后还政成王,北面臣位。[下略]”《齐世家》:“九年钦修文王业,东伐以观诸侯集否。[中略]十一年正月甲子,誓于牧野,伐商纣。”《封禅书》:“武王克殷二年,天下未宁而崩。”(十一)《逸周书·文传》:“文王受命之九年,时维莫春,在鄗,召太子发曰:‘呜呼!我身老矣。’”《明堂》:“既克殷六年而武王崩,成王嗣,幼弱,未能践天子之位,周公摄政,君天下,弭乱,六年而天下大治,乃会方国诸侯于宗周,大朝诸侯明堂之位。”(十二)《伪古文·泰誓》:“惟十有三年春,大会于孟津。”(十三)《伪古文·武成》:“惟九年大统未集,予小子其承厥志。”(十四)《帝王世纪》:“周书称文王受命九年,惟暮之春,在镐召太子发,作《文传》,九年犹召太子,明其七年未崩。”“武王定位元年岁在乙酉,六年庚寅崩。”[《史记·周本纪》集解](文王)年十五而生太子发,文王九十七而崩。太子发代立,是为武王,武王二年观兵至孟津之上,四年始伐殷,为天子,以木承水,自酆迁都镐,十年冬王崩于镐,殡于岐,时年九十三岁矣。太子诵代立,是为成王。[《初学记》《太平御览》]

是等材料互不调和,其间有多少矛盾,孰取孰舍,乃有种种异说,今表示主要各说之年次序列如次。

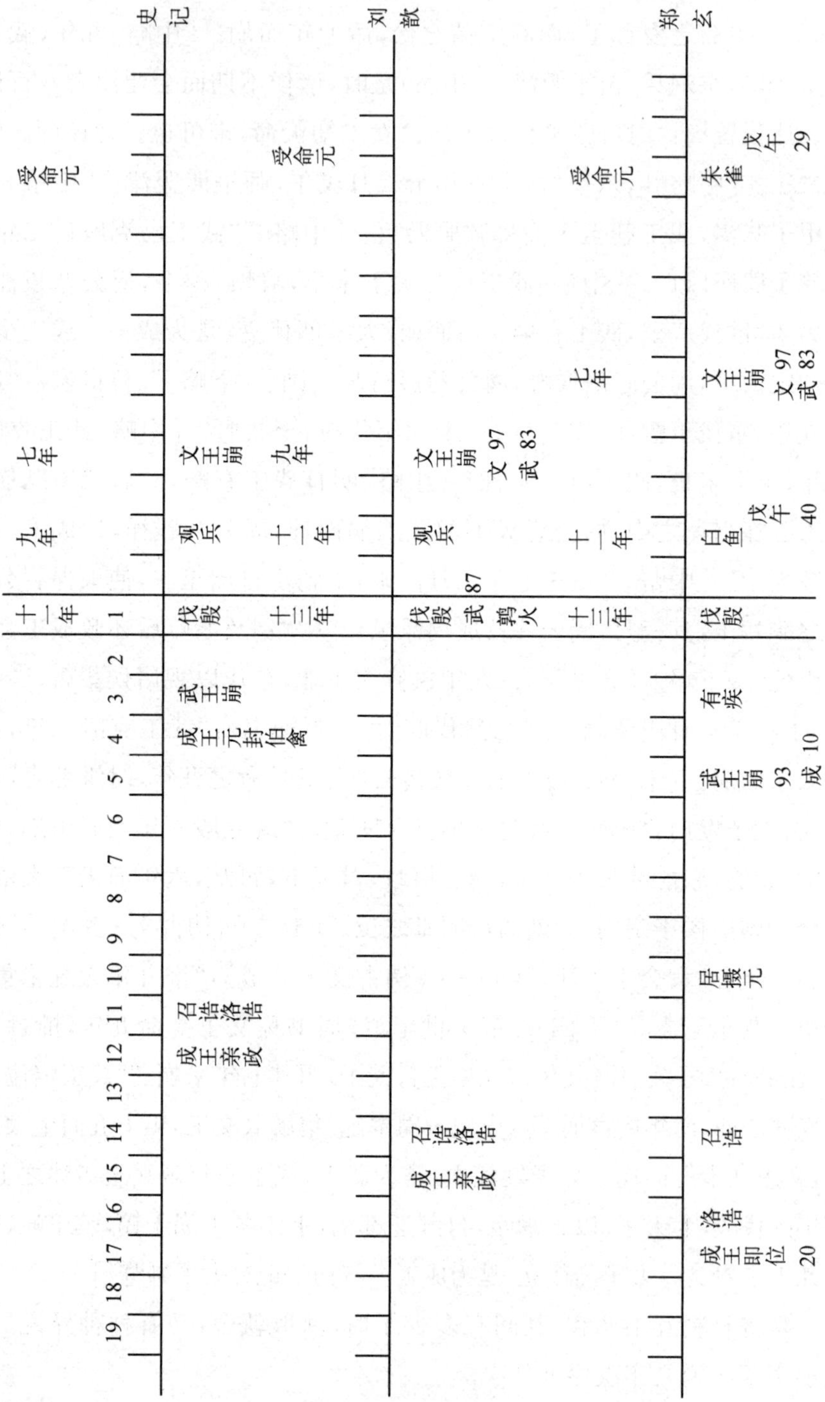

					1	2	3	4	5	6	7	8	9	10	11	12	13	14	15	16	17	18	19
史记	受命元		七年 文王崩	九年 观兵	十一年 伐殷		武王崩	成王元封伯禽							召诰洛诰	成王亲政							
刘歆	受命元		九年 文王崩 文 97 武 83	十一年 观兵	十三年 伐殷 武 87 鹑火													召诰洛诰	成王亲政				
郑玄	受命元 朱雀 戊午 29	七年 文王崩 文 97 武 83		十一年 白鱼 戊午 40	十三年 伐殷		有疾		武王崩 93 成 10					居摄元				召诰		洛诰	成王即位 20		

(1)《史记》

据《史记》,而知殷末周初之纪年,计自文王受命之年,七年文王崩,九年观兵,十一年伐殷,十三年武王崩,自翌年起七年间周公摄政,又自其翌年,为成王亲政,《本纪》《世家》《封禅书》,通为一贯,盖全据《书》及《大传》,互相吻合,毫无疑义。考太史公时代以前对周初之年次序列,无显著异说也。月次之不一致,则受夏正周正论之累,后复误于传写之间,未足深责也。

(2)《律历志·世经》

刘歆固见《史记》之年次序列者,乃改为九年文王崩,十一年观兵,十三年伐殷,武王在位七年,[加克殷之岁]周公摄政七年,则全由推算之结果而整理如此,其推算径路,亦大致了然也。

若生霸死霸从刘歆所下之解释,则《武成》与《召诰》距离,不能不为八年或十三年,然视《召诰》为周公摄政末年之物,从其距离年数减少七年,克殷后至于武王崩,又不能不为一年或六年,前者明背《金縢》之文,则必然的归结,遂以武王为崩于克殷后六年。[并克殷之年为七年]

以克殷之岁为受命十三年者,务使文王受命之岁,比克殷前十二年,而应同为"岁在鹑火"之佳缘也。

《礼记·文王世子》之语梦,示文王与武王受命之差为四岁,今如前述取武王克殷后六年而崩,而伐殷为文王崩后四年之旧说,则文王崩年与武王崩年之距离为十年,结果文王武王父子年龄之差,不能不成为十四矣。故刘歆述其计算之结果于《律历志·世经》曰"文王十五而生武王"云。

"文王十五而生武王"云者,普通传为《大戴礼》之文,盖传误也,其实出于《律历志·世经》,且不过谓刘歆推算之结果应然耳。若依《世经》之记载例,对于引用古代文献为证据者,必皆冠以"故曰"二字,今此文例对于九龄之梦谈,结以"故《礼记·文王世子》曰"云云,以明其为对于上文论断之证据,于"文王十五而生武王"之文,不取其形式,明示其非引用文也。

"文王十五而生武王"出于《大戴礼》之说,如何而起,虽稍属傍系问题,而欲乘此述其来由,以完全抹倒此说,苟如余之调查,则误传之源,纯为孔颖达之《五经正义》。

(a)《泰誓》疏	《大戴礼》云"文王十五而生武王",则武王少文王十四岁也。
(b)《金縢》疏	案《大戴礼·文王世子》篇云"文王十三生伯邑考,十五生武王"。
	又　王肃《金縢》云"文王十五而生武王"。
	又　依《大戴礼》"武王之年少文王十四岁"。
(c)《文王之什》疏	若然郑于《金縢》之末注云"文王十五而生武王"。
(d)《豳谱》疏	故《金縢》注云"文王十五而生武王"。
	又　案《大戴礼·文王世子》篇云"文王十三生伯邑考,十五生武王"。
	又　王肃《金縢》注云"文王十五而生武王"。
(e)《摽有梅》疏	引许慎之《五经异义》:"(许慎)谨案:舜三十不娶谓之鳏;《礼·文王世子》曰'文王十五生武王。武王有兄伯邑考',故知人君早昏所以重继嗣,郑君不驳。"
(f)《礼记·昏义》疏	同引《五经异义》,"许君谨案:舜三十不娶谓之鳏;文王十五而生武王,尚有兄伯邑考,知人君早昏娶不可以年三十非重继嗣也。"
(g)《帝王世纪》	(文王)十五而生太子发。
(h)《史记正义》	《大戴礼》云"文王十五而生武王。"

同为引用《五经异义》之文,(e)《摽有梅》疏之文有:"《礼记·文王世子》曰"而(f)《礼记·昏义》之文则无之,其非许慎之原文不待言矣。陈寿祺《五经异义疏证》曰"《豳谱》正义引《大戴礼·文王世子》篇云'文王十三生伯邑考,十五生武王',与《异义》所引文合,是《大戴礼》亦有《文王世子》一篇也。"此则妄信孔疏矣。考"文王十五而生武王"之文,乃刘歆

以其推算之结果记入《世经》者，自后汉至魏晋间，见引以许慎、郑玄、王肃、皇甫谧诸儒，无论何人亦不认为《大戴礼》之文。至唐初，孔颖达引之于《五经正义》，始误为《大戴礼》曰，或为《大戴礼·文王世子》曰，其必以九龄梦话在《礼记·文王世子》篇而混同者矣，后来自《史记正义》而下，多蹈袭其误而已，初无何等根据也。

(3) 郑玄

郑玄之说，见引于《诗正义·文王之什》，及《豳谱》疏，若据此则折衷《大传》《史记》说与刘歆之说也。既本《大传》以为受命七年文王崩，又本刘歆之说以为十三年伐殷，更本《礼记·文王世子》而以文王崩与武王崩之障隔为十年，故得克殷后四年武王崩。若其后直接继续周公摄政七年，则不合《武成》与《召诰》之距离，适于其间置三年之丧，与周公居东二年，而于武王崩后五年定为周公摄政元年，其结果遂以《召诰》为摄政五年之物，以成王亲政之在位年数，为二十八年。刘歆遂附会文王受命之岁为岁星在鹑火，鹑火为有周之分野矣，更进一步，配文王受命之岁以赤雀，武王观兵之岁以白鱼之瑞兆，盖中于后汉时代风靡之谶纬说欤？赤雀即朱雀当鹑火，四分二十八宿或十二次而配以四灵兽，以鹑首、鹑火、鹑尾当朱雀，当始于战国时代制定十二次时也。

(4)《逸周书》其他

关于《逸周书》当详说于后节，其历日盖既见《汉书·律历志》之推算，抑犹恐伪作于后汉末之后者，《伪古文》与王肃、皇甫谧之说，全不过祖述刘歆耳，是皆无独立研究材料之资格。皇甫谧曰[《史记集解》引《帝王世纪》]："武王定位岁在乙酉，六年庚寅崩"，与刘歆之说有一年之差，与他处引用之皇甫谧说不调和，或据《竹书纪年》自后加写者乎，更当别论于后章。

(5) 受命之岁

《洪范》之"惟十有三祀"，与《书序》之"惟十有一年"自何起数乎，是有两说。一、谓是等纪元计自文王受命之岁，《大传》《史记》，刘歆、郑玄之说是也，通有汉一代而殆无异说，即王肃、皇甫谧亦从之。一、谓是等纪年计自武王即位，为《吕氏春秋》《逸周书》《竹书纪年》之说，蔡沈《书集传》从之。

谓受命纪年耶，即位纪年耶之问题，以理想论，与大义名分论错综，其争论动出纯学术的纪年学之范围。我辈以为当面问题，限于考定于历史上之大事件，武王伐殷以及关联于此之《召诰》《洛诰》年代耳，若受命岁与伐殷岁之距离，无关问题主要部分。我辈先讲第一问题，迨解决后，再以伐殷之岁为基点，进研究之步，而求其至于文王崩年与文王受命岁之距离也。

(6) 年次之推定

我辈对于生霸死霸认王国维之说为正当，据此则《武成》与《召诰》之距离，必为九年或十四年，前揭诸说中刘歆之说累于误解，今舍之，溯《史记》之正说，克殷后二年而武王崩，自此七年间为周公之摄政，则《武成》与《召诰》之距离，恰为九年后，巧合月相之推算也。据王国维考证，汉代关于生霸死霸之正解，犹能传于一部学者间，或者太史公自身，亦利用月相之推算于年次序列也，太史公果应用其推算，则刘歆之生霸死霸说，异于古来之传统，而误当显可证明，若云太史公未试其推算，单凭记录而得之，则其说且适合于推算，则此记录当益增信赖矣。

余更欲考《晋语》有"晋之始封也，岁在大火"，此在战国时代信为唐叔虞被封之年，而为克殷后三年或十五年也，唐叔虞被封之年，《竹书纪年》外无明白记载，就此传有一条故事焉。封唐叔虞之土地，意外得嘉禾，献之于成王，以馈居东之周公，作《归禾》篇，周公居东而受嘉禾，作《嘉禾》篇云。今本《书序》有"唐叔得禾，异亩同颖，献诸天子，王命唐叔归周公于东，作《归禾》，周公既得命禾，旅天子之命，作《嘉禾》"云云，《归禾》《嘉禾》两篇，郑玄时代已亡不传于今日，此语载于《史记·周本纪》及《鲁周公世家》，据此其事必在周公摄政之始，武王崩后未久也欤？

《竹书纪年》，成王十年[并周公摄政而数]之条，有封唐叔虞事，十一年之条载嘉禾语，此与《史记》所载之言非独不调和而已，况与《晋语》之始封，在克殷后三年，或十五年之条件，亦不相合，疑《竹书纪年》是等记事，乃后世之搀入，舍之可也。若从《史记》之说，武王之崩为克殷后二年，则晋之始封为其翌年，即在克后三年，是于嘉禾之说与《晋语》之条件，均毫无阻碍，而适合矣。

若采《史记》之说，其不能调和之史料，为《管子·小问篇》"武王伐殷，克之，七年而崩"云云，及《礼记·文王世子》之梦话。《管子》或为先秦之文献，亦未可知，顾今之当面问题，"武王伐殷，克之，七年而崩"之文，未可遽断其亦先秦物也。其文在《管子》卷十六《小问篇》，盖卷十六由《封禅第五十》杂篇一，《小问第五十一》杂篇二，及《内业第五十二[①]》杂篇三，之三篇而成。杂篇云者，当是传本早已散逸而阙，集古书所引者而补之也。《封禅篇》唐代古注，已有"元篇亡，今以司马迁《封禅书》所载《管子》言，以补之"云云，赵用贤关于杂篇，亦谓"杂篇已下多非管子书，语意大不类。"要之此文初非载于《管子》完本之中，而原传者乃后世之某时期自他古书中以还原《管子》之文，殆无疑矣。此若在刘歆以后，或还原之际，刘歆七年说见信于当时一般而误入者，亦未可知。总之，传统上当认为未必有要求多大信用之资格者也。《礼记·文王世子》之梦话，或作于秦汉时代。既为梦话，难判其可置如何之信用。此两者皆太史公所不采，则不能认为有多大价值者，余信赖《史记》权威，欲弃此不能调和其他材料之二条也。

八　逸周书

《逸周书》有关于周初历日与纪年之记载，是等视为传自当时之史料可耶否耶？若系后人伪作，究系何时，以何种历法而推算者，不能不慎重考究也。

《逸周书》有时又称《汲冢周书》，若依《四库提要》，绝非出自汲冢，乃预《汉书·艺文志》所载《周书》七十一篇适相当，始见引于《左传》《史记》

① 《内业第五十二》应为笔误，当作《内业第四十九》。

两汉之诸书，而为汉代相传书也。观其内容，陈振孙[《书录解题》]谓战国以后人之伪作，姚际恒[《古今伪书考》]谓其殆为后汉人之伪作，亦有可倾听之相当根据，此外自天文历法方面观之，则《周月解》有“惟一月既南至”云云，《时训解》有与《吕氏·月令》同一之“七十二候”等等，皆明示此两篇为战国末期以后之产物。考《逸周书》一部分，或有古代传来之物，亦未可知，且其历传之间，当西晋时代汲冢发掘前后时，疑有新附加者。总之其传来多有疑问，我辈引用《逸周书》，不能无条件而信用之，必就篇篇仔细考查其内容，然后决其采否。

今摘记《逸周书》中关于周初历日、月相暨日干支一并记载者，及其有关于周初年次序列者如次。

(甲) 酆保第二十一　维二十三祀，庚子(37)朔。

(乙) 小开第二十三　维三十有五祀，王念曰多□正月丙午(13)拜望。

(丙) 宝典第二十九　维王三祀，二月丙辰(53)朔。

(丁) 世俘第三十七　维四月乙未(32)日。

维一月丙午(43)旁生魄，若翼日丁未(44)。

二月既死霸越五日甲子(1)、丁卯(4)、戊辰(5)。

壬申(9)、辛巳(18)、甲申(21)。

(四月)辛亥(48)、壬子、癸丑、甲寅、乙卯(52)。

(闰二月)庚子(37)、乙巳(42)。

时四月既旁生魄越六日庚戌(47)，辛亥越五日乙卯(52)。

(戊) 文传第二十五　文王受命之九年，时维莫春在鄗。

(己) 明堂第五十五　既克纣六年而武王崩。

(1) 世俘解

是等之历日，为依何等历法者耶？考究之适合于何时物耶？先取其历日记载最多之《世俘》，以比较记同一事件之《武成》，乃最捷径也。现两者于“二月既死霸越五日甲子”“四月既旁生霸越六日庚戌”完全相合，关于其他之历日，两者之记事自应全相调和矣。乃就一月而论，《武成》

"壬辰(29)旁死霸"、《世俘》则"丙午(43)旁生霸",此两者苟解释生霸死霸如刘歆说,则壬辰为一月二日,丙午为一月十六日,而互能调和,若解释之如王国维说,则旁生霸为上弦,旁死霸不能不为下弦,完全相反而不两立也。

兹事至趣,盖即此直足为决定《世俘》制作年代之材料也,然不幸《世俘》"丙午旁生魄"之句,传来甚为可疑。古代《世俘》作(甲)"惟一月丙午(53)旁生魄,若翼日丁巳"则无论如何不与《武成》之日月调和,其为传误明矣。抱经堂本谓(乙)"惟一月丙午(43)旁生魄,而若翼日丁未"为衍文,尔来普通从之,王鸣盛[《尚书后辨》]以为与《武成》完全同日事,为(丙)"惟一月壬辰(29)旁死魄,若翼日癸巳"之误。案《世俘》之文,误(甲)之形者极古事也。昔惠栋遍求宋本而校《逸周书》,谓不能改此误字,或自晋之孔晁作《逸周书》注时已误矣,顾与《书序》之"一月戊午渡孟津"太接近,故注云"师度孟津"也。

若如王鸣盛之说,则如前述《世俘》与《武成》比较之问题,直当消灭无论矣。以"丙辰旁生魄"为"壬辰旁死魄"之误,似太牵强。仍以《世俘》之作者,取《律历志》之"丙午逮师",而作如(乙)旋误"丙午"为"丙辰","丁未"为"丁巳",较为稳当。然因其传来有疑,若单独此句,以为可决定重要问题之证据材料,而负太大之责任则不可也。

幸而《世俘》中,有与"丙午旁生魄"相照应之第二证据。《世俘》记载之历日分为几段,屡为反覆,有稍欠明了之憾,二月既死魄越五日甲子(1)、丁卯(4)、戊辰(5)、壬申(9)、辛巳(18)、甲申(21)等日,似明在二月之中,又明冠四月之名者,有四月乙未(32)、既旁生魄越六日庚戌(47)。是等若生霸死霸取刘歆之说,则为二月庚申(57)朔、四月己丑(26)朔,无稍障碍,而安于其月之中,反之若取王国维之说,则为二月戊戌(35)朔、四月丁酉(34)朔、丁卯(4)乃至甲申(21),及乙未(32)皆不得不在三月中,此显然不相容也。

要之《世俘》所载之历日,于《武成》之历日外,不过略有附加耳。其附加之部分,为(a)"丙午旁死魄,若翼日丁未"、(b)"二月丁卯乃至甲申”、(c)“四月乙未”之三项，关于生霸死霸俱与刘歆之说调和，而于王国维之说则冲突。毕竟仅记载于《武成》之历日，则刘、王皆有可解之余裕，苟加《世俘》记载之历日，已不复能以王说说明，则必不能不从刘歆说矣。第五节既详论王国维说为古来之通说，刘歆说乃刘歆始误之僻说盖无疑也。故《世俘》之历日，毕竟为后人见刘歆之推算，而迎合伪作者也。《武成》者为据当时事实之记录，故关于生霸死霸自适合于古来之通说[即王说]。虽刘歆之僻说，亦巧欲适应之，而为之说可也。《世俘》之作者，本刘歆之僻说，而更进一步，已不能通，遂以古来通说不可解释矣，是显然暴露《世俘》为刘歆以后产物也。

《逸周书》之作者，于生霸死霸直蹈袭刘歆之说，已如上述矣。则其置周初年代果于何许，亦直承刘歆之说，而取西纪前一一二二年乎，抑从后章论列之纬书说，而取西纪前一〇七〇年乎，要必于是二者居其一。如属前一说，固不待更论。若从后者，则纬书固由殷历推算者，详论于次章，然则亦为见刘歆说之后，而推算者无疑，结局《逸周书》历日之作，仍出于刘歆推算后也。余疑《逸周书》历日之作，本于纬书，而周初年代，取前一〇七〇年也。今于以下二项之详论，欲避繁琐，假定《逸周书》为取前一一二二年而论之，无论假定如何，结论要无改耳。

(2) 宝典解

《宝典解》之“维王三祀”，明谓武王即位三年之义，克殷之岁当于何祀，《逸周书》无明记，“二月丙辰(53)朔”，亦不知为克殷前何年。今试取西纪前一一二二年以前之月朔表，求二月朔之干支近于丙辰者，则为前一一二六、前一一三一、前一一三七等。如采其中之前一一三一年，则当于克殷前九年，适如《竹书纪年》以克殷为武王即位之十二年事也，二月朔之干支，若依《律历志》，以克殷之岁为前一一二二年，周正月辛卯(28)朔，而由是溯推，应为癸丑(50)，与《宝典解》之“二月丙辰(53)①朔”，其不合有三日之差。

① 原文作“二月丙辰(58)朔”，据前文，改为“二月丙辰(53)朔”。

熟思此差，或《逸周书》之伪作，出自疏于历数计算者之手而生者乎？今假定伪作者疏于历数，以一月之长，为正二十九日半，常为规则的交替月之大小，绝无连大月。由《律历志》推定克殷之岁，而溯推者则适如《宝典解》记载，九年前即应得“维王三祀二月丙辰朔”也。

案《逸周书》作者之为疏于历数人，因附加于《世俘》之历日，及《逸周书》之诸历日见之。观《世俘》于《律历志》引《武成》之日月以上所附加者，其主要者即为“丙午旁生魄”，此为蹈袭刘歆《律历志》所载之“丙午逮师”，外此不过仅有出入耳，是即示作伪者关于历数之推算，甚乏自信也欤？

(3) 其他

由《世俘》《宝典》之二例，而显然可知，假定《逸周书》之历日为根据《汉书·律历志》之推算，而出自疏于历数人之手所伪作，则《小开》《酆保》二者亦易了解矣。即《小开》“维三十五祀”为前一一五一年，而正月壬戌(59)朔，《酆保》“维二十三祀庚子朔”，[如朱右曾说]以其内容观之，为“维四十三祀[即受命后]庚子朔”之衍，若以为前一一四三年，则此两者皆由前一一二二年出发，以一月之长为二九·五日而溯推者也。此年次序列以为文王即位五十二年而崩，武王即位十二年，而克殷适与《竹书纪年》之说吻合焉。

古籍从文武即位之年而数周初之年代者，为《吕氏春秋·首时篇》《逸周书》及《竹书纪年》，比较此三者并《律历志》及《帝王世纪》之说而记之，则如次。

	吕氏春秋	竹书纪年	逸周书	律历志	帝王世纪
文王在位年数	五一	五二	五二	四六	五〇
由武王即位数克殷之年	一二	一二	一二	四	四

《文传》与《明堂》之纪年，受刘歆之说而记者，更无论矣。

若是而《逸周书》之中，不独《世俘》《宝典》《小开》《酆保》《文传》《明堂》诸篇之历日与纪年，皆伪作于刘歆以后无稍疑矣。加之《宝典》《小开》《酆保》中纪年，与《竹书纪年》同样，孰蹈袭虽不明，疑双方并根据西晋时代之思想而作之也。要之《逸周书》记载之历日与纪年，皆伪作自后世，当研究周初之年代，举不可以为何等材料也。

(4) 朱右曾之《集训校释》

朱右曾之《逸周书集训校释》，以所谓周历解释《逸周书》记载之历日，此但拘周历之名，而全无意义也。周历云者，以前汉太初元年[前一〇四]前十一甲子朔为基准的朔旦冬至之时期，因此溯一纪千五百二十年，以西纪前一六二四年为历元，为四分历之一种，故可称为太初四分历，见于《史记》之《历术甲子篇》，与前《汉书·律历志·世经》引四分上元者为一物。乃提案论议于汉代之历，决非传自周初者。抑欲解释《逸周书》所载历日之根本问题，当为周初之年代在何时，生霸死霸指月之如何相，朱右曾以克殷之岁为周历元余五〇二年，即当西纪前一一二二年，旁死霸当月初，旁生霸当望后，要之主要点，全袭刘歆之说与推算，纵令一二枝叶之点于周历与三统历之间，有多少出入，殆不足为问题也。此点《逸周书》之作者及校释者之朱右曾，皆陷于同样之误，两者皆对《律历志·世经》中刘歆之推算，了无充分理解批评之能力，徒以刘歆之推定结果，[不幸而结果误]直速断为周初当时之事实，仅加以一二之小细工，而自谓能发挥周初之真象，可笑之至。如此误认速断之结果，《逸周书》之伪作者，太拘泥刘歆之推算，转为《逸周书》出于后世之证焉。朱右曾于其《逸周书集训校释》，竟无意识的用刘歆之推定年代为解释，而推称为“愚观此书，虽未必果出文武周召之手，要亦非战国秦汉人所能伪托”实呈奇观也。

九 纬书与殷历

(1) 易纬·乾凿度

纬书起于哀平之际，而盛行于后汉，其中多含古来之传说，未经儒者之整理与修饰，而信之者非少，故论周初之年代，不能不一调查纬书之所传也。

不幸纬书屡遭禁书之厄而散逸，除采集被引于诸古书外别无方法，而其传来不能不谓有相当之可疑。其中惟《易纬·乾凿度》，以比较的传来确凿，而被收于《四库》，又幸其中含有关于周初之年代，余又适于《易纬·乾凿度》之传来有重大疑问，请以为纬书之代表，而取《易纬·乾凿度》，就其中稍为详细考究有历日纪年者。《四库提要》"《周易·乾凿度》二卷。[《永乐大典》本]案《周易·乾凿度》，郑康成注，与《乾坤凿度》本二书，晁公武并指为仓颉修古籀文误并为一，《永乐大典》遂合加标目。今考宋志有郑康成注《易乾凿度》三卷，而不及《乾坤凿度》，则知宋时固自单行也。说者称其书出于先秦，自《后汉书》、南北朝诸史，及唐人撰《五经正义》，李鼎祚作《周易集解》，征引最多，皆于易旨有所发明，较他纬独为醇正。至于太乙九宫、四正四维，皆本于十五之说，乃宋儒戴九履一之图所由出，朱子取之列于《本义》《图说》。故程大昌谓汉魏以降，言易学者皆宗而用之，非后世所托为，诚稽古者所不可废矣。原本文字断缺多有讹舛，谨依经史所引各文，及旁采明钱叔宝旧本，互相校正，增损若干字，其定为上下二卷，则从郑樵《通志》之目也"云云。其《乾凿度》之卷下曰："元历无名，推先纪曰甲寅，[推先为历始名言无前也。○按钱本正文'元历'十字作'历元名握先纪日甲子岁甲寅'。注：推字作握。（中略）]今入天元二百七十五万九千二百八十岁，昌以西伯受命，[受洛书命为天子也]入戊午部二十九年，伐崇侯，作灵台，改正朔，布王号于天下，受箓应河图，[受命后五年而为此者，《孝经援神契》[①]所谓文王优游典部，即上所纪者'数不可改其名而应犹如也'。如前世圣主，河图言之，其数故应也。按钱本注'而为此者'句作'乃为改此者'。'数不可改其名，而应图犹如也'二句作'数不可改，改其名而应犹如也'。]"云云。要之以文王受命之岁，为入戊午蔀二十九年，[从克殷之岁为入戊午蔀四十二年]

① 原文作《孝经援绅契》，当为《孝经援神契》，改。

言其龙大年数，当为入天元二七五九二八〇年，此当如后述，实为入戊午蔀二十四年，与前者有五年之差，郑注谓“受命后五年而为此者”以说明此耳。是等纪年之意义如何，其可信之程度何若，欲论夫此，我辈不能不先明其为如何之殷历也。

（2）殷历

殷历及关联于此而论议于汉代之诸种历法，及所谓开辟以来之龙大年数等，尝发表吾研究之结果题曰“论见于汉代之诸种历法”。今论纬书之历，请先摘记其必要部分。

殷历云者，以一太阳年之长，为三六五·二五日，十九年之长，确等于二三五个月，为四分历之一种，以为前汉之初元二年，［西纪前四九年］前十一月朔，适当甲子之日冬至，以此日为基准的朔夜半冬至之日，由此溯一纪千五百二十年，即西纪前一五六七年，为历元之历法也。四分历法者，十九年之长，为六九三九·七五日，苟置七闰月于其间，则朔与季节关系全复，是之为第一章，为欲去日之余数，取四章七十六年，则为二七七五九日，季节与朔与日之时刻，全复为同样之关系，而称之为一蔀。若取二十蔀千五百二十年，则朔日之干支且复同称之为一纪。

今自西纪前一五六七年之历元始，记每十九年章首朔旦冬至日之干支如次。

蔀名	蔀首之年	十九年每章首朔旦冬至日之干支			
		第一章首	第二章首	第三章首	第四章首
甲子蔀	前一五六七	甲子	癸卯	癸未	癸亥
癸卯蔀	一四九一	癸卯	壬午	壬戌	壬寅
壬午蔀	一四一五	壬午	辛酉	辛丑	辛巳
辛酉蔀	一三三九	辛酉	庚子	庚辰	庚申
庚子蔀	一二六三	庚子	己卯	己未	己亥
己卯蔀	一一八七	己卯	戊午	戊戌	戊寅
戊午蔀	一一一一	戊午	丁酉	丁丑	丁巳

续 表

蔀名	蔀首之年	十九年每章首朔旦冬至日之干支			
		第一章首	第二章首	第三章首	第四章首
丁酉蔀	一〇三五	丁酉	丙子	丙辰	丙申
丙子蔀	九五九	丙子	乙卯	乙未	乙亥
乙卯蔀	八八三	乙卯	甲午	甲戌	甲寅
甲午蔀	八〇七	甲午	癸酉	癸丑	癸巳
癸酉蔀	七三一	癸酉	壬子	壬辰	壬申
壬子蔀	六五五	壬子	辛卯	辛未	辛亥
辛卯蔀	五七九	辛卯	庚午	庚戌	庚寅
庚午蔀	五〇三	庚午	己酉	己丑	己巳
己酉蔀	四二七	己酉	戊子	戊辰	戊申
戊子蔀	三五一	戊子	丁卯	丁未	丁亥
丁卯蔀	二七五	丁卯	丙午	丙戌	丙寅
丙午蔀	一九九	丙午	乙酉	乙丑	乙巳
乙酉蔀	一二三	乙酉	甲子	甲辰	甲申

依此历法，例如西纪前一一一一年为戊午蔀首，此年前十一月朔，适为戊午日之晓天夜半，而朔与冬至相值，前一〇七三年为入戊午蔀三十九年之第三章首，此年前十一月朔丁丑日之日中朔与冬至吻合，由此三年后之前一〇七〇年为入戊午蔀四十二年，此年前十一月朔应为庚寅(27)也。

(3) 依殷历之殷周纪年

历法之主张者，同时又对于上古之年代，试依其历法之推算，关于上代之纪年，下一定之见解，此为常例。对于殷历(a)殷之太甲元年，当殷历之历元，(b)武王克殷之年，当于殷历戊午蔀四十二年，(c)春秋之历日，依殷历可解释之，(d)殷历纪年法等等，常附加于殷历之本体而同论焉。我辈将对于是等之诸点不得不一考究也。

(a) 殷初 《汉书·律历志》引用者，有(甲)《书序》曰："成汤既没，太甲元年,使伊尹作《伊训》。"(乙)《伊训篇》"惟太甲元年,十有二月乙丑朔,伊尹祀于先王,诞资有牧方明。"(丙)殷历曰"当成汤方即世,用事十三年,十一月甲子朔旦冬至"云云。由是观之,《尚书·伊训篇》有"惟太甲元年十有二月乙丑朔",殷历之主张者,或由误解抑或故意,改之为"十一月甲子朔旦冬至",刘歆对此批评曰"又以夏时乙丑为甲子[中略]皆非是。"此"以夏时"为批难者,刘歆之意,《伊训》为殷时书,故当然用殷正,仲冬之月应为十二月,殷历之主张者,谓十一月朔旦冬至误也。苟如此,刘歆之批难实显然错误。殷时用所谓殷正者,乃战国以后之思想,决非殷代当时之事实。若《伊训》果传自太甲时代之事实,然而指仲冬月也,则十一月宁为古形,十二月者非后世刘歆所改乎?又《伊训》之原文有朔字,此亦余所不能承认也。以朔为月初,始于周初,前此必以新月始见之朏为月初也。朔字或于刘歆以前传来之间误而搀入者,抑或殷历之主张者,认朔旦为冬至之日而加以朔之一字,而刘歆遂亦加朔字也乎?[《伪古文尚书·伊训》作"惟元祀十有二月乙丑,伊尹祠于先王"云云,无朔字,然不足为据。]

如观十二月与朔之例,刘歆谓"乙丑为甲子",批难殷历之主张者改原文乙丑为甲子,未可即承认也,果刘歆所引为原文乎,抑殷历主张者所传为原形乎,今日不易判断。总之,刘歆视为仲冬月乙丑朔旦冬至,故依三统历之推算,当孟统[太初元年一五三九年前]以前九十五年,即西纪前一七三八年。殷历主张者视为仲冬月甲子朔旦冬至故,即其历元当西纪前一五六七年。

殷之世固当有前此十二年,要以太甲元年当其历元者,是殷历之名称所由取也欤?刘歆推算,与殷历推算,殷初年代如上述有百七十一年之差,若周初年代双方为同样,则殷世应有百七十一年之差,《律历志》批评之曰:"则为距伐桀四百五十八岁,少百七十一岁,不盈六百二十九"云。

(b)周初 《乾凿度》以文王受命之岁,为入戊午蔀二十九年,以武王克殷之岁入戊午蔀四十二年,是依殷历无疑也。盖殷历取朔旦冬至之基准法，比三统历仅后四分三日，若依殷历而溯算周初之月朔，3－1.25＝1.75即应视为早二日许。若从第六节所作周初月朔表之各月朔干支次第减2，大体即为据殷历推定月朔表也。今《周书·武成》“惟一月壬辰(29)旁死霸”以刘歆一派之解释，一月朔为庚寅(27)或辛卯(28)，苟审查殷历周初月朔表中适当之年，得1132、1127、1101、1096、1070、1065、1039、1034等，此中求与他方面之传说亦调和者，而选其约近千〇六七十年之岁，结果遂定西纪前一〇七〇年为克殷之年也。前一〇七〇年者，当殷历入戊午蔀四十二年，故从刘歆辈之解释，而计入受命后十三年克殷之条，则受命之年，应入戊午蔀二十九年也。又《乾凿度》有“今入二百七十五万九千二百八十岁”云云，如次项所述计算，当入戊午蔀二十四年，其与前者之间有五年差。乃受命既不可视为有二度，又不以传写之间脱五字，当是依殷历而求适应于月相年代之际，得1075、1070之二答解，其中前者比较不合，而以后者即前一〇七〇为正解也，况其推定周初之年代，略不考虑“岁在鹑火”之条件，此可注意者也。

(c) 春秋之历日，又可依殷历解释之说也。例如《春秋命历序》“孔子治《春秋》，退修殷之故历，使其数可传于后。春秋宜以殷历正之。今考之交会，不与殷历相应”是也。又现由汉代上溯，而推算春秋后期之月相，若依三统历，约有一日余之差；若依殷历，大抵能适合。是春秋全期间之历日，谓依一定之历法，则显然于事实相反，春秋中叶以后闰月之插入，稍为正规，或春秋后半期有可谓殷历古法之历法为大体标准，至战国时代之中叶，整顿而脱化为颛顼历，其残骸至汉初而进转为殷历也。此为至趣问题，要当慎重考究也。

(d) 殷历纪年法　自战国迄汉初间所提案之历法，旋附加以甲寅之岁为历元之纪年法焉。日甲子岁甲寅云者，其历元之前十一月为甲子朔，其岁则甲寅也。殷历以历元为纪元前一五六七年甲寅之岁，由是千二百年后之前三六七年，为第二次元始甲寅之岁。而前三六六者，为颛顼历纪年法之元始甲寅岁。前三六五者，为岁星纪年法之元始甲寅之岁。三种元始甲寅之岁，偶然相邻接，亦云呈奇观矣。岁星纪年法，最古行自战国时代之中叶，颛顼历纪元法次之，行自汉初，而殷历纪年法为最后，始行于太初改历之稍前者也。是等三种纪年法至前汉末，因刘歆之超辰纪年法而巧得整理，然至于后汉，乃进转为现行之干支纪年法，故殷历纪年法适吻合于现行干支纪年法也。

(4) 殷历之来历

殷历者，见论于汉初之历法也，当太初历制定之际，论若有力候补者之一。不幸而对于八十一分法之太初历[三统历]输一筹，未至采用于官历，而殷历之赞成者亦颇有人，至太初以后三十年，太史令张寿王上书请采用殷历，争之颇顽强，具见于《律历志》。当刘歆叙《世经》，其比较三统历常引殷历。但前项所论，皆(a)(b)(c)(d)种种时代所附加于殷历者，决非自始然也。

(a) 殷初年代之推定，见引于《律历志・世经》，其为刘歆以前之物无疑。《律历志》关于寿王，“寿王又移帝王录，舜、禹年岁不合人年，寿王言化益，为天子代禹，骊山女亦为天子，在殷周间，皆不合经术”云云，殷初年代之推定，疑即在此中也。或自汉初提案殷历时，即以太甲元年当历元，亦未可知。

(b) 周初年代之推定，不引用于《世经》，则迄刘歆时代，其程度亦不过云“骊山女为天子，在殷周间”之类，妄诞不稽耳。观纬书年代[前一〇七〇年]之推定，其生霸死霸说，显然为刘歆以后事，殆见刘歆推算后，而试效之欤？二百七十余万年龙大年数之算出，亦显然为刘歆超辰法以后事也。

(d) 殷历纪年法及现行干支纪年法，殆起自太初以后，而《史记年表》附于共和以来年代之干支纪年，以及记于《竹书纪年》之干支纪年，悉皆搀入后人添注无疑。

(5) 甲寅元与庚申元

《后汉书・律历志》载后汉时对于甲寅元与庚申元之优劣，屡有争论。甲寅元云者，自初元二年[前四七]上溯一五〇二年前一五六七年甲寅为历元之殷历也。庚申元云者，自前汉文帝后元三年[前一六一]上溯一五二〇年以前一六八一年庚申为历元之四分历也，此承三统历之后，自元和二年[西纪八五]迄建安十一年[西纪二〇六]，实行于后汉时，盖后汉四分历也。又自前四七，及前一六一，各溯二七六〇三二〇年，称为历之上元，或天元。[二七六〇三二〇乃结合三统历与四分历诸种之周期而作之龙大年数，其算出法尝于《见于汉代之历法》论文中论之，兹不反覆。]由庚申上元迄春秋获麟[前四八一]，适为二百七十六万年，由甲寅上元迄获麟较少百十四年，为二七五九八八六年。

苟依《后汉书·律历志》引用之论议，则纬书中有用甲寅元[殷历]、庚申元[后汉四分历]之二种，《命历序》《考灵曜》属于前者，《元命苞》《乾凿度》乃属于后者。今我辈所考究之《乾凿度》，用庚申元[后汉四分历]谓开辟至获麟为二七六〇〇〇〇年，此显然与第(1)项引今本《乾凿度》之内容不同。今本《乾凿度》作今入天元二百七十五万九千二百八十岁，乃自获麟[前四八一]以前二七五九八八六年而下推者(481+2,759,886)−2,759,280=1087B.C以后，此十二年克殷之年为1075B.C无疑，与入戊午蔀二十九年有五年之差，郑玄注说明其差云，日在甲子岁甲寅者，亦即用甲寅元殷历也，今本《乾凿度》之不依庚申元，毫无可疑之余地矣。

在今本《乾凿度》之历，与《后汉书·律历志》所引《乾凿度》之历相矛盾，颇为重大事件，何以生如斯矛盾，我辈不能不详细寻味之。

(6) 蔡邕与郑玄

《后汉书·律历志》载蔡邕之历议，其关于纬书历之论颇重要，兹不厌繁，揭其大部分如次。

灵帝熹平四年，五官郎中冯光、沛相上计掾陈晃言："历元不正，故妖民叛寇益州，盗贼相续。为历用甲寅为元，而用庚申，图纬无以庚为元者，近秦所用代周之元，太史治历郎中郭香、刘固，意造妄说，乞与本庚申元经纬，有明受虚欺重诛。"乙卯，诏书下三府，与儒林明道者详议，务得道真。以群臣会司徒府议。

议郎蔡邕议以为：历数精微，去圣久远，得失更迭，术术无常。是以承秦正，历用颛顼，元用乙卯。百有二岁，孝武皇帝始改正朔，历用太初，元用丁丑，行之百八九十岁。孝章皇帝改从四分，元用庚申。今光、晃各以庚申为非，甲寅为是。案历法，黄帝、颛顼、夏、殷、周、鲁，凡六家，各自有元。光、晃所据，则殷历元也。他元虽不明于图谶，各家术皆当有效于当时。黄帝始用太初丁丑之元，有六家纷错，争讼是非。太史令张寿王挟甲寅元以非汉历，杂候清台，课在下第，卒以疏阔，连见劾奏，太初效验，无所漏失。是则虽非图谶之元，而有效于前者也。及用四分以来，考之行度，密于太初，是又新元效于今者也。延光元年，中谒者亶诵亦非四分庚申，上言当用《命历序》甲寅元。公卿百寮参议正处，竟不施行。且三光之行，迟速进退，不必若一。术家以算追而求之，取合于当时而已。故有古今之术。今术之不能上通于古，亦犹古术之不能下通于今也。《元命苞》《乾凿度》皆以为开辟至获麟二百七十六万岁；及《命历序》积获麟至汉，起庚子蔀之二十三岁，竟已酉、戊子及丁卯蔀六十九岁，合为二百七十五岁。汉元年岁在乙未，上至获麟则岁在庚申。推此以上，上极开辟，则(不)[则不在庚申，宋本同。不字认为衍文，可消。《二十二史考异》以为元字之衍。]在庚申。谶虽无文，其数见存。而光、晃以为开辟至获麟二百七十五万九千八百八十六岁，获麟至汉百六十二岁，转差少一百一十四岁。云当满足，则上违《乾凿度》《元命苞》，中使获麟不得在哀公十四年，下不及《命历序》获麟汉相去四蔀年数，与奏记谱注不相应。[中略]元和二年乃用庚申，至今九十二岁，而光、晃言秦所用代周之元，不知从秦来，汉三易元，不常庚申。光、晃区区信用所学，亦妄虚无造欺语之愆。至于改朔易元，往者寿王之术已课不效，亶诵之议不用，元和诏书文备义著，非群臣议者所能变易。

太尉耽、司徒隗、司空训以邕议劾光、晃不敬，正鬼薪法。诏书勿治罪。

由是观之，光、晃主张改为甲寅元[殷历]，蔡邕论争以为可照现行之庚申元[后汉四分历]，其结果光、晃至以不敬而被弹劾。其论争之主点，即蔡邕所言《乾凿度》自开辟至获麟为二百七十六万岁，用庚申元决无误也。证据确凿，莫逾是矣。

其与此对抗之今本《乾凿度》，有(1)项之引用文，疑自《诗正义·文王之什》疏集成者。今自孔颖达疏中，摘其关系文如次。

《文王之什》疏：《易乾凿度》云：入戊午蔀二十九年，伐崇，作灵台，改正朔，布王号于天下，受箓应河图。注云：受命后五年，乃为此。改□犹如也。

又案《乾凿度》云：历元名握先纪，日甲子岁甲寅。又曰：今入天元二百七十五万九千二百八十岁，昌以西伯受命。注云：受《洛书》之命，为天子。

除一二文字之异同外，全与今本《乾凿度》同。若孔颖达之引用不误，则郑玄之注《乾凿度》，与蔡邕历议所引之《乾凿度》显然矛盾矣。

蔡邕与郑玄皆为后汉末人，略同其时代之人也，具称长于历数，然见同一《乾凿度》，而传之适相反，真不可思议。既认蔡、郑两者权威，而欲解释此矛盾，则其发生不外下列之二故。

(一)或迄后汉末时，纬书传为秘密之家学，因而常有同一之书名而异其内容者，遂成各传家派之状况乎?

(二)又或孔颖达疏于历数，当引用纬书之历时，混同纬书中之彼此差别，以《乾凿度》所无而引用为《乾凿度》乎?

无论此两者孰是，要集此而成之今本《易乾凿度》，不能不视为颇不可信者矣。余对于以上两点，持多少怀疑之理由焉。

(甲)现就《乾凿度》，今本有“即置一岁，积日法二十九日，与八十一分日之四十二[三之误]除去”云云。又《后汉书·律历志》有“顺帝汉安二年[西纪一四三]尚书侍郎边韶上言：世微于数亏，道盛于得常。数亏则物衰，得常则昌。孝武皇帝摅发圣思，因元封七年十一月甲子朔旦冬至，乃诏太史令司马迁、治历邓平等，更建太初，改元易朔，行夏之正，《乾凿度》八十[脱一字]分之四十三为日法。[下略]”云云，则《乾凿度》用八十一分法矣。八十一分法者，全异于甲寅元[殷历]与庚申元[后汉四分历]等之四分历法，乃太初之历法，决不当与是等一并揭出者也。今本并载甲寅元与八十一分法,矛盾太甚而为论外,若于边韶之上书,不能不认其相当权威,则后汉时代之《乾凿度》无一定底本,迄汉安二年[一四三]时,咸知《乾凿度》之中所用太初历[八十一分法]。熹平四年[一七五]蔡邕论历时,则时历[庚申元]广行也必矣。[但边韶之上书中《乾凿度》三字,宋刊本同而文义上可无。或上书原文中无之,为后世传写间所搀入者,亦未可知。若果如是,则问题可简单定夺矣。]

(二) 谓孔颖达为疏于历数人亦难否认。同是《文王之什》疏,"有依三统历,七十六岁为一蔀,二十蔀为一纪,积一千五百二十岁。凡纪首者,皆岁甲寅,日甲子[下略]",又"案三统之术,鲁隐公元年岁在己未[下略]",即极错乱。三统历者八十一分法,非以七十六岁为一蔀,非以一千五百二十岁为一纪,不称历元为甲寅也。今其所言全为殷历,是依三统历者依殷历也。又三统历用超辰纪年法,若依三统之术,则隐公元年并非己未。三统之术四字误,当删。此二条之错乱,未可单以不注意之误看过之。要之,孔颖达当是不十分了解三统历之特征,在八十一分法与超辰法。以同一处有如此之误观之,则其引《乾凿度》部分,错误如何正未可知。更由此事实类推之,对于蒐集还元孔颖达注疏引用者,而其主要部分之纬书类,概不可置许多信用矣。

(7) 纬书之作制年代

据前数项所考究,今本《易纬乾凿度》下列四条

(甲) 文王受命当入戊午蔀二十九年

(乙) 以上又当入天元二百七十五万九千二百八十岁

(丙) 用日甲子岁甲寅之殷历

(丁) 谓八十一分之四十三数

决不在蔡邕所见之《乾凿度》中。但谓文王受命之岁,适当入戊午蔀二十九年,即谓武王克殷之岁当前一〇七〇年,此殷历之计算,必在纬书中无疑。其推算本于(A)《武成》一月壬辰旁死霸之记事,(B)关于生霸死霸之刘歆说二条,而决定克殷之年代,加以(C)克殷受命后十三年之刘歆说,而定受命岁也。要之为刘歆以后人,采刘歆所取同样史料,以刘歆

之同样方法而处理者。其主要之不同点，为(D)不顾"岁在鹑火"之事，(E)殷历与三统，于周初时月相之推算有一日之差之二条件，因是推定周初年代，较刘歆推定近五十二年许[一一二二对一〇七〇]得稍近真者，盖偶然幸中也。殷历纪元法，原异于超辰法之立脚点，且刘歆案出之超辰法，自刘歆没后，后汉之初已不实行。今观建武二十六年[西纪五〇]当超辰之年而不超辰，依殷历推算者，不顾"岁在鹑火"，亦无足怪。要之，依殷历之周初年代推定，当是刘歆没后，经若干年成于后汉时代，而后采入于一部之纬书者欤？

十 王公之积年

若积算王公在位年数，而决定周初年代，则为最简易而最确实之方法。然其必要材料，刘歆时已不完全。刘歆不得已以历法推算，直接决定周初之年代。由是决定之年代下推，迄于共和元年[前八四一]，或平王元年[前七七〇]，而整理补正《史记·鲁世家》鲁公在位年数，以填补其距离。我辈于周初年代，既斥刘歆推定而别试新推算，故先撤废刘歆所加之制限，而平心比较研究《世经》与《史记》。若还元刘歆之补正，则从《史记》所传之鲁公在位年数，能得知几许事，是不可不考虑也。

刘歆以后二百余年，至西晋时汲冢出《竹书纪年》，乃战国末记三代以来之纪年者。若此完全传留，将为最好材料，一切问题应可决定。不幸《竹书纪年》散逸于宋代而无完本，今本乃蒐集诸古书中所引者而作之也。蒐集之际不独于真《竹书纪年》以外为许多附加品，即真《竹书纪年》中亦搀入当初发见后不久而添入者颇多，断其有何许战国时之真《竹书纪年》极不易。当利用《竹书纪年》时，我辈极不可怠细心之用意也。

(1)《世经》与《史记》

《律历志·世经》有"《春秋》、《殷历》皆以殷，鲁自周昭王以下亡年数，故据周公、伯禽以下为纪。鲁公伯禽，推即位四十六年，至康王十六年而薨。故传曰:‘燮父、禽父并事康王’,言晋侯燮、鲁公伯禽俱事康王也。子考公就立,酋。考公,《世家》即位四年”云云,以下揭历代鲁公在位年数至春秋时代。此云《春秋》谓《春秋左氏传》,即为传至刘歆一派之纪年也。《殷历》云者,当指传于殷历一派之上代纪年也。其云“昭王以下亡年数”,则迄刘歆时代,成王、康王之年代,或《史记》,或其他,有明记者乎?鲁公在位年数之中,但伯禽一部,刘歆时已不明矣,而仅以伯禽仕于康王时代之传说为线绪,调和历法推算之周初年代,而定为四十六年。以下鲁公之在位年数,大概本《史记·世家》,使调和推算年代,认为一二记录之误,敢为订正。兹对照《世经》与《鲁世家》中之鲁公在位年数如次。

隐公	惠公	孝公	伯御	懿公		武公	真公		献公	历公	微公	幽公		炀公	考公	伯禽		鲁公
	四六	二七	一一	九	(一〇)	九	一六	一四	三二	三七	五〇	一四		六	四			世家
	四六	二七	一一	九		二	三〇		五〇	三七	五〇	一四	(一六)	六〇	四	四六	七	世经
	四六	二七	一一	九		一〇	一六	一四	三二	三七	五〇	一四		一六	四	五五		决定

以上对照表中,见引于《律历志·世经》者,与在今本《史记·世家》者,互为吻合年数,有二重之保证者当然即可采用。其不合之部分为伯禽、炀公、献公及武公,则一一考究而处分之如次。

(武公)武公之在位年数,《世经》二年,《世家》九年,《十二诸侯年表》为十年。《鲁世家》云“真公十四年,周厉王无道,出奔彘,共和行政。二十九年,周宣王即位。三十年,真公卒。”真公十五年当共和元年。其共和元年当西纪前八四一年,《春秋》隐公元年[前七二二]以前百十九年。据此计算,则《世经》之二年,《世家》之九年为误,《年表》之十年为正。

(炀公与献公)《世经》作炀公十六年,宋刻本同。由《世经》前后之计算观之,《律历志》之原文必为六十年,毫无可疑之余地。炀公六十年,献公五十年之二条，盖欲求合于刘歆推算所得周初之年代，故引长《世家》之年数无疑。惟《世家》之原文为何若为问题耳。考《世经》之原文应为六十年，而自古误为十六年者，或《史记·世家》作十六年，此特不过极微疑也。余欲以此为头绪，改今本《世家》炀公六年为十六年。对于献公，无何等可为头绪之材料，则认今本《世家》之三十二年为古本原文。

（伯禽）伯禽之在位年数无确凿证据，为求合于历法推算所得之周初年代定为四十六年，此刘歆所明言也。余据新计算，以周初克殷之年代为前一〇六六年，克殷后之武王在位年数为三年，以扣除他鲁公在位年数，残余者当伯禽，则其在位年数为五十五年。但合以周公摄政七年，则成王元年为伯禽元年，伯禽乃薨于康王十八年。武王克殷后至伯禽薨去之年数，依《世经》则短二年焉。

若是极忠实还元，至近于《史记》原文，惟《史记》自始即欠缺伯禽在位年数，则补以近刘歆所想定者，适于新历法推算之周初年代，前一〇六六可合矣。此在今日可得推定者之中，最多有妥当性，盖近于当时之事实也欤？

（2）《竹书纪年》

《竹书纪年》者，晋咸宁五年，汲郡盗发魏襄王之墓，得战国末以来所埋藏竹书数十车之中，纪夏、殷以来，迄魏襄王二十年[前二九九]之事，为编年体。关于发见当时之事情，详述于神田学士之《关于汲冢书出土之始末》[《支那学》第一卷]、小川博士之《穆天子传考》[《狩野教授还历纪念论文集》]两论文，并为参照计，摘记《晋书》本纪、《束皙传》、《王接传》及杜预《春秋经传集解后序》之一部于此。

（甲）《晋书·武帝本纪》："咸宁五年冬十月，汲郡人不准掘魏襄王冢，得竹简小篆古书十余万言，藏于秘府。"

（乙）《晋书·束皙传》："初，太康二年，汲冢郡不准盗发魏襄王墓，或言安釐王冢，得竹书数十车。其《纪年》十三篇，记夏以来至周幽王为犬戎所灭，以（晋）事接之。三家分晋，仍述魏事至安釐王之二十二年。盖魏国之史书，大略与《春秋》多相应。其中经传大异，则云夏年多殷；益干启位,启杀之;大甲杀伊尹;文丁杀季历;自周受命,至穆王百年,非穆王寿百岁也。[中略]漆书皆科斗文。初发冢者烧策照取宝物,及官收之,多烬简断札,文既残缺,不复诠次。武帝以其书付秘书校缀次第,寻考指归,而以今文写之。皙在著作,得观竹书,随疑分释,皆有义证。”

(丙)《晋书·王接传》:“时秘书丞卫恒考正汲冢书,未讫而遭难。著作郎束皙述而成之事,多证异议。时东莱太守陈留王庭坚难之,亦有证据。皙又释难,而庭坚已亡。散骑侍郎潘滔谓接曰:‘卿才学理义足解二子之纷,可试论之。’接遂详其得失。挚虞、谢衡皆博物多闻,咸以为允当。”

(丁)杜预《春秋经传集解后序》:“太康三年二月,[中略]会汲郡汲县有发其界内旧冢者,大得古书,皆简编科斗文字。发冢者不以为意,往往散乱。科斗书久废,推寻不能尽通。始者藏在秘府,余晚得见之,所记大凡七十五卷,多杂碎怪妄,不可训知。《周易》及《纪年》最为分了。[中略]其《纪年》篇,起自夏殷周,皆三代王事,无诸国别也。唯特记晋国,起自殇叔,次文侯、昭侯,以至曲沃庄伯。庄伯之十一年十一月,鲁隐公之元年正月也。皆用夏正建寅之月为岁首,编年相次。晋国灭,独记魏事,下至魏哀王之二十年。盖魏国之史记也。推校哀王二十年,太岁在壬戌,是周赧王之十六年,[中略]下去今太康三年五百八十一岁。”[下略]

要之,《竹书纪年》发见于晋咸宁五年[二七九]至又翌年太康二年[二八一]间,整理于荀勖、和峤、卫恒、束皙四人之手,写为今文,而为考定物也。发掘之当时,似处理颇乱暴,虽竹书中最分明之《纪年》,皆有相当欠损与许多错简焉。因而从年次而为整理,便宜上或记入干支纪年,或补书自甲至乙几年,此等添写文字,久已纷杂于文本者不少,此不难思议也。例如战国时无现行干支纪年法,乃无疑之事实。杜预谓“推校哀公二十年太岁在壬戌”,知《竹书纪年》之原本无干支纪年。杜预自数纪年而以壬戌当之,同时又疑推定之干支纪年,或非直书于本文之傍乎?

又考定者相互之间,亦时时有意见相悖,何所决定互有论难者,例如前揭《王接传》。又今观《隋书·经籍志》有《纪年》十二卷,其注云“《汲冢书》并《竹书同异》一卷”，则汲冢出土之《竹书纪年》，或于科斗文字之读法，或于错简之整理法，或于残缺之补正，显然挟有若干异见之状态，虽所谓考定本，亦未易断为传自战国时代之原本之真也。林春溥附其《竹书纪年补证》卷末后案曰：“愚按竹书之出，其定之非一人，则传之非一本。考《晋书》《隋志》，维时撰次者，荀勖、和峤、卫恒、束皙，而王庭坚加之辨难，束皙为之释难，王接详其得失。科斗久废，疑似相淆，各事揣摩，岂必尽合？故《隋志》载《纪年》有《竹书同异》一卷”云。

若是既经一度整理考定之《竹书纪年》，不幸其后至两宋之际而再散佚，其完本全失。后人乃蒐集其引用于诸书者，为现行之今本《竹书纪年》。其蒐集之际，非原文之杂驳异分子颇多混入，殆全失原本之面目。《四库提要》论之，举十数条之证焉。

其真伪相错杂而难处分之《竹书纪年》，而再加整理使复活者，实为近时故王国维之研究。一方以朱右曾蒐辑古书所引《纪年》而成之《汲冢纪年存真》，考证补正而撰《古本竹书纪年辑校》，是殆为《竹书纪年》原本传至今日者之全部。再就今本《竹书纪年》之各条，一一明其出处，著《今本竹书纪年疏证》。据此两书，则《竹书纪年》内容之真伪，可以一目截然判别，实学界之幸也。

(3)《古本竹书纪年》

今据王国维之《古本竹书辑校》，摘记其关系于周初年代之决定者，仅不过十数条耳。

(A) 汤灭夏以至于受二十九年，[王衍]用岁四百九十六年。[《史记·殷本纪集解》]

(B)（武王）十一年庚寅，周始伐商。[《唐书·历志》引]

(C) 武王年五十四。[《路史·发挥四》引]

(D) 成康之世，天下安宁，刑措四十年不用。[《文选·贤良》注《太平御览》八十四引十下有余字。]

(E) 昭王在位为十九年以上。

(F) 自周受命至穆王百年。[《晋书·束皙传》]

(G) 穆王在位为三十七年以上。

(H) 孝王在位为七年以上。

(I) 夷王在位为七年以上。

(J) 共和十四年,大旱,火焚其屋。伯和篡位立。秋又大旱。其年周厉王死。宣王立。[《太平御览》八百七十九引《史记》。然《史记》无此文,当出《纪年》。]

(K) 宣王在位为三十九年以上。

(L) 幽王在位为十一年。

(M) 自武王灭殷以至幽王,凡二百五十七年。[《史记·周本纪集解》]

是等之中,得为问题之解决材料者,为(A)(B)(F)(M)等。其中(F),王国维亦谓"束皙隐括本书之语",乃为当时亲当考定之任者束皙语,载于《束皙传》,未必为原文亦不可知,然当为最可信赖者也。(A)(B)(M)与古本或无误,然为西晋发见后补填者,决非原文也。

若(B)之庚寅以干支纪年者,应非战国时代之原本。自干支纪年法之发达史观之,毫无疑义。始于战国中叶之岁星纪年法而转化为太岁纪年法,汉初时起之颛顼历纪年法稍后而起殷历纪年法,统一整理以上三纪年法者,为前汉末刘歆之超辰纪年法。继承其纪年但废其超辰法者,乃现行之干支纪年法。现行之干支纪年法,与战国末之数法有两年许之龃龉。《吕氏春秋》有"维秦八年,岁在涒滩",为西纪前二三九年,称现之干支壬戌岁为涒滩[申]岁,其明证也。

如(A)(M)积年计算,亦与(B)之干支纪年同为出土后所添注,且恐在考定整理之际所添注而搀入于本文者。为参照计,摘记其相当于《今本竹书纪年疏证》之部分于次。

(A二)汤灭夏以至于受二十九王,用岁四百九十六年。[原注始癸亥终戊寅]

注:《史记·殷本纪集解》引《纪年》、《文选·六代论》注、《通鉴外纪》分引原注戊寅乃庚寅之讹。案,自癸亥至庚寅实五百八年,而以诸帝积

年计之亦同，并与都数不合。盖以汤元年为癸亥，本《唐书·历志》张说历议，而以周始伐商为庚寅，则本历议所引《纪年》，二者本不同源，无怪与《古纪年》积年不合也。原注见其不合，乃改为戊寅，然不免与本书诸帝积年及岁名相龃龉。盖本书与注亦非尽出一人之手，或虽出一手而前后未照也。《古纪年》用岁四百九十六，与《易纬稽览图》同。

(M二)武王灭殷岁在庚寅，二十四岁在甲寅，定鼎洛邑，至幽王二百五十七年，共二百八十一年。自武王元年己卯至幽王庚午二百九十年。

注：《史记·周本纪集解》引《纪年》，自武王灭殷以至幽王凡二百五十七年。《通鉴外纪》引汲冢《纪年》，西周二百五十七年。此二百八十一年与《古纪年》不合，乃自幽王十一年逆数至其前二百五十七年，以此为武王定鼎之岁，以与《古纪年》之积年相调停。盖既从《唐志》所引《纪年》，以武王伐殷之岁为庚寅，而共和以后之岁名又从《史记》，无怪其格格不入也。余疑《隋志》所引尧元年丙子，《唐志》所引武王十一年庚寅，皆历家之追名之，非《纪年》本文。盖虽《古纪年》中亦多羼入之说也。

当《今本竹书纪年》之作，为调停《古本纪年》之相互矛盾，作者施有种种小细工，此在今日犹可追迹也。则考定《古本纪年》之际，虽有程度之差，疑亦多少有类此之事，要非不当矣。

苟武王克殷之岁为庚寅(27)，则平王元年为西纪前七七〇年辛未(8)，应为西周二百八十一年。乃《古本纪年》作二百五十七年，故不得已以为定鼎事在庚寅后二十四年，解释为定鼎后西周二百五十七年之说，以求调和。而《古本竹书纪年》之文有“武王灭殷至幽王，二百五十七年”云云，则此亦甚勉强矣。意者此当作(B)庚寅，与(M)二百五十七年，各为别人所填写，而致此相异也。

(B)补书庚寅于武王克殷之岁者，必也，无异于见发见当时之《竹书纪年》，无关于尧者，而于帝尧元年补写丙子之人，用同样历法计算，而记其推定所得之干支焉。其如何推算，别考之于次项，总之非发见当时之原本也。

(M)苟灭殷后西周之年数为二五七年，则克殷之岁为西纪前一〇二七年，此无论如何不能与他方面之史料调和。则二五七者，必为传写之误无疑。余则简直以五为九之衍，当初补填者，为“武王灭殷以至幽王，凡二百九十七年”。若据余之推算，正当二百九十六年，其填补之人，对伐殷与克殷误解《纪年》之文，以稍偏之误解，故遂误计早一年。此一年之误算，且及于后述殷代之年数计算，余之臆乃确凿事实也。

（A）殷代之年数为四九六或五〇八，颇耐索味。从其数字观之，知显然为信殷历派推算纪年之人所补填者。考汲冢出土之《竹书纪年》，或因错简，或以一部欠损，而不能得确凿之殷代年数乎？又或当初之考定者束皙，虽谓“夏年多殷”而揭此相反之年数者，早以殷历派之纪年而补《竹书》之缺欤？

如第九节所述，若据殷历之推算，则太甲元年为西纪前一五六七年，武王克殷之年为西纪前一〇七〇年，据太甲元年至克殷当为四九七年，自汤元年至克殷应为五〇九年，而填写人对于克殷之年为一年之误考，至计算西周年数多一年，殷之年数少一年也。殷历元年当太甲元年，故不得以此为殷初，乃补书四九六者，误于殷历元之名以为殷元祀，而整理殷王之年次，而于汤元祀填补干支者，正数殷祀五〇八也。又余之臆说，若（A 二）《今本竹书纪年疏证》注与《易纬稽览图》同，此亦可注意也。《易纬稽览图》乃郑玄注之纬书，而后世填补搀入之部分亦颇多，乃本文真伪不易判别之书也。其中揭历代之年数，记禹四百三十一，殷四百九十六，周八百六十七。周代之年数从《世经》作八六七，虽与《竹书》全异，而殷代之年数作四九六则甚妙。此当解为不与《竹书纪年》相涉，揭为出土以前殷历派所推算年数较为妥当耳。

据以上研究，结果我辈以《古本竹书纪年》可采战国时代原本《竹书》之材料，有(a)“武王克殷之年，为平王元年[前七七〇]以前二九六年”、(b)“自文王受命至穆王前年百年”之二条。但原本明作受命乎，抑本束皙见解以克殷前若干年为受命之岁而加算其中乎，则未必明也。以其见解之如何，又当有一二年之龃龉也。(c)“十一年[庚寅]周始伐商”之干支纪年庚寅，为如何填补者耶？我辈不能不先研寻引用此文之《唐书·

历志》。

(4)《唐书·历志》与《竹书纪年》

《古本竹书纪年》有“十一年庚寅周始伐商”,若溯庚寅年之干支,则为西纪前一〇五一年、一一一一年等。现积算记载于《今本竹书纪年》历代周王之在位年数,则伐殷之岁,适当于前一〇五一年。以其如此吻合,颇多信前一〇五一年庚寅为伐殷岁也。纵令《今本纪年》周王个个之在位年数无确凿保证,又假令《古本纪年》之庚寅非战国时代原本所有,苟大体积算原本《竹书》之周王在位年数,以为必当前一〇五一[庚寅]伐殷也。故于周初年代,但有三统历之前一一二二年说与《竹书纪年》之前一〇五一年说为唯一有力之对立者。前者以推法密要见重,而后者又以或本于事实上周王之积年而属望别一种强点。然则十一年庚寅,果值得信赖乎?

曰古《竹书纪年》当有“十一年庚寅,周始伐殷”之文者,本《唐书·历志》所载一行大衍历日度议之说也。今摘记同历议中有关系问题之部分如次。

(甲)《国语》曰“武王伐商,岁在鹑火,月在天驷,日在析木之津,辰在斗柄,星在天鼋”。旧说“岁在己卯”,推其朏魄,迺文王崩武王成君之岁也。其明年武王即位,新历孟春定朔丙辰,于商为二月。故《周书》曰:“维王元祀二月丙辰朔,武王访于周公。”《竹书》“十一年庚寅,周始伐商”。而《管子》及《家语》以为十二年,盖通成君之岁也。先儒以文王受命九年而崩,至十年武王观兵盟津,十三年复伐商,推元祀二月丙辰朔,距伐商日月不为相距四年,所说非是。武王十年夏正十月戊子,周师始起。[中略]又三日得周正月庚寅朔。[中略]故《武成》曰:“维一月壬辰旁死魄,翌日癸巳,王朝步自周于征伐商。[中略]是岁岁星始及鹑火,其明年周始革命,岁又退行,旅于鹑首,而后及乌帑。”[中略]

(乙)又《周书》“革命六年而武王崩”。《管子》《家语》以为七年,盖通克商之岁也。[中略]

(丙)自伐纣及此五十六年,朏魄日名上下无不合,而三统历以己卯为克商之岁非也。夫有效于古者,宜合于今。三统历自太初至开元,朔后天三日,推而上之,以至周初,先天失之,盖益甚焉。是以知合于歆者必非克商之岁。

解释以上之文意如次。《国语》有"武王伐商,岁在鹑火"云云,以刘歆三统历之推算,己卯之岁即西纪前一一二二年,今从新历[大衍历]以推朏魄之月相不合。己卯之岁[前一一二二]盖非伐殷之岁,必恰当文王崩,武王为君之年。苟如是,则翌年为即位元年。《逸周书》有"维元祀二月丙辰朔",为前一一二一年,而朔之干支亦相合。又《竹书纪年》有"十一年,[今此处即可注为前一一一一年,干支则己卯以下。十一年即注为庚寅年者是也。]周始伐殷"云云,能适合《武成》"一月壬辰旁死魄"。要之改武王克殷之岁为庚寅[前一一一一],以己卯[前一一二二]当文王崩年,则上自《周书》之"维元祀二月丙辰朔",中与《武成》之"维一月壬辰旁死魄",终至《召诰》《顾命》《毕命》上下五十余年间之朏魄及日名皆无不合。反之,如三统历以武王克殷为己卯,则朏魄日名之记事皆不合矣。故论断武王克殷之岁不当如旧说己卯,必不得不为庚寅,以上乃引用历议文之旨趣也。毕竟一行亦以刘歆同样方法而处理同一史料。关于周初月相,刘歆之推算者,有二三日之龃龉,既所指摘,大衍历则视三统历远胜,推算为正也。故以为适合于周初当时之记事,克殷之岁非己卯不得不为庚寅也。

从《古本竹书纪年》文中,自始即为庚寅,则以上历议文之理由不立。此必如论者所明言,以朏魄记事为据,推定为庚寅[前一一一一]而记入也。

又引《管子》及《家语》[通行本《管子》《家语》不见,或非引用《吕氏春秋》"武王立十二年而成甲子之事"之误考乎?俟他日考证。]释《竹书》十一年为即位之十一年,亦自此历议始欤?《今本竹书纪年》亦傚之。《古本竹书纪年》之"十一年周始伐商"为受命十一年乎?抑即位十一年乎?不能明也。

如以上研究之结果,我辈以《唐书·历志》可论断之如次。

(a)《古本竹书纪年》之原形独有“十一年周始伐商”,无庚寅二字。添入者乃一行推算之结果也。

(b)一行添入之庚寅,乃比三统历之周初己卯[前一一二二]后十一年之庚寅,前一一一一年庚寅也。

(c)因《竹书纪年》原本或作十一年庚寅,为前一〇五一年庚寅,此其陷于二重之错误,事实上无何等之根据也。

(d)解释《古本竹书纪年》之“十一年周始伐商”为即位之十一年,恐自一行始。

(e)引用《竹书纪年》之一行,推算克殷之年代为前一一一一年,而断然载为十一年庚寅,可知《竹书纪年》之内容不完全,未足单独主张决定克殷之年代矣。

(5)《今本竹书纪年》

《今本竹书纪年》揭载历代之周王在位年数如次。

武王即位至伐殷	11
克殷后武王在位	6
成王	37
康王	26
昭王	19
穆王	55
共王	12
懿王	25
孝王	9
夷王	8
厉王	12

(共和元＝BC841)

是等若据王国维,皆谓不得《古本竹书纪年》有此之证据。不能信为自古传来者,《今本竹书纪年》作者不过仅集出所不明之材料而成者也,固不足特论。然而学者犹不免逡忍不舍，故略言之。

（一）若加武王克殷后至厉王末年之年数为二〇九年，因有武王克殷之岁为西纪前一〇五〇年[辛卯]，与十一年庚寅伐殷、十二年辛卯灭殷相合，而此纪年为可信之说欤？然其说之妄，前项论之详矣。庚寅者以一行之推算而添入，且当前一一一一年，故《今本纪年》伪作者为使合致于此，而适误其干支一周六十年，正见伪作者疏于历数耳。一行以为十年末周师出发，十一年伐殷灭之，十二年革命，欲使与月之相与岁星之所在等等调和耳。今本伪作者盖执于"十一年周始伐商"之"始伐"乎？以为十一年代殷，十二年灭殷，而于灭殷致与一行所说生一年之差误，苦心之作，因而蹂躏无遗矣。

若加武王即位之年，至昭王末年之年数为九十九年，以合于百年之数，是亦伸缩昭王之在位年数使然，不待言也。

（二）林春溥注意《竹书纪年补证》末附之《竹书后案》，以成王元年为伯禽元年，由此至共和元年[前八四一年]之年数，一方依《竹书纪年》而积算历代周王之在位年数，一方因《史记·鲁世家》而以伯禽为四十六年以下，加真公十四年，则皆为二〇三年，二者适相吻合。是等记事岂不足置相当信用者乎？然谛审之，则伯禽在位年数为四十六年，既从刘歆之推算矣，刘歆以伯禽元年当成王亲政元，[即位八年]今采伯禽四十六年，却不当以伯禽元年当成王元[摄政元]计算。苟如是，纵得一致积年，亦不能不谓之偶合而已。

（三）姚文田于其《周初年月岁星考》[《邃雅堂学古录》卷四]曰："余前以《史记·鲁周公世家》证共和以前，以史公亲见秦纪证春秋以后，知《竹书》《史记》所载年数皆合，而《汉志》为刘歆私增，可灼然无疑矣。今考二书，亦有未尽者。《竹书》武王六年，《管子》《史记》皆作七年。又《竹书》厉王十二年流彘，共和行政十四年，凡二十六年，《史记》厉王即位三十年，好利，芮良夫谏，三十四年王益严，召公谏皆不听，三年王出奔彘。所谓三年者，通召公谏言之，实共三十六年，两三字皆二字之误，与《竹书》年数正同。惟《史记》又载共和十四年，合之得四十年。《竹书》统入二十六年内，则连武王少十五年矣。”要之《今本竹书纪年》之年数中，因订正《史记》，改厉王十二年为十六年，武王六年从《管子》[误引《史记》]改七年，其他概仍旧，则周初年代为早十五年，灭殷之岁为前一〇五六年，伐殷之岁为前一〇六六年，于数字的结果，与余之推算达到者略得吻合矣。顾其积算之径路，余未易同意也。厉王以外之周王在位年数，即取《今本竹书纪年》所载者，上来既论明不易承认也，尤于订正厉王在位年数二十六年[在共和十二年之外]有异见。对于周王历代中恭、懿、孝、夷四王，无何等显著历史的事实之记载，其在位年数但求四王之总和不误，其各王之细数异同不成问题，对于厉王其相关联之记事，既散见于《史记·本纪》及《世家》，我辈自应彼此参照慎重审查也。

(6) 厉王之在位年数

共和以前之周王在位年数载于《史记》者，仅“武王三年”“穆王五十五年”“厉王三十七年”之三王耳。其武王既论于第七节，其穆王无他异说，此两者仍可采用。对于厉王之在位年数，《史记·周本纪》与《世家》之记事相矛盾，则未能即承认者也。(子)《周本纪》：“厉王即位三十年，好利，近荣夷公。大夫芮良夫谏王曰，[中略]三十四年，王益严，国人莫敢言，道路以目。[中略]三年，乃相与畔，袭厉王，厉王奔彘。”若依此，迄奔彘之厉王在位年数为三十七年，或三十六年。然而(丑)《卫世家》：“贞伯卒，子顷侯立。顷侯厚赂周夷王，夷王命为卫侯。顷侯立十二年卒，子釐侯立。釐侯十三年，周厉王出奔于彘，共和行政焉。”则共和以前二十五年为顷侯立之时，且厚赂周夷王为侯，故夷王之次厉王在位年数，[共和以前部分]不能不短于二十五年。(寅)《齐世家》：“哀公时，纪侯谮之周，周烹哀公而立其弟静，是为胡公。胡公徙都薄姑，而当周夷王之时。哀公之同母少弟山怨胡公，乃与其党率营邱人袭攻，杀胡公而自立，是为献公。献公元年，尽逐胡公子，因徙薄姑都，治临菑。九年，献公卒，子武公寿立。武公九年，周厉王出奔居彘。十年，王室乱，大臣行政，号曰共和。”若据此，共和以前，武公九年，献公九年，合计十八年前，献公自立时，当周夷王之时，则共和以前之厉王在位年数，又不能不较短于十八年矣。(卯)《陈杞世家》:“孝公卒,子慎公圉戎立。慎公当周厉王时。慎公卒,子幽公宁立。幽公十二年,周厉王奔于彘。二十三年,幽公卒,子釐公孝立。釐公六年[《年表》作五年,误。],周宣王即位。三十六年,釐公卒,子武公灵立。武公十五年卒,子夷公说立。是岁,周幽王即位。”此文稍有误字,关于幽王之年数互不调和。若前者为十二年,则后者不能不为二十一年。若后者为二十三年,则前者不得不为十四年。图示此关系如次。

	幽公二十三(二十一)14(12)	釐公三十六	武公十五	夷公
(厉王?)	共和十四	宣王四十六		幽王

则厉王之共和以前在位年数,必为十二年以上,或十四年以上也。

关于问题年数之古史料,不过右之四条[《古本竹书》之年数失传。《今本竹书》之年数,此处不可参照。],又于(子)《史记》之文殆全部采用《周语》。惟《周语》之原文无纪年,三十年与三十四年之二纪年,盖太史公以今日已不明之史料而补之者。《史记志疑》对此云:“案厉王在位之年,汉初已无可考,故史公作表,断自共和。而据《本纪》所书,是三十七年流彘,五十一年崩,后儒皆从之。其实此纪载芮良夫谏用荣夷公与召公谏王监谤二事,俱《国语》文。《国语》无年,但云监谤之后三年,王流于彘而已。史公以良夫之谏系于三十四年,未知何据。《竹书》谓厉王十二年奔彘,二十六年陟,而以命荣夷公为元年事,监谤为八年事,《外纪》又谓厉王在位四十年,恐俱难信。”

若以是等史料观之,(子)与(丑)(寅)显然矛盾而不两立,我辈不能不采其一方而舍其一方。余以二对一之多数决之,且为出所不明之疑,则舍(子)当为稳当解决法。前项所述,姚文田之二十六年说亦不合(丑)(寅),不可采用也。今余(丑)(寅)(卯)之条件,为使一切无障碍,以问题之年数为十八年以下十四年以上便可。余假定之为十六年,但欲变此年数,特减其年数于恭、懿、孝、夷四王在位年数之总和,即一切无影响也。

(7)《帝王世纪》其他

《古本竹书纪年》之引用于古书传至今日者,王国维集之于《古本竹书纪年辑校》,殆无遗漏。此既于第(3)项审查之,此外不取引用文之形式,而融会史家著作之内容者想不为少。此点我辈不能不通考《帝王世纪》以下,至于唐宋历史家之著作也。

(A)《帝王世纪》为晋皇甫谧著。皇甫谧,据《晋书》则没于太康三年[二八一],六十八岁。《竹书纪年》之出土,为咸宁五年[二七九],迄太康二年,为整理考定期间,则皇甫谧定当闻《竹书纪年》内容矣。或就《纪年》之原本尝得研究机会欤?即《帝王世纪》之著作,既已完成于其前,《竹书纪年》出土以后或以皇甫谧自手,或其没后以门人之手,必不能断其无若干之增补与修正也。

《帝王世纪》至宋末完本散佚,不传于今日,惟于诸书引用者见之,顾观光乃广集而序以年次。若以此观之,其三代之年代,为夏四三二,殷六二九,周八六七,[以上《初学记》引]虽全袭刘歆《律历志·世经》之推算,往往有矛盾者在,颇为可怪。今摘记其有关于周初之年代者如次。

◉文王即位四十二年,岁在鹑火,文王于是更为受命之元年,始称王矣。《周书》称"文王受命九年,惟暮之春,在镐召太子发,作《文传》"。九年犹召太子,明其七年未崩。

×文王受命四年,周正月丙子朔。

×武王定位岁在乙酉。六年庚寅崩。

◉伯禽以成王元年封,四十六年康王十六年卒。

×成王八年,封伯禽于鲁。七年王崩,年十六矣。

○康王在位二十六年崩。

○昭王在位五十一年崩。

○穆王五十五年,王百岁崩。

○周自恭王至夷王,四王年纪不明,是以历依鲁为正。王在位二十年崩。

○夷王十六年,王崩。

◉自克殷至秦灭周之岁，凡三十七王，八百六十七年。

以上附◉印者，全从刘歆之物也。其可注意者，皇甫谧显然见《逸周书·文传》矣。与郑玄之显然未见《文传》者对照，可得《文传》之制作年代焉。

其附○印者，顺应刘歆之推算者也。或一部为自古传来者，一部则疑为皇甫谧之作也。其谓恭、懿、孝、夷四王之年代不明，为可注意，或者谓《竹书纪年》未明，是亦未可知也。

附×印者，显然矛盾于前两者，以武王定位元年为乙酉，则为前一一一六年，或前一〇五六年，谓周之世八六七，则与刘歆推算者有六年或六十六年之差，何以载斯矛盾则不可明。或从新出土《竹书纪年》当作前一〇六六年乙亥，而于整理未完之际，误算为前一〇五六年乙酉乎？谓成王亲政七年而崩，则与伯禽四十六年卒于康王十六年，同载一书之中甚为矛盾，乃后之加写者无疑，又非《竹书纪年》之原文。或亦仓卒误算乎？

（B）宋初编纂之《太平御览·皇王部》多引《竹书纪年》《史记》《帝王世纪》等，其中多记《史记》所引夏殷周三代帝王在位年数，此不独今本《史记》所无，亦非古本《史记》所有也。其一部王国维以为或误引《竹书纪年》，顾亦不易认其皆为此同样之误者。明其一一引用书为何，乃为有趣问题，望校勘学者之研究焉。

周王之年代，引《史记》曰：穆王五五，懿王二五，孝王一五，厉王[引《史记》之文]三七。懿王、孝王之在位年数，或出《竹书纪年》者乎？

（C）宋末以前著作中所见周王历代在位年数，总括一表如次。

	史记 —100	御览 史记 ？	帝王 世纪 270±	皇极 经世 1070±	通鉴 外纪 1070±	通志 1150±	通考 1290±	通鉴 前编 1290±	今本竹 书纪年 1400— 1600	决定
武王	3	—	7	7	7	7	7	7	6	3
成王	—	—	7	37	37	37	27	37	37	37
康王	—	—	26	26	26	26	26	26	26	26

续 表

	史记 —100	御览 史记 ?	帝王 世纪 270±	皇极 经世 1070±	通鉴 外纪 1070±	通志 1150±	通考 1290±	通鉴 前编 1290±	今本竹 书纪年 1400— 1600	决定
昭王	—	—	51	51	51	51	51	51	19	24
穆王	55	55	55	55	55	55	55	55	55	55
恭王	—	—	20	12	10	10	12	12	12	12
懿王	—	25	—	25	25	25	25	25	25	25
孝王	—	15	—	15	15	15	15	15	9	15
夷王	—	—	16	16	15	15	16	16	8	12
厉王	37	37	—	37	40	40	37	37	12	16
受命— 穆王				133	133	133	133	133	—	100
武王— 共和				281	281	281	281	281	209	225
克殷之 年代			1122	1122	1122	1122	1122	1122	1050	1066

《帝王世纪》以至《通鉴前编》，尽合刘歆推算之年代，一无所背，此显著之事实也。则宜引长实际之年五十六年许，盖特引长昭王、厉王之年数以合之。昭王之部分，《史记》无记载，《世纪》始定为五十一年。厉王之部分，幸《史记》之误为三十七，遂以为三十七或四十。[或疑《周本纪》厉王之文始为十年十四年，后之人见《世纪》以下之纪年而插入三字，改作三十三十四，亦未可知。]

《世纪》之成王七年，或误读《古本竹书纪年》而加入乎？恭王二十，夷王十六，盖于未见《竹书》以前，为合刘歆推算之数而作者。

《御览》《史记》之懿王二十五，孝王十五，或为《古本竹书纪年》之年数亦未可知。

恭王、夷王、厉王之年数，分一方《经世》《通考》《前编》，一方《外纪》

《通考》二派，并无深义，特示流派之系统耳。

末附《今本竹书纪年》之年数，当是伪作于明代者。误读《唐书·历志》定伐殷之岁为前一〇五一年，故较当时行者有短缩七十一年许之必要，而主在昭王与厉王减少之方针下伪作也。

(8) 推定

武王三，成王三十七，穆王五十五，厉王十六，既论之矣。康王若以《毕命》观之十二年以上，若观前算伯禽之在位年数，不得不为十八年以上，对于《世纪》之二十六年不见异说，故直取二十六年。若然，则适合《束皙传》之受命以至昭王末年百年之数，是昭王为二十四年矣。

推算克殷之年代为前一〇六六年，故自武王至共和元为二二五年，其中若减除上文所决定者，则恭、懿、孝、夷四王之年数为六十四年。若从《御览》《史记》[或《古本竹书纪年》]懿王二十五，孝王十五，则恭王、夷王合为二十四年，分十二年属恭王，十二年属夷王。

十一　古来之研究

周初年代之决定，有(a)以王公之积年，(b)利用当时月相之记载，以朏魄推算之二方法，迄于战国时代，犹有可以王公积年而定周初年代之材料也。

(1)《国语》[战国中期]

以王公之积年而定武王克殷之年代数十二年一周之岁星位置，而谓“岁在鹑火”，又取《尚书·武成》“一月壬辰旁死霸”云云之历日记事，翻为天文现象，其根据一种历法，可名为古颛顼历也。

因秦火而王公积年之记录失，又月生霸死霸之意义亦旋失其传统，问题遂入于迷宫，后来二千余年，迄至今日不能得其正解，可概也夫。

(2)《史记》[前汉]

《周本纪》也，《诸侯世家》也，不传共和以前之纪年，惟《鲁世家》溯古纪年耳，而欠初代伯禽之部分，因太史公之整理断自共和元年[前八四一]以后作《十二诸侯年表》,其前则不溯焉。

(3) 刘歆[前汉末]

利用《武成》"一月壬辰旁死霸"之记事与《周语》"岁在鹑火",推定周初克殷之年代为前一一二二年。其推算颇巧,见赏为推算密要,其结果则后来二千年,关于周初年代推重为最大权威。顾不幸误其"岁在鹑火"与生霸死霸说而推定年代有五十六年许之差矣。

(4) 纬书[后汉]

以刘歆同样之方法,惟用殷历以代三统历,又不认"岁在鹑火"之条件,推定克殷年代为前一〇七〇年。殷历派之推定殷初年代,确在刘歆以前,而推定周初年代,是又确在刘歆以后,观其生霸死霸说之蹈袭刘歆可知矣。此殷历推定,可与刘歆推定相对立为有力之异说,不幸传于纬书,后世学者遂不认其相当之价值。

(5)《逸周书》[后汉末]

《逸周书》历之伪作者,参考后汉末之《世经》与纬书历,以幼稚之方法而研究周初历日者也。

(6) 郑玄[后汉末]

其周初之年次序列,提出调和《史记》与《世经》相扞格之说,而于周初年代则信纬书历之推算为正,以为前一〇七〇年。

(7)《帝王世纪》[西晋]

其周初年代全蹈袭刘歆说,但有二三显然矛盾之条项。盖以出土于皇甫谧晚年《竹书纪年》之影响,而整理中途仓卒之际据误传而添入者欤?

(8)《竹书纪年》[战国　西晋]

咸宁五年,汲冢出土之《竹书纪年》,为秦火以前纪年书,宜可据王公纪年而直接决定周初年代之有力史料也。乃出土后至散逸于宋代,其间多未见利用。盖汲冢出土之《竹书纪年》中,足以适确决定周初年代,王公纪年之有力材料,未尝完全具备欤?

(9) 孔颖达[唐初]

《诗正义》引郑玄《尚书》及纬书注,而论周初之年代,彼此混淆而支离灭裂。要为注疏家,非历数家也。

(10) 一行[唐初]

按《唐书·大衍历议》,则同刘歆之方法,但不用三统历而用大衍历以论周初年代,推定克殷之岁为前一一一一年庚寅。惟生霸死霸说,又无批评的从刘歆之见解,虽为巧妙推算,亦未见甚大价值,为可惜也。

(11)《皇极经世》[北宋]

立为天地间一切现象,皆以组合十二与三十之周期而反之假说,并历史的年代,欲强纳于其型中,则非历史家之态度。虽原属论外事,然其对于浅近事实则参酌诸说,于周初年代采刘歆之推算也。

(12)《通鉴外纪》《通志》《通考》《通鉴前编》

是等对于周初之年代,皆从刘歆之推算,无须特论。

(13)《今本竹书纪年》

《今本竹书纪年》当是作于明代,作者误一行推算之周初年代前一一一一年庚寅为前一〇五一年庚寅,强派王公纪年以求其适应,而成此《今本竹书纪年》也,滑稽亦甚矣。从严格论,实无价值也。

(14) 清朝之学者

陈以纲[乾隆]《汉志武成日月表》

钱大昕[乾隆]《三统术衍》《二十二史考异》

李锐[嘉庆]《〈召诰〉日名考》《三统术注》

《〈召诰〉日名考》以殷历纪年之周初年代,即克殷之年为前一〇七〇年,而研究周初之日月。

林春溥[嘉庆]《古史纪年》《古史考年异同表》《竹书纪年补证》《武王克殷日记》

其于古史之研究尽力颇多,而于周初之年代,欲从《今本竹书纪年》采前一〇五一年,良可惜也。

姚文田[道光]《周初年日月岁星考》

推定伐殷之年为前一〇六六年,以颛顼历而研究周初之日月。

朱右曾[道光]《逸周书集训校释》《汲冢纪年存真》

以克殷之年为前一一二二年，用所谓周历而解释《逸周书》。

成蓉镜[道光]《尚书历谱》

以三统历而研究周初之日月。

以上研究，要之一不出刘歆以上，至近时突破之者，乃故王国维也。

王国维[民国]《生霸死霸考》《古本竹书纪年辑校》《今本纪年疏证》

王国维之《生霸死霸考》，盖承俞樾之《生霸死霸考》及吴承志之《哉生魄解》[《诂经精舍三集》]而完成之也。

(15) 通览

通览古来之研究，不外为(一)前汉末刘歆之推算，西纪前一一二二年己卯，(二)后汉殷历派之推算，一〇七〇年辛未，(三)唐初一行之推算，一一一一年庚寅之三项，皆以同样之方法研究同一之材料，用(一)三统历、(二)殷历、(三)大衍历而推算有差耳。于"一月壬辰旁死霸"之"旁死霸"相当于月之如何相，三者皆陷于同样之谬见焉。此主要点既误，对于枝叶点之异同，殆不成问题。刘歆以来二千年一无足以倾听之研究，亦不足怪。王国维之《生霸死霸考》，实正汉代以来蹈袭之误，始别开新生面者也，但憾其出甚迟耳。

以上三个推算之外，则《竹书纪年》(四)似以周王历代之积年，而得西纪前一〇五一年庚寅之年代，是则全本《今本竹书纪年》作者之误解，乃自(三)之推算年代减六十年而作者。若明其错误之因由，毫无可顾之价值矣。

十二　周初年代之决定

(1) 武王克殷之岁

关于生霸死霸从王国维之说，古籍之根据取《武成》"一月壬辰旁死霸"[周初当时之记录]、《周语》"昔武王伐殷，岁在鹑火"[战国时代之记录]之二项，则武王克殷推定为西纪前一〇六六年。

盖当时无一定之历法，往往岁终置闰，以调节近于夏正之数月法，日之数法，以始见新月为朏，是为月之初日。月自朏始分为每七日一段落，为初吉、既生霸、既望、既死霸之四部，最后之既死霸为八日或九日，续数迄于翌月之朏始。

伐殷之岁

一月戊辰(5)朔[夏正当十二月]

壬辰(29)二十五　旁死霸 ⎫
癸巳(30)二十六日 ⎭ 武王出发

二月戊戌(35)朔

庚午(55)二十一日　渡孟津

庚申(57)二十三日既死霸

癸亥(60)二十六日　夜陈

甲子(1)二十七日　诛纣

三月丁卯(4)朔

四月丁酉(34)朔

丙午(43)十日既旁生霸

庚戌(47)十四日 ⎫
辛亥(48)十五日 ⎬ 祝捷祭
乙卯(52)十九日 ⎭

若是而《武成》之日月毫无障碍，皆能安也。其二月戊午，《书序》作"一月戊午"，是《书序》之作者累于三正论误写二月为一月也。

(2) 周初之年次

据第七节所论，推定如次。

1 克殷之年	《书序》十一年	西纪前一〇六六
3 访箕子武王崩	《洪范》惟十有三祀	一〇六四
4 周公摄政元	伯禽封。晋始封	一〇六三
10 摄政七年	《召诰》《洛诰》	一〇五七
11 武王亲政元		一〇五六
40 成王崩	《顾命》	一〇二七

52 康王十二年	《毕命》	一〇一五
58 康王十八年	伯禽薨	一〇〇九

(3) 周初历代之周王及鲁王在位年数

据第十节所论,推定如次。

(克殷 1066BC)

武王	3		
成王	7 30	伯禽	55
康王	26	考公	4
昭王	24	煬公	16
穆王	55	幽公	14
恭王	12	懿公	50
懿王	25	厉公	37
孝王	15	献公	32
夷王	12	真公	14
厉王	16	(30 之内)	

(共和元 841BC)

(4) 周之世

共和以后,有《史记·年表》,其纪年毫无疑义。自武王克殷至赧王五十九年[前二五六]之周世,为八百十一年。较从来本刘歆之推算而认为八百六十七年者,为短五十六年许。

(5) 周初至春秋月朔表

第六节为周初年代推定而作之周初月朔表,续至春秋。作自西纪前一一四九年,至西纪前七二三年,四百二十七年间之推定月朔表,接之以"春秋长历"所考定之春秋朔闰表,则周初前至春秋末[前一一四九至前四七九]前后六百七十一年间之朔闰,一目了然可知矣。

前七二三年十二月辛巳(18)朔,当《春秋》隐公元年正月辛巳朔。曩于"春秋长历"推定者,适为吻合。十月之交,朔日辛卯(28)蚀,为幽王六年[前七七六],抑平王三十六年[前七三五],不易决定。若为前者,则其当时称夏正八月为十月,故其前当误失二闰月。若为后者,则称夏正十一月朔为十月朔,其前当误多一闰欤?

十三　余论

(1) 受命元与即位元

武王伐殷之岁既决定矣,尚余一问题,为武王即位,文王受命,较先几许年也。毕竟《洪范》"惟十有三祀"及《书序》"十有一年",为计自受命乎?即位乎?此在今日不易确定。亦有以《逸周书》及《今本竹书纪年》说为有利即位纪年之证据者,然《逸周书》于后汉末以后多改窜之部分,《今本竹书纪年》乃伪作于明代者,皆断非古来传统之证据。考古籍分受命纪年说与即位纪年说之二派如次。

受命说　《尚书大传》《史记》,刘歆、郑玄、束皙引《竹书纪年》

即位说　《吕氏春秋》《逸周书》《唐书·历志》《今本竹书纪年》

《吕氏春秋·首时篇》有"武王立十二年而成甲子之事",此处"十二年"可注意也,未可若《唐书·历志》所云"盖通成君之岁也"一语率尔了之。其必置信于武王伐殷始自十一年,终于十二年之始说而记载者,与孟冬十月为年始之秦代主见,及古颛顼历解说《武成》之《国语》主见,炯不调和。其在《吕氏春秋》中殊堪费解,或后汉末高诱注释以前之某人,抑更疑之,殆非高诱自己之手,加多少之改窜者乎?

果可视《吕氏春秋》之文为后汉末以后物,则据我辈之右分类表,受命纪年说乃古来之说,即位纪年说当为后汉末始唱之说也。又《唐书·历志》有"《管子》及《家语》以为十二年,盖通成君之岁也",此事通行本《管子》及《家语》皆不见。

(2) 殷代之年代

如第九节殷历之条所说,论殷初年代之推定,刘歆也,殷历派也,皆以《尚书·伊训篇》为惟一之文献,而为推算根据。若据余昔日研究[参照拙著论文《论二十八宿之传来》],以朔为月初,乃周初时应用二十八宿以后事也。前此以朏为月初,朔字且无之矣。《伊训篇》之朔,为自后加写者无疑。苟无朔,则《伊训篇》不能为年代推定之材料,了不得何等头绪,而刘歆之殷祀六二九也,殷历之殷祀五〇八也,皆无何等之根据,断不能不抛掷也。

既已舍《伊训篇》,舍刘歆与殷历派质推算矣,此外殆无足推定殷初年代之材料。我辈务求古传说,而大约定殷祀为何许而已。

《左传·宣公三年》有王孙满之言曰:"桀有昏德,鼎迁于商,载祀六百。商纣暴虐,鼎迁于周[中略]成王定鼎于郏鄏,卜世三十,卜年七百,天所命也。周德虽衰,天命未改,鼎之轻重,未可问也。"此固非宣公当时[前六〇六]王孙满之谈话,乃不能不视为战国中期《左传》作者之言。如《左传》之作者视前三五〇时已为周运之末,成王定鼎为克殷后十五六年之前一〇五〇时,则卜世七百,适合实际之数。所谓殷祀六百,亦可大体得当也欤?

《孟子·公孙丑章》"由周而来,七百有余岁矣"。《尽心章》"由尧舜至于汤,五百有余岁[中略]由汤至于文王,五百有余岁[中略]由文王至于孔子,五百有余岁。由孔子而来,至于今百有余岁"。孔子没于前四七九年,七十三岁。孟子之活动,想为前三三〇前后,谓孔子没后百五十年前后为百有余岁,谓周初以来七百三四十年为七百有余岁。今若以汤至文王曰五百有余岁为五百四五十年,以文王享国为五十年,则大体殷祀六百许耳。

(一)《后汉书·律历志》张衡《历议》批难《律历志·世经》曰:"横断年数,损夏益周,稽之表记,差谬数百",但举夏与周之年数耳。对于殷之年数,无何批评。此亦见《世经》所算殷祀六二九,在后汉时人以为大体至当矣。

(二)《晋书·束皙传》有"夏年多殷"云云,是决难置何许之信用。或纪年多缺而误算也,余不无怀疑。

(三)《太平御览》数引《史记》殷王之在位年数,云《史记》者,盖误不待言，疑非引《古本竹书纪年》者乎？然殷王之年数不尽完备，不可以此积算殷祀总数。又《帝王世纪》以下，皆为推定适合所算殷初之年代而伪作也，今无参照之价值。

（四）《唐书·历志》“五星议”有“成汤伐桀，岁在壬戌”，又《隋书·律历志》有“案《竹书纪年》尧元年丙子”，是皆据《竹书纪年》。以武王元年辛卯(28)而上溯，以为殷世五〇八年，夏世四三一年，舜在位五十年，空位三年，尧在位百年，空位三年，而仅计干支者也，此外无何等确凿出典。抑且《竹书纪年》以武王元年为辛卯，伐殷为庚寅，乃后世误解一行推算也。是等干支之附加，不能不后于一行，不待言矣。

（五）通览以上结果，我辈依（一）（二）（三）三项，大约推定殷祀六百，过此更无能为。若以殷祀六百，则殷初之年代为前一六六六年。

（3）夏之世

《律历志·世经》作“十七王四百三十二岁”，不记其如何算出。《易纬稽览图》作“夏四百三十一年”。《竹书纪年》附之干支，使适合四百三十一年。此本《世经》之推算，不待言也。《古本竹书纪年》“四百七十一岁”者，或加寒浞之四十年而然。《束皙传》谓“夏年多殷”，而《古本竹书纪年》不过于夏书四百七十一年，于殷书四百九十六年而已，皆不可置许多信用。要之，《竹书纪年》原本多缺，算出历代之积年不充分也。

由今日返顾，对于夏世之积年，仅得藉算法不明之刘歆说四百三十二年，与张衡“损夏益周”之批评外，则无端绪。试复原刘歆增周五十六年而加四百三十二年，则夏为四百八十八年。《孟子》之“由尧舜至于汤，五百有余岁”说，盖亦谓大体夏世五百年左右耳。若夏世为五百年，则夏禹元年为西纪前二一六六年矣。

钟鼎文

大概鉴定为周初物之铜器，其铭文若具备年月日及月相之记载者，其历日之研究，关于周初纪年问题，当可提供有力之材料。王国维取宣王时代之虢子白盘、吴尊盖、师虎段、伯吉父盘、颂鼎、颂段、颂壶及幽王时代之师兑段等铭文，而为研究《生霸死霸考》之材料，乃年代至相应能推得者甚少，多有王之何祀，顾不明其为何王，唯一试验的方法，可采年数之长者，就二三在位年数较长之周王时代，而检日月朏魄之合否亦有趣也。

余试以《攈古录金文》《愙斋集古录》及《古文审》三书中记载年数长且具备日月朏魄者，求得如次之三项。

（一）鬲攸从鼎　隹卅又一年三月初吉壬辰(29)王在周康宫辟大室。［《攈古录》三］

（二）寰盘　　　隹廿又八年五月既望庚寅(27)王在周康穆宫旦王格大室即位。［《攈古录》三］

（三）庚嬴鼎　　惟廿又二年四月既望己酉(46)

今假定是等为春秋以前物，若以推定周初月朔表审查朏魄之合否如次。

三　庚	二　寰	一　鬲	
×	×	×	康王
×	×	×	昭王
955　×	×	946　合	穆王
888　×	×	×	懿王
806　×	800　×	797　×	宣王
749　×	743　×	740　×	平王

鬲攸从鼎不合于宣王、平王时代，若以为穆王三十一年物，则能适合推定之年代。寰盘及庚嬴鼎，穆、懿、宣、平皆不合，盖两者皆春秋以后物耶？或穆王、懿王之推定年代误耶？二者必居其一是矣。若斯钟鼎文之可参考者多，或可为确认或修正昭王、穆王推定年代之证据，亦未可知，俟他日之研究焉。

十四　要旨概括

一、现今通行之中国上代纪年，乃本刘歆之推算。刘歆之推算法，详细采录于《汉书·律历志·世经》。当刘歆推算周初克殷之岁，其根本史料之解释，乃有重大误解。试订正之以新试推算，乃本文之事业也。

一、误解之一，关于岁星之位置，以余昔日《左传》《国语》所见岁星位置之研究，所得结果订正之。

一、误解之二，关于月之相者，以王国维之《生霸死霸考》订正之。

一、是等之订正，更与《国语》所载伶州鸠语之新说相照应也。

一、周初武王克殷之岁，为西纪前一〇六六年[乙亥]，比刘歆之推算，较新五十六年许。

一、周初至共和元年[前八四一]之历代周鲁王公，加以考察。

一、殷末至春秋，约四百余年，作月朔表。

一、见于纬书之周初纪年，据殷历派之推算，推定武王克殷之岁为西纪前一〇七〇年，为刘歆推算以后，乃后汉时代产物也。

一、《逸周书》之历日，作于刘歆之推算以后，恐为后汉末以后之物欤?

一、《竹书纪年》以王国维之研究，判别唐宋时代之古本与伪作于明以后之今本。虽若此采出之《古本竹书纪年》，亦颇多西晋出土以至唐代间加写部分，不可为确凿史料也。

一、《竹书纪年》以武王伐殷之岁为西纪前一〇五一年庚寅，误解《唐书·历志》一行之推算[前一一一一年庚寅]，而近一干支六十年许，此外无何等根据。

一、周以前之殷及夏年代，殷之世约六百年，夏之世约五百年左右，以上不可知。

一、所谓周初物之钟鼎文研究，对于问题当有多少之贡献，本篇开其端绪耳。

后语

草本篇终，将以问之于学界，余有深堪感慨者。通览本篇，其全体结构，赖故王国维之力颇多。《尚书·武成》之研究，成本篇根干，能以此研究者，实不外王国维名著《生霸死霸考》。由此收束推算所得之结果，必不能不一瞥者，《竹书纪年》也，而不通中国文献如余，竟得处理古来见称为疑问书之《竹书纪年》，且自信得多少效果，全为王国维《竹书纪年》研究[《古本竹书纪年辑校》及《今本竹书纪年疏证》]之赐也。

本文之研究，着手于前年末。去春仅得大体结论，其纬书始末，尚稍有不明，尤于蔡邕与郑玄见解之相牾如何处理，为不易解难之错节。偶然去年四月游北京，直访清华学校王国维氏，特以本文之梗概，及蔡邕与郑玄之问题，请同氏之教，自今思之，实为永久难忘记念也。

若是通其首尾，与王氏姻缘不浅之本文，今也期年始告成，而欲以第一本首请叱正之人，已异幽明境焉。此私心所欲止而不可得者。用超越有限世之死生，以本文捧于王先生之灵，傚犫季子之讥，所不辞矣。

[日本京都帝国大学教授新城新藏博士近十数年来专攻我国古代年历学，大正间著《春秋长历》，钻研之博，论断之精，世罕其匹。对于文公元年闰三月问题，尤足破千载瞀惑。虽杜元凯复生，亦当心折。博士前年又以先师海宁先生发明之“生霸死霸”说，推究周初克殷年代，至今夏始发表于《支那学》第四卷第四号，其所得结论为西纪前一〇六六年。余读之而三叹焉。当乙卯之际，海宁先生以古《武成》一月二日为壬辰，二月五日为甲子，则四月中不得有庚戌，并灼知刘歆二月置闰之谬，因悟“生霸，望也”“死霸，朔也”乃刘歆异说，不足听从。辛酉十月，先生复在北京大学研究所提出共和以前年代之研究，曰：“《史记年表》起于共和，厉王以前年祀无考。《鲁世家》别据鲁历，上讫考公，而伯禽一代未著年数，则未能上关周初也。其诸公年数亦刘歆三统历所纪，互有异同。汲冢纪年虽有夏商年纪，此太史公所谓‘不同乘异，不足取信者’。今兹所传又非原本，自皇甫谧以下，向壁虚造，更无论已。然《书·武成》《召诰》《顾命》诸篇颇具年月，如能以黄帝、颛顼、夏、殷、周、鲁六历，各上推四五百年，各著其分至朔望之甲子，以与《尚书》及古器之月日相参证，虽宗周诸王在位之年数无从臆说，然武王克殷之年，周公营洛之岁，与成王在位

年数,或可定欤?”云云。家祥入都后,从先生问古文字学,拟以余力攻此题,不意有去年五月三日之痛。今期年已过,每忆及此,不知涕泪之何从也。今得博士此作,古籍真伪,错杂之说,举为综校互勘,而以一篇括之,鸿细靡遗,详绎再三,爱不释手。博士此说以《武成》月相与《国语》岁星为根据点,而得王公积年之作佐证,可谓信而有征。盖《武成》月相不能不从海宁先生之解释也。如从之,则克殷年代之结果非如博士之说不可,此其根本坚确不可易矣。然古籍虽或有歧牾不可解者,宗周诸王年岁或有不能率尔可从者,要不为该书损也。然博士此作殆可谓正刘歆以后二千年蹈袭之误欤?倘先师九泉闻之,亦当赞善也。爰乞得博士允许,译为汉文,以饷我国学者,并奉献于先师之灵前,以慰博士虚心好问之诚。长夏酷暑,挥汗译竟,乃记其所感,并谢博士之厚意焉。戊辰孟夏。永嘉戴家祥记。]

【《周初之年代》(附图表):[日]新城新藏著,
戴家祥译,《国学论丛》,1929年第2卷第1期】

论　人

海宁王国维先生

上编

一、总言

先生去世将届九周年了；在这短短的九年之中，天天闹着内忧外患，我也因为环境的变迁，跑了许多地方，直至前年秋天回到北平，一切情景已不是先生在世的时代了。

先生的学术，即使不敢说绝后，也得说是空前，现在各事都被国难重重地压迫着喘不过气来，然而史学、文字学、考古学却有长足的进步。尤其是中央研究院、北平图书馆、北京大学、清华、燕京，他们的出版物，不但在量的方面有了增加，就是质的方面，也大非昔比。他们的门径，还都是直接或间接地遵循着先生的主张。

本来，我想把这个题目放在先生的逝世纪念日讲的，不过，六月二号，是在学校暑假期内，这课程此刻却空着三点钟，为了学校方便起见，就要临时以我作补白，自然不能有充分的预备。虽然说亲受业的弟子，讲他老师的学问，并不算一桩难事，然而不免有感情的作用。颜渊论孔子，“仰之弥高，钻之弥深，瞻之在前，忽然在后。”颜渊为孔子最得意的弟子，尚且只能把他的老师看同雾里之花。孤陋寡闻的我，来谈先生高深的学理，那当然不容易给人十分明白的，——然而这也有什么法子呢？

二、时代背景

先生是一八七七年生的，那时（光绪三年）清朝的国力一天衰弱一天，又因太平天国乱后，社会元气还未恢复，接着法国取安南；日本取琉球、台湾、朝鲜；英国取缅甸；俄国据伊犁；德国据胶州湾；庚子联军；辛亥革命，种种经过的事实，都在我们眼前。当时的绅士们，捧着四书五经，叹什么“人心不古”，然而少数眼光敏锐的人们，却像大祸将至，常常指天画地，讨论治国大计。可惜他们长年埋在故文化堆里，锦囊妙计，依然脱不出祖传老方。像仁和的龚定菴、邵阳的魏默深、湘潭的王闿运、井陉的廖季平、南海的康有为等，他们都一致地攻击“训诂名物”是汩没学子的聪明，要拿西汉今文派的“微言大义”来打倒东汉古文派的“训诂名物”。这在事实上是否有用，我们不必深究。不过他们的动机，很像现在一般人所呼喊的“非常时期教育”一样。

他们救亡图存的目的，虽然未必能成功，但在学术上的贡献，却很不少。像康有为的《新学伪经考》《孔子改制考》《大同书》，几乎把清学“正统派”（古文学）的立脚点根本摇动了，把一切古书的价值重新估定了，又几乎把世界数千年相沿的一切制度根本批翻了。他们与乾嘉“正统派”的“为经学而治经学”的宗旨根本不同，所以龚定菴、魏默深等都欢喜谈政治经济，并且极注意边疆问题。定菴作《西域置行省议》，光绪年间果然实行了，（就是现在的新疆）又著《蒙古图志》，研究蒙古的政治、风俗；魏源作《元史新编》《海国图志》；洪钧作《元史译文补证》《长春真人西游记校注》；李仲约作《圣武亲征录校注》；屠敬山作《畏兀吾史记》，于是元史（包括辽、金）、西北地理之学，都先后应运而起。

这时，世界的注意力正在集中于我们的政治，我们的矿产，我们的边防，我们的文化。所以一九〇二年（光绪二十八年）国际东方学会在汉堡开会之后，就成立了所谓“东亚探险联盟”，英、法、德、俄、日本，多派学者到我们边疆来。一九〇二年，英国印度政府遣派匈牙利人斯坦因博士 M A Stein 到我国的和阗、罗布淖尔、敦煌；德国教授奈柯克博士 V. L. Cop 到我国的新疆土鲁番；一九〇七年，法国政府派伯希和博士 P. Pelliot 到我国的甘肃敦煌；一九一〇年俄国的柯智禄夫大佐 C. Kozlov 在我国甘州的古塔取去西夏文书；东邻日本的大谷光瑞伯爵也先后派遣西域探险队到吐鲁番一带，得到不少学术上的知识；而瑞典人斯文哈定 Sven. Hedin 甚至到过新疆九次。

世界的文明飞跑的前进，我们纵使要处身局外，也不能摆脱事物的演进与变迁，所以开矿，筑路，便不得不随着潮流而兴起了。这样一来，竟使埋在地下几千年的商周古董，跃跃地与世人见面，因此金石考古之学，也得算清末最盛。

中国既然有和西洋交通的机会，西洋的文化、思想，自然也多少吸收点过来。于是清末学术界，又出了一派西学家。

现在我们将其归纳起来，大概有以下许多类：

一、乾嘉正统派的残烬。（代表者孙诒让）

二、今文学与疑古学。（代表者康有为）

三、金石学。（代表者吴大澂）

四、元史学西北地理学。（代表者魏源）

五、佛学。(代表者杨仁山)

六、西学。(代表者严复)

他们的学问或专攻一种,或是兼攻两三种,都有特别的成就,仿佛这些是为一种摩登潮流所鼓动。后来又出了个沈子培先生(嘉兴人,名曾植,字乙盦,号寐叟),竟能把这时代的五六种时髦学问,一身兼之。这位先生的名字,日本人很知道,中国人知道他的却不很多,因为他并不以著作为自己的毕生事业。先生是他一脉相承的学者,为沈先生的后辈。幼年又学得几种外国文,所以他的成就也比沈先生大。沈先生的著作很难看到,我们知道了先生以后,也就不难进一步的了解沈先生。民国九年沈先生七十一岁,尚为日本西本白雄授《尚书》。①

三、传略

先生讳国维,字静安,亦字伯隅,号观堂,亦曰永观,浙江省海宁州人。父名乃誉,是个有天才的画家。(画宗钱叔美)先生幼年多少受点美术家的家学影响,所以诗和骈文,都有很深的造就。不幸甲子年,中国为东洋战败了,先生受很大的刺激,只身跑到上海,任《时务报》的书记。《时务报》的主持人是汪康年(穰卿)、罗振玉(叔蕴),罗振玉又私立一个东文学社。教授是日本人籐田丰八、田冈佐代治二位。学生一共只有六位,先生就是其中之一。起初罗振玉并不晓得这个人,后来,偶然有一天看到同学某君的扇子,上面写着先生的咏史诗——千秋壮观君知否,黑海西头望大秦。——于是就括目相看了。先生的后半世,差不多常和这位在一起相处。

庚子乱后,先生留学日本,然而运气不好,不到几月就生了脚气病。他不得已回到上海,任《农学报》《教育世界》的编译,后来又转任南通州师范、苏州师范的教习,担任的功课,是心理学。

---

① 戴家祥眉批:民国二年,俄国卡伊萨林伯爵作《中国大儒沈子培》一文,谓:“公殆为意大利列鄂那法達蒲恩。平论古代西欧文明所谓意识完全,诚中国文化的典刑也。”

大概就在这个时期吧，人生问题，常在他底脑里翻来覆去。生的欲望逼着他去研究哲学，又渐渐地转向文学的路上。

不料惊天动地的辛亥革命，就在这时候爆发了。罗振玉挂着遗老的牌子向日本跑。先生也带着家眷在后面跟着。在日本，自然常与他们的“汉文”朋友：籐田丰八、狩野直喜、内籐虎次郎、林泰辅、铃木虎雄，富冈撝们来往。罗振玉疯疯癫癫地叹什么“国变以来……人心不古……未闻用夷变夏。”俨然以保存旧文化自命。先生也尽弃前学，而专心经史小学了。

在日本住了五年，回到上海，为英人哈同编广仓学窘的学术丛编，又任仓圣明智大学的教授。同时又代乌程蒋孟蘋（瑞藻）编《密韵楼藏书目》，著述从此渐渐地多了。

民国十二年，蒙古升允（吉甫）先生荐他入清宫，做清宫的南书房行走。这职位除了检校金石书画外，事实上也可说是极无聊的闲缺。不料时间不到一年，奉直二次战争起了，冯玉祥班师回京（北平），把宣统赶跑。先生因胡适之的介绍，担任清华大学国学研究院的导师。他这时整天埋头在西北地理和辽金元三史里，有时还喜欢和陈寅恪先生研究蒙古文。自杀的前一天，他们两人还正在讨论《元秘史》中的“塔纳”。谁晓得第二天的早晨，就会和这世界永别了。

先生为什么死，没有人知道。遗老们说是由于“主辱臣死”；青年们说是由于“国内政争势力的消长”；文学家说是由于“性情与学问环境相冲突”；某氏说是由于“三纲六纪之柏拉图式概念”；似乎都不能说出个所以然。总之，一个人的死，是他自己的自由，Pling 说：“自杀者，自然赋予的最高权利。”然而所谓社会也者，却要问他为什么死，责他如何如何不应该死。生在连死都没有自由的世界里，那真的只有一条死路了。先生是个有骨头的人，有头脑的人，他既然用自己的生命创造了许多成绩，如今用自己的生命，酬报自己的情感，有什么对不住人，世人实在太可怜，太浅俗了！

下编

一、哲学

现在海内外的学者，差不多都异口同声地称先生是个经史学家，是个考古学家，这都不是在他三十岁以前自己所梦想得到的。他三十岁时撰过自序两篇，（见《教育世界》第六、第十两期）叙述自己七八年间，几乎没一天不沉醉在哲学里。他说：

> 那时，（在上海东文学社，先生年二十二，时间是光绪二十四年，）社中的教师，是日本文学士籐田丰八、田冈佐代治两位先生。他们原是学哲学的。有一天，看到田冈先生的言语集里引到康德（Kant）、叔本华（Schopenhauer）的哲学，心里十分羡慕。然而因为文字的隔膜，以为自己一辈子没有福气读康德、叔本华的书了……到日本（光绪二十八年）以后，白天读英文，夜里跑到物理学堂里学数学。留东京四五个月，不幸病了，遂不得不在那年的夏天回国。……我底身子本来很衰弱的，性情又那样沉郁不展。人生问题，天天在心里打转，因此就开始研究哲学了。第二年读翻尔彭Fairbanks 的社会学、及文 Jevons 的名学，海甫定 Höffding 的心理学（这书先生已译成中文），巴尔善 paulsen 的哲学概论、文特彭Windelband 的哲学史，哲学的领域，总算懂得个大略了。……又第二年，读康德的《纯理批评》，读到《先天分析论》，几乎完全不懂，因之不得不中途搁置。后来把叔本华的《意志及表象之世界》翻了两遍，又读他的《充足理由之原则论》《自然中之意志论》，和他的文集等等，尤其是他的《意志及表象之世界》中的《康德哲学之批评》一篇，算是我通康德的路子。二十九岁，再读康德的书，觉得不像从前那样隔膜了。于是读他的《纯理批评》之外，兼及他的伦理学、美学。今年算是我第四次的研究，隔膜的地方觉得愈加少了，同时又觉得

他的话不可懂的,大概也就是他的话还不大靠得住罢。

这几年中间,先生陆续作文章阐明叔本华、尼采 Nietzsche 的学说。康德的形而上学和美学,也时时有论到。他不仅介绍介绍而已。他对于叔本华的“遗传”说,批评他失当;对于叔本华的“意志解脱”说,怀疑他不可能;对于尼采的学说,以为是叔本华美学思想的引申;……至于说“同治光绪年间所派遣的留学生,除了从事功利之外,能够接受欧洲深邃伟大思想的,一定没有”。现在事实告诉我们,究竟有没有?

先生对于哲学的著作,多散在三十年前的《静安文集》中。现在请先介绍他底论性的话吧。

> “性”这个东西,本来是超乎我们底知识以外的。现在我们能够晓得的(按如康德的学说),一个是先天的知识,一个是后天的知识。先天的知识,像空间时间的形式和悟性的范畴,都不是由经验而生,而是经验由此以成立的;后天的知识,乃经验上所以教我们的,所以,凡一切可以经验的,都是后天的知识。现在试论“性”这个东西,果然能够在先天中有知吗?——先天中所能够知的,只是知识的形式,而不及知识的材质。“性”才是知识的材质。如果说在后天中得到“知”,那末,所谓“知”又不是“性”了。何以?我们经验所知的“性”,牠受了遗传和外部的影响很不少,已经很久的失了“性”的本来面目了。所以我敢断言,“性”,是超乎我们知识以外的。既经如此,那末,论“性”,就不能跑到理想的圈子,势不得不从经验上推论了。假使拿经验上的“性”作为“性”,那末,当然有善恶二元论的发生。为什么这样说呢?善恶的并立,是我们经验上的事实,自有人类以来一直到现在,世界的变化,历史的纪述,诗人们的悲歌,不就是从这里而起的吗?善恶是绝对的事实,不是相对的事实。(大善叫做善,小善也叫善,不像大热天叫做热,小热叫做寒。)所以不能由他的一句话,就可以明了的。同时又是积极的事实,不是消极的事实。(有善叫做善,无善还可说是非恶,不像有光叫做明,无光叫做

暗。）因此，不能举其一而遗其他。所以从经验上立论，不能不归宿于善恶二元论。这个理论，虽然不知道于“性”究竟得当不，但是大旨不至于矛盾。至于超乎经验而论“性”，或者为超绝的一元论，（就是“性无善无不善”说，与“可以为善可以为不善”说）希望把经验上的事实调和，也不至于有明显的矛盾。如果坚持性善性恶的一元论，当他就“性”论“性”的时候，说“性”是我们不可经验的，也许还可自成其说；然而要用牠说明经验，或应用于修身的事业，那么，矛盾就随之而起了。

先生把性的领域讨论个彻头彻尾，而不论“性”的本身是善是恶，这就是历史的观察法，也就是参透诸家学说的结果。其次就是对叔本华解脱说的怀疑，我们要知道先生对叔本华的怀疑，必得先知道叔本华学说的大略。叔本华说：

世界万物和人类的本质，都是生的意志 Will。意志是一切物存在的原因。这个意志，表现于个人意识中，就是生活的欲望。个人的意志和万物的意志并没有什么两样。牠原来是一体。个人要求生存，不是个人的直接要求，乃是间接受了这个共同意志的牵制。这个共同意志所要求的，乃是共同的生存，不是个人的生存。个人受了这意志的支配，而有生活的“欲望”和“需求”。“欲”“求”无穷，而所欲所求的又决不可以统统得到理想的满足，所以人生的痛苦不是旁的，心里所要，而事实上得不到的烦闷罢了。人的生活中天天有事实得不到的欲望，所以人生便天天在痛苦中过日子。即使我们的欲望统统得到了满足的报酬，再也没有更可欲的对象的时候。可是厌倦的心理，也就随之而起了。所以，人生，实在像个钟表的摆针，反来复去于苦痛、厌倦之间，厌倦也就是痛苦的变相罢了。你如果要求一条解脱的路子，那只好拒绝生的意志了。

这就是叔本华底人生哲学的极简单极明了的一节。先生批评道：

照叔本华的哲学，一切人类和万物，根本是一样的了。充其量说，叔本华底拒绝意志的主张，非一切人类和万物统统抗拒绝了他生活的意志，个人的意志是不能拒绝的。何以故？生活的意志存在于“我”，不过是最渺小的一部分而已。而牠底大部分存在于一切人类和万物之间的，都和“我”的意志相同。这个“物”和“我”的差别，不过由于我们智力的形式。所以离开这个智力的形式而看他的根本，一切人类和万物的意志便统统是我的意志了。然而，拒绝了一个人的意志，嘻嘻的笑着说自己已经解脱，和引一滴水入大海，俨然自傲地认天下都没有水灾，有什么异样？佛家说：“不度尽了众生，誓不做佛”，意思倒像说做得到而不要，其实在我们看来，真的做到而不要吗？恐怕是心里想要，而事实做不到吧。所以，像叔本华仅仅讲一个人的解脱，未曾讲世界的解脱，实在和他自己的“意志同一说”不能两立的。……现在既然知道解脱的事实终不可能，然而一切伦理学上的理想，我们真能统统做到吗？试看，和这个无生主义相反的，——就是所谓生生主义。世界原是有限的，而人类的生殖是无穷尽的，以无穷的人类，生于有限的世界中，一定有生活得不痛快者在内；世界之内，有一个生活得不痛快，那就不是生生主义的理想了。如果照生生主义的理想，一定要把世界的“能生活量”增到极大限，把人类的“生活量”缩到极小限；……所谓最大多数的最大幸福，也不过归于伦理学家的梦想罢了。……人人晓得无生主义的理想不可能，同时自己却又忘记了自己的主义（生生主义）的理想怎么样，这实在是很不可解的。

所以先生论解脱的道理在乎出世，不在乎自杀，出世就是拒绝一切生活的欲望。先生知道生活终不能逃掉苦痛去求一个无生的世界，因为真的这样做，那就是身体虽存，精神也必像死灰一样。如果精神依旧有生活的欲望，只因不满足于现实的生活，同时又要希望将来有补偿他底理想生活的一天，那末，死于这里的苦恼，就不得不重新生于那里了。那末，苦海的波涛，又不得不和生活的欲望相终始了。试举一个例说：《红楼梦》里底金钏的投井,司棋的碰墙,尤三姐、潘又安的自杀,都不能说是解脱,而是得不到她生活的满足,和欲望的代价罢了。她们心里所不要的,是生活中某个特殊部分,而不是整个生活的全部,整个生活,没有人不愿意要的。《红楼梦》里真能解脱的,当然只有妙玉、贾宝玉、惜春、紫鹃四位,他们或者在冷静之中看热闹,或者在热闹之中看冷静,或者未涉解脱之途而渐悟人生之空幻,或者悟于人生之空幻正冀求解脱。至于柳湘莲的人道,有点像潘又安;芳官的出家,又有点像金钏;他们的生活欲望,因不得其满足而愈演愈烈,愈烈而愈不得其满足,于是痛苦到极点,惟有自毁其身体以求解脱。那就是说:如果一个人还有欲望存在的话,虽然出世,也和解脱没有什么关系。反之,——没有了——那末,自杀也未始不是解脱的一条路子。鸳鸯的死,原有不得已的环境。否则,惜春、紫鹃们的聪明,她也未始不可以做到。

我们晓得先生的人生观;我们晓得先生的宇宙观;我们晓得先生很怀疑叔本华的解脱理想不可能,但是他自己理想中的人生,又怎样呢?《红楼梦》的开头:

> 却说女娲氏錬石补天之时,于大荒无稽崖,练成高十二丈见方二十四丈大的顽石三万六千五百零一块。那娲皇只用了三万六千五百块,单单剩下一块未用,弃在青埂峰下。谁知此石自经锻錬之后,灵性已通,自去自来,可大可小。因见众石俱得补天,独自己无才,不得入选。遂自怨自艾,日夜悲哀。

先生把这块石头的烦闷,解为生活的欲望。生活的欲望,是先人生而存在的,人生不过是这个欲望的表现罢了。贾宝玉的心愿,原想钟情于大观园所有的女子,同时也希望所有的女子都钟情于他。此种博爱的怀抱,即是佛家所谓的慧根。而表现在男女之间,便成了占有的欲望。及至遭遇三十六回梨香院的情话,乃知"什么大家彼此。他们有大家彼此,我是赤条条来去无牵挂。"又如"昨夜说你们的眼泪单葬我,这就错了。我竟不能全得了,从此后只是各人得各人的眼泪罢了。""相思本是无凭语，莫向花笺费泪痕”。远在宋朝的小令早已把爱情下着这个定义了。一百十七回，和尚对宝玉说：“你的来路还不知，便来问我。”先生解这“来路不知”，是宝玉不知道他自己的生活就是自己的一念之差，所以造成了一百二十回大文章。等到听了和尚之言，才恍然大悟这不幸的生活，完全是自己的愿望所造成，现在要拒绝吗，也由不得自己，所以有还“玉”的妙喻。“玉”，不过是生活欲望的代表罢了。这还不是叔本华的人生观吗？先生《外集》里有首诗：

余家浙水滨，栽桑径百里。年年三四月，春蚕盈筐篚，蠕蠕食复息，蠢蠢眠复起。口腹虽累人，操作终由已。丝尽口卒瘏，织就鸳鸯被，一朝毛羽成，委之如敝屣。耑耑索其偶，如马遭鞭箠，呴濡视遗卵，怡然即泥滓。明年二三月，彘彘长孙子，茫茫千万载，辗转周复始。嗟汝竟如何！草草阅生死，岂伊悦此生，且由天所畀！畀者固由仁，悦者长已矣。劝君歌少息，人生亦如此！

这就是人生！这就是人生！人生的滋味是这样的？

二、文学

先生对于哲学的本身，还有一段自己的见解，他说：

哲学上的话，大都可爱的不可信，可信的又不可爱。我知道爱哲学的真理，同时又爱哲学家的谬误。伟大的形而上学，高严的伦理学，纯粹的美学，都是我最喜欢的。然而求可信的，宁可于知识论上的实证论，伦理学上的快乐论，美学上的经验论中追求。——虽然明明晓得可信的不可爱，可爱的不可信——这是两三年中最感到苦闷的。所以近来的嗜好渐渐地从哲学转入了文学。理由是要在这里找到直接的慰藉。总而言之，统而言之，恐怕这是我底天性吧——做哲学家，觉得感情太多，理智太少。做诗人，又觉得感情太少，理智太多。诗歌和哲学，将来要采取那一个？我不大知道，也许骑在二者之间吧。

真的，哲学家的话，是否是真理，我们还在怀疑。宇宙间是否有绝对的真理，我们越发研究，也越发怀疑。因为人类是感情的动物。有感情的言语，就会觉得可爱。任凭你如何的用理智分析，也是无用。先生有天生的钢一般强的理智，和火一般热的情感。又接受了伟大的西洋思想。现在从康德、叔本华、尼采的宇宙论、人生论，一转而为文学家，所以一生的文学论，也多少带有哲学家的色彩——尤其是他所崇拜的叔本华。

叔本华生于德国浪漫运动的顶盛时代，他不但推崇天才的创造，并且激烈地反对模拟。记得他好像曾经说过这样的话："文章是正面的心声，人心不同，各如其面。一个人偷了旁人的文格，好像戴着假面具，声音相貌，简直没有一点真相可说。"虽然有时装得白白的红红的活像个徐来、胡蝶、梅兰芳——假使是可能的话——但是总不若你原来的尊容来得有价值。先生论文学，也是说"情生于内，词形于外"。感自己的感伤，说自己的话头，才算是真的文学，有价值的文学。反之，就是假惺惺的文学，是毫无价值的文学。屈原感伤自己的感伤，才有《离骚》，同时也就是他比宋玉、景差强的缘故。虽然如此，宋玉、景差到底还算比贾谊、刘向真些。王叔师（逸）以下，简直没有一点真气了。所以魏晋之间的文人首推陶渊明，唐朝推李、杜，宋朝推东坡，南宋以后只有金元的戏曲，可以称得起真文学。因为文学生于情，情是天下所共有的东西，不是一家的私产。真的文学，不论失恋的姑娘们也好，"道不行"的圣贤们也好，离人孽子们也好，都感他不得不感的情，悲他不得不悲的心，说他不得不说的话。情感充满了文字的句间行间、墨黑和纸白之间，不期然而然地合于声音节奏，同时也能感动千秋万世的读者。

文学的真不真，原有一定的历史的过程，这过程大略可分为三个时期：

一、原始时期

二、黄金时期

三、衰败时期

第一时期"真"而"率"，第二时期"真"而"工"，第三时期"工"而不

“真”,世界任何国家都有同样的现象,不独我们中国如此。你如果用“工”不“工”的眼光来论,那当然是第三时期占优胜的喽!反之,——“真”不“真”——则不能不推尊第一期了。先生是崇拜真文学的人,所以论词推五代,论曲推元人的杂剧;明朝的传奇虽然要推《桃花扇》的结构好,而先生却极力反对他的词藻。换言之,他喜欢轻描淡写的美,不喜欢雕金琢玉的美;喜欢平民化的美,不喜欢贵族气的美;所以元曲方面,他最喜欢关汉卿——字字本色,说他的《窦娥冤》“虽列之世界大悲剧中亦无愧色”。事实真的如此吗?我不大知道。不过他的癖气,宁可听丘八爷和寡妇们的叹声,不喜欢那些所谓“文学”者凌乱他的耳朵。他喜欢妇人赤子的心境①;他喜欢赤裸裸的文学;他说野蛮民族才有真正的文学。(卢骚因为看到人性受桎梏,他大声疾呼回反自然,歌德却用具体的人物表现了自然,也就是这个意思。)

“真”是文学的根本问题。这个根本问题弄清楚了以后,我们再进一步论意境问题,论形式问题,真的意境,真的形式,才有她的精神力量和文学价值。一句诗,可以使你像吃冰淇淋一样,凉阴阴的,痒苏苏地,一直溜到五脏、六腑、七孔、十二筋脉。几个字会把泰山、五岳、黄河、黑海之水抬到你的眼前,力量着实利害。然而一不小心,她的力量也就会消失了的,这是什么缘故呢?文学里有个作梗的魔鬼叫做“隔”,那就是意境问题,和形式问题中的最要紧的问题,诗词用了堆砌,就会“隔”。所以吴梦窗的词最“隔”。勉强和事实掌故来拼合也会“隔”,所以黄山谷的诗比苏东坡的诗“隔”。古诗不用典,所以永远是透明的。正如《诗品》所说:

> 思君如流水,既是即目;高台多悲风,亦惟所见;清晨登陇首,羌无故实;明月照积雪,讵出经史。

我想先生这些文学解放的理论,在我们“事事模古以为高”的神州古

① 戴家祥眉批:基督教的经典上说,我们不变做赤子我们不能进天国;假如我们不变做赤子,不能体验赤子之心,我们也休想进当前的智识的心愿的。

国里，不大容易听到吧。

不过先生又说：

> 除了我们的感情以外，属于美的对象的，都是形式，不是材质。一切形式的美，又不得不用他种形式来表象牠。不过经过第二形式之后，美便愈加美了。我们所谓古雅，也就是指这第二形式吧。也就是指形式不属于“优美”和“宏壮美”吧。（按“优美”“宏壮美”之说创于德人康德；英人巴克 Burke）也许因此第二形式的缘故，而得到一种独立的艺术价值。所以“古雅”二字，可以说是形式的美的形式美。

一切美术的内容与我们底想象力接触而唤起的我们的美感的，无一不是形式。海阔天空的境界，扬着几片帆影儿，白浪随鸥鸟而上下，艺术家所心向神往的，不就是形式吗？因为他只是欣赏目前的境界的本身的姿态，而无其它的目的，所以我们叫牠第一形式。这形式的美又可分为“优美”“宏壮美”二种。高山大河，长松怪石，是“宏壮美”；烟波云岫，路柳垣花，就是所谓“优美”。在另一方面说，和我们没有什么利害关系的形式，是“优美”；使我们的思想感情处于大不利的，就是所谓“宏壮美”。艺术家运用他独立的个性，自己的观点，披开胸臆的坦白与真诚，来完成这第一形式的表现，是所谓第二形式。这第二形式，现代术语，叫做艺术的风格。先生却用我国传统的术语叫牠“古雅”。这虽然不过名词的差别，然而他底审美观念，却很像他既然怀疑道德伦理的绝对价值，同时又相信牠“对于现实的人生，有牠自己的价值”一样。伦理道德，没有绝对的价值。美术也没有绝对的标准。然而先生却认各有各的价值和标准。这就是浪漫批评中带有一点保守性的特色。也就是他老先生人生哲学的一贯精神。浪漫呢？保守呢？那只让同心境的人们，咀嚼个中的滋味；——“对于现实人生有没有牠自己的价值”？

三、历史语言学

先生在光绪三十四年，任学部的总务司行走，又任京师图书馆的编译名词协修、京师大学堂的农科教习，直到辛亥革命，差不多都在研究词曲戏剧，然而嗜好已不是单纯的创作了。看他所著的《人间词话》《清真先生遗事》《曲录》《戏曲考源》《宋大曲考》《优语录》《古剧脚色考》《曲调源流表》《宋元戏曲史》，渐渐地转入乾嘉考证学家的途径了。不过他所考证的是文学史，不是经史小学。

后来到了日本，与罗振玉长年在一处，龟甲、钟鼎、古本书，天天有见面的机会，同时又因为他的怂恿，《观堂集林》里说"日读疏注数卷"，就是指重游日本以后的事。

他既然有天生的聪明，有一定的科学基础，他研究考证学，虽然在罗振玉之后，但不久就后来居上了。

《汉书·艺文志》引刘歆《三统历》说周代的历法："死霸，朔也。生霸，望也。"后人虽然晓得他与今文、古文两家的说法都不合，（《说文》"霸，月始生魄然也。承大月二日，小月三日"，此古文家说也。《白虎通》"月三日成魄"，此今文家说也。）然而周武王克殷的年代，却都信他所推断的一周厉王共和元年前二二一年。（西历纪元前一〇七〇年）先生细细研究金文刻辞的结果，晓得周朝人是把一个月分为四份的，好像罗马历的四星期一样。周人把一月的头一周叫做"初吉"，大约是一日到七八日；二周叫做"既生霸"，从八九日到十四五日；三周叫做"既望"，从十六七到廿二三；四周叫"既死霸"，从廿三四到晦。（因大小月的差异而伸缩）这不但和今古文学家的说法都相合，同时又可以驳正刘歆在《武成》底二月后置闰的错误。近来日本新城新藏博士，根据他的话来考《逸书·武成篇》，把周武王克殷的年代考定为纪元前一〇六六年（共和元年前二二五），同时访箕子，武王崩（一〇六四），周公摄政元年，伯禽，唐叔虞始封（一〇六三），成王亲政（一〇五六），成王崩（一〇二七），伯禽薨（一〇〇九），一系列的年代也都由此决定了。

年代愈久，历史的材料愈少，研究起来也愈感困难。然而如果好好地把旧的材料和新的材料加以适当的处理，也未始不可以得到部分的解决。例如殷高宗伐鬼方，周宣王伐猃狁，都是我们民族对外战争的大事件，于我们民族的生存关系很大；然而《易·系辞》却只说“高宗伐鬼方，三年克之。”《诗经·小雅》颂宣王伐玁狁，也不过十几个字。先生据小盂鼎、虢季子白盘、兮甲盘，不嬰段、梁伯弋，不但战线，兵数，俘虏，一一可数，甚至主将的名字也有许多可考的。

孔子说：“吾悦殷礼，宋不足征，文献不足故也。”太史公作《史记》，成汤以前，只根据汉人所传的《世本》。我们生在孔子、太史公后几千年的人，当然更别无所知了。然而先生在龟甲里发见了王亥、王恒的名字，又根据《山海经》《竹书纪年》《楚辞·天问》《吕氏春秋》等书，找到了书本上的历史事实，同时又在龟甲里找到上甲以下的六代世系，和《史记》略有出入。谁晓得孔子所不足征的，现在居然可征了。不仅如此，先生又从殷代祭典、世系里，考出殷周社会的组织不同。同时又把周代的宗法、丧服、分封子弟、尊王、立嫡，等制度，解释为一个有系统的政治哲学，伦理哲学。现在有些人取他的话对证穆尔刚 Morgan、恩格斯 Engels 的话，祖国社会的发展，也便由此窥见轮廓。

至于西北木简的发见，先生就法国沙畹 Engels Chavannes 的考释，驳正了许多。又把木简出土的地点，考定为前凉的海头，证明德人孔拉第 Conrady 所谓古楼兰之说的错误。同时又把日本人羽田享博士的话折中用之。

因为有了木简，知道古代的文书。又因为古代的文书，而研究文书的检署。先生底《简牍检署考》，日本铃木虎雄博士代为译载《艺文杂志》，嘉兴沈先生批评牠“区区几十页，岂今人所能为”！

此外像《古礼器略说》《裸礼榷》《乐诗考源》《五声说》《三代地理小记》《秦汉郡考》《东胡考》《胡服考》《释币》《洛诰解》《顾命解》，几乎字字金玉，美不胜收。尤其是把汉魏晋唐各时代的尺度，根据十六种实物拓本比较研究，断定尺度由短而长，是由于税收未用货币的缘故。这个不但有关于经济史，颜虚心君更因此而考定了晋代荀勗的十二律，解决了中国音乐史上若干重要问题。

不过晚年到了清华大学（先生四十几岁），就大改其作风了。他那时和胶州柯凤孙（绍忞）博士往来很密，对辽金元的历史和西北地理很感兴趣。《长春真人西游记》《蒙鞑备录》《黑鞑鞑事略》《圣武亲征录》，都是在这时候校注的。因为他有审音的能力，同时又能用蒙古音对比，所校正的人名地名也都具有大程度的可信性。

更有日本东洋史学家多年不能解决的“乣军”问题，先生由《元秘史》中得到了主名，再用多桑、贝勒津书中的六种鞑靼的名字中考定了牠。内籐、籐田两博士欢喜得几乎发狂，很快地把牠译载在《史学杂志》里。此外单篇文字，有《辽金时蒙古考》《金界壕考》《南宋人所传蒙古史料考》《黑车子室韦考》《西辽都城虎思斡耳朵考》《鞑靼考》等。在自杀的前几天，还在拼命的研究元朝秘史，这书没有最后完成，不能不说是学术界的一桩恨事！

如果说在古语言和古文字的发明，那更不胜偻指了。罗振玉的《殷虚文字考释》，重要发现，多出于他，偶然不十分重要的，才是他自己的东西。这并不是随便损人，诸位一翻他的书便知道了。

许叔重《〈说文解字〉序》说“周宣王太史籀作大篆十五篇，与古文或异。”二千年来的学者，几乎都相信周宣王时，有个太史名籀。同时又相信这位籀先生，曾做过一部史籀篇。先生用秦公段、石鼓文、秦斤、阳陵虎符，证明这书写的字体是战国时代西方通用的字体。牠的首句“太史籀书”，“籀书”是“读书”的意思，并不是籀先生写过这本书。因此，他断定了战国时代秦用籀文东方各国用古文。始皇时李斯统一文字，是罢去战国时东方各国变乱了的古文，不是罢去三代时的古文。

他又发明了古成语，联绵字二种。古成语的例子像“不淑”，（《礼记·杂记》诸侯相吊辞，“相者请事，客曰：‘寡人使某，如何不淑？’致命曰：‘寡君闻君之丧！寡君使某如何不淑？’”《诗·鄘风》：“子之不淑，云如之何？”其义犹云“不幸”，古文淑作𠂔，与弔字形近，所以古书又云“不弔”。《左传·庄十年传》：“宋大水，公使弔焉，曰：‘天作淫雨，害于粢盛，若之何不吊。”《襄十四年传》：“公使原成叔子弔于卫曰：‘寡君使瘠闻君不抚社稷，而越在他境，若之何不弔。’”都是也。）“棐忱”，（《书·大诰》云

"天棐忱辞",《康诰》云"天畏棐忱,民情大可见"。《君奭》云"若天棐忱,我亦不敢知"。"棐忱"其义犹"不可信",字亦作"匪谌"。《诗·荡》云"天生蒸民,其命匪谌"是也。)"陟降",(《诗·大雅》:"文王陟降,在帝左右。"字又作"陟恪",《左传·昭七年》:"叔父陟恪在我先王之左右。"亦作'登假',《曲礼》告丧曰:"天王登假"。亦作"登遐",《墨子·节葬篇》,"秦之西有仪渠之国者,其亲戚死,聚柴薪而焚之:燻上,则谓登遐"。其义皆如上升。)字形虽或写得不十分一样,意思总是一样的。联绵字是由于一个语根分为两字写,但是不可以用两个单字的字面解释的。因为牠两字各有双声叠韵的关系,像"曼胡",(《庄子·说剑篇》:"曼胡之冠,短后之衣。"其字即模糊之变,亦即今俗语所谓"马马虎虎"。)"蒙戎",(《诗》:"狐裘蒙戎,匪车不东。"其意为多而乱,由此语根分为多种用法。左太冲《吴都赋》"樠矗森萃蓊茸萧瑟",此指树木而言也。《广韵》"鬔松"指发而言,《方言》"蠓螉"指虫而言,又"倯倯"指人谩骂,"曚胧"指月色,"晻曚"指太阳,"懵懂"指人心,"蒙蒙"指细雨,"茸茸"指乱草,皆一语根之变也。)"参差",(《诗》"参差荇菜",言其不整也。由此语根,分为各种用法:山之不齐者曰"嵾嵯",见司马相如《上林赋》。发之不齐者曰"鬖髿",见郭景纯《荆门颂》。丝之不齐者曰"参縒",见《说文》。齿之不齐者曰"参差",见《唐韵》。衣之不齐者曰"綷縩",见《班婕妤赋》。箫管之不齐者曰"篸箑",见《楚辞》。)都是这个玩意儿。先生是深通音韵学的,曾经做过《唐韵佚文》《唐写本唐韵校记》《两周金石文韵读》《五声说》《六朝人韵分部说》《高邮王怀祖先生训诂音韵书稿叙录》等,所以对于联绵字、成语有深切的领悟。这样才大心细的学者,可以说是集三百年考证学的大成,也可以说是科学的考证学的创始者;如今,……再也不能和世见面了。

他给我们的方法……他说的是:

从来考释古器的,要想没一字不识,没一义不懂,那末,附会穿凿的毛病自然会起了。穿凿附会固不可以,然而不识不懂,就搁在一边拉倒,也是不可以的。文章不论古今,总是文从字顺的。现代通行的文字，人人能读，人人能懂。然而诗、书和彝器的铭词，也是古代通行的文字。现在我们所以难读，就是我们认识古代不若认识现代那样鲜明的缘故。假使拿历史、制度、文物，考牠底时代的背景，拿诗、书考牠底语法的结构，用古音考牠底字音的通叚，拿旁的彝器底文字参考牠底字形的异同。然后拿这个看那个，拿那个看这个，那末，不可懂的，也许会有可懂的一日了。再不然，就把不懂的缺着，留待将来的学者，也何尝不可以。(《〈毛公鼎考释〉序》)

因为乾嘉以后的学者，至多只把金石学当点心吃，缘故是经学的势力太大了，谁也不敢非经犯法，所以金石学多少使人看不起，轻视牠，往往穿凿附会牠。先生却说：

我们生在此刻，幸而在纸上的材料之外，又得了一种地下的新材料。我们固然可以用牠补正纸上的材料；同时也得证明纸上某一部分的材料是实录。即使百家不雅驯的话，恐怕也不无表示着一方面的事实吧。这个二重证据法，现在是可以做到的。虽然古书未得证明的，不能加以否定，然而已经证明的，却不能不加以肯定。(《〈古史新证〉序》)

这种态度，虽然是史学家所应该人人了解的，然而我们一般的学者不但不能了解，反而常因习惯的牵制，强作许多不中用的理论。所以先生坚决地说："我们应当用事实解决事实，不应该用后世的理论做事实。"(《与林浩卿博士论〈洛诰〉书》)

考证学家，根本只靠例证，所以乾嘉以后的学者，往往"考覈一字，累数千言不能休"。先生却说"证据不在多，只要人家攻不破"。这实在是考古家的至理名言，千古不易的指南针，我们应该牢牢记着！

罗振玉说：

先生的学问：是用文字，声音，考古代的制度文物，和他自己创立的方法而成功的。他底方法，由博反约，由疑得信，做到不悖不惑，刚刚适可而止。(《〈观堂集林〉序》)

这也确是知己之言，现在我们见不到先生了，但是他的方法，他的精神，是同日月一样不朽的；在这内忧外患重重压迫之下的我国，百废待举的我国，人才饥荒的我国，先生是不应该死的，然而这年头儿，有什么可以……唉！先生死了可好，我们纪念先生！

后语

当先生自杀的前几天，汉堡大学中国文学教授德人颜复礼博士Yäger奉他底政府的命令，聘先生为“东方学术研究会名誉会员”。法国伯希和博士，也正在这时候来信索取先生所著的《韃靼考》。信都未曾寄到，而先生已经辞世了。

日本新城新藏博士，研究“周初之年代”，曾在先生自杀的前几月，亲来中国请教先生一次。到了昭和三年全文发表于《支那学》第五号，已经在先生逝世将近一周年了。新城博士在他底著作的后语里，深以不得先生指正为恨事。

先生的死，实在是世界的大损失，不仅仅中国的损失而已。无怪国内外学术界，都一致地致极深切之哀悼。我国出版界用杂志专刊作为专号追悼的，有北平《世界日报》《文学月报》《国学论丛》和日本人桥川时雄所办的《文字同盟》，天津《大公报》的《文学副刊》，上海《文学周报》《东方杂志》《教育杂志》等数种。至于单篇诗文散在各日报中的，更不知多少。

现在拉杂的讲了三四点钟，时间这样匆促，实在只能说个极粗略的匡廓，至于更大更深的内容，当然难能讲得透彻，同时也不是孤陋寡闻的我所可胜任的。

先生的文章，都是义旨宏深，寄意微渺，骤然看来，不大容易明白。为了演讲方便起见，一律译为语体；画蛇添足，或者不符原意的地方，那只好让我自己负责就是了。

一九三六年三月二十四日

附《哭观堂师》

旧作《哭观堂师》

观堂师逝世将九周年矣，岁月如流，祖国多难。今春重展遗篇，潸然泪下，谨就函席所闻，序其为学大概。率尔而成，不敢言为诗也。

1936年3月24日写于天津八里台南开大学

1982年5月于上海华东师范大学添注

昔在东周时，百家雷电驰，大道芟蔓草，汲汲鲁仲尼。嬴政惩是古，禁锢及书诗，一经能口授，斑斑为老师[1]，如何败壁中，科斗书势奇，席珍掊异己，政教潜转移。三礼子春读，六艺康成知，考文许洨长，春秋数贾逵[2]，崔（灵恩）皇（侃）刘（炫，焯）顾（野王）陆（法言），步武至杨隋，孔（颖达）贾（公彦）终玉振，流风犹未衰[3]。

天水承君道，儒林别树旗，欧（阳修）洪（适）嗜碑碣，薛（尚功）王（俅）耽鼎彝[4]，扃途虽大启，太息元明疲！

权奸弄双假，朽木支大厦，草芥子万民，皇王一孤寡。谁谓金汤固，拱手拥胡马！可怜炎黄胄，衣冠变夷夏。朝野尽懵懵，仁人泣路穷。顾（炎武）黄（宗羲）伤政本，江（永）戴（震）嗟学风，郝（懿行）段（玉裁）邃小学，易畴（程瑶田）夸艺通[5]，仪征（阮元）具宏博，恒轩（吴大澂）多凿空，咄哉庄（述祖）龚（自珍）流，臆造鬼魅容，晚起守矩矱，吾乡孙籀公（诒让），剖析形声义，斯道犹未宏[6]。

先生开讲席，精一执厥中[7]，山川献奇秘，间出岁不穷，留此待耆哲，呵护鬼神工，龟契发殷虚[8]，遗简识汉功[9]，封泥古陶片.累累出齐东[10]，始知孔壁书，六国文轨同[11]。司烜修火警，楚人得楚弓[12]，发冢中郎将，国宝鬻诸戎[13]。礼失求之野，夷貊梯航通，浩卿仰霁月，湖南挹光风[14]。

岛国久淹留，思归怀乔木[15]，渡海辞蓬瀛，校书入天禄[16]，政局改旧观，厄运遭百六[17]。绝学若不传，空负经纶腹。清华故天苑，台榭攒松菊，殊方萃人文，春风宏煦育。[18]胄子嚣张甚，疑古谩耆宿，尧舜本无稽，鲧禹非人族，线装书遭厄，扫地鬼夜哭，懵懵里塾师，龂龂恣谤讟[19]。吾师谨言行，守真在抱璞，楬橥双重证，悠悠众口服[20]，譬彼驻坡马，造父能掣毂[21]。

吾师少壮时，文采亦郁郁，仲宣《登楼赋》，哀音动简牍[22]，长庆《连昌词》，乃以歌当哭[23]。抱石痛世风，见薇思孤竹[24]，尧城虽犹存，清社早已屋[25]，忧心发长言，泪下珠千斛。大道本无生，知荣天下谷！

嗟我海宁师，草草阅生死[26]，奚必求闻达，苟符天意耳[27]。蹈庐慕务光，临湘吊屈子[28]，仲连不帝秦，而今亦已矣！

余艺妙种思，尤精旁行读，绝域有微言，译稿积满簏[29]，四始求境界，五声谱盈缩[30]，真情本自然，玲珑堪入目[31]。质文因代变，风化随雅俗，汉赋楚离骚，宋元擅戏曲，时政形哀乐，古剧亦国学。遗书犹在堂，相对泪盈掬[32]！

挈眷乘桴时，君主政体覆，改辙专旧文，几度换寒燠[33]，典籍多假借，“遗冑”本“遗育”，先秦有成语，“不吊”即“不淑”[34]，三古象形文，参伍有归宿，商榷裸灌礼，东儒亦轼伏[35]。景伯涉七州，地势溯川渎，《职方》补缺文，《水经》整篇幅[36]，夜台时世装，亦可考胡服[37]。哀哉海宁师，适去一何速，朝夕填海心，久后谁能续！

魂梦依稀里，温言时提耳，处世戒浮夸，为学要求是，屯戍古文书，断简可证史。太初玉门关，东复西北徙，楼兰有东西，班马竟失纪。语重声幽咽，音容犹莞尔[38]。

收涕翻遗篇，深愧质钝鲁，兔园授村塾，作者云虞(世南)杜(如晦)，唐典上柱国，属官分文武，敦煌归附民，造籍属户部，写本剩残余，孰云无少补[39]？哀哉海宁师，胡天不憖予。四裔有阳秋，蛮书资藻斧，笔削未终章[40]①，西狩泣尼父[41]，委蜕蹈清流[42]，宁劳求乐土。讣告惊内外[43]，悼念震江户[44]，神州存典型，长空陈高矩[45]。

先生如不死，三年期有成，山梁今颓坏，长留千秋名。吾读先生书，莫睹先生形，幽明绝行理，抆泪对苍冥！

---

① 按：注[40]原文中遗漏，据文意增加。

注释：

[1]《论近年之学术界》云："自周之衰，文王、周公势力之瓦解也。国民之智力成熟于内，政治之纷乱乘之于外，上无统一之制度，下迫于社会之要求，于是诸子九流，各创其学说，予道德政治文学上，灿然放万丈之光焰，此为中国思想之能动时代。自汉以后，天下太平，武帝复以孔子之说统一之，其时新遭秦火，儒家唯以抱残守缺为事。"（《静安文集》九十三页）

[2]《国学丛刊序》云："建武以降，群籍颇具，子春笃老，始通周官之读；康成晚出，爰综六艺之文。"（《观堂集林》卷二十三）

[3] 又云："然而崔皇特起于江南，徐熊并驰于河北，二刘金声于隋代，孔贾玉振于唐初。综七经而定正义，历两朝而著功令，此又一盛也。"（仝上）。

[4]《宋代金石学》云："宋人治此学，其于搜集、著录、考订、应用各方面，无不用力，不百年间，遂成一种之学问。"（《静安文集·续编》，六十九页）

[5]《沈乙庵先生七十寿序》云："顺康之世，胜国遗老，志在经世，故多为致用之学，雍乾以后，肆意稽古，而经史小学专门之学兴焉。"

[6]《殷虚书契考析后序》云："仪征一书，亦第祖述宋人，略加铨次而已。而俗儒鄙夫，不通字例，未习旧艺者，辄以古文所托者高，知之者鲜。利荆棘之未开，谓鬼魅之易画，遂乃肆其私臆，无所忌惮。至庄葆琛，龚定庵、陈颂南之徒①，而古文之厄极矣。近惟瑞安孙氏颇守矩矱，吴县吴氏，独具悬解。顾未有创通条例，开发奥窔如段君之于说文，戴段王郝诸君之于声音训诂者。"（《观堂集林》卷二十三）

[7] 1916 年春，先生离日返国，在上海为英籍商人哈同主编广仓学宭《学术丛编》。1918 年任上海私立仓圣明智大学教授。1922 年，北京

① 原文作"徙"，据文义改之。

大学聘先生为研究所国学门通讯导师。

[8] 1899 年,安阳小屯出龟甲兽骨刻辞,罗振玉撰《殷虚书契考析》。1914 年,先生为其手书上版,罗氏在其书中,颇采先生之说。

[9] 英籍考古学家斯坦因(Sir Aurel Stein),1900 年在我国新疆和阗尼雅河下游废址,盗走魏晋间人手书竹木遗简五十枚。1907 年,又在罗布泊北之古城,盗走木简百四十枚。敦煌长城遗址,盗走七百另六枚。法国东方学专家沙畹(E D Chavannes)博士为之考析。先生著《屯戍丛残》收录了三百七十七枚。

[10] 罗振玉在山东滕县得古封泥四十多枚,先生考校《汉书·百官志》,1914 年仍吴子苾《封泥考略》例,成《齐鲁封泥集存》。

[11] 先生 1916 年以来,先后写成《汉代古文考》等九篇文章,首倡秦用籀文六国用古文说,罗氏颇疑其说。1926 年桐乡徐懋斋请先生作《古玺印谱》序,先生再在序文中阐发旧说,闻者未必无疑。直至解放以后,长沙等地发现大量楚墓残简,侯马发现朱书玉片,对照三体石经中所谓古文,其说遂不可移。

[12] 宣统三年十二月戊午(1912 年二月十二日),隆裕太后下诏逊位。中华民国政府允其小朝廷体制继续存在。爱新觉罗·溥仪内务府官员与太监狼狈为奸,凡是一切有偷盗机会的人,无一不偷。有暗地拨门撬锁的偷,有明目张胆根据合法手续的偷。据香港明报访问了老太监孔耀庭,他回忆 1923 年 6 月 27 日深夜里,紫禁城内放电影,随从人员忘记了拉电闸。电线走火。东交民巷意大利公使馆消防队,首先发现建福宫附近一带,包括静怡轩、慧曜楼、吉云楼、妙莲华室、延春阁、积翠亭、广生楼、凝辉楼、香云亭等一大片地方烧成焦土。这里是几百年文物珍宝积聚的宝库,文物损失,包括被偷带抢在内,遂无从统计。(参考《我的前半生》148 页)

[13] 1923 年,新郑发现一座大型东周古墓,贿选总统曹锟麾下直系干将、河南省督军靳云鹗派兵发掘,弃取任意。除上缴数百件无字青铜器之外,玉雕为外商所得,以千百计。法国伯希和(Paul Pelliot)博士根

据古玩商人卢芹斋(J. T. Loo)所获,1925 年著《中国古玉》(Jades archaigues de chine),以书送赠先生。

[14] 1911 年冬,先生再游日本,东京高等师范教授林泰辅(浩卿)博士,东京都大学教授内籐虎次郎(湖南)博士,过从甚密。先生 1917 年在殷虚卜辞中发见王亥之名,作《殷虚卜辞中所见先公先王考》,内籐博士采其说旁加考证,作《王亥》一篇,发表于日本《艺文杂志》。先生作《海上送日本内籐博士》诗:“我读《天问》识其语,《竹书》烂言付一炬,多君前后相邪许,太丘沦鼎一朝举。”即志其事。(《观堂集林》卷廿四)

[15] 先生《王子岁除即事》诗云:“可但先人知汉腊,定谁军府问南冠。屠苏后饮吾何憾,追往伤来自寡欢。”(《观堂集林》卷廿四)

[16] 1923 年四月,爱新觉罗皇族由于紫禁城火灾,引起警觉,着手对其所有文物,进行一次大盘点,先生以蒙古升吉甫(允)推荐,至夏入京,任南书房行走。奉命检点景阳宫藏书。次年八月,罗振玉亦受任为南书房行走,二人共同检点养心殿所藏青铜彝器。

[17] 924 年,奉系军阀张作霖与直系军阀吴佩孚在山海关一线拼搏激战。直系将领冯玉祥反旆回京,政局急转。十一月五日,国务院临时摄政黄郛(膺白)勒令小朝廷解散,爱新觉罗・溥仪被迫出宫。

[18] 1925 年,清华学校改为清华大学,并设立国学研究院。北京大学教授胡适博士荐先生为清华大学研究院教授。先生于教育科学固有其独特见解,建议采用旧中国“山长制”与英国牛津大学“导师制”相结合的教学法。与梁启超、赵元任、陈寅恪分担导师之任。时陈寅恪在柏林未归。

[19] 自康有为倡孔子托古改制说以来,疑古之风,盛极一时。宋濂《诸子辨》、姚际恒《古今伪书考》、崔东壁《考信录》,市面供不应求。北京大学教授钱玄同,自署“疑古玄同”,国民党人吴稚晖(敬恒)倡仪线装书丢在茅厕三千年。吴县顾颉刚与东南大学教授柳诒徵(翼谋)大打笔墨官司,文见《古史辨》第一辑。

[20] 1925 年秋,先生在清华大学研究院讲授《古史新证》云:“吾辈

生于今日，幸于纸上之材料外，更得地下之新材料。由此种材料，我辈固得据以补证纸上之材料。亦得以证明古书之某部分全为实录，即百家不雅驯之言，亦不无表示一面之事实。此二重证据法，惟在今日始得为之。虽古书之未得证明者，不能加以否定，而其已得之证明者，不能不加以肯定，可断言也。”

[22] 1912 年，先生在日本京都《答铃木豹轩(虎雄)诗》：“犹有故国松菊在，可能无赋仲宣楼。”

[23] 1912 年先生作《颐和园词》《送狩野博士游欧洲》及悼念端方之《蜀道难》，总称《壬子三诗》。1913 年二月廿二日，光绪帝后病卒，先生作《隆裕太后挽歌辞九十韵》，先生有书致日本铃木豹轩云：“此词为觉罗氏一姓之末路之事略具，至于全国之命运与其所以致病之由，及其所得之果，尚有更可悲于此者。”(文见日本《艺文》杂志十八年第八号)

[24] 1904 年《病中即事》诗云：“闻道南山薇蕨美，膏车径去莫迟疑。”(《静安诗稿》百十四页)

[25]《颐和园词》有句云：“岂谓先朝营楚殿，翻教今日恨尧城。”(《观堂集林》卷廿四)

[26]《蚕》诗云：“嗟汝竟何为，草草阅生死。岂伊悦此生，抑由天所畀。畀者固不仁，悦者长已矣。劝君歌少息，人生亦如此。”(《静安诗稿》百十五页)又《采桑子》词：“人生只似风前絮，欢也零星，悲也零星，都作连江点点萍。”(《苕华词》第二页)

[27] 1906 年写《纪言》一文，详述教育问题之弊病，拒不接受清皇朝学部总董之任。遂被朋辈称为“王征君”，先生亦欣然受之。(《静安文集续编》第四十六页)

[28] 先生著《屈子文学之精神》云：“屈子之自赞曰‘廉贞’，余谓屈子之性格，此二字尽之矣。其于怀王又有一日之知遇。一疏，再放，而终不能易其志。”(《静安文集》四十六卷页)

[29] 先生 1898 年始在上海东文学社，从日本文学士籐田丰八、田冈佐代治二君治日文，1899 年又学英文、德文。1902 年翻尔彭 Fair banks

的社会学,及文 Jevons 名学,海甫定 Höffding 心理学及巴尔善 Paulsen 哲学概论,文特彭 Windelband 哲学史。为《农学报》《教育世界》译述西方著作。1903—1904 年从事康德《纯理批评》兼及其伦理学及美学之研究。又读叔本华《意志及表象之世界》《充足理由之原则论》等等。见《静安文集续编》十九页《自序》,1909 年翻译斯坦因《中亚探险记》。

[30] 先生著《五声说》谓古音有五声,阳类一,与阴类之平、上、去、入四是也。自三百篇至汉初,此五声音,大抵自相通叶,罕有出入。(《观堂集林》卷八)

[31]《文学小言》八:"诗人体物之妙,侔于造化。然皆出于离人孽子征夫之口,故知感情真者,其观物亦真。"(《静安文集续编》廿九页)

[32]《宋元戏曲考自序》:"凡一代有一代之文学,楚之骚,汉之赋,六代之骈语,唐之诗,宋之词,元之曲,皆所谓一氏之文学,而后世莫能继焉者也。"(《观堂别集》卷四第十七页)

[33]《自序》二:"余疲于哲学有日矣,哲学上之说,大都可爱者不可信,可信者不可爱。"(《静安文集续编》廿一页)又《最近二十三年中中国新发现之学问》列举了殷虚甲骨文字等五大发现,"合世界学者之全力研究之,其所阐发,尚未及半。况后此之发见,亦正自无穷,此不能不有待少年之努力也"。(同书第六十五页至六十九页)

[34] 1921 年将平日所撰经义杂志为《与友人论诗书中成语书》二则。

[35] 1915 年先生撰《洛诰笺》,日本林泰辅博士在《东亚研究》著文指其缺失,先生作书答之,博士复就先生来信,再有论列,十一月至十二月间,先生再答。次年四月,将往返各书,汇为《裸礼榷》。裸礼者,古代飨帝之礼也。

[36] 1915 年五六月间,先生成《三代地理小记》《秦郡邑考》等六篇,1924 年致力于《水经注》校理。单篇论文,纳入《观堂集林》第十二卷。

[37] 我国古代服制,上衣下裳。赵武灵王顺乎军事需要,十七年改用裤褶之服,以便骑射。而沈约乃谓裤褶之服,不详所起。沈括知其为胡服,而又以为始于北齐。先生见河洛地区北朝古冢,发现陶俑颇多。

1915年写成《胡服考》。文见《观堂集林》卷二十二。

[38] 家祥1929—1930年两年之内，梦见先生与语《流沙坠简》中若干问题，倏忽惊醒，记忆全失。

[39] 1919年七月先生作《唐写本兔园策府残卷跋》《唐写本敦煌职官书跋》《唐写本敦煌县户籍跋》《宋初写本敦煌县户籍跋》。(文见《观堂集林》卷二十一)

[40] 先生尝云："道咸以降，途辙稍变，言经者及今文，考史者兼辽金元，治地理者逮四裔，务为前人所不为。虽承乾嘉专门之学，然亦逆睹世变，有国初诸老'经世之志'。"(《观堂集林》卷二十三《沈乙庵先生七十寿序》)1925年夏，先生移居清华园，继续研究西北地理及《元史》，先后发表《蒙古史料四种校注》《鞑靼考》《辽金时蒙古考》《黑车子室韦考》等。其《蒙文元朝秘史校注》及《辽金元三史人名地名索引》未及成书。

[41] 先生尝谓："且非常之说，黎民之所惧，难知之道，下士之所笑，此苏格拉底之所以仰药，婆鲁之诺所以焚身，斯披诺若之所以破门，汗德之所以解职也。其在本国且如此，况乎在风俗文物殊异之国哉！"(《静安文集》第九十六叶《论近年之学术界》)在《红楼梦评论》中云："故苟有生活之欲存乎，则虽出世而无与于解脱。苟无此欲，则自杀亦未始非解脱之一者也。如鸳鸯之死，彼固有不得已之境遇在。不然，则惜春、紫鹃之事，固亦所优为者也。"(《静安文集》第四十八页)

[42]《杂志》诗云："终古诗人太无赖，苦求乐土向尘寰。"(《静安诗稿》百十一页)

[43] 1927年六月二日，先生自沉颐和园昆明湖，其姨甥清华研究院助教赵斐云(万里)电告天津罗振玉"师于今晨在颐和园自沉，乞代奏。"我在当时，只能意识为一般性的报丧，万万没有想到罗振玉敢冒"欺君之罪"，伪造那篇孤忠耿耿的所谓"临终遗折"。并为请谥赐祭。按大清则例，二品大臣，身后晋爵一品，读诔赐谥。先生为小朝廷南书房行走，食五品俸，即使进赠到四品，爵不过上大夫，安得称公？况且民国八、九年以后，爱新觉罗皇族，已经感到一些封建意识浓重的人，为了死后一个谥

法,那时每天都有人往紫禁城跑,或者从遥远的地方寄来奏折。后来伸手要谥法的太多了,未免有损小朝廷尊严,所以规定三品京堂以下的不予赐谥,以为限制。(《我的前半生》117页)溥仪左右碍难照准。但是大清则例乃君临全国之产物,非辛亥革命以后,更非蛰居天津张园之所必须遵守者也。溥仪自己破例著加恩予谥忠悫,派贝子溥沂即日前往奠醊,赏给陀罗经被,并赏银二千元治丧,由留京办事处发给,以示朕悯惜贞臣之至意。钦此。罗振玉邀请中日名流在日租界日本花园为王忠悫公公祭。其所撰祭文云:甲子(1924)以来,曾三次犯死而未死,本想清理完未了之事就死的,不料公竟先我而死矣。公死,恩遇之隆,为振古所未有。予若继公而死,悠悠之口,或且谓予希冀恩幸。(参考《我的前半生》二〇三页)义宁陈寅恪师将罗氏祭文,改为诗歌语言:"神武门前御沟水,思把深恩酬国士,南斋尚书(罗振玉)欲自沉,北门学士(柯凤孙)邀同死。"好象真有其事似的。事实告诉人们,文学语言,不等于史料实录。

我并不是悲剧的喜爱者,更不是封建伦理的拥护者,但是承认悲剧的美术价值,贵在一个"真"字。必须建立在真情实感之上,决不是假丑恶所能取代的。如果有人以寅恪师的那首挽诗为罗氏辩解的话,请看一下那首挽诗《小序》中的几句话:"今日之赤县神州值数千年未自之巨劫奇变。劫竟变穷,则此文化精神所凝聚之人,安得不与之共命而同尽。此观堂先生所以不得不死,遂为天下后世之极哀而深惜者也。至于流俗恩怨荣辱委琐龌龊之说,皆不足置辩。"(《国学论丛》第三期),梁任公先生见罗氏祭文在天津《日日新闻》发表,即在该报发表一副挽联云:"其学以通方知类为宗,不独奇字译鞮,创通龟契;一死明行己有耻之谊,莫将凡情恩怨,猜拟鵷雏。"并贻书寅恪先生,称罗氏之言"委琐龌龊"。寅恪先生将其函遍示研究院同学。并采其言于挽诗小序之中。

[44] 先生逝世消息见报之后,法国伯希和博士走告巴黎东方学专家,各捐薪俸向先生家属致赙。日本学者狩野直喜、内籐虎次郎等假座京都袋中庵,诵经追悼。《艺文》杂志特刊追悼号。并组织静安学社,筹刊《东洋学丛编》以作纪念。德国汉堡大学中国文学教授颜复礼(Fritz

Jaeger)博士，代表德国政府聘先生为东方学术研究会名誉会员，聘书尚在途中，而讣告至，颜氏特致函吊唁。

[45]《观堂集林》卷二十三第十八页《殷墟书契考释序》："高矩攸陈，斯举隅而三反"。

先生逝世之后，我国出版界用专刊作为专号悼念的有北京《世界日报》、《国学论丛》、《文学月报》和日本人桥川时雄主编的《文字同盟》，上海有《文学周报》、《东方杂志》、《教育杂志》、天津《大公报·文学副刊》等。至于单篇纪事、悼念诗文散见各日报中者，更不知其数。先生曾经说"学无新旧也，无中西也，无有用无用也，凡立此名者，均不学之徒。即学焉，而未尝知学者也。"(《观盘别集》卷四第六页《国学丛刊序》)由此可知先生之学术之影响深远，其理至浅，其事亦至明也。

【此文为戴家祥1936年3月在南开大学所作"近代学术代表人物"讲稿，发表于《南大半月刊》1936年第28期。】

【《哭观堂师》发表于《南大半月刊》1936年第28期。后以《旧作〈哭观堂师〉》之题发表于《历史教学问题》，1986年第4期内容有改动。】

王国维先生

有许多事情牵涉到王国维先生的评价问题，我依照我自己看到的、接触到的，好像回忆录样子谈谈。至于他的学术问题，我自己水平有限，也不是短时间可以讲得完的。

我 1936 年在南开大学做报告，一共三个礼拜，每礼拜三个钟点样子。今天，着重讲他死，就我自己看见的谈谈。

近代学者，就我们看起来有几个学者，成绩很大，年龄不是很大，中间孔广森，山东曲阜人，是孔子的后代，死了只有 34 岁；北京大学中文系主任刘师培，死的时候 36 岁，他的著作印出来的已经有 73 种。王国维去世实足年龄 50 岁，虚龄是 51 岁，(他是 1877 年生的)《王静安先生遗书》印出来有 62 种。我们学校里吴泽同志从各方面收集，收来没有印出来的还有几种，一个是《水经注校本》，一个是《密韵楼藏书志》，这个都是从前没有刻过。现在我们想到一个没有找到的，就是《词录》。《词录》他做的时候年龄 23 岁，稿子交给罗振常。罗振常字子经，是罗振玉的弟弟。罗振常没有儿子的，只有三个女儿，大女儿嫁给现在古籍整理组的指导老师周子美先生，下面可能还有一个女儿还在，周子美的爱人已经去世。文化大革命中间，这稿子到哪里去了不晓得，这是他的总的著作。一个学者的著作收集齐全不容易，在现在讲有的书信(同罗振玉的通信不少)很多的。

清朝一代学术方面,影响大的首推戴东原,戴东原死时只有54岁。刘师培,苏北仪征人,是世代书香,二十九代读书的,从唐朝开始每一代都有名人,在清朝出了四代经学大师。孔广森是曲阜世族,学问都有渊源。戴东原少年在家乡受人迫害,到江西卖布为生,以后跑到北京,在工部尚书王观国家里当家庭教师,后来清皇朝授了翰林庶吉士。王国维先生的父亲是小资产阶级,小小的商人家庭,没有什么家庭渊源,全靠他自己的努力的。由于时世变化,学会英、德、日几国文字,学过物理、数学这些东西,所以他的成就又与戴东原不同。

一个学问家所以能够成为学问家,都有他的历史条件。王先生生于1877年。1902年英日同盟,1904年产生日俄战争,1907年英国同俄国订立条约,这些都是帝国主义者针对中国的政治军事问题。国际东方学会1902年在德国汉堡开会之后,成立所谓"东亚探险联盟"。东亚在什么地方?就是针对我国的。帝俄早已处心积虑,想把新疆拿过去。这条线拉到蒙古,拉到我们东北一带,它第一步,建筑中东铁路,从满洲里到吉林长春,后又造南满铁路,延伸到大连出口,再就是要夺取京汉铁路的筑路权,一直到达汉口。可是英国势力范围的着重点在长江流域,哪肯让俄国无休止地扩张,就与日本搞了联盟。1904年产生日俄战争,俄国被打败了,俄国人攫去的许多权利不得不归日本继承。

考古是学术问题,事实上并不是单纯的学术问题。那时侯,乌汗(即今阿富汗一带)、伊朗都是英国的势力,目的要与后面印度联成一片,这里边牵涉到中国的新疆问题。就在这时候来了,英国籍的斯坦因,他原来是匈牙利人,那时在印度教育部工作,两度深入新疆,1900年在和阗尼雅河下游废址盗走魏晋间人手书竹木遗简五十枚;1907年又在罗布泊北之古城盗走木简百四十枚,敦煌长城遗址盗走七百另六枚。接下去是德国教授奈柯克博士到我国新疆吐鲁番、张掖黑水河古城遗址,得《番汉合时掌中珠》一书,为西夏国书传世之始。还有法国的伯希和到我国甘肃敦煌。1910年,俄国科智禄洛夫大佐在我国取走了西夏文书。日本大谷光瑞伯爵也先后到过吐鲁番一带，而瑞典人斯文哈定，甚至九次深入新疆。地下考古发现的东西越多，也引起了学术界注意。

帝国主义侵略中国就是要抓权利。什么权利呢？即是矿山开发的权利、铁路建筑的权利，借款给中国或者自己进行独办。这时就有人主张利用外资开发国内的想法。京汉铁路、陇海铁路经过的地方，像河南、陕西一带，地下发现东西很多，大官僚也有钱能把这批资料收了去，产生这时代的新学问，甲骨文学、金文学、碑板石刻之学。也因为国际形势的速变，中国知识分子感到乾嘉学派过去那一套"训诂名物"，汩没了学子的性灵，想用西汉今文经学家的所谓"微言大义"作为政治改革的理论依据，这就产生今文经学派。我国历史上军事入侵，毫无例外地从三北而来。殷周时代的鬼方、薰鬻、猃狁、犬戎，汉时匈奴，五代契丹，北宋的女真，南宋的蒙古，明朝的鞑靼，不来自西北，便来自东北。三北的地理历史对中国的兴衰都有特殊的意义。这时产生了三北地理学、辽金元三史研究，特别敏感的问题，是帝俄扩张的野心，这是学术界的风气，也是当时的形势任务。这种以复古求解放的学术运动，对祖国救亡到底有多大用处是另外一个问题，但学说偏到那方面有它的独到之处却不能抹煞的。王维国先生便是这时代新产生的，各种学问集中于一身的代表人物。

他正式做教学的时间并不长久，1925 年到清华研究院，1927 年自杀死掉，只有二年时间。清华研究院第一年招收学生 30 人，第二年招 20 人。王国维起草研究生的培养计划，是采取中国旧式山长制（书院）和英国牛津大学导师制相结合的新方式。招生条例规定，中国哲学史、中国史学、中国文学部分是由梁启超指导，经、史、小学、古文学、古器物学、辽金元三史这一套东西，划归王国维先生指导，中国与少数民族关系历史、东方语言学，划给陈寅恪先生，音韵学划给赵元任，考古学划给李济之，李济之那时是讲师。讲起来这五十位都是清华研究院同学，但是做学问的路子不大相干。跟赵元任有关的只有王力，就是王了一。跟李济之学考古的只有一个吴金鼎。吴金鼎毕业于山东齐鲁大学，据陈寅恪先生讲，他的英语好极了。投考李济之的考古学要考试三国外国语，吴金鼎不够条件，但是英语很好，能看书，能用英语写东西，写出东西很好。其他梁漱溟、林志钧（宰平）、马叔平担任过讲师，每星期做一次报告而已。

清华研究院的学生大多集中在梁启超身上，因为梁启超在当时的社会地位高，你写出来的文章，经他批些字送到《东方杂志》等刊物，稿费一定拿到，王国维先生没有这一套。梁先生这个人，你跟他谈话，只有他说话没有你说话，哇啦哇啦的。而王国维先生的性格不一样，只有你说话，他不讲。你坐在那里，你讲一句，他轻轻答应一句，最落一个结论："恐怕这个不对吧！"再讲下去，他头摇摇，"靠不住"。人家觉得泼冷水，而且你叫他介绍哪个地方投稿，他也不热心，所以学生总共不过五六个人。陈寅恪先生德国回来只有37岁，未曾结婚，这个人两样，你讲一半，他讲一半，有空跟他谈谈是很有意思的。我们清华的老师吃了晚饭都到陈寅恪先生家中聊天，一个条件，是他没有结婚，没有小孩子。他的祖父陈宝箴（右铭）久宦湖南，他的父亲陈三立（伯严）也久寓长沙，所以先生也善说湖南话。长沙人杨树达任清华大学中文系教授，和他谈起家乡话比较亲热一点。王国维先生觉得我国当时出土的一切古文字、古器物都有人整理了，而塞内外诸古国若大夏，若突厥，若回鹘，远之若修利，若兜佉罗，若身毒，文字器物亦多出于我国西北二垂，胥与我国闻相涉，而梵天文字则又我李唐之旧学也，我老师宿儒以文字之不同，瞠目束手无如之何。惟君楚实首治梵文，又创通西夏文字之读，将以次有事于突厥、回鹘、修利诸文字，可惜他只有二十六岁就死了。王先生碰到陈寅恪先生，就等于接过了罗君楚的接力棒，他常常跑到他家里谈学术问题，我们吃了晚饭，就也借这个机会跑到清华南院二号，自己拿个凳子坐下，静静的听着，听进来很有意思，这样获得老师的教益的机会就比较多了。

清华有这样的习惯，有一个教职员公会，一个教师一年拿出一定的会费，一学期招待学生茶话一两次，女教师负责当招待，学生也要回敬一次。研究院的学生人数不多，老师请我们吃茶点，我们怎么回敬，选择在什么时候，最好在放假前，六月一日的中午，由同学姚名达主办摆了四桌饭。可是那天，惯于妖言惑众的北京日本人办的《顺天时报》登了一条无中生有的消息，说得好象山雨欲来风满楼的样子，《晨报》、《世界日报》、天津《大公报》、天津《益世报》却平淡无奇。梁任公来得较早，看到摆了四桌酒席很丰盛，对助教们说："我们什么时候回请托你们去办吧。"后来，王国维先生来得较晚，与梁启超轻轻讲"时局情形不大好"。梁启超说："我今天离开北京，（离开北京，因为他在天津有房子）同学毕业的事情，成绩展览会的事情请你主持。"王国维先生轻轻点点头，也没有什么别的。

开展览会是什么意思？辛亥革命以后，教育经费毫无保障，像北京大学那样的所谓国立八大学校，教授只有名义上的工资。年度明明是中华民国十五年，工资才发到民国九年（1920 年）十二月的上半月。其余呢，将来再补，这叫做欠薪。清华的钱是庚子赔款的专款，有中美庚款委员会负责，隶属外交部，不怕拿不出来。在清华的中国教授平均工资二百元，中间四个人拿四百元的，等于教务长身份。研究院四位导师每人都是月薪四百元。李济之拿一百元，有三百元是美国的一个博物馆给他，合起来也是四百元。其他讲师拿一百元。一百元钱已经不容易，可以购买大米三千斤。这样优厚的待遇引起了左邻右舍的眼红，说研究院老师拿四百元钱一个月，不过做几个报告。梁先生要把我们同学的成绩拿出来展览一次，目的就是使清华大学的所有教职员工知道我们平日在做什么。

第二天夜晚，我们浙江同乡会也同一个地方（工字所）举行聚餐会，人数大约有七八桌。吃完饭以后，我同大学部的一个同学聊天，李济之的助教王庸（以中）匆匆来找，问："王先生有没有在这里？"下一句话我没听见，只见刘节站起来讲："不会的，不会的。"我问："什么事情不会的？"他说："有人说王先生到颐和园去了，我说不会的。"刘节接着低声地说："昨天我同卫聚贤去看王先生，卫聚贤劝他到山西去住家。王先生说：'怎么办？'卫聚贤说：'在这里总不大好'。王先生说：'我要想法。'大概到园里想办法去了。"不管他会不会，我马上冲出工字厅，朝清华西院的方向跑。半路看到王先生的助教赵万里,便问说:"听说王先生到颐和园去了,真的么?"赵万里说:"真的嘛。"一阵心酸,不知不觉扑向赵万里的怀里,放声大哭起来。赵万里携起我推向相反的方向,根本不知道自己足踏在什么上面。在黄昏的灯光下,看见迎面而来两个人,是吴其昌和刘节。吴其昌听到我的哭声,也停着脚步,放声大哭。刘节也啜变泣矣。刘节搀着吴其昌哭,赵万里搀着我,找到校门口。几十个师生挤上校车,驱车直奔颐和园。校长曹云祥亦开了自己的小汽车去,时间已是晚上十一点钟样子。颐和园的管门人不许我们进去,经过两位校警再三交涉,只允许校长、家属和一个校警进去,后来两个校警都进去了。一看已经死了,转身回来。研究院的特点,是治学与做人并重。各位先生传业态度的庄严恳挚,诸同学问道心志的诚敬殷切,穆然有鹅湖、鹿洞遗风。诸老师"铁肩担道义,妙手著文章",都是诸师长有言的或无言的,对于从业弟子的深厚期待。年长的同学对于年青的同学也都以学门道义相期待,被期待的对象,对于身受教益的学生或者年青的同学,差不多本能地回答。故师弟之间,恩若骨肉,亲如手足,常引起许多人的羡慕。虽不能至,心向往之。(孟博《清华研究院始末》)

那天回来在教室里开会,组织治丧委员会,实际上是哭成一团。那天晚上我到赵万里的宿舍,做的第一件事就是报丧,刻腊纸写讣告。赵万里起了个电报稿子,准备打给天津罗振玉。"为什么不打长途电话",我问。他说:"打长途电话还要慢,电报快。"电文是:"师今晨在颐和园自沉,请代奏。"奏给谁?向溥仪代奏。稿子我看了以后,就由清华学校邮政局专人去发了。溥仪在《我的前半生》说:"王国维死后,社会上曾有一种关于国学大师殉清的传说,这其实是罗振玉做出的文章,而我在不知不觉中,成了这篇文章的合作者。过程是这样:罗振玉给张园送来了一份密封的,所谓王国维的遗折。我看了这篇充满了孤臣孽子情调的临终忠谏的文字,大受感动,和师傅们商议一下,发了一道上谕说:'王国维孤忠耿耿,深堪恻悯,加恩谥予'忠懿',派贝子溥忻即日前往奠啜,赏给陀罗经被并洋二千元……'那时我身边的几个最善于勾心斗角的人,总在设法探听对手的行动。手法之一是收买对手的仆役，因而主人的隐私，就成了某些仆人的获利资本。在这上面最肯下功夫的，是郑孝胥和罗振玉这一对冤家。罗振玉假告遗折的秘密，被郑孝胥通过这一办法探知后，很快就在某些遗老中间传开了。……近来，我又看到那个遗折的原件，字写得很工整，而且不是王国维的手笔。一个要自杀的人，居然能找到别人代缮绝命书，这样的怪事，我当初却没有察觉出来。”

罗氏甘孺亦云：“静安无遗摺，殆不欲为身后乞恩计，乡人乃为代作，窃比古人尸谏，冀幸一悟。”（《永丰乡人行年录》九八页）此事始末，他人未必知，王门弟子则不容不知，这都是事实。说遗老里面有两种人，一派人反对罗振玉，反对他的奏折。请他颁谥法。谥法颁下“王忠慤公”。依照大清纪律，二品官，现在副部长一级，那时叫侍郎一级；一品官尚书一级，才能颁布谥法。

陈寅恪曾做对联挖苦我们研究院同学：“南海圣人再传弟子，大清皇帝同学少年。”第一句指梁启超，梁启超是康有为的弟子。第二句指王国维，他是溥仪的老师。对王先生到底他在清宫里做什么，我去以前不了解，陈寅恪先生也不大了解。死了之后才知道他是五品南书房行走，是空衔空缺。做什么事情？溥仪赏赐给什么人什么东西，叫你代笔写一写；溥仪画一个牡丹，请你题一首诗送给什么人。他进去以后，主要是检点一下里边的文物、书籍。为什么叫他检？可能与这个有关。故宫保持原状，里边文物一切照旧，但是被偷窃了不少。内宫太监都狼狈为奸，偷了太多怎么报账？1923 年宫中火烧起来，火烧以后，这笔账就烧了。这就要重新整理一下，是蒙古人升允（吉甫）推荐王老师去的。第二年（1924 年春天），罗振玉也进去了。顺带讲一讲，《史学月刊》1981 年第二期有个王振铎，写一篇文章说王先生是罗振玉拉他到故宫里去，重新回到依附的地位。说罗振玉推荐的，这正好颠倒了，是升吉甫推荐的，不是罗振玉推荐的，罗振玉后进去。罗振玉进去也是南书房行走，一样的，他有什么资格拉王先生，这不是事实。

王国维先生死后第二天就收殓了。北京报馆就有文章登出来，第一篇文章，有个郑师许，在北京私立华北大学教书的，写篇文章说他为清朝殉节。说辛亥革命以后三个人自杀，一个梁济(巨川)，是梁漱溟的父亲，在北海公园后面什刹海投湖自杀；一个叫吴可读；第三个是王国维。又说，死在哪里？为什么不死在别的地方，死在鱼藻庭前面？引《诗·小雅》毛传："鱼藻刺幽王也。言万物失其性，王居镐京，将不能以自乐，故君子思古之武王焉。"鱼藻，讽刺幽王，国君不好，大家想到周武王，附会上去跳到鱼藻庭前是忠吾爱国的表现。另外，王先生有个盟兄弟叫张孟劬，(盟兄弟有三个人，还有一个叫孙德谦)写了"犹有微躯系五伦"，也说他忠君爱国。

这时候也有人写文章攻击他，这个人是清华大学历史系主任叫陆懋德，写篇文章说他思想落后反动，这文章发表在北京《晨报》上。我毫不客气写了一篇文章驳他。后来一个日本人桥川时雄，办《文字同盟》的，把我们两篇文章都收在他的纪念集里，但把陆懋德批评王国维的一段话用……删掉，把我骂陆懋德的话也删掉。陆懋德这人后来有一次请陈寅恪先生做个报告，提出王国维也对这问题写了文章恐怕有错的吧！我毫不客气："你作为历史系主任，错不错你还看不出来，还问人家。"我对王先生就写了这样一篇文章。最近台湾王德毅编的《王静安先生年谱》，引用一个材料柏生写的《王静安先生自沉始末记》，注即戴家祥。叶嘉莹教授写了文章，把《年谱》的文章引过来，下面也加注说柏生即戴家祥。这篇文章在《国学月刊》(主编是储皖峰)上，是刘节写的。这篇文章不是我写的。比较据事实来写的，没有批评他不好，完全是客观的记载。说我写也没有什么对不起我；不是我写也没有什么关系。但是我为什么要讲明白？老实不客气，当时我语体文不会写，我发表文章都是文言文。我写语体文，开始还是1936年在南开大学教书时。所以这是别人写的，还是讲讲明白。

罗振玉在天津上奏给溥仪，溥仪在《我的前半生》里讲，我假使揭穿罗振玉这个是假的，罗振玉他做王国维遗疏写的端端正正小楷字，不是王国维自己写的。假使一个人第二天要自杀，前一天自己稿子叫人家抄写是不可想象的，这句话讲得完全对。假使我把他说穿了，罗振玉就是欺君之罪，在遗老队伍里就做不得人了，还是将计就计允许颁布谥法。后来人家批评王国维忠于清朝殉节，材料就是根据罗振玉上的奏疏，既然死的时候告诉清朝皇帝，死不是为清朝殉节是为什么呢？但不知道这个遗疏是假的。他去世以后，罗振玉做一篇祭文，说到自己本来也要死的，这个死不止这一次，就溥仪被赶出去时，赶出去下命令是临时摄政黄膺白带了几个人去逼溥仪离开，不离开手榴弹，实在里面线拿走的，限制时间走，赶走时这批遗老一起赶出去。朱鸿声要自杀，罗振玉说也要自杀，好像《红楼梦》里鸳鸯自杀以后，其他人也说自杀，真正自杀的只有鸳鸯一人。罗振玉说自己为什么不自杀呢？王先生只有五品官，得谥法，我死的话，人家就会说我也希望有这样一个荣典的。文章一登出来，梁任公在天津写了对联在报上发表：

其学以通方知类为宗，不独奇字译鞮，创通龟契。

一死明行已有耻之义，莫将凡情恩怨，猜拟鹓鶵。

鹓鶵，鸟名，典故在《庄子·秋水》篇，这个鸟不是醴泉水不饮，不是梧桐不栖。梁任公的意思说，你不要以普通社会的低级趣味来猜拟王国维。梁任公写信给陈寅恪先生，说我看了这篇文章觉得无聊，所以写了这篇挽联。这是梁任公对罗振玉的反击。

以后我在南开做报告，人家碰到就问："你是王国维先生的学生，到底王国维先生怎么死的？"为什么死？他又没有告诉我，这叫我怎么答复。有人说："一个人读书读得那么多，到了这种关键时刻，还不能保存自己生命，真是太可怜了。"在那个报告中我说："一个人生在连死都没有自由的世界里，那真是只有一条死路了。"人已经死了，怎么猜人家应该死，不应该死？这个很难讲的。

王先生死后几天，有人到他那里拿学生的卷子誊分数。分数不是打几分几分的，都圈几个圈，三个圈是最好的，二个圈次等，一个圈不好。王先生已经圈好，公公正正摆在桌子上。开始几天没人找卷子，现在一找，见桌子上还有一包包好的东西，一把扇面，是谢国桢叫他写的。扇面一拿出来，首先是刘节说："王先生怎么死的我晓得了，他有一首绝命诗写在谢国桢的扇面上"。诗是：

万古离怀增物色，几生愁绪溺风光，
废城沃土肥春草，野渡空舡荡夕阳，
倚道向人多脉脉，为情困酒易伥伥，
宦途弃掷须甘分，回避红尘是所长。
无奈离肠易九廻，强搒怀抱立高台，
中华地向城边尽，外国云从岛上来。
四叙有花常见雨，一冬无雪独闻雷，
日官紫气生寇冕，试望扶桑倦眼开。

诗拿出来，陈寅恪先生说这诗很熟悉，不象他自己做的。后来查出来这是唐朝韩偓（东郎）的诗，不是王先生他自己的诗。

反过来又有二首：

生灭原知色即空，眼看倾国付东风，
惊回绮梦憎啼鸟，罥入情丝奈网虫，
两裹罗衾寒不寐，春阑金缕曲方终，
返生香岂人间有，除奏通明问碧翁。
流水前溪去不留，余香骀荡碧池头，
燕衔鱼唼能相厚，苔污泥遮各有由，
委蜕大难求净土，伤心最近是高楼，
庇根枝叶由来厚，长夏荫成且少休。

谢国桢发表说，上面一首诗已查出来，下面这二首可能是王先生自己的。后来又查出来是陈宝琛的落花诗。陈宝琛是溥仪的太傅，他有《落花诗》八首，《前落花》《后落花》。这从《前落花诗》四首中间选了两首。"伤心最是近高楼"，这句话是用杜甫诗"花近高楼伤客心，万方多难此登临。”

最近，海宁东山中学一个教师问我，周传儒说梁启超写给他的扇面把王先生这二首诗抄上去，说是王静安先生的绝命诗。人家相信梁启超说是王先生的绝命诗就是王先生写的了，其实不是。

还有，天津《益世报》有一个记者没署名，写了一篇文章，说：“罗振玉在天津开了店，王国维的儿子参与其事，大蚀其本，罗竟大不满于王，王的媳妇乃罗之女，竟因而大归，很伤王国维的心，逼他走上了自杀的路。”王先生从来没有做生意，也不会做生意，他也没有本钱，不会搞这事情，这我们相信。过去的新闻记者，有的信口开河，什么谣都会造的。后来郭沫若在日本不了解，怀疑王国维不是为清朝殉节，什么理由，就把《益世报》这篇文章作为证据。

后来溥仪在《我的前半生》里有一段话说得更奇怪，“听说内务府大臣绍英托王国维卖一批字画，罗振玉晓得这个消息，就把王国维手里的字画要了去，说自己代他去卖，卖了以后，所得一千元钱说应该归还他。后来王国维没法子对付绍英讨钱，没办法就自杀了。”

王振铎那篇文章根据郭沫若材料说罗振玉逼死他，另外有原因，说在遗嘱里给王贞明说：“我虽无分文遗产给汝等，苟能谨慎勤俭，决不至于饿死。”他的意思是新社会好，旧社会这么大的一个学者，分文遗产没有，景况非常之惨。但他没有考虑到，当时在清华研究院工资四百元银元，一元银元买三十斤大米，一个月一万二千斤大米，一个江南大地主一千亩田收租一年只能有四千元。同时，上海徐铸成在《新民晚报》上写《哈同外传》，说他五百元钱一个月，那又太高了，只有四百元。国民党统治以后普遍工资才高起来，陈寅恪先生大学教师最高拿六百元，相当于简任官，各省厅长、行政专员、各部次长，那时四百元钱很了不起。我们做学生，一个学期进去一共交四十块，吃饭五个月，一个月七块钱饭钱，还有洗衣费、学生会会费、体育费包括在内。那时他怎么会穷到这个地步，就是真正穷到这个样子，也不至逼得他自杀。《滕王阁序》中有二句话说：

“屈贾谊于长沙,非无圣主。窜梁鸿于海曲,岂乏明时?”下面:“老当益壮,宁移白首之心。穷且益坚,不坠青云之志”。

象这样的话,在我们这种人都能做到,象他这种人还不能做到?

最近《安徽师范学院学报》有一篇讲王国维先生美学,还是根据老早给溥仪上奏折的一种话。

我们同学留下不多了,周传儒今年八十多岁,讲起来是我的前辈,他1925年考进清华研究院,我1926年考进。他最近写了《王国维先生传略》,登在山西《晋阳学刊》出的《现代社会科学家传略》里。一方面我们原谅他年纪老了,老了脑子记不清了,也说明他这人做学问的态度太不严肃,里面有一句话说:“王国维先生是胡适之把他挖掘出来的,如果没有胡适之,就埋没了王国维”。胡适之比王国维少九岁,我到北京去碰到几个人同年,马叙伦、林损、胡适之、刘师培(死掉了),几个人同龄人,那时胡适之三十九岁,王国维四十九岁。王国维1902年已经有名了,1911年以后写的东西很多,因为他有名,胡适之才推荐他到清华是真的,不是胡适之把他抬起来的,没有胡适之就抬不起来,没这回事。一个时间,一个年龄,可以对比。胡适之为什么会推荐王国维先生到清华的?清华这学校过去只是高中程度,毕业后全部送到美国去,一个月80元美金给他去读大学一年级,程度好的插到二年级,回来后做大学教授。大学里教出来的教中学,体系上造成一个亲美体系,是美国前总统罗斯福(不是抗战时期罗斯福)他提出美国庚款退回来。帝国主义有他的算盘,他估计到美国同日本战争不可免,很远和日本战争不好,故要在中国找一立足点,找一批亲美派。退回庚款并不是把钞票交给你,有一中美庚款委员会,归外交部管,一个办清华旅美学校,归外交部领导,不是归教育部。钱存在银行里付利钱,利钱拿出来给学生到美国读书,钱用在美国身上,回来说美国好话,这个生意做得对,手段比日本厉害。后来旅美学校程度低,高中程度,乱七八糟的教师很多,京汉铁路局开火车头的也在里面挂一个教授头衔,引起很多中国留学生不满意,要求改革。一个改成大学部,同其他大学一样,高中毕业考进去。第二,在这上面办一个研究院,招收大学毕业生,或者有同等学历的。提到这样高,这是南开大学校长张伯伦的弟弟张彭春在清华做教务长提出来的。1925 年开始招生,研究院推荐谁做院长呢?胡适之提出王国维先生。为什么提王国维?有什么关系呢?因为北京大学有个研究所国学门,人称国学研究所,出来的人才研究古文字的容庚、顾颉刚,所长是马衡(叔平)。他是罗振玉的学生,就某种情况上讲,等于和王国维是同学。因为王国维 1898 年在上海的东文学社学习,这是罗振玉主办的,请了二个日本人做教师,本来不认识,有一次在同学的扇子上看到王国维的诗,有二句话气魄很大;

千秋壮观君知否,黑海西头望大秦。

这个事情在《后汉书·班超传》,班超后汉明帝(永平十六年)出使到西域,派副使甘英去找一条路通过条支渡过地中海,条支即今伊朗。甘英到那头问老出门的人说不行,顺风的时候要带三年的粮草才能走到,海上都是妖怪。不行只能在那里回头。大秦是东罗马,黑海就是现在的地中海。在地中海望大秦,这个气魄很大。这样和罗振玉二人就亲近起来,来往密切,这一点是王先生和罗振玉关系开始。这个人可以改变,假使没有罗振玉,他不一定走这条路子,好的路子也可能走,做学问是不是走这条路子,后来拖着辫子做遗老,这同罗振玉有关系。

胡适之还有一段事情,胡适之见过溥仪,溥仪打电话去要见胡适之。胡适之有好奇心,溥仪到底怎么一回事?见见也好,但见到他怎么称呼?他打电话问庄士敦(英国人,溥仪老师)问:“这件事你晓得吗?”庄士敦说:“晓得。”问:“称呼怎么样?”“他称呼我先生”。“你呢?”“我称他万岁。”他听到这句话,溥仪见到胡适之称他先生,他称他万岁。被北京大学有些人当作笑话。这件事情没关系,辛亥革命时签订条约,把溥仪作为外国的宗主的礼待他,一方面讲给他面子好看,毕竟是皇帝,不能叫皇帝吃亏,第二点讲把他关在里面不许出来,出来要保护,这一点称他万岁没什么问题。到后来故宫里溥仪被逼出来后,成立故宫善后委员会,整理里面档案材料,发现有许多有关复辟问题。最主要的是金梁,提出来要拉人,东拉人西拉人,军人要拉,名流学者要拉,名流学者中的一个物件讲到胡适之。这时还有一个江亢虎,他自己说是学社会学的,清朝末年留学帝俄。在上海有人利用江亢虎办南方大学,请他当校长。故宫里江亢虎有封信写给金梁,信里说:"先君曾侧侍南斋,不佞少时亦效微职",表示我是有忠君报国思想的,我还想为清朝效劳。这封信一登,南方大学学生就闹风潮把江亢虎赶走,把牌子拿掉,改成国民大学。里面还有康有为的奏折,说估计1924年天下会大乱,但愿就是我们复辟的好机会。为什么?1924年是甲子年,元旦那一天立春,这是占天意人和。这些有关复辟的材料里,没有发现王国维的一个字,罗振玉也没有,也没有资格。这种情况看起来,他当时同清朝的关系不大。

我进清华研究院以后,曾和他谈到金梁,王先生说:"金梁你怎么知道?"摇摇头,意思这个人乱七八糟。到底乱七八糟讲什么事情,没有讲清楚,因为王先生不大多讲话。后来金梁有一本书写出来,就象纪晓岚(昀)《阅微草堂笔记》讲乱七八糟的《瓜圃丛刊》。王国维去世后,清史馆给他列传,动笔的就是金梁,摆在《清史稿·忠义传》里,共几百个字,对他学术方面一字不提,这也造成外面对他"遗老"的批评。

我对他的事情怎么看。在王先生死前些天,叶德辉在长沙被杀掉。我问他:"叶德辉这人怎么会被杀掉?"他回答我一句很干脆的话:"这个人本来是不好的。"有人说王先生不是殉节是吓死的,叶德辉被枪毙,他吓死了。我想奇怪,天下最艰难不过一死,死都不怕,还会吓死吗?大不了死。这事也讲不通。但有一件事情,在他做人道理我有点体会。在那时北伐战争还只打到南方时,他问我浙江一带怎么样?夏超在浙江独立打击孙传芳,上海出现个大刀吏叫李宝璋,在上海大规模杀人,这事我们温州有几个大夏大学读书的也被杀了,都不是共产党,人也都杀了。对这个事情,王先生讲了这样一句话:"凡是世道动乱的时候,好人总是不会出来的。"我想这和中国过去士大夫的思想是有联系的。高人逸士隐逸每个朝代都有,光武帝做皇帝的时候,刘秀的同学严光(子陵)据说在浙江严州七里籊钓鱼,其他例子还很多。这些人在局势没有定的时候不愿意出来,要等一等。另外一种人,在旧朝代上做过官,地位高,现在要我求你,我就不求;你要是请我求你,也许可以。诸葛亮这个人就是刘备三顾茅庐请出来的,叫张飞讲:“这个人把他抓过来就是了,何必请?”政治家对遗老人才是有方法的,只要你对他有礼貌,有许多人会出来的,不出来的人很少。王先生的时代看起来有没有条件可能性?并不是那么样。他生下来 1877 年,1884 年中法战争,1894 年甲午战争,1897 年德国占领青岛,1898 年英国占领威海卫、戊戌政变,1900 年庚子义和团运动,1911 年辛亥革命,1915 年日本提出二十一条、袁世凯要做皇帝,接下来是云南起义,1916 年 3 月护国运动、袁世凯退位、黎元洪上台。产生什么问题,段祺瑞要参加欧战,黎元洪不主张,二人斗下去,段祺瑞各军团打电报逼黎元洪把段祺瑞免职。1917 年张勋复辟,把大清皇帝的龙旗再挂起来,接下去就是段祺瑞马厂誓师。1919 年“五四运动”。1920 年直皖战争,段祺瑞的势力被吴佩孚打下去。1921 年外蒙独立。1922 年直奉战争,张作霖打败了,吴佩孚把大总统徐世昌赶走,叫黎元洪再出来。黎元洪出来不久,吴佩孚的顶头上司曹锟要做总统,逼得把黎元洪赶走。曹锟做总统要选举,一张选票给国会议员五千元钱,当初称“贿选总统”。不久第二次奉直战争,吴佩孚和张作霖打得最热闹时冯玉祥倒戈,冯玉祥回过头来把曹锟关在北海公园门口走进去的团城。接着就是段祺瑞执政,张作霖同吴佩孚又打。接着“五卅”惨案。越来越厉害。局势这样,作为一个有严重士大夫思想的人,就会等等看。等到什么时候?等到太平时。这时叫他出来做什么官,不可能么?士大夫思想有一条表现是“穷则独善其身”,穷的时候自己明哲保身,我不参加政治。

我个人讲清朝挂遗老牌子的人也不能一刀切,不是统统一样,保皇派里边也不是一刀切。戊戌政变时,康、梁主张保皇,保皇用现在观点看总是反动,但他们这种人并不是没有政治头脑,为什么?康、梁这种人认为英国君主立宪内部平平稳稳,法国革命一连多少年闹下去,日本明治维新也是君主立宪,意思最好皇帝旗帜不要倒。但另一问题也是客观事实摆在面前,我个人想法是否错误请大家批评。欧洲民主制度有它经济基础,公司法依照多少股权选出来产生董事会,得票最多的就是董事长;董事长有权聘请某人当厂长或经理,厂长、经理对董事会负责,反映在政治上就是所谓议会政治。美国总统制也好,法国内阁制也好,日本内阁制也好,形式对议会负责,这制度即公司组织法那里拿过来的。中国过去虽有资产阶级,第一次世界大战之后,在上海荣家,荣宗敬家这个资本家等于一个家族,不是股份公司,小资本家采取合伙经营,几个人并起来,会计你当、总务你当,反映到政治上封建那一套,做总统做到死,做皇帝家天下,自己不要旁边人送去,变来变去逃不掉。现在南斯拉夫职工会,资本家产生董事会,政权性质变了,变成职工会,中国想办共和政治办不通,梁启超想的那样办不到,结果都失败了。

王国维的死是个悲剧。悲剧,中文系教师学过文艺理论的晓得,有几种:一个是社会悲剧,一个是个性悲剧,一个是命运悲剧。一讲命运二字,人家总不高兴,说唯心主义,但有的事情有没有这种情况,这是一个机会?你为什么不生在别的时候,而专门生在这个时候?你为什么这时碰到这样个人而不碰到别的人?这事解释不通。一个人特殊情况,这就是命运。这机会是有这情况,因为青年学生在文化大革命时期,叫他不要读书,读书受批判,倒霉,读错了,可是现在变过来,要读书了,要读书读不起来了,觉得懊恼。去年到普陀山,碰到二个尼姑,浙江平阳人,一个 39 岁,一个只有 19 岁,要去做尼姑,这是社会上有的事情。社会上有的事情也不能讲单方面,现在提出来综合制。同济大学大学生毕业班有个同学杀人做了杀人犯,贵州中学有三好学生团员判刑,这种事性学校是不是有,负教育责任的人应该负起责任。我们搞古代教育,但不能讲思想不抓紧,自己要改好。真正讲,大学生来源于中学,中学生已经定型。中学生来源于小学,小学教师够不够条件是个问题。另一方面家庭教育、社会教育,有人讲我耳朵听起来是那么回事,眼睛看起来又不是那么回事,这个一方面思想方法有点不对,主次没有分明,同时向前看这一点绝不是向钱看。

说到王先生,那一次人家问他为什么死?我是说一个人一种毛病是死不了的。比如一个人生肝炎、又生糖尿病,肝炎一定要吃糖,糖尿病不能吃糖,中医称相克,顾这里顾不到那里,顾那里顾不到这里,就死掉了。一个人自杀也不是一个原因,一个是社会问题,社会问题你没有办法,旧社会工人,农民悲惨的命运很多呀。一个是个性问题,个性问题也有,不是没有。比如屈原做《离骚》讲"众人皆醉我独醒,"一般人酒醉了,我为什么醒,"众人皆浊我独清",大家醉了你也喝点酒好了,混混日子,你何必那样清高,可是我就不是这样,我觉得这就是他的个性,这一点这是他的急性子。还有慢性子,发神经病,精神分裂症,有的腐化堕落,今朝有酒今朝醉,这种人是不是慢性子,有的人他就闷在肚子里,说不好说,"不如意事常八九,能与人言只二三",许多事闷在肚子里闷死掉了。这许多事很复杂,你说一个原因,不是一个原因。你说保皇派康有为、梁启超在戊戌政变时一样的,但二个人不一样。张勋复辟时康、梁就不一样,马厂誓师时,梁启超写了一封信骂康有为是五代时的朱温;袁世凯做皇帝,云南起义时他自己参加的;在海珠会议,他的最亲密的朋友汤觉顿被龙济光杀了,他就不顾牺牲一切,自己跑了去,把龙济光讲服了,参加了讨伐军。而康有为不但不如此,这个就不一样。现在作为历史人物评价是非常细致的,不是那么简单的。今天我讲只能代表我个人。

我当时写了挽联:

> 论学论人论事,事事求是,世其谓师何,总算是第一流人物;
> 忧国忧家忧身,件件攒眉,世之伤心人,都结此百不了忠肠。

这个挽联,当初各方面都不讨好,罗振玉主持的,所以《哀挽录》里我这个挽联就没有收。

自王先生去世后,我一直不相信他真的死了。有一天我到王家,看到一个人后面挂一根辫子从床上爬起来,吓呆了。当差的叫"罗大人",他马上穿了衣服。他的儿子叫罗君美。罗振玉对我们讲话总是"贵老师怎么样",他已经六十多岁了,我还只有二十一二岁,我讲一句话,他总是马上站起来说:"是。是。"我问他:"有没有谥法?"罗君美答复说:"有。"

他把溥仪的上谕拿出来，所谓上谕是一个普通的信封，里面字写得端端正正，下面有二句话："赏银治丧费二千元，由驻京办事处拨付。"后来我离开走了。事后我不知道罗振玉这次来京做什么。后来据赵万里说，溥仪赏银二千两。他自己是穷光蛋，溥仪被逼走的时候，故宫里有批银子拿出去摆在八旗银行，满州族贵族的八旗银行，存在那里不是罗振玉去拿拿不到。自己送礼还送了一千元。

中间二个人搞得不好，就是王先生后妻姓潘的，前妻三个儿子王潜明、王高明、王贞明。王潜明在海关工作，沪光大学毕业，他的老婆是罗振玉的第三个女儿。王潜明死了之后，王先生到天津去了，罗振玉也来了，王师母他们都来了。后来回去的时候王师母把这事告诉了赵万里，赵万里的妈妈是王师母的妹妹，两人是姨妈和外甥的关系，赵万里把这事告诉了我。王先生指定王高明的儿子给他继承，叫媳妇到北京去与他们住在一起，但罗振玉的女儿不愿意，罗振玉指责王先生听老婆的话，就索性把自己女儿带走。当初情况大家可以理解，作为王先生死了长子非常悲哀，作为痛苦最深的罗振玉女儿，夫妇之间也可以理解，中间关系处理不好，两个人争了。罗继祖《永丰乡人行年录》里提到"家庭细故"就是这事。这是发生在1926年秋天。到1927年春天正月十五，溥仪生日，王国维到天津拜寿。往常都是住在罗家的，朝衣朝帽都摆在罗家的，这一年他回来后，我问他："碰到罗先生了么？"他说："没有，我住在旅馆。"轻轻讲这一句，这样我晓得二个人关系搞得不好。周传儒这篇文章里讲罗振玉1927年两次到日本去，没有同王先生商量，王先生很生气而自杀。这事情你看，既然第一年已经绝交，第二年还有什么商量的，何必商量？他又何必一定要参加意见？这事情没有关系的。

我所以讲他忧生，身体坏了，1926年冬天，何士骥流了眼泪对我讲："王先生说自己快会死了，他说手举不起来。"即现在所讲的风湿性关节炎。他自己讲身体是虚弱的，所以在生活上常常想到自己的人生问题。

家庭情况怎么样？前妻是比较穷的时代，贫贱夫妻比较好处理。后来生活比较好一点，继娶之后，陈寅恪先生对我讲："清华里面同事说王

师母爱排场,费用太大,家庭中间总有问题。”王先生曾有一首诗《蚕》也能说明问题:

“余家浙水滨,栽桑径百里,年年三四月,春蚕盈筐篚,蠕蠕食复息,蠢蠢眠复起。口腹虽累人,操作终由已。丝尽口卒瘏,织就鸳鸯被,一朝毛羽成,委委如敝屣。耑耑索其偶,如马遭鞭箠,啕濡视遗卵,怡然即泥滓。明年二三月,儳儳长孙子,茫茫千万载,辗转周复始。嗟汝竟如何,草草阅生死,岂伊悦此生,且由天所畀!畀者固由仁,悦者长已矣。劝君歌少息,人生亦如此。”

这里把人生看作动物一样,是受二十世纪初年生物进化、自然进化论的影响,很悲观,养成了他孤僻的性格。而社会问题、家庭问题等等,都是他自杀的原因,关系比较大的还是个性问题。

【此文为戴家祥1982年5月25日在华东师范大学历史系所作的学术报告讲稿】

王国维先生墓碑记

先生名国维，字伯隅，又字静安，号观堂，别署永观。一八七七年十二月三日，生于浙江海宁盐官镇。父乃誉公，课以时文制艺，年十一，即洛洛成诵。稍长，从同乡陈寿田先生学骈散文及古今体诗。十六，入州学。甲午战败，士子哗然，始知有所谓新学者。时钱塘汪康年创《时务报》于上海，招上虞许家惺司书记，许荐先生自代。先生求知心切，以半日事校缮，午后即至东文学社学日文、英文、德文。日籍教师藤田丰八、田冈佐代治爱其勤，为言康德、叔本华、尼采哲学，先生闻之辄向往焉。一九〇一年，游学日本，昼习英文，夜至物理学校习数学，未期年以病归。著红楼梦评论、叔本华与尼采等文，间以填词自遣。如是者二三年，渐觉西欧哲学大都可爱者不可信，可信者不可爱，移其志于文学，著《人间词》甲乙篇。其后又潜心戏曲，以我国文学之不振者，莫戏曲若。著《宋元戏曲史》等刊于《国粹学报》，并揭其文学观点于《人间词话》。先生虽已文名籍甚，仍自视其理智不足为哲学家，而感情又不能为文学家。是时，我国地下文化遗物，时有发现，若安阳之卜辞、甘肃新疆之汉代简牍，敦煌千佛洞之六朝唐人写本古书、新疆境内兄弟民族之古代遗文，实世所罕有。而碑文墓志、商周彝器因矿山铁路之兴建，零星暴露于山崖水限者，几无岁无之。其于学术价值，虽合全世界学者之智慧，尚未阐发及半。

上虞罗振玉不忍听其存灭,先生亦慨然以整理新发现之史料为己任,匠心独运,创获良多。一九二一年. 裒其所释卜辞、金文、声韵、训诂、名物及考订史地之作,并诗文若干篇为《观堂集林》廿四卷。一九二五年,受聘为清华大学研究院教授,尝谓"吾辈生于今日,幸得地下之新材料辅助纸上之旧材料,以证明古书之某部分全为实录,即百家不雅驯之言,亦可探索其一面之事实。此二重证据法,惟在今日始得为之"。又言"道咸以后,国势不振,学术之必为变革,自不待言。惜龚瑟人、魏默深之言,情浮于理,不能服人耳"。亟思以海外学者研究之成果,治辽金元三史,以治经史之法治四裔地理,庶几干蛊前修,启迪后学。讵知一九二七年六月二日,竟自投颐和园鱼藻轩前之昆明湖以终,年仅五十。哲人云萎,志业未竟,呜呼哀哉!呜呼哀哉!八月十四日,卜葬于清华园东二里西柳村七间房之原,遵遗命也。先生娶莫氏,生子潜明、高明、贞明,继室潘氏,生子纪明、慈明、登明,生女东明、松明、通明,皆头角崭然,先后济美。一九二八年,罗振玉刊其遗书四集,越六年,门人复事采辑,编为《王静安先生遗书》都四十三种,一百零四卷,而《水经注》《元朝秘史》《蒙古源流校注》,尚未最后定稿者不与焉。清华大学一二届研究生共五十余人,受先生专业指导者有赵万里、杨筠如、徐中舒、刘盼遂、余永梁、高亨、何士骥、黄淬伯、赵邦彦、姜寅清、朱芳圃、戴家祥等。而先生治学之规矩法度足以垂范后学者,固无所不在也。一九六〇年一月,清华大学迁其棺于福田公墓。一九八五年×月,树碑志之,俾国内外学者,有所仰止焉。

附:王季思先生后记

这篇《墓碑记》是老友戴家祥先生最近从上海华东师大寄来的。戴先生在信里说:先师王静安先生自沉以后,其姻亲罗振玉不但伪造所谓《临终遗折》,骗取溥仪加恩赐谥,又在天津日本租界举行'王忠悫公公祭',在《津报》发表祭文。其后又在《王忠悫公遗书》卷端写了一篇《王忠悫公传》,首言先生就学东文学社,经他慧眼赏识,提拔为学社职员。国变(按指辛亥革命)时同去日本,由于罗的开导,尽弃过去的所学(按指哲学、心理学、教育学及文学)，北面执弟子礼，转而专攻经学和小学。最后说自己不但教他为学，而且教他为人。特别表白自己自冯玉祥将军逼溥仪出宫以来曾三次“犯死而未死”。本想清理未了之事就死的，不料“公竟先我而死矣，公死恩遇之隆，为振古所未有，予若继公而死，悠悠之口或且谓予希冀恩泽”，所以他就不便去死了。梁任公为此曾写一挽联：“其学以通方知类为宗，不独奇字译鞮，创通龟契；一死明行已有耻之义，莫将凡情恩怨，猜拟鹓雏。”发表在《津报》，并致函寅恪师斥罗氏之言“委琐龌龊”。寅恪师将其函遍示研究院同学，并采其言于挽诗小序之中。后来罗某钻到伪满魔窟中去，一九三五年，我在南开大学作《海宁王静安先生》学术报告，从王师的《三十自序》及《静安文集》中所述，说明他少年学哲学、文学，最后从事经史小学，是由于自身兴趣的转移，并非出于罗某的教导。质之师友，颇以为不谬。

戴先生这段话说得较真实。他在《墓碑记》里泯去了罗振玉利用先生的自沉制造复辟言论的遗迹，突出了先生在学术上多方面的成果，是跟他对先生的这种认识和评价有关的。

王静安先生为什么在一九二七年北伐军节节胜利的历史形势下自沉，近人陈鸿祥在《“哀死宁生”话自沉》(见《学术漫录》第九集)一文中有较为详尽的论述。他的死，确如顾颉刚先生说的“是学术界一个极大的损失”，引起海内外学术界人士的同声哀悼；而另一方面也由于罗振玉、溥仪等的梳妆打扮，演出一场“王忠悫公投河殉清”的丑剧。王静安先生的投河自杀，从主观看，是尼采、叔本华的悲观哲学在他头脑里起的作用；从客观看，是辛亥革命以后，政局没有一日安定过，北伐战争的胜利进军也未能给他带来新的希望。而把它推上这条非自杀不能摆脱痛苦的道路，既有革命胜利进军时难免的混乱现象，又有妄图对抗革命形势、拉着历史倒退的顽固势力。溥仪、罗振玉等一批满清遗老遗少，就是这种顽固势力的代表。王静安、罗振玉，都是历史人物，也已盖棺论定，不需我们重费笔墨。我们今天的要求是从他们身上接受历史教训，一方面希望今后的学者能够比较自觉地跨出书房，接近群众，以积极的乐观的态度对待人生，对待现实。那么，即使在历史的转折关头，个人遭到意外挫折，也不至于悲观消极，像那些唯恐革命火星烧到自己手指头的书斋学者那样。梁任公先生在北伐胜利进军时的态度就比王静安先生从容镇定得多，因为他从戊戌政变以来，一直关心革命形势的发展，并不惜以今日之我反对前日之我，继续改造世界观，这才不至跟着他早年崇拜的康圣人，走上复辟保皇的道路。另一方面要求革命队伍的领导者，特别是革命胜利进军途中，防止出现“火焚昆冈，玉石不分”的现象，把一些可以争取过来的有用人材也逼到绝路上去。如果说，在北伐战争时期，人们还不容易做到这一点，经过十年浩劫，我们就应认真总结历史经验，接受血的教训，防止这种悲剧的重演。

王季思附记

一九八五年九月二十日

【《随笔》，1986 年第 2 期】

读陆懋德《个人对于王静安先生之感想》

家祥年十五，于瑞安友人所见罗氏印行《齐鲁封泥集存》，循诵其序，海宁王公作也。分类之严，足以补《封泥考略》之缺者颇多。然吴氏之书，仅次汉表而已；王公证《史》《汉》异同者数处，因思旧学非斯人不足以理董。于是尽购王公著作读之，知王公之学，若古文古音以及经术，皆独具只眼，恨不得载酒问字于其门。去岁讲学清华，余乃冒病来京，幸得亲膺洒扫，方期谈经说字，久坐春风，孰意时未一载，遽尔永别，呜呼痛哉！先师之学，不泥于古，不溺于新，倘言无确据，宁缄口不说，故其著述足以证沿袭之误，决聚讼之疑，以视世之空谈疑古拘虚旧籍者迥异。今不幸与世永别，则中华数千年来学术谁为理董，后生小子将向何处求师表乎？呜呼痛哉！家祥相随之日不久，于师道譬犹七十子之视仲尼，但觉“仰之弥高，钻之弥深”而已。然讲说之际，每有给吾人暗示，当记之以为立身之针砭。今心绪茫乱，临文泪落不能自胜也。夫先师之死，涵义殊晦，其遗文亦仅言“义无再辱”，而世人往往推己度人，于先师之死，妄有长短，本校陆懋德先生即其一，其猜想先师之死，与鄙意不甚符也。先生性缄默，于政治主张，虽未表明，而不仇视民国，则可断言也。观其平生之作，无一语指摘当道，无一字赞美晚清政治，无自伤不遇之言，无愤慨贵人之作，惟纪事则言本朝，革命则言国变，圣讳必缺笔而书，留辫表示晚清遗民。若此之类，仅表其个人节操，岂足以见其政治主张乎？以予观之，先师无仇视民国，可断言矣！至于康氏矢志复辟，固不失忠臣之行，而于华夷之辨不明，世界潮流不合，终年奔走，欲推翻民国政府，先师常痛诋之。南海死后，亦未见其送赙仪而哀悼之。以予观之，先师虽遗老之一，而与彼图思恢复皇室迥异。至如某某之流，依附故主，窃取古玩以自肥者；革新以后，不得志于民国，而假装遗老为柴米发牢骚者，则又先师所仇恨。以予观之，先师之所以矢忠清室，不过立其个人节操而已矣。昔满清入关，明室遗民不愿为异族臣民，悬梁投海，其节操足以动天地而泣鬼神；而一般大用于满清者，毫无愧色。至于晚清革党，无仕于清室，而矢志为汉族雪耻，亦不失忠臣烈士之风。而一群权要，望风转舵，窥窃神器，割据行省，以肆其淫威，将谓忠于汉族则不应臣于满清，既为异族之臣，已屈汉族之节，尤复以臣叛君，自行割据，行同乎莽卓，才异于黄池，而自命为革命功臣，救国分子，一群逐臭之父，卑躬屈膝以侍之，毫不知耻，可慨也夫！先师仕于异族，或有愧于汉；既仕于清室，义不二其节操。当前岁宣统出宫时，先师见其主受辱，坐视无策，即有自杀之心，幸为家人严视得免，恐今后再有此举，故毅然以身先死，无闻见也。其平生交友，以嘉兴沈培老、胶州柯凤老为最笃，观乎二公之行，可以见先师之节操矣。世以复辟党目之，岂真有夺民国土地，以还清室之心乎？何其见之小，而量之隘也！议者以其“虽精于考古，而昧于察今，故于世界政治不甚了解”，“文人受贵人之恩，往往感谢不忘”，何其惑也！夫董卓乃一流寇耳，伯喈叹其死，愚不待言。若夫正统之君，亡国孤臣之行，乃民国以前史书所公许。先师学通中外，行有廉耻，世界大势了然在胸，古往今来知之颇审，而陆君妄相比拟，何好议论不乐成人之美如是哉。清华形式似乎文明之区，而今兹变乱，一群胡服革履依此觅食者，尚晏然视为军阀之争斗，其于世界政治潮流，未知如何了解。我以先师之死，正足以示来学者抱一不二之模范，将为跨党骑墙之针砭。彼乘机而变，唯利是图，卑躬屈节，议南诟北，陆君将认为君子之出仕“利为国不为一家，为民不为一姓”？此则先师耻而不为，非不达此义也。

竟以吐果之核，供笾豆而奉祭祀，其不为贤人君子所齿冷者几希，倘能多读古人书，庶出笔若是之疏也夫。

【北京《晨报》，1927 年 6 月 15 日】

对王国维及其学术的研究应实事求是

关于王国维先生及其学术,有些问题应予澄清。

(一)王氏到清废帝溥仪宫中任南书房行走,有人以为全出于忠清,其实不然。因一九二三年故宫大火,损失惨重,一些遗老要求由学者入宫清点藏品,王氏第一批被邀入宫。至于他自己,一是不想继续呆在姬觉弥搞的仓圣明智大学,二是认为到故宫可读点外间少见之书。后来、清室内务大臣金梁等图谋复辟,他毫不介入,也可说明之。

(二)有人认为王氏治学由哲学、文学而转向经史小学,是罗振玉教导的结果。这是引用罗振玉《王忠悫公传》的说法。其实,他本来就觉得西欧哲学可爱者不可信,可信者不可爱,转而研究文学。因治哲学"感情苦多而理智苦寡",治文学"则又感情寡而理智多"。适值安阳甲骨、流沙坠简、敦煌佚书、祖国境内古代民族的古文书、内阁大库档案等大量文物出现,他认为新学问的出现都与新材料的出现有关,故决定转而研治之。

(三)王氏入清华研究院任教,系由胡适推荐。但周传儒竟据此说王是胡挖出来的,无胡便无王。其实,胡比王少十四岁,王氏在一九二〇年便已出名,何待于胡适去挖?

(四)有人认为王氏所定古韵二十二部现已落后。我认为江有诰和王念孙是根据《诗经》、《楚辞》等上古史料定出古韵部的。江有诰分东、中两部，而脂、至不分。王念孙分脂、至为二，而东、中不分。章太炎既分东、中，又分脂、至，另在脂部加了队部，这就成了二十三部。王氏再就金文、石鼓文及《逸周书》《管子》等书核对一遍，并未越出江、王德划分，这是划时代的研究，得出正确的结论。

【《国际王国维学术研讨会新论摘编》，
《华东师范大学学报》，1987 年第 5 期】

怀念铁骨铮铮的姚名达同学

姚名达,字达人,别号显微。光绪三十一年乙巳(1905)生于江西兴国。早年就读上海南洋公学、大同大学。1925年秋,考入清华大学国学研究院,受梁任公先生专业指导。翌年完成毕业论文《邵念鲁年谱》,继续留校深造。燕京大学聘请梁先生作专题讲座《古书之真伪及其年代》,梁拿出三十元一月的酬金请他代写笔记,印发听讲同学,条理清楚,颇受听众好评。1931年被推荐为上海商务印书馆编辑。“一·二八”战争爆发,商务印书馆被炸,编辑所停办,受暨南大学聘请为讲师。后又升任复旦大学教授。

1937年卢沟桥事变爆发后,曾赋诗云:“万里无垠一望平,漫天风雪赋南征。叹息匈奴犹未灭,书生亦当请长缨。”上海陷落,公共租界大流氓张啸林认贼作父,1940年纠集党羽于某大饭店,密谋投敌步调。姚名达与一群爱国志士潜入狙击,张帮团伙拔枪还击,受了轻伤。伤愈,受中正大学聘为教授。南昌沦落,学校在泰和办了一所分校,教育系教授清华大学校友罗容梓(伦)出任分校主任。1942年,日寇大举西侵,名达组织师生战地服务团,自任团长,深入前线慰问。不料某军阵地已经转移,率团在敌后一所破庙中驻足待旦,因而陷入敌军阵地。他号召团员:“此刻别无出路,只好一个拼他一个。”自己带头抱着一个日军头目,用牙齿咬断他的喉管致死，自己就被敌兵活活刺死。

全团男女同学二十几人，只剩两人活着回来，但也遍体鳞伤。事后，某军军部把姚名达的遗体从赣江运回泰和，军政各界及中正大学师生联合举哀，仪式极其静穆。年仅三十七。

所著书有《邵念鲁年谱》《朱笥河年谱》《刘宗周年谱》《历万榭年谱》《中国史学史》《目录学》《中国目录学史》《目录学年表》等。

姚名达早我一年考取清华大学国学研究院，后来南北分飞，晤面极少。1945 年，该校教授孙正容兄带来罗容梓校友一封长信，及剪报一束，读后很受感动。可惜这些信件，在“文革”中被剿，亦不知其家属所在。匆匆写成，挂一漏万，徒臻内疚而已。

【未刊稿】

怀陈燕甫先生

陈燕甫先生，名琮，浙江瑞安东门外人，清季廪生。任十中国文教师近二十年。他的知识是多方面的，天文、数学、物理、化学、动植物都能教，历史、地理、修身那就不在话下了。

他在邵季达校长任内，不是称道前几任校长黄人望、洪岷初、刘次饶、朱隐青"他们是懂得的"，同事们都心中有数。这"懂得的"三个字，是含有隐恶扬善的用心。后来也终于被这位邵校长解除聘约，由朱自清先生继任他的位置。

我1921年投考十中名列备取第四，改在瑞安县立中学肄业，正好我的亲友诸叔琳、王起(季思)因故由十中转学瑞中。诸叔琳的二姐是孙诒让先生的二媳(次镠夫人)。我们以屋乌之爱，都借居虞池孙宅，作为瑞中的走读生。

进校不久，我偶尔之间碰到一位曾在十中代过课的林涤夫(铸)，交谈之间成为忘年之交，并介绍我做他的表娘舅陈燕甫先生的受业弟子。陈老师这时失业在家，又殇了一个爱女倩姑，写了《哭女诗》二十章。"可怜一块心肝肉，冰雪含云化作泥"，堪称一字一泪。涤夫介绍我去受业，为的是他的精神有所慰藉，不是几块钱的束脩。

诸、王二兄在十中都听过陈老师的课，对他并不陌生。听说那时十中的待遇是钟点制的,一节课下来计银元一块,可买米三十斤,缺席不给。陈老师每天清早,总要到教务处转一转,除英语、体操、手工、绘画、图画之外,都有本事代上。他不论什么课,都能吸引听众。同学们望着他拿着点名册的身影,一哄"燕甫老来了",争先恐后地拥进教室。

"什么蔡元培,什么梁启超,什么胡适之,真正过目不忘的人是不存在的,我就没有遇见过。"又是还以"汝南月旦"的架势,批评章太炎狂妄自大,梁启超淹博不专,胡适之质美未学……他瞪着眼睛,讲得口沫飞溅,同学们屏气静听,讲台上下几乎呼吸与共。

陈老师对梅文鼎的《梅氏丛书》、徐光启的《几何原理》看得入神,算式也用甲乙丙丁,而不用一般数学教师用的ABCD。因为他确实懂得深透,并不因代号不同减弱人们的理解。

我向陈老师学的主要是先秦文献,时间是在晚饭后八点至十点钟。四年时间,计有廿二部子书,再加《论衡》《文心雕龙》《史通》《文史通义》。只是《黄帝内经》说自己搞不懂,推荐我向吴子霖先生请教。

他对我的教学方式概括起来有四方面:把作者的某篇关键加上密结的旁点;把具有最大说服力的警句随手抄录在小本子上;又在警句中意想不到的单字旁加上三角符号,以便自己的写作中派着用场。总的说来,他的全部精力用在备课方面,并没有对我逐章逐句的讲解。我呢,主要是得力于他的圈圈点点,陈老师运用这四方面的方法方式,把作者的意图完全吃透,用他自己的话讲叫做"读得入胜"。现在回想起来,体会到"真正过目不忘的人是不存在的",道理或许就在这里。我由衷地感谢他老人家,他那种把困难留给自己,把方便让给别人的高贵品德,深深地感动了我。

有一次,我读到《墨子》里"方至尺之不至者与不至千里之不同者同",感到茫然不解。他把三角板搁在桌角头一摆,"懂吗?"又一次,我读到《论衡·祸虚篇》的"荧惑守心"和次日"荧惑退避三舍"两句话,向他请教。他在纸上画了两个大小不同的圈道,一个大的代表着荧惑(火星)的轨道,一个小的代表着地球的轨道。由于某个时候,似乎在轨道上走的火星呈现着不动状态，这叫做“守心”。再过一天，不但不动，而且呈现倒退像，这叫做“退避三舍”。《墨子·经上》《经下》是最枯燥乏味的篇章，但是它用光学和力学的定理一讲，我不禁大叫起来：“原来如此！”

我为了一位同学到北京报考，表示自己的羡慕，写了一封祝贺的信，“并幽故地，为人文荟萃之区；燕赵名邦，乃豪俊交游之所。”他看了摇摇头，“二五等于一十，在诗文为骈枝，在楹联为合掌。”他把《滕王阁序》拿到我面前问：“‘星分翼轸，地接衡庐’两句话懂吗？”接着便把“人文荟萃”改为“尾箕分野”，这不但给了我一些天文知识，同时还学会了骈文排句的关键问题。

几十个年头过去，1946 年，我为英士大学设温州考区来温，陈老师派人送信给我，字迹还是那么端端正正的。但是相隔一年，他的女婿来信，说他与世长辞了，享年八十四岁。

陈老师的一生是学而不厌，诲人不倦的一生，同时也是道路坎坷的一生。

我虽然没有录取在十中，但解放前后工作过短暂的时间，总算是校友吧。我还受这位在十中任教过多年的陈老师的辛勤培育，是永远铭记在心的。

【未刊稿】

但求力行如君举，尤喜能文似水心

今年是太姻丈孙仲容公诞生百四十周年，逝世八十周年，同时也是他的藏书楼——玉海楼落成百周年，温州瑞安文教界将举行一系列纪念，这是我乡的一桩盛事。

孙氏世居飞云江南岸，至其祖父鲁臣公、父琴西公兄弟三人始在城区筑宅，后来蔚成有名望的大族。琴西公名衣言，字邵闻。中进士，为曾国藩幕客，擢江宁布政使(等于财政民政厅长)，升太仆寺卿，致仕。著有《逊学斋文集》《瓯海轶闻》《永嘉集》，并出资刊行《永嘉丛书》。所著《永嘉学案》未完成而卒。生平服膺南宋永嘉学派，提倡学以致用，反对程朱唯心主义。在其家祠撰写一联“但求力行如君举，尤喜能文似水心”，成为自己的家训。长子诒谷死于瑞安金钱会之役，以三房嘉言公之孙延畛入继。仲容公是他的次子，名诒让，别号籀庼居士。

洪秀全天京失守以后，曾国藩想方设法消除天主教影响，设官书局于金陵，邀请大江南北知识分子参与校勘工作，以振兴儒学为首要任务。公时侍亲江宁，与诸名士时相过往，其专著《周礼正义》就在这时候奠定了基础。后来为了把这部书搞深搞透，又想到那位“背周道而复用夏政”的反对派人物——墨子，因此把精力转移到《墨子》一书中去。

后来又因《墨子》一书多古字古言，又有不少传写错误，整整花了十年时间，大体上可以掌握了十之八九；并且认识到许多古书可互相取证，既可以为《周礼》《墨子》找到例证，又可以用《周礼》《墨子》例证作为其它古书的校勘依据；这样成功地写成《札迻》十二卷，实际上是他一生学术活动中的副产品。籀公给我们留下的治学方法是以专带博，专就专在《周礼正义》《墨子间诂》，博则博在文字训诂、金文甲骨与其它校勘之学，而又把博反过来为专著服务。如此相互启发，相互促进，成为人们信得过的大学问家。孟子所谓"博学而详说之，将以反说约也"。

籀公生于1848年，卒于1908年。清皇朝政治处于内外交困、走投无路的绝境，知识分子不惜抛头颅流赤血，各言救亡之策，籀公亦不例外。但他所讲的却据《周礼》立说，谓中央政府譬如一个大脑，各部署各省区仿佛是四肢百脉，下情上达，宣上德而通下情，就能成太平之业，而教育是启发民智的一手段。《周礼》所载，首都有大学、小学，乡遂有乡学六、州学三十、党学一百五十。公卿世袭领地所办的邦国之学那就为数更多了。目的是使愚贱者在生活上有谋生之术，在精神上有向善之心，城乡之内无失业的游民，没有不入学的人。对那些既不入学，又无职业的人，政府采取强制性措施——"惰民之刑"。

籀公本着《周礼》的精神，组织"兴儒会"于瑞安，办起了算学书院、瑞安化学学堂、方言馆，在城区四隅办起了四所蒙学堂。温州府属五个县，处州府属十个县，在他的号召鼓励下，先后办起了府学堂，乡村小学堂。1905年被公推为温处学务分处总理，浙江省教育会长，劝募经费，选派留学生，不知道付出了多少心血。1908年5月，应永嘉某乡绅之约，赴瓯江北岸商讨兴学大计，行在泥泞的田埂上，不慎跌了一跤，为振兴教育事业付出了宝贵的生命。

《周礼》一书能不能行之于今日，是另一个问题，而教育提高到立国之本，特别是中小学教育，应该是国本的国本，这是人类历史所公认的金科玉律。片面地追求经济效益,又不肯向教育投资,那只能说是一种市侩之见。

1988 年 9 月书于华东师大

【《上海瑞中校友通讯》1988 年第 3 期,总第 7 期】

【《温州一中八十周年校庆专辑》(1902—1982)】

复李光谟书

光谟师兄：

来信及大作《先公传略》已经收到。

仆1926年以同等学力考进清华研究院第二届研究生，实际年龄只有二十岁，如今已是八十三岁的老朽了。前面体检被告知有冠心病，去年又从胃镜检查中得悉患萎缩性胃炎、胆汁返流，以及右肾囊肿、前列腺肿大等症，目力、听力也每况愈下。

记得入学时的印象，研究院筹备主任吴宓已调到英语系，院中只有侯厚培一个人主持研究院办事处。

教授四人，月薪每人四百元，各有工作室一间，助教一名。先公是讲师，拿百元工资，外加美国弗利尔艺术馆给的三百元，与其他四位教授的收入持平，也配一件工作室，一名助教是前届毕业生王庸(字以中)。根据院方的安排，研究生可以直接找老师谈话。那时王先生五十岁，任公五十三岁，赵元任四十岁，陈老师三十七岁。先公仿佛只有三十岁，但是与其他老师比较显得魁梧些。

我虽然听了李先生的考古学，由于自己水平不够，所以受益不多。但实际的他在课堂上批评安特生的仰韶六期的分法，认为它并不科学，特别是说到安特生的学术修养是“半路出家的和尚”。(意思是说他搞地质的)后来他就首途赴山西去了。

清华大学每学期有两次师生茶话会,依次由老师作东(教授每人五元,助教一元),一次由学生集资回敬。1926 年的期中,由学生作东的茶话会上,教务长梅贻琦透露消息说,李老师带回考古资料四十九箱(尊著说七十六箱,恐系传闻之误。)。梁任公带头鼓掌,并建议开个欢迎会,由办事处主办。梅师妈韩淑华和袁复礼的夫人以及后来嫁给卫立煌的韩权华是亲姐妹,所以梅贻琦早一天得到了这个好消息。

那次欢迎会,李老师首先帮助选择山西为工作对象的动机,是《史记》上讲到"尧都平阳,舜都蒲坂,禹都安邑",这些行政名城都在山西。接着说这次工作的有利条件,难得和袁先生一起,一个学地质的,一个学考古的,两者都有互相作用。同时说及这次发掘不是乱挖的,而是严格地一层一层挖下去。袁复礼先生接着说,我同李先生从某地寻找到某地,我敢于同他赌咒:如果能在这里找到新石器文化遗址的话,我绝不相信。后来到了西阴村,真的找到了,我就认输。我们用的"刮地皮"(的方法)(当时骂军阀搜刮民财称"刮地皮"),一层一层刮……

助教王庸端了一盒子遗物上来,其中有个被割裂过的半个蚕茧,同学都伸长了脖子看。有人说,我不相信,年代那么久,还是这样白(实际是用棉衬托着)。有人说,既然是新石器时代的遗物,究竟用什么工具割它呢?静安先生说,那时候未始没有金属工具;同时提到加拿大人明义士的话,他说牛骨、龟骨是用耗子牙齿刻的。李老师拿出那一块仿佛石英一样的石片说,这种石头可以刻的……静安先生说:"我主张找一个有历史根据的地方进行发掘,一层层掘下去,看它的文化堆积好吗?"其他老师并无插话。

最后陈老师提议,请李先生弹一阙古琴作为余兴。他还说赵老师带着钢琴去美国,李老师是带着古琴去的。王庸去拿一张七弦琴来。我虽然不懂这一行,只看李老师弹完之后额头冒出汗来。

第二天,我特地向王先生请教山西夏县究竟是不是禹都。王先生说:"那是搞错的","我国古帝都都在东方。太皞之虚在陈,大庭氏之虚在鲁,黄帝邑于涿鹿之阿,少皞与颛顼之虚皆在鲁、卫,帝喾居亳……尧号陶唐氏而冢在定陶之阳,舜号有虞氏而子孙封于梁国之虞县,孟子称舜生卒之地皆在东夷。""舜之都邑虽无考,然自太康以后以迄于桀,其都邑及地名之见于经典者率在东土,与商人错处河济盖数百岁。"这些论点就是他《殷周制度论》的开场白。

至于先公所说"王先生对一块带流的陶片极感兴趣",他跟他(李老师)"作了热烈的讨论",我却未曾听见。是不是另一次个别交谈,我不清楚。

王先生主张选一个有历史根据的遗址进行发掘,这和他所谓"双重证据法",以历代文献结合考古实物是一致的。这对于李先生后来选掘小屯这个地区是很有影响的,这是我个人的看法。

大约就在这一年,瑞典皇太子对中国的访问,在学术界非常重视。梁任公写了一篇报告,陈寅恪译成英文。这篇报告的中文本分发到每个同学的手中。李老师把这篇报告在课堂上向我们一摊:"这就是中国人所谓的考古学。"我仿佛记得梁老师用大量的文笔叙述李营丘的《营造法式》,并且说准备送一部给皇太子殿下。最后还建议把曲阜孔陵挖开来,那一定有许多好东西的。

李老师所讲的考古学与我们过去所讲的考古,或者挖古董、收藏古董,实在相去十万八千里。在第二届同学中只吴金鼎一个人选择这门专业。吴金鼎山东人,毕业于齐鲁大学,看样实在是个木讷君子,整天拿着本巨型的外文书。据寅恪师背地对我说:"吴金鼎英文好极了!"可是他没有写出论文,1928 年暑假没有拿到毕业证书。这可能是因为当时找不到一个考古发掘的现场。

1927 年王老师自沉身亡。1928 年初冬,研究院同学会更选:宋玉嘉为会长,吴其昌副之,我被选为文书,姚名达任会计,并决定为王老师立碑纪念。梁任公捐资五百元,陈寅恪师二百元,马叔平讲师一百元,校长严鹤龄二十元,温应星一百元,李老师二十元,林宰平讲师二十元。助教赵万里、浦江清、王庸各二十元。同学认捐的:毕相辉二十元,陈漱石二十元。高镜澄认捐二十元但没有交钱。黄淬伯、赵邦彦、姜亮夫也交了钱。后来由陈老撰文,马叔平书丹,竖立于清华园。当时只有赵元任和助教杨某(赵师母的内侄)一文不名,他们是另有看法的。

1927年,奉系势力被打倒以后,南京东南大学给陈老师打来电话"速来宁,校务待商。迪、来、刚",还有一名我已忘了。陈老师说他们是梅光迪、楼光来、胡刚复。这时广东中山大学也进行改组,傅斯年任文学院长,有民俗学会及历史语言研究所等组织,其成员有顾颉刚、容肇祖、商承祚、罗常培、丁山等。后来国民党政府成立中央研究院,以蔡元培为院长,杨杏佛为总干事,傅斯年任历史语言研究所所长。傅斯年和陈老师的关系不同寻常。陈的妹夫俞大维是个绝顶聪明的人,为中国留德学生会会长。傅斯年的妻子俞大綵就是俞大维的阿妹……

傅斯年做历史语言研究所长,把清华研究院的老师端过去,分任三个组长。外加一些北京大学的校友,例如罗常培、丁山、董作宾等人(包括徐中舒在内)。

董作宾原籍河南人。他当时还是中级职称的编辑,利用乡土关系找到彰德十一中校长张尚德及花园庄私塾老师阎金声之助,了解到殷墟考古大有可为。1929年李老师任考古组长,吴金鼎、梁思永、郭宝钧、董作宾等参与工作。而河南省封建势力完全以古董身份自居,不许外省人染指。其后经过学术界多次交涉,并由院长蔡元培出面,并邀请罗振玉的学生关百益合作,才勉强开工。

罗振玉对于甲骨文的贡献固然不可轻估,我却特别推重他首先考定这个小屯遗址就是殷王盘庚迁殷的都城,即所谓殷墟。

《水经注》"洹水出山东迳殷虚北",又云"洹水自邺东迳安阳北",而《史记·项羽本纪》项羽与秦降将少府章邯"期于洹水南殷虚上",傅瓒注:"洹水在今安阳北。"王老师又从甲骨刻辞中证实许多祭祀祖先的记载,在《史记·殷本纪》都有踪迹可求。甲骨刻辞之为殷王朝遗物,其出土地点为殷盘庚以后的政治首都,谁也不能否定。这是十足道地的有历史根据的文化遗址。

1931年梁思永、吴金鼎在安阳城西北、高楼庄北地、临洹水南岸，西北去小屯一公里处，得小屯、龙山与仰韶三层文化先后次序的证明：商文化遗址的下面是龙山文化，龙山文化的下面是仰韶文化。

与此同时，山东历城县城子崖发现新石器时代的黑陶文化。历城县是春秋时代的郯子之国，其上层文化是周文化，下层为黑陶文化，层次十分分明。这也是一个有历史根据的文化遗址。

有历史根据的文化遗址，用近代科学的考古发掘，这就是李老师在我国考古工作中作出的卓绝贡献，不但建立了自己的学术体系，同时也培养出一支新型的考古队伍。

附带提一件事。我的同乡夏鼐，本来是燕京大学历史系学生，后来转学清华大学。1934年毕业，考取清华大学研究生，后来又考取中英庚款留学生。但是中英庚款委员会有条硬性规定，大学毕业生必须在国内工作两年才能出国留学。因此，他要求参与安阳考古发掘，接受李老师的指导；出国以后又参与国外实地工作。回国以后，一度担任历史语言研究所的副所长。新中国成立以后，在主持国内文化遗迹抢救和保护工作之外，还经常出席国际性的文化学术活动，为祖国赢得荣誉。可惜，他操劳过度，过早地离开我们，真是可惜。我个人对于现代科学考古，知识太少。但是头脑中常常挂着一个问号：考古工作者为什么过早地死亡？吴金鼎、梁思永们太使人叹息了。夏作铭虽然年逾古稀，似乎也太早了些！拉杂写来，语无伦次，幸乞鉴谅！

愚世弟　戴家祥敬礼

1989年2月27日

【《李济与清华》，李光谟编，清华大学出版社，1994年】

【《李济学术随笔》，李光谟、李宁编，上海人民出版社，2008年】

怀念一位富于创新精神的第十中学校长朱隐青宝章先生

当兹温一中举行九十周年校庆的时候，我觉得应该提一提富于创新精神的朱隐青校长。记得刘次饶先生掌校的后期，同学们不满意郑锡卿、崔臣鸿两位监学（相当于训育员）的管教方式，爆发了一场全校性的罢课风潮。领头发难的是乐清县后所人张侯（双姓）衡。他的父亲，道貌岸然的张侯佐先生，原来是刘校长的旧同事，刘校长只是把张侯衡交给他的父亲管教，另无别的处分。那年暑假，张侯衡考取了北京法政大学，这是他的阿弟张侯骞对我说的。一九二五年我在北京遇到他，听他本人口述，基本上无大出入。

风潮虽然结束得很好，但刘校长却萌发了倦勤思想。省教育厅派来一位日本留学生朱隐青（宝章）继任十中校长。

朱校长是我省金华人，第二个阿弟字仲青，毕业于日本千叶医校，随他到了温州并设了一家温州医院，与一个平阳姑娘结了婚。朱校长离任，他把医院迁至杭州西浣纱路，改名南海医院。杭州陷于日寇，又把医院迁至丽水，改名南屏医院。老三字叔青，不知道学什么的，曾与金嵘轩、张梦吉在杭州浙江省地方自治专科学校任教。“九·一八”事变时，参与杭州市学生界赴京请愿，和我同时被推举为主席团五个成员之一。杭州陷落，回到金华开旅馆。英士大学一九四六年从温州迁至金华，他倒主动地尽东道主之谊。还有一位名朱章贵的，不知道排行第几，三十年代曾任国民政府卫生署长。可见他们一家都是受过高层次教育的知识分子。

朱校长在日本对于明治维新及德国威廉第二军国主义教育，具有真情实感，又在“五四”运动时期来掌十中，他认为处在身心发育时期的中学生，片面地埋头读书，几年下来，成了一个驼腰曲背书呆子，怎能洗刷“东亚病夫”之耻。他本着“强国先强种，强种先强身”的观点，特地跑到上海精武体育会，聘请技击家王怀琪为体育教师。王怀琪称自己一时离不开上海，推荐自己一位同学张梦吉，保证他能够符合要求。

这个张梦吉真不简单，到温州时还只十九岁。我们从伯兰氏医院的楼上望过去，看到十中操场上树立起篮球架子，排球、网球网子，还有单杠、双杠、木马、跳箱等等设备。而过去的体操课，老是一些木头步枪、哑铃、球、竿、棍棒几样东西，而所谓体操教员，都是辛亥革命以前毕业陆军小学的复员军人，除了立正稍息之外，别无其他花头经的。

张梦吉来到十中，每年春秋两季，举行全校运动会，朱校长担任总裁判，中青年教师分别担计时员，计圈员，终点裁判员等职。我当时由于好奇的驱使从十里路外的上田，出两角钱买张入场券来参观，只见朱校长、张梦吉从上午八点钟到下午五点钟忙个不停。

运动会的内容，除现代所有的田赛、径赛之外，比较突出的是团体操。各项比赛结束之后，接着来一场技击表演，红缨枪、斩马刀、青龙偃月刀都搬上了操场，朱校长还和张梦吉来一套拳脚交加的技击对打，真是五花八门，使人目不暇接。

在朱校长尚武精神激刺之下，地处道司前的师范学堂姜伯韩校长，坐立不安了，千方百计把王怀琪请上门来。王怀琪又带他阿弟王怀瑛来担任模范小学的体育教师。他俩和张梦吉汇在一起，更加有戏好做，除了相互切磋搞好两校教学之外，还办起了体育励志社，招募商店店员、社会青年参加业余锻炼，以王怀琪改编过的八段锦、易筋经等为教学内容。在两校自己的运动会上，也摆上了体育励志社的表演项目。

想不到平阳北港有个名叫阿森儿的教拳师醋性发作了，居然以《打渔杀家》剧情中的教师爷的架势，找他们较量较量。朱校长代表两校出面接见，首先对他叙述了精武体育会创始人霍元甲为中国人争口气的故事，同时说明两校办体育励志社的目的是为了加强市民健身意识，并不想与你们夺徒弟。话讲得很得体，阿森儿拳师幡然改容，说自己要见识见识。于是朱校长约定时间，带他们会面。大家谦让了一番，说互相师友么！阿森儿首先练一套攻守南拳，张梦吉练一套少林派功力拳，王怀琪练一套弥陀拳，又名童子拜观音，显然是武当派的套路，但不是形意八卦也不是太极。这是阿森儿在永瑞河轮上对我说的，我问他这几个人中谁的功夫最深。他竖起大拇指说："王怀琪！""张梦吉没啥啥。"

朱校长的另一高招是寓教于文娱活动。每年校庆、国庆各举行一次师生同乐会，把门票收入作为学生自治的经费。由于当时的温州风气还很蔽塞，特请国文教员张震轩等老先生，担任女宾招待，中青年教师担任监察员以防流氓闹事。晚会的内容有音乐、魔术、话剧，主题思想都具有强烈的除旧创新气息。我曾看过朱校长自编自导的两个话剧，其中一个名《钟雅生》，即中学生的谐音。剧情是刻画一个大地主生有两个儿子，大儿子称王称霸，整天游荡，就是旧戏中的白鼻头；第二个名钟雅生读书明理，处处助人为乐和大哥截然不同。他们的父母，满怀希望娶个贤淑的好媳妇给大儿子，把大儿子好好地管起来，特地请来一位瞎了眼的算命先生，来推断许许多多的年庚八字。瞎子装模装和地掐指一算，说这个姑娘儿的孤鸾，难能齐眉偕老。那个姑娘犯了月扫，财星不聚。这个姑娘儿的是天狗星，对子息不利。惟独牟本达（笨蛋）老爷的闺女，比大少爷小两岁，本命属狗，猴子善于攀高向上，狗能看家，定见富贵荣华，螽斯衍庆。一套的好话说的大老爷大奶奶眉开眼笑，婚姻大事就此盲目地决定下，另拣吉日举行正娶。那晓得这位大少爷在外寻花问柳染上梅毒，一命呜呼！

他们两老不怪自己缺乏管教，却要他的未婚妻自杀殉节。而那位牟老本达，不但不拒绝他们的无理要求，反以为牺牲一条狗命，换来一个贞烈门风还犯得来，竟用毒药骗自己的闺女一口气吞下去。恰适牟小姐表妹来到她家，看见她毒性发作，那种撕肠裂肚的惨叫，顿时眼前昏黑，感觉女性世界就要沉没。与其这样，不如那样，趁着人家不备，摸到密林深处，结束自己的生命，来生或许换个男子汉做做。后来亲友们分头追赶，正当她投环尚未上颈的时候，钟雅生一身扑上去，避免了另一幕悲剧的演出。

钟雅生虽然读书明理，到底年纪还轻，经过一系列的悲哀袭击，顿时变成六神无主，只是流泪抽泣。幸亏一位老师碰上了他，告诉他个人的悲剧产生在家庭，家庭的悲剧产生在社会。只有社会变好，才能变好家庭。现代的青年就是要具备改变社会的勇气，任何悲观消极的情绪，都是对社会对国家不负责任的表现。最后，要他正确地估计自己的价值，正确地估计自己的力量。说时钟雅生把头抬起来，两目注视着辽远的前方。帷幕就此慢慢地降了下来。

因为当时还没有男女同学，扮演被毒害致死的牟宅闺女是男同学孙道济，扮演牟小姐的表妹是男同学南振镛，扮演钟雅生的是潘光同学，人们称这场对话等于假戏真做。

朱校长编导的另一话剧是《爱国男儿安重根》。剧情是写朝鲜李氏王朝东学党和守旧派的权力斗争之后，诱发了中日两国甲午战争，又由于清政府的战败，导致朝鲜岛沦为日本保护国的国际地位。一九〇六年，日本政府任命政友会的头头伊藤博文为朝鲜总监。日本在朝鲜的驻屯军，动不动捕人，奸淫妇女，枪杀无辜习以为常。美国留学生安重根眼见民族灾难到了这个程度，毅然离家出走。一九〇九年趁中、俄、日本三国会谈的机会，举枪射杀伊藤博文于哈尔滨火车站。

扮演安重根这个角色的是手工教员张玉书，扮演伊藤博文的是张梦吉，扮演安重根的妻子的是男同学叶辅阶。

这个剧本虽然编于“五四”运动时代，但是日本帝国主义的侵略本质和三十年代施加于我国的一模一样。朱校长编导的两个剧本，尽管还有这样那样的缺点，他也不是专业戏剧工作者，但它的主题思想反封建反侵害,至今还是令人向往的。可惜他仅仅在十中做了两年的校长,另有高就,离开了我们。继任他来掌十中的邵聪,字季达。师生们说他是《红楼梦》里迎春小姐,绰号“二木头”。

一九三二年的春天,我在杭州张梦吉家里,偶然碰到这位朱隐青先生,已经两鬓斑白,身体胖乎乎的,仿佛像一个阔老爷的样子。但是我们没有多谈。

张梦吉呢,以后和我两度同事,一处在杭州高级中学,一处在丽水碧湖联高。抗战胜利后,我还到杭州看他一面,大陆解放后,病死杭州,身后没有子女。手工教员张玉书离开十中杳无音讯,连张梦吉都不知道。

【未刊稿】

怀念英华早谢的吴其昌同学

吴其昌字子馨，一九〇四年四月二十六日（农历三月一日）生于浙江省海宁市硖石镇。父文清公、母杨太夫人过早病故，赖大姊爱顾，把弟妹们带往桐乡婆家。年十七，就学无锡国学专修馆，以博闻强记、写作敏捷，与王蘧常、唐兰号称“国专三杰”。一九二五年以优异成绩考取清华大学国学研究院第二名，息县刘盼遂名列第一。一九二六年，清华大学国学研究院招收第二届研究生二十名，安阳谢国桢（刚主）名列第一，温州刘节（子植）第二。清华园里的北方员工夸耀状元都出在河南省，南方员工则说榜眼都出在浙江省。虽说事出偶然，却一时传为佳话。

清华大学地处北京西郊，那时每年有三个盛大节日，一个是阳历元旦，一个是双十节国庆，一个是校庆纪念。每逢这三个节日师生照例同桌就餐，欢乐成狂，接下去又有文娱晚会。那即将结束的旧制留美预备班个个翩翩年少，新制大学部的一年级生，也都风华正茂。在这么盛大的节日里，一个班级顶着一个班级，各献各的精彩节目，并且还有拉别人表演节目的。

研究院！来一个。

我们研究生的特点，在年龄上当然高一些，在性格上比较内向，被人们看作“少年老成”的型号，处在这个场面之下，就显得谦让有余，仁勇不足。

研究院！来一个。

来一个！研究院。

我们三十几位同学，进一步流露出一副狼狈相。

来一个！

舞台的右角，不料出现了一个头戴墨晶眼镜、身穿蟹青色丝绸大褂，外罩着乌黑马褂的颀长身影，踱着方步走到舞台正中，不偏不倚地坐了下来，那就是子馨。一阵掌声大作，几乎震耳欲聋。他这时一不带道具，二没有伴奏，而是不慌不忙地，用道地的浙江土音唱了起来。他的音调虽然有些低沉，听起来，却颇有点余音缭绕，悠扬悦耳的韵味，台下观众无不屏气静听，当他唱到"倒不如篷门僻巷，教几个小小蒙童……"时，大家又不约而同地发出会心的微笑，台上台下，几乎呼吸与共。

因他唱的是郑板桥《道情词》十首，每首都以"老"字起头：

老渔翁，一钓竿……

老书生，白屋中……

人们便上了他一个尊号——吴其老！

一九二七年六月二日，清华大学的浙江籍师生，假座工字厅聚餐。饭后，有人向会长——曹云祥校长倡议：今晚可用我们的名义发一个通电，呼吁蒋介石放下屠刀，完成北伐大业。

曹校长字庆五，浙江嘉兴人。他十分谦逊地答道："我们的声望，起不了什么作用的。要搞呢，还得邀请在京的知名人士领衔"。例如：

孙慕老，(孙宝琦，字慕韩)，

汪伯老(汪大燮，字伯涵)，

××老。

一位旧制留美预备生蓦地抢着唱一名：

吴其老！

引起哄堂大笑。子馨也被逗得前俯后仰，笑个不停。工字厅里闹得气氛热乎乎的。清华园里流行着这么一首顺口溜："研究院里三个宝，高叟、杨妃、吴其老。"（注一）

我和子馨是浙江大同乡，他高我一班，初时不大往来。他在无锡国专，受唐文治的影响很深，喜欢谈谈宋明义理之学，和我志行异趣。然而他浩瀚的学术基础，下笔洋洋万言的超人才调，的的确确使我甘拜下风。

一九二七年秋，新学年开始，照例进行同学会干部更选。开票的结果，宋玉嘉当选为会长，吴其昌副之，姚名达为会计，我被选为文书。宋玉嘉，辽宁人，是一个黑麻大汉，性情有些莽撞，面目并不可憎。子馨为人自信心极强，有时过于感情用事。姚名达，江西兴国人，是个讲理智不讲情面的硬汉子。他们三人虽然都是梁任公弟子，然而各具一格，貌合神离。我呢，一向以弱弟自居，而且拙于文辞，遇事只好多与同学商量，免得内部碰撞。这时清华园里接连起了两次风潮：一次是校部批准了一九二八届留美预备生提前一年出洋，动用学校基金若干万元，引起新制大学部的强烈反对。一起是曹校长串通教育系教授朱君毅，贿买研究生王省做那见不得人的丑事。校方向报界投书，文过饰非。研究院也不能不争取舆论界的支持，不时奔走于《世界日报》《晨报》《顺天时报》等各大报社之间。特别是那次研究院对曹校长的指控，铁证如山，谁也否定不了的，故能以不满三十人的群体力量，使大权在握的曹云祥校长不得不承认行政错误，引咎辞职。能使拥曹自重的旧制留美部，摇身一变而为欢迎新任新长——严鹤龄的发起者和组织者。我那时身为研究院同学会的文书，负责草拟呈控公文，这不能不归功于子馨那字斟句酌的负责精神，也是我们由疏变亲的友谊历程。我有时为了一字之争，使他面红耳赤，大动肝火，然而经过三思之后，双方又心平气和，恢复到原来的样子。

一九二八年的秋天，子馨任南开大学讲师，住在天津梁任公师的家里。我因经济问题出国没有成功，想在中央研究院历史语言研究所谋个助理，又没有达到目的，这时子馨的心境比我自己还着急。次年秋天，当他得知我已被聘为中山大学文科（中文、历史跨系）副教授时，立即写信报告消息，并引苏东坡的诗“日啖荔枝三百颗，不妨长作岭南人”以相慰勉。

两年之后，由于政局变化，虽欲在岭南长住，亦不可能，乃归任浙江省立杭州高级中学文史教员。时值日寇“九·一八”侵略暴行，广大爱国青年情绪激昂，争着奔赴南京。在城站整顿队伍，我被推举为主席团五个成员之一，负交涉乘车之责。下午十一时，到达下关。

杭州师生约计不过七八千人，上海青年自称有四万多人，分批向南京出发。南京学生界、新闻界也分批集结下关蜂拥而来，都被国民党中央党部的干事们及军警们拦阻，连请愿书都散发不出去。第二天大清早，从下关走到中央大学，听蒋介石的所谓政治诺言：“我不久一定北上，收复失地。”下午，安排我们到中山陵谒陵，当晚返回杭州。

子馨时任清华大学历史系讲师，率妻女等人上书南京国民政府，要求主席蒋介石放弃“不抵抗主义”，出兵收复失地，随即赴中山陵哭灵绝食，誓以身殉。蒋介石派中央研究院长蔡元培、教育部参事戴应观两位老先生专程劝导。子馨时已三天三夜露宿陵前，滴水不入。陵园守卫者拿军毯给他御寒，也被摇手谢绝，中外各大报都在头版作了报道。清华大学的前任校长罗家伦、教育部科长谢树英赴陵园陪他面见蒋介石本人，然后派人护送回校。

我在报端得知消息，连夜写信，劝他千万保重身体，留待将来派更大的用场。我俩一南一北，泪水交流，一封信的搁笔投邮，不知泪水比墨水多了多少。

一九三四年八月，我受聘为南开大学经济研究所研究员，子馨却被清华大学文学院长蒋廷黻倾轧解聘，而被武汉大学聘为教授，我俩又是一北一南，仿佛参商两个星宿似的碰不到一道。我在天津因为支持过“一二·九”学生爱国运动，一九三六年暑假被告知“环境不许可，请另谋高就”，改任四川大学中文系副教授。次年假期道出武昌，特地到珞珈山访问子馨。他正患肋膜炎卧床，闻讯，强病迎见。越三日，方壮猷兄（欣菴）设宴招待，邀他作陪。他这时病情虽然稳住，但瘦骨嶙峋，脸面灰白得有些惊人。饭后招至其家，拿出自己新购得的元人钱舜举素描的“鉴真渡海"图卷及明代女画家马湘兰立轴,品评指点,谈得口沫飞溅,依然过去在清华园时的那副神态。

我次日乘车进京,不多天碰到卢沟桥事变,辗转南下。在天津西站爬火车被挤倒,险些丧身铁轮之下,到南京住进医院。子馨却不顾病躯初痊,电冯治安部请缨杀敌。后来国共合作,抗日战争全面开始,他也随着武汉大学转移到四川乐山县。除教学和科研之外,积极参与各种抗日救国活动,终因劳累过度,一九四四年二月二十三日不幸病逝。

妻名诸湘,亦海宁人,协助子馨为弟妹甥侄上学成才,付出了奉献。无子,抚一女名令华,小妹夫姑苏鲍氏出也。

子馨年仅四十,所写论文散见于各大学学报中者有《宋代太学生运动》《朱子著述考》《金文历朔疏证》《金文名象疏证》《甲骨文字纂诂》等数十篇。还有程明道、李延平、谢显道诸《年谱》《两宋学术史》等,未刊行。

南宋诗人陆放翁有句云:"九万里河东入海,八千仞岳上摩天。遗民泪尽胡尘里,南望王师又一年!"又云:"死去原知万事空,但恨不见九州同。王师北定中原日,家祭毋忘告乃翁!"非身历民族灾难的人,不能领会爱国志士之心。可惜河山重整之日,子馨没享到普天同庆之乐。我很想跑到他的坟前焚香祭告,安慰他的在天之灵,终因身处逆境不得成行。又想找他的令弟世昌谈谈往事,不料世昌教授先我病殁。苍苍者天!真是……

一九八九年七月七日作于上海华东师范大学

注一:高叟指高亨,字晋生,辽宁人,在校期间,天天早晨在盥洗室光着身子揩身体,寒暑不变。杨妃指杨世恩,浙江宁波人。他本来是一九二五届留美生,却要进研究院修业一年,一九二六年暑假南归,患伤寒病去世。因他曾参与"贵妃醉酒"彩排演出,有人在《清华外史》中列一回目云:"固哉高叟,肉袒抓抓。去矣杨妃,芳踪渺渺。"

【《学术集林》(第十五卷),上海远东出版社,1999年】

【又名《我所知道的吴其昌学长》,

《海宁人物资料》第八辑,海宁市政协文史资料委员会编】

论　世

去冬风潮与评议会

清华学校自民国十四年改定发展方针，设立大学及研究院，欲在学术上有所贡献，意甚善也。而去冬十月间研究院发生小小纠葛，乃至院内同学二十余人，校外已毕业者四十余人，戮力同心，费二三月功夫，把朱君毅、曹云祥当专题研究，而所得成绩，仅《清华潮》一小册子，殊令人失望也。据本院所唱理由，其罪全在曹氏；曹氏所唱理由，其罪又全在研究院。然持平论之，皆不尽为两方面罪也。就愚蠢之见，敢武断一句话说，简直是评议会酿成的。至于评议会是否要酿成风波？自有该会意志，本非学生所敢问。然良心上过不去，总要放几个空屁，供大家参考参考。

按评议会之历史，由前年挽留张教务长时产生，由全校教授互选国外游学之士最负人望者若干人，以代表全校教授之思想，将全校行政大权属之，而彰教授治校之精神。其责之重，人格之尊，不言自喻。在学校行政，无论何人，固当遵守无违；在该会方面，无论何人，应严保其威信。此不待不佞之哓哓也。

去冬外部公布新董事会章程，时曹前校长向评议员宣言："我希望清华永远不政治化，诸位如有意见，请发表。"嗣后评议员即运动教授反对外交部之董事会，以保全评议会权力，各教授深知曹氏用意，不受评议员运动,此吾侪所敬仰者也。夫外部之改组董事会,如能完成清华为独立机关,不受若何影响,固历来清华同学之所企望。当时曹氏亦极端赞成,并代荐颜惠庆、顾维钧等为董事,迨王荫泰认割鸡不用牛刀,曹氏即发此言论,显然另有作用。不知该会何以不顾自己身份,为人作嫁,此鄙意所不解者一也。

去冬第二次教授会议,评议员朱君毅、戴超及农科主任虞镇镛提案,反对外部之董事会,后十余日,朱君毅在评议会拿出一函,云研究院学生来函,而不肯宣布名字,迨吴宓再三询问,始云王省二字,但不许其记录,并请大家不可泄露秘密。朱君毅前在东大为闹风潮老手,此信来历暧昧,该会应当予以充分注意。况此信系朱氏私信,与学校行政"风马牛不相及",该会不惮其烦而付之讨论,是否该会会员尽系朱氏同夥?如系学校教授思想之代表,则此举未知法律何存?此鄙意所不解者二也。

曹前校长未得王省许可,将其私信改用匿名,油印公布,而该会认可不加阻止,未知有何前例?此鄙意所不解者三也。

朱氏计谋暴露之顷,王省登报启事,研究院张贴宣言,该会急将十月二十七日记录公布,"众谓欲维持研究院工作,先由校长催请梁任公教授回校,如其因病,不能即来,或当设法聘请教授,代授其课云云"。至于朱君毅递出信件,曹氏欲油印该信,以及改聘黄季刚、张尔田、黄晦闻等记录,何以不连带公布?未知该会为贤者讳乎?抑为尊者讳乎?此鄙意所不能解者四也。

研究院去冬,确是垂死现象,甚至附课、补考、兼差,弊病之多不可偻指。该会早有整顿之义务,本院无不受整顿之特权也。但其理由要正大,手段要内行,方可着手整顿耳。该会不此之务,反根据王省致朱君毅之私函,高唱整顿。此鄙意所不能解者五也。

研究院同学十一月七日议决案:"朱君毅向评议会提案,攻击研究院,研究院可向评议会控告朱君毅。"次日上呈该会,静候解决,且十一月十三日第三次教授会议结果,校长布告,亦将此事委诸该会解决。如当时该会稍为辨正曲直,则意气自消,绝不至牵动全校。盖十一月九日员生会审，则有王省“贼口出圣旨”，曹、朱亦不打自招。如彼方有相当反证，不妨将研究生训斥或解散；如无反证，则彼三人狼狈为奸，已成定谳，何顾何虑？竟不能申明公理，佯为无事，一味糊涂至此地步。是否清华全校教授思想代表机关，庸弱无能，遂至乃尔？此鄙意所不能解者六也。

研究院同学鉴此案在校内既无曲直可伸，公愤不泄，不得不再进一步向外部起诉。该会知坐观成败，是不可能的，派员向本院同学刘盼遂、吴其昌及家祥等百方解释，谓“评议会确无意与研究院为难，千万不可牵到评议会身上去，如你们认评议会为曹党，恐将来对于你们进行不利云云。”该会为代表全校教授思想之机关，谁敢轻视，是曹党，非曹党，自有情理事实之证明，法律道德之保障。竟云认他为曹党，对于研究院进行有不利；换而言之，不认他为曹党，即有利处。此事为公，为私，为人格，为地位，家祥实不敢以小人之心，度君子之腹，而其对付学生态度若是，此鄙意所不能解者七也。

曹前校长辞职，严校长继任之时，该会不待严校长许可，以“污蔑师长，挑拨是非”，开除王省，此种罪名，殊属一团墨水。据该会会员详细解说，始知此八字题即指校长处油印之匿名信。然就鄙意言之，此题不足以当王省之罪。盖王省与朱君毅信札往来，自由意志，固未尝令其宣示外人，而校长代为油印，又未得本人之许可，则王省无污蔑师长之事实。曹、朱有污蔑学生及教授之铁证。如该会认此函有污蔑师长之可能，则十月二十七已应当开除，该会反付之讨论，藉此整顿研究院，是王省无挑拨是非之情理，该会有挑拨是非之嫌疑。况此案既为朱君毅所主动，王省为被动，曹云祥为同谋，在法律上应当与朱君毅一致开除，才合该会自称大公无私，教授治校之精神。何以教授作恶，即可忍受；学生作恶，即可开除，该会之颠倒是非竟至于此？此鄙意所不能解者八也。

总之评议会在清华地位如此之高，行政如此之异，本校师生与家祥同抱怀疑者，想亦有之，此外种种，笔不胜纸，一言以蔽，三隅自反，伏思该会会员，皆欧美留学之士，绩学茂行素所钦佩而其脑海之中具有神秘思想，故此种行政，非浅陋所敢探索。当兹曹去严来，一切企望更始，该会当为校长后盾，清除积弊，而当局若曹、朱二人者，固并世所无，本院学生血气未定，如王省之垂涎本校教授者，将来难保绝无其人，英年之士，坚持意气之争者，更不知凡几，挑拨是非，无端酿成风潮，而为党系乘机钻进者，不可无过虑也。望该会诸公，此后行政，当取毅然态度，打破情面，勿容无论何人，有暧昧行为，而彰清华全校教授代表之思想，革除神秘政策，庶无负学生渴望教授治校之精神，友朋推举之雅谊。语曰："夫人必自侮，然后人侮之。"圣达君子，曷反省乎？愚蠢之见，固无补于万一，但就清华一分子怀疑之点，讬楮墨而公布。知我罪我，不佞自有人格负责也。

按明日黄花之研究院风潮，迄至今日，时移势异，事过境迁，本无重提之必要，提及且予人兴不快之感。故本刊纪事栏只补志前校长辞职梗概，而不追述其始末。惟斯篇辞句，虽间有偏激不入耳之言，然其指归，可当责备贤者之义，爰为登载如此。

记者

【《清华周刊》第 428 期，1928 年 2 月 10 日】

驳考试院长吾宗传贤反对发墓考古，培植民德之主张

国民政府考试院长吾宗传贤，近见北平学术团体在西安一带发掘古物，特电中央，乞以法律绳焉。原文云：

近年以来，研究国学科学诸家，忽起一发掘古墓寻取学术材料之风，在学术界中或多视若当然，而在爱国爱民，则痛心疾首，呼吁无声，哭泣无泪。中国今日贫弱极矣！学术教育败坏极矣！应做之事不知其几千万，何必发墓然后为学。民德日薄至今而极，此心不改，灭亡可待！掘墓之事，明明为刑律严禁，古代于发掘坟墓者，处以凌迟，现今各省亦有以极刑处之者。今诸君子何心而忍掘民族全体所应共爱共敬之古人祖先之坟，败其同胞之行，而引后世子孙以不正之趋向耶？我总理首倡民族主义，而以培植民德为本；蒋总司令于千辛万苦、焦头烂额之中，确知非培植民德，不足救亡；彼专家诸君子之心行，果有合于斯道耶？于人民之私掘小小无名之坟墓者，轻则处以五年禁锢，重则处以枪决；而于彼公然发墓之后，复大倡其破弃民族历史，毁灭民族精神之偏见者，反公然以国家之力而保护之，岂我国民政府所应取之道哉？伏祈一面通令全国，凡一切公然发墓，无论何种理由，一律依刑律专条严办，庶几足以正民心，而平民怨。一面苦劝诸君子改其无益之行，变其无用之心，致力于

救国救民之学,以培国本,而厚国力,不胜祈祷之至!

纵观电文大意,认中国贫弱之因,厥维民德日薄,考古学者发墓为学,是直接毁弃民德,故主张以法绳焉;然则传贤发电之顷,殆自居"仁人君子"之用心欤?

夫民德日薄,几尽人能言之矣!然其扶挟奖进之道,必须安定社会经济!不然,纵有严刑峭法,犹不足禁其奸。少数学者维护道德之苦心,虽户说眇论,终不过九牛一毛之效耳。就我国国情言:昔日为闭关自守之国家,外国资本尚未侵入,广大农村自给有余,聚族而居,左邻右舍非亲即故,故能出入相友,守望相助,疾病相扶持,窃铁攘鸡之讼,不见于公庭,非其俗犹有先王之风也。社会富厚,亲邻好行其德也。

今国际贸易,入超巨矣!民生贫乏,无以加矣!关陕赤地千里,人且相食矣;益之以盛(世才)马(仲英)之争。辽东遭军阀蹂躏,人争流窜矣;重之以日本侵占。江淮大水,人畜淹没,无孑遗矣;益之以兵匪括掠。政府坐视流亡,唯恐榨取之不足,江浙素号天府之区,顿呈十室九空之象。横目二足之民,耳目欲极声色之好,口欲穷刍豢之味,富厚者,人之情性所不学俱欲者也。乡曲窭子,襁负拥载,流离而死者,已不可胜数。其幸存者,麕集蚁附,都市莫容,饥寒交困,告贷无门,邻居不能周济,豪富非吾亲故,势之所趋,其不为男盗女娼者几希矣!是故昔日之民,可托妻子于朋友者,势许也;今日之民,不能畜妻子于室家者,财寡也。势许,则仁义二字训之而有余;财寡,则数十万党军箝之而不足(江西剿共即其显例),非孔孟之义高,党治之效微也。良以时异事异,不能以其所令反其所好也!

且传贤追随贵党总理有年矣!服官中枢非一日矣!大则不能出奇制胜,为夷夏之防;小则不能竭言尽虑,抒生民之困。徒师契丹亡国之故智,为攘灾寝祸之"时轮金刚法会",更欲强穷蹙无赖之徒,守"饿死事小"之义,甚矣!其愚不可及也。

原夫民德之为物也:未有不缘外来文化之激荡而异其撰,日本未与中国沟通以前,未尝以忠孝二字为家庭关系及君臣关系之特别语也(见日本内籐虎次郎《日本文化研究》之《什么是日本文化》章）；我国未有佛典输入以前，无所谓因缘果报之说也，不宁唯是。且其方式以缘社会形态，每事改进，非有千古不易之准的在也。割肉啗亲，在昔日称之为孝子，在今日斥之为愚诬妄；刺客游侠在昔日称之为义士，在今日斥之为犯禁；若乃洗耳蹈流之客、面壁空山之侣，在昔日皆足以上高僧逸士之雅号，可望而不可即，然在社会主义发达之国家，直为无用废物耳！推而论之：有以上列道德行于近日中国者，非但无补国运，且必为地下枯骨笑！今国难日深，瓜分形成，民气消沉，至此已极。苟不训以弱肉强食之旨，卫国保种之义，灭亡祸败，可待而至。传贤身居考试院长，不循此道而行，持斋礼佛，闭目唪经，以遁世戒杀之义当列强炮火之冲，未知此亦贵党总理明训否？

再论考古学者发掘古墓之动机，在乎探求往昔文化，推测将来运会。盖吾人目前所食之果，非一一于古人证其因即无以知前途之夷险。此世界各国治历史学者认为必须有之方法，传贤安得谓之“无益之行”？凡已淹没之史迹，裨益历史研究乃无量。公元一八五四年冬季，欧洲苦干旱，瑞士湖水低涸，初期铜器时代之居址伸出水面，不惟木制居础宛然在也，且有土木骨制之器皿与装饰，及食物等类之遗滓，甚至衣服网罟之碎片亦有之。由是而知公元前四五千年，直至有史时代，瑞士湖民家给人足之村落如是也。又如一七四八年，意大利拿波里附近发见之邦滭(Pompeii)古城，盖罗马共和时代为火山流焰所盖者，距今且二千年矣。自此城发现后，意人发掘之热骤盛，罗马城中续得之遗迹，相继不绝，使罗马古史之谬误匡正什九。更举中国学术之嬗变言之，有鲁恭王之坏孔壁，而后有古文经学；有汲郡人之发安釐王冢，而后有《竹书纪年》之学；有安阳人之发现殷墟，而后商宋之文献足征；有希亭（Hedin）①、奈柯克（V. L. coq）②、斯坦因（M. A. stein）诸氏之考古新疆，与滨田耕作之发掘

① 今译斯文·赫定（Sven Hedin，1865—1952 年）瑞典探险家。

② 今译勒柯克（Albert von le coq，1860—1930 年），德国探险家。

乐浪，而后知汉族拓边之伟勋。封演《闻见记》卷二言：“后汉明帝时，公卿言五经驳异，请开吕不韦冢，是未焚诗书前本可见。”发墓为学，汉人已有此动机。如此皆成绩昭著，东西学者方且引为快事，传贤竟指为“破弃民族历史，毁弃民族精神之偏见者”，欲枉之以法，乃至枪决凌迟而后快，是否堂堂考试院长不学无术，遂至乃尔！

若谓“全民族所应共爱共敬之祖先坟墓”不可发掘，此亦顽固书生之见。夫民族英雄，非呼风唤雨神话中万能人物，其所以成其英雄，必已有民族文化为其背景。背景运转之机成，一二健者不过代其推动而已；治乱安危、存亡荣辱之施，非一人之力所能济。考古学者之发掘古墓，正欲探其背景形成之迹，然后验于图，参于书，永供留心国计民生者之参考，就民族主义言，亦不在保存古迹之功下也。

试问前代帝王之陵寝，有不为巨盗发者乎？豪宗巨姓有能永保其丘垄者乎？“宋未亡而东冢扫，齐未亡而庄公冢扫。国安宁而犹若此，又况百世之后而国已亡乎？”（见《吕览·安死篇》）《汉书·高祖纪》汉王数羽曰：“怀王约入秦无暴掠，羽烧秦宫室，掘始皇帝冢，收私其财”，《史记·游侠传》、《货殖传》屡举掘冢之事，《后汉书·隗嚣传》责新都侯王莽“发冢河东，攻劫丘垄”，此皆人所熟知也。若乃两汉诸帝之遇赤眉、董卓、曹操，闽忠懿王冢之遇宣德屯军（见《如斋类稿》），南宋六陵之遇杨涟真伽，满清东陵之遇孙殿英，皆于世乱之交，辱及枯腊，未闻法律能护之也。其余富室厚冢，如秦始皇骊山之藏，珍奇尽备者，而今安在哉？籍曰：“有之，供宵小摸窃而已。”较之新郑、殷墟之发掘，姓名文物，昭昭在人耳目者，其遇厄果又何如耶？

窃谓刑法惩办发墓之罪，充其义曰“侵害”而已矣。然所谓“侵害”者，其受“侵害”之主体，法家以为鬼耶？人耶？若谓鬼也，鬼则不能为“被侵害”而自诉；若谓人也，则生人又不能自由处分死者之遗体及其坟墓，故刑法于此终无术自圆其说，相沿至今，第就人情习惯著为律令。至于发墓之后，窃取古物，虽视普通盗窃为重，而法意所重仍在动机盗窃耳。今考古者之动机为学术研究，其组织为法定机构，其被发之对象又是千载以前无主之古坟，不但尸骨无存，棺椁亦鲜有完者。且发掘手续又不越古物保管法所许之范围，寸土块石，学者未尝据为己有。传贤竟肆意毁谤，指为民德日薄之厉阶，末学浅见，诚不能测其高深矣！

【北京《晨报》，1934 年 4 月 20 日】

赣庌随笔

家祥世居温州永嘉之上田村，寡交游，少闻见，窃慕永嘉山水之秀，代产闻人，其诗文集未经梓行，为家藏秘本亟搜求之，四载以来得四百余种，间有为瑞安孙籀庼先生《温州经籍志》所未著录者，久欲撮其要旨作为补编，有志未逮也。吾乡先哲其文章著作或传或不传，而生平游历所志，至见于碑刻与史乘相参证，或藉此以补其缺者，家祥尤喜录之。兹仅得若干条，冀他日积累成帙，窃附不贤识小之例，为续修志乘者采择焉。共和二十四年太岁乙丑闰四月望日识。

赣庌随笔

永嘉戴家祥

《天禧五年高丽国灵鹫山大慈恩元化寺碑铭》，周贮撰，见刘燕庭《海东金石苑》。按：伫，温州人。随商舶至高丽，蔡忠顺知其才，密奏留之。不数月，掌制诰。高丽史有传，《郡邑志》无考。

焦山浮玉岩有《黄少保题焦山诗刻并叙》，末署少保大学士永嘉黄淮，侍生张文篆额，见吴云《焦山志》七。京师国子监题名碑有黄淮题名，见拓本。

《上真殿记》，首尾十七行，字径寸许。篆额横列，字径三寸。延佑四年正月望日东嘉章嘉撰，孙应元立石，行书，在集仙宫。见《吴郡金石目》。

吴县义庄《范文正公像赞》，阎灏撰，宋之才正书，见《寰宇访碑录》九。按：之才谥文简，平阳人，晚年筑室瑞安。学行详见《郡邑志》及《浪语集》三十四《宋侍郎行状》、《宋元学案》二十五《龟山学案》。

林灵素善画墨竹。湖州玄妙观有石刻一枝，见《居易录》二十七。

余闳《仙居刱学粮记》及《仙居县修学记》（乾道六年），结衔称"左迪功郎、台州仙居县尉兼主簿主管学事余闳记"，见黄瑞《台州金石录》十一。按：闳字光远，隆兴癸未进士，官英德州守、朝散大夫。（《永嘉朱通圹志》云："夫人余氏，知英德府、朝散大夫闳之女。"）其仙居县尉等衔，乾隆《温州府志》、光绪《永嘉志》均未详，应据碑记补。

《清如堂记》，梁椅撰，陈淳祖书，开庆元年立在绿波桥上。见严晋《江宁金石待访目》，又吴兴有《淳祖劝农诗石刻》（景定壬戌）。明吕盛重修墨妙亭时凿池得之，见《墨妙亭碑目考》。按：淳祖，字唯道，瑞安人。嘉熙戊戌第，尝知南康军。《江宁通志・名宦》《郡志・循吏》均有传。唯道曾任福建提刑，又有乌石山题名（在侯官）。孙太仆据石本采入《永嘉集》内，编第八卷。按：题记列名皆浙东人，附录如左：

咸淳三年春正月十有二日，绣衣使者永嘉陈淳祖唯道，会浙东之仕于福唐者，序拜道山。永嘉陈懋钦尧俞，金华唐烁潜父，四明赵若谌君锡，永嘉黄禹锡元功，三衢徐汝乙伯东、留梦发彦和，金华吕守之挚善，永嘉林镗夫声远、方檩良材，天台徐柏悦之，永嘉丁一凤景阳、朱士可起、陈子崇居广、张公辅良弼、林潭叔，括苍刘梦龙夔父，会稽董回孙景渊，永嘉蔡申显伯连，帅九江吴公以馈至。（按《福建通志》三十九《古迹》，"挚善"作"悦善"，"夔父"作"夔友"。）

又庐山白鹿洞枕流桥南，有陈淳祖题记云："永嘉陈淳祖假守是邦，被命造朝，以书考日谒辞鹿洞。会讲预者：元寮于丘琏山林栋堂长，陶桂一洞正，□□与仁前洞正主祠□录张传一讲书刘□□陶膺子黄有开堂书杜端甫，直学傅仕龙，欧阳纲学谕，与诸生几百人。景定庚申良月旦日题。"又"风泉云壑"四字，陈淳祖书，在勘书台下。见《庐山志》八。

乌石山题名甚夥，中有永嘉人列名者四：一、嘉定甲戌题名有东嘉蔡荃简策、沈因谢有大；一、嘉定丁丑题名有永嘉林道以；一、绍定辛卯题名有永嘉朱景彝；一、端平二年题名有永嘉范昌世。又有咸淳三年陈淳祖等题名。（题记已见上）按：景彝，嘉定丁丑进士，时任古田县主簿。昌世，嘉定戊辰进士。余竢考。

陕西褒城县石门题名中有东嘉李焘列名，文云："郡丞潞国文冈眎堰役，同邑尉舜都张海，临洮魏机，东嘉李焘。淳熙丁未仲春十有三日来游。"

闽县金粟台题名云："永嘉吴正仲新定（阙三字）尧夫郡人郑尚明（阙三字）。靖康元年清明（阙一字）于此。"见《福建通志》三十八《古迹》。

又鼓山诗刻云："至正戊寅岁人日，幽州郝彦泽、永嘉刘俨孙同登小顶峰，访灵源，挹天峰之胜。彦泽题诗曰：'趁时驴背隐于船，且走东峰岁崱颠。风送海涛来异国，人从石磴上青天。环门胜概罗胸次，带水平畴尽目前。何日英雄洗兵马，放余来此傲林泉。'"刻石门。刘俨孙时任连江县。（见同前）

罗源县补陀峰有"平阳陈高子上游仲温仲纲子元重至侍行钟子初"二十二字。见《福建通志》四十《古迹》。按：系舟渔上当有不字。

福安县灵严寺有乾道二年王十朋诗刻，今尚存。诗云："崎岖九岭更双岩，遥望闽山未见三。来访神钟隐见处，翠微深琐石精蓝。"见《福建通志》一百六十五《寺观》。

翁安之临桂屏风山题名云："淳祐丙午复亨之明日，永嘉翁安之恭父，宝婺章文之文叔，开封刘必闻达可，庐陵郭有道景泰、左谠忠父，盱江黄应龙正父、周子荣景仁、缙潘景丑师孟，清江萧奎次文，同饮饯南海钱益良辅于簪带亭，乃瞰栖霞，步曾岩，登辰山，重会于此。是日也，瑞云翔空，爱景腾耀，群玉献状，沃野如绣，睠焉良集。于是乎书。"见《广西通志·金石略》。按：翁安之登嘉熙二年第，见《郡志》《乐清志》进士题名。

高不俦澹山岩题名云："蒙城高不俦寿卿，淳八戊冬领春陵郡。淳十戌春丐祠得俞季。秋望后三日，道经澹岩，艤舟岸下，登山入洞，了然一镜。历览亭观以快愦愦，方豁然涪翁所谓‘澹岩天下稀’之句。昔闻而今见之，亦自谓无负此行。时领学生彦准，馆人合沙、林欣、象梦协偕到，乃慧明主人元秀为之领袖云。”见《湖南通志·金石志》。云“淳八戌”，戌字当是戊字之伪，盖谓淳祐八年戊申也。下云“淳十戌”者，则谓淳佑庚戌也。宋末人往往有此等语。惟上记天干下记地支似更无谓。按：不俦，永嘉人。时知道州，主管内劝农营田公事，见《永州志·秩祀》。《道州蔡西山祠记》、孙太仆《永嘉集·内编》云：“蒙城高不氏，宣仁后族，皆居永嘉。”见《水心集·高永州墓志》不俦为司农少卿，高子、溶子，自其曾祖世则官温州，遂为永嘉人。

又许纶澹山岩题名云：“前守春陵永嘉许纶，任满东归，携累来斿。妹壻钟光大，甥侯希、鍾錤、镃澄侍行。时绍定庚寅正月二日题。”见同前。按：纶为许及之子。见《涉斋集》。

又刘锡澹山岩题名云：“景定五年冬十有一日乙酉，永嘉刘锡自道之瑞来斿。子思侍、濂溪，友刘元禧，因赴南宫偕行。”见同前。

四川乐山县程公洞题名云：“程公望厲白崖院注《易》，苏文公尝携二子过之。永嘉陈公谦题曰：‘程公洞于清风朝霞之间’。后十八年，石泐字刓。资中张方祥刑暇访古，惟白云洞苍邃可避暑，仍大书刻之。嘉定十五年六月二十五日。”见《四川通志·舆地·金石类》。按：嘉定十五年前十八年为嘉泰四年，时陈益之提刑成都，题名即在是年。又按：《宋史》以“陈谠俩侘胄为我王事”误入本传，全谢山据叶绍翁《四朝闻见录》为之辨正。见《鲒琦亭集跋》《宋史·陈谦传》。

处州仙都山赵立夫磨崖云：“乐清赵立夫奉祠东归，访仙都，登初暘谷。飏州小蓬莱下，憩流盘礴。回视二十年间，缚缨王朝，抗尘京兆，得此闲适，岂不顿快！时绍定辛卯立夏后二日也。子时佑侍行。友人宋宗礼同斿。”（凡八行，行九字，正书，径三四寸不等。见《处州金石志》）。按：绍定辛卯，盖立夫初知临安府，免兼除太府卿之年。详见咸淳《临安志》。王亶小蓬莱歌摩崖（有“小蓬莱歌”篆书四字，字径五寸二分。叙七行，前六行行十二字，末行五字。歌十四行，前十三行行十四字，末行十字。年月款二行，行九字，字径三寸六七分至四寸不等。俱正书。）叙云："仙都洞天，秀出东浙，有黄帝祠宇，近年始祠孔子。岁中春，邑令合僚佐，帅诸生行舍菜礼。先过初暘谷，已乃瞻独峯，挹仙水蓬莱而归。予莅邑三载，心甚乐之。去之日，为歌以诒邑人，使刻之石上。歌云：'仙之山矣（阙三字）仙之水委陀，驾轻车兮（阙三字）扁舟兮咏歌，轶层巅兮（阙四字）流兮白石楚楚上切汉兮（阙五字）兮在下花厓兮春芳涧（阙六字）澂兮缣素冰霜结兮路璆琅（阙五字）鱼鸟跃飞兮谁使石（阙一字）年兮一（阙一字）三万里兮弱水于嗟蓬莱兮仙水是室庐世之人兮莫知其歌（阙四字）兮披荆棘驱虎兕兮（阙六字）兮海涛白倒光景兮（阙六字）兮执笔予眇流盼兮（阙六字）兮寿无期，碧荔为衣兮（阙五字）埃壒兮不可以控抟（阙七字）憺忘归。'"末署大宋咸淳元年岁在乙丑八月朔日。永嘉王𡊮。

广东韶州英德南山，有永嘉叶堪之寒翠亭诗刻，今尚存。诗云："管领江山胜，无如寒翠亭。一朝成土梗，万象蔽林垧。且喜新经理，犹存旧典型。为留亭柱句，姑以代镌铭。"末署"淳熙壬子四月八日，永嘉叶堪之奉梅涧先生之命重建是亭，因书以志。后十日，住山行坦，命工镌诸石。"见《广东通志·金石略》。按：翁氏《粤东金石略》"淳熙"作"淳祐"。又英德南山石壁有缪梦远题刻，文曰："淳祐壬寅，东嘉缪梦远来守古英。暇日考图志，搜览南山胜概，莽为荒墟，询诸耆旧，漫不省委废岁月。于是披荆诛茅，首即寒翠故址而加辟焉。市材佣工于旁郡，重建斯亭，积壤爬剔，佳石毕露。季秋上澣，集郡寮以落其成，因堑崖壁，庸告来者，嗣而葺之，庶其永存。"（壬寅是理宗淳祐二年）见翁氏《粤东金石略》。

连州韩公钓矶题刻（在"上游仙迹"四字旁）文曰："簿尉莆田邱熹令，永嘉郑伯谦，嘉定改元仲春始作亭于矶上。"见同上。按：伯谦登绍熙庚戌进士，著有《太平经国》之书。事迹详《永嘉志》，附入《儒林·胡一桂传》。

广州西樵山南紫姑峰下有明西庄霍公墓，墓碑诰命二道："嘉靖七年五月十六日，谨身殿大学士张孚敬录。"见同上。

又九曜石题记（嘉熙三年）有东嘉吴伟茂远列名。按此刻全文五行，

今仅前三行，又三半行。“东嘉吴伟茂远”六字在第四行末，已为榕根所据。见翁潭溪《九曜石考》。（附《粤东金石略》后）

李光石门洞摩崖（后至元四年）云：“永嘉林抱玉，由文学掾借调腊源巡捡，括田植木于书院。山长李光摩崖，以劝后来。至元戊寅八月初吉书。”见邹柏森《括苍金石志补遗》。按：《志》云抱玉，温州人，曾任黄岩州学正。《郡邑志》无考。

李维桢江宁嘉善寺题名（万历辛亥），永嘉方子谦书。见《大泌山房集》一百二十八。按：子谦名曰升，著有《古今韵会举要小补》三十卷。《明史·艺文》（一）、《千顷堂书目》（三）、《四库全书总目提要》（四十四）、孙诒让《温州经籍志》（七）已著录。孙氏书玉海楼藏有明刊本。

天台石桥记乃永嘉僧严伯威书。见《玉海溪后集·右桥诗》注。

四川绵州富乐山题名十余种，中有永嘉曹文玉列名。文曰：“临邛李伯珍载酒，约剑阳黄穆甫、永嘉曹文玉、广汉何与美、汉嘉李象祖、陵阳喻去异来游。绍定癸巳重九后三日。”见《金石苑》。

高则诚书《长兴州重修学宫记》（至正十一年二月）署衔云：“赐同进士出身、将仕郎、前处州路录事、永嘉高则明书。”按：高录事，瑞安人。登至正乙酉三甲进士。著有《柔克斋集》《琵琶记传奇》。

苏州府学《天文图》《地理图》《帝王绍运图》石刻有东嘉王致远跋，云：“右四图兼山黄公为嘉邸翊善日所进也。致远旧得此本于蜀司臬，右浙因摹刻以永其传。”按：跋语有四图，今失其一，不得知其为何图。兼山黄公，字文叔，名裳，剑州人。《宋史》有传。迁嘉王府翊善作八图以献：曰太极，曰三才，曰本性，曰皇帝王霸学术，曰九流学术，曰天文，曰地理，曰帝王绍运，曰百官。

广东南海六榕寺有永嘉宿觉禅师证道歌石刻，（凡三石两面，今碎一石）正书，额篆书。

安徽潜山石牛洞有永嘉陈栋等题名，（庆元丁巳仲春望日）正书。又陈栋再题名，亦正书。（后七十有五日）

湖南祁阳县浯溪有永嘉刘锡诗刻，（景定五年冬十一月壬辰）正书。

唐昭成寺尼大德三乘墓志铭,(贞和元年,见《匋斋臧石记》)长日宜终杭州余杭县令次日调终温州安固县尉。按墓志:调系长安高陵人,昭陵今赠通州刺史李昕之子,其尉安固当在贞元时。嘉庆《瑞安县志·职官》县尉题名失载李调,应据此补。

唐代郡开国公王氏先庙碑云:"弟四室曰温州刺史赠太尉府君讳冕。"又云:"时中原甫宁,江南为吉地,二千石多用名德,乃以府君牧温州。朝廷虚公卿以俟高第。及闻讣,永嘉人辍舂罢社,缙绅间以不淑相吊焉。"见《刘宾客集》。按:康熙《温州府志》、乾隆《温州府志·职官》,及孙太仆《郡志·职官补正》均失载王冕,此可以补其阙。

唐常州刺史平君神道碑,永昌中遭凶党纲罗,为周兴所奏,贬安固令。州特举清白,改鸿州栎阳令。按碑:公讳贞昚,字密。字间从楚,燕国蓟人也。嘉庆《瑞安志·职官》失载平贞昚,应据补。

宋乐清县丞林贯,字元用,宜兴人,历台、明二州户部瞻军酒库,转温州乐清县丞,以嘉定癸亥重九日卒。详见陈耆卿《篔窗集》七《文林郎乐清县丞吴君行状》。按新修《县志·职官》、孙太仆《郡志·职官补正》无林贯,应据此补。

青田石门山程闳中等题名云:"程闳中点青田常役,廖君宪漕台校试还,摄永嘉管勾,邂逅游。己卯闰月二十三日。"按:漕台校试起于北宋,管勾亦始于是时。自南渡后避高宗嫌名,易管勾为干办。末署"乙卯闰月",当在元符二年。(是年闰九月)

河南龙门山有明王文定公赞五言诗刻。按:赞,字瓯滨,永嘉人。登第。著有《瓯滨文录》,今已佚不传。

【未刊稿】

别单思病吧！

记得从前有个少年人，朝朝暮暮地想西施，结果患了很严重的“单思病”。他的父母着急了，医生也束手无策了。后来幸亏一位朋友想得一个法子，往很远的地方请来一位皱纹满面的老太婆，说是西施小姐来了，可惜现在上了年纪，并不觉得怎样漂亮。这少年看后，恍然想着她现在应该上了年纪，从此再也不想念西施。

世上原有神经衰弱的“单思病”者，这位少年能够恍然大悟，也许他有点历史知识吧，也许他是个少年吧！如果不是少年，或者毫无历史知识的人，他必然自作聪明，说这个不是西施，甚至仇恨这些朋友对他不忠实，一直想入非非，到死而不后悔。

因此联想到现在一般人对于孔子，也颇有患“单思病”者。戴传贤、陈济棠，和其他军阀、官僚、老夫子们不必说；武汉大学的入学试题是“舜既不得慈于父母，不得悌于弟，何以后世称为大孝?”南开大学指定一年级学生读四书的，是现任行政院政务处长何廉博士；对于祭孔盛典击节欣赏的是驰名东亚的《大公报》；还有实足道地的双料博士也主张“男女有别，不读四书五经亦文化界之一大耻辱也”。朝气勃勃的青年，也很有逐渐变成“少年老成”的样子，尤其在某某等地。这种意识，我无以名之，也许就是患了“单思病”吧？

单思孔夫子，自然比思西施更风雅些，因为西施怕老丑，孔夫子不怕老丑。“日月经天，江河行地”不是数千年君相们的口头禅吗？然而不幸得很，甲午战后，似乎他老脸上的第一道皱纹被人看出了。这第一次发见的不是旁人，就是谭嗣同、康有为、梁启超戊戌政变的诸先生。虽然当时尊老守旧者骂他“离经畔道，名教罪人”，而新潮流所激趋，终于把学堂开了，科举废了，满清皇帝的命也革掉了。

不过社会它自身永远是个惰性的东西，它未被新的力量改造过以前，即有一种较真较好的制度或思想，它也必然“一面交涉，一面抵抗”的来几下，虽然“半推半就”，到底是接受。所以，国体刚以共和自居的中华民国，又把孔子放在宪法里，“天坛草案”遂于第十九条附以尊孔的明文。袁世凯也如一切儒者一样，最主张尊孔，做了古怪的衣冠，招来老腐的夫子。盛行祭孔的时候，大概是要做皇帝以前的一二年。戊戌维新的人物康有为也一变而说：“孔子之经于人身之举动云为，人伦日用、家国天下皆有德有礼，可持可循。”（见《国是报》《致教长范源濂书》）他提倡学校读经的时候，大概是要帮张勋复辟以前的一二年。自此以来，继继绳绳，不过仪式上、理论上稍有变动而已。

直至“五四”时代的大震动，《新青年》的反孔理论才大张其军。陈独秀、胡适之、蔡元培、易白沙、陶孟和，四川只手打孔家店的老英雄——吴又陵先生，先后著论掊击孔夫子。他们的意思是说：孔子的精华乃是祖述儒家，组织有系统的伦理学说，宗教玄学皆非所长。他的伦理学说虽不可行之于现代社会，而在宗法社会、封建时代，却算是十足道地的名产。现在我们所以不满意他，也因为他不适用于现代的伦理学说。假使还要用以支配现代人心，不但不可能，而且是文明改进的绝大阻力。

他们为什么说他不适用于现代呢？十八世纪的政治信条、道德信条是自由、平等、博爱。经济理论是亚丹斯密一派的自由贸易主义。十九世纪中叶以后的新宗教信条是社会主义——平等而不自由主义。这两种政治思想，都不是农业社会的产物。尤其是小农自作制度，不能产生出这种思想。他们的最高道德建筑在经济理论基础之上，因之个人独立成为经济学生产之大原则。其影响于社会伦理学，乃有打倒阶级实现个人的人格独立；其影响于政治，有选举权扩张等的现象。人格独立与财产独立互相发明，政权文化次第移于民众之手，所以成功了近代的国家。譬如男女平等、儿童本位一句话，外表看来何曾不浅而易行？然而女子与儿童有权利立于人间，还是产业革命以后的事。我们一按她们何以有不平等的原因，那自然不能不归咎于经济不能独立。十九世纪产业革命，机器替代了人力，人类的筋力已经成为非必要的。它可以使用无筋力的劳动者，就是四肢较为柔弱的妇女，发育不健全的儿童，也可以和壮丁竞争。女子、儿童有了经济独立，于是在法律上、政治上、家庭上获到平等权；精神上获得自由权；社会风纪、伦理道德因此风驰电掣的改观了。

我们的孔子，却把为人子、为人妻者夺去个人独立的人格，又夺去个人独立的财产，父兄蓄其子弟，子弟养其父兄，各人只有名分观念而已。家族的利害、阶级的利害固然打算得很周到，却没有把全社会的利害做根据来打算。

这种思想是否适用于现代，着实有点疑问。不过我们的祖国，政治虽然革命，一切遗传的梅毒却根本还未除根。纵使一时有所革新，不多时而又闹纠纷者，也是极自然的道理。

所以《新青年》出版以后，便有人斥为“洪水猛兽”。王敬轩的言论很足以代表复古派的口吻。他说：“辛亥国变以还，纪纲扫地，名教沦胥，率兽食人，人将相食，有识之士，尽然心伤。某虽具愚公移山之志，奈无鲁阳挥戈之能，遁迹黄冠者五年矣。日者过友人案头，见有贵报，题曰《新青年》，以为或有扶持大教，昌明圣道之论，能拯青年于陷溺，挽狂澜于既倒乎。因亟袭读，则与鄙见所期一一皆得其反！噫！贵报诸子岂犹以青年之沦于夷狄为未足，必欲使之逮禽兽不还乎？贵报排斥孔子，废灭纲常之论，稍有识者无不发指；且狂吠之谈，因无伤于日月，初无待鄙人之驳斥。”

又有培风君说：“我国今日，非行孔子之道，不足以自救。”（《公民杂

志》第四期《孔子之道与今日之中国》)

这些人一唱三叹,你一下,我一下,以后似乎随着军阀争夺而沉寂了。这并不是说新的胜利或旧的胜利,其实国故和新潮、学衡和语丝,新旧派两派仍旧习惯各自活动。后以民国十五年的革命,含有世界最激烈思潮;西洋自由主义、社会主义的新文艺,也如潮水般地涌进来。大成至圣文宣王的牌位换了革命元勋孙中山遗像,衍圣公的爵位也和龙虎山的张天师一样地被人遗弃了。各省各县的文庙一齐改作学校,这是孔子最倒霉的时代。然而教育、文化、社会、风俗、家族制度、军事、政治,却有不少的革新成绩。

然而近来我们祖国的志士仁人们,又闹什么中国本位文化了。陈济棠、戴传贤们,一若现在倘不提倡读经,倡明孔教,就不免为印度、波兰之续。事实真的如此吗?我不大知道。不过这种意识,不但可以发生于现在,我怕十年、廿年或许仍有机会重演。那就是说:孔子在过去的经济上、政治上,力量太大了。

什么叫做经济上的势力?因为他所生的地方是黄河流域。两岸黄土千里,不必肥料,不必铁器,土质就松松的。从商至周,把齐、鲁、宋、卫、关中一带,由游牧社会造成"千斯仓,万斯箱"的农业社会。人民由流动生活走到安居生活。于是思家恋土,敬老尊贤的情绪激发了,宗法家族的随之发达了。孔子修成康之业,述周公之训,以忠孝一贯为根本;国必尊君,家必孝父,万事孝为先,"五刑之属三千,不孝为首";没有不是农业社会的特征,而且十足的封建气味,十足的贵族气味。

何以说是贵族气味呢?贵族子弟好运道生在贵族家里,幼年享了娇生惯养的生活,长大了又有受教育的机会,后来继承着大批遗产——土地。享受政治上的特权——"刑不上大夫"。有这样的好父祖,怎教你不感恩感德,说孝为百善先。

何以说是封建气味呢?我们试问贵族的遗产——土地哪里来?那无疑的是皇帝封给诸侯,"诸侯以尊尊亲亲二义,上治祖祢,下治子孙,旁治昆弟。"换言之,就是以财产为钓饵。即或不是诸侯的话,"畿内公卿大夫之子,父死之后得食父之故国采邑之地。”恩主还是皇帝。“普天之下,莫非王土”,土地所有权当然是皇帝的了,所以他们感恩报本,当然也须尽忠于皇帝。封建采邑制度,外形虽被秦始皇的淫威扫荡了,而大家族制度、遗产制度、立嫡以长不以贤制度,一直留到现在。尤其百分之八十以上依自耕自食为生的农村,祈天不求人的生活意味,乐天安命的人生哲学,未始不是孔教存留的一个因子。至于满朝的裙带官,几千万几百万的遗产,显亲扬名的谀墓之文,不是大家族制度的特征吗?总之,统治阶级还是士大夫们,产业还未改善,家族制度依然存在,个人人格还未独立,尊孔读经仍有重演之可能。

什么叫做政治上的势力?历史告诉我们,孔子所生的时间是封建烂熟到将要腐败的时代。他“祖述尧舜,宪章文武”的目的,在乎恢复周初封建,而非改革封建,或改善封建。这种“述而不作”的惰性,最适合于农业社会的口味,因此不彻底之故,所以有层出不穷的内乱。在现代的眼光看来,内乱当然是政治腐败的结果,做官人应当负责。然而我们的民之父母,却轻轻的把肩头一耸,重担滑在别人身上;自己站在旁边,即时变低吟为大喊:“不得了!不得了!世风日下,人心不古”,赶紧提倡尊孔子。万一东风压倒西风,所谓真龙天子御世呢?也要提倡尊孔的。因为孔子“祖述尧舜”,尧舜以天下让,如果天下由禅让得来的话,那末,落得借题发挥,对先朝说几句风凉话,同时也可以堵塞反对的嘴。孔子不但“祖述尧舜”,同时又是一个教忠的祖师。一朝天子一朝臣,那末,尊孔又得一条可以缚死臣下的绳子,教你动弹不得。所以翻开前四史一看,拿儒冠撒溺的刘邦,做了皇帝马上想臣下做孔子之徒。挖墓摸金的曹操,也会说孔融“违天反道,败伦乱理,虽肆市朝,犹恨其晚。”他底大少爷更妙,自己占了袁熙的妻甄氏,两兄弟争风吃醋都不说,却“观古今文人,类多不让细行,鲜能以名节自立”,好像自立很有名节似的。这种把戏后来照样炮制了不知多少次,司马懿就是最著名的一个。孔子之道如“日月经天,江河行地”,无疑的是借了他们的光。

陈济棠自然也有这点聪明,攀龙附凤的人,除了做卦算命看风水的以外,自然也有哼几句“七十子皆诸侯卿相之才,可面南者数人。”“苟有用我者,期月而已可也,三年有成。”“当今之世,舍我其谁哉!”齐家……治国……平天下的人于是野心勃发起来,就疑心孟子、孔子真有齐家、治国、平天下的好法子;就疑心古直、钟隐梅、李沧平们诵法孔子之言的老先生(或小先生)就是诸侯卿相之才。床头摆半部《论语》,就忽然地自命“当今之世,舍我其谁哉!”于是想了几年几年计划,梦想三年有成。好像半部《论语》,真的可以治天下。

哪晓得这些老先生们脑袋里根本只有这点货,由科举变了学校,他们的《大学》《中庸》被政治、经济挤倒了;格物穷理被物理、化学挤倒了;司马相如、扬雄也被易卜生、托尔斯泰挤倒了。他们在饭碗上已经“累累如丧家之狗”——四面碰壁,上下碰钉,正是无路可走;他们在精神上已经失去了他们的古国了,他们的古国有皇帝,有天地君亲师,有三房六妾,有三拜九叩首,有金榜题名的尊严,有前修后补的朝服,有八股四六文章,有裹小脚的女人,有摇摇摆摆的臭架子,有哈痰吐唾不守时间的习惯……他妈的,眼见着现在的国民革命把这些都革掉,这怎能教他不嘟着嘴痛惜“人心不古”!

幸而孔圣人在天之灵,岭表崛起了一位尊孔崇圣的大英雄,云从龙,风从虎,圣出而怪物睹,有圣君必有贤辅,赶快摇着尾巴走吧!机会要紧,读经尊孔,男女有别,取缔奇装异服,漪欤盛哉!呜呼,此不朽之业也!于是把古书附会穿凿,说得天花乱坠。“民为贵,社稷次之,君为轻”,说这是平等主义。“贼仁者谓之贼,贼义者谓之残,残贼之人谓之一夫,闻诛一夫纣矣,未闻弑君也”,说这是民权主义。“仁者爱人”,说这是救世主义。“志士仁人无求生以害仁,有杀身以成仁”,说这是武士道主义。孔子“于乡党恂恂如也,似不能言者,其在宗庙朝廷便便尔,唯谨尔”,说这是明哲保身义。听胡适之接受博士学位,便要学孔子诛少正卯。看到蛮不讲理的东邻,屁股头来一棍,他们脑袋里马上又浮出“微管仲,吾其披发左衽矣”,说这是民族主义、国防主义。闹得乌烟瘴气,像北平臭胡同里粪堆一样。

现在这位读经尊孔的圣君虽然塌倒了，然而道不行的贤辅我们个个都还活着，头脑简单而野心很大的据要津者，神经衰弱的青年，还有被洋书读塞了的双料博士，地位都还好，一代一代的演下去、传下去。谁保孔圣人的牌位，不会十年二十年一直拜下去？孔子在政治上的势力着实还大得很。

不过历史总是上进的，孔圣人虽然不能像西施那样容易老丑，然而他可惜未曾跟周穆王到过昆仑山，十年二十年或多少年之后总有老丑的一日。遗老们肯死心塌地的为了君，为了亲，为了他们的祖师，自然很好；既是自愿如此，黄连在他的嘴里，我们不必代之担忧；横直岁数多不了少不了，不久会仙去的。然而老而不死，偏要掀风作浪，拖几个青年下水，把整个民族带向死路走，那未免有点太那个。同时也请神经衰弱的单思病者看看陈济棠是怎样的汉子，腰包里多少民脂？罗振玉、郑孝胥何尝不是十足道地诵法孔子之言的东西，现在向溥仪叩了头，把东北四省送掉。如果这些人多来几个，中国委实受不了！

单思病者们，现在不是闭关时代了，政治法律多少有些现代气，《三百篇》当谏书，《春秋》断狱，半部《论语》治天下，并不可行于现代。新式农业，用不着后土郊祭；新式水利用不着禹锡玄圭；井田制度不是平均地权的好法子；敌人的大炮飞机不是干戚可以舞退的。将来的立国基础，必须现代文化。新教育、新思潮比孔子高明的着实多呢。你们如果有专门学问，就请你精益求精，把外国好东西介绍点来。如果未学或永不学的话，公民读本，三民主义是要看的。经书不读不要紧，横直八股文没有人敢提倡了，皇帝也不会再来，这些都请大家放心。同时还要知道旧式农业生产必然地会被时代淘汰；机器余威侵入到农村，“出入相友，守望相助，疾病相扶持”的旧道德，必然地跟着农村崩溃而去了。“钟仪楚奏，庄鸟越吟”的思乡情绪，也必然地不出现于富商大贾之口。将来的生活一天紧张一天，人人抢着去做，拼着去做，哪能容你“父母在不敢有其身”？五世同堂的大家族制度，只能成为诗人们咏叹的材料。“吾有老父，身死莫之养也”的孝道，决不见容于新式军令之下。何以？一种思想，一种制度，断不能在空间上为人人必由之道，也不能在时间上为万世不易之宗；因为历史是活的，环境是动的，生活状态是各各不同的故也。遗少们，西学博士们，负领导青年责任者们，西施已经老丑了，不要痴想吧！禹行舜趋的宋、明尚且不能用孔子保其邦家，罗振玉、郑孝胥、陈济棠在不同的政治环境里遭同样的结果，于国于家有什么用处，明白么？不要痴想吧，单思病是很危险的。

拙稿原题《别单思病吧！》，四川大学《前进》半月刊主编刘大杰认为不够通俗，把我改为《单思病者的前途》。当时不但我不同意，川大中文系教授丁山、历史系教授杨筠如亦都支持的抗争，但是不能改变他的固执，我也不再为这个刊物写稿了。今事过六十二年，大杰也早已作古，因此把文题改换过来。

一九九八年三月　附记

【四川大学《前进》半月刊，1936 年第二期】

从牛大海的三颗勋章说起

最近看了影片《新局长到来之前》，佩服剧本的作者，能够从总务人员的总体里，抽出现阶段存在着的旧意识、旧作风，用科长牛大海的形象体现出来，因而搔到了广大观众的痛痒，说出了目前——还有思想顾虑的人们——心里想说而又不敢说的一切。

习惯于吹牛拍马的总务科长牛大海，是长时期的历史产物，同时也是长时期被斗争的对象，据我半百年来的印象，除非没有总务科长的场所，找不到吹牛拍马的牛科长，仿佛过去如此，不久以前如此，现在也还有许多是如此。

不过，新中国到底有了惊天动地的变化，影片中出现了新型的张局长，可见解放后的总务科长已不需要牛大海这一套，同时也不允许再有牛大海这一套。然而不够敏感的我，不知怎的，只知道特别欣赏他左胸上那金光闪烁的三颗勋章。

我回家又翻检一下本月四日《人民日报》毕干同志写的《德和才》。不知道他说哪一个机关进行评级评薪工作，把“不好领导”的同志评为“无德”，“不善于领会领导意图”的同志评为“无才”，而“才德兼备的人”，则是所谓“既好领导，又善于领会领导意图的人”。我逐字逐句读下去，又仿佛每一个字的后头跟着一位挂着三颗勋章的牛科长。

这又逼得我不得不改变过去的主观想法，牛大海并不局限于总务科，而是很广泛地存在于各方面，就是教学人员也或多或少有些相同或相像。只是未曾进行评比“先进工作者”，所以如今每个同志的左胸都还感到空虚。

本来高级知识分子的特点，一般的具有敏感性，尤其是学有专长的老教师，必然有独到之见。这些独到之见可能很片面，也可能有错误。只要人人肯动脑筋，肯竭“愚者千虑之一得”，未始不起“拾遗补缺”的作用，也可能使工作做得更深入、更细腻、更全面。然而不少同志运用了“大智若愚”的人生哲学，即使浅显的道理，也必待听了领导上报告，才能恍然大彻大悟。

一九五二年的教学计划，只是假手北师大试拟的东西，北师大在当时可能先走了一步，然就总的教学水平看，伯仲兄弟之间耳。教育部原想各校多提意见，我校教师也确有许多不同意的意见。可是某些同志偏当它神圣不可侵犯，不问意见的价值如何，一股脑儿归罪于“体会不够”，归罪于“对新鲜事物还有一定的抗拒”，遂使数年来的大会小会，不是“三点启发”，便是“五点体会”。

去年问题集中在“教好一点教少一点”，某些同志姑不问“罗列现象”和“条理分明”的精神实质有没有区别，照例把自己臭骂一顿，有关(一)(二)(三)(四)，(甲)(乙)(丙)(丁)的方法方式，一概犯着“实用主义”的错误，一概受了“胡适之的毒害”。现在轮到了教条主义，也不问“引经据典”和“乱贴膏药”的精神实质有没有区别，一概采取骂倒的方式。还有主观唯心主义、纯粹客观主义，什么主义，……各式的帽子一应俱全，真正九江路马敦和老店似的。

听取这种气氛的汇报，自然感到满足。然而事实有点奇怪，离开会场的气氛，好像不大对劲，有意见也有批评，话也蛮有道理。

我对这个现象，也加以很短的时间思考过，同时也请教过某个“专家”，有时果然懂得一点，有时却又呆住了。我并不是不知道某一运动刚开展的时候，这一套手法未始没有积极作用，问题是老像胡萝卜一样，只只红个外皮，难道不是消极因素吗？我真不明白，大家都知道实事求是的可贵，所谓高际知识分子之中，偏要向牛大海学习，到底是“善于领会领导意图”呢，还是“忠于革命事业”？

【《华东师大》，1956 年 9 月 19 日，华东师大校刊编辑室】

【《新局长到来之前》，长春电影制片厂，1956 年】

把往事今朝重提起

——回顾求学时代的习作暨教学实践的论文指导

我是师大建校那年，即1951年来师大的，对同学年年送往迎来。现在，散在全国的师大毕业学生数量不少。按照自然发展规律，我年事已高，也愿意回顾一下以往的经验，既不夸张，也不缩小。希望同学们听后，提出批评。

先讲讲自己个人的学历。我的学历很简单。那时的学制是小学四年高小三年，中学三年，大学六年。我先在小学一年级读了一个月，老师就叫我跳级，我外祖父却反对我跳级，后来校长说在一年级读没有意思就跳到二年级，读了二个月后就放暑假了。毕业班同学叫我去考中学，考浙江十一个中学，我考了地区第四名，进瑞安县立中学学习。中学四年毕业，正当清华大学研究院成立，招生对象一是国内外大学毕业生，二是自学成才的。1925年，我在老师和同学的鼓励下去考了，后来正碰上"五卅"惨案的影响，张宗昌、孙传芳奉系军阀趁机南下，交通受阻，没有赶上。第二年又去考，当时分北京、上海、武汉三个考区。当时有思想包袱，结果倒考取了。这年共招了二十人，我名列第七名。

考上后如何学呢？又有一个包袱。那时办公室的一个人对我讲，要找导师选题目。那时的老师并不上课，学生也不听课，老师是搞科研，每周做一次报告。四个教授、二个讲师，一周报告六次，一年下来就是一部书。同学们去听，主要是扩大知识面，了解老师的治学方法。

我听了后有了一些认识。首先写文章要高标准、严要求。写文章与产品不一样，商品卖出去后可以不认货，书写出来会害人不浅。强调这一点，某某人的学生保质保量。梁任公说什么是名牌货？就是北京的王麻子剪刀店、同仁堂药铺、东兴楼菜馆等等，几百年的老牌子一直不倒。因而，写的文章也不能倒牌子，要高质量。

写文章首先要选题。一、应该写对旁人、社会有教育意义，对自己也有教育意义的文章。用梁任公的术语讲是道德修养通过文章提高一步。二、在理论上有指导意义的可以写。从现在讲是指马克思主义理论，对国家决策上有指导意义，过去是对儒士经典有新认识，或者对改变社会风气有作用，归根到底是爱国主义。包括历史上各个时期的社会安定情况，政权巩固不巩固，对少数民族采取什么政策等。

哪些题目不能写呢？从现在讲，例如搞第三产业，要发展旅游业，如洪洞县把“苏三起解”中玉堂春关过的监狱修整起来做一个纪念，有人把薛平贵的妻子王宝钏住过的窑洞作为纪念地点开放，供人游览、观赏，其实大可不必。中国历史上农民战争领袖、思想家、文学家有的是，可以发掘的纪念地、物很多，似乎不必要在戏曲人物上做文章。

在清华求学的，有的题目是很好的。如有一位江西赣南兴国人叫姚名达，他要写《邵念鲁年谱》。邵念鲁是浙江人，他写了一部《思复堂文集》，志在恢复明朝的江山。那部文集实际上是历史文献汇编。讲到明末，同李自成的战争叫柿园之战。当时李自成兵被明朝军队包围在里面，几天没饭吃，那里柿子很多，兵靠吃青柿子度日，记载得很清楚。梁任公认为写这个题目是好的，并且把自己写的《朱舜水学谱》给他看。朱舜水反清失败后即与日本联系，希望得到帮助，当时德川幕府要给朱三千名囚徒。后明朝不行了，朱自己去日本。朱舜水在日本的影响很深，明治维新以前，政治上都是朱舜水那一套，因为德川幕府是他的学生。朱在日本坚决不回来，说：“清政府不消灭不回国”。梁任公写这篇文章已很久了，但到辛亥革命以后才告个段落。这是在告诉朱舜水现在好回来了。

姚名达同学每天早晨和我们一起锻炼跑步。抗战时期，他在江西南昌中正大学当教授。后遇到日军攻占南昌，他在太湖一带参加慰问抗战将士，但到了那里中国军队已撤退，被日军包围。他向同学们说："只有拼死一条路"。在日军冲上来时，他用牙咬住日军军官的喉咙口牺牲了。

我们另外一个同学谢国桢去年死了。他写过清朝《顾亭林学谱》，学谱和年谱不一样，年谱按人的年岁编写，学谱讲人的学术思想变迁，梁任公对他很欣赏。那年考生中，谢国桢是第一名，河南人，刘节是第二名，浙江人。第二年第一名是刘盼遂，河南人，第二名是吴其昌，浙江人。当时称清华研究院的状元出在河南，榜眼出在浙江。谢国桢曾做过吴佩孚的财政部长王克敏（汇丰银行董事长家）的家庭教师。"九·一八"以后，东北成立维持会，谢国桢父亲又在会长张廷辉那里当过秘书。抗战后，王克敏又搞伪组织。但谢国桢始终没有沾着边，做人清清白白与选题有关。

选题还要求不能就事论事。选题是终身大事，要在将来准备横向上下延伸。因此，总得有一个中心，抓住一个题目把大堆问题解决。做论文也是学习，是个很好的学习。选的题目不能太大，知识广度不够，时间不够，深度不够；也不能太小，太小写不深，深度不够，太小资料不足。如何钻下去，要有个可行性的范围。

第二个问题是选好题目后如何找资料，如何读书？找资料首先要可靠。中国历史悠久，假书也多，要区别资料的真伪。《管子》一书记载齐桓公将死，要管子推荐接班人，这段事情是可能记载的。但是关于五公子争霸，齐桓公关在里面，死后身下都有虫爬出来等事，管子就不可能写。又如《山海经》一书的许多地名、物产名都是汉朝的。说汉朝人写还可以，但说是夏禹写，又说是与禹同时的伯益写的，就不可信。收集资料要有点目录学的常识，懂得书籍的分部，史书的体例。可以读读张之洞的《书目答问》、叶德辉的《书林清话》等。

此外，还有一个读书方法问题。梁启超有两种读书法，不能偏废，一是宏观的，好像在飞机上拍照片；一是微观的，犹如显微镜底下找差距，看细胞，要把两者结合起来。拿到一本书，首先要翻翻书的序言、凡例和跋言，知道著书的意图，然后再循他的轨迹仔仔细细地读。过去提倡死记硬背的办法，现在不提倡了。但我是从死记硬背过来的，过去私塾老师要我背《孟子》，今天背第一节“孟子见梁惠王，王曰：‘叟不远千里而来，亦将有以利吾国乎？……’”，明天背第二节，要连昨天的第一节一起背，第三天又要再从头背。现在教育家们都反对死记硬背，提倡活学活用，我却一直习惯于死记硬背。我总觉得用在财政学上叫支付，支付必须有收入，收入越多，支付能力越大。而且必须有储备，有储备才能保持信用，否则总会有一天信用搁浅，在英国经济学家叫做信用危机。

我们对死记硬背可以举一个例子，清华大学每学期（五个月时间）都有一次联欢会，由教工请同学作客，备有茶点咖啡等，也有一些余兴。余兴就是每个人背点什么。那时王国维先生留着辫子，身穿黄马褂，他背了一首八股文，摇头晃脑地背。梁任公背《桃花扇》最后一段“余韵”，至今似乎仍在耳旁：“龙钟阁老啼梅岭，跋扈将军噪武昌”，前句是讲史可法死葬梅花岭，后句讲左良玉兵变。同学也背点东西。吴其昌背《出师表》。我当时只有二十岁，年纪最轻，背《陋室铭》，“山不在高，有仙则名；水不在深，有龙则灵”，但最后一字都略去，成为一首七律，大家都笑。周传儒比我大八岁，他介绍我说是神行太保戴宗的嫡系，我不客气地回敬他说：“你是这个（小指头）。”为什么呢？因为唐虞夏商周，梁唐晋汉周，百家姓的赵钱孙李周，周都排在第五位。说明那开玩笑都训练记忆力。

现在学生反映朝代记不住，可以用屈指数的办法。如春秋十二公，“隐桓庄闵僖，文宣成襄昭，定哀”。西汉的皇帝世系也可以采用此法，“高惠文景武，昭宣元成哀，平”。

读书可能有错误，错误难免，但常识性的错误不能有。避免错误的一个办法就是咬文嚼字。不久前有一位师大的同学问我：“牛耳怎样拿，直吹还是横吹？”我莫名其妙，一看原文，原来是“直吹牛耳”，意思是简直是吹牛而已。有人读左思《蜀都赋》，见注“蹲鸱，芋也”（《史记·货殖列传》提到四川临邛有蹲鸱),芋字错看成羊字,正碰上一位朋友送他一些羊肉,就答书云"捐惠蹲鸱",收信人感到茫然。

中国古书往往没有标点,因此,标点差一点意思就两样。1971 年我在标点组里曾标《新唐书》,碰到一个标点符号问题,讲老当益壮,我初标"始老,年逾八十犹思大用"。二校、三校他们都说我错,作为典型印发,认为应在"年"之后断句,说是错断的典型。因为我是右派,所以往往没有错的也成错。当时要我改,我坚决不改,因为思想问题没解决。其实标在"老"后是对的,因为"老"字在这里作告老之用。如:

《左传·隐公三年》石碏谏宠州吁"桓公立,乃老"。

《左传·宣公十八年》"范武子将老……召文子曰……尔二三子唯敬,乃请老"。

《左传·襄公七年》"庚戌,使宣子朝,遂老"。(杜预注:"韩厥致仕。")

又这些"老"字都非"老年"的意思,而是"告老"的意思。

现在出版的《新唐书》卷二百六《杨国忠传》,写到杨国忠之子杨暄,位至太常卿、户部侍郎,"闻乱,下马蹶,弩众射之,身贯百矢,乃踣"。标点组林艾园老师发现是点了破句,如点在"蹶",则"蹶"与下"踣"重复。读书不太容易,这是一例。"下马蹶弩"是一句,"蹶弩"就是用脚踩弓。

在此之外,还怕望文生义。《中国通史》范文澜教本引《尚书·盘庚中篇》"作我畜民"解释畜力牲畜,奴隶主把奴隶看作如牲畜一样。现在稍有改动,但仍旧是这个意思。当时我曾就这字提过意见,把畜讲成牲畜,象《孟子·梁惠王下》"畜君者",总不能解释为君王像牲畜一样。其实"畜君者",好君也。《礼记·祭统》"顺乎道不逆于伦,是云谓畜"。《唐韵》好读呼皓切,幽部,陆德明《经典释文》畜音许六切,幽部,而且都在晓母,所以《广雅·释诂》"嬸,好也"。畜、好音同,因而"作我畜民"应释为"作我好民"。不能望文生义,不能随便加注。

我们读书的方法是咬文嚼字。同学们以为很难,很讨厌。我认为不难,唯一的办法是查工具书。你们毕业后,其他钱可省,但工具书一定要买一部。碰到不懂的就要查，查一遍不行，查第二遍，一直到彻底掌握。最怕的是大概如此，你说“大概如此”，但偏偏不是“大概如此”。

老话说，读书要四到：眼到、心到、口到、手到。“四到”中最重要的是手到。看书中要随时做札记，做卡片。你们二十多岁的人十年下来就几万张，分类存放好，做文章起来就方便。做卡片是终身大事，不做不行。我当年在资料室里就主张做卡片，做好后统一放在资料室，供大家使用，但后来没有做这工作。现在资料室里没有卡片，青年老师自己也不做，碰到问题就东问西问，问了后就急忙去上课。“四人帮”专政时，那时成分好的才能上课。比如一位教师上通史总论课，匆匆忙忙到资料室来问：“我国史学界有几种流行的观点？”回答说：“有循环论”。又问：“还有什么？”答：“……”。以后马上去上课了。（同学们正是读书无用论。）以前有一位广西同学是面包师的儿子，熄灯了还看书，专门受军代表批评，但其他同学打闹翻跟斗，他不管。

读书、做卡片是最要紧的终身大事。有的人想法不一样，自夸书读得快，一目十行，可能一句也没有看懂。清代章学诚做了一部《文史通义》，据他儿子写的后序说，他的智力极差，读书非三百遍不熟，但他却不失为一名真学者。因此读书要慢，要做札记，“欲速者则不达”。摘下后，材料要不要，心中无数。但在收集资料时，要宁滥毋缺，要“韩信将兵，多多益善”。这样，一辈子都用在抄书上，而抄书往往也有大部头著作抄出来。司马光写《通鉴》，收集的材料达四十九个房间。四十九个房间材料全部印出不行。他就写提要，成书部头仍很大。

头一个抄书的是南宋朱熹，他后来被送到孔庙里去的。清华我一个同学姓朱，也以此为宗谱的光荣，说他祖上是“两朝天子（五代朱温、朱元璋），一朝圣人（朱熹）”。另一个姓项的回敬他说，他的祖上是“烹天子父，做圣人师”，前句出自《项羽本纪》项羽骂刘邦的话，说你不投降我将烹你父；后句出自《孔子家语》项橐七岁为孔子师。朱熹抄书就抄出一部《资治通鉴纲目》，使人读起来方便，抄出是一部著作。第二个人是元朝的袁枢，抄出一部《通鉴纪事本末》，把《通鉴》归纳为 130 个题目，以事为本,归在一起。如黄巾起义,把开头、经过、结尾都抄在一起。(体裁上的大发明。)

朱熹有一个学生叫黄震(黄东发),浙江金华人。有部书叫《东发日抄》,也是抄的。朱熹的另一位学生王应麟,他的一部书《玉海》,材料也都是抄的。清代赵翼读二十二史时把有关内容抄下来,归纳以后很说明问题。譬如他认为汉代公侯将相的出身都很穷:刘邦手下的功臣樊哙是杀狗的,娄敬是拉车的,周勃是卖布的,有时当吹鼓手,都做到卿相,旧贵族却做不出什么名堂。

当然,这种抄与"文贼"剽窃不同。去年《文汇报》叶永利(也是我学生)写了篇小说叫《小猫刮胡子》,有人偷了他文章的内容在外地发表。《文汇报》讲给他听以后,他说:"真是刮不完的小猫胡子",结果又有人在偷。《文汇报》发表评论说"不要再刮小猫胡子"。(可创造性抄,不能窃。)

第三个问题是资料收集后进行文章的组织工作。组织材料与收集材料不同,抄书上可以宁滥毋阙,但组织的时候要宁阙勿滥。文章的资料不在多,只要证据可靠。王国维先生教我们说:"证据不在多,只要人家攻不破。"怎么叫攻破、攻不破?举个例子,明朝燕王棣起兵南京,用中山王徐达的兵,结果朱元璋孙子建文皇帝不见了。清初修《明史》时,有人说是从水门逃走的。当时万斯同在北京,因为清政府要他老师黄宗羲去,黄宗羲不去。后清廷说,你们明朝遗老在政治上不合作可以,但修《明史》是你们自己的事情,总应该出力吧!因此黄宗羲就派万斯同去,去的时候有几个条件:① 清朝的官不做,② 清朝的钱不拿,作为总裁官王鸿绪的私人顾问,住在他家吃饭,工作照做。当时有人提出建文帝从水门逃走,万斯同就否定,他说:"南京故宫里没有水门",只一句话就否定了。汉楚之争的陈平,少时分社肉,分肉公平,社会舆论说他可以做宰相。但有人说"陈平盗嫂",陈平说"我没有哥哥",这事早否定了。但曹操《求贤诏》中仍有"世有盗嫂摸金之行者,唯才是举",以为陈平仍有这事,实际上早被否定了。

另有一家刊物讨论李清照改嫁问题，这个讨论也没有意思。当然现在寡妇改嫁已没有问题，我指的是作者没有看过清代俞正燮《癸巳类稿》中《李易安居士事辑》一文。文章指出与李清照结婚的那个小丈夫成年时，李清照已是七八十岁的人。(证据)

文章对人的影响很大，因此要仔细安排。这在数学家看来是所谓运筹学，在军事家看来叫做战略部署。开始总由怀疑开始，怀疑也可能是一种科学预见。从已知材料推测未知，有了是非判断后，再去寻找材料。判断与怀疑一致了，就是主客观一致，最后拿出自己的论证来。没有自己的论证，以空对空，是空空导弹。有人写文章东西扯，不知道讲什么，是不定向导弹。

有的文章成了公式。1934 年我在南开经济研究所时，也看马克思主义的书。解放以后，许多极左的东西搞起来了，我就有点学不进去了。譬如，讲农民战争史，少不了一句话，农民战争失败，是由于没有工人阶级领导。这结论如何下呢？有起码历史知识的人就会觉得它是不通的。1760 年英国开始产业革命，相当于乾隆年间。马克思生于 1818 年，我国是嘉庆廿三年。他写《共产党宣言》是 1848 年，在我国道光廿八年。不要说陈胜吴广起义，宋元明的农民战争，就是最后的太平天国革命也开始在 1843 年，比《共产党宣言》的问世也早五年。

“阶级斗争，一个阶级胜利了，一个阶级失败了，这就是历史，这就是几千年的文明史。”这个话用来讲五种社会形态的变化是对的，但是在中国历史上的政治运动有两种性质：一种是改朝换代，以“汤武革命”的形式；另一种是宫廷政变。拿一个封建政权建立讲，都有一些秀才摇笔杆子造舆论，如曹操以尧舜的禅让来造舆论，打过来的一方又往往自称“汤武革命”，实际上这都是统治集团内部争夺领导权问题，政权性质没有变，只改了个姓，不一定是阶级斗争。如都用阶级斗争来套，中国早就是共产主义了，不会是现在的情况了。对这一点我不理解。

又如毛主席讲以少胜多这个规律，有个同学问我：“到底台湾兵多，还是我们中华人民共和国兵多？”我说：“当然我们兵多。”又问：“但毛主席讲,以少胜多是一切战争的规律。那么,蒋介石复辟有希望?”我认为以少胜多是要有条件的,不管条件讲以少胜多是不行的。军事地理上有“以一当十”的地形,如潼关、山西风陵渡,在地形上是有利条件,只要少数人守就可以了。过去军事学家以少胜多大多数是利用地理环境。马陵之战是把敌军骗到马陵去以后,围而歼之。另一方面,蒋介石的兵消极反抗,也造成我们以少胜多的条件。

四、讲讲文章组织好以后,如何写作呢?文章怎样写,本不成问题,大家都是考试进来的,都是优秀的,但有的地方要注意。怎样写呢?一句话,要老老实实。过去写文章有两种态度。唐宋八大家头头韩愈主张写文章要“曲高和寡”,他说少年时候人家说他文章写得好,我很高兴。学问进步了,人家说我不好。后来人家说文章不好我就高兴,说文章好我倒不放心起来了。他主张文章好就是要让人不懂,“曲高和寡”就是说自己比人家高明。另一派是白居易,他主张文章不仅要使上面的统治者看了能看出时政的好坏,而且要让家中的佣人都看得懂,都能吟诵。我个人同意白居易的态度。

我曾与叶百风老师争论,我说韩愈骄傲。他曾说谁要想祖宗出名,只要肯出钱叫他写篇文章好了。他的文章是要传下去的,那么他们的祖宗的名字也随之传下去。可见人品之低。顾亭林说:“如果韩退之只作《原道》《原毁》《争臣论》及《平淮西碑》《张中丞传后序》几篇就行了,墓志碑铭等文章不必作。”我同意顾亭林的看法。韩退之的文章用词并不好,如他在二附中的话,要给他一个不及格,至少要他补考。如《进学解》“爬罗剔抉,刮垢磨光”,前句四个字都是动词,怎么读法?《原道》里反对佛教,有几句话,“人其人,火其书,庐其居”,这第三句就讲不通。这种文章也好做,只要把《尚书》《诗经》背得烂熟,把现代句法颠倒一下,换几个字,使人家看不懂,物以稀为贵,地位也就高,但在社会毫无作用。

好的文章我们也可以举出一些。如《庄子·天下篇》有句话,“墨子真天下之好也,将求之而不得也;虽枯槁不舍也,才士也夫”。“好”字用得好,明白易懂,不能更换。杜甫诗“岁时伏腊走村翁”,形容乡下人走来走去非常形象、朴素。“走”字用得好，初中生都能懂。

但偏偏有人作怪诗、怪文章。杜甫也有一首怪诗，说“红豆啄余鹦鹉粒，碧梧栖老凤凰枝”，连中学教师都不懂。其实倒一下，就好懂了，“鹦鹉啄余红豆粒，凤凰栖老碧梧枝”。刘半农文章中也提到，有个绿林好汉捉住一个秀才，逼他为自己“登极”写文章。那秀才只好乱写，“且夫相貌堂堂，威风凛凛，一部髭髯蛇钻莫入，两条毛腿鬼赶不前，翡翠帘中俨然汉高之祖，鸳鸯殿上有如秦始之皇”。这种作为小说写写可以，在现实中写这样文章是不行的。

在清华院里，有件事印象也很深。负责办《国学丛刊》的蒋善国为吹捧老师，主张把导师的文章放在前面。当时许多老师都反对，结果头两期还是这样排了。后来陈寅恪老师坚决反对，认为应该按文章的性质排。第三期才改了过来。

那时，也鼓励学生要有自己的独特见解，但必须尊重事实。梁启超最反对扬雄一篇《解嘲赋》学东方朔的《答客难》，一部《法言》学《论语》，一部《方言》学《尔雅》。如果都这样，文化就不能发展。文章一定要服从事实，师生平等，可以互相驳难。写好后先给人看看，不能写好就算。曹子建文章写好后都先给人评论。谦虚的反面就是狂妄自大。《颜氏家训》中有一段对话，说他与崔文彦交游，曾说《王粲集》中难郑玄《尚书》事。有人反问说：“文集只有诗赋，怎么有讨论经书的呢？况且先儒中也没有王粲这个人。”还有南北朝时代修《魏书》的魏收，与诸博士议宗庙事宜引据《汉书》，博士们讥笑他，没有听到过由《汉书》得证经术。魏收取了《韦玄成传》，一扔就走。

清代沈起凤有一篇讽刺小说，写个自命不凡的年青人，天天写写诗，非常骄傲，自以为了不起。一次外出见一庙，名叫“杜十姨庙”，塑了十个女菩萨。年轻人见了胡思乱想，以为给他一个当妻子不错，想着想着做起梦来。十个女菩萨来了，个个对诗都很熟，就和年青人讲起诗来。正讲着进来一个人，大喊一声：“我杜拾遗是也。世人不知，错作杜十姨。原来十个女子会讲讲诗，倒还可以，今天怎么又来了个白肤儿郎？”这年青人事后问人家说:“杜拾遗是谁?”

总之,要虚心,虚心好办,不虚心就不好办了。表面上不能抬轿子。柳宗元《复杜温夫书》中谈到他的一个学生,称他为周孔;到柳州来,见一刺史也称周孔;去拜会韩退之,又得一周孔;到京师去,有名的人多得很,又会有千百个周孔。因此对老师要尊敬,不能标榜抬轿子。《红楼梦》中的八人大轿我没见过,四人大轿我见过的。抬轿子是怎样一付情景呢?抬轿子这四人神态各具,头一个“装腔作势”,吆喝着开路;第二个正在老爷前面,叫“不教放屁”;第三个被轿檐挡住眼,叫“昏天黑地”;最后一个叫”推去夺来“。这四种人组成,都以为自己了不起,吹捧人家达到抬高自己的目的。苏联出了个赫鲁晓夫,中国出了林彪,有什么“一句顶一万句”是最有名的。你们中间有人今后可能做领导人,作为第三梯队上去,一定要小心抬轿子的人。

我的几位老师都是很好的,大家知道的有王国维,梁启超、陈寅恪。赵元任后来去美国,八〇年回来过,已去世。还有梁濑溟,已有九十四岁,现还在。但老师是老师,我是我。对我来讲,可用《左传》中句话,“臣之壮也,犹不如人;今老矣,无能为也矣。”但对老师讲,要提倡“师不必贤于弟子”。名师之所以为名师,在于他的治学方法,在于教出高明的弟子,在于青出于蓝而胜于蓝。学生不能满足于老师,应该做到比老师强。你们今后出去做老师,要教导学生超过自己。

【未刊稿】

耳闻目睹话当年

——我在南开大学时期的片断回忆

(一)

我于1934年8月受聘到南开大学经济研究所工作,同时主讲大学一年级《中国通史》课和《明清经济史专题讲座》,时年27岁。1936年暑假离开南大,历时整整两年。这两年正是祖国多事之秋,我把当时亲身经历和耳闻目睹的一些事情记录下来,作为研究那段历史的一点参考。

此前,原属冯玉祥部下的廿九军军长宋哲元将军,1933年曾率部在长城喜峰口同日军打过一仗,取得了一些胜利。但从整体形势看,不得不与日军谈判。谈判结果是中日双方都向后撤兵,以冀东作为缓冲地带,成立冀东自治区,由留日学生殷汝耕(号亦农)为主任。宋哲元的部队则退居察哈尔特别区。

(二)

抗战前,天津日租界有一份报纸,初名《天津日日新闻》,后改称《津报》。主编白逾恒(号健生)是日本宪兵司令部豢养起来的大坏蛋,专门以辱骂自己同胞为快。因此,这份报纸不但不能进入"中国地"(相对"租界"而言的中国人居住区),就连英法租界也不准其发行,只能在日租界张贴张贴而已。

1935年6月,国民党政府宪兵第四团(团长蒋孝先)派人进入日租界,把白逾恒打死了。刺客当场被捕,供出了详情。于是,日本华北驻屯军司令官梅津美治郎在6月9日向中国军事委员会北平分会主任何应钦提出严厉的抗议,限期答复:1 撤出宪兵第四团;2 撤出中央军"五虎将"关麟征、王杰、孙连仲等;……何应钦在梅津的压力下,于7月6日全部答应日方的条件。这就是通称的"何梅协定",并以山西军接替华北防务。梅津因此晋升一级军衔。

日本继任华北驻屯军司令香月清司,看透了何应钦软弱可欺,同时也要向边部立功受赏,故意制造蒙汉民族矛盾,利用蒙古云王昏庸老朽,德王幼稚可欺,向何应钦提出自治条件,把宋哲元调离察哈尔。何应钦俯首听命,立即命令宋哲元撤兵。

宋哲元接到命令,气得大动肝火:"他妈的,卖国只有你能卖,咱老子也何尝不会卖!"于是派自己的亲信秦德纯与日本特务机关长土肥原签订"察北协定"。宋部退出察北六个县(面积为察省大部),并成立所谓的"冀察委员会",任命秦德纯为北平市长。这就是"一二·九"运动前夕的华北形势。

由于当时中日双方的政治交易在秘密地进行,外界一无所知。燕京大学一位美籍教授从美国大使馆得知有关消息,拖着沉重的脚步上了讲台,深深地叹了一口气,说:"日本人实在欺人太甚!我是美国人,我身上的血液是美国的,细胞是美国的,书也教不下去了。但是看到你们中国学生,还能安心在这里上学,听课,实在难得!"同学们受了这番反面刺激,又得知国家处于危急关头,义愤填膺,纷纷跑出课堂,联络毗邻的清华大学,迅速形成声势浩大的游行队伍,1935年12月9日向北平市冀察委员会进军。口号是:要以五四运动精神"内除国贼,外抗强权"。

宋哲元部下立即关上西直门,学生们便改通走东便门。采取策略是:搭起人桥,先送女同学上城。彭佩云等人首先翻过城,打开城门。男同学以蒋南翔等人为首挤进城门，蜂拥而入。北京大学、北京师范大学、北平大学，还有教会办的辅仁大学等校也全部出动。宋哲元部队束手无策，想用水龙头冲散游行队伍，但是没有达到目的。

（三）

早在北平学生发动“一二·九”运动之前，日本鬼子就在南开大学的西北面修筑了一个所谓的“操场”，常常在夜深人静时搞实弹演习，弄得我们一夕数惊。白天有时还有飞机在这个“操场”起落。

也是在这个时候，在天津出版发行的《大公报》和《益世报》纷纷登载“海河浮尸”事件，少则一夜发现几十个，多则百多个，几天下来总有近千具。南开大学为此邀请高震将军来校作报告。他说已派人侦察好几天了，情况完全弄明白了：是敌人招募这些年轻力壮的人做什么秘密工事。完工之后，便把这些劳动者活活处死。他说我自己这几天“也痛苦极了”。

与此同时，日本鬼子在海光寺日本兵营通往英租界海光寺大道的中间，也就是南开大学的东面，建造起一座“大清化工厂”，悬挂起日本的太阳旗。

也就在这个时候，天津市区居然出现一个无名的单位，门口架着两挺轻机关枪，在附近的街道上贴了许多标语，有“打倒独夫民贼”“实行华北区域自治”“中日经济携手”等等。主持华北防务的高震将军打电话向日军驻屯军司令部，问：“这是搞什么的？”日方诡称：“我们不晓得。”高震派了几个士兵前去查问，那些戴袖章的小喽啰无不慌忙如鸟兽散，几个日本浪人也把两挺机关枪扛走了。南开大学有几名同学来问我：“那些标语好不好去撕掉？”我回答说：“当然可以。”没有料到他们一上街，左邻右舍群众纷纷动手，包括许多十几岁的小朋友，一下子把标语撕得精光，纸屑遍地。

也就在这个时候，所谓的“冀东自治委员会”主任殷汝耕，发出荒谬言论，辱骂祖国，认贼作父。而宋哲元另一个亲信萧振瀛，居然不经过任何手续，把天津市长程克取而代之。

这一切的一切，南开大学的广大师生看在眼里，痛在心里，惶惶不可终日。北平"一二·九"运动的消息传到天津，南开大学的同学立刻响应，集合在大礼堂宣布罢课，号召到南京请愿。教职工报之以热烈的掌声，纷纷高声叫好。

他们南下的办法是，每人分头在几个车站，买同一车次的短程车票上车。我与青年教师杨学通等雇出租车到车站挥泪送行，请愿队伍在车厢视窗挥手告别。他们按约定时间同时戴上"赴京请愿"的红袖章。列车长到这种情况，随即向上级报告，有关当局下令火车停开，在沧州车站把车头摘走了。当时正是数九寒天，车厢断了暖气，请愿队伍陷入了饥寒交迫的境地。消息传到南开，教职员工组织后援队伍，用小汽车送衣食支援。

南京当局派教育部参事戴应观、科长谢树英来到沧州。他俩劝说学生："当前外交、军事形势十分严峻，要给政府有一个安定的环境……"。请愿队伍痛哭流涕地诉说："华北形势糟到这个地步，难道政府不知道吗?"戴、谢二人被学生的话语感动得也哭了。后来，南京政府以蒋介石的名义通告全国各高等学校各派两名教职工代表、两名学生代表去南京与他面谈，希望学生立即复课。

代表们到南京以后，当局首先带领他们参观新编36个调整师，每师一万二千人，装备有火炮、坦克、机枪和现代化通讯等等。然后，蒋介石出来讲话，并向全国广播。由于日本电台的强大电流干扰，我们在天津听得不完整。只听到他讲："有人讲，意大利攻占阿比西尼亚，阿比西尼亚还同义大利打了一仗；我们阿比东尼亚却一让再让……我要出风头容易得很。但我是全国统帅，不能那么草率，不打则已，打就要打赢！……要给我一些准备时间……以空间换取时间。……你们向我请愿，我现在也向你们请愿，敌人敢于欺侮我们，不单是兵力强弱问题，主要是科学技术落后于他们。希望你们广大师生好好地读书，好好地研究科学，赶上世界科学水平……"蒋介石的讲话，有一定的欺骗性，请愿运动就此平静下来。

此时，南开大学校长张伯苓正在南京，他赞赏学生"做得好，符合南开精神"。南开教工开导学生复课，公推戴家祥起草劝告同学复课书，公推林同济、刘朗泉斟酌修改，即发全校。

（四）

南开大学有好几位东北籍学生，勤奋好学，成绩优良。其中东北军将领韩麟春的女儿韩东兰、《吉林日报》社长霍战一的弟弟霍天一，读书之余常至教师家中走走。闲谈中，免不了流露出炽热的乡思之情：不知哪年哪月，才能回到自己的故乡！我们教师呢？“灯前含泪还相慰，未必朝廷弃绿江！”

学栙罢课期间，有一位叫卢祖诒的电机教师拿着教具走进“思源堂”理科教室，过了十几分钟，教室寂无一人，而在教室门口站着臂缠红色“纠察”袖标的霍天一。卢祖诒迁怒于他，上告校部。许多教师都为爱护这个品学兼优的东北籍学生，纷纷向卢说话，希望他们同情霍的流亡境遇；同时，也向校部说情，说明霍是罢课委员会推举出来的，不应由他个人负责。虽几经交涉，校方仍给霍以退学处分。

霍原是商科三年级学生。依当时教育法规，大学本科三年级的学生转学，必得降级一年。教师丁洪危、袁贤能、杨学通和我四名教师各拿出50元现金，补贴他多读一年的费用。后来，霍天一考取了北京大学插班生。这是1936年7月的事。

学校复课以后，学生来请我讲讲我国历史上的学生运动。我先从东汉太学生郭泰、贾彪等人反抗宦官专政，引来两次党锢之祸，株连至八九百人入狱。接着讲北宋末年太学生陈东要求起用李纲为相，积极抗金，结果宋高宗却杀了陈东。近代史方面，先讲了1919年的“五四”运动，1925年的上海“五卅”惨案，1926年“三·一八”北京铁狮子胡同段祺瑞执政府门前扫射请愿学生的惨案，都说明学生运动是启动于内忧外患的紧急关头。学生们高举正义的大旗，号召民众，挺身前进，但是都付出了血的代价。这些代价或多或少地推动了历史的前进。历史总是向前发展的，但是有曲折的，甚至是有回流的。霍天一被退学，只是小事一桩。“惟有牺牲多壮志，敢教日月换新天”，这就是我们的光荣。

五月卅日那天，南开大学举行“五卅”惨案十周年纪念。我被邀在会上作报告。

(五)

记得在1935年“何梅协定”后的某一天，刮起了大风。我讲完北宋统一南唐政权之后，在黑板上写了李后主的两句词：“小楼昨夜又东风，故国不堪回首月明中”，随后提着沉重的脚步走出课堂。满座学生都默不作声地呆在自己的位子上，体会着这两句话的含义。

同年9月16日的夜晚，我身体不适。第二天抱病上课。学生们看到我满脸病容，讲话有气无力，群起扶我回家。教师们也都上门探望。文学院长张纯明准备请我的助教朱庆永代我上课。第二天我却依然抱病而来。同学们都发出惊叹，我却毫无倦意，把南宋的历史讲个结束。在黑板上写上陆放翁的两句诗：“遗民泪尽胡尘里，南望王师又一年”。那一天正是1935年的9月18日。

1935年下半学期，《中国通史》停开了。校长张伯苓弟弟张彭春（号仲述）倡议开一门《近现代学术代表人物》的讲座，包括人文科学、自然科学在内。例如化学家诺贝尔、生物学家达尔文、物理学家斯坦因、数学家阿达姆等等。我讲的《明末清初学术代表人物》（顾炎武、黄宗羲、颜元、李塨）。全校教员、学生均可自由听讲，实行“三不主义”，即不点名、不记分、不考试。我则把写好的讲稿分发给听课的师生，或者不来听讲的教师。我每周上课三个下午，每次课时大约三点钟，共计三十个下午，讲稿约计200多页。我从明朝政治腐败将其，朱家王朝在内忧外患中走向灭亡，同时也批评顾炎武的狭隘民族主义。凡是多民族的国家，一个民族夺去了统治权，其他民族沦为被统治者，当然于心不甘。但是我们的国情有所不同，周边的少数民族生产力和文化水平都低于汉族。五胡十六国、辽、金、元。建州卫女真大都在历史的发展中与汉族融合，这同现在的敌人大不一样，不但文化高于我们，而且统治的机器也更加厉害，统治的手段更毒辣。指出这些本质的区别，最后我从全国官方报纸搜集到当时的腐败现象与明末的情况作一个对比:“中华地向城边进,外国云从岛上来!”“看哪!我们祖国的大好河山,如今是日旗飘飘,白浪滔滔(黄河董垞决口),一条秋水长天愁多少。我们该是速谋出路,还是等待着做新朝的顾、黄、颜、李?”

天下事真是不讲不知道,讲了吓一跳。有几个学生说听了老师讲课,自己只是流泪,一夜未曾入睡。有个自称家在陕南的学生,说他的家乡什么都不缺,就是缺少李自成、张献忠。有的理科教师常用奇异的口气问我:“你读报怎么读的,搞到那么多资料?”校长室秘书黄子坚则以轻蔑的口气问我:“要向学生打气吗?”一位教农业经济的教师李适生当面责斥我“借古讽今,鼓动学生闹事”。唯独哲学教师冯柳猗赞赏我讲的是“赤胆忠忱,肺腑之言”。商学院长何廉则说我“文章不错”,避而不谈内容。毁誉交织,我成了一个有争议的人物。

到了学期终了,学校给我一封信,“环境不许可,请另谋高就”。语文教师张洪城特地跑来告诉我,有人说我是常常在课堂上骂政府,疑心你是共产党。从岭南大学调来的陈序经教授的小姨子在南大旁听,对我讲的课由衷地佩服。陈序经曾为我奔走说情无效,转请北京大学历史系主任陈受颐推荐我去四川大学。哲学系教师冯柳猗则大骂学校到底用什么标准选择教师的。这是1936年暑假的事。

也就在这一年的暑假之后,那位斥责我鼓动学生闹事的李适生到南京政府当立法委员去了,商学院长何廉到南京当行政院政务处长去了。(原行政院政务处长蒋廷黼调任驻苏联大使)过了一年,抗日战争全面展开,南开、清华、北京大学迁往昆明,改称西南联大。只有冯柳猗和我保持通信,其他同事的情况就不得而知了。

1995年4月在上海华东医院

【内容可参见《忆在南开大学的二年》,《天津文史资料选辑》,1998年第2辑】

【又名《关于“一二·九”运动前后情况的回忆》】

清华国学研究院·导师·治学[①]

戴家祥先生高龄92岁，现为华东师范大学教授，是王国维先生唯一现仍健在的弟子。他奋斗16年，一生心血所在的巨著《金文大字典》前年已经出版，填补了这方面的空白，是巨大贡献。　本刊

○1995年姜亮夫先生去世以后，您就成了当年清华国学研究院唯一一位见证人了，请您谈谈清华国学研究院对您个人的意义以及对我们今天的启示吧。

□北大历史悠久，其前身是京师大学堂，相比之下，清华就是后起之秀。清华的优势在于财力雄厚，它原是留美预备学校，是靠美国政府退还庚子赔款设立的。

○我插一句，我看《吴宓自编年谱》，其中披露，此事的起因说不上是美国特别善心，其实是一位中国驻美外交官比较能干。他查阅了美国官方档案，证明美国在义和拳变中的损失和参加八国联军的军费，远远低于索赔额；他又运用种种外交策略和游说本领，劝美国退还这笔“不义之财”以争取中国人心。他最后获得成功，为中国学术发展做了好事。请您继续谈。

---

① □戴家祥　○林在勇

○清华学校雄心勃勃，要赶超世界水平。这时南京东南大学恰巧处于几乎解体的境况，许多教师到了清华，吴宓先生就是一位。清华开办了大学部，同时也想设立研究院，也就是把一所留美预备学校变成具有大学本科和研究生教育层次的真正的大学。大学部拥有综合大学的所有系科，研究院也想具有各个门类，但研究院一时办不成，只有"国学门"一科，于是就成了清华国学研究院。由吴宓先生出任筹备主任。……

国学研究院定下的目标很高，要延聘第一流的学者为教授。王国维、梁启超他们到任的起因，并不完全相同，但他们之所以同意应聘，关键在于，他们认为"五四"新文化运动对传统的东西否定过甚，日后国学将后继无人。出于这种担忧，他们愿意到清华国学院来培养人才。……

○他们有使命感，所以才十分投入，所以才会有师弟间许多佳话。

□清华学校的大学部和研究院，都有一个惯例，每年二次举办师生同乐会。先是由教师出资请学生，下一次则由学生回敬，费用也很有限，无非置办一些茶点瓜子之类。这种制度实行起来，效果非常好，师生关系也很融洽。

○有一条材料说，王国维先生本来是很内向的人。亲友门生为他祝贺五十寿辰后不久，他在工字厅开茶会，拿出珍藏的历代石经拓本给学生观赏，一一解答，欣悦之态异于平时，从此以后，师生屡次宴会，他无不亲临。学生这才知道"先生冷静之中固有热烈也"！

□在一次师生同乐会上，梁任公说起，上海大夏大学的李石岑写了一本《人生哲学》，这本书也无可观，惟有林志钧（字宰平）写的长序很值得一看。我后来把林宰平的序文找来仔细看了，确实很有水平。他给人写序，不事吹捧，坦言自己的不同意见。当然也没有指明。

梁任公说要请林宰平来作特别讲师。教授和讲师，不完全是资历上的高下之分，专任教师常住国学院内，负责指导学生。

○除了王、梁、陈、赵四大导师之外，考古学家李济先生好像就是专任讲师。所以，清华国学院似乎可说是四个半导师。

□另有特别讲师，从院外聘请来，每周只来一次，作一个报告，月薪

100元，一个学期讲一门课程，前后有过好几位名教授来国学院任讲师。

○林宰平先生当时好像还在做司法部司长，他每周从城里出来到清华讲课，很能说明他内心真正的关怀，提名他当次长(副部长)他不干，最后还毅然弃官。

□林宰平先生是继梁漱溟先生的“人心与人力”课程之后，开设“人生哲学”课程。在丁文江和张君劢的“科玄论战”中，他是重要的参与者。

○我去年联系了出版林先生数十万字的《帖考》一书，此书从未正式出版过。今人对林宰平先生这样一位道德文章极其出众的前辈知之甚少，一些书中提到他的名字时常会出现错字，不能说不是一大遗憾。我想比较全面地写一后记，但苦于材料太有限，请您就您所知多谈谈他的情况。

□林先生儒雅温和，一点也没有架子，讲课如谈心。这种选修课，目的是扩大知识面，我也去听林先生的课，但因为隔行，如今印象不深。但是有一次，我把我写的《〈商周字例〉自序》拿去请林先生看，林先生指出行文中的好处，也一一指出太多余的字句，意思是应当压缩。他特别指出，文中引古人姓名时采用官衔(按：指岳少保、陈阁老之类)，在新时代显得不妥当。他把文章转给陈寅恪先生看，陈先生说顾问官衔也无可厚非。我们今天看，林先生当时的态度是进步的。

○能否谈谈清华国学院给您最深的印象。

□清华国学院采用中国古代书院的山长制和英国牛津的导师制相结合的教学体制，这是王国维先生拟定的。实质就是师生分头做课题。学年初，学生自己提出研究计划，到年末交出研究成果。导师也是先列出一门课大致的标题，逐篇讲下去。

○导师自己的研究进度和课程进度是一致的。

□年末课程讲完，一本书也就写出来了。梁先生讲课，就由学生周传儒做笔记，梁先生每月支付30元报酬给他。燕京大学请梁先生去讲《古书之真伪及其年代》，由我们同学姚名达记录，梁先生从每月100元课时费中拿出30元给他。记录稿最后经梁先生自己修改，就成为一本本专著。

○梁先生这个方法效率很高，也颇有古风。我看宋代以下，直到清朝，那些师尊们的"语录""会语""会条""语要""学记"之类，都是这样产生的。这办法也可以一直追溯到孔子和先秦诸子中的许多位。

□王国维先生是自己写的，他的学术领域很古奥，学生不可能准确记录。陈先生则没有请人做笔记。

清华国学研究院里，学生和导师所研究的课题并不一样。听老师讲课，主要是扩大知识面，听取导师的治学方法，看看对于一个课题，老师是怎样进行研究的，与老师一对比，自己的科研能力提高很快。在清华，任何课程都不考试，老师就只是把他的研究题目讲给你听。

○听多听少，汲取什么，全在于个人，总之是最后以论文水平定高下。

□如今的所谓研究生培养，其实是"补课"，补大学生早应具备的基础知识。当年清华国学院才真正是培养"研究生"，即指导学生从事研究。一年间，若交上论文并通过，就可以毕业。毕业证书是一张纸，和如今的奖状差不多，但上面有导师签字盖章。

扪心自问，一年时间能学到什么呢？那里开支很省，学费、宿费全免，每月只交 7 元膳食费就够了。所以，大都愿意多住一段时间，愿意更多地听到导师讲话。我就是申请再延长一年的。

○从实际接触中，您觉得几位老师各有什么特点？

□几位导师风格各异。赵元任先生搞方音、音韵，面较窄，我接触不多。梁先生为人很谦虚，他常说某个某个问题，自己不懂，王先生懂。梁漱溟来讲课，他又说（原话大致如此）：梁先生之父梁巨川（梁济）先生为精神的自由而投水自杀，给思想界的震动很大，给我们以巨大的教育。这次我能有幸和梁漱溟先生一同教书，感到很光荣。

王国维先生很严谨，我向王先生问十个问题，他得有七次答曰不知。但是他会提出很好的建议，请你翻何种资料，或采用何种方法试试看。总之，他很内向，最后投湖，也不是没有原故。梁任公则和他完全不同，梁先生先是把自己的看法大讲一通，殷殷切切，但未必针对学生的问题有帮助。陈寅恪先生和学生是各讲各的。

○陈先生个人的学术积累很独特，他的角度恐怕是经常让学生觉得是另一个系统的。蔡尚思先生曾跟我说，王国维、梁启超是大师，陈寅恪不能算大师，只是一个史学家，因为陈先生说过他不看先秦的经书，也不看子部。这样说似乎也有一点儿道理，但我想您必定不同意，我也不同意。陈先生具有大思维，他是使传统学问具备现代形态的重要环节，研究手段上也有许多开拓，例如"以诗证史"他就做得很成功。蔡先生所说的，要是用来看钱默存先生或许可以，钱先生那样不世出的高才，但用力的范围不出集部，是可惜了。

□陈先生知识很渊博，我们有一次问他问题，他说你到《北齐书》某卷里去查，一查没查到，他想一想又说再到另一卷去查，果然就查到了。

○这的确是功夫。金岳霖先生晚年回忆说，有一次他去陈先生处，正巧有学生来问一个材料，陈先生让他到图书馆找某本书某一页下面的脚注，注文提供了所需材料及有关线索。这一场面，让金先生几十年后回想起来还非常感慨。陈先生的学生有此经历，也必定终身难忘。顺便说一句，如今也有一些读书面宽的，也能指点出某本古书某一部分让学生去查，不过如今的学生知深浅的太少，也就易易之，生不出感慨来。

□如今的研究生，大多谈不上研究，"补课"都没补好。

○清华国学院的制度，和现在的研究生培养制度表面看也差不多。但那时师生两方面的水准和心态，决定了其制度的成功。如今最大的问题是，师生两方面都并没有真正"以研究高深学术，造成专门人才为宗旨"(《清华国学研究院章程 · 宗旨》)，学制长达三年，但写论文只用不到一年，也很少能达到"高深"。我看材料有个印象，清华那时几乎每个学生的题目都很有水准，有的完全是开创性的。

□是这样。王国维先生所订章程，强调个人自修，教授则专任指导，每个学员应就一己志向、兴趣、学历之所近，决定导师和题目。他特别看重学生和导师之间密切的关系，专从请业，可以使学生短时期内，在国学根柢及治学方法上都有所收获;他强调定准题目,进行切实研究,是为了避免旷时杂骛之弊。

做论文,无外乎是收集材料、作札记、做卡片,然后加以整理,分析研究。王先生说,收材料要“宁滥毋缺”,组织文章则要“宁缺毋滥”。他告诫,读书时不要粗心大意而遗漏有用的资料,哪怕只是一点相关的也应留意;而做论文时,切不可想当然地乱用材料,一定要是那种实实在在针对问题、解决问题的材料才行,不十分可靠的都不能要。“证据不在多,只要人家攻不破。”

我举个例子,有一次我很得意,金文中有一段话“嗣奠袁甫”,其中两个字原来没有辨识清楚,我认这两个字是“园圃”,王先生同意我的看法。我得意之余,又与把它和郑州附近的中牟“圃田泽”联系在一起,王先生不同意。我当时还觉得这是我戴某人的一大发明,但事后慢慢体会,王先生治学是要实事求是。他反对顾颉刚先生做学问的方法,当时《古史辨》第一次已经出版了。顾先生说禹＝虫,鲧＝鱼,所谓伯鲧、大禹父子治水,是子虚乌有编造历史。柳诒徵先生撰文批驳他只知其一不知其二,《说文解字》上是提到虫、鱼,可这与取名无关。这是一段公案。所以,王静安先生就说,需要“双重证据法”,一重是书册上的,一重是考古发掘出来的。大禹在钟鼎铭文上早已有之,非虚构也。

○这件事很有意思。王国维先生一大贡献是提出“双重证据法”,这一方法他早已在自觉运用,但是,他明确地作为一种方法论、一种原则提出来,倒是很可能是顾颉刚先生引发的学术争论的结果。这一点值得注意。

□梁先生开课讲《中国历史研究法》,这个题目他已在南开大学讲过,不过那时讲得比较原则性,在清华则讲得比较具体,例如年谱如何做,古书真伪及年代等等,这并不一定适合每一个听众。梁先生和孙中山的主张就彼此不同,但他认为孙中山所说的“耕者有其田”很好,土地的所有权和使用权一定要统一。但究竟如何改变,他提出设立“农工银行”,向农民发放无息贷款,以赎买地主的土地。这样一来,耕者(农民)

有其田，地主则把土地所有权转化为工商业资本，发展资本主义经济。其实后来台湾就是这样做的，但当时中国大陆并不一定具备台湾在日占时期已形成的社会基础，地主子弟拿到卖地钱多半只会吃光花光罢了。①

梁先生讲课，条例很清晰，听起来易懂。陈寅恪先生讲课太乱，缺乏条理，听者不知其好处。他 37 岁一回国就当教授，懂的东西固然很多，但没有教学经验，讲课效果不好。

○近年来，清华国学研究院几乎被敬仰者制造成为某种"神话"，对于这其中的向学之心、思贤之情，我也很赞赏。但我觉得，其实四大导师也不应被神化，不好好了解实实在在的这一群人，对我们今天的治学也不会有实实在在的启发。

□有一次，陈先生讲到《金刚经》的汉译，历史上 6 个译者如何如何，他把梵文原话写出来作对照，一一指出译本何处语法颠倒，何处误译。学生听了半天，只知道他推崇印度，他所讲的对我们来说却没什么用处。他开设《西人之东方学之目录学》，梁先生认为这个题目非常好，但陈先生一本一本列举西方那些著作，学生听课提不起兴趣。

○他所讲的内容，学生闻所未闻。闻所未闻，结果并不是一般想象的会豁然开一新局面，不胜欣然向往之至。相反是懵懵懂懂，不知所云，不悟其妙。即便是大师如陈寅恪，也会遭遇这种尴尬。

□我们课后去他家，谈话聊天就比上课自由。杨遇夫(树达)先生当时在清华学校大学部国文系任教授，他和陈先生有渊源。陈先生祖父陈宝箴任湖南巡抚时，推动维新变法，向光绪皇帝保举谭嗣同、杨锐等几位"君子"，还在湖南办了时务学堂，梁任公是老师，蔡锷、杨树达都是那里出身的学生。陈寅恪先生小时候也在湖南，所以杨先生和他用湖南话很谈得来。他几乎天天晚上都到陈先生家谈话，王国维先生有时也来。他

① 按：戴先生插讲此节，并非忆述跳跃。1927 年 2 月，梁启超暂时中止《中国历史研究法》讲授，改讲《从历史到现实问题》第 1—5 讲，《经济制度改革新问题》，即此。当时正是国共北伐势如破竹之际，梁任公忽改讲题，扩大听讲范围，表现出对时局的严重关注。也可联系同年 6 月 2 日王静安自沉事件。

们所谈大都是历史上的事情或学术问题,我们就有了在一旁听老师们宏论的机会。之所以在陈先生处聚会,是因为陈先生当时还未结婚,住处只有一个帮助料理生活的工友。后来经人介绍,陈先生和唐筼认识,她的父亲唐景崧在清朝割让台澎时曾被抗日民众推举为台湾大总统,陈先生对文物感兴趣,问起那枚大总统印,唐女士慨然相赠。后来他们二人结为夫妻,白头偕老。

○前年出了一本《陈寅恪先生的最后二十年》,涉及一些唐先生的事情,但是您刚才所讲的这段掌故,我还是头一次听说。

□陈先生没结婚的时候,和我们都很随便。我们有时去他家,他还睡着,他也不招呼工友,自己就从床上下来给我们开门。他一高兴,有时候就吩咐工友,去叫戴某某来。我能去他那里受教,自然非常高兴。不过陈先生给学生回信必定只用明信片。你写信问他什么,他就只答什么,写在明信片上,多一句都不说。

○好像王、梁二位曾给学生作诗题扇,留作师生纪念,其他人闻知,都很羡慕。……清华国学研究院的导师固然都是极一时之选,几届共数十名学生也是英才荟萃,像吴其昌、刘盼遂、王力、陆侃如、刘节、高亨、周传儒、谢国桢、方壮猷、徐中舒、姜亮夫、蒋天枢、卫聚贤、裴学海……,后来大都成为一代名家,各有造就。当年大家在一起时,相比是各有个性,都是活生生的青年人。

□清华国学研究院规定学员资格为国内外大学毕业生,或具有相当之程度者,徐中舒是北京大学毕业的,周传儒是北师大毕业的,我是旧制中学毕业的,没有念过2年预科和4年大学本科,所以我的年纪最小,他们比我大五、六岁。这些人中间,徐、周二人最长,徐中舒为人豪爽,人呼徐大哥,逢着相聚,他总是自告奋勇说:“今天徐大哥请客。”周传儒则相反,我们哄他:“今天该轮到周大哥请客了吧。”他却年复一年总说自己还小,总说是28岁,就不给小兄弟们付账了。有一次,他向别人介绍说:“这位就是戴家祥,是神行太保戴宗(《水浒传》人物)的后代。”我就竖起一根小手指头,和他开玩笑说:“那么你就是这个。”他不解其意。我从大拇指数起，一二三四五，说："上古时唐虞夏商周，五代是梁唐晋汉周，百家姓是赵钱孙李周……周都是这个小指头。"

○(笑)"知识就是力量"，您的玩笑比周先生的有水平。前些年我买了一部徐中舒先生的《甲骨文字典》，想象他是个心闲气定而又羸弱的人，没想到他还有几分江湖豪杰的气派。

□他曾送我一部《甲骨文字典》，如今我的《金文大字典》出版了，虽然他已经过世了，我还是托人带了一部送四川大学。(书有 24 斤重，邮资很高。)

○此事若在古代，不知何人听说后就写到"笔记小说"里面去了，作为一段学人佳话。

□清华国学院同学中有个有趣现象，最有学问的往往是做家庭教师的，这就像戴震当年被王念孙之父所聘一样，督课之余，闲暇很多，东家藏书丰富，条件优厚，不必为生计奔走，所说做学问能出成绩。我的同学裴学海、谢国桢(刚主)都是如此。谢刚主是在王克敏家受聘，王后来成了大汉奸，任日伪华北政务委员会首领，谢的父亲是伪满洲国务总理张景惠的秘书。但是谢刚主本人在人格上站得住，我很佩服。梁任公当年就常常讲，最要紧的是爱国主义。

○您在同学中年纪最小，学历也低，可我看当时的资料，您在其中不仅毫不逊色，而且还相当出色。[①] 这是不是说，进入高层次的专门研究，您有自己的优势条件，而通过一般的大学公共课程并不理所当然地意味着科研能力的获得？

□我小时候曾有过很博学的塾师，四书五经已读完。念中学时，我们几个同学(其中有已故的中山大学王季思教授)，住到孙诒让家里，课外跟陈燕甫学。陈老师是前清的廪生，学问极好，新学兴起，他便放弃举业，广学近代新知识。他的博通，可举个例子，那时温州第十中学每课时

① 戴家祥先生在清华国学研究院求学期间发表《释皀》《释甫》《释百》《释千》(国学论丛 1 卷 4 号)；《评容庚金文编》(大公报 1938.7.16)；《帛字说》、《周初之年代(译)》(国学论丛 2 卷 1 号)；并任"筹办王静安先生纪念事宜委员会"五委员之一(1928.2)

一个大洋，请假即扣除，陈先生好饮酒，不放过任何一个挣酒钱的机会，每天在布告栏中看，有哪位教师请假他就去代课，任何课程，文科理科，音乐美术，他都能胜任。他的思路触类旁通，读到《庄子》中讲一尺之方，和千里之方是一样的，[①]我们不懂，他就拿过一把角尺对齐放在方桌角上，直观地说明角尺的两条边不相交，方桌虽大，两条边也同样不会相交，在方角的意义上尺和千里并无差别。诸如此类的事例很多。

陈先生让我们精读《文心雕龙》《史通》《文史通义》《论衡》《二十二子》。他备课极其认真：书中关键字句，他都在字旁点注；精彩处，他加上圆点；特殊的见解，他写在天头（每页上方空白处）；另有一本小本子，摘抄要紧的段落。《二十二子》中有《黄帝内经》，陈老师未究医学，就介绍我们向陈子琳医生请教，陈先生一见，说你们小小年纪，学得太多了，不肯再教。

陈老师脾气不好，后被温州中学解聘，接替他职位的是朱自清先生，这也就没什么不光彩了。陈老师给我很深的影响，他告诫说："从师不如访友。"意思是要我们不要迷信他，不要迷信老师，要博采众长，磋磨砥砺。

〇您有一位非常出色的启蒙老师，他一次就教出您和王季思先生两位著名学者，证明他的思想方法、教学手段确有过人之处。他所要求阅读的书目，很有见地，是科学的训练。不瞒您说，您当时（旧制中学相当于现在的初中）读过的书中，我到现在还有《史通》未读过，其余的也不像陈老师要您读得那么精细。

□所以，清华国学研究院第二年（1926）入学考试，我是第七名。我的应考门类（科目）是经学、小学、中国史，记得考卷上有几个"50"，给50个人名注出朝代，注明50个古地名，写出50句引文的古籍出处。这就是考查学员读书多寡，记得多少，反映一个人是否具备从事专门学术研

① 按：戴先生误记此节出于《庄子》。实则为《墨子·大取》："小圆之圆，与大圆之圆，同；方（林案：孙诒让云方当为不，误）至尺之不至也，与不（林案：不当作方）至锺（孙注：锺及千里之误）之【不】至，不异。"

究的资格。

○这是基础考试，专业考试的内容如何？

□专业考试跟从导师，我在此以前已读过《观堂集林》，基本符合王国维先生的见解。王先生曾在上海哈同花园的仓圣明智大学工作过，同时为蒋梦蘋（伯斧）写《密韵楼藏书志》。

王先生帮忙写藏书志的代价是蒋梦蘋替他印书出版，《观堂集林》每套8个大洋，我知道王先生其人，比这还早。我从小喜欢篆刻，见到《齐鲁封泥集存》，这部书是罗振玉请王国维先生作序，王先生根据《汉书·百官志》对封泥做了系统编排，我非常敬仰，于是就决心师从他。

○1997年始王国维先生逝世70周年，当年您是王先生最近密的门生之一，第二届学员中唯独您一个以卜辞金文作为"专研题目"。如今您经过16年完成《金文大字典》，去年获得上海哲学社会科学最高荣誉奖项。这不仅是您个人的成就，也应可以看作是王国维先生和清华国学研究院的功德圆满吧。

（附记：此稿据近年戴幼和（家祥）先生数次与笔者所谈有关内容整理而成）

【《文艺理论研究》，1997年4期】

戴家祥生平年表

1906 年

1906 年 5 月 4 日(清光绪三十二年丙午四月十一日)生于瑞安鲍田乡贫农周家。生父名周庆桃。在鲍田周家属“崇”字辈,谱名崇郎,宗谱注明“出继上田戴氏”。

养于瓯海县梧埏镇南一村(原属永嘉县上田乡)戴家。养父名戴佩和。在上田戴家属“瑞”字辈,谱名瑞暄。乳名庆余。养祖父为戴伯陶,原配为配霞坊叶氏,继配为茶山乡诸氏(瑞安经学大师孙诒让的大姨)。

1913—1915 年

戴家祥读了《华英初阶》《华英进阶》,学会了笔算、珠算,同时还背诵了《论语》《孟子》《中庸》《大学》《孝经》《诗经》《左传》,能写 100 字以内的短文章,对国画的基本功也略有所知。

1919 年

走出家门,参加五四运动,散发宣传品。

1920 年

以同等学力投考中学,因英语成绩优异,被教会学校温州艺文中学录取为第一名。最终被瑞安县立中学录取。因其姐夫诸叔琳的二姐为孙诒让次子孙次镠夫人,因此与姐夫诸叔琳、王起(字季思)等一同借住孙家,并得到允许走进孙家玉海楼,翻阅孙诒让及其先人琴西公的著作。

1924 年

与瑞安海安所游丹雏(1904 年 2 月 12 日出生)结婚。

1925 年

从瑞安中学毕业。在好友王起的鼓动和老师陈琮的鼓励下,拟投考清华大学国学研究院第一期研究生,但因各种原因未能赶上第一期的报考。①

1926 年

秋季,与王力、谢国桢、蒋寅清、朱芳圃等被录取为清华国学研究院第二期学生。王国维为指导老师,专业方向为“金文甲骨之研究”。

1927 年

学年论文《释甫》,经王国维评定为乙等。

6 月 2 日,王国维自沉颐和园。王国维遗嘱:“遗书托陈(寅恪)、吴(宓)二先生整理。”陈寅恪将任务交给助教赵万里,戴家祥受托校对有关经学、文字训诂部分内容,并将全部遗稿送交天津“贞松堂”。

6 月 15 日,在《晨报》发表《读陆懋德〈个人对于王静安先生之感想〉》,批评 6 月 12 日《晨报》所刊清华大学教授陆懋德《个人对于王静安先生之感想》。

主动要求在清华国学研究院继续进修一年,获得批准。

1928 年

2 月 10 日,在《清华周刊》第 428 期发表《去冬风潮与评议会》。

2 月 13 日,研究院同学会组织“筹办王静安先生纪念事宜委员会”,设委员 5 人:宋玉嘉、戴家祥、刘盼遂、侯堮、姚名达。

5 月 29 日,在天津《大公报·文学副刊》发表《〈金文编〉书后》。

在清华国学研究院学报《国学论丛》第 1 卷第 4 期发表《释千》《释

---

①《吴宓日记》1925 年 6 月至 9 月有见戴家祥的记载。例如 6 月 23 日“下午五时,戴家祥持胡适致校长荐函来,准报考”;8 月 29 日“见戴家祥,求为旁听生,未准”;9 月 1 日“戴家祥来”。

百》《释甫》《释皀》等文。

6 月 14 日，清华国学研究院为刘盼遂、戴家祥、蒋天枢等 22 名学生举行毕业典礼。①

夏天，陈寅恪得知戴家祥在上海失业，分别写信给容庚、傅斯年等，希望其介绍其到广州中山大学或者燕京大学任教，未果。陈寅恪在推荐信中说："前清华研究院出身之戴君家祥，于古文字确有心得，因渠本孙仲容先生之姻家子，后从王观堂游，故有《殷周字例》之作，现虽未完成，而其他种解释龟甲文、金文之著作，亦散见于清华《国学论丛》。现在上海无所事事，欲求介绍于广州中山大学朱骝仙、刘奇峰二公，而弟素未通问，不便作书，即请兄代为推荐，必能胜任，不致贻荐者之羞。"

1929 年

春，将《商周字例》初稿寄往中山大学，请同学余永梁、黄淬伯、朱芳圃等批评指正。该文《自序》被余永梁选登在中山大学《语言历史学研究所周刊》，原稿寄回，不料在斜桥安临里寓所失窃。黄宾虹先生将《自序》转载在《艺观》(1929 年第 3 期)。只有《重复例的例证论》，因为朱芳圃认为新颖抄录了一份，故得以有副本保存。

春，容庚为燕京大学谋刊孙诒让《古籀余论》和《尚书骈枝》。戴家祥为《古籀余论》补漏千余字。

---

① 据《清华学校研究院同学录》中有吴其昌对戴家祥的描述，内容如下："'司马相如!''陶渊明!''孙中山!''……'许多朋友都这样抢着说了，在一个聚会里，各道各的崇拜者。于是我们都望着迟迟不语的他。'只有一个和尚是我崇拜的'，他说了。'《水浒传》里的法海?'抢着问。哄然一阵笑声。'玄奘呢!'他才说出名字来，'一位勇敢，奋斗，忠实，千古少有的学者。'满屋里突然沉静下去。也许我们脑子里都映出'历尽艰苦，经八十余国，赍归经六百余部，译千余卷，至死方绝笔的一位伟人……我的心头别别地在跳动。'在那书纸狼藉的小房子里，我们常常看见憔悴的他一天到晚勤勤恳恳地工作着，'生一天也便是这样干一天!'是他常说的话；我们也感觉到他走底的'庄严路'，更联想到玄奘的精神。许多人说他弱于感情；然而，他的身世——生而孤，九岁母丧，依姑丈以长，一姊又远嫁——也够他伤心了！我们同在月下徘徊时，悲哀袭击了我们的心弦，从我泪眼中偷偷地看他，他两眼也含着晶莹的眼泪。他的身世促成他的思想，思想促成他的将来的伟大——我常常这样想着。君氏戴，名家祥，字幼和，吾浙永嘉人，嗜梵文的。与余有同好。其昌。"见《清华同学与学术薪传》，夏晓红、吴令华编，三联书店，2009 年 7 月北京第一版。

5月22日，长女戴定华出生。

8月，受聘中山大学副教授。

12月25日，在中山大学《语言历史学研究所周刊》10集111期发表《虔字说》。

在清华国学研究院《国学论丛》第2卷第1期发表《員字说》。

1930年

4月23日，在中山大学《语言历史学研究所周刊》11集125期发表《哭字说》。

1931年

2月19日，长子戴定国出生。

7月，被中山大学解聘，离开中山大学返回浙江。

8月，任浙江省立杭州高级中学语文、历史教员。

1932年

陈寅恪再次向傅斯年推荐戴家祥，说："其人年甚少而志颇高，文采不艳发，而朴学有根底，因此弟欲请兄酌量情形，转荐适宜之大学或专门学校担任数点钟功课。如中央大学有机会，则弟当致一保任责任之荐书与志稀兄及汪君旭初，若他处有机会，亦无不可。"

1933年

王国维之弟王哲安教授认为王国维遗书初版错字太多，将版权转让给上海商务印书馆，改名《海宁王国维先生遗书》。戴家祥参与校勘工作。

7月，戴家祥离开杭州到北京进修。

1934年

2月2日，在天津《大公报・图书副刊》发表《评〈古代铭刻汇考〉》（郭沫若著）。

2月17日，在天津《大公报・图书副刊》发表《评〈高昌陶集〉》（黄文弼著）。

3月31日，在天津《大公报・图书副刊》发表《评〈殷契通释〉》（徐协贞著)。

4月7日,在天津《大公报·图书副刊》发表《评〈龟甲文字概论〉》(陈晋著)。

4月20日,在《北京晨报》发表《驳斥戴传贤反对发墓考古,培植民德之主张》。是年,徐炳旭(旭生)教授率领北平研究院考古工作队在陕西宝鸡县斗鸡台进行考古发掘。国民党西山会议主要成员戴季陶电请蒋介石,希望以法律形式禁止考古发掘,故戴家祥发表文章反驳之。

6月30日,在天津《大公报·图书副刊》发表《评〈孙诒让年谱〉》(朱芳圃著)。

8月4日,在天津《大公报·图书副刊》发表《评〈甲骨学文字编〉》(朱芳圃著)。

8月,受聘任南开大学经济研究所研究员兼历史讲师,兼教大学一年级《中国通史》《明清经济史专题研究》等。

9月1日,"考古学社"成立。戴家祥加入其中。

1934年,次子戴正国出生。

1935年

1月,在南开大学《政治经济学报》第3卷第2期发表《评〈史前期中国社会研究〉》(吕振羽著)。

4月,在南开大学《政治经济学报》第3期发表《评〈楚器图释〉》(刘节著)。

5月30日,南开大学举行"五卅惨案"十周年纪念,戴家祥被邀请在会上演讲。

7月,在南开大学《政治经济学报》第4期发表《评〈桑弘羊年谱〉》(马元材著)。

下半年,南开大学开设"近现代学术代表人物"讲座,包括人文科学、自然科学在内。戴家祥讲的是《明末清初学术界代表人物》。

12月,"一二·九"学生运动爆发后,戴家祥支持南开大学的罢课请愿活动,和杨学通等雇出租车到火车站为学生送行。南开大学教工开导学生复课,戴家祥被推举起草劝告同学复课书。学生复课后,戴家祥应学生邀请,面向全校做了题为《中国历史上的学生运动》的学术报告。

1936 年

3 月 24 日,在《近代学术代表人物》系列讲座作题为《海宁王国维先生》(含《哭观堂诗》)的报告。

6 月,在南开大学举行三场全校性讲座,介绍王国维先生在文学、哲学、经史、小学等各个方面的成就。

7 月,因南开大学出具“环境不许可,请另谋高就”的信件,只好离开南开大学。

8 月,受聘任四川大学中文系副教授,主讲“文学批判史”和大学一年级“语文”。

针对当时社会上尊孔读经思想重新抬头,戴季陶、陈济堂、刘湘、韩复榘等权贵军阀倡导尊孔读经的情况,写了《别单思病吧》。后改名《单思病者的前途》发表在四川大学《前进》创刊号上。

1937 年

7 月,被四川大学解聘。在失业的威胁下,返回北京另谋出路。

8 月,由于战争爆发,由北京返回浙江原籍,失业在家。

1938 年

8 月,应朋友所荐,在临海省立台州中学任语文教师。在此期间,戴家祥率领学生行军训练、宣传抗日,并暗中资助简易师范学生罗天冶、陈恭等二十余人赴皖南屯溪新四军学习班。

5 月 25 日,三子戴显熹出生。

1939 年

1 月,被台州中学解聘。

2 月,受老友许杰之邀,任私立大公职业学校天台分校教导主任和语文、历史教员。

7 月,离开私立大公职业学校天台分校,失业在家。

年底,次女戴光华出生,仅 7 天夭折。

1940 年

12 月，受友人张印通之聘，任设在丽水县碧湖镇的浙江省联合高级中学教师，主讲语文，并参与中国绘画艺术研究，以绘画所得捐助抗日伤兵福利事业。

1941 年

4 月 14 日，四子戴显煌出生。

8 月，应友人衢州中学校长陈博文之邀，就任衢州中学高中部主任兼总务主任，历史教员。后因学校发生学生殴打训育主任的风潮，学校被勒令解散。戴家祥被诬为学潮的幕后策划人，返乡休养。

1942 年

2 月，因病失业在家。

次子戴正国病故。

1943 年

1 月，应友人之邀，在温州私立瓯海公学、私立建国高商任语文教员。

1944 年

8 月，因温州沦陷，温州私立瓯海公学和私立建国高商停办，失业在家。

9 月，温州再度沦陷。因当地出现汉奸组织，携家带口逃难至泰顺县，在江口温州中学临时校址和在芷江的温州师范学校兼课。

1945 年

2 月，任泰顺口省立温州中学语文教员。

6 月 17 日，日军撤退温州，携家眷返回温州。

8 月，日本投降后，应聘为国立英士大学副教授，教授大学一二年级语文课。

1946 年

9 月，戴家祥只身随英士大学迁至金华。

1947 年

受谷寅侯校长聘请，在瓯海中学和温州中学任教，并担任瓯海中学训育主任。

1948 年

7 月，被英士大学解聘，失业在家。

1949 年

1948 年下半年收到台湾大学和南开大学聘书。欲赴南开大学之聘，因时局原因未果。

2 月，温州私立瓯海公学任训育主任和语文教员。

8 月，失业在家。

1950 年

3—5 月，省立温州中学代课。

9—10 月，任温州市立中学语文教员。

11 月至次年 1 月，参加浙江杭州革命干部学校第五期学习。

1951 年

元旦，温州文物管理委员会成立，刘景辰任主任，戴家祥、夏鼐、方介堪、孙孟晋等为委员。这是中华人民共和国第一个地方文物管理委员会。

2—6 月，温州市立中学语文教员。

9 月，应时任华东师大中文系主任的友人许杰之邀，就任华东师大中文系教授。

1952 年

转任华东师大历史系教授。主讲历史文选、中国通史等课程。

1953 年

写成《兮伯父吉盘铭考释》，作为历史文选课的参考教材。

1954 年

经陈漱石教授、吴泽教授、陈旭麓教授介绍，成为上海历史学会会员。

1955 年

在《华东师大学报》创刊号（1955 年第 1 期）发表《兮伯父吉盘铭

考释》。

当选为上海历史学会理事会理事。

1956 年

10 月,加入中国民主同盟。

是年,公布编纂《金文大字典》计划。

1957 年

4 月,在全校科学报告会上做题为《商代的上帝崇拜和祖先崇拜》的学术报告。

在《历史教学问题》1957 年第 3 期发表《甲骨文的发现及其学术意义》。

上海电影制片厂的新片《新局长到来之前》在华东师大连续放映,在师生中引起了热烈的讨论。戴家祥在校刊上撰文《从牛大海的三颗勋章说起》,对牛大海这个典型人物的吹牛拍马、欺上压下等恶劣作风进行批判。

6 月,在万人大会上,被栽赃陷害,被诬为幕后人。后来经过公安局调查,证实是出于诬告,但是仍然被打成右派,剥夺教书权利,但承诺以最轻一级处分,最短时间内“摘帽”。下放至历史系做资料员。

1958 年

被中国民主同盟开除。

1961 年

宣布摘掉右派帽子。这是首批摘帽,佐证了公安局的调查结果。

1966 年

被抄家,1927 年以后发表的文章底稿,以及考证甲骨、金文的资料卡片全被付之一炬。

1978 年

华东师大党委公开宣布“楚歌”幕后人一事是冤假错案,予以改正。为其恢复名誉,恢复教授待遇和民盟盟籍。

重开《金文大字典》的编修工作。

1979 年

在《上海师大学报》(哲社版)1979 年第 2 期发表《墙盘铭文通释》。

秋季,招收了两名研究生王文耀、沃兴华,从事古文字研究。指导治学方法,从青铜器铭文、甲骨文字本身,归纳出十条基本教学规律:(1) 象形正侧动容变革例,(2) 象形点画繁简例,(3) 辅助符号增省例,(4) 形声符号更换例,(5) 形声符号重复例,(6) 形声符号位移例,(7) 六书隶属再分例,(8) 同声文字通假例,(9) 同义字代用例,(10) 古今音读分歧例。

1981 年

5 月,为李玲璞(圃)主编的《甲骨文选读》作序。

1982 年

5 月 25 日,在华东师大历史系做学术报告《王国维先生》。

1983 年

9 月,在《王国维学术研究论集》(一)发表《王静安先生与甲骨文字学的发展》。

1984 年

在《社会科学战线》(1984 年第 3 期)发表《辨字小记》。

1985 年

4 月 11 日,加入中国共产党。

《社、杜、土古本一字考》发表于《上海博物馆集刊》。

1986 年

旧作《哭观堂诗》发表于《历史教学问题》(1986 年第 4 期)。

《名原》戴家祥校点本由齐鲁书社出版。戴家祥为其作《斠点〈名原〉书后》。

《社、杜、土古本一字考》发表于《古文字研究》(1986 年)。

1987 年

3 月 1 日,夫人游丹雏去世。

3 月,吴浩坤、潘攸《甲骨学史》由上海人民出版社出版,戴家祥为其作序。

1988 年

9 月，经戴家祥点校的《古籀余论》由华东师大出版社出版。戴家祥作《〈古籀余论〉跋》。

1989 年

3 月 17 日，在香港《大公报》发表《卜辞金文昝日考》。后又载于《温州师范学院学报》1989 年第 2 期。

1990 年

在《华东师范大学学报》（哲社版）1990 年第 2 期发表《金文[illegible]字说》。

在《汉语论丛》（华东师范大学出版社，1990 年 1 月出版）发表《冟字说》。

1991 年

在《温州师范学院学报》1991 年第 2 期发表《记瑞安孙氏两青铜器及其考释》。

1992 年

在《社会科学战线》1992 年第 1 期发表《记瑞安孙氏两青铜器及其考释》。

1993 年

3 月，为王文耀《简明金文词典》（上海辞书出版社，1998 年 12 月出版）作序。

5 月，为周一平、沈茶英新著《中西文化交汇与王国维学术成就》（学林出版社，1999 年 12 月出版）作序。

1995 年

《金文大字典》出版。

1996 年

《金文大字典》荣获上海市优秀图书一等奖，上海市哲学社会科学优秀成果奖的著作特等奖。

1997 年

《金文大字典》荣获第三届国家图书奖。

6 月 2 日，为周锡山编校的《王国维选集》（中国社会科学出版社，2008 年 12 月出版）作序。

11 月，戴家祥以瑞安中学已故语文教师林涤夫的名义，在瑞安中学设立林涤夫帮困基金，总额 10 万元，每年取息资助家境贫困的学生。

1998 年

在《华东师大学报》（哲社版）（1998 年第 3 期）发表《叔皮父段铭考释》《释罕》。

5 月 30 日，去世。

启　事

20 世纪初短暂存在过的清华国学院，已成为令后学仰视与神往的学术丰碑。而三年前本院浴火重生，继续秉承“独立之精神，自由之思想”，且更强调“中国主体”与“世界眼光”的平衡，亦广受海内外关注与首肯。

本院从复建之日起，即以“清华国学书系”为“院史工程”，亟欲缀集早期院友之研究成果，通过分册整理，真切展示昔年历程之艰辛与辉煌。现据手头之不完备资料，本套“书系”中分册出版文存四十九种，以整理下述前贤之著述：

梁启超、王国维、陈寅恪、赵元任、李济、吴宓、梁漱溟、钢和泰、马衡、林志钧、梁廷灿、赵万里、浦江清、杨时逢、蒋善国、王力、姜亮夫、高亨、徐中舒、陆侃如、刘盼遂、谢国桢、吴其昌、刘节、罗根泽、蓝文徵、姚名达、朱芳圃、王静如、戴家祥、周传儒、蒋天枢、王庸、冯永轩、徐景贤、卫聚贤、吴金鼎、杨筠如、冯国瑞、杨鸿烈、黄淬伯、裴学海、储皖峰、方壮猷、杜钢百、程憬、王耘庄、何士骥。

本“书系”拟另辟汇编本两册，收录章昭煌、余永梁、张昌圻、汪吟龙、黄绶、门启明、刘纪泽、颜虚心、闻惕生、王竞、赵邦彦、王镜第、朱右白、陈守实等先贤之著述。

本“书系”已被列入国家“十二五”重点出版规划。为使其中收入的每部文存，皆成为有关该作者的“最佳一卷本”，除本院同仁将殚精竭虑外，亦深盼各界同好与贤达，不吝惠赐“书系”所涉之资料、线索，尤其是迄未付梓或散落民间的文字资料、照片、遗物等。此外，亦望有缘并有志之士，能够以各种灵活之形式，加入此项工程，主动承担某部文存的汇集与研究。如此，则不光是清华国学院之幸，更会是中国学术文化之幸。

惟望本“书系”能继先贤之绝学，传大师之薪火，为创造中国文化的现代形态，收到守先待后之功。

清华大学国学研究院

2012年8月11日